yh 2594

Paris
1853

Goethe, Johann Wolfgang von

Théâtre

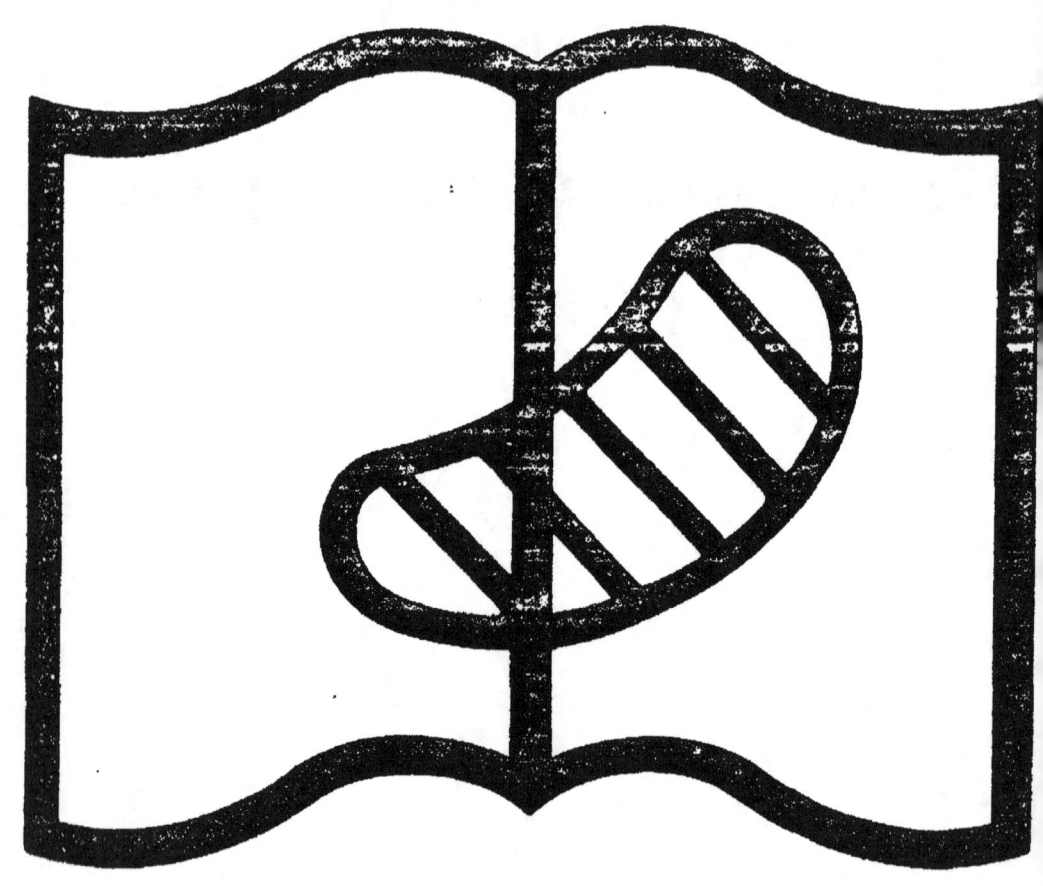

Symbole applicable
pour tout, ou partie
des documents microfilmés

Original illisible

NF Z 43-120-10

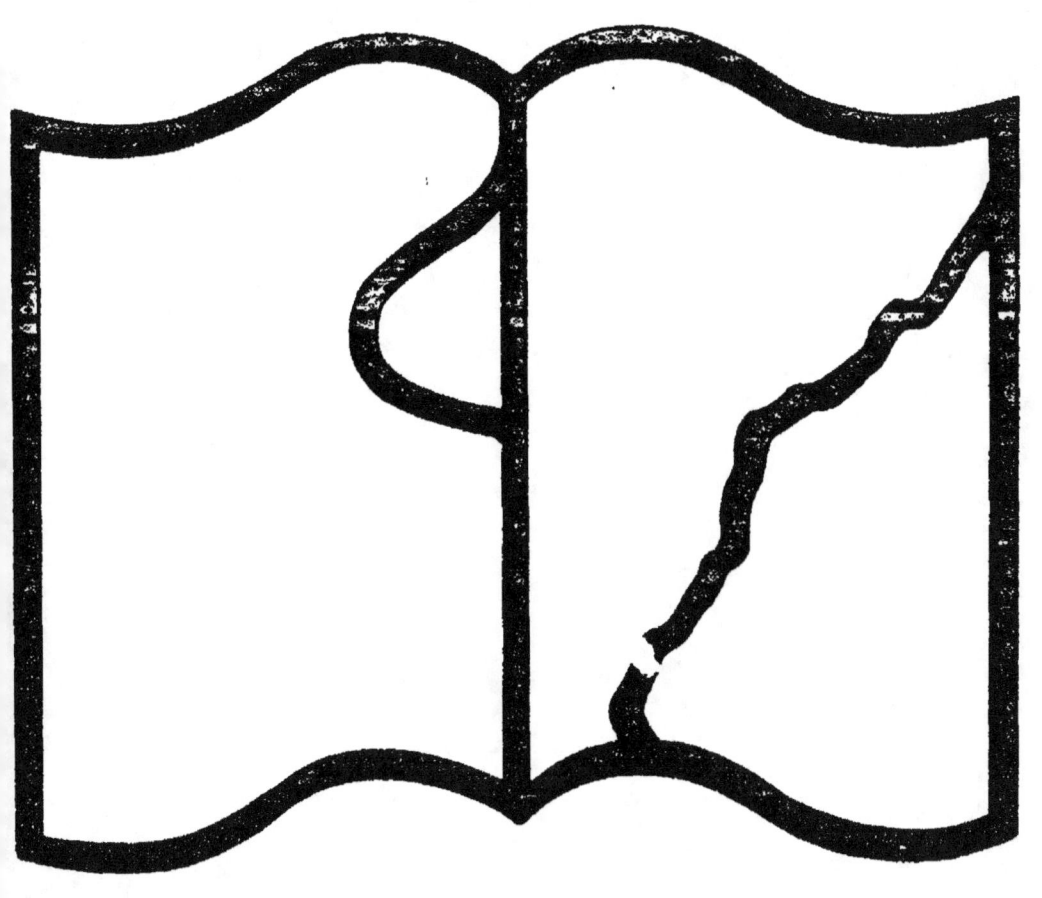

**Symbole applicable
pour tout, ou partie
des documents microfilmés**

Texte détérioré — reliure défectueuse

NF Z 43-120-11

V

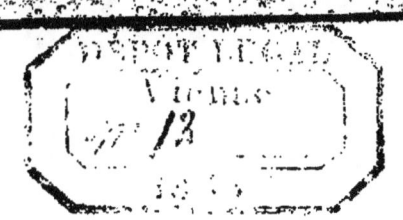

THÉATRE DE GŒTHE

Poitiers. — Typ. de A. Dupré.

THÉATRE
DE GOETHE

TRADUCTION NOUVELLE

REVUE, CORRIGÉE ET AUGMENTÉE D'UNE PRÉFACE

PAR M. X. MARMIER

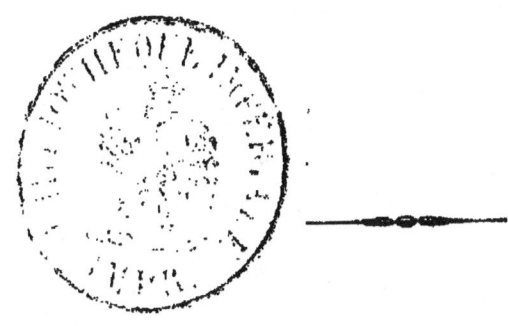

PARIS

CHARPENTIER, LIBRAIRE-ÉDITEUR
19, RUE DE LILLE

1858

PRÉFACE.

De toutes les poésies, celle qui se développe le plus lentement, on le sait, c'est la poésie dramatique. A l'origine de chaque littérature apparaît le poëte lyrique, le chantre des premières gloires et l'interprète des premières idées religieuses. Pour remplir la tâche solennelle qui lui est prescrite, celui-ci n'a qu'à s'abandonner à ses émotions. Soit qu'il tienne entre les mains la lyre d'Orphée, ou la harpe de chêne des scaldes du Nord, ou le chalumeau rustique des bergers; soit qu'il assiste, comme les anciens bardes, aux sacrifices religieux, ou qu'il marche en tête des armées un jour de bataille, ou qu'il joue comme les poëtes de Provence, avec une lyre et une écharpe brodée : si son cœur est attendri, si son imagination peut prendre l'essor, il a mérité le nom et la couronne de poëte; car tout ce qu'on attend de lui c'est un chant d'amour, un cri de guerre, une prière. La société naissante écoute avec une douce surprise cette parole harmonieuse qui lui révèle à elle-même ce qu'elle a senti, et répond par un cri d'enthousiasme aux chants héroïques qui célèbrent ses heures de lutte et ses actes de courage.

Le poëte dramatique, au contraire, ne peut apparaître que lorsque cette société, mûrie par le temps et par l'expérience, fait un retour vers le passé, réfléchit, observe, et, pour se mieux connaître, se donne en spectacle à elle-même. Sa tâche, à lui, n'est pas une œuvre d'inspiration spontanée, mais une œuvre d'art et d'étude dont la critique a d'avance déterminé les conditions, et dont les éléments appartiennent tout à la fois à l'histoire, à l'idéal de la pensée, à la vie réelle.

Du reste, il en est à cet égard des peuples comme des hommes : il y a en eux une sorte de penchant inné pour certains travaux littéraires et certaines formes d'art, une sorte de mission spéciale dans cette grande œuvre de progrès intellectuel où s'agite sans cesse le génie de l'humanité. La plus grande gloire littéraire de l'Italie, si l'on en excepte l'adorable Pétrarque, est dans ses épopées; la plus grande gloire de l'Espagne, dans son théâtre. L'Angleterre est le seul pays qui se soit également illustré par le drame, par l'épopée, par la poésie lyrique et le roman. La France a été pour toute l'Europe le modèle du bon goût. L'Allemagne est le pays des mystérieuses contemplations, des douces rêveries, la poésie lyrique est son élément. Dans le premier essor de ses songes candides et de ses croyances enthousiastes, au treizième siècle, toutes ses lyres s'éveillèrent et toutes ses populations s'émurent. Il y eut en Allemagne une sorte d'aurore littéraire enchantée et d'enivrement poétique. Les minnesingers s'en allèrent au bord des fleuves, au pied des cathédrales, ou sous les verts rameaux des bois, chantant les douces émotions de leur cœur, les joies du printemps et l'idéale beauté de la femme, dont la chaste image s'alliait dans leur pensée à celle de la Vierge. Les rois et les princes, du haut de leurs balcons dentelés, répondaient aux accents des hommes du peuple;

et du fond de la Hongrie, Klingsohr, ce symbole de l'imagination, arrivait sur un cheval ailé pour prendre place aux fêtes de la Wartbourg.

Bientôt, il est vrai, cette phase brillante passa. Le chant mélodieux des Walther de Wogelweide, des Henri d'Offendingen, des Wolfrang d'Eschenbach, se perdit dans les airs comme le chant des cygnes; la porte d'ivoire se referma sur leurs songes dorés et sur les nobles et gracieuses images qu'ils s'étaient plu à évoquer. Arthur, Tristan, Perceval, la belle Yseult, rentrèrent dans le sanctuaire du passé avec Dietrich de Berne et les héros des Niebelungen. Mais, à voir l'empressement avec lequel les maîtres chanteurs se disputèrent les dépouilles de leurs prédécesseurs, le manteau poétique qu'ils avaient, comme le prophète, laissé tomber derrière eux; à voir toutes ces corporations d'ouvriers de Nuremberg, d'Augsbourg, de Strasbourg, de Francfort, élaborant avec une patience minutieuse et un zèle ardent toutes ces strophes de vers contournées, symétriques, où le travail matériel devait tenir lieu d'inspiration, on doit reconnaître que le besoin de poésie lyrique avait déjà jeté de profondes racines dans le cœur des Allemands. C'est cette poésie, qui s'est développée depuis avec tant d'éclat, qui a inspiré à Klopstock, à Gœthe, à Schiller, à Tieck, quelques-unes de leurs plus belles pages; c'est cette poésie qui fait la gloire d'Uhland, de Rückert, de Novalis, qui, d'un bout de l'Allemagne à l'autre, s'exhale sans cesse en sonnets harmonieux, en ballades, en élégies, et charme tout à la fois le cœur de ceux qui l'ont connue dès leur enfance et le cœur de l'étranger.

La poésie dramatique, au contraire, n'est venue que bien tard; il a fallu des siècles pour la faire sortir de son état de langueur, pour lui donner sa force et son auréole; puis elle a régné pendant vingt ans sur l'Allemagne, et maintenant elle est déjà descendue des œuvres de génie aux productions de second ordre.

Les plus anciennes notions que l'on possède sur le théâtre allemand remontent au treizième siècle. Le premier spectacle fut un spectacle de marionnettes. Il apparaissait ordinairement aux jours de carnaval, et ses acteurs représentaient des scènes de la vie populaire. Si leur Polichinelle fut aussi amusant que le *Pulcinello* italien, si les victimes de sa jalousie se lamentaient de manière à faire éclater de rire le public endurci, c'est ce que la tradition ne nous apprend pas. A en juger par les théâtres en plein vent que l'on voyait encore à Berlin au dix-huitième siècle, il paraît que les marionnettes d'Allemagne avaient été saisies de bonne heure par des idées d'orgueil et d'ambition. Elles ne portaient pas, comme les nôtres, la simple robe de toile ou la jaquette de laine : elles s'habillaient en chevaliers, en grandes dames; elles jouaient les personnages les plus éminents des contes populaires : Lancelot du Lac, la belle Maguelonne, Geneviéve de Brabant, l'empereur Octavien, et le diable lui-même, et le docteur Faust. Jamais on n'aurait cru que la présomption des marionnettes pût aller si loin. Cependant il paraît qu'elles ne s'acquittaient pas trop mal de ces rôles imposants. Les marionnettes qui sortaient des fabriques de Nuremberg étaient surtout très-renommées pour la grâce de leurs poses et l'agilité de leurs mouvements. Celui qui avait le bonheur d'en posséder une douzaine avec leurs manteaux étoilés, leurs couronnes de clinquant et une ample provision de sabres de bois, de boucliers en carton, pouvait se mettre sans crainte en route pour la foire de Francfort ou de Leipsick. La foule se pressait devant ses tréteaux, et les belles pièces de monnaie nouvellement frappées pleuvaient autour de lui.

Tandis que le peuple se récréait ainsi avec ces spectacles ambulants, les gentilshommes et les clercs assistaient aux comédies bibliques, aux mystères, aux moralités, que l'on jouait ordinairement dans les cloîtres. Vers le milieu du quinzième siècle, le poëte Rosenblut rendit ces moralités populaires en les rapprochant de la vie réelle et en leur donnant un caractère comique. Ses œuvres, connues sous le nom de pièces de carnaval (Fastnachts Spiele), sont les premières compositions dramatiques qui aient été imprimées en Allemagne. La gloire de Rosenblut fut éclipsée dans le siècle suivant par celle de Ham Sachs, le poëte le plus fécond qui ait existé après Lope de Vega. Dans son humble demeure de Nuremberg [1], Ham Sachs le cordonnier, tout en faisant fort assidument son métier, écrivit des fables, des contes, des paraboles, des comédies de carnaval, en tout plus de six mille pièces. Il ne faut pas chercher dans ces comédies beaucoup d'art ni beaucoup de savoir. Le bon Ham Sachs prend la Bible ou l'histoire, et la découpe et la dialogue à sa manière. La vérité locale le préoccupe peu. Comme les peintres de l'ancienne école allemande, il jette sur tous ses personnages un habit de sénateur ou un manteau de chevalier. Dans une de ses pièces les plus célèbres, celle qui a pour titre *les Enfants d'Ève*, Dieu s'en vient comme un maître d'école visiter la maison d'Adam, interroge ses fils et petits-fils sur le caté-

---

[1] Cette maison, que tous les étrangers vont voir, est occupée aujourd'hui par un aubergiste, qui a pris pour enseigne le portrait du poëte.

chisme, et leur fait réciter le *Pater noster* et le *Credo*. Ève est une bonne mère de famille qui, pour recevoir dignement la visite du Très-Haut, parsème de branches de sapin le plancher de sa maison, lave ses enfants, les revêt de leurs habits de fête, et leur recommande d'être bien polis quand Dieu paraîtra, de lui tendre la main, et d'*ôter leurs petits chapeaux*. Mais il y a dans ces pièces une verve, un naturel, une forme comique qui ne pouvaient manquer d'obtenir beaucoup de succès au temps où on les jouait, et que l'on admire encore aujourd'hui.

A ces compositions d'une nature essentiellement allemande succédèrent les fades et froides pastorales, imitées des poëtes italiens, puis les pièces déclamatoires de Griphius et les drames ampoulés de Lokenstein.

Dès le dix-septième siècle, on avait vu se former en Allemagne des sociétés d'acteurs qui s'en allaient de ville en ville, avec des moutons de carton, des houlettes bariolées, et une énorme quantité de rubans roses, représentant toutes les ridicules pastorales qu'enfanta la traduction du *Pastor Fido* de Guarini. Après les drames de Lokenstein, d'autres sociétés, abandonnant avec dédain le madrigal des bergeries, montèrent fièrement sur les tréteaux pour représenter ce qu'elles appelaient les *actions d'éclat et d'état* (Amt- und Staats-Actionen). Cette fois, l'Allemagne se vouait décidément au ridicule. Tout ce qu'on peut imaginer de pathos, d'hyperboles emphatiques, de sentences maniérées, fut admis comme une beauté de style dans ces terribles tragédies. Les acteurs ajoutaient encore à l'extravagance de l'œuvre du poëte par leurs gestes bizarres, leurs contorsions et leurs éclats de voix. Ils étaient, du reste, si bien identifiés avec leur rôle, qu'au sortir de la scène ils le continuaient encore. On rencontrait dans les rues Tamerlan, Bajazet, Alexandre, portant une longue épée, se drapant dans un manteau et marchant les épaules en arrière, la tête haute comme lorsqu'ils se préparaient à déclamer leur pompeuse tirade sur le théâtre.

Comme on le voit pourtant d'après ce rapide aperçu, l'Allemagne n'était pas oisive : elle s'efforçait de fonder un théâtre, de se créer une poésie dramatique ; mais elle marchait au but par la mauvaise voie, car elle reniait elle-même son caractère, son histoire, sa nationalité. Toutes ses œuvres n'étaient que des imitations, et de fausses et mauvaises imitations, où elle outrait, comme un élève inhabile, les défauts de ses modèles. Elle avait imité les mystères anglais et français, les pastorales italiennes, puis les pièces fanfaronnes du théâtre espagnol ; bientôt elle allait imiter nos grands écrivains, Corneille, Racine, Molière, mais péniblement, servilement, sans oser prendre elle-même l'essor.

La France, à cette époque, était l'unique objet de son culte. Enchantée par Racine, prosternée devant Boileau, la pauvre Allemagne ne savait qu'admirer et traduire dans sa langue les œuvres des génies privilégiés dont elle subissait le pouvoir. Ce fut le temps des tragédies classiques, écrites en vers solennels, soumises strictement aux trois unités, et du reste limées, corrigées, travaillées, remises vingt fois sur le métier, selon le précepte du grand maître. Gotsched était le chef de cette école académique, dont les œuvres, après tout, si froides et si compassées qu'elles fussent, valaient encore mieux que les folles tragédies représentées par les acteurs des actions d'éclat et d'état. Lessing fut le premier qui entreprit d'arracher le théâtre allemand à la fascination qu'il subissait depuis si longtemps. L'étude du théâtre anglais lui avait fait comprendre le vice de nos tragédies classiques. L'étude de Diderot lui révéla un nouveau genre de drame que personne n'avait encore songé à introduire en Allemagne. Ainsi, soutenu d'un côté par les théories anglaises, de l'autre par le ton de vérité qu'il croyait reconnaître dans les essais de Diderot, il composa, d'après les principes littéraires qu'il s'était faits, *Miss Sara Sampson*, *Émilie Galotti*, *Minna de Barnhelm*, *Nathan le Sage*, et lança dans sa dramaturgie l'anathème sur Voltaire et sur toutes les fausses imitations classiques. L'effet produit par ces drames, d'une forme si nouvelle, et par la vive et pressante logique des feuilles de Hambourg, produisit dans toute l'Allemagne une violente commotion; l'autorité de Gotsched fut ébranlée, et l'astre de la France pâlit. Mais en applaudissant *Émilie Galotti* et *Minna de Barnhelm*, les Allemands tombèrent d'un excès dans un autre : ils s'étaient passionnés pour la tragédie classique, ils se passionnèrent pour le drame bourgeois. Ils avaient imité *Iphigénie*, *Phèdre*, *Mérope*; ils imitèrent avec la même ardeur *le Père de famille* de Diderot et les autres pièces du même genre. Engel, Junger, Schrœder, Wezel, Linz, tous les poëtes du temps, se mirent à composer des scènes larmoyantes, et tous les acteurs apprirent à pleurer. Le succès de ces nouvelles pièces effraya les hommes graves, les docteurs rigoristes de l'Allemagne, qui représentèrent les spectacles comme un divertissement dangereux. Pour apaiser leurs scrupules, les auteurs se mirent à composer des tragédies morales, et bientôt toutes les vertus accoururent l'une après l'autre sur le théâtre. On ne vit plus que des amis dévoués, des fils tendres et respectueux, des marchands désintéressés, des citoyens exemplaires. Les récits de la Morale en action, les Histoires édifiantes, avaient passé de l'école sur la scène; les monologues de chaque pièce ressemblaient à des sermons, et les acteurs parlaient comme des apôtres.

Les choses en étaient là quand Gœthe parut. Gœthe avait aussi, dans sa jeunesse, subi l'influence de la littérature française. A Francfort, un de ses amis ne cessait de lui vanter l'esprit, le bon goût des écrivains français, et le comte de Thoranne les lui faisait aimer en dépeignant dans une élégante conversation le mérite de leurs œuvres. A Leipsick, au milieu des disciples et des partisans de Gotsched, il entendit répéter les mêmes noms et formuler les mêmes théories. De cette époque datent les deux premières pièces qu'il ait conservées, *les Complices*, que nous publions dans ce recueil, et *les Caprices d'un amant*, petit opéra dans le goût des anciennes bergeries, moins fade et moins musqué pourtant, mais au fond peu remarquable.

Deux ans plus tard, il apprenait à connaître Shakspeare. Il n'avait entre les mains que la traduction de Wieland; mais il la lut et la relut, et cette étude lui révéla un nouveau monde. Il revint alors à son drame de Gœtz de Berlichingen, et à celui de Faust. L'étoile de Shakspeare le guida dans la route qu'il cherchait à se frayer.

A peine avait-il exprimé l'idée dramatique qu'il poursuivait en écrivant Gœtz, qu'il se retourne aussitôt d'un autre côté. Il fait de Clavijo un drame bourgeois que l'on dirait inspiré par le génie de Lessing ; d'Egmont, une tragédie d'un caractère idéal comme celles de Schiller. Puis, après avoir livré au public ses œuvres qui proclamaient l'existence d'une nouvelle école, il rentre dans le domaine classique. Il écrit *Iphigénie* et *le Tasse;* il drape ses personnages comme un statuaire antique, et leur donne une attitude majestueuse et un langage solennel; puis, satisfait de son essai, il descend des hauteurs où la muse grecque l'a emporté, et se remet à composer, pour le théâtre de Weimar, des comédies bourgeoises, des opéras.

C'est cette variété de formes, c'est cette aptitude à s'emparer de toutes les idées, à passer tour à tour par les époques les plus éloignées et les situations les plus disparates, qui constituent l'un des côtés brillants du génie dramatique de Gœthe. C'est là ce qui établit entre lui et Schiller une grande différence ; car Schiller n'a admis qu'une seule école et n'a suivi qu'une seule voie. Qu'on le prenne dans *Wallenstein*, dans *Guillaume Tell*, dans *Don Carlos*, dans *Jeanne d'Arc*, dans ses œuvres les plus louées et les plus recherchées, c'est toujours le poëte romantique, le poëte idéal par excellence ; mais toutes ces créations appartiennent à une même famille, et tous ces drames portent un même type.

Gœthe, au contraire, semble être constamment préoccupé par la crainte de se présenter deux fois de suite sous la même face. Sa vie ne fait qu'une longue suite d'études courageuses et variées. Il s'en allait cherchant de tout côté ce qu'il y avait de vrai dans chaque école, de poétique dans chaque époque, et de rêveur dans chaque science. Tantôt se jetant avec ardeur dans les chroniques du moyen âge, tantôt remontant aux sources pures et paisibles de l'antiquité, aujourd'hui s'abandonnant sans réserve aux caprices de son imagination ; puis après se plongeant, comme un docteur d'université, dans les théories scientifiques les plus ardues, il fut lui-même l'image vivante, l'image mondaine de Faust. Un seul homme ne pourrait le peindre tel qu'il fut, le suivre dans toutes ses tentatives, apprécier tous ses travaux ; car jamais homme ne marcha par tant de routes diverses, et n'embrassa un aussi grand cercle de connaissances.

On peut diviser la carrière dramatique de Gœthe en trois phases distinctes. Dans la première, le poëte, après s'être arrêté quelque temps aux théories françaises, se dégage tout à coup de la contrainte qu'elles devaient lui imposer, et s'en va librement vers son but avec l'audace de la jeunesse et la puissance du génie.

Dans la deuxième, cette ardeur d'imagination, ce large essor de la pensée semblent tempérés et quelquefois même comprimés par la réflexion. Gœthe s'attache à la forme, l'étudie avec amour, la travaille avec patience et cherche à en faire ressortir les traits les plus fins, les nuances les plus délicates. *Gœtz de Berlichingen*, *Egmont*, *Clavijo*, étaient des drames d'une nature toute neuve, écrits dans le premier élan de son imagination. Il voulut leur donner pour contre-poids des drames composés avec les sages précautions de la poésie antique : il écrivit *le Tasse* et *Iphigénie*.

Dans la troisième phase, son amour pour la forme semble s'accroître encore ; il travaille plus que jamais à cadencer ses vers, à donner à ses périodes un ton solennel et à ses scènes un caractère imposant : mais parfois la recherche de la forme l'emporte trop loin, sa pensée se refroidit dans sa longue élaboration. Son œuvre a les suaves contours, les doux reflets et l'attitude majestueuse d'un bon marbre antique ; mais elle en a aussi l'immobilité. Tel est, par exemple, son drame intitulé *la Fille naturelle*. Gœthe n'a peut-être jamais rien fait de plus achevé, de plus admirable, sous le rapport du style et de la versification ; mais toute cette pièce a une sorte de caractère abstrait qui lui enlève une partie de son animation.

A travers les trois phases que nous venons d'indiquer, apparaît le long drame de *Faust*, qui fut la pensée constante du poëte, ou plutôt l'expression la plus vraie de toutes ses pensées, de toutes ses études.

En composant ce recueil des pièces dramatiques de Gœthe, nous avons cherché à y faire entrer tout ce qui caractérise le mieux son génie. *Faust*[1] devant former un volume à part, il ne reste, après les pièces que nous avons choisies, que *le Grand Cophte*, *la Manie du sentiment*, qui n'ont qu'une valeur secondaire, et quelques opéras auxquels Gœthe lui-même n'attachait pas une grande importance.

X. Marmier.

---

[1] Voyez le volume de cette collection, qui contient la traduction de Faust, par M. Henri Blaze. Cette traduction est la seule complète.

GOETZ DE BERLICHINGEN.

PERSONNAGES.

L'empereur MAXIMILIEN.
GOETZ DE BERLICHINGEN.
ÉLISABETH, sa femme.
MARIE, sa sœur.
CHARLES, son fils.
GEORGE, écuyer de Gœtz.
L'ÉVÊQUE de Bamberg.
WEISLINGEN, \
ADÉLAÏDE DE WALDORF, } vivant à la cour de l'évêque.
LIEBETRAUD, /
L'ABBÉ DE FULDA.
OLEARIUS, docteur en droit.
Frère MARTIN.
JEAN DE SELBITZ.
FRANZ DE SICKINGEN.
LERSEN.
FRANZ, écuyer de Weislingen.
Fille d'honneur d'Adélaïde.

METZLER, \
SIEVERS, \
LINK, } chefs des paysans insurgés.
KOHL, /
WILD, /
Femmes et Hommes de la cour de Bamberg.
Conseillers impériaux.
Sénateurs de Heilbronn.
Juges du tribunal secret.
Deux Marchands nurembergeois.
MAX STUMPF, au service du Cte palat.
Un Inconnu.
Un Beau-Père, } paysans.
Un Gendre, /
Cavaliers de Berlichingen, de Weislingen, de Bamberg.
Capitaines, Officiers, Soldats de l'armée de l'empire.

Aubergistes, Huissier de justice, Bourgeois de Heilbronn, Sentinelle de la ville, Geôlier, Paysans, Chef de Bohémiens, Bohémiens, Bohémiennes.

ACTE PREMIER.

Schwarzenberg en Franconie. — Une auberge.

METZLER, SIEVERS, *à table;* **DEUX CAVALIERS,** *au coin du feu;* **L'AUBERGISTE.**

SIEVERS. Allons, Jean, encore un verre d'eau-de-vie; et mesure chrétiennement.

L'AUBERGISTE. Tu es un buveur insatiable.

METZLER, *bas, à Sievers.* Voyons, raconte encore une fois ce que tu disais tout à l'heure de Berlichingen! que ces Bambergeois-là en soient si offensés qu'ils en deviennent cramoisis.

SIEVERS. Des Bambergeois? Qu'est-ce qu'ils font ici?

METZLER. Eh! Weislingen est depuis deux jours là-haut, chez M. le comte, au château; ils l'ont escorté. Je ne sais trop d'où il vient, ils l'attendent pour retourner à Bamberg.

SIEVERS. Qui est ce Weislingen?

METZLER. Le bras droit de l'évêque. C'est un puissant seigneur, qui est aussi des ennemis de Goetz.

SIEVERS. Qu'il prenne garde à lui!

METZLER, *bas*. Allons, dis un peu, pour voir. (*Haut*.) Depuis quand donc Goetz a-t-il recommencé ses disputes avec l'évêque de Bamberg? On disait que tout était fini entre eux, et qu'ils étaient raccommodés.

SIEVERS. Oui, fini! est-ce qu'on peut en finir avec les prêtres? Quand l'évêque vit qu'en prenant la route la plus courte il n'avançait à rien, il usa de détours; et ce loyal Berlichingen a donné là dedans avec une générosité inouïe, comme il fait toujours lorsqu'il est le plus fort.

METZLER. Dieu le conserve! c'est un bien digne seigneur!

SIEVERS. Eh bien! n'est-ce pas honteux? ils viennent de lui enlever un de ses vassaux, au moment où il s'y attendait le moins. Mais sois tranquille, ils pourront bien s'en mordre les doigts!

METZLER. C'est pourtant dommage que son dernier coup ait manqué. Il a dû en être terriblement vexé.

SIEVERS. Oh! oui. Il y a longtemps, je crois, qu'il n'avait eu un pareil chagrin. Vois donc, il savait au plus juste l'époque où l'évêque reviendrait des eaux, le nombre de ses cavaliers, le chemin qu'il devait prendre; et si ce n'avait été la trahison de ces lâches coquins, il vous l'aurait frotté de la belle manière au sortir de son bain.

PREMIER CAVALIER. Quels propos tenez-vous là sur le compte de notre évêque? Vous cherchez dispute, je crois?

SIEVERS. Mêlez-vous de vos affaires! notre table ne vous regarde pas!

SECOND CAVALIER. Qui êtes-vous, je vous prie, pour parler de notre évêque dans des termes si peu respectueux?

SIEVERS. Et vous donc, de quel droit m'interrogez-vous? ai-je des comptes à vous rendre? Voyez un peu l'impertinent!

Le premier cavalier lui donne un soufflet.

METZLER. Assomme-moi ce chien-là.

Ils se battent.

SECOND CAVALIER. Approche, si tu as du cœur!

L'AUBERGISTE, *les séparant.* Voulez-vous bien vous tenir en repos? De par tous les diables! si vous voulez vous battre, battez-vous dehors tant qu'il vous plaira. Chez moi, tout doit se passer dans l'ordre et avec bienséance. (*Il met les deux cavaliers à la porte.*) Et vous, ânes que vous êtes, pourquoi avez-vous commencé?

METZLER. Allons, point d'injures, Jean, ou nous te tombons sur la casaque. Viens, camarade, et rossons-les ferme.

Entrent deux cavaliers de Berlichingen.

PREMIER CAVALIER. Qu'est-ce qu'il y a?

SIEVERS. Eh! bonjour, Pierre! Hugues, bonjour! D'où venez-vous?

SECOND CAVALIER. Ne va pas dire au moins qui nous servons.

SIEVERS, *bas.* Il n'est sûrement pas loin non plus, votre maître Gœtz.

PREMIER CAVALIER. Tiens ta langue, te dit-on! — Vous vous querelliez?

SIEVERS. Oui, avec ces drôles que vous avez rencontrés à la porte, deux Bambergeois.

PREMIER CAVALIER. Que font-ils ici?

METZLER. Weislingen est là-haut, au château de monseigneur; ils l'ont escorté.

PREMIER CAVALIER. Weislingen?

SECOND CAVALIER, *bas.* Pierre! c'est une bonne trouvaille. — Depuis quand est-il là?

METZLER. Depuis deux jours; mais il part aujourd'hui, à ce que j'ai su de l'un de ces drôles.

PREMIER CAVALIER, *bas*. Eh bien, quand je te disais qu'il était de ce côté-là! Nous aurions pu faire une bonne station où nous étions. Viens, Hugues, partons.

SIEVERS. Ah! aidez-nous d'abord à bien rosser ces Bambergeois.

SECOND CAVALIER. Vous êtes deux; la partie est égale. Nous sommes pressés. Adieu.

Ils sortent.

SIEVERS. Ces gueux de cavaliers! Si on ne leur met pas l'argent dans la main, pour un diable ils ne la lèveraient à votre service.

METZLER. Tiens, je voudrais parier, moi, qu'ils ont quelque projet en tête. Qui servent-ils?

SIEVERS. Ils m'ont défendu de le dire. Ils servent Gœtz.

METZLER. Bah! vraiment? Courons maintenant après nos coquins. Viens, avec mon bâton je ne crains pas leurs broches.

SIEVERS. Oh! si un jour nous en pouvions faire autant à ces princes qui nous écorchent tout vifs.

Une auberge au milieu des bois.

GOETZ, GEORGE, FRÈRE MARTIN.

GOETZ, *seul devant la porte sous un tilleul*. Où sont donc mes cavaliers? Il faut que je me promène un peu : le sommeil me gagne. Voilà pourtant cinq jours et cinq nuits que je rôde pour mettre la main sur lui! Il y a de quoi être las. On se donne bien du mal pour le peu qu'on a de vie et de liberté. Mais aussi, quand je t'aurai, Weislingen, je compte bien me donner du repos. (*Il se verse à boire.*) Encore vide. (*Il appelle.*) George! Tant que je ne manquerai pas de cela, et qu'il me restera quelque courage, je me ris de l'ambition des princes et de leurs trames! (*Il appelle encore.*) George! Envoyez le complaisant Weislingen à vos parents; envoyez-le à tous vos amis. Qu'il me peigne à leurs yeux sous des couleurs bien noires! Ne vous relâchez point. Je veille. Tu m'as échappé, maudit évêque! Eh bien! ton cher Weislingen va payer pour toi. — George! Il n'entend pas. George! George!

George arrive affublé de l'armure d'un homme fait.

GEORGE. Monseigneur !

GOETZ. Où étais-tu donc ? as-tu dormi ? Que diable signifie cette mascarade ? Mais sais-tu bien que tu as fort bonne façon ? Approche, mon enfant : ne rougis donc pas ; ce n'est pas la bravoure qui te manque, plutôt un peu de taille..... Cela viendra. C'est la cuirasse de Jean ?

GEORGE. Oui, monseigneur. Il l'a ôtée pour dormir un instant.

GOETZ. Il est plus délicat que son maître.

GEORGE. Ne vous fâchez point ; je la lui ai prise sans bruit ; j'ai décroché du mur la vieille épée de mon père, j'ai couru dans la prairie, et là, je l'ai tirée hors du fourreau.

GOETZ. Et tu as frappé d'estoc et de taille tout ce qui était autour de toi, n'est-ce pas ? Les buissons doivent être en bon état ! Jean dort-il ?

GEORGE. Vous l'avez réveillé en m'appelant, et c'est lui qui m'a crié que vous me demandiez. Je voulais d'abord me débarrasser de cette armure ; mais vous m'avez appelé deux ou trois fois de suite, et j'ai vite accouru.

GOETZ. Va reporter la cuirasse à Jean ; dis-lui aussi qu'il se tienne prêt, et qu'il prenne soin des chevaux.

GEORGE. Je leur ai donné moi-même le fourrage, et je les ai harnachés. Vous pouvez les monter quand il vous plaira.

GOETZ. Apporte-moi en même temps une bouteille de vin ; donnes-en un verre à Jean, et qu'il soit alerte. Il le faut : j'attends à toute minute mes éclaireurs.

GEORGE. Ah ! mon brave seigneur !

GOETZ. Que veux-tu ?

GEORGE. Ne me permettrez-vous pas de vous suivre ?

GOETZ. Une autre fois, George ; quand nous aurons quelques marchands à piller et quelques convois à intercepter.

GEORGE. Voilà déjà bien des fois que vous dites, une autre fois ! Cette fois-ci ! oh ! cette fois-ci ! Je ne demande qu'à suivre de loin. Que je puisse seulement vous voir ! je vous rapporterai les flèches perdues.

GOETZ. Ce sera pour la première fois, George. Il faut d'abord que tu aies un corselet et une lance.

GEORGE. Prenez-moi avec vous. Tenez, si j'y avais été, vous n'auriez pas perdu votre arbalète.

GOETZ. Tu sais cela?

GEORGE. Si je le sais! Vous l'aviez lancée à la tête de l'ennemi; un fantassin se baissa pour la ramasser, et vous ne l'avez pas revue.

GOETZ. C'est donc de mes gens que tu tiens cela?

GEORGE. Oui bien. C'est qu'aussi, quand nous étrillons les chevaux, je leur siffle toutes sortes d'airs, et je leur apprends des chansons joyeuses.

GOETZ. Tu es un brave garçon.

GEORGE. Prenez-moi donc avec vous, que je puisse vous le prouver.

GOETZ. La première fois, sur ma parole! Sans armes, comme te voilà, tu ne peux combattre. D'ailleurs l'avenir aura aussi besoin d'hommes. Crois-moi, mon enfant, il viendra un temps où ils seront rares. Les princes offriront leurs trésors pour l'homme qu'ils haïssent maintenant. Allons, George, reporte à Jean sa cuirasse, et donne-moi du vin. (*George sort.*) Où sont donc mes cavaliers? C'est une chose incroyable..... Un moine! d'où vient-il à cette heure?

Entre frère Martin.

GOETZ. Bonsoir, mon révérend père. D'où venez-vous si tard? Homme du saint repos, vous faites honte à bien des chevaliers.

MARTIN. Je vous remercie, noble seigneur! et ne suis, pour vous servir, qu'un humble frère, s'il s'agit de titres. Augustin est le nom que je porte au couvent; mais j'aime mieux qu'on m'appelle Martin, de mon nom de baptême.

GOETZ. Vous êtes fatigué, frère Martin, et sans doute aussi altéré. (*George revient.*) Voici fort à propos du vin.

MARTIN. Pour moi, un verre d'eau, s'il vous plaît. Je n'ose pas boire du vin.

GOETZ. Est-ce contre vos vœux?

MARTIN. Non, monseigneur, boire du vin n'est pas contre mes vœux. Mais le vin pourrait nuire à leur exécution, et c'est pour cela que je m'abstiens d'en boire.

GOETZ. Qu'entendez-vous par là ?

MARTIN. Vous êtes bien heureux de ne pas me comprendre. Boire et manger, n'est-ce pas là ce qui fait la vie de l'homme ?

GOETZ. Eh bien !

MARTIN. Quand vous avez bu et mangé, vous sentez en vous un nouvel être : vous êtes plus fort, plus courageux, plus dispos ; on peut dire en quelque sorte que vous prenez une nouvelle vie, c'est-à-dire que vos jours renaissent, que vous vous sentez plus de cœur, plus d'intelligence au travail. Le vin réjouit le cœur de l'homme, et la joie est la mère de toutes les vertus. Quand vous avez bu du vin, toutes vos facultés sont doublées ; vous êtes une fois plus ardent à concevoir, une fois plus hardi à entreprendre, une fois plus prompt à exécuter.

GOETZ. Pour qui en use comme moi, c'est vrai.

MARTIN. C'est aussi là ce que j'entends. Mais nous...

George apporte de l'eau.

GOETZ, *bas à George.* Va sur le chemin de Dachsbach, couche-toi l'oreille contre terre, et écoute si tu n'entends pas venir des chevaux. Tu reviendras tout de suite.

MARTIN. Mais nous, quand nous avons bu et mangé, nous sommes tout le contraire de ce que nous devons être. Une digestion pénible énerve nos esprits, les assujettit aux appétits du corps, et enfante, dans l'accablement d'un repos sensuel, des désirs souvent plus forts que nous !

GOETZ. Un verre, frère Martin, ne troublera pas votre sommeil : vous avez beaucoup marché aujourd'hui. (*Lui offrant à boire.*) A tous ceux qui combattent !

MARTIN. Soit. (*Ils trinquent.*) Je ne puis supporter les fainéants ; et, de fait, je ne puis dire que tous les moines sont fainéants ; ils font ce qu'ils peuvent. Moi, par exemple, j'arrive de Saint-Veit, où j'ai passé la nuit dernière. Le prieur m'a fait voir son jardin : c'est une corne d'abondance. D'excellente salade ! des choux qui font plaisir à voir, et surtout des choux-fleurs et des artichauts comme il n'y en a pas en Europe !

GOETZ. Ainsi, cette vie ne vous convient pas ?

Il se lève, regarde s'il ne voit pas venir George, et se rassied.

MARTIN. Ah ! si Dieu m'avait fait jardinier ou laboureur, je pourrais être heureux. L'abbé de mon couvent, à Erfurt en Saxe, a de l'amitié pour moi ; il sait que je ne puis rester en repos ; aussi, quand il y a quelque commission, c'est toujours moi qu'il en charge. Je me rends chez l'évêque de Constance.

GOETZ. Encore un coup ! au succès de votre affaire !

MARTIN. Je vous rends le souhait.

GOETZ. Qu'avez-vous à me considérer si attentivement, frère ?

MARTIN. C'est que je suis épris de votre armure.

GOETZ. Auriez-vous envie d'en avoir une ? C'est lourd et pénible à porter.

MARTIN. Eh ! y a-t-il rien dans ce monde qui ne soit pénible ? Pour moi, je n'imagine rien de plus pénible que de n'oser être homme. Pauvreté, chasteté, obéissance... trois vœux dont chacun, pris à part, semble ce qu'il y a de plus incompatible avec la nature, tant ils sont tous trois insupportables. Toute sa vie gémir découragé sous ce joug révoltant, ou sous le fardeau encore plus révoltant des remords ! Seigneur chevalier, que sont les fatigues de votre carrière, auprès des misères d'un état qui, par un désir mal entendu de nous approcher de Dieu, condamne nos meilleurs penchants, ceux à qui nous devons la vie, ceux que Dieu lui-même nous donna pour l'embellir ?

GOETZ. Si vos vœux n'étaient pas aussi sacrés, je vous engagerais à endosser une armure ; je vous donnerais un cheval et nous ferions route ensemble.

MARTIN. Plût à Dieu que mes épaules se sentissent la vigueur de porter la cuirasse, et mon bras la force de désarmer un ennemi ! Pauvre main débile, accoutumée dès l'enfance à porter les bannières et la sainte croix dans nos pacifiques cérémonies, ou à balancer l'encensoir devant l'autel, comment voudrais-tu brandir la lance et manier l'épée? Ma voix, qui n'entonna jamais que des *Ave* ou des *Alleluia*, proclamerait à l'ennemi ma faiblesse pendant que le son de la vôtre le frapperait d'épouvante. Ah! sans cela, il n'y aurait point de vœu qui pût m'empêcher de rentrer dans l'ordre établi par mon créateur!

GOETZ *boit.* A votre heureux retour, mon frère!

MARTIN. Dites au vôtre, chevalier. Mon retour dans ma prison est toujours malheureux. Vous, quand vous rentrez dans vos murs avec la conscience d'un courage que rien ne peut abattre et d'une vigueur à l'épreuve des fatigues; quand, à l'abri des surprises de l'ennemi, pour la première fois, après de longues veilles, vous vous couchez sans armes sur le lit de vos pères, dans l'attente d'un sommeil plus délicieux que n'est pour moi l'eau quand j'ai bien soif, alors, alors, vous pouvez parler de bonheur.

GOETZ. Aussi ces moments-là viennent-ils rarement.

MARTIN, *avec feu.* Mais lorsqu'ils viennent, c'est un avant-goût du ciel.—Quand vous revenez chargé des dépouilles de votre ennemi, et que vous vous dites à vous-même, en repassant la journée: J'ai désarçonné celui-ci avant qu'il ait pu tirer sur moi; j'ai renversé celui-là avec son cheval; et qu'au milieu de ces souvenirs vous entrez dans votre château, et...

GOETZ. Eh bien!

MARTIN. Et vos femmes! (*Il verse à boire.*) A la santé de votre femme! (*Il s'essuie les yeux.*) Vous en avez une sans doute?

GOETZ. Une brave, excellente femme!

MARTIN. Heureux celui qui possède une femme honnête! sa vie est doublée. Je ne connais pas de femme, et pourtant la femme est la couronne de la création.

GOETZ, *à part.* Il me fait pitié! Le sentiment de son état lui ronge le cœur.

GEORGE, *arrivant précipitamment.* Monseigneur, j'entends des chevaux au galop! Ce sont eux, j'en suis sûr!

GOETZ. Fais sortir mon cheval; que Jean monte le sien.—

Adieu, mon cher frère. Dieu soit avec vous! Ayez du courage et de la patience: Dieu vous soutiendra.

MARTIN. Votre nom, je vous prie.

GOETZ. Pardonnez; je ne puis vous le dire. Adieu.

Il lui tend la main gauche.

MARTIN. Pourquoi me tendez-vous la main gauche? Ne suis-je pas digne de la droite d'un chevalier?

GOETZ. Et quand vous seriez l'empereur, il faudrait bien vous en contenter. Ma main droite, bien qu'à la guerre elle ne me soit pas inutile, est tout à fait insensible aux serrements de l'amitié. Elle et son gant ne font qu'un: vous voyez, il est de fer.

MARTIN. Vous êtes donc Gœtz de Berlichingen! Dieu! je te remercie de ce que tu me l'as fait voir, cet homme que tous les princes détestent, et vers qui se tournent tous les opprimés! (*Il lui prend la main droite.*) Laissez-moi cette main, que je la baise.

GOETZ. Non, non...

MARTIN. Laissez-moi faire! O main plus précieuse que les plus saintes reliques, toi où circulait le sang le plus noble de la terre, tu n'es plus qu'un instrument mort; mais la confiance en Dieu qui remplit cette belle âme fait ta force et ta vie.

Gœtz met son casque et prend sa lance.

MARTIN. Il passa chez nous, il y a déjà longtemps, un moine qui vous avait vu après qu'un coup de feu vous eut enlevé cette main devant Landshut. Comme il nous parla de vos souffrances, de votre chagrin d'être mutilé pour la guerre, et de l'idée qui vous revint tout à coup d'avoir entendu conter l'histoire d'un homme qui n'avait qu'une main non plus, et qui, malgré cela, fit encore longtemps le service d'un brave guerrier! Je ne l'oublierai jamais...

Les deux cavaliers arrivent. — Gœtz va vers eux; ils l'entretiennent tout bas.

MARTIN, *continuant pendant ce temps.* Je n'oublierai jamais comment, dans une noble et sainte confiance, il s'écria en s'adressant à Dieu: Quand j'aurais douze mains, si tu me refusais ta grâce, de quoi me serviraient-elles? Je puis donc avec une seule...

GŒTZ. Ainsi, dans la forêt de Haslach? (*Se tournant vers Martin.*) Adieu, digne frère Martin.

Il l'embrasse.

MARTIN. Ne m'oubliez pas : moi, jamais je ne vous oublierai.

Gœtz sort.

MARTIN. Comme mon cœur était plein quand je le regardais! Il ne parlait pas; et cependant mon âme rencontrait la sienne. C'est une vraie jouissance que de voir un grand homme.

GEORGE. Révérend père, vous couchez cette nuit chez nous, n'est-ce pas?

MARTIN. Puis-je avoir un lit?

GEORGE. Non, mon père; je ne connais les lits que par ouï-dire; dans notre auberge, il n'y a que de la paille.

MARTIN. C'est tout aussi bon. Comment t'appelles-tu?

GEORGE. George, mon révérend père.

MARTIN. George! Tu as là un brave patron.

GEORGE. On dit qu'il a été cavalier; moi, je veux l'être aussi.

MARTIN. Attends! (*Il tire un livre de prières, et donne à George l'image d'un saint.*) Tiens, le voici. Imite-le; sois brave et crains Dieu.

Il sort.

GEORGE. Ah! le beau cheval blanc! Si une fois j'en avais un pareil! — Et cette armure d'or!... Ah! quel vilain dragon! — Je jette à présent ma poudre aux moineaux. Saint George, fais que je devienne grand et fort, donne-moi une lance et un cheval pareil, et que les dragons viennent, ils verront beau jeu!

Jaxthausen, château de Goetz.

ÉLISABETH, MARIE, LE PETIT CHARLES.

CHARLES. Je t'en prie, chère tante, dis-moi encore une fois le conte de l'Enfant pieux ; il est si joli !

MARIE. Dis-le toi-même, petit drôle ; je verrai si tu as fait attention.

CHARLES. Attends un peu, que je pense. — Il y avait une fois... Oui... Il y avait une fois un enfant, et sa mère était malade ; alors l'enfant alla...

MARIE. Non. Sa mère lui dit : Mon cher enfant...

CHARLES. Je suis malade...

MARIE. Et je ne puis pas sortir.

CHARLES. Et puis elle lui donna de l'argent, et lui dit : Va-t'en acheter ton déjeuner. Alors vint un pauvre homme...

MARIE. L'enfant s'en alla, et rencontra en chemin un vieil homme, qui était... Eh bien, Charles !

CHARLES. Qui était... vieux.

MARIE. Cela va sans dire ! Qui avait à peine la force de marcher, et qui lui dit : Cher enfant...

CHARLES. Donne-moi quelque chose : je n'ai pas mangé de pain hier ni aujourd'hui. Alors l'enfant lui donna l'argent...

MARIE. Qui devait lui servir à acheter son déjeuner.

CHARLES. Alors le vieillard dit...

MARIE. Alors le vieillard prit l'enfant...

CHARLES. Par la main, et lui dit... Et il devint tout d'un coup un beau saint tout brillant, et dit : Cher enfant...

MARIE. La mère de Dieu va te récompenser de ta bienfaisance par moi. Le malade que tu toucheras...

CHARLES. Avec la main... C'était la main droite, je crois ?

MARIE. Oui.

CHARLES. Sera guéri tout de suite.

MARIE. Là-dessus l'enfant courut à la maison, et la joie l'empêcha de parler.

CHARLES. Et puis il se jeta au cou de sa mère en pleurant de joie.

MARIE. Alors la mère s'écria : Qu'est-ce donc que je sens ! Et fut... Eh bien, Charles ! et fut...

CHARLES. Et fut... et fut...

MARIE. Voilà déjà que tu ne fais plus attention ! — Et fut guérie. Et l'enfant guérit le roi et l'empereur, et devint si riche qu'il fit bâtir un grand monastère.

ÉLISABETH. Je ne puis concevoir ce que fait mon seigneur. Voilà déjà cinq jours et cinq nuits qu'il est dehors, et il espérait avoir fini en un tour de main.

MARIE. Ce n'est pas seulement d'aujourd'hui que je suis inquiète. Si j'étais condamnée à avoir un mari qui s'exposât comme le tien à tous les dangers, j'en mourrais la première année.

ÉLISABETH. Je remercie Dieu de m'avoir donné plus de fermeté.

CHARLES. Il est donc obligé de sortir, mon père, puisque c'est si dangereux?

MARIE. Oh! c'est son bon plaisir qu'il consulte.

ÉLISABETH. Tu as raison, mon bon Charles; il y est obligé.

CHARLES. Pourquoi?

ÉLISABETH. Tu sais bien, la dernière fois qu'il est sorti, quand il t'a apporté un petit pain blanc?

CHARLES. M'en rapportera-t-il encore cette fois?

ÉLISABETH. Je le pense. Vois-tu, mon ami, il y avait à Stuttgard un tailleur très-habile à tirer de l'arc, qui avait gagné le prix à Cologne.

CHARLES. Était-ce un prix considérable?

ÉLISABETH. Cent écus. Mais ensuite on refusa de le lui donner.

MARIE. C'est bien vilain, n'est-ce pas, Charles?

CHARLES. Les vilaines gens!

ÉLISABETH. Là-dessus, le tailleur vint trouver ton père, pour le prier de vouloir bien l'aider à obtenir son argent. Ton père monte aussitôt à cheval, tombe à l'improviste sur des marchands de Cologne, en emmène deux avec lui, et ne les relâche pas avant qu'ils aient payé les cent écus. N'aurais-tu pas fait comme lui, dis-moi?

CHARLES. Oh! non, ma foi. Il faut passer par une forêt noire, noire! toute pleine de bohémiens et de sorcières.

ÉLISABETH. Voilà un fameux héros, qui a peur des sorcières!

MARIE. Va, tu as bien raison, Charles; passe ta vie dans ton château, comme un pieux chevalier chrétien. On trouve assez d'occasions de faire le bien sans sortir de chez soi, et les plus honnêtes chevaliers commettent plus d'injustices dans leurs courses qu'ils ne redressent de torts.

ÉLISABETH. En vérité, ma sœur, tu ne réfléchis pas à ce que tu dis. Veuille le ciel que notre fils prenne du courage avec le temps, et n'aille pas ressembler à ce Weislingen, qui a mis tant de perfidie dans sa conduite avec mon mari.

MARIE. Ne te hâte pas de juger, Élisabeth. Mon frère est très-irrité, toi aussi; je suis plus de sang-froid dans cette affaire, et peux mieux juger des choses.

ÉLISABETH. Il est sans excuse.

MARIE. Ce que j'en ai appris m'a inspiré de l'intérêt pour lui. Ton mari lui-même ne nous en a-t-il pas dit beaucoup de bien? Comme leur jeunesse fut heureuse, quand ils étaient ensemble pages du margrave!

ÉLISABETH. Il se peut. Mais dis-moi, de quel bien peut être capable un homme qui persécute son meilleur ami, qui vend aux ennemis de mon mari le bras qu'il devrait consacrer à le défendre, et qui s'efforce, par des rapports mensongers, de nous noircir aux yeux de notre excellent empereur, qui nous fut toujours si favorable!

CHARLES. Mon père, mon père! le guet de la tour sonne l'air : *Ouvrez, ouvrez la grande porte.*

ÉLISABETH. Il revient sans doute avec du butin.

Entre un cavalier.

LE CAVALIER. Nous avons fait bonne chasse! Je vous salue, mesdames.

ÉLISABETH. Avez-vous Weislingen?

LE CAVALIER. Lui et trois cavaliers.

ÉLISABETH. Comment se fait-il que vous soyez restés si longtemps?

LE CAVALIER. C'est que nous nous étions d'abord postés entre Nuremberg et Bamberg, croyant qu'il avait pris ce chemin-là. Nous le guettions au passage, et il ne voulait pas venir. Enfin nous avons eu de ses nouvelles; il s'était détourné de sa route, et se gobergeait tranquillement chez le comte de Schwarzenberg.

ÉLISABETH. Ils voudraient faire encore de celui-là un ennemi de mon mari.

LE CAVALIER. Moi, je cours vite en avertir mon maître; il nous fait monter à cheval, et nous nous enfonçons dans la forêt de Haslach. Rien de plus curieux que ce qui nous y est arrivé. Imaginez-vous que, pendant que nous marchions dans la nuit, un pâtre s'est trouvé là avec ses moutons; et voilà que cinq loups sont venus fondre tout à coup sur le troupeau, s'en donnant à cœur joie. Notre maître se prit à rire, et dit : Bon succès, chers camarades! bon succès pour tout le monde, et pour nous aussi! Comme nous nous réjouissions d'un si favorable augure, nous entendons un bruit de chevaux, c'était Weislingen avec quatre cavaliers.

MARIE. Le cœur me bat.

LE CAVALIER. Mon camarade et moi, suivant l'ordre de notre maître, nous le prenons par le milieu du corps, et nous nous y cramponnons si bien, que nous ne faisions plus qu'un avec lui : il ne pouvait faire aucun mouvement. Pendant ce temps-là, notre maître et Jean tombent sur les cavaliers et s'en rendent maîtres après quelque résistance. L'un d'eux s'est échappé.

ÉLISABETH. Je suis curieuse de le voir. Viendront-ils bientôt?

LE CAVALIER. Ils enfilent la vallée; dans un quart d'heure ils sont ici.

MARIE. Il sera sans doute bien consterné?

LE CAVALIER. Il a l'air assez sombre.

MARIE. Je sens que son regard me fera mal.

ÉLISABETH. Ah! — Je vais vite préparer le dîner. Vous devez avoir tous bien faim.

LE CAVALIER. Je vous en réponds.

ÉLISABETH. Marie, prends la clef de la cave, et va tirer du meilleur vin. Ils l'ont bien mérité!

Elle sort.

CHARLES. Je veux aller avec toi, ma tante.

MARIE. Viens, mon petit.

Ils sortent.

LE CAVALIER. Il ne ressemblera jamais à son père, sans quoi il viendrait avec moi à l'écurie.

GOETZ, WEISLINGEN, CAVALIERS.

GOETZ, *posant sur la table son casque et son épée.* Dégrafez ma cuirasse, et donnez-moi ma veste. Il va me sembler bien doux d'être à mon aise; frère Martin, tu disais vrai! — Vous nous avez tenus en haleine, Weislingen. (*Weislingen ne répond rien, et marche à grands pas dans la chambre.*) Prenez courage! Allons, venez, désarmez-vous. Où sont vos habits? J'espère qu'il ne sera rien perdu. (*A un des cavaliers.*) Appelle ses gens : ouvrez les paquets, et voyez à ce que rien ne s'égare. — Je pourrais vous prêter des miens.

WEISLINGEN. Laissez-moi : tout cela m'est indifférent.

GOETZ. Je pourrais vous prêter un bel habit bien fait, qui n'est que de simple toile, il est vrai. Il m'est devenu trop étroit. Je le portais aux noces de mon gracieux seigneur le comte palatin, précisément lorsque votre évêque me prit si fort en grippe, parce que quinze jours auparavant j'avais coulé bas deux de ses bateaux sur le Mein. J'étais, je m'en souviens, avec Franz de Sickingen, dans l'auberge du Cerf à Heidelberg; nous montions l'escalier. Pour arriver en haut, il fallait traverser un palier entouré d'une petite rampe en fer, où se trouvait l'évêque. Il donna la main à Franz; et comme je suivais, il me la donna aussi. J'en ris à part moi, et m'approchant du landgrave de Hanau, prince que j'aimais de tout mon cœur, je lui dis : L'évêque vient de me donner la main, je gage qu'il ne m'a pas reconnu. Comme je parlais exprès assez haut, l'évêque m'entendit, et vint à nous fièrement : Oui, dit-il, si je vous ai donné la main, c'est que je ne vous ai pas reconnu. — Monseigneur, ai-je répondu, je m'en suis bien douté; et moi, je vous la rends, votre main. Alors le cou du petit homme se gonfla, il devint rouge de colère, et courut joindre dans le salon le comte Louis et le prince de Nassau, à qui il raconta tout chaud ce qui s'était passé, en se plaignant de moi amèrement. Nous en avons souvent ri depuis.

WEISLINGEN. Ne pourriez-vous pas me laisser seul?

GOETZ. Pourquoi cela? Mettez-vous à votre aise, je vous prie. Vous êtes en mon pouvoir, et je n'aurai garde d'en abuser.

WEISLINGEN. Ce n'est pas là ce qui m'inquiète, c'est votre devoir de chevalier.

GOETZ. Et vous savez qu'il m'est sacré.

WEISLINGEN. Je suis prisonnier; le reste m'est indifférent.

GOETZ. Ne tenez pas ce langage. Si vous aviez affaire à un prince qui vous jetât au fond d'une tour, en donnant ordre à vos gardiens de sonner du cor pour vous empêcher de dormir!.....

Les cavaliers apportent des vêtements; Weislingen ôte ses armes et s'habille. — Entre Charles.

CHARLES. Bonjour, mon père.

GOETZ *l'embrasse.* Bonjour, mon garçon. Comment avez-vous passé le temps ici?

CHARLES. Très-bien, mon père. Ma tante dit que je suis bien savant.

GOETZ. Oui?

CHARLES. M'as-tu apporté quelque chose?

GOETZ. Non, pas cette fois-ci.

CHARLES. C'est que j'ai bien travaillé.

GOETZ. Ah!

CHARLES. Veux-tu savoir le conte de l'Enfant pieux?

GOETZ. Après dîner!

CHARLES. Je sais encore autre chose.

GOETZ. Et quoi donc?

CHARLES. Jaxthausen est un village avec un château sur la Jaxt, et appartient, depuis deux cents ans, de père en fils, aux seigneurs de Berlichingen.

GOETZ. Et connais-tu le seigneur de Berlichingen? (*Charles le regarde avec des yeux étonnés.*) (*A part.*) Je crois, en vérité, qu'avec toute sa science il ne connaît pas son père. — A qui appartient Jaxthausen?

CHARLES. Jaxthausen est un village avec un château sur la Jaxt.

GOETZ. Ce n'est pas là ce que je te demande. — Moi, je connaissais déjà tous les chemins, les sentiers, les gués de la rivière, que je ne savais pas seulement le nom du château ni du village. — Ta mère est à la cuisine?

CHARLES. Oui, mon père; elle est à faire cuire des navets et à faire rôtir du mouton.

GOETZ. Tu sais tout cela, monsieur le cuisinier!

CHARLES. Et pour mon dessert, ma tante me fait cuire une pomme.

GOETZ. Ne peux-tu pas la manger crue?

CHARLES. Elle est meilleure cuite.

GOETZ. Il te faut donc toujours quelque friandise! — Weislingen, je suis à vous dans un instant. Il faut que j'aille embrasser ma femme. Viens avec moi, Charles.

CHARLES. Quel est cet homme-là?

GOETZ. Salue-le, et prie-le d'être un peu plus gai.

CHARLES. Tiens, voilà ma main. Réjouis-toi, le dîner va être prêt.

WEISLINGEN *le prend dans ses bras et le baise.* Heureux enfant, qui ne connaît d'autre malheur que le retard de son dîner! Dieu vous comble de joie dans cet enfant, Berlichingen!

GOETZ. Il n'y a jamais beaucoup de lumière sans beaucoup d'ombre. Ce serait pourtant un si grand bonheur pour moi!... Nous verrons ce qu'il en adviendra.

Ils sortent.

WEISLINGEN *resté seul.* Oh! si je m'éveillais, et que tout ceci ne fût qu'un songe!... Au pouvoir de Berlichingen! lui dont j'avais eu tant de peine à secouer le joug, dont je craignais la pensée comme le feu! lui que j'espérais vaincre!... Et cet ancien ami, ce loyal Gœtz!... Dieu! grand Dieu! quelle fin aura tout cela? —Adelbert, te voilà donc de retour dans cette salle, théâtre des jeux de notre enfance!... Quand tu l'aimais... que dis-je!... quand tu vivais de sa vie, que ton âme se confondait dans la sienne!... Qui peut l'approcher et le haïr? Hélas! maintenant, je ne suis plus rien ici! rien! Vous avez passé, jours de bonheur, où nous nous chérissions tous deux comme des anges! Le vieux Berlichingen vivait encore. Il me semble le voir, là, près de la cheminée, nous regardant jouer autour de lui. Ah!...— L'évêque va être bien en peine, ainsi que tous mes amis. Je ne doute pas que tout le pays ne prenne part à mon malheur. Mais que m'importe! Peuvent-ils me donner ce que je cherche?

GŒTZ, *avec une bouteille de vin et des verres.* En attendant le dîner, il faut que nous buvions un coup. Allons, asseyez-vous: faites comme chez vous. Songez que vous êtes encore une fois dans la maison de Gœtz. Il y a bien longtemps qu'il ne nous est arrivé de manger à la même table et de vider ensemble une bouteille. (*Il lui offre à boire.*) Voyons, un peu de gaîté.

WEISLINGEN. Les temps ont changé.

GŒTZ. Ah! il est vrai que nous ne pouvons plus guère espérer de jours comme ceux que nous avons passés ensemble à la cour du margrave, alors que nous ne nous quittions pas d'un instant, ni jour ni nuit. J'ai du plaisir à me rappeler ma jeunesse. Vous souvient-il encore de la fureur de ce Polonais à qui je défrisai, par mégarde, avec ma manche, sa longue moustache empommadée?

WEISLINGEN. Oui, il était à table, et vous menaça de son couteau.

GŒTZ. Je lui donnai une rude leçon, et cela vous fit une querelle avec son camarade. Nous nous soutenions toujours l'un l'autre comme de braves garçons, et on le savait bien! (*Il verse à boire et trinque.*) Castor et Pollux! mon cœur battait de joie quand le margrave nous donnait ce nom!

WEISLINGEN. C'est l'évêque de Wurtzbourg qui nous avait baptisés ainsi.

GOETZ. C'était là un savant homme, et avec cela si affable! Je me rappellerai toute ma vie combien il nous aimait, combien il louait notre union, et le cas qu'il disait faire de l'homme qui est le frère de son ami.

WEISLINGEN. Brisons là, je vous prie.

GOETZ. Pourquoi donc? Après le travail, je ne connais rien de plus doux dans la vie que les souvenirs. — En vérité, quand je repasse dans ma mémoire ces temps d'amitié si parfaite, où plaisirs et peines tout était commun entre nous; quand je me souviens avec quel charme je nourrissais l'idée qu'il en serait de même toute notre vie! Ne fut-ce pas là toute ma consolation lorsque cette main me fut abattue devant Landshut? Et toi, tu me soignais alors! tu fus pour moi plus qu'un frère; j'espérais qu'à l'avenir Adelbert serait ma main droite. Et maintenant...

WEISLINGEN. Oh!

GOETZ. Que ne t'es-tu rendu à mes prières lorsque je voulus t'emmener en Brabant? Tout serait aujourd'hui comme alors. Mais la vie de cour t'a perdu : absorbé par de misérables intrigues, amolli par le commerce des femmes, tu as oublié ton ami. Je te l'ai toujours dit, quand je t'ai vu abjurer ta vertu auprès de ces créatures frivoles et sans pudeur, t'entretenir avec elles d'unions malheureuses, de filles séduites; médire des absentes, en te récriant sur le teint basané de l'une, sur la peau rude de l'autre, et que sais-je, moi! sur tout ce qu'il leur passait par la tête de te faire dire; Adelbert! te répétais-je toujours, tu seras un vaurien.

WEISLINGEN. A quoi tend tout cela?

GOETZ. Plût au ciel que je pusse l'oublier, ou qu'il en fût autrement! Dis-moi, n'es-tu pas né noble et libre autant qu'un Allemand peut l'être, soumis à l'empereur lui seul, indépendant de tous les autres? Et cependant tu sers sous des vassaux! Qu'y a-t-il entre toi et cet évêque? Est-ce parce qu'il est ton voisin et qu'il peut te nuire! Mais n'as-tu pas un glaive et des amis pour te venger? Non, il faut que tu ne sentes pas la dignité du chevalier, qui ne dépend que de Dieu, de son empereur et de lui-même, pour te faire ainsi le premier valet d'un prêtre bouffi d'orgueil et rongé d'envie!

WEISLINGEN. Laissez-moi parler.

GOETZ. Qu'as-tu à me répondre ?

WEISLINGEN. Que tu vois les princes du même œil que le loup voit le berger. Et cependant, peux-tu les blâmer de ce qu'ils veillent au bonheur de leurs peuples ? Sont-ils un seul instant à l'abri des atteintes de ces chevaliers injustes et sans foi, qui vont dévalisant leurs sujets sur les grands chemins, saccageant leurs villages et leurs châteaux ? Si, d'une autre part, les possessions de notre bien-aimé empereur sont menacées par les infidèles, à qui veux-tu qu'il ait recours ? Aux États de l'empire ? mais ils ont peine eux-mêmes à disputer leur vie à ces brigands ! Et lorsqu'ils cherchent les moyens de ramener le calme en Allemagne et donner force à la justice, afin que tous, grands et petits, jouissent des avantages d'une paix durable, n'est-ce pas un bon génie qui les inspire ? Tu nous reproches de chercher un appui dans nos voisins ; eh ! Berlichingen, regarde la majesté impériale, elle est seule et ne peut se défendre.

GOETZ. Oui, oui, j'entends bien ! Weislingen, si les princes étaient ce que vous dites, nous aurions tout ce que nous souhaitons, le repos et la paix ! Je le crois bien : il n'y a pas de vautour qui ne la demande pour dévorer plus commodément sa proie ! Le bonheur de leurs peuples ! qu'ils n'aient jamais d'autres soucis, et leurs cheveux ne blanchiront pas. — Et notre empereur, osent-ils bien en parler, lui dont ils se jouent avec la dernière indécence ! Ses intentions sont excellentes, et c'est le bien seul qu'il a en vue. Mais tous les jours se présente un nouvel aventurier qui donne des avis ; et lui, parce qu'il comprend vite, et qu'il n'a qu'à dire un mot pour mettre en mouvement mille bras, il s'imagine que tout s'exécute avec la même célérité. Arrivent alors ordonnances sur ordonnances : l'une fait oublier l'autre ; les princes choisissent entre toutes celle qui sert le mieux leurs projets, et, cachés derrière ce rempart, ils écrasent à loisir les petits, tout en criant au repos et à la sécurité de l'empire. Je jurerais qu'il y en a plus d'un qui remercie Dieu dans son cœur de ce que le Turc tient l'empereur en haleine.

WEISLINGEN. C'est votre manière de voir.

GOETZ. Chacun la sienne. La question est de savoir de quel

côté est la lumière et la justice; et vous avouerez au moins que vos menées craignent le grand jour.

WEISLINGEN. Tout ce que vous voudrez, je suis prisonnier.

GOETZ. Non, vous êtes libre, si votre conscience est pure. Mais cette paix publique, où est-elle? Je me souviens d'une diète où j'assistai avec le margrave, à l'âge de seize ans. Vos princes, il fallait les voir ouvrir de grandes bouches, et entendre leurs beaux discours! et les ecclésiastiques par-dessus tous. Votre évêque cornait aux oreilles de l'empereur, comme si la justice lui tenait merveilleusement au cœur; et tout à l'heure il m'enlève un de mes vassaux, lorsque tous nos différends sont apaisés, et que je ne songeais seulement plus à lui. — Tout n'était-il pas fini entre nous? Qu'a-t-il à démêler avec ce prisonnier?

WEISLINGEN. Cela s'est fait à son insu.

GOETZ. Pourquoi donc ne pas le relâcher?

WEISLINGEN. Parce qu'il ne s'est pas conduit comme il le devait.

GOETZ. Comme il le devait!... Moi, je réponds sur l'honneur qu'il a fait ce qu'il devait; et je suis sûr que c'est de l'aveu de l'évêque et du vôtre qu'on a enlevé mon vassal. Me croyez-vous donc d'aujourd'hui dans le monde, pour ne pas voir où tout cela mène?

WEISLINGEN. Vos soupçons sont injustes.

GOETZ. Weislingen, vous parlerai-je à cœur ouvert? Je vous suis une épine dans le pied, tout petit que je suis; et Sickingen et Selbitz vous gênent également. Pourquoi? parce qu'on sait que nous sommes résolus à mourir plutôt que de devoir l'air que nous respirons à d'autres qu'à Dieu, et de prêter foi et hommage à d'autres qu'à l'empereur. Aussi ne cessent-ils de me tendre des piéges: ils me peignent sous les couleurs les plus noires aux yeux de Sa Majesté, aux yeux de leurs amis, de mes voisins: ils m'entourent de gens qui m'espionnent. Pourvu qu'ils se débarrassent de moi, tous les moyens sont bons. — Vous avez pris ce jeune homme, parce que je l'avais chargé d'un message; et il n'a pas fait ce qu'il devait, parce qu'il ne m'a pas trahi auprès de vous. Et toi, Weislingen, tu es leur instrument!

WEISLINGEN. Berlichingen!...

GOETZ. En voilà assez sur ce sujet. Je suis l'ennemi juré des explications. On se trompe l'un ou l'autre, et le plus souvent tous les deux.

CHARLES. A table, mon père!

GOETZ. Voilà une bonne nouvelle! Venez; j'espère que mes femmes vous remettront un peu de joie au cœur. Vous étiez autrefois un galant chevalier; les demoiselles n'avaient que vous à la bouche. Venez.

Ils sortent.

Le palais épiscopal de Bamberg. — Une salle à manger.

L'ÉVÊQUE DE BAMBERG, L'ABBÉ DE FULDA, OLEARIUS, LIEBETRAUT, COURTISANS.

A table. — On vient de desservir et d'apporer de grandes coupes.

L'ÉVÊQUE. Y a-t-il dans ce moment-ci beaucoup d'Allemands de naissance à l'université de Boulogne?

OLEARIUS. Nobles et bourgeois, il y en a de tous les rangs; et, soit dit sans vanité, ce sont eux qui s'y distinguent le plus. On dit même à l'Académie, par manière de proverbe : Studieux comme un gentilhomme allemand. Car, si les bourgeois font de louables efforts pour racheter par des talents acquis l'obscurité de leur naissance, les autres ne mettent pas moins d'ardeur à relever l'illustration de la leur de tout l'éclat que donnent le mérite et la science.

L'ABBÉ. Oh! oh!

LIEBETRAUT. Qu'on vienne dire qu'il n'y a rien de nouveau sous le soleil! Studieux comme un gentilhomme allemand! De ma vie ni de mes jours je ne l'avais entendu dire.

OLEARIUS. Oui, ils font l'admiration de toute l'Académie. Vous allez au premier jour en voir arriver quelques-uns des plus âgés et des plus habiles, coiffés du bonnet de docteur. L'empereur sera trop heureux d'avoir à leur confier les premières places.

L'ÉVÊQUE. Ils ne peuvent manquer de les obtenir.

L'ABBÉ. Connaissez-vous, par exemple, un jeune gentilhomme?... Il est de la Hesse.

OLEARIUS. Il y a beaucoup de Hessois.

L'ABBÉ. Il s'appelle... Il est... Attendez. Comment! pas un de vous ne sait son nom? — Sa mère était une De... Ah! son père était borgne... et maréchal.

LIEBETRAUT. De Wildenholz?

L'ABBÉ. Justement! de Wildenholz.

OLEARIUS. Je le connais bien; un jeune homme plein de moyens. On vante surtout sa force dans la dispute.

L'ABBÉ. Il tient cela de sa mère.

LIEBETRAUT. Et, à en croire son mari, ce n'était pas là le beau côté de madame.

L'ÉVÊQUE. Comment disiez-vous que s'appelait l'empereur qui a écrit votre *Corpus Juris?*

OLEARIUS. Justinien.

L'ÉVÊQUE. Excellent homme! A sa santé!

OLEARIUS. A sa mémoire!

L'ABBÉ. Ce doit être un beau livre!

OLEARIUS. C'est en quelque façon le livre des livres, une collection complète de toutes les lois, où l'on trouve des décisions applicables à tous les cas, et de plus, pour remplir les lacunes et éclaircir les passages obscurs, d'énormes gloses, dont les plus savants hommes ont enrichi le texte de cet admirable ouvrage.

L'ABBÉ. Une collection de toutes les lois! Peste! on doit donc y trouver aussi les dix commandements?

OLEARIUS. *Implicité* oui, mais non *explicité.*

L'ABBÉ. C'est aussi ce que je voulais dire, purement et simplement, sans autre explication.

L'ÉVÊQUE. Et ce qu'il y a de plus beau, c'est que, comme vous le remarquiez tout à l'heure, un empire où ces lois seraient en vigueur jouirait du repos le plus absolu.

OLEARIUS. Sans aucun doute.

L'ÉVÊQUE. A tous les docteurs en droit!

OLEARIUS. J'en rendrai bon compte. (*Ils boivent.*) Plût à Dieu qu'on tînt ce langage dans ma patrie!

L'ABBÉ. D'où êtes-vous, savant docteur?

OLEARIUS. De Francfort-sur-le-Mein, pour servir Votre Grandeur.

L'ÉVÊQUE. Y seriez-vous mal notés, vous autres messieurs?

OLEARIUS. C'est une chose assez bizarre. J'y allai pour recueillir l'héritage de mon père; le peuple m'aurait presque lapidé quand il sut que j'étais homme de loi.

L'ABBÉ. Ah! bon Dieu!

OLEARIUS. Mais voici d'où cela vient : les échevins, qui sont en grand honneur dans le pays, sont tous des gens absolument étrangers au droit romain. On croit qu'il suffit d'avoir acquis par l'âge et l'expérience une connaissance exacte de l'état intérieur et extérieur de la ville; aussi n'y est-on jugé que d'après de vieilles coutumes et un fort petit nombre de statuts.

L'ABBÉ. Cela est bien vu.

OLEARIUS. Mais ne suffit pas. La vie humaine est courte, et dans une génération tous les cas ne se présentent pas. Or, notre code de lois est un recueil des cas qui se sont présentés dans une suite de plusieurs siècles. Et puis la volonté de l'homme est faible, son opinion sujette à varier : l'un approuve aujourd'hui ce que l'autre condamnait hier. Ainsi l'erreur et l'injustice sont inévitables; au lieu que sur toutes ces choses nous avons des lois positives, et les lois sont invariables.

L'ABBÉ. En effet, cela vaut mieux.

OLEARIUS. Voilà ce qu'on ne peut faire entendre au peuple. Quelque avide qu'il soit de nouveautés, il a cependant horreur de tout ce qui tend à le tirer de son ornière, dût-il s'en trouver mieux. Un jurisconsulte, à leurs yeux, n'est autre chose qu'un perturbateur de l'État, un coupeur de bourses; et ils entrent en fureur s'il en vient un qui veuille s'établir chez eux.

LIEBETRAUT. Vous êtes de Francfort! J'y suis bien connu, moi : au couronnement de l'empereur Maximilien, nous en avons fait voir de belles à vos fiancés! Vous vous appelez Olearius! Je n'y sais personne de ce nom.

OLEARIUS. Mon père s'appelait Oehlmann[1]; mais, pour éviter la dissonance que ce nom aurait causée en tête de mes œuvres latines, je l'ai quitté, d'après l'exemple et les conseils de célèbres professeurs, pour prendre celui d'Olearius.

LIEBETRAUT. Vous avez bien fait de vous traduire. Nul n'est prophète en son pays. Vous auriez peut-être eu le même sort dans votre langue maternelle.

OLEARIUS. Ce n'était pas là ma raison.

LIEBETRAUT. On en a toujours plus d'une.

L'ABBÉ. Nul n'est prophète en son pays.

LIEBETRAUT. Savez-vous bien pourquoi, monseigneur?

OLEARIUS. Parce qu'il y est né et qu'il y a été élevé.

LIEBETRAUT. Oui, peut-être est-ce là la première raison; voici la seconde : c'est que cette auréole de gloire et de sainteté qui, pour des spectateurs un peu éloignés, rayonne autour de ces messieurs, s'évapore à les voir de plus près; et ce ne sont plus alors que de mauvaises petites guenilles.

OLEARIUS. Il semble que vous ayez mission de dire des vérités.

LIEBETRAUT. Comme j'ai le courage de les dire, je ne manque pas de mots pour les exprimer.

OLEARIUS. Mais de tact pour les bien placer?

LIEBETRAUT. Partout où les ventouses tirent elles sont bien placées.

OLEARIUS. On reconnaît le garçon de bains à son tablier, et le métier à ses priviléges; vous devriez, par précaution, attacher des grelots à votre bonnet.

LIEBETRAUT. Où avez-vous pris vos degrés? Je vous le demande, parce que, dans le cas où il me prendrait fantaisie d'arriver à celui de docteur, je voudrais connaître la vraie forge.

---

[1] *Oehlmann* a en allemand la même signification qu'*Olearius* en latin, proprement *homme d'huile*.

OLEARIUS. Vous faites l'impertinent !

LIEBETRAUT. Eh ! vous faites bien l'homme d'importance !

L'évêque et l'abbé rient aux éclats.

L'ÉVÊQUE. En voilà assez là-dessus !... pas tant de chaleur, messieurs : à table tout s'arrange. — Allons, Liebetraut, entame quelque autre sujet.

LIEBETRAUT. Il y a près de Francfort un petit endroit qui s'appelle Sachsenhausen...

OLEARIUS, *à l'évêque.* Monseigneur, que dit-on de l'expédition contre les Turcs ?

L'ÉVÊQUE. Que l'empereur a bien d'autres affaires ! Il faut d'abord qu'il s'applique à pacifier l'empire, à assoupir les dissensions intestines, à relever la dignité des tribunaux. Ensuite il doit marcher, dit-on, en personne contre les ennemis de l'empire et de la chrétienté ; mais d'ici là il trouvera assez d'occupation chez lui. L'empire, malgré une paix de quarante ans, est encore à l'heure qu'il est un vrai coupe-gorge. La Franconie, la Souabe, le Haut-Rhin et les pays environnants sont à la merci de quelques chevaliers arrogants et audacieux. Sickingen, Selbitz le boiteux, Berlichingen à la main de fer, s'y moquent ouvertement de Sa Majesté impériale.

L'ABBÉ. Comment ! si Sa Majesté ne s'en mêle, ces drôles-là en viendront un beau jour jusqu'à nous mettre dans le sac.

LIEBETRAUT. Ce serait un fier luron, celui qui mettrait en sac le tonneau de Fulda [1] !

L'ÉVÊQUE. Berlichingen surtout est depuis bien des années mon irréconciliable ennemi. Je ne puis dire comme il me rend la vie pénible ; mais j'espère en être bientôt débarrassé ; l'empereur tient actuellement sa cour à Augsbourg ; nos mesures sont prises, il ne peut échapper. — Monsieur le docteur, connaissez-vous Adelbert de Weislingen ?

OLEARIUS. Non, monseigneur.

L'ÉVÊQUE. Si vous avez le loisir d'attendre cet homme, vous

---

[1] Allusion à de grands tonneaux appelés *foudres*, dont on se sert en Allemagne pour conserver le vin. Nous avons préféré ne pas employer ce mot, quoique ce fût le mot propre, dans la crainte d'ajouter à la difficulté d'un jeu de mots celle d'une équivoque.

aurez la satisfaction de voir en lui le plus noble, le plus habile et le plus aimable chevalier du monde.

OLEARIUS. Ce doit être un homme bien supérieur, pour s'attirer de telles louanges d'une telle bouche..

LIEBETRAUT. Il n'a jamais été à l'université.

L'ÉVÊQUE. Nous le savons. (*Les domestiques courent à la fenêtre.*) Qu'y a-t-il ?

UN DOMESTIQUE. Færber, un des hommes de Weislingen, est entré au château.

L'ÉVÊQUE. Allez voir ce qu'il apporte ; sûrement la nouvelle de l'arrivée du chevalier.

Liebetraut sort. Tout le monde se lève et boit encore un coup. Liebetraut rentre.

L'ÉVÊQUE. Eh bien ! quelles nouvelles ?

LIEBETRAUT. J'aimerais mieux qu'un autre vous les dît que moi. Weislingen est pris.

L'ÉVÊQUE. Ciel !

LIEBETRAUT. Berlichingen l'a fait prisonnier, lui et trois de ses gens, près de Haslach. L'un d'eux s'est échappé pour vous apporter ce message.

L'ABBÉ. Maudite nouvelle !

OLEARIUS. J'en suis pénétré de douleur !

L'ÉVÊQUE. Je veux voir cet homme ; faites-le monter..... non, qu'il entre dans mon cabinet ; je veux lui parler moi-même.

L'ABBÉ *se remet à table.* Encore un coup !

Les domestiques versent à boire.

OLEARIUS. Votre Révérence serait-elle disposée à faire un petit tour de jardin ? *Post cœnam stabis, seu passus mille meabis.*

LIEBETRAUT. Vraiment, je crois que le fauteuil ne vous vaut rien. Vous gagnerez encore une attaque. (*L'abbé se lève. — A part.*) Si une fois je te tiens dehors, tu feras de l'exercice, je t'en réponds.

MARIE, WEISLINGEN.

MARIE. Vous m'aimez, dites-vous? J'ai du plaisir à vous croire, et j'espère que vous ferez mon bonheur et que je ferai le vôtre.

WEISLINGEN. Marie, je ne vois plus au monde que toi!
Il l'embrasse.

MARIE. Laissez-moi, je vous prie. Déjà vous avez reçu le gage d'un baiser; mais on dirait que vous voulez anticiper sur des droits que vous n'avez pas encore.

WEISLINGEN. Vous êtes trop sévère, mon amie. Un amour innocent, loin de déplaire à Dieu, lui est agréable.

MARIE. Soit! mais vos paroles ne me convertiront pas. On m'a appris que les caresses, comme les anneaux d'une chaîne, se tiennent étroitement enlacées, et que les filles, quand elles aiment, sont plus faibles que Samson après la perte de ses cheveux.

WEISLINGEN. Qui vous a appris cela?

MARIE. L'abbesse de mon couvent. J'ai resté auprès d'elle jusqu'à ma seizième année, et ce n'est qu'avec vous que je retrouve le bonheur que je goûtais chez elle. Elle avait aimé, et pouvait en parler. Son cœur était si sensible! C'était une bien excellente femme.

WEISLINGEN. Elle te ressemblait donc? (*Il lui prend la main.*) Marie, que deviendrai-je s'il faut vous quitter?

MARIE, *retirant sa main.* J'espère qu'il vous en coûtera un peu, comme à moi; mais il faut bien que vous partiez.

WEISLINGEN. Oui, ma douce amie, je partirai; c'est sans doute un sacrifice; mais quel heureux avenir il me prépare! Béni soit ton frère et le jour où il descendit à Haslach pour me faire prisonnier!

MARIE. Ce jour-là, son cœur était plein d'espoir pour toi et pour lui. Adieu, nous dit-il en partant, je veux voir si je retrouverai Weislingen.

WEISLINGEN. Il l'a retrouvé. Ah! que je voudrais n'avoir

jamais négligé, pour cette misérable vie des cours, l'administration et la sûreté de mes biens! Tu serais à moi aujourd'hui même.

MARIE. Les délais ont aussi leurs charmes.

WEISLINGEN. Ne dis pas cela, Marie. Je craindrais que ton amour fût moins vif que le mien. Au reste, c'est un châtiment que j'ai mérité; mais que de douces espérances vont m'accompagner jusqu'à mon retour! Ne vivre que pour toi! te posséder tout entière, loin des distractions du monde, au milieu de quelques amis fidèles! absorbés tous deux dans les délices de l'amour! Que sont la faveur des princes et les suffrages du monde, auprès d'un bonheur si simple! J'ai formé dans ma vie bien des vœux, bien des espérances; mais ce jour les surpasse toutes.

Entre Gœtz.

GOETZ. Votre écuyer est de retour. Épuisé de fatigue et de faim, à peine s'il a pu dire une parole. Ma femme est allée le faire manger. Autant que j'ai pu comprendre, l'évêque refuse de relâcher l'homme qu'il m'a pris : on doit nommer des commissaires impériaux, qui prendront jour et décideront l'affaire. Au reste, qu'il soit libre ou non, vous l'êtes, Adelbert. Je ne demande que votre main et la promesse de ne plus servir mes ennemis, ni ouvertement ni en secret.

WEISLINGEN. Voici ma main : donnez-moi la vôtre, et que ce soit entre nous le gage d'une amitié aussi inaltérable qu'une des lois de la nature! Mais donnez-moi en même temps cette main (*il prend celle de Marie*), avec la possession de la femme la plus vertueuse.

GOETZ. Puis-je dire oui pour vous, ma sœur?

MARIE. Si vous le dites avec moi.

GOETZ. Il est heureux que cette fois nos intérêts soient les mêmes. Tu n'as pas besoin de rougir; tes regards en disent assez. Eh bien! oui, Weislingen, j'y consens; donnez-vous la main, et je dirai : *Amen!* — Mon ami! mon frère! — Je te remercie, ma sœur : tu sais faire mieux que tourner le fuseau, puisque tu as pu mettre en cage cet oiseau de paradis! Tu n'as pas l'air tout à fait libre, Adelbert. Que te manque-t-il? Moi... je suis parfaitement heureux. Ce que je n'espérais qu'en rêve, je le vois ; il me semble que je rêve encore. Ah ! voilà mon songe expliqué ! Cette nuit, il me sembla que je te tendais ma main de fer, et tu me la serras si fort, qu'elle se détacha du brassard, comme brisée. Là-dessus je poussai un cri et je m'éveillai. J'aurais dû continuer ; je t'aurais vu remplacer cette main de fer par une main vivante. — Maintenant pars, et va remettre en bon état ton château et tes domaines. Cette maudite cour t'a fait négliger l'un et l'autre. Je vais appeler ma femme. Élisabeth !

MARIE. Mon frère est au comble de la joie.

WEISLINGEN. Et pourtant je crois que la mienne l'emporte encore.

GOETZ. Tu vas avoir une habitation fort agréable.

MARIE. La Franconie est un beau pays.

WEISLINGEN. Et je puis dire que mon château se trouve dans la partie la plus fertile et la plus riante.

GOETZ. Oui, vous pouvez le dire en toute conscience, et moi je vous soutiendrai. — C'est ici que coule le Mein ; c'est là tout auprès que commence à s'élever la colline, couverte de blés et de vignobles, qui est couronnée par votre château. Un peu plus bas le fleuve fait un coude, et va tourner autour des rochers sur lesquels posent vos tours. De la fenêtre du grand salon, l'œil plonge immédiatement sur l'eau, et la vue s'étend à plusieurs lieues.

Entre Élisabeth.

ÉLISABETH. Que voulez-vous ?

GOETZ. Viens aussi donner ton consentement, et dire : Dieu vous bénisse !... Ils sont unis...

ÉLISABETH. Quoi ! sitôt !

GOETZ. Ce n'est pourtant pas une surprise.

ÉLISABETH. Puissiez-vous l'aimer toute votre vie comme au jour où vous avez demandé sa main, et trouver le bonheur dans votre constance !

WEISLINGEN. Dieu m'est témoin que je ne veux du bonheur qu'à ce prix.

GOETZ. Élisabeth, notre fiancé part pour un petit voyage;

car ce grand changement en amène plusieurs autres. Il commence par quitter la cour de l'évêque, afin de laisser peu à peu cette amitié se refroidir. Il court ensuite arracher ses biens aux mains d'avides fermiers, et... Mais viens, ma sœur; viens, ma femme : laissons-le seul ; son écuyer a sans doute quelque commission secrète pour lui.

WEISLINGEN. Rien que vous ne puissiez entendre.

GOETZ. Et rien que je veuille savoir. Franconie et Souabe, vous voilà sœurs plus que jamais! Comme nous allons serrer de près ces princes!

Ils sortent tous trois.

WEISLINGEN. Grand Dieu! j'en suis indigne! Pourquoi me combler de tant de félicités ? Il y en a trop pour mon cœur... Comme j'étais joué par ces misérables que je croyais conduire! Esclave du prince et mendiant le suffrage de vils complaisants! Gœtz! cher Gœtz! tu m'as rendu à moi-même ; et toi, Marie, tu achèves de me donner une vie nouvelle. Je me sens plus libre, et comme transporté dans une autre atmosphère. Je suis décidé à ne plus revoir Bamberg ; je veux briser tous ces liens honteux qui me ravalaient au-dessous de moi-même. Mon âme s'élargit... Ah! ce n'est point là l'élan pénible d'une folle et vaine ambition! Non, il n'y a d'heureux et de véritablement grand sur la terre que l'homme qui n'a besoin, pour être quelque chose, ni de commander ni d'obéir.

Entre Franz.

FRANZ. Je vous salue, monseigneur. J'ai pour vous tant de compliments, que je ne sais par où commencer. Bamberg et dix lieues à la ronde vous saluent mille fois.

WEISLINGEN. C'est bon, Franz. Qu'apportes-tu de plus?

FRANZ. Vous êtes dans une estime, à la cour et partout, que je ne saurais vous décrire.

WEISLINGEN. Elle ne durera pas longtemps.

FRANZ. Autant que vous ; et après votre mort elle restera plus brillante que les inscriptions en cuivre attachées aux tombeaux. Comme ils ont pris à cœur votre mauvaise fortune!

WEISLINGEN. Que dit l'évêque?

FRANZ. Il était si pressé d'apprendre quelque chose de vous, qu'il me faisait questions sur questions, sans attendre les réponses. Il savait déjà la nouvelle par Færber, qui s'est échappé de Haslach. Il m'a demandé avec tant d'anxiété si vous n'étiez pas blessé! Je lui ai certifié que de la tête aux pieds vous n'aviez pas reçu une seule égratignure.

WEISLINGEN. Quelle est sa réponse aux propositions?

FRANZ. Il voulait d'abord tout donner, l'homme et de l'argent par-dessus, pour vous délivrer; mais, quand il a su que Gœtz vous relâcherait sur une simple promesse de lui renvoyer son vassal, il s'est décidé à différer la restitution. Il m'a chargé en outre de mille choses pour vous... Je les ai oubliées. Mais c'était un long sermon sur ce texte : « Je ne puis pas me passer de Weislingen. »

WEISLINGEN. Il faudra bien qu'il apprenne à le pouvoir.

FRANZ. Que voulez-vous dire? — Il ajouta encore : « Qu'il se hâte! on n'attend que lui. »

WEISLINGEN. On peut m'attendre. Je ne vais pas à la cour.

FRANZ. Vous n'allez pas à la cour, monseigneur! D'où vient cela?... Si vous saviez ce que je sais! si vous pouviez seulement rêver ce que j'ai vu!

WEISLINGEN. Qu'as-tu donc vu?

FRANZ. Le souvenir seul m'en fait perdre la tête. Bamberg n'est plus Bamberg; un ange, sous la figure d'une femme, en a fait un parvis céleste.

WEISLINGEN. Rien que cela?

FRANZ. Que je me fasse moine, si, en la voyant, vous n'êtes pas hors de vous.

WEISLINGEN. Qui est-ce donc?

FRANZ. Adélaïde de Waldorf.

WEISLINGEN. Elle? En effet, j'ai entendu souvent faire l'éloge de sa beauté.

FRANZ. Entendu!... C'est comme si vous disiez : « J'ai vu de la musique. » Comment la parole pourrait-elle donner une idée de la moindre de ses perfections, puisque l'œil ne se suffit pas lui-même en sa présence?

WEISLINGEN. Tu n'es pas dans ton bon sens.

FRANZ. Cela peut être. La dernière fois que je l'ai vue, je n'en avais pas plus qu'un homme ivre; ou bien plutôt j'éprouvais les extases des saints à la vue d'apparitions célestes. Tous mes sens plus forts, plus élastiques, plus parfaits, et pourtant l'usage d'aucun.

WEISLINGEN. Voilà qui est extraordinaire.

FRANZ. Lorsque je pris congé de l'évêque, elle était assise en face de lui. Ils jouaient aux échecs. L'évêque fut très-gracieux, il me donna sa main à baiser, et m'adressa beaucoup de choses que je n'entendis pas; car je ne voyais que sa belle voisine. Elle avait les yeux fixés sur l'échiquier, comme si elle méditait un grand coup. Il y avait sur sa bouche et dans ses joues un trait d'une finesse, d'une malice!... Que n'étais-je le roi d'ivoire! Son front est un modèle de noblesse et de douceur. Et la blancheur éblouissante de son visage et de son sein, comme elle était rehaussée par sa longue chevelure noire!

WEISLINGEN. Mais tu en es vraiment devenu poëte.

FRANZ. C'est qu'alors il ne faut, pour être poëte, qu'un cœur entraîné par un sentiment unique. — Quand l'évêque eut fini, et que je m'inclinais pour prendre congé, elle leva les yeux sur moi, et dit : « Bien qu'il ne me connaisse pas, salue-le aussi de ma part. Dis-lui qu'il vienne au plus vite. De nouveaux amis l'attendent, et il ne faut pas qu'il les méprise parce qu'il en a un si grand nombre d'anciens. » Je voulais répondre, mais le passage du cœur à la langue était fermé. Je fis un salut. J'aurais donné tout ce que je possède au monde pour baiser le bout de son doigt. Comme j'en étais là, l'évêque laisse tomber un pion : je me baisse pour le ramasser, et en me relevant je touche le bord de sa robe; tout mon corps en a tremblé... enfin je ne sais comment j'ai pu gagner la porte.

WEISLINGEN. Son mari est-il à la cour?

FRANZ. Elle est veuve depuis quatre mois. C'est pour se distraire qu'elle est venue à Bamberg. Vous la verrez. Quand elle vous regarde, c'est comme si on sentait le soleil du printemps.

WEISLINGEN. Ses yeux ne feraient pas sur moi tant d'impression.

FRANZ. J'apprends que vous voilà presque marié.

WEISLINGEN. Je voudrais l'être tout à fait. Ma douce Marie fera le bonheur de ma vie entière. La bonté de son âme se peint dans ses yeux bleus. Pure comme un ange du ciel, formée d'innocence et d'amour, elle dispose mon cœur à la félicité et au repos. — Prépare tout au plus vite, et partons pour mon château! Je ne reverrai pas Bamberg quand saint Veit m'y attendrait en personne.

Il sort.

FRANZ. A Dieu ne plaise! espérons mieux. — Marie est aimable et belle. Qu'un prisonnier, un malade, en devienne amoureux, je le conçois; son œil porte la consolation; il semble fait pour partager la tristesse. — Mais toi, Adélaïde, toi seule tu donnes la vie, le feu, le courage! Je pourrais... je suis un fou. — C'est pourtant l'ouvrage d'un de ses regards! Mon maître ira! moi aussi j'irai! et si je ne trouve ma raison, je veux la perdre en la regardant!

ACTE DEUXIÈME.

Bamberg. — Un salon.

L'ÉVÊQUE, ADÉLAÏDE, *jouant aux échecs;* LIEBETRAUT, *une guitare en main;* DAMES, COURTISANS *autour de lui près de la cheminée.*

LIEBETRAUT, *s'accompagnant.*

Tenant arc perfide [1]
Et torche homicide,
On conte qu'un jour,

[1] Cette courte ballade étant la seule pièce de vers que l'on rencontre dans Goetz, et devant trancher sur le reste de l'ouvrage, nous avons cru que ce serait manquer à nos devoirs de traducteur que d'en offrir un mot à mot sans couleur et sans harmonie. Le fond en est si peu de chose, que la fidélité consistait beaucoup plus à rendre l'effet général qu'à reproduire scrupuleusement chaque ligne. C'est à quoi nous nous sommes attaché, et c'est ce qui doit servir d'excuse à la liberté avec laquelle certains détails ont été exprimés.

Pour aller en guerre,
Du sein de sa mère
S'envola l'Amour.

Aux armes !
Aux armes !

En fendant les airs,
Ses ailes frémirent,
Ses traits retentirent,
De ses yeux jaillirent
Mille ardents éclairs.

Mais quand sur la terre
L'enfant de Cythère
Eut posé ses pas,
Vers ce fourbe, hélas !
Filles s'empressèrent,
Filles l'embrassèrent,
Et le caressèrent,
Et le balancèrent
Sur leurs jeunes bras.

Épris dans son âme
De si doux attraits,
Il livre à la flamme
Son arc et ses traits ;
Et, ployant ses ailes,
Au sein des plus belles
Il court se loger
Pour n'en plus bouger.
Hei ! ei ! popeyo [1] !

ADÉLAÏDE. Vous n'êtes pas à votre jeu. Échec au roi !

L'ÉVÊQUE. Il y a encore de la ressource.

ADÉLAÏDE. Vous n'en avez pas pour longtemps. Échec au roi !

LIEBETRAUT. Moi, si j'étais roi, je ne voudrais jamais jouer à ce jeu-là, et je le défendrais à ma cour, et dans tout mon royaume.

ADÉLAÏDE. Il est vrai que ce jeu est la pierre de touche de l'esprit.

LIEBETRAUT. Ce n'est pas pour cela. Mais j'aimerais mieux entendre la cloche des morts, le cri lugubre des oiseaux de

---

[1] Refrain en usage dans les vieilles ballades allemandes.

nuit, les hurlements de la conscience, ce chien qui toujours aboie, et tout cela pendant mon premier sommeil, que de la part d'un fou, d'un cavalier ou de tel autre animal, cet éternel : Échec au roi !

L'ÉVÊQUE. Eh ! quel homme aura jamais de pareilles idées ?

LIEBETRAUT. Un homme, par exemple, dont la tête serait légère et la conscience chargée, qualités qui s'accordent merveilleusement. On appelle cela un jeu royal ; on prétend qu'il fut inventé pour un roi, et que ce roi ne crut pouvoir trop magnifiquement payer une telle découverte. Si ce n'est pas un conte, il me semble que je vois ce prince-là. Pauvre d'esprit... ou d'années ; sous la tutelle de sa mère ou de sa femme ; un peu de duvet au menton, et quelques poils d'un blond fade autour des tempes ; pliable comme un jeune saule. Il jouait volontiers aux dames avec les dames, non par passion, Dieu l'en garde ! mais par passe-temps. Son gouverneur, homme trop actif pour être un savant, trop roide pour être un courtisan, inventa *in usum Delphini* ce jeu où Sa Majesté se trouvait si dignement représentée... et ainsi du reste.

ADÉLAÏDE. Échec et mat ! — Liebetraut, vous devriez remplir les lacunes de nos chroniques.

Ils se lèvent.

LIEBETRAUT. Les lacunes de nos généalogies, à la bonne heure ! cela vaudrait la peine, depuis que nous faisons servir les vertus de nos ancêtres à couvrir la nudité de nos caractères, comme leurs portraits celle de nos murs. Il y aurait là quelque chose à gagner...

L'ÉVÊQUE. Il ne veut pas venir, disiez-vous ?

ADÉLAÏDE. N'y pensez donc plus, je vous en conjure.

L'ÉVÊQUE. Que peut-il y avoir ?

LIEBETRAUT. Eh ! les raisons s'enfilent comme un chapelet ; il sera tombé dans un abattement... dont je parierais, moi, le guérir à peu de frais.

L'ÉVÊQUE. Essayez-le : allez le trouver.

LIEBETRAUT. Mes pouvoirs !

L'ÉVÊQUE. Illimités. Je donne ma sanction à tout ce que tu feras, pourvu que tu le ramènes.

LIEBETRAUT. Et vous, belle dame, puis-je vous y faire entrer pour quelque chose?

ADÉLAÏDE. Avec discrétion.

LIEBETRAUT. Voilà une commission bien large.

ADÉLAÏDE. Me connaîtriez-vous assez peu, ou seriez-vous assez jeune pour ne pas savoir sur quel ton vous devez parler de moi à Weislingen.

LIEBETRAUT. Mais... je pense, sur le ton d'un oiseleur qui veut...

ADÉLAÏDE. Vous ne serez jamais sage.

LIEBETRAUT. La sagesse s'apprend-elle, madame?

L'ÉVÊQUE. Allez, allez! prenez le meilleur cheval de mon écurie, choisissez vos gens, et ramenez-le-moi.

LIEBETRAUT. Si mon charme ne réussit pas, dites alors qu'une vieille femme qui vend des remèdes contre les verrues et les taches de rousseur entend mieux la sympathie que moi.

L'ÉVÊQUE. A quoi servira de l'avoir ici? Berlichingen l'a ensorcelé, et, s'il revient, il voudra repartir.

LIEBETRAUT. Il le voudra, nul doute; mais le pourra-t-il? Un serrement de main d'un prince et le sourire d'une jolie femme! Il n'y a pas de Weislingen qui ne se rende... Mais je pars, et me recommande à vos bonnes grâces.

L'ÉVÊQUE. Bon voyage!

ADÉLAÏDE. Adieu.

Il sort.

L'ÉVÊQUE. Quand une fois il sera ici, je compte sur vous.

ADÉLAÏDE. Voulez-vous me faire servir de glu?

L'ÉVÊQUE. Non pas.

ADÉLAÏDE. Où ferai-je l'appeau dans cette affaire?

L'ÉVÊQUE. Non; ce sera Liebetraut. Pour vous; je vous en supplie, ne me refusez pas le service que vous seule pouvez me rendre.

ADÉLAÏDE. Nous verrons.

ACTE II.

Jaxthausen.

JEAN DE SELBITZ, GOETZ.

SELBITZ. Tout le monde vous saura bon gré d'avoir pris les armes contre ceux de Nuremberg.

GOETZ. Il me tardait de leur payer cette dette. Elle commençait à me peser sur le cœur! On sait maintenant qu'ils ont livré mon vassal aux Bambergeois. Ils auront de mes nouvelles.

SELBITZ. Ils ont une vieille rancune contre vous.

GOETZ. Je la leur rends bien, et suis charmé qu'ils aient commencé.

SELBITZ. Les villes impériales et les prêtres se sont de tout temps soutenus mutuellement.

GOETZ. Ils en ont bien besoin!

SELBITZ. Nous leur chaufferons la poêle.

GOETZ. Je comptais sur vous. Si Dieu voulait permettre que le bourgmestre de Nuremberg, avec sa chaîne d'or au cou, tombât dans nos filets, nous lui en ferions voir de belles, avec toute sa finesse!

SELBITZ. J'apprends que Weislingen est entré dans votre parti. Marche-t-il avec nous?

GOETZ. Pas encore. Il a des raisons particulières pour différer de nous assister ouvertement. Mais, pour le moment, c'est assez qu'il ne soit pas contre nous. L'évêque, sans lui, c'est comme la chasuble sans prêtre.

SELBITZ. Quand nous mettrons-nous en campagne?

GOETZ. Demain ou après-demain. Les marchands de Bamberg et de Nuremberg passeront bientôt par ici en revenant de la foire de Francfort. Nous ferons là une bonne capture.

SELBITZ. Dieu le veuille!

Ils sortent.

Bamberg. — Appartement d'Adélaïde.

ADÉLAIDE, UNE FILLE D'HONNEUR.

ADÉLAÏDE. Il est là, dis-tu? J'ai peine à le croire.

LA FILLE D'HONNEUR. Si je ne l'avais vu de mes yeux, j'en douterais comme vous.

ADÉLAÏDE. L'évêque devrait faire enchâsser son Liebetraut en or; il a fait là un coup de maître.

LA FILLE D'HONNEUR. Je l'ai vu comme il arrivait au château, monté sur un beau cheval blanc. A l'entrée du pont, le cheval eut peur et ne voulut pas aller plus loin. Le peuple accourait de tous côtés pour le voir, se félicitant de l'indocilité du cheval. Tout le monde le saluait, et il remerciait tout le monde avec aisance; sa tenue avait quelque chose de noble et de gracieux. Enfin, à force de caresses et de menaces, il est venu à bout de faire passer à son cheval la porte du château, et il est entré suivi de Liebetraut et de plusieurs cavaliers.

ADÉLAÏDE. Comment l'as-tu trouvé?

LA FILLE D'HONNEUR. Bien mieux que tous les hommes que j'ai vus ici. Tenez (*lui montrant le portrait de Maximilien*), il ressemblait à l'empereur comme s'il était son fils : seulement le nez un peu plus petit; du reste, les mêmes yeux, d'un brun clair et d'une expression douce; comme lui, de beaux cheveux blonds et une taille faite au tour; et puis sur son visage une légère teinte de mélancolie..., je ne sais quoi... qui m'a ravie!

ADÉLAÏDE. Je suis impatiente de le voir.

LA FILLE D'HONNEUR. Ce serait un bon mari pour vous.

ADÉLAÏDE. Folle!

LA FILLE D'HONNEUR. Les enfants et les fous...

Entre Liebetraut.

LIEBETRAUT. Eh bien! madame, qu'ai-je mérité?

ADÉLAÏDE. Des cornes de votre femme; car, à en juger sur ce que nous voyons, vous avez dû, par vos belles paroles, entraîner plus d'une honnête femme loin du devoir.

LIEBETRAUT. Non, non, madame! dites plutôt que je l'ai remise sur le chemin du devoir; car, en pareil cas, c'est toujours, je vous jure, du lit de son mari que je l'ai entretenue.

ADÉLAÏDE. Comment vous y êtes-vous pris pour nous le ramener?

LIEBETRAUT. Vous savez trop bien comme on s'y prend pour attraper les alouettes. Dois-je encore vous enseigner toutes mes ruses?... D'abord, je fis semblant de ne pas savoir le premier mot de tout ce qui s'était passé, et le mis par là dans la fâcheuse nécessité de me conter son histoire d'un bout à l'autre. Je l'écoutais donc; mais, comme bien vous pensez, envisageant les choses tout autrement qu'il ne voulait me les montrer, je me récriais à tout propos sur sa conduite, qui me paraissait étrange!... inouïe!..., et là-dessus nous discutions un peu. Bientôt j'en vins à lui parler de Bamberg: passant en revue tout ce qu'il pouvait y regretter, je réveillai de vieux souvenirs; et, son imagination une fois montée, j'eus bientôt renoué une foule de liens que j'avais trouvés rompus. — Cela fait, il était à moi. Sans trop se rendre compte des impressions qu'il venait de recevoir, il se sentait une secrète envie de revoir Bamberg : il ne voulait pas encore, mais il allait vouloir. Moi, je saisis le moment où il tâchait de débrouiller ce chaos, trop absorbé en lui-même pour être sur ses gardes, et lui jetai autour du cou une corde composée de trois fils bien forts : faveur de prince, femmes et flatterie. C'est ainsi que je l'ai traîné jusqu'ici.

ADÉLAÏDE. Que lui avez-vous dit de moi?

LIEBETRAUT. La pure vérité. Qu'ayant sur les bras de fâcheuses affaires concernant vos biens, vous espériez beaucoup de son crédit auprès de l'empereur pour en être débarrassée.

ADÉLAÏDE. Bien.

LIEBETRAUT. L'évêque vous le présentera.

ADÉLAÏDE. Je les attends (*Liebetraut sort*) avec un sentiment qui ne m'est pas ordinaire quand j'attends des visites.

Forêt du Spessart.

GOETZ, SELBITZ, GEORGE, *en costume de cavalier.*

GOETZ. Tu ne l'as pas trouvé, George?

GEORGE. Il était parti la veille pour Bamberg avec Liebetraut et deux cavaliers.

GOETZ. Je ne conçois rien à cela.

SELBITZ. Et moi je m'en doute. Votre réconciliation a été trop prompte pour être durable. Liebetraut est un rusé matois qui l'aura débauché.

GOETZ. Penses-tu qu'il puisse être parjure?

SELBITZ. Le premier pas est fait.

GOETZ. Je ne puis le croire. Qui sait ce qui l'aura forcé d'aller à la cour? On lui doit encore de l'argent. Espérons pour le mieux.

SELBITZ. Dieu veuille qu'il mérite cette confiance et se conduise aussi pour le mieux!

GOETZ. Il me vient une bonne idée! Que George endosse l'uniforme de cavalier bambergeois que nous avons pris; donnons-lui son sauf-conduit, et qu'il aille à Bamberg voir ce qu'il en est.

GEORGE. Il y a longtemps que je désire un pareil message.

GOETZ. C'est ta première campagne. De la prudence, mon enfant; je serais bien fâché qu'il t'arrivât malheur.

GEORGE. Laissez faire. Je ne suis pas embarrassé. Ils peuvent tourner autour de moi tant qu'ils voudront, j'en ferai autant de cas que si c'étaient des rats et des souris.

Bamberg.

L'ÉVÊQUE, WEISLINGEN.

L'ÉVÊQUE. Tu ne veux pas te laisser retenir plus longtemps?

WEISLINGEN. Vous ne pouvez pas exiger que je viole mon serment.

L'ÉVÊQUE. J'aurais pu exiger que tu n'en prêtasse pas. Mais, dis-moi, où avais-tu donc la tête? Ne pouvais-je te délivrer sans cela? Mon crédit est-il si mince à la cour de l'empereur?

WEISLINGEN. C'est une chose faite. Pardonnez-le-moi, si vous pouvez.

L'ÉVÊQUE. Mais je ne conçois pas ce qui pouvait le moins du monde t'obliger à cette démarche. Renoncer à moi! N'y avait-il pas cent autres conditions à lui proposer avant celle-là? N'avons-nous pas son vassal? Ne lui aurais-je pas donné assez d'argent pour l'apaiser? Nous aurions poursuivi nos menées contre lui et ses pareils... Ah! je ne songe pas que je parle à son ami, qui travaille à présent contre moi, et peut aisément éventer les mines qu'il a creusées lui-même.

WEISLINGEN. Monseigneur...

L'ÉVÊQUE. Et pourtant... quand je revois ton visage, quand j'entends le son de ta voix, je me dis qu'il n'est pas possible; non, il n'est pas possible...

WEISLINGEN. Adieu, monseigneur.

L'ÉVÊQUE. Je te donne ma bénédiction. Autrefois, quand tu partais, je te disais : Au revoir! Maintenant... Dieu veuille que nous ne te revoyions jamais!

WEISLINGEN. Les choses peuvent changer.

L'ÉVÊQUE. Peut-être te reverrai-je encore une fois devant nos murs, mais en ennemi, la flamme à la main, ravageant ces mêmes campagnes qui t'ont dû jusqu'ici leur prospérité.

WEISLINGEN. Jamais, monseigneur!

L'ÉVÊQUE. Ne jure de rien; les États séculiers qui m'avoisinent ont tous une dent contre moi. Aussi longtemps que je t'avais... Partez, Weislingen! je n'ai plus rien à vous dire. Voilà bien des espérances détruites!..... Vous pouvez partir.

WEISLINGEN. Je ne sais en vérité que lui répondre.

L'Évêque sort. — Entre Franz.

FRANZ. Adélaïde vous attend. Elle est souffrante ; mais elle ne veut pas vous laisser partir sans vous dire adieu.

WEISLINGEN. Viens.

FRANZ. Est-il bien sûr que nous partions?

WEISLINGEN. Ce soir même.

FRANZ. C'est pour moi comme s'il me fallait sortir de ce monde.

WEISLINGEN. Pour moi aussi ; et, en outre, comme si je ne savais où aller.

La chambre d'Adélaïde.

ADÉLAIDE, LA FILLE D'HONNEUR.

LA FILLE D'HONNEUR. Je vous trouve pâle, madame.

ADÉLAÏDE. Je ne l'aime pas, et cependant je crains qu'il ne parte. Je pourrais, vois-tu bien... vivre avec lui ; mais je n'en voudrais pas pour mon mari.

LA FILLE D'HONNEUR. Croyez-vous qu'il parte?

ADÉLAÏDE. Il est allé chez l'évêque pour lui faire ses adieux.

LA FILLE D'HONNEUR. Il aura encore un combat plus rude à livrer.

ADÉLAÏDE. Que veux-tu dire?

LA FILLE D'HONNEUR. Vous le demandez, madame? Le trait est dans son cœur : s'il veut l'arracher, la plaie saignera.

ADÉLAIDE, WEISLINGEN.

WEISLINGEN. Vous êtes malade, madame?

ADÉLAÏDE. Que vous importe? Vous nous quittez, vous nous quittez pour toujours... ainsi, que l'on vive ou que l'on meure, c'est pour vous à peu près la même chose.

WEISLINGEN. Vous me connaissez bien mal.

ADÉLAÏDE. Je vous prends pourtant tel que vous vous faites.

WEISLINGEN. L'apparence est trompeuse.

ADÉLAÏDE. Alors, vous êtes un caméléon?

WEISLINGEN. Si vous pouviez lire dans mon cœur!

ADÉLAÏDE. J'y verrais de belles choses!

WEISLINGEN. Ah! sans doute, puisque vous y verriez votre image.

ADÉLAÏDE. Oui, dans quelque coin, avec de vieux portraits de famille. De grâce, Weislingen, songez que c'est à moi que vous parlez. Le mensonge est fort bon quand il sert de voile à nos actions; mais un masque reconnu joue un triste rôle. Vous ne désavouez pas ce que vous avez fait, et cependant vous dites tout le contraire. Que doit-on penser de vous?

WEISLINGEN. Ce que vous voudrez. Je suis si las de la figure que je fais, que je m'inquiète peu de celles qu'on me prête.

ADÉLAÏDE. Vous venez prendre congé?

WEISLINGEN. Permettez-moi de vous baiser la main et de vous faire mes adieux. Vous m'y faites penser! je n'y songeais plus... Je me rends importun.

ADÉLAÏDE. Vous me comprenez mal : c'était pour vous aider à sortir, puisque vous le voulez absolument.

WEISLINGEN. Dites que je le dois. Ah! si mon devoir de chevalier, si le lien sacré du serment...

ADÉLAÏDE. Allez donc! allez conter cela à de jeunes filles qui lisent le manuel du preux chevalier, et qui soupirent après un pareil mari! Le devoir d'un chevalier! quel enfantillage.

WEISLINGEN. Vous ne pensez pas ainsi, madame.

ADÉLAÏDE. Sur ma parole, vous vous méconnaissez! Qu'avez-vous promis, je vous le demande? Et à qui? A un homme qui viole son devoir envers l'empereur et l'empire. Et pour lui engager votre foi, vous avez choisi le moment où il mériterait d'être mis au ban de l'empire pour vous avoir retenu prisonnier. Elle n'a d'autre valeur que celle d'un serment injuste et forcé. Nos lois ne vous en dégagent-elles pas? Faites ces contes-là aux enfants qui croient aux revenants. Il y a d'autres raisons que vous cachez. Quoi! vous voulez vous faire l'ennemi de l'empire! l'ennemi du repos et de la prospérité publique! l'ennemi de l'empereur! le complice d'un brigand! vous, Weislingen! avec une âme si douce...

WEISLINGEN. Si vous le connaissiez...

ADÉLAÏDE. Je rendrais justice à ses qualités..... Il a l'âme haute, inflexible; mais c'est pour cela que je vous plains, Weislingen. Allez, et bercez-vous de l'idée que vous serez son compagnon. Allez! laissez-vous mener par lui... Vous êtes d'humeur facile, complaisante.

WEISLINGEN. Et lui aussi.

ADÉLAÏDE. Mais vous cédez; lui, jamais. Il vous subjuguera à votre insu; et vous serez l'esclave d'un gentilhomme, quand vous pouviez commander à des princes... Mais en voilà assez : il y a de la cruauté à vous dégoûter ainsi de votre condition future.

WEISLINGEN. Si vous saviez avec quelle affabilité il m'a accueilli!

ADÉLAÏDE. De l'affabilité! et vous lui en savez gré? il n'a fait que son devoir; mais qu'auriez-vous perdu s'il vous avait traité durement? Je l'aurais préféré à votre place; un homme orgueilleux comme lui...

WEISLINGEN. Vous parlez de votre ennemi.

ADÉLAÏDE. Ce que j'en disais là n'était que pour votre liberté; mais, en vérité, je ne sais pas quel intérêt je puis prendre à tout cela. Adieu.

WEISLINGEN. Accordez-moi encore un instant, un seul instant!

Il lui prend la main et se tait.

ADÉLAÏDE. Avez-vous encore quelque chose à me dire?
WEISLINGEN. Je... dois partir...
ADÉLAÏDE. Eh bien! partez.
WEISLINGEN. Ah! madame... je ne puis.
ADÉLAÏDE. Vous le devez.
WEISLINGEN. Sera-ce là votre dernier regard?

ADÉLAÏDE. Allez! je suis indisposée fort mal à propos.

WEISLINGEN. Ne me regardez pas d'un œil si sévère.

ADÉLAÏDE. Ce n'est pas assez de se faire notre ennemi, il veut encore qu'on lui sourie! Sortez!

WEISLINGEN. Adélaïde!

ADÉLAÏDE. Je vous déteste!

Entre Franz.

FRANZ. Monseigneur, l'évêque vous fait demander.

ADÉLAÏDE. Allez, allez!

FRANZ. Il vous prie de venir au plus tôt.

ADÉLAÏDE. Allez, vous dis-je!

WEISLINGEN. Je ne vous fais pas mes adieux, je vous reverrai.

Il sort.

ADÉLAÏDE. Me revoir!... nous y mettrons ordre. Marguerite, s'il se présente, tu le renverras. Dis-lui que je suis malade, que j'ai une migraine, que je dors; enfin tout ce qu'il faudra pour l'empêcher d'entrer. Il ne reste plus que ce moyen de le gagner.

Elle sort.

Une antichambre.

WEISLINGEN, FRANZ.

WEISLINGEN. Elle refuse de me voir!

FRANZ. Voici la nuit : dois-je seller les chevaux?

WEISLINGEN. Elle refuse de me voir!

FRANZ. Pour quand monseigneur veut-il les chevaux?

WEISLINGEN. Il est trop tard. Nous restons.

FRANZ. Dieu soit loué!

Il sort.

WEISLINGEN. Tu restes! sois sur tes gardes, le sol est glissant. Mon cheval s'est effrayé au moment d'entrer sous la porte du château. Sans doute mon bon génie lui fermait le passage : il savait trop quels périls m'attendaient ici. — Ce serait pourtant mal de laisser là les affaires dont j'étais chargé par l'évêque sans les avoir au moins réglées, pour qu'un successeur pût s'y reconnaître. Je puis le faire, d'ailleurs, sans manquer en rien aux engagements pris avec Berlichingen ; car ils ne me retiendront pas ici... J'aurais mieux fait cependant de ne pas venir... Mais je partirai demain... ou après-demain !

Il sort.

Forêt du Spessart.

GOETZ, SELBITZ, GEORGE.

SELBITZ. Eh bien ! vous le voyez, tout s'est passé comme je l'avais prédit.

GOETZ. Non, non, non !

GEORGE. Soyez bien sûr que je ne vous dis que la vérité. J'ai fait comme vous me l'aviez ordonné : j'ai pris l'uniforme du Bambergeois et son sauf-conduit, et, pour gagner ma vie, j'ai accompagné à Bamberg des paysans de Reineck.

SELBITZ. Sous ton déguisement?... Tu aurais pu t'en trouver mal.

GEORGE. C'est à quoi je songe à présent ; mais un homme de guerre qui voudrait songer d'avance au péril n'irait jamais loin. — J'arrive donc ainsi à Bamberg, et la première chose dont j'entends parler à l'auberge, c'est la réconciliation de Weislingen avec l'évêque ; il était aussi très-fort question de son mariage avec la veuve du seigneur de Waldorf.

GOETZ. Bavardage !

GEORGE. Je le vis lui-même, comme il donnait la main à cette dame pour la conduire à table. Elle est belle, sur ma foi ! oh ! très-belle !.. Nous saluâmes tous ; elle nous rendit notre salut en passant ; et lui, nous fit un signe de tête. Il paraissait enchanté. Quand ils eurent passé, le peuple disait en les suivant de l'œil : Quel beau couple!

GŒTZ. Et quand cela serait...

GEORGE. Attendez. Le jour suivant, comme il allait à la messe, je pris le moment où il était seul avec un page, et, me tenant au bas de l'escalier, je lui dis à demi-voix : Deux mots de la part de Berlichingen. Il parut frappé, et je lus dans ses yeux l'aveu de sa trahison : à peine s'il osait me regarder en face, moi simple cavalier.

SELBITZ. C'est que sa conscience était pire que ta condition.

GEORGE. N'es-tu pas Bambergeois? me dit-il. — Je suis venu vous saluer de la part du chevalier de Berlichingen, lui dis-je, et vous demander... — Sois demain matin chez moi, me dit-il, nous en parlerons.

GŒTZ. Et tu y es allé?

GEORGE. Certainement, j'y suis allé... et il m'a fallu attendre bien longtemps dans l'antichambre. Les pages, en pourpoint de soie, me considéraient de la tête aux pieds, et je disais en moi-même : Regardez bien, vous n'y verrez goutte... Enfin on me fit entrer. Il avait l'air de mauvaise humeur; mais ce m'était tout un. Je m'avançai donc et fis ma commission. Il le prit mal et se mit en colère, comme un homme sans cœur qui ne veut pas qu'on s'en aperçoive. Il s'est plaint de ce que vous aviez choisi un misérable cavalier pour lui faire demander raison. Là-dessus je me suis fâché à mon tour, et je lui ai dit qu'il n'y avait que deux espèces d'hommes, des braves et des lâches, et que moi je servais Gœtz de Berlichingen. A cela il a répondu par un tas de grands mots vides de sens qui reviennent à ceci : Que vous l'aviez surpris, qu'il ne vous devait rien et ne voulait rien avoir de commun avec vous.

GŒTZ. Et tu tiens cela de sa propre bouche?

GEORGE. Cela et bien d'autres choses encore. — Il m'a menacé.

GŒTZ. C'est assez. Le voilà donc aussi perdu pour moi! Confiance et loyauté, vous m'avez encore trompé cette fois! Pauvre Marie, comment ferai-je pour te l'annoncer?

SELBITZ. J'aimerais mieux perdre mon autre jambe que d'être dans la peau d'un gueux pareil !

Ils sortent.

Bamberg.

ADÉLAÏDE, WEISLINGEN.

ADÉLAÏDE. Les heures commencent à me durer des siècles ; je ne puis parler ; j'aurais honte de jouer avec vous. Ennui, tu es plus dévorant que la fièvre !

WEISLINGEN. Êtes-vous déjà lasse de moi ?

ADÉLAÏDE. De vous moins que de votre société. Je voudrais vous savoir là où vous vouliez aller, et ne pas vous avoir retenu.

WEISLINGEN. Voilà bien le manége des femmes ! Couver d'abord d'une tendresse de mère nos plus chères espérances ; puis, comme une poule inconstante, quitter son nid et livrer à la mort et à la corruption ses petits déjà près d'éclore.

ADÉLAÏDE. Oui, dites du mal des femmes ! Le joueur, quand il perd, déchire et foule aux pieds les cartes qui ont été la cause innocente de son malheur. Mais permettez qu'à mon tour je parle un peu des hommes. Qui êtes-vous donc, pour déclamer sur l'inconstance, vous qui êtes si rarement ce que vous voulez être, jamais ce que vous devriez être? Des rois de parade, enviés d'une multitude imbécile ! Que ne donnerait pas une pauvre ravaudeuse pour avoir autour de son cou une seule rangée de perles cousues au bord de votre manteau, et que vos pieds repoussent dédaigneusement !

WEISLINGEN. Vos propos sont amers.

ADÉLAÏDE. C'est l'antiphonie de votre chant. — Avant de vous connaître, Weislingen, j'étais comme la pauvre ravaudeuse. La Renommée aux cent voix (soit dit sans métaphore) avait porté si haut votre mérite, que je finis par souhaiter ardemment de me trouver en face de ce prodige de l'espèce humaine, de ce phénix, de ce Weislingen : mon souhait fut exaucé.

WEISLINGEN. Et le phénix s'est réduit à un coq ordinaire?

ADÉLAÏDE. Non, Weislingen, vous m'inspirâtes de l'intérêt.

WEISLINGEN. C'est ce que je crus voir...

ADÉLAÏDE. Et c'était vrai, car je dois dire que vous surpassiez votre renommée. La foule ne prise que l'apparence du mérite. Moi, comme j'ai l'habitude de ne jamais sonder les gens à qui je veux du bien, je vécus quelque temps près de vous sans être complétement satisfaite, et ne sachant pourtant ce qui me manquait en vous. Enfin mes yeux s'ouvrirent. Au lieu de cet homme actif qui menait les affaires d'une principauté, sans négliger pour cela ses intérêts ni sa gloire, et qui, faisant succéder les entreprises aux entreprises, s'en servait comme de montagnes pour s'élever jusqu'aux nues, je ne vis plus qu'un être misérable, gémissant ainsi qu'un poëte malade, mélancolique comme une jeune fille en bonne santé, et plus oisif qu'un vieux fat. J'attribuai d'abord tout cela au souvenir trop récent du malheur qui venait de vous arriver et qui paraissait vous affecter encore ; je fis enfin de mon mieux pour vous excuser. Mais à présent que cet état semble empirer de jour en jour, vous m'excuserez à votre tour, je vous retire toute ma faveur. Vous n'y avez aucun droit : c'est à un autre que je l'avais accordée pour la vie ; il ne peut vous la transmettre.

WEISLINGEN. Ainsi vous m'abandonnez...

ADÉLAÏDE. Non pas, tant qu'il restera quelque espoir : il serait dangereux de vous abandonner dans une telle disposition. — Pauvre Weislingen, quel découragement ! vous avez tout l'air d'un amant trompé par sa première maîtresse ! C'est pour cela même que je ne désespère pas de vous. Allons, donnez-moi la main, et pardonnez-moi ce qui ne m'est échappé que par amour pour vous.

WEISLINGEN. Si tu pouvais m'aimer ! si tu voulais seulement faire entrer dans mon âme un rayon d'espérance !..... Adélaïde, tes reproches sont injustes ! Si tu avais pu soupçonner la millième partie des combats que je livre depuis si longtemps, tu ne te serais pas fait, je m'assure, un plaisir barbare de retourner le fer dans ma plaie !... Tu souris !... — Après le pas que tu m'as fait franchir, crois-tu que pour calmer l'agitation de mon cœur il suffise d'un jour ? Travailler à la ruine d'un homme dont l'image est toujours là, et pour lequel j'ai senti renaître en moi une nouvelle affection...

ADÉLAÏDE. Homme étrange, tu peux aimer celui dont tu es jaloux ! C'est comme si j'allais porter des munitions à mon ennemi.

WEISLINGEN. Je le sens bien, il n'y a plus à délibérer. Il est averti que je suis redevenu Weislingen, et ne tardera pas à se prévaloir de ses avantages. Aussi je ne m'endors pas, comme vous le pensez, Adélaïde. Nos cavaliers ont reçu un renfort, avec l'ordre de se tenir prêts ; les négociations se poussent avec ardeur, et la diète d'Augsbourg verra, j'espère, éclater nos projets.

ADÉLAÏDE. Vous y allez ?

WEISLINGEN. Si je pouvais y emporter un peu d'espoir ?
Il lui baise la main.

ADÉLAÏDE. O incrédule, il vous faut toujours des preuves, des miracles ! Allez, Weislingen, achevez votre ouvrage. L'intérêt de l'évêque, le vôtre, le mien, sont tellement les mêmes, que, fût-ce par politique...

WEISLINGEN. Tu railles peut-être ?

ADÉLAÏDE. Point. Mes possessions sont entre les mains de ce duc orgueilleux. Gœtz ne manquera pas de tomber sur les vôtres ; et si nous ne restons pas unis, à l'exemple de nos adversaires ; si nous ne mettons pas l'empereur de notre côté, nous sommes perdus.

WEISLINGEN. Je n'ai aucune inquiétude de ce côté-là. Nous avons pour nous la plus grande partie des princes. Quant à l'empereur, ayant besoin de secours contre les Turcs, il sera bien obligé de nous soutenir. Quel bonheur ce sera pour moi de pouvoir arracher vos biens aux mains avides de vos ennemis, de faire rentrer dans le devoir ces esprits turbulents qui agitent la Souabe, d'assurer le repos de l'évêché, celui de nous tous ! Et alors...

ADÉLAÏDE. Un jour en amène un autre, et c'est du destin que dépend l'avenir.

WEISLINGEN. Mais il faut vouloir.

ADÉLAÏDE. Eh bien ! puisque nous le voulons !

WEISLINGEN. Sérieusement ?

ADÉLAÏDE. Eh oui! Partez toujours.

WEISLINGEN. Enchanteresse!

Auberge. — Noces de paysans. — Danse et musique au dehors.

LE BEAU-PÈRE, GOETZ, SELBITZ, *à table;* LE GENDRE *vient à eux.*

GOETZ. C'est ce que vous aviez de mieux à faire, que de terminer ce procès par un joyeux mariage.

LE BEAU-PÈRE. Oui, c'est un effet bien plus heureux que je ne l'aurais imaginé : la paix avec mon voisin, et une fille bien établie!

LE GENDRE. Et moi, propriétaire du bien en litige, et, par-dessus le marché, en possession du plus joli minois de tout le village. Plût à Dieu que vous y eussiez songé plus tôt!

SELBITZ. Depuis quand plaidiez-vous?

LE BEAU-PÈRE. Il y aura bientôt huit ans; mais j'aimerais mieux avoir huit ans la fièvre que de recommencer. C'est une galère... Quel mal il faut se donner pour obtenir une sentence de ces perruques! et encore quelle sentence! Le diable emporte l'assesseur Sapupi! C'est un vilain Italien plus noir que l'enfer!

LE GENDRE. Oui, c'est un enragé drôle! J'allai le voir deux fois.

LE BEAU-PÈRE. Et moi trois fois. Et voyez un peu, messieurs, nous obtenons à la fin une sentence qui nous renvoie tous deux chacun chez soi avec gain de cause! Sans l'heureuse idée que le bon Dieu m'a inspirée de lui céder mes prétentions avec ma fille, nous serions là encore à nous regarder comme deux imbéciles.

GOETZ, *buvant.* Bonne intelligence pour l'avenir!

LE BEAU-PÈRE. Dieu nous l'envoie! mais arrive ce qu'il voudra, je ne plaide plus de ma vie. Quel argent il en coûte! Les procureurs se font payer tant par révérence.

SELBITZ. Mais n'avez-vous pas tous les ans les tournées de justice de l'empereur?

LE BEAU-PÈRE. Nous ne nous en sommes, ma foi, pas aperçus. Les écus ont toujours été leur train. C'est un enfer!...

GOETZ. Comment cela?

LE BEAU-PÈRE. Eh! toutes les mains sont crochues; l'assesseur lui seul, Dieu lui pardonne! m'a coûté dix-huit florins d'or.

LE GENDRE. Qui donc?

LE BEAU-PÈRE. Et quel autre que ce Sapupi!

GOETZ. C'est honteux!

LE BEAU-PÈRE. Je devais, s'il vous plaît, lui en compter vingt. Quand j'allai les lui remettre à sa maison de campagne, dans son grand, magnifique salon... le cœur me saignait; car, voyez-vous, ce n'est pas le tout d'avoir une maison solide et une basse-cour bien garnie, il faut aussi de l'argent comptant; et où en prendre?... J'étais donc là... Dieu sait ce que je souffrais! Il ne me restait pas un liard dans ma bourse pour le retour. Enfin je me hasardai à le lui dire; alors, comme il me vit les yeux gros de larmes, il m'en rejeta deux et me renvoya.

LE GENDRE. Est-il possible, Sapupi?

LE BEAU-PÈRE. Cela t'étonne!... Sans doute, lui, et pas un autre!

LE GENDRE. Que le diable l'enlève! Il m'a aussi attrapé quinze florins d'or.

LE BEAU-PÈRE. L'infâme!

SELBITZ. Gœtz! et l'on dit que nous sommes des brigands!

LE BEAU-PÈRE. C'est donc pour cela que la sentence était si louche... le maudit chien!

GOETZ. Il ne faut pas laisser ignorer tout cela.

LE BEAU-PÈRE. Que pouvons-nous faire?

GOETZ. Allez à Spire... c'est justement le temps des tournées de justice. Sur votre déclaration, il faudra bien qu'on fasse enquête et qu'on vous rende votre argent.

LE BEAU-PÈRE. Croyez-vous que nous en venions à bout?

GOETZ. Si je pouvais lui donner sur les oreilles, j'en ferais mon affaire.

SELBITZ. La somme vaut bien que vous tentiez l'entreprise.

GOETZ. J'ai souvent monté à cheval pour le quart de cela.

LE BEAU-PÈRE. Qu'en penses-tu?

LE GENDRE. Essayons..., coûte que coûte!

Entre George.

GEORGE. Les Nurembergeois sont en marche.

GOETZ. Où?

GEORGE. Si nous partons tout de suite, sans trop nous presser, nous pouvons les joindre entre Beerhoim et Mulbach, dans la forêt.

SELBITZ. Excellent!

GOETZ. Venez. Adieu, mes amis. Dieu nous assiste tous et nous fasse à tous justice!

UN PAYSAN. Grand merci. Vous ne voulez pas rester à souper ce soir?

GOETZ. Nous ne le pouvons pas. Adieu.

ACTE TROISIÈME.

Augsbourg. — Un jardin.

DEUX MARCHANDS NUREMBERGEOIS.

PREMIER MARCHAND. Tenons-nous ici; l'empereur doit passer par là... il traverse justement la grande allée.

SECOND MARCHAND. Qui est avec lui?

PREMIER MARCHAND. Adelbert de Weislingen.

SECOND MARCHAND. L'allié de Bamberg! Tant mieux.

PREMIER MARCHAND. Nous nous jetterons à ses pieds, et je porterai la parole.

SECOND MARCHAND. Bon, les voici.

PREMIER MARCHAND. Il a l'air soucieux.

L'EMPEREUR, *à Weislingen.* Quand il m'arrive de jeter un coup d'œil sur ma vie passée, Weislingen, je ne puis me défendre d'un mortel découragement. Tant d'entreprises exécutées à demi!... et cela, parce qu'il n'est dans l'empire si petit prince qui ne fasse plus de cas de ses fantaisies que de mes projets.

Les marchands se jettent à ses pieds.

LE MARCHAND. Illustrissime empereur! très-puissant souverain!

L'EMPEREUR. Qu'y a-t-il? Qui êtes-vous?

LE MARCHAND. De pauvres marchands de Nuremberg, humbles sujets de Votre Majesté, dont nous implorons l'assistance. Nous étions trente qui revenions de la foire de Francfort sous escorte de Bambergeois : Gœtz de Bolichingen et Jean de Selbitz sont tombés sur nous et nous ont pillés. Nous prions instamment Votre Majesté de vouloir bien nous prêter aide et secours, faute de quoi nous sommes tous gens ruinés et forcés de mendier notre pain.

L'EMPEREUR. Eh! bon Dieu! en voilà bien d'une autre? L'un n'a qu'une main, l'autre n'a qu'une jambe : et que serait-ce donc, s'ils avaient chacun deux mains et deux jambes?

LE MARCHAND. Nous supplions humblement Votre Majesté de jeter un regard de pitié sur notre situation déplorable.

L'EMPEREUR. Oui, je vous reconnais là : si un marchand vient à perdre un cornet de poivre, il faut que tout l'empire prenne les armes; mais ne s'agit-il que de la majesté impériale et du bien de l'Etat, on ne peut parvenir à vous rassembler.

WEISLINGEN. Vous avez mal pris votre temps : allez, restez ici quelques jours.

LES MARCHANDS. Nous nous en remettons à votre gracieuse intercession.

Ils sortent.

L'EMPEREUR. Encore de nouveaux désordres! ils renaissent comme les têtes de l'hydre.

WEISLINGEN. Et ne seront étouffés que par une mesure de vigueur, le fer et le feu.

L'EMPEREUR. Croyez-vous ?

WEISLINGEN. Je soutiens qu'il n'est rien de plus faisable, si Votre Majesté et les princes pouvaient s'entendre sur d'autres démêlés insignifiants. Ces désordres sont loin de s'étendre sur toute l'Allemagne. Il n'y a plus que la Franconie et la Souabe où l'on voit encore se ranimer les feux mal éteints de ces guerres intestines. Et là même vous trouverez une foule de seigneurs et de nobles barons qui ne soupirent qu'après le repos. Si nous étions une fois délivrés de ce Sickingen, de ce Selbitz et de... Berlichingen, le reste tomberait de soi-même ; car ce sont eux qui nourrissent cet esprit de révolte et d'insubordination.

L'EMPEREUR. Moi je tiendrais à ménager ces gens là ; ils ont de la noblesse, de la bravoure, et si je fais la guerre, j'en aurai besoin dans mon armée.

WEISLINGEN. Sans doute, il vaudrait bien mieux qu'ils ne fussent jamais sortis de leur devoir ; mais, dans l'état des choses, il serait dangereux de récompenser par des postes d'honneur leurs attentats contre l'ordre public. C'est précisément cette modération et cette indulgence de Votre Majesté qui les a enhardis aux excès où nous les voyons se livrer. Je le répète, la faction dont ils sont les chefs ne sera vaincue que lorsque nous en aurons purgé la terre, et qu'il n'y aura plus pour eux aucun espoir de se relever jamais.

L'EMPEREUR. Vous êtes donc d'avis d'employer la force ?

WEISLINGEN. Je ne vois aucun autre moyen de mettre un terme à l'esprit de vertige qui s'est emparé de quelques provinces. N'entendons-nous pas çà et là les plaintes les plus graves des nobles sur ce que leurs vassaux et leurs serfs se mutinent contre eux, leur refusent l'obéissance, et vont même jusqu'à les menacer de restreindre leurs droits de souveraineté ? Les suites les plus funestes ne sont-elles pas à craindre ?

L'EMPEREUR. Nous avons là une belle occasion d'agir contre Berlichingen et Selbitz. Tenez, je voudrais qu'il ne leur fût fait aucun mal, mais seulement qu'on s'emparât d'eux et qu'on leur fît jurer de demeurer tranquilles dans leurs châteaux et de ne pas sortir de leur ban. Je proposerai cela à la première session.

WEISLINGEN. Les acclamations de toute l'assemblée épargneront à Votre Majesté la fin de votre discours.

Ils sortent.

Jaxthausen.

SICKINGEN, GOETZ.

SICKINGEN. Oui, je viens demander à votre noble sœur son cœur et sa main.

GOETZ. En ce cas, vous auriez dû venir plutôt, car je dois vous dire que Weislingen, pendant sa captivité, a gagné l'amour de ma sœur, l'a demandée en mariage et a obtenu mon aveu. A présent que j'ai lâché cet oiseau, il méprise la main qui l'a nourri dans le besoin. Il voltige çà et là, et cherche sa pâture, Dieu sait sur quel buisson !

SICKINGEN. Quoi ! ce serait...

GOETZ. Comme je vous le dis.

SICKINGEN. Il a donc été doublement traître ! Bien vous prend de ne pas l'avoir pour beau-frère.

GOETZ. La pauvre fille ! elle est inconsolable : toujours assise dans sa chambre, elle ne fait que prier et gémir.

SICKINGEN. Nous la ferons chanter.

GOETZ. Comment ? auriez-vous l'intention d'épouser une fille délaissée ?

SICKINGEN. Ce n'est qu'un honneur de plus pour vous deux, de vous être laissé tromper par lui. Faut-il donc que cette pauvre fille aille s'enfermer dans un couvent, parce que le premier homme qu'elle a connu était un misérable ? Non, non, je persiste : elle sera reine de mes châteaux.

GOETZ. Je vous dis qu'elle ne le voyait pas d'un œil indifférent.

SICKINGEN. Tu ne crois donc pas que personne puisse valoir l'ombre d'un misérable ? Passons chez elle.

Ils sortent.

ACTE III.

Camp des troupes impériales.

UN CAPITAINE, DES OFFICIERS.

LE CAPITAINE. Avançons prudemment, et ménageons nos gens le plus possible. Nos ordres d'ailleurs sont positifs : il faut le réduire peu à peu et le prendre vivant. Ce ne sera pas si facile... Qui osera s'attaquer à lui?

PREMIER OFFICIER. Vous avez raison : il se défendra comme un sanglier. Et puis, comme jamais il ne nous a fait le moindre mal, il est tout simple que nous n'ayons pas grande envie de nous faire casser bras et jambes pour le bon plaisir de l'empereur.

SECOND OFFICIER. Ce serait une honte si nous ne le prenions pas. Que je le tienne une fois au collet, et nous verrons s'il m'échappera.

PREMIER OFFICIER. Prenez garde seulement de ne pas le tenir avec les dents, parce qu'il pourrait vous en coûter deux mâchoires. Mon bon jeune homme, des gens de son calibre ne se laissent pas emballer comme un voleur timide.

SECOND OFFICIER. Nous verrons.

LE CAPITAINE. Il doit actuellement avoir reçu notre lettre. Ne perdons pas de temps, et envoyons un corps d'observation.

SECOND OFFICIER. Donnez-m'en le commandement.

LE CAPITAINE. Mais vous n'avez aucune connaissance des lieux.

SECOND OFFICIER. J'ai parmi mes gens un homme du pays.

LE CAPITAINE. Allons, soit, j'y consens.

Ils sortent.

Jaxthausen.

SICKINGEN, *seul.*

SICKINGEN. Tout va bien. Elle paraissait d'abord un peu étourdie de ma demande, et m'examinait de la tête aux pieds en me comparant, je gage, à son freluquet ; mais, Dieu merci, je ne crains pas la comparaison. Sa réponse a été courte et assez décousue. Tant mieux ! il faut donner à cela le temps de mûrir : le cœur d'une jeune fille est amolli par un amour malheureux ; proposition de mariage doit y germer bientôt.

Entre Goetz.

SICKINGEN. Quelle nouvelle, beau-frère?

GOETZ. Mis au ban de l'empire.

SICKINGEN. Quoi !.....

GOETZ. Tenez, lisez la lettre, elle vous édifiera... L'empereur a ordonné contre moi une expédition qui ne tend à rien moins qu'à donner ma chair à manger aux oiseaux du ciel et aux bêtes des forêts.

SICKINGEN. Ils goûteront d'abord de la leur !... Je suis ici on ne peut plus à propos.

GOETZ. Non, Sickingen ; il faut que vous partiez. Devenir à présent l'ennemi de l'empire, ce serait faire échouer vos grands desseins. Et d'ailleurs vous ne pouvez mieux me servir qu'en affectant la neutralité. L'empereur a de l'amitié pour vous ; et ce qui peut m'arriver de pis, à moi, c'est d'être fait prisonnier. Gardez donc votre crédit jusque-là, pour l'employer à me retirer de cette situation fâcheuse où un secours prématuré de votre part nous mettrait infailliblement l'un et l'autre. Les troupes sont en marche contre moi : qu'arrivera-t-il si l'on apprend que vous êtes ici? On en fera marcher davantage, et nous ne nous en trouverons pas mieux. L'empereur est à la source, et je serais perdu mille fois, si l'on pouvait inspirer du courage aussi vite qu'on rassemble des soldats.

SICKINGEN. Mais vous me permettrez au moins de vous envoyer sous main une vingtaine de cavaliers.

GOETZ. A la bonne heure ! J'ai déjà dépêché George à Selbitz, et d'autres de mes gens sont allés recruter aux environs. Cher beau-frère, quand j'aurai tout mon monde autour de moi, ce sera une troupe dont peu de princes auront vu la pareille.

SICKINGEN. Vous serez peu contre un grand nombre.

GOETZ. C'est trop d'un loup contre un troupeau de moutons.

SICKINGEN. Mais ils ont un bon berger?

GOETZ. Bah! ce ne sont que des mercenaires; et que peut faire un chevalier, quelque brave qu'il soit, quand il n'est pas maître de ses actions? Je sais ce qu'il en est; j'ai eu affaire à eux autrefois. Lorsque je promis au margrave de le servir contre Conrad Schott, il m'envoya un diplôme de la chancellerie, qui renfermait mes pouvoirs et qui m'apprenait la manière dont je devais me conduire, la marche que j'avais à suivre dans la guerre. Je jetai le papier au nez des conseillers, en leur disant qu'il manquait quelque chose à ces instructions, et que je n'en avais que faire, puisqu'elles ne portaient pas ce qui devait m'arriver; qu'au reste, je saurais bien ouvrir les yeux et voir mon chemin.

SICKINGEN. Bon succès! mon frère. Je vais partir, et t'envoyer tout ce que je pourrai réunir à la hâte.

GOETZ. Viens dire adieu à nos dames. Je les ai laissées ensemble. Je voudrais bien que tu emportasses leur consentement avant de partir. Ne tarde pas ensuite à m'envoyer les cavaliers, et reviens en secret chercher ma sœur; car je crains que sous peu mon château ne soit plus habitable pour des femmes.

SICKINGEN. Ayons meilleure espérance!

Ils sortent.

Bamberg. — La chambre d'Adélaïde.

ADÉLAÏDE, FRANZ.

ADÉLAÏDE. Ainsi les deux expéditions sont en marche?

FRANZ. Oui, madame, et mon maître a la joie de combattre vos ennemis. J'étais décidé à le suivre; quelque envie que j'eusse de vous voir. Aussi je vais repartir tout de suite, pour revenir plus tard avec de bonnes nouvelles. Mon maître me l'a permis.

ADÉLAÏDE. Comment va-t-il, ton maître?

FRANZ. A merveille. Il m'a chargé de vous baiser la main.

ADÉLAÏDE. La voici. Tes lèvres sont brûlantes.

FRANZ, *à part, et mettant la main sur son cœur.* C'est ici

que je brûle! (*Haut.*) Madame, vos domestiques sont les plus heureux des hommes.

ADÉLAÏDE. Qui commande contre Berlichingen?

FRANZ. Le seigneur de Sirau. Adieu, excellente dame, il faut que je reparte. Ne m'oubliez pas.

ADÉLAÏDE. Mange d'abord quelque chose, et prends un peu de repos.

FRANZ. A quoi bon? Je vous ai vue; je ne sens ni faim ni fatigue.

ADÉLAÏDE. Je sais que tu es un garçon plein de zèle...

FRANZ. Ah! madame.

ADÉLAÏDE. Mais tu n'y tiendrais pas. Repose-toi, te dis-je, et prends quelque nourriture.

FRANZ. Que de soins pour un pauvre jeune homme!

ADÉLAÏDE. Il a les larmes aux yeux. Je l'aime de tout mon cœur : personne ne m'a jamais montré tant d'attachement.

Jaxthausen.

GOETZ, GEORGE.

GEORGE. Il veut vous parler à vous-même. Je ne le connais pas ; c'est un homme de haute taille avec de grands yeux noirs très-brillants.

GOETZ. Fais-le entrer.

Entre Lerse.

GOETZ. Je vous salue. Que nous apportez-vous?

LERSE. Ma personne. Ce n'est pas grand'chose ; mais, tel que vous me voyez, je m'offre à vous.

GOETZ. Vous êtes le bienvenu, doublement le bienvenu. Un brave m'est toujours précieux, mais surtout aujourd'hui, qu'au lieu de gagner de nouveaux amis je craignais de perdre les anciens. Dites-moi votre nom?

LERSE. Franz Lerse.

GOETZ. Eh bien! Franz, je vous remercie de m'avoir fait connaître un brave.

LERSE. Je me suis déjà fait connaître à vous. Mais cette fois-là vous ne m'en avez pas remercié.

GOETZ. Je ne vous remets pas.

LERSE. J'en serais fâché. — Vous savez bien, lorsque vous vous mîtes du parti du margrave contre Conrad Schott, et que vous voulûtes aller à Hassfurt pour le carnaval?

GOETZ. Très-bien.

LERSE. Ne vous souvient-il pas d'avoir rencontré près d'un village vingt-cinq cavaliers?

GOETZ. Oui sans doute. Je crus d'abord qu'ils n'étaient que douze. Comme nous étions seize, je partageai ma petite troupe, et me tins caché près du village, derrière la grange, pour les laisser passer. Je serais ensuite tombé sur eux à l'improviste, ainsi que j'en étais convenu avec le reste de ma troupe.

LERSE. Mais nous qui vous avions aperçus, nous eûmes bientôt gravi une colline qui dominait le village; et voyant que vous vous étiez arrêtés au pied de cette colline, bien décidés à ne pas monter vers nous, nous descendîmes à vous...

GOETZ. C'est alors que je vis que j'avais fourré ma main dans un guêpier. Vingt-cinq contre huit! Ce n'était pas le cas de s'endormir. Ehrard Truchses me tua un homme, et moi je le jetai à bas de son cheval. S'ils s'étaient tous comportés comme lui et l'un de ses cavaliers, ç'aurait été une mauvaise journée pour moi et ma petite troupe.

LERSE. Ce cavalier dont vous parlez...

GOETZ. C'était le plus brave que j'aie jamais rencontré. Il me mit tout en nage. Une fois que je croyais m'en être enfin délivré, et que je m'apprêtais à en attaquer un autre, il revint à la charge plus terrible qu'auparavant. Un des coups de sa lance traversa mon brassard et me fit même une légère blessure.

LERSE. Le lui avez-vous pardonné?

GOETZ. Il ne m'a plu que trop.

LERSE. Eh bien! j'espère en ce cas que vous serez content de moi. C'est sur vous-même que j'ai fait mes preuves.

GOETZ. Est-ce toi? O bienvenu, mille fois bienvenu! Dis,

Maximilien, peux-tu te vanter d'avoir enrôlé dans tes troupes un seul homme qui vaille cet homme-là?

LERSE. Je suis étonné que vous ne m'ayez pas deviné tout d'abord.

GOETZ. Comment me serait-il venu à l'esprit que celui qui fit tant pour me vaincre fût le même qui vient m'offrir aujourd'hui ses services?

LERSE. C'est pour cela même. Je sers depuis ma jeunesse en qualité d'homme d'armes, et me suis vu aux prises avec plus d'un chevalier. Aussi fus-je enchanté quand nous eûmes affaire à vous. Je connaissais votre nom; là je fis connaissance avec vous-même, et dès ce instant je résolus d'entrer à votre service.

GOETZ. Pour combien de temps?

LERSE. Pour une année sans solde.

GOETZ. Non pas; vous serez sur le pied des autres, et de plus je vous traiterai en homme dont j'ai mesuré les forces à Remlin.

Entre George.

GEORGE. Jean de Selbitz vous salue. Il sera ici demain avec cinquante hommes.

GOETZ. Bien.

GEORGE. Une troupe de soldats de l'empire s'avance le long du Kocher, sans doute pour vous observer.

GOETZ. Combien sont-ils?

GEORGE. Une cinquantaine.

GOETZ. Pas davantage? Viens, Lerse, allons les écharper; que Selbitz trouve en arrivant quelque ouvrage de fait.

LERSE. Ce seront de bonnes prémices.

GOETZ. A cheval!

Ils sortent.

Bois le long d'un marécage.

DEUX CAVALIERS DE L'EMPIRE *se rencontrent.*

PREMIER CAVALIER. Que fais-tu là?

SECOND CAVALIER. J'ai demandé la permission d'aller à mes

besoins. Depuis la fausse alarme d'hier au soir, j'ai un mal d'entrailles qui m'oblige à tout moment de mettre pied à terre.

PREMIER CAVALIER. La troupe est donc tout près d'ici?

SECOND CAVALIER. Elle est au moins à une lieue en remontant le bois.

PREMIER CAVALIER. Et comment as-tu donc fait pour t'écarter d'une lieue?

SECOND CAVALIER. Ne me trahis pas, je t'en prie. Je veux gagner le prochain village, et voir à soulager mon mal avec des frictions chaudes. D'où viens-tu toi-même?

PREMIER CAVALIER. Du village voisin, où je suis allé chercher du pain et du vin pour notre officier.

SECOND CAVALIER. Oui, il fait bombance à notre nez, et il faut que nous jeûnions, nous autres; bel exemple!

PREMIER CAVALIER. Allons, maraud! reviens avec moi.

SECOND CAVALIER. Quelque sot! Il y en a bien dans la troupe qui jeûneraient de bon cœur s'ils en étaient loin comme moi.

PREMIER CAVALIER. Entends-tu des chevaux?

SECOND CAVALIER. Miséricorde!

PREMIER CAVALIER. Je grimpe sur l'arbre.

SECOND CAVALIER. Je me cache dans les roseaux.

GOETZ, LERSE, GEORGE, SOLDATS *à cheval*.

GOETZ. Par ici, le long de l'étang, et à main gauche dans le bois; nous les atteindrons par derrière.

PREMIER CAVALIER, *descendu de l'arbre*. Il ne fait pas bon ici. Michel! Il ne répond pas... Michel! ils sont partis... (*Il s'approche du marais.*) Michel!... Ah! il est noyé! Michel! Il ne m'entend pas, il est mort. Te voilà pourtant crevé, poltron! — Nous sommes battus. Des ennemis! partout des ennemis!

GOETZ, GEORGE, *à cheval*.

GOETZ. Halte-là, drôle, ou tu es mort!

LE CAVALIER. Laissez-moi la vie.

GŒTZ. Ton épée. George, mène-le avec les autres prisonniers que Lerse garde à l'entrée du bois. Il faut, moi, que je tâche de couper la retraite à leur officier.

LE CAVALIER. Qu'est devenu le chevalier qui nous commandait?

GEORGE. Mon maître l'a culbuté la tête la première de dessus son cheval, si bien que son panache s'est allé planter dans la boue. Ses soldats l'ont remis en selle, et ils ont tous décampé comme s'ils avaient le diable à leurs trousses.

Ils partent.

Le camp.

LE CAPITAINE, LE PREMIER CHEVALIER.

LE PREMIER CHEVALIER. Je les vois de loin qui fuient vers le camp.

LE CAPITAINE. Il les suivra de près. Faites avancer une cinquantaine d'hommes jusqu'au moulin : s'il s'aventure un peu trop, vous le prendrez peut-être. (*Le premier chevalier sort. Le second chevalier arrive soutenu.*) Eh bien, jeune homme! comment vont les affaires? Avez-vous arraché quelques créneaux?

LE CHEVALIER. Que la peste l'étouffe! La tête la plus dure éclaterait comme verre... Diable d'homme! il s'est élancé sur moi... j'ai cru que le tonnerre m'avait fait entrer dans la terre.

LE CAPITAINE. Remerciez Dieu d'en avoir rapporté vos os.

LE CHEVALIER. Ma foi! il n'y a pas de quoi remercier : j'ai deux côtes rompues. Où est le chirurgien?...

Ils sortent.

Jaxthausen.

GOETZ, SELBITZ.

GŒTZ. Que dis-tu du manifeste? Me voilà mis au ban de l'empire!

SELBITZ. C'est un coup de Weislingen.

GOETZ. Crois-tu?

SELBITZ. Je ne crois point, je sais.

GOETZ. D'où?

SELBITZ. Il était à la diète, te dis-je; il était auprès de l'empereur.

GOETZ. Bien! ce sera encore un de ces projets que nous ferons échouer.

SELBITZ. Il faut l'espérer.

GOETZ. Allons! il est temps d'ouvrir la chasse aux lièvres.

Le camp.

LE CAPITAINE, CHEVALIERS.

LE CAPITAINE. Messieurs, cela ne mène à rien : il nous bat ainsi un détachement après l'autre, et tout ce qui n'est pas tué ou pris irait plutôt en Turquie que de rentrer au camp; de cette façon nous nous affaiblissons de jour en jour. Il faut, une fois pour toutes, en venir aux prises avec lui, et sérieusement. J'y veux être en personne : qu'il sache à qui il a affaire!

UN CHEVALIER. C'est ce que nous demandons tous; mais, instruit comme il est de tous les sentiers et recoins des montagnes, il nous sera aussi impossible de le prendre ici qu'une souris dans un grenier.

LE CAPITAINE. Nous l'aurons, j'en réponds, en nous portant immédiatement sur Jaxthausen. Qu'il le veuille ou non, il faudra bien qu'il vienne défendre son château.

LE CHEVALIER. Toutes nos troupes donneront-elles?

LE CAPITAINE. Sans doute. Savez-vous bien que nous sommes déjà diminués de près d'une centaine?

LE CHEVALIER. Dépêchons-nous donc, avant que le dégel s'achève. Il fait chaud dans ces environs, et nous sommes là comme un morceau de beurre au soleil.

Ils sortent.

Montagnes et bois.

GOETZ, SELBITZ, TROUPE DE CAVALIERS.

GOETZ. Les voici qui arrivent en masse. Il était grandement temps que les cavaliers de Sickingen nous joignissent.

SELBITZ. Partageons-nous. Je vais, moi, tourner cette éminence à main gauche.

GOETZ. Fort bien. Et toi, Franz, prends la droite du bois avec ces cinquante hommes. Ils viennent par les bruyères; je les attends ici. George, tu restes auprès de moi. Quand vous me verrez aux prises avec eux, attaquez-les tout à coup par les flancs; nous les étrillerons comme il faut. Ils ne pensent pas que nous soyons en état de leur résister de front.

Ils sortent.

Bruyères. — D'un côté une colline, de l'autre une forêt.

LE CAPITAINE, LES TROUPES DE L'EMPIRE.

LE CAPITAINE. Il se tient en plaine. Voilà qui est impertinent... Il me le payera! Quoi! ne pas reculer, quand le torrent se précipite...

UN CHEVALIER. Je ne voudrais pas vous voir à la tête de la colonne. Il a tout l'air de vouloir planter en terre le premier qui l'approchera. Retirez-vous derrière les rangs.

LE CAPITAINE. C'est bien malgré moi!

LE CHEVALIER. Je vous en supplie. Vous êtes le seul lien qui unisse entre eux ces faibles roseaux; s'il se rompt, ils vont se briser dans ses mains comme l'épi sous la faux.

LE CAPITAINE. Trompette, sonne la charge! vous, sonnez sa défaite!

SELBITZ, *arrivant au galop de la colline derrière laquelle il s'était caché.* A moi, soldats! Qu'ils crient à leurs bras de se multiplier!

LERSE, *s'élançant hors du bois.* Au secours de Gœtz! Il

est presque enveloppé. Brave Selbitz, tu lui as déjà donné un peu d'air. Allons! semons la plaine de ces têtes de chardons!

Ils passent. — Tumulte.

Une éminence surmontée d'une tour.

SELBITZ, *blessé*, CAVALIERS.

SELBITZ. Déposez-moi ici, et retournez vers Gœtz.

PREMIER CAVALIER. Non, monseigneur, permettez que nous restions : vous avez besoin de nous.

SELBITZ. Eh bien! que l'un de vous deux monte donc sur la tour, et observe ce qui se passe.

PREMIER CAVALIER. Comment faire pour arriver si haut?

SECOND CAVALIER. Monte sur mes épaules. Tu pourras de là t'accrocher à cette brèche, d'où il te sera ensuite bien aisé de grimper jusqu'en haut.

PREMIER CAVALIER, *monté au haut de la tour.* Ah! monseigneur!

SELBITZ. Qu'est-ce que tu vois?

PREMIER CAVALIER. Vos cavaliers s'enfuient vers les hauteurs.

SELBITZ. Misérables! j'aimerais mieux avoir la tête fracassée par un boulet que de les voir tourner le dos. Qu'un de vous parte; qu'il les oblige de faire volte-face à force de malédictions. — Vois-tu Gœtz?

Le second cavalier sort.

LE CAVALIER. Les trois plumes noires? Oui, je les vois au fond de la mêlée.

SELBITZ. Nage, brave nageur; moi, je suis hors de service.

LE CAVALIER. A qui le panache blanc?

SELBITZ. Au capitaine.

LE CAVALIER. Gœtz pousse à lui... Paf! il tombe.

SELBITZ. Le capitaine?

LE CAVALIER. Oui, monseigneur.

SELBITZ. Bien! bien!

LE CAVALIER. O mon Dieu, mon Dieu! où est Goetz? Je ne le vois plus.

SELBITZ. Meurs donc, Selbitz.

LE CAVALIER. Là où il était tout à l'heure, il y a une effroyable mêlée. La plume de George disparaît aussi.

SELBITZ. Redescends... Ne vois-tu pas Lerse?

LE CAVALIER. Rien. C'est une confusion... tout est sens dessus dessous.

SELBITZ. C'est assez. Comment se comportent les cavaliers de Sickingen?

LE CAVALIER. Bien. — En voici pourtant un qui s'enfuit vers le bois... encore un! tout un peloton!... Goetz est perdu.

SELBITZ. Descends.

LE CAVALIER. Je ne puis... Bon! bon! je vois Goetz!... je vois George!

SELBITZ. A cheval?

LE CAVALIER. Oui, à cheval.. Victoire! victoire! ils fuient.

SELBITZ. Les soldats de l'empire?

LE CAVALIER. Le drapeau au milieu... Goetz à leurs trousses... Ils se dispersent... Goetz atteint le drapeau... il a le drapeau... Une poignée de gens autour de lui... Ils montent vers nous.

SELBITZ. Quel bonheur! — Goetz! victoire! victoire!

GOETZ, GEORGE, LERSE, TROUPE DE CAVALIERS.

GOETZ, *descendant de cheval*. Chère, bien chère! Tu es blessé, Selbitz?

SELBITZ. Tu vis et tu triomphes! J'y ai peu contribué. Et mes chiens de cavaliers!... Comment donc t'en es-tu tiré?

GOETZ. Cette fois l'affaire a été chaude! Si je suis encore en vie, c'est bien à George et à Lerse que je le dois. Je commençai par renverser leur capitaine de son cheval; mais bientôt après j'eus le mien tué sous moi; j'étais assailli de toute part. George se fait jour jusqu'à moi, saute à bas de son cheval, me fait monter à sa place, et, comme la foudre, reparaît sur un autre. Où as-tu donc trouvé ce cheval?

GEORGE. En donnant de mon épée dans le ventre à un soldat,

au défaut de sa cuirasse, comme il levait le bras pour vous frapper. Il tomba sous le coup, et moi, en vous délivrant d'un ennemi, je me fournis d'un cheval.

GOETZ. Mais jusqu'à ce que Franz fût venu à notre secours, nous étions dans un mauvais pas, obligés de frapper en cercle comme des faucheurs.

LERSE. La canaille que je conduisais aurait dû le faire du dehors, jusqu'à ce que nos faux se fussent croisées; mais ils se sont enfuis comme des soldats d'empire.

GOETZ. Amis et ennemis, tout fuyait. Toi seule, petite troupe, tu as continué de me protéger par derrière : ceux que j'avais en tête me donnaient assez d'ouvrage; mais la chute de leur capitaine m'aida beaucoup à les ébranler, et à la fin ils ont tourné le dos. J'ai leur drapeau et quelques prisonniers.

SELBITZ. Le capitaine vous a échappé?

GOETZ. Ils avaient eu le temps de le sauver. — Venez, enfants! venez, Selbitz! Mais tu ne peux monter à cheval. Faites une litière de branchage, et venez dans mon château. Ils sont dispersés, mais nous ne sommes qu'un petit nombre, et peut-être ont-ils une réserve. — Je veux vous régaler, mes amis. Après une telle fête, un verre de vin n'est pas de trop.

Le camp.

LE CAPITAINE. Je vous égorgerais tous de ma propre main! Quoi! prendre la fuite! Il lui restait à peine quelques soldats. Prendre lâchement la fuite devant un homme seul! Personne ne voudra le croire, que ceux qui auront envie de se moquer de vous... Allons, qu'on fasse une ronde : vous, et vous aussi! Partout où vous rencontrerez de nos fuyards, ramenez-les, ou tuez-les. Il faut que nous réparions cet affront, dussions-nous y briser nos épées.

Jaxthausen.

GOETZ, LERSE, GEORGE.

GOETZ. Nous n'avons pas un moment à perdre. Pauvres garçons, je ne puis vous laisser prendre un instant de repos. Allez vite rôder aux environs, et tâchez de ramener quelques cavaliers de plus. Envoyez-les tous à Weiler; c'est là qu'ils seront le plus à l'abri. Si nous tardons, ils me viennent droit au château. (*Ils sortent tous deux.*) Il faut que j'envoie quelqu'un à la découverte. Voilà qui commence à s'échauffer. Si c'étaient seulement de bons soldats... Mais le nombre! le nombre!

Il sort.

SICKINGEN, MARIE.

MARIE. Je vous en supplie, cher Sickingen, ne quittez pas mon frère. Ses cavaliers, ceux de Selbitz, les vôtres, tout s'est dispersé; il est seul. Selbitz a été rapporté blessé à son château : j'ai tout à craindre.

SICKINGEN. Soyez tranquille, je ne partirai pas.

Entre Goetz.

GOETZ. Viens à l'église : le père attend. Il faut que dans un quart d'heure vous soyez unis.

SICKINGEN. Permettez que je reste ici.

GOETZ. C'est à présent à l'église qu'il faut aller.

SICKINGEN. Volontiers... mais après?

GOETZ. Après, vous reprendrez la route de votre château.

SICKINGEN. Goetz!...

GOETZ. Ne voulez-vous pas aller à l'église?

SICKINGEN. Allons, allons.

Le camp.

LE CAPITAINE, UN CHEVALIER.

LE CHEVALIER. Combien sont-ils en tout?

LE CAPITAINE. Cent cinquante.

LE CHEVALIER. De quatre cents qu'ils étaient! Voilà qui est criant. A présent, vite en marche sur Jaxthausen. Ne lui donnons pas le temps de reprendre haleine, et de venir à notre rencontre une seconde fois.

Jaxthausen.

GOETZ, ÉLISABETH, MARIE, SICKINGEN.

GOETZ. Dieu vous bénisse! qu'il vous donne d'heureux jours, et prolonge la vie de vos enfants des années qu'il vous ôtera.

ÉLISABETH. Qu'ils soient ce que vous êtes, d'honnêtes gens, et alors qu'ils deviennent ce qu'ils voudront.

SICKINGEN. Je vous remercie; et vous aussi, Marie, je vous remercie. Je vous ai conduite à l'autel, vous me conduirez au bonheur.

MARIE. Oui, nous ferons ensemble un pèlerinage à cette terre promise et si peu connue.

GOETZ. Bon voyage!

MARIE. Tu m'entends mal; nous ne vous quittons pas.

GOETZ. Il le faut, ma sœur.

MARIE. Tu es bien cruel, mon frère.

GOETZ. Et toi, plus tendre que prévoyante.

Entre George.

GEORGE, *bas à Goetz.* Je n'ai pu enrôler personne. Un seul avait d'abord montré quelque envie de venir, mais ensuite il s'est rétracté et n'a pas voulu me suivre.

GOETZ. Bien, George. — La fortune commence à tourner contre moi. Au reste, je l'avais prévu. (*Haut.*) Sickingen, je vous en prie, partez dès ce soir. Parlez à Marie : elle est votre femme, qu'elle vous obéisse. Quand les femmes se mêlent de nos affaires, notre ennemi est plus en sûreté en pleine campagne qu'il ne le serait sans cela derrière ses tours.

Entre un cavalier.

LE CAVALIER. Monseigneur, l'enseigne impériale est déployée; elle s'avance vers le château à marche forcée.

GOETZ. Je leur ai fouetté le sang ! Combien sont-ils ?

LE CAVALIER. A peu près deux cents. Ils ne peuvent guère être à présent à plus de deux lieues d'ici.

GOETZ. Sont-ils encore sur l'autre bord de la rivière ?

LE CAVALIER. Oui, monseigneur.

GOETZ. Si j'avais seulement cinquante hommes, ils ne la passeraient pas. N'as-tu pas vu Lerse ?

LE CAVALIER. Non, monseigneur.

GOETZ. Dis à tout le monde qu'on se tienne prêt. — Allons, mes chers amis, il faut nous séparer. Pleure, bonne Marie; un temps viendra où tes pleurs se changeront en joie. Le jour de tes noces est bien triste, mais cela vaut encore mieux qu'une trop grande félicité suivie d'un avenir de misères. Adieu, Marie; adieu, mon frère.

MARIE. Ma sœur, je ne puis vous quitter. Mon frère, mon cher frère, laisse-nous rester auprès de toi ! Tu estimes donc bien peu mon mari, puisque tu dédaignes son secours dans cette extrémité ?

GOETZ. Il est vrai que ma fortune est en mauvais chemin, peut-être suis-je près de ma chute; mais vous qui commencez à vivre, séparez votre destinée de la mienne. Allez-vous-en; j'ai fait seller vos chevaux : partez, point de retard.

MARIE. Mon frère ! mon frère !

ÉLISABETH, *à Sickingen*. Allons, ne lui résistez pas davantage, partez.

SICKINGEN. Partons, ma chère Marie.

MARIE. Et toi aussi ? mon cœur se brisera.

GOETZ. Eh bien ! reste donc, puisque tu t'obstines à le vouloir, reste ! Sous peu d'heures mon château sera enveloppé d'ennemis.

MARIE. Mon Dieu ! mon Dieu !

GOETZ. Mais nous nous défendrons tant que nous pourrons.

MARIE. Mère de Dieu, ayez pitié de nous !

GOETZ. A la fin il nous faudra mourir ou nous rendre; et tes larmes auront entraîné dans ma ruine un brave homme de plus.

MARIE. Tu me tortures !

GOETZ. Reste, te dis-je, reste! nous serons pris ensemble. Sickingen, tu tomberas avec moi dans la fosse; j'espérais que tu pourrais m'en tirer.

MARIE. Il faut que nous partions, je le vois bien. Ma sœur! ma sœur!

GOETZ. Mettez-la en lieu de sûreté; puis, alors, souvenez-vous de moi.

SICKINGEN. Je n'entrerai pas dans son lit que je ne vous sache hors de danger.

GOETZ. Ma sœur, ma chère sœur!

Il l'embrasse.

SICKINGEN. Partons, partons.

GOETZ. Encore un moment! — Je vous reverrai; consolez-vous, nous nous reverrons. (*Sickingen et Marie sortent.*) C'était moi tout à l'heure qui la pressais de s'éloigner; à présent qu'elle part, je voudrais la retenir. Élisabeth, tu restes près de moi?

ÉLISABETH. Jusqu'à la mort!

GOETZ. Mon Dieu! donne une femme comme elle à ceux que tu aimes!

Elle sort. — Entre George.

GEORGE. Ils sont près d'ici : j'ai vu du haut de la tour briller leurs lances au soleil levant. En les voyant, je n'étais pas plus en peine qu'un chat devant une armée de souris. Il est vrai que nous jouons les rats.

GOETZ. Verrouillez les portes, et barricadez-les en dedans avec des poutres et de grosses pierres. (*George sort.*) Mettons leur patience à bout, et que toute leur bravoure aboutisse à se mordre les doigts. (*Le son d'une trompette se fait entendre au dehors.*) Ah! ah! voici un coquin en habit rouge qui vient savoir si nous voulons être des lâches. (*Il ouvre la fenêtre.*) Qu'y a-t-il?

On entend parler dans le lointain.

GOETZ, *à lui-même.* Tu mériterais la potence!

Le trompette continue de parler.

GOETZ. Coupable de lèse-majesté! C'est un moine qui a rédigé cette sommation.

Le trompette cesse de parler.

GOETZ *répond.* Me rendre ! A discrétion ! A qui parlez-vous ? Suis-je un brigand ? Dis à ton maître qu'à l'égard de Sa Majesté impériale je n'ai jamais cessé et ne cesserai jamais de lui porter le respect que je lui dois ; mais pour lui, dis-lui bien qu'il peut me...

Il ferme brusquement la fenêtre.

Siège du château. — La cuisine.

ÉLISABETH ; GOETZ *s'approche d'elle.*

GOETZ. Tu as bien de la besogne, pauvre femme.

ÉLISABETH. Je voudrais en avoir longtemps ; mais nous tiendrons difficilement.

GOETZ. Nous n'avons pas eu le temps de nous approvisionner.

ÉLISABETH. Et cette quantité de monde que vous nourrissez depuis quelque temps ! Le vin commence à tirer sur sa fin.

GOETZ. Si nous pouvions seulement tenir assez longtemps pour qu'ils en vinssent à proposer une capitulation ! Nous leur tuons du monde, et eux, ils ont beau tirailler tout le jour, ils ne blessent que nos murailles et ne brisent que nos vitraux. Lerse est un brave garçon ; il se glisse partout, son arquebuse à la main, et sitôt qu'un des leurs se hasarde un peu trop près, il est à bas.

UN SOLDAT. Du charbon, madame.

GOETZ. Pourquoi ?

LE SOLDAT. Pour fondre des balles ; nous n'en avons plus.

GOETZ. Où en sont les provisions de poudre ?

LE SOLDAT. Passables encore ; nous ménageons nos coups.

Une salle.

LERSE, *tenant un moule à balles* ; UN SOLDAT *apportant du charbon.*

LERSE. Pose ici ce charbon, et tâche de te procurer du plomb quelque part. En attendant, je vais m'emparer de ceci. (*Il enlève une fenêtre et en casse les vitres.*) Tout ce qui peut servir est bon à prendre. Ainsi va le monde : personne ne sait ce qu'on pourra faire un jour des choses. L'ouvrier qui a fait ce vitrage ne pensait assurément pas que le plomb pourrait causer un violent mal de tête à l'un de ses neveux ; et quand mon père m'engendra, au diable s'il se demanda qui, des oiseaux du ciel ou des vers de la terre, mangerait ma carcasse!

Entre George, une gouttière sur les bras.

GEORGE. Tiens, voici du plomb pour bien des coups. Si seulement la moitié porte, il n'en échappera pas un seul qui puisse aller dire à Sa Majesté : Sire, nous nous en sommes mal tirés.

LERSE *en coupe une partie.* En voici un bon morceau.

GEORGE. La pluie peut bien se frayer un autre chemin, je n'en suis pas en peine : un bon cavalier et une bonne pluie se font jour partout.

LERSE, *versant du plomb dans le moule.* Tiens la cuiller. (*Il met la tête à la fenêtre.*) Voilà un de ces impériaux qui rôde autour des murs, son arquebuse sur l'épaule. Ils s'imaginent que nos munitions sont épuisées. Il va tâter de la balle toute chaude, au sortir du poêlon.

Il charge son fusil.

GEORGE *pose à terre la cuiller.* Laisse-moi voir.

LERSE, *tire.* Il est à bas, le moineau.

GEORGE. C'est le même qui vient de tirer sur moi tout à l'heure (*ils se remettent à fondre*), comme je sortais par la lucarne pour détacher ce plomb : il a atteint près de moi un pigeon qui est tout justement tombé dans ma gouttière. Je l'ai remercié du rôti, et je suis rentré chargé d'un double butin.

LERSE. Maintenant que nous avons de quoi charger, parcourons le château pour gagner notre dîner.

Entre Goetz.

GOETZ. Reste ici, Lerse, j'ai à te parler. Toi, George, je ne veux pas t'interrompre dans ta chasse. (*George sort.*) Ils m'offrent une composition.

LERSE. J'irai les trouver pour savoir de quoi il s'agit.

GOETZ. Je le sais d'avance : ce sera de me rendre, à certaines conditions, dans une prison de chevalier.

LERSE. Ce n'est rien obtenir que cela : s'ils nous accordaient la libre sortie, puisque vous n'attendez aucun secours de Sickingen ? nous cacherions si bien l'or et l'argent, qu'il n'y aurait baguette au monde capable de les faire trouver. Nous leur laisserions le château, et nous en sortirions au moins avec quelque honneur.

GOETZ. C'est ce qu'ils ne feront jamais.

LERSE. Essayons toujours, cela ne peut nuire. Demandez un sauf-conduit, et je sortirai.

Ils sortent.

Une salle.

GOETZ, ÉLISABETH, GEORGE, SOLDATS *à table.*

GOETZ. Voilà comme le danger rassemble. Régalez-vous, mes amis ! n'oubliez pas surtout de boire... La bouteille est vide ; encore une, ma chère femme. (*Élisabeth hausse les épaules.*) N'y en a-t-il plus ?

ÉLISABETH, *bas.* Plus qu'une ; je l'ai mise à part pour toi.

GOETZ. Non, non, ma chère ; tire-la pour eux : ils ont plus besoin de stimulant que moi ; c'est ma cause.

ÉLISABETH. Allez la chercher dans le buffet.

GOETZ. C'est la dernière, et quelque chose me dit que nous n'avons plus besoin d'économie. De longtemps je ne me suis senti plus de satisfaction. (*Il verse à boire.*) Vive l'empereur !

TOUS. Vive l'empereur !

GOETZ. Que ce soit là notre avant-dernier cri quand nous mourrons ! Je l'aime, car nous avons tous deux même sort, si ce n'est que je suis encore plus heureux que lui. Pauvre empereur ! il faut qu'il s'amuse à prendre des souris pour les États de l'empire, pendant que les rats dévorent ses possessions. Je sais que bien souvent il aimerait mieux mourir que d'être plus longtemps l'âme d'un corps ainsi mutilé. (*Il verse à boire.*) Il en reste encore justement pour un tour de table. — Et quand notre sang commencera à se ralentir dans nos veines, comme le vin de cette bouteille, qui coule d'abord faiblement

ACTE III.

et finit par tomber goutte à goutte (*il verse le fond dans son verre*), quel sera notre dernier cri?

GEORGE. Vive la liberté!

GOETZ. Vive la liberté!

TOUS. Vive la liberté!

GOETZ. Et si elle nous survit, nous pouvons mourir en paix; car nous voyons dans l'avenir tous nos descendants heureux et les empereurs de nos descendants heureux aussi. Ah! si tous les vassaux servaient leurs princes noblement et librement comme vous me servez, et si les princes servaient l'empereur comme je voudrais pouvoir le faire...

GEORGE. Les choses iraient autrement qu'elles ne vont.

GOETZ. Pas tant qu'il te semble. N'ai-je pas connu parmi les princes d'excellents hommes? et la race en serait-elle éteinte? Hommes parfaits! qui trouvaient leur bonheur en eux-mêmes et dans celui de leurs vassaux; qui souffraient un voisin noble et généreux sans en concevoir ni ombrage ni envie; dont le cœur s'épanouissait de joie quand ils voyaient réunis à leur table beaucoup de leurs égaux; qui n'avaient pas besoin pour vivre avec un chevalier d'en faire un courtisan.

GEORGE. Avez-vous effectivement connu de tels seigneurs?

GOETZ. Sans doute. Je me rappellerai toute ma vie la chasse que donna le landgrave de Hanau, et le festin auquel s'assirent en plein air les princes et les seigneurs qui en étaient, et le concours de peuple qui se fit pour les voir manger. Ce n'était point une mascarade arrangée pour son divertissement; mais ces têtes rondes des jeunes garçons et des jeunes filles, toutes ces joues rouges de santé, et ces hommes de bonne mine, ces beaux vieillards à cheveux blancs, et la joie peinte sur tous les visages, comme ils prenaient part à la gloire de ce bon maître, qui se réjouissait au milieu d'eux sur la terre de Dieu!

GEORGE. C'était là un seigneur parfait! comme vous.

GOETZ. Ne devons-nous pas espérer d'en voir encore naître de semblables? de voir régner au sein des familles le respect pour l'empereur, la paix et l'amitié des voisins entre eux, l'amour des sujets pour leurs maîtres; précieux trésor, héritage qui doit passer à nos neveux et à nos arrière-neveux? Chacun garderait son bien et chercherait des ressources en lui-même, au lieu de croire, comme aujourd'hui, qu'on ne peut s'enrichir qu'en appauvrissant les autres.

GEORGE. Mais alors ferions-nous la guerre ?

GOETZ. Plût au ciel qu'il n'y eût plus en Allemagne d'esprits turbulents! il nous resterait encore assez d'ouvrage. Nous purgerions les montagnes de loups, et pendant que notre voisin labourerait tranquillement son champ, nous irions lui chercher un rôti dans la forêt; en retour de quoi il partagerait sa soupe avec nous; ou, si cela ne nous suffisait pas, nous irions aux frontières de l'empire, et, comme les chérubins armés d'épées flamboyantes, nous en chasserions loups et renards, Turcs et Français. Alors nous pourrions servir de rempart aux États de l'empereur et maintenir la paix de l'empire. Ce serait là une vie, George! si l'on pouvait s'exposer ainsi journellement pour le bonheur de tous! (*George se lève brusquement.*) Où veux-tu aller?

GEORGE. Ah! j'oubliais que nous sommes assiégés... Et c'est l'empereur qui nous assiége..... et ce n'est que pour sauver notre peau que nous exposons notre peau!

GOETZ. Allons, prends courage!

Entre Lerse.

LERSE. Liberté! liberté! ce sont à peine des hommes; un tas d'imbéciles qui ne savent pas prendre leur parti. Vous pouvez vous retirer avec armes et bagages, en laissant ici vos provisions.

GOETZ. Ils ne se feront pas mal aux dents avec ce qui leur restera.

LERSE, *bas à Gœtz.* Avez-vous caché l'argenterie?

GOETZ. Non! Ma femme, va avec Lerse; il a quelque chose à te dire.

Ils sortent tous.

ACTE III.

La cour du château.

GEORGE, *dans l'écurie, chante.*

Gille un jour prit dans le bocage,
    Hem! hem!
Un oiseau pour le mettre en cage.
    Hem! hem!
    Oh! oh!
    Hem! hem!
Mais il en rit si niaisement,
    Hem! hem!
Et puis le tint si gauchement,
    Hem! hem!
    Oh! oh!
    Hem! hem!
Qu'à la barbe du pauvre Gille,
    Hem! hem!
L'oiseau s'enfuit d'une aile agile!
    Hem! hem!
    Oh! oh!
    Hem! hem!

GOETZ. Eh bien?

GEORGE *fait sortir son cheval.* Ils sont sellés.

GOETZ. Tu es alerte!

GEORGE. Comme l'oiseau qui sort de sa cage.

TOUS LES ASSIÉGÉS.

GOETZ. Vous avez vos arquebuses? Non! remontez à la salle d'armes et prenez les meilleures; aussi bien elles sont perdues. Nous, à cheval et sortons.

GEORGE.

Hem! hem!
Oh! oh!
Hem! hem!

Ils sortent.

Salle d'armes.

DEUX CAVALIERS.

PREMIER CAVALIER. Je prends celle-ci.

SECOND CAVALIER. Moi celle-là... mais, non, en voici une plus belle.

PREMIER CAVALIER. Bah! dépêche-toi, que nous partions.

SECOND CAVALIER. Écoute!

PREMIER CAVALIER *court à la fenêtre.* Au secours, grand Dieu! ils assassinent monseigneur! Le voici à bas de son cheval; George tombe!

SECOND CAVALIER. Où nous sauver? Le long du mur, par le noyer, on peut gagner les champs.

Il s'échappe.

PREMIER CAVALIER. Franz tient encore bon, je veux l'aller joindre. — S'ils meurent, je ne veux plus vivre.

ACTE QUATRIÈME.

Auberge à Hellbronn.

GOETZ. Je ressemble à ce malin esprit que le capucin enferma dans un sac. Je travaille à m'en tirer, et cela n'aboutit à rien. Les parjures! (*Entre Élisabeth.*) Eh bien! Élisabeth, quelles nouvelles de mes fidèles amis?

ÉLISABETH. Rien de positif. Quelques-uns sont tués, d'autres sont enfermés dans la tour. Personne n'a pu ou n'a voulu m'en dire davantage sur leur compte.

GOETZ. Est-ce là le prix de la fidélité, de l'obéissance filiale? *Afin que tu sois heureux, et que tu vives longuement sur la terre!*

ÉLISABETH. Cher époux, point de blasphèmes contre notre Père céleste! Ils ont leur récompense, elle est née avec eux, un cœur généreux et libre. Même au fond des cachots ils sont libres! — Prends garde à ces conseillers impériaux qu'on a envoyés ici : ces grandes chaînes d'or leur donnent un air.......

GOETZ. De pourceaux harnachés. — Je voudrais bien voir George et Franz emprisonnés!

ÉLISABETH. Ce serait à faire pleurer les anges.

GOETZ. Non, je ne pleurerais pas. Je grincerais des dents! je rugirais de fureur! Dans les fers! eux! la prunelle de mes yeux! Bons jeunes gens, si vous ne m'aviez pas tant aimé!... Je ne me rassasierais jamais de les voir... Se parjurer au nom de l'empereur!

ÉLISABETH. Éloignez ces idées, songez que vous devez paraître devant les conseillers. Vous n'êtes pas de sang-froid. Je crains tout de cette entrevue.

GOETZ. Que me veulent-ils?

ÉLISABETH. Voici l'officier de justice!

GOETZ. L'âne de justice! qui porte leurs sacs au moulin et traîne aux champs leurs ordures. Qu'y a-t-il?

Entre l'huissier de justice.

L'HUISSIER. Messieurs les commissaires sont assemblés en la maison de ville et vous mandent devant eux.

GOETZ. J'y vais.

L'HUISSIER. Je vous accompagnerai.

GOETZ. C'est beaucoup d'honneur!

ÉLISABETH. Modérez-vous.

GOETZ. Sois tranquille.

Ils sortent.

La maison de ville.

LES CONSEILLERS IMPÉRIAUX, UN CAPITAINE, LES SÉNATEURS DE HEILBRONN.

UN SÉNATEUR. Nous avons rassemblé d'après vos ordres les bourgeois les plus robustes et les plus déterminés. Ils attendent ici près votre signal pour s'emparer de Berlichingen.

PREMIER CONSEILLER. Nous nous ferons un plaisir d'instruire Sa Majesté impériale de votre empressement à exécuter ses volontés suprêmes. Ce sont des ouvriers?

LE SÉNATEUR. Des forgerons, des tonneliers, des charpentiers : tous gens exercés aux coups de poing, et ici (*montrant son cœur*) bien cuirassés.

LE CONSEILLER. Bon.

Entre l'officier de justice.

L'HUISSIER. Gœtz de Berlichingen attend à la porte.

LE CONSEILLER. Faites-le entrer.

Entre Gœtz.

GŒTZ. Je vous salue, messieurs : que voulez-vous de moi ?

LE CONSEILLER. Que vous songiez d'abord où vous êtes, et devant qui.

GŒTZ. Sur ma parole, je suis loin de vous méconnaître, messieurs.

LE CONSEILLER. Asseyez-vous.

GŒTZ. Là-bas? J'ai de bonnes jambes! Ce tabouret sent le criminel, comme au reste toute la chambre.

LE CONSEILLER. Eh bien, restez debout.

GŒTZ. Au fait, s'il vous plaît.

LE CONSEILLER. Nous procéderons dans l'ordre.

GŒTZ. C'est tout ce que je demande, et je voudrais bien qu'on l'eût fait jusqu'ici.

LE CONSEILLER. Vous savez comment vous êtes tombé dans nos mains à discrétion?

GŒTZ. Que me donnez-vous, si je l'oublie?

LE CONSEILLER. Si je pouvais vous donner de la modération, je rendrais votre cause bonne.

GŒTZ. La rendre bonne! comme si vous le pouviez! Il y a plus à faire pour cela que pour la rendre mauvaise.

LE GREFFIER. Dois-je insérer tout cela au procès-verbal?

LE CONSEILLER. Ce qui appartient à l'affaire.

GŒTZ. Pour mon compte, vous pouvez l'imprimer.

LE CONSEILLER. Vous étiez en la puissance de l'empereur. Mais Sa Majesté, au lieu d'user d'une sévérité qui n'eût été que juste, a bien voulu vous donner une marque de sa bonté toute paternelle, en vous assignant pour demeure, à la place d'un cachot, Heilbronn, une de ses bonnes villes. Vous avez de votre côté fait serment de vous y présenter, et d'y attendre avec soumission la suite de cette affaire.

GOETZ. Eh bien! me voici, j'attends.

LE CONSEILLER. Et nous, nous sommes ici pour vous annoncer la grâce et la clémence de Sa Majesté impériale. Elle vous pardonne vos fautes, révoque le ban de l'empire, et vous tient quitte du châtiment que vous n'avez que trop mérité; pourvu que vous receviez une telle faveur avec d'humbles remercîments, et prêtiez en retour le serment de bannissement [1] dont lecture va vous être faite.

GOETZ. Je suis, comme j'ai toujours été, le fidèle sujet de Sa Majesté. Mais un mot, avant d'aller plus loin. Mes gens où sont-ils? Que deviendront-ils?

LE CONSEILLER. Cela ne vous regarde pas.

GOETZ. Que l'empereur détourne ainsi de vous sa protection quand vous serez dans le malheur! Ils étaient mes compagnons, et le sont encore. Où les avez-vous conduits?

LE CONSEILLER. Nous n'avons là-dessus aucun compte à vous rendre.

GOETZ. Ah! je ne songeais plus que vous n'êtes pas même obligés de tenir vos promesses. A plus forte raison...

LE CONSEILLER. Notre commission se borne à vous faire prêter serment. Soumettez-vous à l'empereur, et vous trouverez moyen d'obtenir pour vos compagnons la vie et la liberté.

GOETZ. Votre papier!

LE CONSEILLER. Greffier, lisez.

LE GREFFIER. « Moi, Goetz de Berlichingen, je reconnais » publiquement par cet écrit que, m'étant rendu coupable de » rébellion contre l'empereur et l'empire... »

GOETZ. Ce n'est pas vrai! je ne suis pas un rebelle; je ne suis coupable de rien contre l'empereur. Et quant à l'empire, je ne m'en mêle pas.

LE CONSEILLER. Patience! Ecoutez le reste.

GOETZ. Je n'écoute plus rien. Que quelqu'un se lève et m'accuse! Ai-je offensé l'empereur? Ai-je fait un seul pas contre

---

[1] Serment qui obligeait celui qui l'avait prêté à ne sortir de l'enceinte de ses domaines et à ne tirer l'épée sous aucun prétexte quelconque. En allemand, *Urfehde*.

la maison d'Autriche? N'ai-je pas au contraire prouvé jusqu'ici par toutes mes actions que je sens mieux que personne ce que doit l'Allemagne à ses souverains, et surtout ce que les petits chevaliers et les hommes libres doivent à leur empereur? Je serais un misérable si je me laissais persuader de signer cela.

LE CONSEILLER. Et pourtant nos ordres sont positifs. Si la douceur ne peut rien sur vous, nous nous verrons dans la nécessité d'employer des moyens auxquels nous répugnons, et de vous mettre à la tour.

GOETZ. A la tour! moi?

LE CONSEILLER. Et là votre sort ne dépendra plus que de la stricte justice, puisque vous n'aurez pas voulu l'accepter des mains de la clémence.

GOETZ. A la tour! vous abusez de l'autorité impériale. A la tour! Non, ce n'est pas là son ordre. Quoi! me tendre un piége honteux! puis prêter serment, les traîtres, jurer leur parole de chevalier! tout cela en guise d'amorce pour m'y faire tomber. Me promettre enfin prison de chevalier, et violer cette nouvelle promesse!

LE CONSEILLER. Envers un brigand, nous ne sommes obligés à rien.

GOETZ. Si ce n'était l'image de l'empereur que tu représentes et que je respecte jusque dans la boue où elle est empreinte, je te ferais avaler le brigand, ou tu en étoufferais!... Je défends une cause honorable, et tu aurais à rendre grâce à Dieu et à te vanter devant les hommes, si dans toute ta vie tu avais fait une action aussi noble que celle pour laquelle je suis ici prisonnier devant toi... (*Le conseiller fait signe au sénateur, qui tire aussitôt la sonnette.*) Ce n'est pas pour un misérable profit, ce n'est pas pour arracher leurs terres et leurs serfs à de petits seigneurs sans défense que j'ai tiré l'épée. C'est pour délivrer l'homme qu'on m'a enlevé, et vendre cher ma peau! Quelle injustice y voyez-vous? L'empereur et l'empire n'auraient rien su de nos démêlés, et ils auraient continué de dormir en paix sur leurs deux oreilles. — Il me reste, grâce à Dieu, encore une main; et j'ai bien fait de m'en servir! (*Des bourgeois entrent le bâton à la main, l'épée au côté.*) Que signifie cela?

LE CONSEILLER. Vous ne voulez entendre à rien? Qu'on le saisisse!

GOETZ. Ah! c'est là ce que vous entendez faire! Que celui d'entre vous qui n'est pas un bœuf de Hongrie s'arrête et ne m'approche pas! car il pourrait recevoir de cette main de fer un coup qui le guérirait sur la place de ses maux de tête, de ses maux de dents et de tous les maux de la terre. (*Ils se jettent tous sur lui; il en renverse un à terre, arrache à un autre son épée: ils reculent.*) Venez! venez! je serais bien aise de connaître le plus brave d'entre vous.

LE CONSEILLER. Rendez-vous.

GOETZ, *l'épée à la main*. Savez-vous bien qu'à présent il ne tiendrait qu'à moi de passer à travers cette canaille, et de gagner le large? Mais je vais vous apprendre comme on tient sa parole. Promettez-moi prison de chevalier; je vous rends mon épée, et je reste votre prisonnier comme auparavant.

LE CONSEILLER. Est-ce l'épée à la main que vous prétendez traiter avec l'empereur?

GOETZ. Dieu m'en préserve! ce n'est qu'avec vous et votre noble compagnie. — Vous pouvez rentrer chez vous, bonnes gens, le temps que vous perdez là ne vous sera pas payé : il n'y a ici à gagner que des bosses.

LE CONSEILLER. Saisissez-le. — Où est le courage que l'amour pour votre empereur doit vous inspirer?

GOETZ. L'empereur ne leur donnera pas plus de courage qu'il ne leur donnera d'emplâtres pour guérir les plaies que leur courage leur aura values.

Entre l'huissier de justice.

L'HUISSIER. Le guet de la tour vient de crier qu'une troupe de deux cents hommes s'avançait vers la ville. Ils ont paru tout à coup dans les vignes, sur les hauteurs, et ils menacent nos murs.

UN SÉNATEUR. Ah! mon Dieu! nous sommes perdus! Qu'est-ce que cela peut être?

Entre un des gardes.

LE GARDE. Franz de Sickingen est aux portes. Il vous mande qu'il a appris qu'on avait abusé indignement de la bonne foi de son beau-frère, et que messieurs de Heilbronn avaient trempé dans le complot : en conséquence, il vient vous demander raison. Et si dans une heure il n'a satisfaction, il vous fait savoir qu'il mettra le feu aux quatre coins de la ville, et la livrera au pillage.

GOETZ. Brave frère !

LE CONSEILLER. Gœtz, retirez-vous. — Que faut-il faire ?

UN SÉNATEUR. Ayez pitié de nous et de notre bourgeoisie ! Sickingen est impitoyable dans sa colère : il est homme à le faire comme il le dit.

LE CONSEILLER. Devons-nous compromettre nos droits et ceux de l'empereur ?

LE CAPITAINE. Si nous avions seulement quelques hommes pour leur tenir tête ! Mais dans notre position ce serait tout perdre, et l'affaire n'en serait que plus mauvaise. Nous gagnons à céder.

LE SÉNATEUR. Parlons à Gœtz pour qu'il dise un mot en notre faveur. Il me semble déjà voir la ville en flammes.

LE CONSEILLER. Faites entrer Gœtz.

GOETZ. Qu'avez-vous à me dire ?

LE CONSEILLER. Que tu ferais bien d'engager ton beau-frère à se désister de son entreprise séditieuse ! Au lieu d'empêcher ta ruine, il la rend inévitable, et s'associe à ta chute.

GOETZ, *bas à Elisabeth, qu'il aperçoit à la porte.* Va le trouver. Qu'il se rende ici tout de suite. Recommande-lui bien de ne faire aucun mal dans la ville ; mais si ces coquins-ci s'opposent à lui, qu'il emploie la force : peu m'importe ce qui m'arrivera, pourvu seulement que je les lui voie pourfendre tous.

Une grande salle de la maison de ville.

SICKINGEN, GOETZ.

Toute la maison de ville est pleine des cavaliers de Sickingen.

GOETZ. Ce secours me tombe du ciel. Comment t'y es-tu donc pris pour arriver si à propos et si inopinément, beau-frère ?

SICKINGEN. Sans sorcellerie. J'avais dépêché deux ou trois hommes pour me donner de tes nouvelles. J'apprends leur trahison, je me mets en marche, et me voici !

GOETZ. Je ne demande que la prison de chevalier.

ACTE IV.

SICKINGEN. Tu pousses aussi la loyauté trop loin. Comment! ne pas te prévaloir une fois des avantages que l'homme franc a sur des traîtres! Ayant tort, ils sont dans une mauvaise position : ne les aidons pas nous-mêmes à s'en tirer. Ils ont indignement abusé des ordres de l'empereur; et autant que je puis connaître le caractère de Sa Majesté, tu peux hardiment exiger mieux que cela; c'est trop peu.

GŒTZ. Jusqu'ici je me suis toujours contenté de bien peu.

SICKINGEN. Et tu en as toujours été la dupe. Voici mon opinion : il faut qu'ils fassent sortir tes gens de prison, et te laissent rentrer avec eux dans ton château sur parole. Toi, promets de ne pas sortir de ta juridiction. Tu seras toujours mieux qu'ici.

GŒTZ. Ils diront que mes biens sont dévolus à l'empereur.

SICKINGEN. Eh bien! nous dirons que tu veux les prendre à bail, jusqu'à ce qu'il plaise à l'empereur de t'en rendre l'investiture. Ils auront beau se retourner comme l'anguille dans la Reuss, ils ne nous échapperont pas. Ils ne vont pas manquer de parler de Sa Majesté impériale, de leur commission ; cela ne nous regarde pas. Moi aussi, je connais l'empereur, et j'ai même quelque crédit auprès de lui. Il a toujours souhaité de t'avoir dans son armée : tu ne languiras pas longtemps dans ton château; on saura bien t'y chercher.

GŒTZ. Dieu veuille que ce soit bientôt, avant que j'aie désappris les armes.

SICKINGEN. Le courage ne se désapprend pas..... comme il ne s'apprend pas non plus. Sois tranquille : aussitôt que tes affaires seront en ordre, je me rends à la cour. Mon projet commence à mûrir; je vois s'ouvrir devant moi une perspective brillante, et je sens qu'il faut éclater. Il ne me reste plus qu'à sonder les sentiments de l'empereur. Trèves et le Palatinat penseraient plutôt voir s'écrouler le ciel, que de s'imaginer que je vais fondre sur leur tête. Je leur tomberai des nues comme la grêle! Et si nous menons à bien nos espérances, tu seras dans peu beau-frère d'un électeur. Je compte sur ton bras pour cette entreprise.

GŒTZ, *regardant sa main*. Ah! voilà le sens du rêve que j'ai fait la veille du jour où j'ai promis Marie à Weislingen... En me donnant sa parole, il me serra si fort la main droite, qu'elle se détacha du brassard, comme si elle fût brisée. Ah ! je suis à présent plus désarmé que je l'étais quand elle me fut emportée... Weislingen ! Weislingen !

SICKINGEN. Oublie ce traître : nous allons faire échouer ses projets, ruiner toutes ses espérances : la honte et le remords le traîneront au tombeau. Je vois, oui, je vois dans l'avenir mes ennemis anéantis ! Gœtz, il ne faut que six mois.

GŒTZ. Ton âme prend un vol bien élevé. Je ne sais, mais, depuis quelque temps, il ne s'ouvre plus pour la mienne aucune perspective riante. J'ai déjà été plus loin dans le malheur; je me suis vu une fois prisonnier ; mais ce que j'éprouve, je ne l'éprouverai jamais.

SICKINGEN. Le courage vient avec le bonheur. Allons trouver les perruques ! Ils ont eu la parole assez longtemps; prenons-la à notre tour.

Le château d'Adélaïde.

ADÉLAÏDE, WEISLINGEN.

ADÉLAÏDE. C'est affreux !

WEISLINGEN. J'en ai pleuré de rage. Un plan si habilement conçu ! si heureusement conduit !... Et au bout de tout cela, le laisser rentrer paisiblement dans son château ! Maudit Sickingen !

ADÉLAÏDE. Ils n'auraient pas dû y consentir.

WEISLINGEN. Il l'a bien fallu. Que pouvaient-ils faire? Sickingen menaçait de tout mettre à feu et à sang. L'orgueilleux, l'impitoyable homme ! je l'abhorre ! son crédit grossit tous les jours; c'est comme un torrent qui a une fois englouti deux ruisseaux, le reste y coule de soi-même.

ADÉLAÏDE. N'avaient-ils pas un empereur ?

WEISLINGEN. Ma chère femme, il n'en est plus que l'ombre : il se fait vieux et devient chagrin. Quand il a su ce qui venait de se passer, et que je lui en ai témoigné mon indignation, ainsi que les autres conseillers : — Laissez-les en repos, nous a-t-il dit ; je puis bien laisser au vieux Gœtz la jouissance de ce petit coin de terre; et s'il y reste tranquille, qu'avez-vous à vous plaindre de lui ? — Nous avons parlé du bien de l'État. — Oh ! a-t-il dit, le bien de l'État ! J'aimerais mieux n'avoir eu

ACTE IV.

jusqu'ici que des conseillers qui eussent tourné l'activité naturelle de mon esprit vers le bonheur individuel de mes sujets!

ADÉLAÏDE. Il perd tout à fait la dignité d'un souverain.

WEISLINGEN. Nous nous rejetâmes alors sur Sickingen. — C'est mon fidèle sujet, interrompit-il : s'il n'a pas agi par mes ordres, il a au moins mieux rempli mes intentions que n'ont fait mes fondés de pouvoir, et je puis l'avouer après comme avant.

ADÉLAÏDE. C'est à désespérer.

WEISLINGEN. Je ne désespère pas encore : on l'a laissé retourner dans son château, mais sous condition qu'il s'y tiendra tranquille ; et ce lui est chose impossible. Il ne sera pas longtemps sans nous donner prise sur lui.

ADÉLAÏDE. D'autant mieux, d'ailleurs, que nous avons l'espoir de voir l'empereur sortir bientôt de ce monde ; et Charles, son noble successeur, promet des sentiments plus dignes du trône.

WEISLINGEN. Charles ! il n'est encore ni élu ni couronné.

ADÉLAÏDE. Tout le monde le désire, et tout le monde l'espère.

WEISLINGEN. Tu as une haute idée de ses qualités. On serait presque tenté de croire que tu le vois avec d'autres yeux...

ADÉLAÏDE. Weislingen, tu m'offenses. Me connais-tu assez peu pour former des soupçons ?

WEISLINGEN. Ce que j'ai dit n'est pas pour t'offenser, mais je ne puis me taire là-dessus. L'empressement extraordinaire de Charles auprès de toi me trouble et m'inquiète.

ADÉLAÏDE. Mais ma conduite...

WEISLINGEN. Tu es femme, et vous ne haïssez point qui vous fait la cour.

ADÉLAÏDE. Mais vous...

WEISLINGEN. Cette horrible idée me ronge le cœur, Adélaïde !

ADÉLAÏDE. Puis-je te guérir de tes folies ?

WEISLINGEN. Si tu voulais, tu pourrais t'éloigner de la cour.

ADÉLAÏDE. Dis des choses possibles ! N'es-tu pas toi-même à la cour ? Dois-je te quitter, toi et tous mes amis, pour aller au fond de mon château m'entretenir avec les hibous ? Non, Weislingen, cela ne se peut pas. Sois tranquille, tu sais combien je t'aime.

WEISLINGEN. Oui! C'est l'ancre de salut au temps de l'orage, aussi longtemps que le câble ne rompt pas.

Il sort.

ADÉLAÏDE. Ah! tu le prends sur ce ton! Il ne manquait plus que cela. Les projets que je nourris dans mon sein sont trop vastes pour que tu puisses en arrêter le cours. Charles, homme excellent, grand homme, empereur par la suite, serait-il le seul que l'espoir de me posséder ne flatterait pas? — Non, Weislingen, ne pense pas à me retenir, ou il faudra que tu succombes. Si tu te trouves dans mon chemin, je passerai sur ton corps.

Entre Franz avec une lettre.

FRANZ. Voici pour vous, madame.

ADÉLAÏDE. Est-ce Charles lui-même qui te l'a remise?

FRANZ. Oui.

ADÉLAÏDE. Qu'as-tu donc? tu parais triste.

FRANZ. Vous voulez absolument me faire périr de langueur. Oui, je mourrai de désespoir dans l'âge de l'espérance; et c'est vous qui en serez cause.

ADÉLAÏDE. Il me fait de la peine!... et il m'en coûterait si peu pour le rendre heureux! Prends courage, jeune homme. Je connais ton amour et ta fidélité, et je ne serai point ingrate.

FRANZ, *oppressé*. Si vous en étiez capable... je mourrais... Mon Dieu! moi qui n'ai pas une goutte de sang qui ne soit à vous! moi qui n'ai de sens que pour vous aimer et pour obéir à tout ce que vous désirez!...

ADÉLAÏDE. Cher enfant!

FRANZ. Vous me flattez... (*fondant en larmes*) et tout cela n'aboutit qu'à s'en voir préférer d'autres... Toutes vos pensées tournées vers Charles!

ADÉLAÏDE. Tu ne sais pas ce que tu veux et encore moins ce que tu dis.

FRANZ, *trépignant de douleur et de rage*. Aussi je ne le veux plus; non, je ne veux plus servir d'entremetteur...

ADÉLAÏDE. Franz, tu t'oublies!

FRANZ. Me sacrifier! sacrifier mon maître.... mon cher maître.

ADÉLAÏDE. Sortez de ma présence!

FRANZ. Madame!

ADÉLAÏDE. Va, dénonce-moi à ton cher maître. J'étais bien folle de te prendre pour ce que tu n'es pas!

FRANZ. Chère noble dame, vous savez que je vous aime.

ADÉLAÏDE. Je t'aimais aussi, tu étais près de mon cœur... Va, trahis-moi.

FRANZ. Je m'arracherais plutôt le sein! Pardonnez-moi, madame... mon âme est trop pleine... je ne suis plus maître de moi.

ADÉLAÏDE. Cher enfant! excellent cœur!

Elle lui prend les mains, l'attire à elle : leurs bouches se rencontrent. Il se jette à son cou en pleurant.

ADÉLAÏDE. Laisse-moi!

FRANZ, *sanglotant à son cou.* Dieu! Dieu!

ADÉLAÏDE. Laisse-moi! les murs ont des yeux : laisse-moi! (*Elle se dégage.*) Aime-moi toujours ainsi; sois toujours aussi fidèle : la plus belle récompense t'attend.

Elle sort.

FRANZ. La plus belle récompense!... Dieu, laisse-moi vivre jusque-là! Si mon père me disputait cette place, je l'assassinerais.

Jaxthausen.

GOETZ, *devant une table*; ÉLISABETH, *auprès de lui à son ouvrage; sur la table, une lumière, de l'encre et du papier.*

GOETZ. Jamais je ne pourrai me faire à l'oisiveté : ma prison me devient de jour en jour plus insupportable. Je voudrais pouvoir dormir, ou au moins me figurer que le repos a quelque chose d'agréable.

ÉLISABETH. Eh bien! achève d'écrire l'histoire de ta vie, que tu as déjà commencée. Ce sera dans la main de tes amis un témoignage, qui pourra leur servir un jour à confondre tes ennemis. Mon ami, lègue à une noble postérité la jouissance de ne pas te méconnaître.

GOETZ. Écrire, ce n'est qu'une oisiveté affairée : ce métier me fatigue et m'ennuie. Pendant que j'écris ce que j'ai fait, j'enrage de perdre un temps que je pourrais employer à faire autre chose.

ÉLISABETH *prend les papiers.* Allons, ne sois pas si singulier! Tiens, tu en es justement à ta première captivité à Heilbronn.

GOETZ. Cette ville m'a été de tout temps fatale.

ÉLISABETH *lit.* « Il y eut même là plusieurs des confédérés » qui me dirent que j'avais agi follement, de me présenter de-» vant mes plus chauds ennemis, lorsqu'il m'était aisé de pré-» voir qu'on ne me ménagerait guère. A quoi je répondis... » Eh bien! que répondis-tu? Continue d'écrire.

GOETZ. Je leur dis : « J'expose sans cesse ma vie pour le bien-être et pour la fortune des autres; croyez-vous donc que je ne l'exposerais pas pour garder ma parole? »

ÉLISABETH. Cette réputation, tu l'as bien!

GOETZ. C'est ce qu'ils ne m'ôteront pas! Ils m'ont tout pris, biens, liberté!...

ÉLISABETH. Justement vers cette époque je rencontrai à l'auberge les seigneurs de Miltenberg et de Singlingen, qui ne me connaissaient pas. J'éprouvai là une joie qui me transporta, comme si je venais de mettre un fils au monde. Ils te louaient à l'envi, et disaient entre eux : « C'est le modèle d'un chevalier, brave et généreux dans la liberté, fidèle et résigné dans le malheur. »

GOETZ. Qu'ils me montrent celui à qui j'ai manqué de parole! Dieu sait que j'ai plus sué pour le service d'autrui que pour le mien propre, et c'est pour acquérir le surnom de brave et loyal chevalier que j'ai travaillé jusqu'ici, non pour gagner des richesses et des titres. Et, grâce à Dieu! ce que j'ai ambitionné par-dessus tout, je le possède.

Entrent Lerse et George avec du gibier.

Bonjour, braves chasseurs!

GEORGE. Oui, à présent que nous ne sommes plus de braves cavaliers. D'une paire de bottes il n'est pas difficile de faire des pantoufles.

LERSE. La chasse est toujours quelque chose : c'est une espèce de guerre.

GEORGE. Oui, si seulement on n'avait pas toujours affaire dans le pays à des soldats de l'empire!... Vous savez, monseigneur, ce que vous nous prédisiez, que lorsque le monde serait renversé nous nous ferions chasseurs : voici que nous le sommes déjà sans cela.

GOETZ. Après tout, c'est la même chose, puisque nous sommes jetés hors de notre carrière.

GEORGE. Les temps sont durs et ne promettent rien de bon. On a déjà vu depuis huit jours se lever dans le ciel une comète effrayante, et toute l'Allemagne tremble que ce ne soit un signe de la mort prochaine de l'empereur, qui est très-malade.

GOETZ. Très-malade ! Notre carrière est à sa fin.

GEORGE. Et ici dans le voisinage il se passe des choses encore bien plus terribles. Les paysans ont fait une révolte épouvantable.

GOETZ. Où ?

LERSE. Au cœur de la Souabe. Ils pillent, brûlent, égorgent. Je crains qu'ils ne dévastent tout le pays.

GEORGE. Oh ! c'est une guerre effroyable ! Déjà plus de cent bourgades sont en révolte ouverte, et le nombre s'accroît tous les jours. L'orage a, dit-on, déraciné dernièrement des forêts entières, et, peu de temps après, on a vu, dans le pays où la révolte a commencé, deux épées de feu qui se croisaient en l'air.

GOETZ. Il y a sûrement plusieurs bons seigneurs de nos amis qui souffrent bien innocemment de cette persécution.

GEORGE. Quel dommage que nous ne puissions pas monter à cheval !

ACTE CINQUIÈME.

Guerre de paysans. — Un bourg au pillage.

Des femmes et des vieillards fuient avec des enfants et des paquets.

UN VIEILLARD. En avant ! en avant ! que nous échappions à ces brigands.

UNE FEMME. Bon Dieu ! comme le ciel est rouge de sang ! Le soleil couchant est tout rouge de sang !

UNE VIEILLE. Cela pronostique le feu.

LA FEMME. Mon mari ! mon mari !

LE VIEILLARD. En avant ! en avant ! A la forêt !
Ils passent.

LINK. Tout ce qui résiste, à bas ! Le village est à nous. Qu'il n'y reste rien, et que rien ne se perde. Pillez vite et bien. Allons, dépêchez, que nous y mettions le feu.

METZLER, *accourant du haut de la colline.* Eh bien ! Link, comment vont les affaires de votre côté ?

LINK. Sens dessus dessous, comme tu vois : tu arrives pour le bouquet... Mais d'où viens-tu, toi ?

METZLER. De Weinsberg. C'était là une fête !

LINK. Comment ?

METZLER. Nous les avons sabrés tous, que c'était un plaisir !..

LINK. Qui donc ?

METZLER. C'est Dietrich de Weiler qui a commencé la danse. Le faquin ! Nous étions un tas de gens furieux dans la rue, et voilà que du haut du rocher il s'avise de vouloir traiter avec nous. Paff ! une balle dans la tête ! nous montons comme l'éclair, et mon drôle fait le saut par la fenêtre.

LINK. Ah !

METZLER, *aux paysans.* Canaille ! faut-il donc encore que je vous fasse des jambes ? Comme ils barguignent, et traînent de l'aile, les ânes !

LINK. Eh bien ! mettez le feu, qu'ils y rôtissent ! Allons, marauds, à l'ouvrage !

METZLER. Ensuite nous avons fait sortir Helfenstein, Eltershofen, à peu près treize de la noblesse, en tout quatre-vingts, pour les conduire sur la plaine près de Heilbronn. C'étaient des cris, des transports de joie chez les nôtres, pendant que cette longue procession de pauvres, riches pécheurs, défilait en se regardant les uns les autres, et puis la terre, et puis le ciel... A la fin, comme ils s'y attendaient le moins, ils ont été entourés, et nous les avons hachés menu comme chair à pâté.

LINK. Que n'étais-je là !

METZLER. Non, de ma vie je n'ai eu une joie pareille.

LINK. Allons, dehors ! dehors !

UN PAYSAN. Il n'y a plus rien.

LINK. Mettez donc le feu à tous les coins.

METZLER. Le joli petit feu que ça va faire ! — Tiens, de voir ces drôles-là culbuter les uns sur les autres, et crier comme des grenouilles à la broche, ça me réchauffait les entrailles comme un bon verre d'eau-de-vie. Il y avait là un certain Rixinger : quand le maroufle allait à la chasse autrefois, avec son panache et son nez au vent, et qu'il nous pourchassait devant lui avec sa meute, comme des chiens !... Il y avait longtemps que je ne l'avais vu ; mais je l'ai reconnu à sa face d'insolent. Crac ! ma lance entre ses côtes, et voilà mon homme étendu tout de son long sur ses camarades. C'était comme un abatis de lièvres : ils sautaient les uns sur les autres, ils gigotaient, les drôles !

LINK. La fumée monte déjà bien.

METZLER. Et par derrière la flamme ! — Allons rejoindre le gros de la troupe avec notre butin.

LINK. Où sont-ils ?

METZLER. Dans le chemin d'ici à Heilbronn. Ils voudraient trouver un chef qui en imposât au peuple : car, après tout, nous ne sommes que leurs égaux, nous autres. Ils le sentent bien, et deviennent rétifs.

LINK. Qui ont-ils en vue ?

METZLER. Max Stumpf, ou Gœtz de Berlichingen.

LINK. Ce serait bien bon, et ça donnerait une tournure à nos affaires si Gœtz voulait s'en charger. Il a toujours passé pour un honnête chevalier. — Allons, allons ! en marche pour Heilbronn ! Appelez nos hommes.

METZLER. Le feu nous éclairera encore un bon bout de chemin... A propos, as-tu vu la grande comète ?

LINK. Oui, c'est un signe horrible, épouvantable ! Si nous marchons cette nuit, nous pourrons bien la voir : elle se lève vers une heure.

METZLER. Et ne reste sur l'horizon que cinq quarts d'heure. A la voir, on dirait un bras levé qui tient une épée, moitié jaune, moitié rouge.

LINK. As-tu remarqué les trois étoiles à la pointe de l'épée et sur la lame ?

METZLER. Et cette large bande, couleur de nuage, avec mille et mille rais en forme de dards, et au milieu comme de petites épées nues ?

LINK. J'en ai eu un frisson par tout le corps... Tout ça est d'un rouge si pâle, entremêlé de flammes claires et ardentes !

Et puis de ces figures atroces, avec des têtes chevelues et de longues barbes !

METZLER. Les as-tu aussi vues, ces têtes? Et puis tout ça nage comme dans une mer de sang, et se remue pêle-mêle, que les cheveux s'en dressent sur la tête.

LINK. Allons, en marche !

Ils sortent.

Plaine.

On voit brûler dans le lointain deux villages et un couvent.

KOHL, WILD, MAX STUMPF, TROUPE.

MAX STUMPF. Vous ne pouvez pas faire de moi votre chef. Ce serait pour vous comme pour moi une mauvaise affaire. Étant au service du comte palatin, puis-je vous mener contre mon maître ? Vous me soupçonneriez toujours de ne pas y aller de bon cœur.

KOHL. Nous savions bien que tu aurais une excuse toute prête.

Entrent Gœtz, George, Lerse.

GOETZ. Que voulez-vous de moi.

KOHL. Nous voulons que vous soyez notre chef.

GOETZ. J'ai donné ma parole à l'empereur que je ne sortirais pas de mon ban. Dois-je manquer à ma parole de chevalier?

WILD. Ce n'est pas là une excuse.

GOETZ. Et quand j'aurais toute ma liberté, croyez-vous donc que si vous voulez traiter encore les nobles et les seigneurs comme à Weinsberg, et continuer de mettre tout le pays à feu et à sang, je suis disposé à tremper dans ces exécrables désordres? Non, à ce prix, vous m'assommeriez comme un chien enragé, plutôt que de me faire accepter le commandement de vos bandes.

KOHL. Si ce n'était pas déjà fait, il ne se ferait rien de pareil maintenant.

MAX STUMPF. Le mal est précisément venu de ce qu'ils

n'avaient pas de chef qui pût s'en faire respecter et mettre un frein à leur rage. Prends le commandement, Gœtz, je t'en supplie. Les princes t'en sauront gré, l'Allemagne entière, tout en ira bien mieux. Les hommes et le pays seront épargnés.

GŒTZ. Que ne le prends-tu toi-même?

MAX STUMPF. Je l'ai déjà refusé.

KOHL. Nous n'avons pas de temps de reste, pour le perdre en discours inutiles. Un mot suffit : Gœtz, sois notre chef, ou prends garde à ton château et à ta peau. Nous t'accordons deux heures de réflexion. — Gardez-le.

GŒTZ. A quoi bon? je suis tout aussi décidé à présent que je le serais plus tard. Pourquoi avez-vous pris les armes? pour ressaisir vos droits et vos franchises? Eh bien! que signifient ces pillages et ces incendies dont vous couvrez le pays? Voyez : êtes-vous résolus de vous abstenir dorénavant de tout crime et d'agir en gens déterminés qui savent ce qu'ils veulent? alors me voici prêt à soutenir vos prétentions, et je me fais votre chef pour huit jours.

WILD. Ce qui s'est fait est arrivé dans la première chaleur, et nous n'avons pas besoin de toi pour nous en empêcher à l'avenir.

KOHL. Il faut que tu t'engages à nous au moins pour trois mois.

MAX STUMPF. Mettons un mois, tout le monde sera content.

GŒTZ. Allons, j'y consens.

KOHL. Votre main.

GŒTZ. Mais vous promettez de mettre par écrit la condition que nous venons de stipuler et de l'envoyer aux différents corps, afin qu'elle soit exécutée sous des peines sévères?

WILD. Va pour cela!

GŒTZ. Je m'engage donc à vous pour un mois.

MAX STUMPF. Voilà qui est bien! Surtout, quoi qu'il arrive, épargne le comte palatin notre maître.

KOHL. Ne le perdez pas de vue; si quelqu'un lui parle, que ce soit toujours en votre présence.

GŒTZ. Lerse, retourne vers ma femme, reste auprès d'elle; elle aura bientôt de mes nouvelles.

Sortent Gœtz, Stumpf, George, Lerse et quelques paysans. — Entrent Metzler et Link.

METZLER. Qu'est-ce à dire? on parle ici d'une convention. Que signifie cette convention?

LINK. Oui, c'est une honte de faire une convention pareille.

KOHL. Nous savons ce que nous voulons tout aussi bien que vous, et nous avons ici notre avis tout comme d'autres.

WILD. On ne peut pas toujours brûler, piller et tuer ; et puisque tôt ou tard il fallait en finir, nous y gagnons un brave capitaine.

METZLER. Comment, en finir, traître! Pourquoi sommes-nous là? pour nous venger de nos ennemis et pour nous élever sur leurs corps!... Quel est l'esclave des princes qui vous a donné ce conseil?

KOHL. Viens, Wild ; il est comme une bête brute.

METZLER. Allez, allez, pas un seul homme ne vous suivra. Les lâches! Link, courons exciter les autres à brûler là-bas Miltenberg. Si on nous cherche noise à cause de cette convention, nous casserons la tête à ceux qui l'ont faite.

LINK. Nous avons toujours le plus grand nombre pour nous.

Ils sortent tous.

Montagne et vallée. — Un moulin dans le fond.

Une troupe de cavaliers, WEISLINGEN *sortant du moulin avec* FRANZ *et un* COURRIER.

WEISLINGEN. Mon cheval! — Vous avez aussi averti les autres seigneurs?

LE COURRIER. Sept guidons au moins se réuniront à vous dans la forêt, derrière Miltenberg. Les paysans s'avancent par le bas. Des courriers sont sur toutes les routes : dans peu de jours, toute la ligue sera sur pied ; l'affaire est immanquable. On dit que la discorde est parmi eux.

WEISLINGEN. Tant mieux. — Franz!

FRANZ. Monseigneur?

WEISLINGEN. Exécute ponctuellement mes ordres; tu m'en réponds sur ta vie. Remets-lui la lettre; il faut qu'elle quitte la cour et se retire dans mon château à l'instant. Tu la verras partir, et aussitôt après tu reviendras me l'annoncer.

FRANZ. Vos ordres seront suivis.

WEISLINGEN. Dis-lui bien qu'il faut qu'elle le veuille! (*Au courrier.*) Conduisez-nous par le plus court chemin et le meilleur.

LE COURRIER. Nous sommes forcés de faire un détour. Les grandes pluies ont fait déborder toutes les eaux.

Jaxthausen.

ÉLISABETH, LERSE.

LERSE. Consolez-vous, madame.

ÉLISABETH. Ah! Lerse, en me disant adieu il avait les larmes aux yeux. C'est cruel, bien cruel!

LERSE. Il reviendra, vous le reverrez.

ÉLISABETH. Ce n'est pas là mon chagrin. Jamais, lorsqu'il est parti pour une entreprise glorieuse, non, jamais mon cœur ne s'en est attristé : j'attendais son retour avec joie; maintenant c'est son retour dont l'idée me fait mal.

LERSE. Une âme si grande, si noble!

ÉLISABETH. Oh! n'en parle pas, c'est ce qui fera son malheur. Les misérables! ils ont menacé de le tuer, de mettre le feu à son château!... Quand il reviendra... il me semble le voir entrer, l'air sombre, sombre!... Ses ennemis vont forger des accusations mensongères, et il ne pourra pas dire : Non!

LERSE. Il pourra le dire, et il le dira.

ÉLISABETH. Il a violé son ban ; nie-le.

LERSE. Sans doute, je le nierai! Il y a été contraint; peut-on le condamner pour cela?

ÉLISABETH. La méchanceté n'a pas besoin de preuves; un prétexte lui suffit. Il s'est associé à des rebelles, à des malfaiteurs, à des meurtriers; il s'est mis à leur tête. Nie-le!

LERSE. Cessez de vous tourmenter, et moi avec vous. Ne lui ont-ils pas juré solennellement de ne plus faire aucune exécution comme celle de Weinsberg? Ne leur ai-je pas moi-même entendu dire : Si ce n'était pas déjà fait, il ne se ferait maintenant rien de pareil? Les princes et les seigneurs ne devraient-ils pas lui savoir gré de s'être fait volontairement le chef d'une populace indisciplinée pour contenir leur fureur, et pour arracher tant d'hommes et tant de biens au pillage et à la mort?

ÉLISABETH. Tu le défends bien... mais s'ils le faisaient prisonnier, s'ils le traitaient en rebelle, et que sa tête grise... Lerse, j'en perdrais la raison!

LERSE. Si tu ne veux répandre dans son âme aucune consolation, Père des hommes, envoie au moins le sommeil à son corps!

ÉLISABETH. George a promis d'apporter des nouvelles... il l'a promis, mais pourra-t-il le faire? Ils sont plus resserrés que des prisonniers; je sais qu'on les surveille comme des ennemis. Le bon George! il n'a pas voulu se séparer de son maître.

LERSE. Le cœur m'a saigné quand il m'a renvoyé. Il a fallu que vous ayez besoin de moi; sans cela, j'aurais souffert la mort la plus honteuse plutôt que de l'abandonner.

ÉLISABETH. J'ignore où est Sickingen. — Si j'avais seulement un homme à envoyer à Marie!

LERSE. Écrivez-lui, je verrai à vous trouver quelqu'un.

Près d'un village.

GŒTZ, GEORGE.

GŒTZ. Vite à cheval, George! je vois Miltenberg brûler. Voilà comme ils gardent leurs conventions! Va, cours: dis-leur tout ce que je pense... Les incendiaires! je les abandonne; qu'ils prennent un Bohémien pour chef, non pas moi. George, dépêche-toi. (*George part.*) Je voudrais être à cent lieues d'ici, au fond du cachot le plus noir de toute la Turquie... Si je pouvais me tirer de leurs mains avec honneur! Je les contrecarre vingt fois le jour; je leur dis en face les vérités les plus dures, pour qu'ils se lassent de moi et me quittent...

Entre un inconnu.

L'INCONNU. Dieu vous bénisse, monseigneur!

GŒTZ. Dieu vous le rende! Que m'annoncez-vous? votre nom?

L'INCONNU. Mon nom ne fait rien à l'affaire. Je viens vous dire que votre vie est en danger: les chefs sont las de n'en-

ACTE V.

tendre de vous que des duretés ; ils ont résolu de se débarrasser de vous. Modérez donc vos propos, ou songez à leur échapper, et que Dieu vous assiste !

Il sort.

GŒTZ. Laisser ta vie de cette manière, Gœtz ! finir ainsi !... Eh bien ! soit ; ma mort me justifiera devant le monde, et témoignera hautement que je n'ai rien eu de commun avec cette canaille.

QUELQUES PAYSANS.

PREMIER PAYSAN. Seigneur ! seigneur ! ils sont battus, ils sont pris !

GŒTZ. Qui ?

SECOND PAYSAN. Ceux qui ont mis le feu à Miltenberg. Ils ont été surpris par une troupe de la ligne qui s'était postée derrière la montagne.

GŒTZ. Ils ont leur récompense... Et George, George !... ils l'ont pris avec ces brigands... Mon George ! mon cher George !

Arrivent les chefs.

LINK. En avant, capitaine ! il n'y a pas un instant à perdre ; l'ennemi est en force près d'ici.

GŒTZ. Qui a brûlé Miltenberg ?

METZLER. Si vous voulez faire des façons, on vous fera voir comment on sait s'en passer.

KOHL. Sauvez notre vie et la vôtre ; allons, marchons !

GŒTZ, *à Metzler*. Tu me menaces, je crois, misérable vaurien ! Penses-tu que j'aie peur de toi, parce que le sang du comte de Helsenstein est sur tes habits ?

METZLER. Berlichingen !

GŒTZ. Oui, tu peux dire mon nom ; mes enfants n'en rougiront pas.

METZLER. Toi ! tu n'es qu'un lâche ! un valet des princes !

Gœtz lui décharge sur la tête un coup qui l'étend à terre.
Les autres se mettent entre eux.

KOHL. Êtes-vous fous ? l'ennemi débouche ici de tous côtés, et vous vous querellez !

LINK. En avant ! en avant !

Tumulte et combat.

WEISLINGEN, CAVALIERS.

WEISLINGEN. Poursuivez! poursuivez! ils lâchent pied, que la pluie ni l'obscurité ne vous arrêtent. On dit que Gœtz est avec eux, tâchez de l'avoir ; nos gens assurent qu'il est grièvement blessé. (*Les cavaliers partent.*) Ah! quand je te tiendrai une fois!... ce sera une grâce si nous exécutons en secret ta sentence dans la prison. — Il sera alors effacé du souvenir des hommes, et tu respireras plus à l'aise, faible cœur!

Il sort.

Nuit obscure dans l'épaisseur d'une forêt. — Camp de Bohémiens.

UNE VIEILLE BOHÉMIENNE, *auprès d'un feu.* Rapetasse un peu la couverture de chaume sur le fossé, ma fille ; il tombera encore bien de l'eau cette nuit.

Entre un petit garçon.

L'ENFANT. Un mulot, mère! Tiens, deux souris des champs.

LA VIEILLE. Je vas les dépouiller et te les faire rôtir ; tu auras la peau pour t'en faire un bonnet. — Tu saignes?

L'ENFANT. Le mulot m'a mordu.

LA VIEILLE. Cours me ramasser du bois sec, pour que le feu brûle bien quand ton père rentrera. Il sera trempé jusqu'aux os.

Entre une autre Bohémienne, un enfant sur le dos.

PREMIÈRE BOHÉMIENNE. As-tu fait bonne recette?

SECONDE BOHÉMIENNE. Assez mince. Le pays est tout en alarmes. On poursuit le monde, que la vie n'est pas sûre du tout. Il y a là-bas deux villages qui flambent comme la paille, quoi!

PREMIÈRE BOHÉMIENNE. C'est donc un feu, cette lueur? Il y a longtemps que je la vois. Mais, dame! on est si accoutumé depuis quelque temps à voir des signes de feu dans le ciel!

Entrent le chef des Bohémiens et trois compagnons.

LE CHEF. Entendez-vous le terrible chasseur?

PREMIÈRE BOHÉMIENNE. Il passe tout juste au-dessus de nos têtes.

ACTE V.

LE CHEF. Comme les chiens aboient! Ouau! ouau!

SECONDE BOHÉMIENNE. Et les fouets qui claquent!

TROISIÈME BOHÉMIENNE. Et les chasseurs qui crient : Holà! ho!

LA VIEILLE. Que de choses vous apportez là! Le diable vous a donc laissé fouiller dans ses malles?

LE CHEF. Nous avons pêché en eau trouble. Puisque les paysans se pillent entre eux, il nous est bien permis de le faire, à nous autres.

SECONDE BOHÉMIENNE. Qu'as-tu, toi, Wolf?

WOLF. Un lièvre là, et puis un coq; une broche, un paquet de toile, trois cuillers à pot et une bride de cheval.

SCHRIKS. Moi, j'ai une couverture de laine, une paire de bottes et de l'amadou avec des allumettes.

LA VIEILLE. Tout cela dégoutte l'eau. Faisons-le sécher. Donnez, donnez.

LE CHEF. Paix! un cheval! — Allez voir ce que c'est.

GŒTZ, *à cheval*. Dieu soit loué! J'aperçois du feu. Ce sont des Bohémiens. Mes blessures saignent; l'ennemi me poursuit. Grand Dieu! quelle horrible fin tu me donnes!

LE CHEF. Nous apportes-tu la paix?

GŒTZ. Je vous demande en grâce de me secourir. Mes blessures m'épuisent. Aidez-moi à descendre de cheval!

LE CHEF. Aidez-lui. — Cet homme a l'air noble, et il parle bien.

WOLF, *bas*. C'est Gœtz de Berlichingen.

LE CHEF. Soyez le bienvenu! Tout ce que nous avons est à vous.

GŒTZ. Grand merci!

LE CHEF. Venez dans ma tente.

———

La tente du chef.

LE CHEF, GOETZ.

LE CHEF. Appelez la mère. Qu'elle apporte du vulnéraire et des emplâtres. (*Gœtz ôte sa cuirasse.*) Voici mon pourpoint des dimanches.

GOETZ. Dieu vous récompense !
La vieille lui bande ses plaies.
LE CHEF. J'ai bien de la joie de vous avoir chez moi.
GOETZ. Me connaissez-vous ?
LE CHEF. Qui est-ce qui ne vous connaît pas, Goetz? Nous verserions pour vous jusqu'à la dernière goutte de notre sang.
Entre Schriks.
SCHRIKS. Des cavaliers accourent à travers la forêt. Ils sont de la ligue.
LE CHEF. Ceux qui vous poursuivent ! — Ils n'arriveront pas jusqu'ici ! Allons, Schriks, appelle les autres ! Nous connaissons mieux les sentiers. Nous les tuerons avant qu'ils nous aperçoivent.
GOETZ, *seul*. O empereur ! empereur ! des brigands protégent tes enfants. (*On entend plusieurs coups de feu.*) Ces hommes sauvages ! ils ont du courage et de la loyauté.
Entre une Bohémienne.
LA BOHÉMIENNE. Sauvez-vous. L'ennemi a le dessus.
GOETZ. Où est mon cheval ?
LA BOHÉMIENNE. Ici.
GOETZ *ceint son épée, et monte à cheval sans cuirasse.* Pour la dernière fois, ils vont sentir mon bras. Je ne suis pas encore si faible !
Il part.
LA BOHÉMIENNE. Le voilà qui court joindre les nôtres.
WOLF, *accourant.* Au large ! fuyons ! tout est perdu. Notre chef est tué ; Goetz est pris.
Cris de femmes, fuite générale.

Chambre à coucher d'Adélaïde.

ADÉLAÏDE, *avec une lettre.* Lui ou moi ! L'insolent ! me menacer ! — Nous saurons te prévenir... Mais qui se glisse dans le salon? (*On frappe.*) Qui est là?
FRANZ, *à demi-voix.* Ouvrez-moi, madame !
ADÉLAÏDE. Franz ! il mérite bien que je lui ouvre.
Elle le fait entrer.

ACTE V.

FRANZ *se jette à son cou*. Ah! madame, chère madame!

ADÉLAÏDE. Écervelé! Si quelqu'un t'avait entendu!

FRANZ. Oh! tout dort, tout le monde dort.

ADÉLAÏDE. Que veux-tu?

FRANZ. Je n'ai plus de sommeil. Les menaces de mon maître! votre sort! mon cœur!

ADÉLAÏDE. Il était bien en colère quand tu l'as quitté?

FRANZ. Comme jamais je ne l'ai vu. Il faut qu'elle parte pour mon château, a-t-il dit. Il faut qu'elle le veuille!

ADÉLAÏDE. Et nous obéissons?

FRANZ. Je n'en sais rien, madame.

ADÉLAÏDE. Pauvre enfant! dupe de ta bonne foi, tu ne vois pas où cela mène. Il sait qu'ici je suis en sûreté. Ce n'est pas d'aujourd'hui qu'il en veut à mon indépendance. Il me fait aller dans ses domaines, parce que là il aura le pouvoir de me traiter au gré de son aversion.

FRANZ. Il ne le fera pas!

ADÉLAÏDE. Est-ce toi qui l'en empêcherais?

FRANZ. Non, il ne le fera pas!

ADÉLAÏDE. Je vois dans l'avenir toute ma misère. Je ne resterai pas longtemps à son château : il m'en arrachera pour m'enfermer dans un cloître.

FRANZ. O mort! ô enfer!

ADÉLAÏDE. Me sauveras-tu?

FRANZ. Tout! tout, plutôt que cela!

ADÉLAÏDE, *en pleurs, l'embrassant*. Franz! ah! Franz! pour nous sauver!

FRANZ. Oui, il tombera... il tombera sous mes coups. Je le foulerai aux pieds!

ADÉLAÏDE. Point d'emportement. Tiens, remets-lui plutôt un billet plein de respect, où je l'assure de mon entière soumission à ses ordres, et cette fiole... vide-la dans sa boisson.

FRANZ. Donnez. Vous serez libre!

ADÉLAÏDE. Libre... oui, quand tu ne seras plus obligé de venir me trouver sur la pointe du pied... que je ne te dirai plus avec anxiété : Retire-toi, Franz, voici le matin!

Heilbronn. — Devant la tour.

ÉLISABETH, LERSE.

LERSE. Dieu prenne pitié de votre misère, madame ! Marie est ici.

ÉLISABETH. Dieu soit loué ! — Lerse, nous voici tombés dans un abîme de douleurs. Ah ! j'avais tout prévu... Pris comme un rebelle, comme un malfaiteur !... jeté au fond d'une tour...

LERSE. Je sais tout.

ÉLISABETH. Rien, rien ! tu ne sais rien. Nos malheurs sont trop grands ! Son âge, ses blessures, une fièvre lente, et plus que tout cela l'abattement de son âme, le désespoir de se voir finir si misérablement.

LERSE. On dit en outre que Weislingen est commissaire.

ÉLISABETH. Weislingen !

LERSE. On a procédé à des exécutions inouïes. Metzler a été brûlé vif. On les a roués, empalés, décapités, écartelés par centaines. Tout le pays aux environs ressemble à une boucherie, où la chair humaine s'étale à vil prix.

ÉLISABETH. Weislingen commissaire ! O Dieu ! un rayon d'espoir ! Il faut que Marie l'aille trouver, il ne peut rien lui refuser. Son cœur a toujours été ouvert à la pitié, et quand il la verra, elle qu'il a tant aimée, elle qui est si malheureuse par lui... Où est-elle ?

LERSE. Elle est encore à l'auberge.

ÉLISABETH. Conduis-moi chez elle. Qu'elle parte à l'instant. Je crains tout.

Le château de Weislingen.

WEISLINGEN. Je suis si malade, si faible... Mes os sont brisés ; une fièvre ardente en a consumé la moelle... Ni paix ni trêve le jour comme la nuit... Un mauvais sommeil agité de rêves empoisonnés... — La nuit passée, je rencontrai Gœtz dans un bois : il tira son épée et me défia ; moi, je voulus tirer la mienne ; ma main était glacée, je ne pus..... Alors il remit son épée dans le fourreau, jeta sur moi un regard de mépris, et disparut.—Il est mon prisonnier, et pourtant je tremble devant lui... Lâche! ta sentence vient de le condamner à mort, et tu trembles devant son ombre comme un criminel!— Mais doit-il mourir?... Gœtz! Gœtz!... Faibles créatures que nous sommes! nous croyons agir de nous-mêmes, et nous ne sommes que de viles machines livrées à l'impulsion des démons de l'enfer. (*Il s'assied.*) Je suis faible! faible!..... Comme mes ongles sont bleus! Un froid glaçant circule dans mes veines... engourdit tous mes membres! Quelle sueur dévorante! Tout tourne autour de moi... Si je pouvais dormir!... Ah! (*Entre Marie.*) Jésus, Marie!... Laisse-moi! laisse-moi!... Cette vision manquait à mes tourments!... Elle meurt... Marie meurt et se montre à moi... Laisse-moi, te dis-je... laisse-moi, esprit bienheureux! j'ai bien déjà assez de mes malheurs.

Entre Marie.

MARIE. Weislingen! je ne suis pas un esprit. C'est moi, c'est Marie.

WEISLINGEN. C'est sa voix.

MARIE. Je viens te supplier de m'accorder la vie de mon frère. Il est innocent quoiqu'il paraisse coupable.

WEISLINGEN. Silence! Marie, tu es un ange du ciel, mais tu apportes avec toi les tourments de l'enfer... Ne parle plus!

MARIE. Et cependant mon frère doit périr! Il est affreux que j'aie besoin de te dire qu'il est innocent, qu'il me faille venir pleurer devant toi pour prévenir un meurtre aussi atroce. Ton âme est donc livrée tout entière aux puissances infernales?... Et c'est là Adelbert!

WEISLINGEN. Tu vois bien que j'ai respiré l'haleine empoisonnée de la mort. Mes forces penchent vers la tombe. Je mourais accablé de misère, tu viens y ajouter le désespoir... Si je pouvais parler, ta haine et ton exécration se changeraient en pitié et en gémissements! Ah! Marie! Marie!

MARIE. Weislingen! mon frère est malade, en prison. Ses profondes blessures, son âge... et, si tu en étais capable, sa tête grise... Weislingen, nous serions réduits au désespoir.

WEISLINGEN. C'est assez.

Il sonne.—Entre Franz dans la plus grande agitation.

FRANZ. Monseigneur!

WEISLINGEN. Ces papiers, Franz! (*Franz les lui remet;*

Weislingen ouvre un paquet et montre un papier à Marie.)
Voici la sentence de ton frère : elle est signée.

MARIE. Dieu du ciel !

WEISLINGEN. Je la déchire ! qu'il vive ! Mais puis-je renouer ce que j'ai rompu ?... Ne pleure pas ainsi, Franz ! Bon jeune homme, mon état te touche profondément.

Franz se jette à ses pieds et embrasse ses genoux.

MARIE, *à part*. Il est très-malade. Sa vue me déchire le cœur. Comme je l'aimais ! A présent que je suis près de lui, je le sens plus vivement que jamais.

WEISLINGEN. Franz, lève-toi, et ne pleure plus. Je puis en revenir. L'espérance ne finit qu'avec la vie.

FRANZ. Non, vous n'en reviendrez pas. Il faut que vous mouriez !

WEISLINGEN. Il le faut ?

FRANZ, *hors de lui*. Du poison..... du poison..... de votre femme... Moi ! c'est moi !

Il s'enfuit.

WEISLINGEN. Marie, suis-le, cours : il est dans le délire. (*Marie sort.*) Du poison de ma femme !..... Hélas ! oui, je le sens... le martyre... et la mort.

MARIE, *du dehors*. Au secours ! au secours !

WEISLINGEN, *voulant se lever*. Dieu ! je n'en puis plus !

MARIE, *rentrant*. C'en est fait de lui. Il s'est jeté en désespéré dans le Mein par la fenêtre du salon.

WEISLINGEN. Il est bien, lui ! — Pour ton frère, il n'a plus rien à craindre. Le reste des commissaires, particulièrement Sickendorf, est de ses amis. Ils lui accorderont prison de chevalier sur sa parole. Adieu, Marie, va le trouver.

MARIE. Je veux rester auprès de toi, pauvre délaissé !

WEISLINGEN. Oui, bien délaissé ! bien pauvre !... Tu es un terrible vengeur, ô Dieu !... Ma femme !...

MARIE. Écarte cette idée, et tourne-toi vers le Dieu qui pardonne.

WEISLINGEN. Ame douce et tendre ! va, laisse-moi à toute ma misère..... Horrible moment ! ta présence même, ô Marie, la dernière consolation qui me reste, est un tourment pour moi.

MARIE, *à part*. Soutiens-moi, ô mon Dieu ! mon âme succombe avec la sienne.

WEISLINGEN. Hélas ! hélas ! du poison de ma femme !..... et

mon Franz lui-même, séduit par l'infâme!... Avec quelle impatience elle attend... comme elle écoute s'il n'arrive pas, le messager qui doit venir lui dire : Il est mort! Et toi, Marie! Marie! pourquoi es-tu venue réveiller en moi les souvenirs assoupis de mes crimes?..... Laisse-moi, laisse-moi, que je meure!

MARIE. Permets que je 'reste encore, tu es seul. Dis que je suis la garde qui te veille; toi, oublie tout le reste. Dieu te pardonne, comme je t'ai pardonné!

WEISLINGEN. Ame pleine d'amour! prie pour moi, prie pour moi! mon cœur est fermé.

MARIE. Il aura pitié de toi... Tu es bien épuisé.

WEISLINGEN. Je meurs! je meurs... et je ne puis cesser de vivre... et dans cet affreux combat de la vie avec la mort il y a les supplices de l'enfer!

MARIE. Dieu de miséricorde! prends pitié de lui; laisse tomber dans son cœur un seul des regards de ton amour, afin qu'il s'ouvre aux consolations, et que son âme emporte au tombeau l'espérance de la vie.

Un souterrain étroit et sombre.

LES JUGES DU TRIBUNAL SECRET, *tous masqués.*

L'ANCIEN. Juges du tribunal secret, qui avez juré sur la corde et l'épée de vivre irréprochables, de jurer en secret, de punir en secret, comme Dieu! si vos cœurs sont purs, ainsi que vos mains, levez les bras, et prononcez sur les malfaiteurs : Malheur! malheur!

TOUS. Malheur! malheur!

L'ANCIEN. Crieur, commencez le jugement.

LE CRIEUR. Moi, crieur, j'invoque l'accusation contre le malfaiteur. Que celui qui a le cœur assez pur et les mains assez pures pour jurer sur la corde et l'épée, que celui-là accuse par la corde et l'épée! Qu'il accuse! qu'il accuse!

L'ACCUSATEUR, *s'avançant.* Mon cœur est pur de crimes, mes mains sont pures de sang innocent. Dieu! pardonne-moi les mauvaises pensées, et ne permets pas que ma volonté leur obéisse. Je lève la main, et j'accuse! j'accuse! j'accuse!

L'ANCIEN. Qui accuses-tu?

L'ACCUSATEUR. J'accuse sur la corde et l'épée Adélaïde de Weislingen : elle a commis adultère; elle a fait empoisonner son mari par son écuyer.— L'écuyer s'est fait justice lui-même, le mari est mort.

L'ANCIEN. Jures-tu devant le Dieu de vérité que ton accusation est vraie?

L'ACCUSATEUR. Je le jure!

L'ANCIEN. Si ce que tu dis se trouve faux, offres-tu ta tête au châtiment du meurtre et de l'adultère?

L'ACCUSATEUR. Je l'offre.

L'ANCIEN. Vos voix.

Les juges parlent bas à l'ancien.

L'ACCUSATEUR. Juges du tribunal secret, quelle est votre sentence touchant Adélaïde de Weislingen, accusée de meurtre et d'adultère?

L'ANCIEN. Elle doit mourir! mourir d'une mort doublement amère : par la corde et l'épée; expier doublement un double crime. Levez vos mains, et criez malheur sur elle! Malheur! malheur! qu'elle soit livrée aux mains du vengeur!

TOUS. Malheur! malheur! malheur!

L'ANCIEN. Vengeur! vengeur! approche. (*Le vengeur s'avance.*) Voici la corde et l'épée : prends; qu'elle disparaisse de la face du ciel dans l'espace de huit jours. Quelque part que tu la trouves, couche-la dans la poussière! — Juges qui jugez en secret et punissez en secret, comme Dieu, gardez vos cœurs exempts de crime et vos mains pures de sang innocent.

Cour d'auberge.

MARIE, LERSE.

MARIE. Les chevaux ont eu le temps de se rafraîchir; continuons notre route, Lerse.

LERSE. Madame, reposez-vous au moins jusqu'au jour. La nuit est trop mauvaise.

MARIE. Lerse, je ne prendrai aucun repos que je n'aie vu mon frère. Partons; le temps s'éclaircit, nous aurons une belle journée.

LERSE. Comme vous voudrez.

Heilbronn. — Intérieur de la tour.

GOETZ, ÉLISABETH.

ÉLISABETH. Je t'en prie, mon cher ami, parle-moi un peu; ton silence m'inquiète, tu concentres en toi-même toute ta douleur. Viens, que nous pansions tes blessures; elles vont beaucoup mieux. Dans ce découragement, dans cette morne tristesse, je ne te reconnais plus.

GOETZ. Cherches-tu Goetz? il y a longtemps qu'il n'est plus. Ils m'ont démembré pièce à pièce : ma main, ma liberté, mes biens et ma réputation. A présent, ma tête... à quoi sert-elle? — Qu'a-t-on appris de George? Lerse est-il allé chercher George?

ÉLISABETH. Oui, mon ami. Allons, relève-toi un peu; tout peut encore changer.

GOETZ. Celui que Dieu abat ne se relève jamais. Je sais mieux que personne quel poids mes épaules ont à soutenir. Je suis fait au malheur! mais, maintenant, ce n'est pas Weislingen seul, ce n'est pas seulement les paysans, ni la mort de l'empereur, ni mes blessures... c'est tout ensemble! Mon heure est venue; j'espérais qu'elle serait ainsi que ma vie... Que sa volonté soit faite!

ÉLISABETH. Ne veux-tu pas prendre quelque chose?

GOETZ. Non, ma femme, rien. — Vois comme le soleil brille dehors.

ÉLISABETH. C'est une belle journée de printemps.

GOETZ. Mon amie, si tu pouvais persuader au gardien de me laisser dans son petit jardin une demi-heure, que je jouisse de ce beau soleil, du ciel serein, que je respire l'air pur!

ÉLISABETH. J'y cours; il ne me refusera pas.

Un petit jardin au pied de la tour.

MARIE, LERSE.

MARIE. Entre, et vois comme il va.

Lerse sort.

ÉLISABETH, LE GARDIEN.

ÉLISABETH. Dieu vous rende tout le bien que vous faites à mon époux! (*Il sort.*) Marie, qu'apportes-tu?

MARIE. La vie de mon frère; mais, hélas! mon cœur est déchiré. Weislingen est mort empoisonné par sa femme. Mon mari est en danger; les princes l'emportent sur lui: on le dit même cerné et assiégé.

ÉLISABETH. Ne crois pas à ce bruit, et surtout n'en dis rien à Gœtz.

MARIE. Comment va-t-il?

ÉLISABETH. Je craignais qu'il ne pût attendre ton retour. La main du Seigneur s'est appesantie sur lui, et George est mort.

MARIE. George! ce bon jeune homme!

ÉLISABETH. Quand les misérables ont mis le feu à Miltenberg, son maître l'envoya pour les arrêter. A peine arrivé, une troupe de confédérés tombe sur eux. George!... ah! pour se conduire comme lui, il leur eût fallu une meilleure conscience! Beaucoup ont péri, et George dans le nombre: il est mort de la mort des braves!

MARIE. Gœtz le sait-il?

ÉLISABETH. Nous le lui cachons. Il me demande dix fois le jour, et dix fois le jour il m'envoie savoir ce que fait George. Je crains de porter à son cœur ce dernier coup.

MARIE. O mon Dieu! que sont les espérances de ce monde!

GOETZ, LERSE, LE GARDIEN.

GŒTZ. Dieu tout-puissant, qu'on est bien sous ton ciel! qu'on est libre! Les arbres poussent des bourgeons, et tout le monde espère... Adieu, chers amis! les racines de ma vie sont coupées; je sens que j'approche de la tombe.

ÉLISABETH. Dois-je envoyer Lerse au couvent pour chercher ton fils, que tu puisses le voir encore une fois et le bénir?

GOETZ. Laisse-le; il est plus saint que moi et n'a pas besoin de ma bénédiction. — Au jour de nos noces, Élisabeth, j'étais loin de penser que je mourrais ainsi. Mon vieux père nous donna sa bénédiction; il nous souhaita dans sa prière une postérité d'hommes braves et généreux!.... Tu ne l'as pas exaucé, et je suis le dernier. Lerse, ton visage me réjouit à l'heure de la mort plus encore que dans la plus sanglante mêlée. Alors mon esprit animait le tien; maintenant c'est toi qui me soutiens. Hélas! si je pouvais voir George encore une fois, me réchauffer à son regard!..... Vous baissez les yeux, vous pleurez!..... il est mort!...... George est mort!..... meurs donc, Goetz... tu as survécu à toi-même, tu as survécu à ces braves amis! — Comment est-il mort?... Hélas! il aura été pris avec ces incendiaires... exécuté avec eux!

ÉLISABETH. Non, il a été tué près de Miltenberg, en défendant sa vie comme un lion.

GOETZ. Dieu soit loué! — C'était le meilleur garçon de la terre et le plus brave! Reçois donc mon âme, pauvre femme! je te laisse dans un monde corrompu. Lerse, ne l'abandonne pas. Fermez vos cœurs avec plus de soin que vos portes: les temps de la perfidie approchent; la carrière leur est ouverte. Ils régneront par la ruse, les misérables! le cœur noble sera pris dans leurs filets. — Marie, que Dieu te rende ton époux! puisse-t-il ne pas tomber autant qu'il s'est élevé!... Selbitz est mort, et le bon empereur, et mon George!... Donnez-moi un verre d'eau... Air céleste... Liberté! liberté!...

Il meurt.

ÉLISABETH. Elle n'est plus que là-haut, où tu es; le monde est un cachot.

MARIE. Homme noble! homme généreux! malheur au siècle qui t'a repoussé!

LERSE. Malheur à la postérité qui te méconnaîtra!

FIN DE GOETZ.

CLAVIJO.

PERSONNAGES.

CLAVIJO, garde des archives du roi.
CARLOS, ami de Clavijo.
BEAUMARCHAIS.
MARIE BEAUMARCHAIS.
SOPHIE GUILBERT, née Beaumarchais.
GUILBERT, son mari.
BUENKO.
SAINT-GEORGE.

L'action se passe à Madrid.

ACTE PREMIER.

Le théâtre représente le cabinet de Clavijo.

CLAVIJO, CARLOS.

CLAVIJO, *se levant de son secrétaire.* Cette feuille fera un bon effet; elle tournera la tête à toutes les femmes. Dis-moi, Carlos, ne crois-tu pas que mon journal est un des premiers de l'Europe?

CARLOS. Nous n'avons du moins en Espagne aucun auteur moderne capable de joindre à un style aussi élégant, aussi facile, une telle force de pensée, une telle richesse d'imagination.

CLAVIJO. Laisse-moi faire! je deviendrai encore en ce pays le créateur du bon goût. Les hommes sont portés à recevoir toute espèce d'impressions; j'ai de la réputation, j'ai la confiance du public; et, soit dit entre nous, chaque jour mes connaissances s'étendent, je sens plus fortement, et mon style acquiert plus de vérité et d'énergie.

CARLOS. Il est vrai ! mais je t'avoue franchement que tes ouvrages me semblaient meilleurs quand tu les écrivais aux pieds de Marie, quand cette fille aimable et enjouée pouvait t'inspirer. Je ne sais, mais l'ensemble offrait quelque chose de plus neuf, de plus animé.

CLAVIJO. Ah! l'heureux temps, cher Carlos! mais il n'est plus! Je conviens avec toi que j'écrivais alors avec un cœur plus gai, et même il est vrai que Marie eut beaucoup de part à l'accueil flatteur que le public fit à mon début. Mais à la longue, Carlos, on se lasse des femmes : et ne fus-tu pas le premier à m'approuver quand je résolus de l'abandonner?

CARLOS. Ton naturel se serait gâté. Elles sont trop uniformes, ces femmes! seulement il serait temps, je pense, de songer à quelque nouvelle intrigue ; car on ne parvient à rien quand on reste ainsi dans l'inaction.

CLAVIJO. Le champ de mes intrigues, c'est la cour ; et là point de repos. Pour un étranger sans état, sans nom, sans fortune, ne me suis-je pas assez avancé? Ne suis-je pas à la cour, au milieu d'une foule d'hommes où il est si difficile de se faire remarquer? Avec quel plaisir je tourne mes regards sur le chemin que j'ai parcouru! Aimé des premiers du royaume, honoré pour mes connaissances et mon rang, archiviste du roi! Carlos, tout cela m'encourage ; je ne suis rien, si j'en reste là! il faut s'élever, toujours s'élever! mais il en coûte de la peine et de l'intrigue! on a besoin de toute sa tête, et les femmes, les femmes ! on perd trop de temps avec elles.

CARLOS. Insensé que tu es, c'est ta faute. Moi, je ne saurais vivre sans les femmes, et jamais elles ne m'éloignent de mon but. Aussi ne leur dis-je pas tant de jolies choses, et ne m'amusé-je pas des mois entiers à leur parler de sentiment et de semblables bagatelles. D'ailleurs je n'aime pas du tout les femmes à grande vertu ; on leur a bientôt dit ce qu'on veut leur dire, ensuite on se montre assidu pendant quelque temps, et à peine commencent-elles à s'enflammer que les idées de mariage leur viennent, et qu'elles vous font des propositions que je crains comme la peste !... Mais te voilà rêveur, Clavijo!

CLAVIJO. Non, je ne puis oublier comme j'ai abandonné Marie, comme je l'ai fait souffrir... Dis tout ce que tu voudras...

CARLOS. Tu es admirable, en vérité! mais il me semble que l'on ne vit qu'une fois dans ce monde; que cette vigueur d'esprit, cette force de conception, on ne les a qu'une fois; que celui qui ne les met pas à profit, celui qui ne s'avance pas le plus loin qu'il peut, est un insensé. Et se marier! se marier précisément à l'âge où la vie prend un noble élan; se résigner à l'ennui d'une vie domestique; s'enfermer, lorsqu'on n'est pas encore à la moitié de sa course, que l'on n'a pas fait encore la moitié de ses conquêtes! Aimer cette jeune fille était une chose naturelle; lui promettre de l'épouser c'était une folie; mais lui tenir parole c'eût été le dernier degré du délire.

CLAVIJO. Que l'homme est un être bizarre! Je l'aimais tendrement; elle m'attirait, me retenait près d'elle, et quand j'étais à ses genoux, je lui jurais, oui, Carlos, je me jurais à moi-même de ne changer jamais, d'être son époux aussitôt que je pourrais obtenir une charge, un état; et à présent...

CARLOS. Bon! lorsque tu seras un homme fait, que tu auras atteint le but de tes désirs, il sera temps alors de chercher à t'allier par un heureux mariage à une famille riche et considérée, pour couronner et affermir ton bonheur.

CLAVIJO. Elle est effacée, entièrement effacée de mon cœur! Son infortune seule la rappelle quelquefois à mon souvenir! Ah! que l'homme est inconstant!

CARLOS. Ce serait de le voir constant qu'il faudrait s'étonner. Regarde autour de toi, tout ne change-t-il pas dans le monde? Pourquoi le cœur de l'homme ne changerait-il pas aussi? Sois tranquille, elle n'est pas la première fille abandonnée, ni la première qui s'en soit consolée. Si j'ai un conseil à te donner, il y a là vis-à-vis une jeune veuve...

CLAVIJO. Tu sais le cas que je fais des propositions de ce genre; un roman qui n'est pas intrigué par le hasard n'est point du tout capable de m'intéresser.

CARLOS. Quelle délicatesse!

CLAVIJO. Laissons cela, et songe pour le moment que notre principal travail doit être de nous rendre nécessaires au nouveau ministre. Il est fâcheux pour nous que ce Whal, le gouverneur des Indes, ait demandé sa démission. Au reste, cela ne m'effraye pas; il aura toujours du crédit, il est l'intime ami de Grimaldi, et nous autres nous savons parler et faire notre cour.

CARLOS. Et de plus penser et agir à notre volonté.

CLAVIJO. C'est là le point essentiel dans le monde. (*Il sonne, un domestique entre.*) Portez cette feuille chez l'imprimeur.

CARLOS. Te verra-t-on ce soir?

CLAVIJO. Je n'en crois rien. Cependant si tu veux passer chez moi...

CARLOS. Je désirerais me trouver ce soir dans quelque partie de plaisir pour m'égayer un peu. Toute cette après-dînée je serai encore occupé à écrire. Cela ne finit point.

CLAVIJO. Que veux-tu? si nous ne travaillions pas pour tant de monde, nous ne laisserions pas tant de monde derrière nous.

Ils sortent.

Appartement dans la maison de Guilbert.

SOPHIE GUILBERT, MARIE BEAUMARCHAIS, DON BUENKO.

BUENKO. Vous avez mal passé la nuit?

SOPHIE. Je le lui avais bien prédit hier au soir. Elle était d'une gaîté si folle, elle a tant parlé jusqu'à onze heures, qu'elle s'est échauffée, n'a pu dormir, et aujourd'hui sa respiration est très-difficile, et elle n'a fait que pleurer toute la matinée.

MARIE. Mon frère ne vient point; il y a deux jours qu'il devrait être arrivé.

SOPHIE. Un peu de patience, ma chère amie, il viendra certainement.

MARIE, *se levant*. Que je désire le voir, ce frère, mon juge, mon sauveur! je me souviens à peine de lui.

SOPHIE. Je me le rappelle très-bien, moi. Lorsque mon père nous fit partir pour l'Espagne, il avait alors treize ans; c'était un brave jeune homme, plein de feu, ouvert et franc.

MARIE. Et qui a une belle âme! Vous avez lu ce qu'il m'écrivit lorsqu'il apprit mon infortune. Chaque mot de sa lettre est gravé dans mon cœur : « Si tu es coupable, me dit-il, n'espère point de pardon; pour combler ton malheur, n'attends que le mépris d'un frère et la malédiction paternelle. Si tu es innocente, la vengeance, la vengeance la plus terrible frappera le traître. » Je tremble; ciel! il va venir. Je tremble, mais ce n'est pas pour moi : Dieu connaît mon innocence!... Mes amis, il faut que vous... Non, je ne vous demande plus rien, je ne sais pas moi-même ce que je veux! O Clavijo!

SOPHIE. Eh quoi! tu ne nous écoutes point! tu veux donc te donner la mort?

MARIE. Non, ma sœur, je serai plus tranquille... Je ne veux plus verser de larmes! Je crois d'ailleurs qu'il ne m'en resterait plus à répandre... Et pourquoi pleurer? Je ne regrette qu'une chose, c'est de vous rendre la vie si pénible; car, au fond, qu'ai-je à me plaindre? J'ai toujours été très-heureuse tant que notre vieil ami a vécu. L'amour de Clavijo m'a fait passer des moments bien doux que le mien ne lui a peut-être pas rendus. Et maintenant... que reste-t-il de tout cela? Mais qu'importe mon sort? qu'importe que le cœur d'une jeune fille soit déchiré, qu'elle se consume de chagrin, et que sa malheureuse jeunesse s'épuise dans les larmes?

BUENKO. Mademoiselle, je vous conjure...

MARIE. S'occupe-t-il encore de moi? Non, il ne m'aime plus. Hélas! pourquoi ne suis-je plus aimable? Mais au moins il pourrait me plaindre! il pourrait plaindre une fille infortunée à laquelle il s'est rendu si nécessaire, que sans lui désormais elle ne peut plus traîner qu'une vie triste et languissante. — Me plaindre! lui! Je ne veux pas de la pitié de cet homme-là.

SOPHIE. Si je pouvais venir à bout de te le faire mépriser, l'infâme! cet être digne de toute ta haine!

MARIE. Non, ma sœur, il ne mérite pas le nom d'infâme; — et faut-il donc que je méprise celui que je hais? Oui, quelquefois je sens que je le puis haïr, quand l'esprit espagnol s'empare de moi. Dernièrement, quand nous le rencontrâmes, sa vue m'inspira le plus ardent amour; mais, de retour à la maison, quand je me rappelai toute sa conduite, quand je me rappelai comme, en se promenant avec une femme pompeusement parée, il ne jetait sur moi qu'un regard froid et tranquille; c'est alors que je devins Espagnole, que je me travestis, que je me saisis d'un poignard, que je préparai le poison. Cela vous étonne, Buenko; tout cela ne s'est fait que dans mon esprit.

SOPHIE. Jeune insensée!

MARIE. Mon imagination m'a conduite près de lui; je l'ai vu aux pieds de sa nouvelle amante, empressé à la séduire par cet air aimable et gracieux qui m'a perdue; ma main s'est levée pour percer le cœur du traître!..... Ah! Buenko! tout à coup je redevins la Française douce et généreuse, qui ne connaît ni poison ni poignard pour se venger! Que nous sommes à plaindre! En France nous n'avons que des chansons pour entretenir nos amants, des coups d'éventail pour les punir; et quand ils sont infidèles... Dis-moi, ma sœur, que fait-on en France quand les amants sont infidèles?

SOPHIE. On les maudit.

MARIE. Et?...

SOPHIE. On les laisse.

MARIE. On les laisse? Eh bien! pourquoi ne laisserais-je pas aussi Clavijo? Puisque c'est la mode en France, pourquoi serait-ce autrement en Espagne?... Faut-il qu'une Française, parce qu'elle habite l'Espagne, cesse d'être Française? L'infidèle! oublions-le pour jamais; qu'un autre le remplace dans notre cœur; car voilà, ce me semble, comme l'on fait aussi chez nous.

BUENKO. Ce n'est pas à un attachement d'un jour ni à des amours romanesques qu'il a manqué; il a violé la promesse la plus sacrée, le traître! Mademoiselle, vous êtes offensée, cruellement offensée. Ah! si jamais j'ai senti quelque peine de n'être qu'un simple bourgeois de Madrid, c'est bien en ce jour, où je me vois trop faible et trop pauvre pour vous faire obtenir justice et vous venger de ce vil courtisan!

MARIE. Quand il n'était que Clavijo, qu'il n'était point encore garde des archives du roi; lorsqu'il n'était que cet étranger nouvellement arrivé et reçu dans notre maison, qu'il était aimable! qu'il était bon! Toute son ambition, tous ses désirs ne paraissaient naître que de son amour! C'était pour me l'offrir qu'il prétendait à la gloire, qu'il désirait un nom, un état, de la fortune... Il a tout obtenu, et moi...

Guilbert entre.

GUILBERT, *bas à sa femme.* Voici notre frère!

MARIE. Mon frère!... (*Elle tombe sur un fauteuil, près de s'évanouir.*) Où est-il? où est-il? Amenez-le-moi! conduisez-moi au-devant de lui!

Beaumarchais entre.

BEAUMARCHAIS. Ma sœur! (*Il s'adresse d'abord à Sophie; mais il se retourne aussitôt et se jette dans les bras de Marie.*) Chère sœur! mes amis! ma sœur!

MARIE. C'est donc toi!..... Mon Dieu, que je vous remercie!... Te voilà donc!

BEAUMARCHAIS. Laisse-moi reprendre un peu mes sens!

MARIE, *mettant la main sur son cœur.* Oh! mon cœur! mon pauvre cœur!

SOPHIE. Calme-toi, ma chère amie; et toi, mon frère..... Ah! j'espérais te voir plus tranquille!

BEAUMARCHAIS. Plus tranquille! et vous, êtes-vous tranquilles? Les traits altérés de cette chère sœur, ton teint pâli par la douleur, tes yeux noyés de larmes, le chagrin peint sur ton visage, le silence morne de vos amis, tout ne m'annonce-t-il pas que vous êtes aussi malheureuses que je l'ai craint pendant le long voyage que je viens de faire, et plus malheureuses! car je vous vois, je vous serre dans mes bras, votre présence me fait sentir doublement mes douleurs et les vôtres; ô ma chère sœur!

SOPHIE. Et notre père?

BEAUMARCHAIS. Il vous bénit et me bénit moi-même si je puis vous sauver.

BURNKO. Permettez, monsieur, qu'un étranger qui, dès le premier abord, reconnaît en vous un homme généreux et brave, vous fasse connaître le vif intérêt qu'il prend à toute cette affaire. Monsieur, vous avez entrepris ce long voyage pour sauver, pour venger votre sœur. Soyez le bienvenu. Vous êtes pour nous un ange envoyé par le ciel, quoique votre arrivée nous fasse tous rougir.

BEAUMARCHAIS. J'espérais, monsieur, trouver en Espagne des cœurs comme le vôtre; c'est ce qui m'a décidé à la démarche que je fais. Partout on rencontre des âmes compatissantes qui s'intéressent aux malheureux. Ce qui manque, c'est un homme dont rien ne gêne la liberté, et qui puisse s'abandonner à son courage. O mes amis, je suis pénétré d'un sentiment d'espérance! Il y a parmi les grands, en tout pays, des cœurs généreux, et l'oreille des rois est rarement sourde; seulement notre voix n'est pas faite pour arriver si haut.

SOPHIE. Viens, ma sœur, viens un moment te reposer. Elle est complétement hors d'elle-même.

On l'emmène.

MARIE. Mon frère!

BEAUMARCHAIS. Dieu veuille que tu sois innocente! et alors vengeance! vengeance sur le traître! (*Marie et Sophie sortent.*) Mon frère, mes amis, car je lis dans vos yeux que vous l'êtes, laissez-moi me remettre un peu, et ensuite je vous demande le récit le plus vrai, le plus impartial de ce qui s'est passé : il servira de règle à ma conduite. La conviction d'une bonne cause affermira mon courage; et, croyez-moi, si le bon droit est pour nous, nous trouverons justice.

ACTE DEUXIÈME.

Le théâtre représente l'appartement de Clavijo.

CLAVIJO. Quels peuvent être ces Français qui se font annoncer chez moi? — Des Français!... Que j'aimais autrefois à recevoir des hommes de cette nation! — Et pourquoi n'y trouvé-je plus aujourd'hui le même plaisir? Il est bien singulier qu'un homme comme moi, qui se met au-dessus de tout, se laisse troubler par si peu de chose. — Loin de moi cette faiblesse! — Dois-je plus à Marie que je ne me dois à moi-même? et suis-je donc obligé de me rendre malheureux parce qu'une jeune fille est amoureuse de moi?

Un domestique entre.

LE DOMESTIQUE. Les étrangers, monsieur.

CLAVIJO. Fais entrer... Tu as dit à leur domestique que je les attendais à déjeuner!

LE DOMESTIQUE. Oui, monsieur.

CLAVIJO. Je reviens dans un moment.

Il sort.

ACTE II.

BEAUMARCHAIS, SAINT-GEORGE.

Le domestique leur donne des siéges et sort.

BEAUMARCHAIS. Ah !..... que je me sens à mon aise! que je suis soulagé, mon ami! que je suis content d'être ici !..... Je le tiens, le traître; il ne m'échappera pas. Et vous, soyez calme, tâchez au moins de le paraître en sa présence. Ma sœur! ma sœur!..... elle est donc aussi innocente que malheureuse! La vérité sera connue, et tu seras vengée d'une manière terrible! Et toi, grand Dieu! conserve-moi toujours cette tranquillité d'âme dont tu me fais jouir en ce moment! Que malgré les cruels chagrins qui me dévorent, je me conduise avec toute la modération et toute la sagesse possibles!

SAINT-GEORGE. Oui, je l'exige de vous: agissez avec toute la prudence et la réflexion dont vous êtes capable. Promettez encore une fois à votre ami que vous n'oublierez pas où vous êtes: dans une cour étrangère, où toute l'étendue de vos protections et tout l'argent que vous apportez ne pourraient vous sauver des intrigues et des complots de vos lâches ennemis.

BEAUMARCHAIS. Soyez tranquille; ayez soin seulement de bien jouer votre rôle, et il ne saura point auquel de nous deux il aura affaire. Je veux déchirer son âme; et je me sens d'assez bonne humeur pour faire expirer le traître à petit feu.

Clavijo entre.

CLAVIJO. Messieurs, je suis ravi de voir chez moi des hommes d'une nation que j'ai toujours estimée.

BEAUMARCHAIS. Nous souhaitons, monsieur, de mériter l'honneur que vous daignez faire à nos compatriotes.

SAINT-GEORGE. Le désir de vous connaître nous a fait oublier que nous pourrions vous déranger peut-être.

CLAVIJO. Tant de modestie ne sied point à des personnes qui ont une physionomie aussi prévenante.

BEAUMARCHAIS. Il doit souvent arriver, monsieur, que des inconnus viennent vous importuner. Vos excellents ouvrages vous ont fait connaître autant dans les royaumes étrangers que les emplois honorables dont votre souverain vous a jugé digne vous distinguent à la cour d'Espagne.

CLAVIJO. Les faveurs du roi ont récompensé bien généreusement mes légers services, et le public a marqué la plus grande indulgence pour les faibles essais de ma plume. Je désirerais seulement pouvoir contribuer en quelque chose à répandre dans ma patrie le bon goût et l'amour des lettres : ce sont elles qui nous lient avec les autres nations, qui réunissent les savants les plus éloignés pour en former un peuple d'amis, et qui seules entretiennent l'union la plus douce, même entre ceux que séparent malheureusement les intérêts politiques.

BEAUMARCHAIS. C'est un ravissement pour moi d'entendre parler ainsi un homme qui jouit d'un pareil crédit dans l'État et dans la république des lettres. Aussi vous avouerai-je que vous m'avez prévenu, et que vous m'avez précisément amené à vous exposer l'objet de mon voyage[1]. « Je suis chargé, mon-
» sieur, par une société de gens de lettres, d'établir, dans
» toutes les villes où je passerai, une correspondance littéraire
» avec les hommes les plus savants du pays. Comme aucun
» Espagnol n'écrit mieux que l'auteur des feuilles appelées *le*
» *Penseur*, à qui j'ai l'honneur de parler (*Clavijo s'incline*
» *avec politesse*), que ses talents, unis à une grande habileté
» dans les affaires, ont rendu la gloire et l'ornement de la litté-
» rature, et qui ne peut manquer de parvenir aux dignités
» dont son caractère et ses connaissances le rendent digne, j'ai
» cru ne pouvoir mieux servir mes amis qu'en les liant avec un
» homme de votre mérite. »

CLAVIJO. Vous ne pouviez, messieurs, me faire une proposition plus agréable : elle répond aux douces espérances dont mon cœur se flattait depuis longtemps sans aucun espoir de succès. Ce n'est pas que je prétende remplir par ma correspondance les vues de vos savants amis; je n'ai point cette vanité. Comme j'ai le bonheur d'être en rapport avec tous les gens de lettres et les plus fameux artistes de l'Espagne, et que, dans ce vaste empire, je suis instruit de tout ce que des individus, souvent ignorés, y font pour les sciences et les beaux-arts, je me regarde comme un folliculaire qui a le très-petit mérite d'annoncer les inventions d'autrui, et de les rendre d'une utilité générale en les faisant connaître; mais aujourd'hui vous allez faire de moi un sujet assez heureux pour étendre la gloire de sa

---

[1] Les passages qui sont entre guillemets sont extraits des *Mémoires de Beaumarchais*, vol. I.

patrie en faisant passer ses productions chez les étrangers, et pour l'enrichir par cet heureux commerce des trésors de toutes les nations. Permettez-moi donc, monsieur, de ne pas traiter comme étranger un homme qui avec autant de franchise m'annonce une nouvelle aussi flatteuse. Permettez-moi de vous demander quelles sont les affaires qui vous ont fait entreprendre ce grand voyage. Je ne veux pas par cette question, peut-être indiscrète, satisfaire une vaine curiosité. Non, monsieur; croyez bien plutôt que je n'ai d'autre désir que celui d'employer pour vous tout mon crédit et mes moyens ; car, je ne vous le cache pas, vous êtes dans un pays où des étrangers rencontrent d'innombrables obstacles pour terminer leurs affaires, surtout lorsqu'ils en ont à la cour.

BEAUMARCHAIS. « J'accepte avec reconnaissance des offres
» aussi flatteuses, et je n'aurai point, monsieur, de secrets
» pour vous. Cet ami (*en lui présentant Saint-George*) n'est
» pas tout à fait étranger à ce que je vais vous dire, et ne sera
» pas de trop à notre conversation.

Clavijo regarde Saint-George avec beaucoup de curiosité.

» Un négociant français chargé de famille, et d'une fortune
» assez bornée, avait beaucoup de correspondants en Espagne.
» Un des plus riches, passant à Paris il y a neuf ou dix ans,
» lui fit cette proposition : Donnez-moi deux de vos filles, que
» je les emmène à Madrid : elles s'établiront chez moi. Garçon
» âgé, sans famille, elles feront le bonheur de mes vieux
» jours, et succéderont au plus riche établissement de l'Es-
» pagne.

» L'aînée, déjà mariée, et une de ses plus jeunes sœurs,
» lui furent confiées. En faveur de cet établissement, leur père
» se chargea d'entretenir cette nouvelle maison de Madrid de
» toutes les marchandises de France qu'on lui demanderait.

» Deux ans après le correspondant mourut, et laissa les
» Françaises sans aucun bienfait, dans l'embarras de soutenir
» toutes seules une maison de commerce. Malgré ce peu d'ai-
» sance, une bonne conduite et les grâces de leur esprit leur
» conservèrent une foule d'amis qui s'empressèrent d'augmen-
» ter leur crédit et leurs affaires.

Clavijo redouble d'attention.

» A peu près dans ce même temps, un jeune homme, natif
» des îles Canaries, s'était fait présenter dans la maison.

*La gaîté de Clavijo s'évanouit à ces mots qui le désignent :
il devient sérieux, et finit par ne plus pouvoir cacher
son embarras.*

» Malgré son peu de fortune, ces dames, lui voyant une
» grande ardeur pour l'étude de la langue française et des
» sciences, lui avaient facilité les moyens d'y faire des progrès
» rapides.

» Plein du désir de s'y faire connaître, il forme enfin le
» projet de donner à la ville de Madrid le plaisir, tout nou-
» veau pour la nation, de lire une feuille périodique dans le
» genre du Spectateur anglais. Il reçoit de ses amies des en-
» couragements et des secours de toute nature. On ne doute
» point qu'une pareille entreprise n'ait le plus grand succès :
» alors, animé par l'espérance de réussir à se faire un nom,
» il ose se proposer ouvertement pour épouser la plus jeune des
» Françaises.

» Commencez, lui dit l'aînée, par réussir; et lorsque quel-
» que emploi, faveur de la cour, ou tel autre moyen de sub-
» sister honorablement, vous aura donné droit de songer à ma
» sœur, si elle vous préfère à d'autres prétendants, je ne vous
» refuserai pas mon consentement.

*Clavijo, embarrassé, s'agite sur son siège. Beaumarchais,
sans faire semblant de s'en apercevoir, continue ainsi :*

» La plus jeune, touchée du mérite de l'homme qui la re-
» cherchait, refuse divers partis avantageux qui s'offraient
» pour elle, et, préférant attendre que celui qui l'aimait de-
» puis quatre ans eût rempli les vues de fortune que tous ses
» amis osaient espérer pour lui, l'encourage à donner sa pre-
» mière feuille périodique sous le titre imposant du *Penseur*.

*Clavijo est sur le point de se trouver mal. Beaumarchais
continue avec un froid glacé :*

» L'ouvrage eut un succès prodigieux; le roi même, amusé
» de cette charmante production, donna des marques publi-
» ques de bienveillance à l'auteur; on lui promit le premier
» emploi honorable qui vaquerait. Alors il écarta tous les pré-
» tendants à sa maîtresse par une recherche absolument publi-
» que. Le mariage ne se retardait que par l'attente de l'emploi

» qu'on avait promis à l'auteur des feuilles. Enfin, au bout de
» six ans d'attente et d'amour d'une part, de soins et d'assi-
» duités de l'autre, l'emploi parut, — et l'homme s'enfuit.

Clavijo laisse échapper un soupir involontaire, et il est dans le plus grand trouble.

» L'affaire avait trop éclaté pour qu'on pût en voir le dé-
» noûmont d'un œil indifférent. Les dames avaient pris une
» maison capable de contenir deux ménages ; les bans étaient
» publiés. L'outrage indignait tous les amis communs, qui
» s'employaient efficacement à venger cette insulte. Mais lors-
» que ce misérable, déjà initié dans les cabales de la cour,
» apprit que les Françaises employaient des protections ma-
» jeures contre lui, il parvint bientôt à rendre leurs démar-
» ches inutiles, et poussa l'insolence jusqu'à les défier tous de
» lui nuire, en ajoutant que si les Françaises cherchaient à le
» tourmenter, elles prissent garde à leur tour qu'il ne les perdît
» pour toujours dans un pays où elles étaient sans appui.

» A cette nouvelle, la jeune Française tomba dans un état
» de convulsions qui fit craindre pour sa vie. Au fort de leur
» désolation, l'aînée écrivit en France l'outrage qui leur avait
» été fait. Ce récit émut le cœur de leur frère, au point que,
» demandant aussitôt un congé pour venir éclaircir une affaire
» aussi embrouillée, il n'a fait qu'un saut de Paris à Madrid ;
» et ce frère, *c'est moi!* qui ai tout quitté, patrie, devoirs,
» famille, état, plaisirs, pour venir venger en Espagne une
» sœur innocente et malheureuse. Je viens, armé du bon droit
» et de la fermeté, démasquer un traître, écrire en traits de
» sang son âme sur son visage ; et ce traître, *c'est vous!* »

CLAVIJO. Écoutez-moi, monsieur, — je suis, — j'ai, — je ne doute pas...

BEAUMARCHAIS. « Ne m'interrompez pas, monsieur ; vous
» n'avez rien à me dire, et beaucoup à entendre de moi. Pour
» commencer, ayez la bonté de déclarer devant monsieur,
» qui est exprès venu de France avec moi, si, par quelque
» manque de foi, légèreté, faiblesse, aigreur, ou quelque
» autre vice que ce soit, ma sœur a mérité le double outrage
» que vous avez eu la cruauté de lui faire publiquement. »

CLAVIJO. Non, monsieur ; je reconnais dona Maria, votre

sœur, pour une demoiselle pleine d'esprit, de grâces et de vertus.

BEAUMARCHAIS. « Vous a-t-elle donné quelque sujet de vous
» plaindre d'elle depuis que vous la connaissez ? »

CLAVIJO. Jamais ! jamais !

BEAUMARCHAIS, *se levant.* « Eh pourquoi donc, monstre
» que vous êtes! avez-vous eu la barbarie de la traîner à la
» mort, uniquement parce que son cœur vous préférait à dix
» autres plus honnêtes et plus riches que vous? »

CLAVIJO. Ah! monsieur, ce sont des instigations, des conseils ; si vous saviez...

BEAUMARCHAIS. « Cela suffit. (*A Saint-George.*) Vous avez
» entendu la justification de ma sœur, allez la publier. Ce qui
» me reste à dire à monsieur n'exige plus de témoins. »

Clavijo se lève. Saint-George sort.

BEAUMARCHAIS, *à Clavijo.* « Restez! restez! (*Tous deux
» se rasseyent.*) A présent, monsieur que nous sommes seuls,
» voici quel est mon projet, et j'espère que vous l'approuverez.
» Il convient également à vos arrangements et aux miens que
» vous n'épousiez pas ma sœur, et vous sentez bien que je
» ne viens pas ici faire le personnage d'un frère de comédie
» qui veut que sa sœur se marie. Vous avez outragé à plaisir
» une femme d'honneur, parce que vous l'avez crue sans soutien en pays étranger; ce procédé est celui d'un malhonnête
» homme et d'un lâche! Vous allez donc commencer par reconnaître de votre main, en pleine liberté, toutes vos portes
» ouvertes et vos gens dans cette salle, que vous êtes un homme
» abominable, qui avez trompé, trahi, outragé ma sœur sans
» aucun sujet; et, votre déclaration dans mes mains, je pars
» pour Aranjuez, où est mon ambassadeur; je lui montre
» l'écrit; je le fais ensuite imprimer : après-demain la cour et
» la ville en sont inondées; j'ai des appuis considérables ici,
» du temps et de l'argent; tout sera employé à vous poursuivre de toute manière et sans relâche, jusqu'à ce que, le
» ressentiment de ma sœur apaisé, elle m'arrête et me dise :
» Holà ! »

CLAVIJO, *d'une voix altérée.* Je ne ferai point une telle déclaration.

BEAUMARCHAIS. « Je le crois, car peut-être à votre place ne

» le ferais-je pas non plus ; mais voici le revers de la médaille :
» écrivez ou n'écrivez pas, dès ce moment je reste avec vous,
» je ne vous quitte plus, je vais partout où vous irez, jusqu'à
» ce que, impatienté d'un pareil voisinage, vous veniez vous
» délivrer de moi derrière *Buenretiro*[1]. Si je suis plus heureux
» que vous, monsieur, sans voir mon ambassadeur, sans parler
» à personne ici, je prends ma sœur mourante entre mes bras,
» je la mets dans ma voiture, et je m'en retourne en France
» avec elle. Si, au contraire, le sort vous favorise, tout est dit
» pour moi : permis à vous alors de rire à nos dépens. Faites
» monter le déjeuner. »

Beaumarchais sonne. Un laquais entre, apporte le chocolat. Beaumarchais prend sa tasse et se promène dans la galerie en examinant les tableaux.

CLAVIJO. J'étouffe ! j'étouffe ! On m'a surpris, joué comme un enfant ! — Où donc es-tu, Clavijo ? Comment sortir de ce précipice ? Et c'est ma lâche ambition qui l'a creusé sous mes pas ! c'est ma perfidie ! (*Il saisit son épée qui est sur la table.*) Allons, le sort en est jeté ! — Mais quoi ! ne te reste-t-il donc plus d'autre remède, d'autre moyen que la mort ou qu'un meurtre, un meurtre abominable ? Moi, ravir à cette fille infortunée sa dernière consolation, son appui, son défenseur, son frère !... Moi, répandre le sang d'un homme brave et généreux, et me charger de toute la malédiction d'une famille désespérée ! Marie ! elle en mourra, et j'en serais la cause ! Oh ! ce n'étaient pas là les plans que j'avais formés lorsque, pour la première fois, je vis cette aimable créature, et que mon cœur devint épris de ses charmes. Quand tu as violé des serments si saintement jurés, ô Clavijo ! tu ne prévoyais pas les suites terribles de ton infamie ! Quelle félicité m'attendait dans ses bras et dans l'affection d'un tel frère ! Marie ! Marie ! ah ! si tu pouvais encore me pardonner, je pourrais à tes pieds laver mon crime par des torrents de larmes ! Eh ! pourquoi ne me pardonnerait-elle pas ? Je sens mon cœur se gonfler ; mon âme s'élève à l'espérance. Monsieur !

BEAUMARCHAIS. « Qu'avez-vous décidé ? »

CLAVIJO ! « Écoutez-moi. Rien au monde ne peut excuser ma
» conduite envers mademoiselle votre sœur. L'ambition m'a

---

[1] L'ancien palais des rois d'Espagne à Madrid.

» perdu ; mais si j'eusse prévu que doña Maria eût un frère
» comme vous, loin de la regarder comme une étrangère iso-
» lée, j'aurais conclu que les plus grands avantages devaient
» suivre notre union. Vous venez de me pénétrer de la plus
» haute estime, et je me mets à vos pieds pour vous supplier
» de travailler à réparer, s'il est possible, tous les maux que
» j'ai faits à votre sœur. Rendez-la-moi, monsieur, et je me
» croirai trop heureux de tenir de vous ma femme et le pardon
» de tous mes crimes. »

BEAUMARCHAIS. « Il n'est plus temps ; ma sœur ne vous
» aime plus, et je vous déteste ! Faites seulement la déclaration,
» c'est tout ce que j'exige de vous, et trouvez bon après qu'en
» ennemi déclaré je venge ma sœur au gré de son ressen-
» timent. »

CLAVIJO. Votre opiniâtreté, monsieur, n'est ni juste ni sage. Je conviens avec vous qu'il n'est pas en mon pouvoir de réparer d'aussi grands torts. Les réparer ! ah ! le cœur de votre estimable sœur peut m'en donner le moyen, pour peu qu'elle daigne recevoir à ses pieds un malheureux indigne de voir le jour ! Voilà, monsieur, ce que je vous laisse à examiner, et sur quoi, ce me semble, vous devez régler votre conduite, si vous ne voulez pas que la démarche que vous allez faire ressemble à l'emportement inconsidéré d'un jeune homme. Si doña Maria est inflexible... oh ! je connais son cœur, sa bonté, son âme divine !... oui, si elle est inflexible, ce n'est qu'alors, monsieur, que vous devez agir.

BEAUMARCHAIS. « Il me faut votre déclaration. »

CLAVIJO, *s'approchant de la table*. Et si je prends l'épée ?

BEAUMARCHAIS, *le suivant*. « Volontiers, monsieur, très-volontiers. »

CLAVIJO, *s'arrêtant*. Encore un mot, monsieur. Vous avez la bonne cause, souffrez que je mette en ceci de la prudence ; dans votre propre intérêt, songez à ce que vous faites. Quel que soit le succès du combat, nous sommes perdus sans ressource. Pour moi, ne mourrais-je pas de douleur et de désespoir si mon épée se teignait de votre sang ? si, après tous les malheurs que j'ai causés à Marie, j'allais encore lui ravir un frère ? Et quant à vous, — l'assassin de Clavijo ne repasserait jamais les Pyrénées.

BEAUMARCHAIS. La déclaration, monsieur, la déclaration !

CLAVIJO. Eh bien! soit; je consens à tout pour vous persuader de la noble confiance que votre présence m'inspire. Je vais l'écrire cette déclaration, et l'écrire comme vous la voudrez; mais promettez-moi de n'en faire aucun usage avant qu'il m'ait été possible de voir dona Maria, de la convaincre de mon retour sincère et du repentir qui déchire mon cœur; avant que j'aie parlé à sa sœur, et que la généreuse Sophie se soit intéressée pour moi auprès de mon amante. Vous me le promettez ?

BEAUMARCHAIS. Je pars pour Aranjuez.

CLAVIJO. Volontiers, partez; mais la déclaration restera dans votre portefeuille jusqu'à votre retour, je l'exige; et si alors je n'ai point obtenu mon pardon, vous donnerez un libre cours à votre vengeance. Ma proposition est juste et sage; si vous refusez de l'accepter, je serai bien forcé alors de me couper la gorge avec vous; mais quelles seront les victimes de votre imprudente vivacité? ce sera vous et votre propre sœur.

BEAUMARCHAIS. Il vous sied bien encore de plaindre celle dont vous avez fait le malheur!

CLAVIJO, *s'asseyant*. Ma proposition vous convient-elle?

BEAUMARCHAIS. Je veux bien l'accepter; mais je vous préviens que je n'attends pas un moment de plus. Je reviens d'Aranjuez, je demande, j'écoute, et si, comme je l'espère et le désire, on ne vous a point encore pardonné, tout de suite votre déclaration chez l'imprimeur.

CLAVIJO *prend du papier*. Comment la voulez-vous?

BEAUMARCHAIS. En présence, monsieur, de vos domestiques.

CLAVIJO. Mais à quoi bon?

BEAUMARCHAIS. Ordonnez seulement qu'ils se tiennent dans la galerie voisine; je ne veux pas qu'on dise que je vous ai forcé.

CLAVIJO. Et quelles raisons?

BEAUMARCHAIS. Je suis en Espagne, et j'ai affaire à Clavijo.

CLAVIJO. Soit. (*Il sonne, un domestique entre.*) Faites monter mes gens, et tenez-vous tous dans la galerie. (*Le domestique sort, et tous les autres viennent et restent dans la galerie.*) Vous permettez que je fasse moi-même la déclaration?

BEAUMARCHAIS. Non, monsieur ; vous voudrez bien écrire ce que je vous dicterai.

Clavijo écrit.

BEAUMARCHAIS. « *Je soussigné, Joseph Clavijo, garde
» d'une des archives du roi.* »

CLAVIJO. Du roi.

BEAUMARCHAIS. « *Reconnais qu'après avoir été reçu dans
» la maison de madame Guilbert avec bonté.* »

CLAVIJO. Avec bonté.

BEAUMARCHAIS. « *J'ai trompé mademoiselle de Beau-
» marchais, sa sœur, par des promesses de mariage mille
» fois répétées.* » Avez-vous écrit ?

CLAVIJO. Monsieur !

BEAUMARCHAIS. Avez-vous quelque autre terme ?

CLAVIJO. Je crois...

BEAUMARCHAIS. J'ai trompé.... Eh ! puisque vous l'avez fait, pourquoi ne voudriez-vous pas l'écrire ?

« *J'ai manqué à ma parole sans qu'aucune faute ou fai-
» blesse de sa part ait pu servir de prétexte ou d'excuse à
» mon manque de foi.* »

CLAVIJO. Ensuite !

BEAUMARCHAIS. « *Qu'au contraire, la conduite de cette
» demoiselle a toujours été pure, sans tache et digne du
» plus profond respect.* »

CLAVIJO. Du plus profond respect.

BEAUMARCHAIS. « *Je reconnais que par ma conduite, la
» légèreté de mes discours, et par l'interprétation qu'on y
» a pu donner, j'ai ouvertement outragé cette vertueuse de-
» moiselle, à laquelle je demande pardon par écrit, quoi-
» que je me reconnaisse tout à fait indigne de l'obtenir...* »

Clavijo s'arrête.

Écrivez, écrivez...« *Lequel écrit j'ai fait librement et de
» ma pleine volonté, avec promesse spéciale de faire à l'of-
» fensée toute espèce de réparation qu'elle pourra désirer,
» si celle-ci ne lui convient pas. Madrid.....* »

CLAVIJO *se lève.* (*Il fait signe à ses domestiques de se retirer, et il donne sa déclaration à Beaumarchais.*) « Monsieur,
» je crois parler au plus offensé, mais au plus généreux des
» hommes. Vous allez me tenir parole et différer votre ven-

« goanco. C'est dans cette vue, dans cette unique espérance que
» j'ai écrit cette réparation, à laquelle, sans cela, rien n'aurait
» pu me décider; mais avant de me présenter devant votre
» sœur j'ai résolu de charger quelqu'un de plaider ma cause
» auprès d'elle; et ce quelqu'un, c'est vous. »

BEAUMARCHAIS. « Je n'en ferai rien. »

CLAVIJO. « Au moins, vous lui direz le repentir amer que
» vous avez aperçu en moi. Je borne à cela toutes mes sollicita-
» tions, ne me refusez pas. Il me faudrait choisir quelque autre
» médiateur moins éloquent que vous. » D'ailleurs, vous lui
devez un récit fidèle. Dites-lui dans quelles dispositions vous
m'avez trouvé.

BEAUMARCHAIS. Je vous le promets.

CLAVIJO. Adieu.

Il veut prendre sa main, Beaumarchais la refuse.

CLAVIJO *seul.* Quel coup de foudre! comme mon sort a
changé tout à coup! Est-ce un songe, une illusion? — Et cette
déclaration, j'ai mal fait de la lui donner; — mais tout cela s'est
passé si brusquement! il ne m'a pas laissé le temps de me reconnaître.

CARLOS *entre.* Quelle visite as-tu donc reçue ce matin?
toute la maison est en mouvement; qu'y a-t-il donc de nouveau?

CLAVIJO. C'est le frère de Marie.

CARLOS. Je m'en suis douté. Ce coquin de vieux domestique
qui était jadis au service de Guilbert, et qui m'instruit aujour-
d'hui de tout ce qui se passe dans cette maison, sait depuis hier
qu'ils attendaient ce frère avec impatience; mais il n'a pu me
le dire que tout à l'heure. Eh bien, il est venu ici?

CLAVIJO. Le digne jeune homme!

CARLOS. Nous en serons bientôt délivrés. J'ai déjà dressé
mes batteries. Et que demande-t-il? à se battre? veut-il
une réparation d'honneur? Etait-il emporté, ce petit monsieur?

CLAVIJO. Il m'a demandé une déclaration qui prouvât que
sa sœur n'avait jamais donné lieu à mon manque de foi.

CARLOS. Et tu l'as donnée?

CLAVIJO. C'était, je crois, ce que j'avais de mieux à faire.

CARLOS. Bien, très-bien. Est-ce là tout?

CLAVIJO. Il fallait me battre, ou lui donner cette déclaration.

CARLOS. Le second parti était le plus sage. Et qui voudrait risquer sa vie contre un tel héros de roman? Cette déclaration, te l'a-t-il demandée d'un ton violent?

CLAVIJO. Il me l'a dictée lui-même; et j'ai été obligé de faire monter tous mes domestiques dans cette galerie.

CARLOS. J'entends! Ah! je vous tiens, mon petit ami; ceci vous perd. Dis que je ne suis qu'un sot si sous deux jours notre homme n'est pas enfermé, et s'il ne va pas visiter les Indes par le prochain transport.

CLAVIJO. Non, Carlos. Les affaires ont pris une autre tournure bien différente de celle que tu penses.

CARLOS. Comment?

CLAVIJO. J'espère qu'il s'intéressera pour moi auprès de sa sœur, et que ses soins et mon zèle obtiendront enfin mon pardon de Marie.

CARLOS. Clavijo!

CLAVIJO. J'espère anéantir tout ce qui s'est passé, et réparer toutes mes fautes. A mes yeux, comme à ceux de tout le monde, je veux être un honnête homme.

CARLOS. Et de par tous les diables! es-tu retombé dans l'enfance? On s'aperçoit toujours que Clavijo est un savant. — Se laisser abuser de la sorte! Tu ne vois donc pas que tout ceci n'est qu'une ruse assez maladroitement imaginée pour te faire donner dans le panneau?

CLAVIJO. Non, Carlos, ce n'est point au mariage qu'ils tendent; ils en sont même bien éloignés. Elle ne veut plus entendre parler de moi.

CARLOS. Et tu le crois sincèrement? Mon bon ami, je t'en demande pardon; mais, ma foi, voilà précisément comme dans nos comédies on trompe un gentilhomme de campagne.

CLAVIJO. Tu me fâches, te dis-je. Oblige-moi de réserver ta belle humeur pour le jour de mes noces. J'ai résolu d'épouser Marie. Mon cœur m'y porte, et c'est mon seul désir. Oui, j'ai fondé tous mes projets, toute ma félicité, sur l'espérance de mon pardon. Ah! périsse l'ambition! près de cette adorable amie, je goûterai comme autrefois le bonheur céleste. La gloire que j'obtiendrai, les grandeurs auxquelles je vais m'élever, me feront sentir une double jouissance, puisque je les partagerai avec celle dont l'amour doublera mon être. Adieu! il faut que je la voie, que je lui parle! que je parle au moins à sa sœur.

CARLOS. Attends du moins l'après-dînée.

CLAVIJO. J'y vais sur-le-champ.

Il part.

CARLOS *le suit des yeux, et dit après un moment de silence :* En voilà encore un qui va faire une sottise.

Il sort.

ACTE TROISIÈME.

Le théâtre représente un appartement dans la maison de Guilbert.

SOPHIE, MARIE.

MARIE. Tu l'as vu? je frissonne! tu l'as vu? J'ai failli me trouver mal à la nouvelle de son arrivée; et toi, tu l'as vu? Non, je ne puis, je ne... non, je ne pourrai jamais le revoir.

SOPHIE. Que j'étais émue lorsqu'il est entré! car, hélas! ne le chérissais-je pas, ainsi que toi, comme un véritable ami, comme un frère? Combien son éloignement ne m'a-t-il pas aussi causé de peines et de douleur! Et tout à coup je le vois tomber à mes pieds, les arroser de ses larmes! Je ne sais, mais son repentir est si sincère, ses regards sont si tendres, le son de sa voix est si touchant, ma sœur!

MARIE. Jamais! non, jamais!

SOPHIE. Oui, c'est encore Clavijo; c'est toujours son âme douce, aimante et sensible. Toujours violent dans ses passions, il brûle encore du désir de se voir aimer; son cœur n'a point changé. Et quand il parle de Marie, que de feu! que d'amour! quel enthousiasme! c'est comme aux jours heureux de la plus vive tendresse. Il semble que ton bonheur ait demandé ces tristes jours d'absence et d'infidélité pour détruire la monotonie et la langueur qui suivent toujours une longue habitude de se voir, et comme pour donner un nouveau ressort à vos âmes.

MARIE. Tu t'es chargée de prendre ses intérêts?

SOPHIE. Non, ma sœur, je n'ai rien voulu lui promettre; mais, ma bonne amie, moi, je vois les choses comme elles sont, et ton frère et toi vous avez tous deux trop de romanesque dans la tête. Quoi! ton amant est devenu parjure, il t'a quittée; eh bien! tu as cela de commun avec bien des femmes qui ne l'ont pas mérité; mais le retour de l'infidèle, le désir sincère qu'il a de réparer sa faute, de faire revivre toutes nos anciennes espérances, c'est un bonheur que tout autre que toi ne refuserait point.

MARIE. Mon cœur se déchirerait!

SOPHIE. Je l'avoue, la première entrevue te sera bien sensible; mais, crois-moi, ma chère amie, je t'en conjure, ne prends point pour un effet de la haine ou de la vengeance cette angoisse de l'âme, ce trouble qui s'empare de tous tes sens. Ton cœur parle pour Clavijo bien plus que tu ne penses, et si tu ne te sens pas assez de courage pour le revoir, c'est parce que tu désires ardemment son retour.

MARIE. Ma sœur, ayez pitié de moi!

SOPHIE. Je veux te rendre heureuse. Si je ne te voyais pour lui que du mépris ou de l'indifférence, je ne dirais pas un mot en sa faveur; jamais il ne me reverrait; mais un jour viendra où tu la remercieras, ta sœur, de t'avoir aidée à bannir ce trouble cruel qui te tourmente, et qui est une preuve du plus grand amour.

GUILBERT, BUENKO.

SOPHIE. Buenko! Guilbert! venez, aidez-moi; venez encourager ma sœur, et qu'elle se décide, hélas! tandis qu'il en est temps encore.

BUENKO. Je voudrais avoir le courage de dire : Ne le revoyez jamais!

SOPHIE. Buenko!

BUENKO. Lui! posséder cet ange du ciel, après l'avoir si cruellement outragée et traînée jusqu'au bord de la tombe! A cette idée seule, mon cœur indigné se révolte. La posséder! et pourquoi? et comment donc répare-t-il son crime? il revient;

tout à coup il lui plaît de revenir et de dire : « C'est aujourd'hui ma fantaisie, je veux bien l'épouser! » On traiterait donc cette âme si noble comme ces marchandises suspectes que l'on abandonne par lassitude à l'acheteur qui vous a déjà tourmenté par des offres trop faibles et une avare incertitude? Non, jamais il n'aura mon consentement, quand même le cœur de Marie parlerait pour lui. Il revient! et pourquoi donc revient-il aujourd'hui, précisément aujourd'hui? Devait-il attendre qu'un frère courageux vînt ici le menacer de la plus terrible vengeance, pour revenir comme un enfant de collége demander humblement pardon? Ah! son cœur est aussi lâche qu'il est abominable!

GUILBERT. Vous parlez comme un Espagnol qui ne connaît pas sa nation. Tous tant que vous êtes, vous ne voyez pas le danger dans lequel nous sommes.

MARIE. Mon cher Guilbert!

GUILBERT. J'estime Beaumarchais, j'honore son âme grande et courageuse; j'ai observé en silence sa conduite héroïque, et je souhaite que tout se termine heureusement. Je désire que Marie puisse se résoudre à donner sa main à Clavijo, car (*en souriant*) il possède encore tout son cœur.

MARIE. Que vous êtes cruel!

SOPHIE. Écoute-le, je t'en conjure, écoute-le.

GUILBERT. Ton frère lui a fait donner une déclaration qui doit te justifier aux yeux de tout le monde, et qui nous perdra; oui, elle nous perdra!

BUENKO. Comment?

MARIE. O Dieu!

GUILBERT. Il ne l'a faite que dans l'espérance de regagner ton cœur. S'il n'y réussit pas, tu le forces à tout tenter pour anéantir son fatal écrit; il le peut et il le fera. Ton frère a résolu de le faire imprimer et de le répandre aussitôt après son retour d'Aranjuez; mais, si tu persistes dans ta résolution, je crains bien que ton frère ne revienne jamais.

SOPHIE. Mon cher Guilbert!

MARIE. Je succombe!

GUILBERT. Il est impossible que Clavijo laisse publier une déclaration aussi ignominieuse. Si tu rejettes ses propositions, en homme d'honneur il court au-devant de Beaumarchais, il faut que l'un des deux périsse, et, quelque heureuses que soient les armes pour ton frère, il est perdu. Étranger, et dans l'Espagne encore! le meurtrier d'un courtisan, d'un courtisan en faveur! Il est beau, ma chère amie, de penser et de sentir noblement; mais vouloir se perdre soi et sa famille entière...

MARIE. Conseille-moi, Sophie, secours-moi!

GUILBERT. Que Buenko le dise, si j'ai tort.

BUENKO. Ne craignez rien, il n'osera; il aime trop la vie, et s'il n'avait pas craint pour ses jours, il n'aurait pas donné cet écrit, il n'offrirait pas sa main à Marie.

GUILBERT. Tant pis, car il en trouvera cent qui lui prêteront leurs bras, cent misérables qui iront assassiner Beaumarchais sur la route. Ah! Buenko, as-tu donc si peu d'expérience? Un courtisan n'aurait pas d'assassins à ses gages!

BUENKO. Le roi est grand et généreux.

GUILBERT. Eh bien! percez-les donc tous, ces murs dont il est environné, ces gardes qui l'entourent, ce cortége pompeux, cette magnificence, enfin tout ce que les courtisans ont inventé pour le séparer de son peuple; percez-les donc, et sauvez-nous! Qui est-ce?

Clavijo entre tout en désordre.

CLAVIJO. Que je la voie! il le faut! il le faut!

Marie jette un cri et tombe dans les bras de Sophie.

SOPHIE. Cruel, que faites-vous!

Guilbert et Buenko s'approchent de Marie.

CLAVIJO. Oui, c'est elle! c'est elle! et je suis Clavijo! Daignez m'entendre au moins, ma douce amie, si vous ne voulez plus me revoir. Dans le temps où Guilbert me reçut avec amitié dans sa maison, lorsque je n'étais encore qu'un jeune homme sans fortune, auquel on ne faisait nulle attention, lorsque mon cœur brûlait d'amour pour vous, était-ce mon mérite, ou plutôt n'était-ce pas une convenance de caractère, une inclination secrète, une harmonie de nos âmes, qui faisait que vous ne restiez point indifférente, et qui m'assura bientôt que je possédais entièrement votre cœur? Et maintenant ne suis-je pas le même? Pourquoi donc n'oserais-je plus espérer? pourquoi n'oserais-je plus vous conjurer encore? Marie, ne voudriez-vous plus revoir un ami, un amant infortuné, que vous auriez cru perdu pour toujours, et qui après une navigation aussi longue que malheureuse, reviendrait déposer à vos pieds une vie qu'il aurait conservée pour vous seule? Et n'étais-je donc pas à la merci de la mer orageuse de ce monde? Ces passions violentes contre lesquelles il nous faut lutter sans cesse ne sont-elles pas mille fois plus terribles et plus à craindre que ces flots irrités qui jettent le malheureux loin de sa patrie? Marie! Marie! comment pouvez-vous me haïr, moi qui n'ai cessé de vous aimer? Au milieu de cette ivresse, de ces enchantements de l'orgueil et de la vanité, je me suis toujours rappelé ces heures délicieuses que j'ai passées à vos genoux, dans une obscurité si heureuse, en nous flattant des perspectives agréables que nous offrait l'avenir. Et pourquoi donc aujourd'hui ne rempliriez-vous pas avec moi nos plus douces espérances? Est-ce parce qu'un destin cruel a paru les anéantir, que vous refuseriez de jouir du bonheur de la vie? Non, ma chère amie, croyez-moi, les plus grandes joies de ce monde ne sont jamais pures; souvent elles sont empoisonnées ou par nos passions ou par le destin. Pourquoi nous plaindre d'avoir éprouvé le sort de tous les hommes? Pourquoi nous rendre coupables en repoussant cette occasion heureuse de faire oublier le passé, de réparer nos maux, de consoler une famille en pleurs, de récompenser l'action héroïque d'un frère brave et généreux, et d'assurer à jamais notre propre bonheur? O vous dont je n'ai pas mérité l'amitié, mais que j'ose appeler mes amis, puisque vous êtes ceux de la vertu à laquelle je retourne, Guilbert, Buenko, réunissez vos instances aux miennes! Marie (*il tombe à genoux*), tu ne connais donc plus ma voix? tu n'entends donc plus le langage de mon cœur? Marie! Marie!

MARIE. O Clavijo!

CLAVIJO. (*Il se lève en baisant avec ardeur la main de Marie.*) Elle me pardonne; elle m'aime. (*Il embrasse Guilbert et Buenko.*) Elle m'aime encore! O Marie! mon cœur me l'avait bien dit; il m'aurait suffi de me jeter à tes pieds, d'y verser des larmes de repentir, et dans ma douleur muette tu m'aurais entendu sans que je parlasse, comme j'ai obtenu ton pardon sans que ta bouche l'ait prononcé. Cette union intime, cette sympathie de nos âmes n'a point encore cessé; elles s'entendent comme au temps où, sans le secours de la parole ni du geste, nous savions nous communiquer l'un à l'autre nos mouvements les plus secrets. Marie! Marie! Marie!

Beaumarchais entre.

BEAUMARCHAIS. Ah!
CLAVIJO, *volant à sa rencontre.* Mon frère!
BEAUMARCHAIS, *à sa sœur.* Tu lui pardonnes?
MARIE, *pâle et tremblante.* Laisse-moi! je me meurs!

On l'emmène.

BEAUMARCHAIS. Elle lui a pardonné?
BUENKO, *d'un ton fâché.* On le croirait.
BEAUMARCHAIS. Tu ne mérites pas ton bonheur.
CLAVIJO. Crois que mon cœur en est persuadé!
SOPHIE, *revenant.* Elle lui pardonne. Un torrent de larmes coulait de ses yeux. Qu'il s'éloigne un moment, dit-elle en sanglotant, que je reprenne mes sens. Je lui pardonne! s'est-elle écriée en se jetant dans mes bras. Ah! comment sait-il donc que je l'aime encore?
CLAVIJO *baise avec transport la main de Sophie.* Je suis donc le plus heureux des hommes. Mon frère!
BEAUMARCHAIS *l'embrasse.* De tout mon cœur! Je vous avoue cependant que je ne puis être encore votre ami, que je ne saurais encore vous aimer. Soyez de la famille, et que tout soit oublié. Cet écrit que vous m'avez donné, le voici:

Il tire un papier de son portefeuille, le déchire et le donne à Clavijo.

CLAVIJO. Je suis à vous pour toujours! oui, pour toujours!
SOPHIE. Clavijo, je vous prie, éloignez-vous, pour qu'elle n'entende plus le son de votre voix et qu'elle puisse calmer le trouble de ses sens.
CLAVIJO *les embrasse tour à tour.* Adieu! adieu! Embrassez mille fois cet ange! Adieu!

Il sort.

BEAUMARCHAIS. Elle lui pardonne. Eh bien, tant mieux! quoique j'eusse désiré que cela finît autrement. (*En souriant.*) Ce sont de bonnes petites personnes au moins que ces jeunes filles! Tenez, mes amis, je vous l'avouerai franchement, notre respectable ambassadeur était d'avis et désirait même que Marie lui pardonnât, et qu'une heureuse union pût terminer cette fâcheuse affaire.
GUILBERT. Et moi aussi; me voilà donc rassuré.
BUENKO, *avec humeur.* Il est votre frère, n'est-ce pas? Adieu, vous ne me reverrez plus chez vous.

BEAUMARCHAIS. Monsieur!
GUILBERT. Buenko!
BUENKO. Je lui ai juré une haine éternelle, et faites attention surtout à quel homme vous avez affaire.

Il sort.

GUILBERT. C'est un oiseau de mauvais augure, ce Buenko! Mais avec le temps il se laissera persuader lorsqu'il verra que tout va bien.

BEAUMARCHAIS. Cependant je me suis un peu trop pressé de lui rendre l'écrit.

GUILBERT. Allons donc, plus de ces idées noires.

Ils sortent.

ACTE QUATRIÈME.

Le théâtre représente l'appartement de Clavijo.

CARLOS, *seul.*

C'est fort bien fait à la justice de nommer des curateurs à un homme qui, par ses dissipations ou d'autres extravagances, prouve que sa tête est dérangée; mais si le magistrat prend ce soin-là pour nous autres, dont il s'embarrasse fort peu, pourquoi ne rendrions-nous pas le même service à un ami? Clavijo je te vois dans une situation bien fâcheuse! néanmoins j'ai encore de l'espérance, et pourvu que tu sois aussi docile que tu l'étais jadis, il est encore temps de te guérir d'une folie, qui, avec ton caractère violent et sensible, ferait le malheur de tes jours et te conduirait au tombeau. Le voici.

Entre Clavijo tout pensif.

CLAVIJO. Bonjour, Carlos.

CARLOS. Tu me donnes là un bonjour bien triste; il part d'un cœur serré! Viens-tu de prendre cette belle humeur chez ta fiancée?

CLAVIJO. C'est un ange! ce sont tous d'excellentes gens!

CARLOS. Ce mariage ne se fera pas si vite. On aura bien le temps de se faire broder un habit?

CLAVIJO. Tu plaisantes peut-être ; mais, je te l'assure, on ne verra point d'habits brodés à nos noces.

CARLOS. Je le crois bien.

CLAVIJO. Notre amour mutuel, la douce harmonie de nos âmes, feront seuls toute la pompe de ce jour solennel.

CARLOS. Vous ferez à petit bruit un petit mariage.

CLAVIJO. Oui, comme deux tendres époux qui sentent que leur bonheur est tout entier en eux-mêmes.

CARLOS. Dans les circonstances présentes, c'est assez bien vu.

CLAVIJO. Les circonstances ? que veux-tu dire par ces circonstances ?

CARLOS. J'entends les choses telles qu'elles sont, la tournure qu'elles prennent, et la manière dont tout cela s'arrange.

CLAVIJO. Écoute, Carlos : je ne puis supporter le ton de la réserve dans un ami. Je sais bien que tu n'es pas porté pour ce mariage ; cependant, si tu avais quelques objections, tu peux les faire. Parle franchement, que dis-tu de cette affaire ? que penses-tu de la manière dont je la termine ?

CARLOS. Il arrive dans la vie des choses extraordinaires et inattendues, et il serait fâcheux que cela fût autrement. Si tout allait toujours bien, aurait-on de quoi s'étonner, s'occuper, se chuchoter à l'oreille ? On n'aurait rien à se dire et l'on bâillerait dans les assemblées.

CLAVIJO. Oui, on sera surpris, on se regardera.

CARLOS. Le mariage de Clavijo ! cela va sans dire. Combien de jeunes cœurs à Madrid ont fondé sur toi leurs espérances ! et quand tu leur joueras un pareil tour !...

CLAVIJO. Il n'en sera cependant pas autrement.

CARLOS. C'est bien singulier ! Sais-tu que je connais peu d'hommes comme toi pour faire sur les femmes une impression aussi forte et aussi générale ? A la ville, à la cour il y a de charmantes petites personnes qui ont dressé leur plan pour t'attirer vers elles. L'une compte sur sa beauté, l'autre sur sa fortune, d'autres enfin sur leur rang, leur esprit, leur naissance. — Combien ne m'a t-on pas adressé de compliments à cause de toi ! car ce n'est assurément pas à mon nez retroussé ni à mes cheveux crépus que je les dois, et d'ailleurs mon mépris pour les femmes est assez connu.

CLAVIJO. Toujours des plaisanteries !

ACTE IV.

CARLOS. Comme si je n'avais pas eu dans les mains de ces charmantes propositions griffonnées par de petits doigts mignons et délicats, et dans lesquelles on trouvait autant d'orthographe qu'il peut y en avoir dans le premier billet doux original d'une jeune fille; et combien de jolies petites duègnes ces heureux messages n'ont-ils pas amenées dans mes filets!

CLAVIJO. Et tu ne me disais rien de tout cela?

CARLOS. C'est que je ne voulais pas t'occuper de ces riens, et que je n'étais pas d'avis de te voir penser sérieusement au mariage. O Clavijo, ton bonheur m'était aussi cher que le mien! Je n'ai pas d'autre ami que toi; tous les hommes me sont à charge, et toi-même aussi tu commences à me le devenir.

CLAVIJO. Mon ami, je t'en conjure, cesse de m'affliger.

CARLOS. Brûlez la maison d'un homme qui a passé dix ans de sa vie à la construire, et faites-lui venir ensuite un philosophe pour l'exhorter à la patience. On est bien bon de s'intéresser à d'autres qu'à soi; les hommes ne méritent pas...

CLAVIJO. Et ne voilà-t-il pas encore de ta misanthropie?

CARLOS. Et c'est toi seul qui me la donnes! Je me disais à moi-même : Pourquoi Clavijo rechercherait-il actuellement un mariage, fût-il même très-avantageux? A la vérité, pour un homme ordinaire, il est parvenu assez haut; mais avec son esprit et ses talents il est impossible qu'il s'en tienne là; il serait inexcusable. Je formais alors mes projets. Il y a peu d'hommes aussi entreprenants, qui aient autant d'intelligence, et qui soient en même temps si souples et si actifs. Il est capables de réussir en tout. En sa qualité de garde d'une des archives de la couronne, il est à portée d'acquérir promptement les plus grandes connaissances; il se rendra nécessaire; et qu'il arrive quelque changement, le voilà ministre.

CLAVIJO. Je te l'avoue, tels furent souvent aussi mes songes.

CARLOS. Des songes! Si je suis certain que j'arriverais au sommet d'une tour en y montant avec la ferme résolution d'y parvenir, je suis tout aussi sûr que tu aurais vaincu toutes les difficultés; ensuite je n'aurais plus été inquiet du reste. Tu n'as pas de fortune, tant mieux! tu n'aurais eu que plus d'ardeur pour acquérir et plus de prudence pour conserver; car celui qui reçoit les deniers du roi sans s'enrichir est un maladroit; et puis je ne vois pas pourquoi les sujets ne devraient pas aussi bien des impôts au ministre qu'au souverain. Celui-ci donne son nom et l'autre ses talents. Lorsque j'avais arrangé tout cela dans ma tête, alors je cherchais à te marier. Je voyais bien des familles fières de leur haute naissance qui auraient fermé les yeux sur la tienne ; j'en voyais de puissamment riches qui n'auraient pas demandé mieux que de fournir à tes dépenses, pour pouvoir prendre quelque part à la gloire du second roi ; et à présent...

CLAVIJO. Tu es injuste ; tu rabaisses trop mon état actuel. Et crois-tu donc sérieusement que j'en resterai là, que je ne saurai plus m'avancer, et à grands pas ?

CARLOS. Mon cher ami, si tu enlèves la tête d'une plante, elle n'en produira pas moins une foule de rejetons ; elle pourra même un jour former un vaste buisson ; mais elle ne sera jamais ce chêne superbe qui domine sur tous les arbres de la forêt. Ne t'imagine pas qu'à la cour on verra ce mariage avec indifférence. As-tu donc oublié quels sont les hommes qui ont désapprouvé ta passion pour Marie ? As-tu donc oublié quel est celui qui t'a donné le sage conseil de l'abandonner ? faut-il que je te les nomme, que je te les compte tous par mes doigts ?

CLAVIJO. Oui, je sais bien que peu de gens approuveront ce mariage ; cette idée est déjà venue me tourmenter.

CARLOS. L'approuver ? personne ! et tous tes protecteurs ne seront-ils pas irrités de ce que, sans les prévenir, sans leur demander conseil, tu t'es allé sacrifier ainsi, comme un enfant étourdi qui s'en va sur la place échanger son argent contre des noix véreuses ?

CLAVIJO. Ce que tu dis, Carlos, est exagéré et déplacé.

CARLOS. Pas le moins du monde. Je pardonnerais à un homme de faire une extravagance par amour, d'épouser une soubrette parce qu'elle est belle comme un ange ; à la bonne heure ! on blâme celui qui l'épouse, mais tout le monde n'en est pas moins jaloux de son sort.

CLAVIJO. Le monde, toujours le monde !

CARLOS. Tu me connais : je m'embarrasse fort peu des suffrages d'autrui ; mais encore est-il vrai que, lorsqu'on ne fait rien pour les autres, on ne fait rien pour soi, et si les hommes ne vous admirent ou ne vous jalousent, vous n'êtes point heureux.

CLAVIJO. Le monde ne nous juge que sur les apparences.

Oh! qu'on doit envier celui qui possède le cœur de Marie!

CARLOS. Les choses ne sont guère que ce qu'elles paraissent. Mais, sérieusement, je me suis toujours douté qu'il devait y avoir quelque charme secret qui rendait ton bonheur digne d'envie; car ce qu'on en voit par ses yeux, ce que l'esprit peut en imaginer...

CLAVIJO. Tu voudrais me désespérer!

CARLOS. Et comment donc cela s'est-il fait? se demandera-t-on à la ville; et comment cela s'est-il fait? se demandera-t-on à la cour; dites-moi, de grâce, comment cela s'est fait. Elle est sans fortune, sans naissance, et si Clavijo n'avait daigné penser à elle, on ne saurait pas même si elle est au monde. Elle doit être gentille, aimable, spirituelle! — Est-ce qu'on prend une femme pour cela? toutes ces bagatelles passent bien vite dans les premières années du mariage. — Ah! mais, ajoute quelqu'un, on la dit belle, charmante, d'une beauté ravissante! — A la bonne heure! répond un autre.

CLAVIJO *se trouble, et, tout interdit, il laisse échapper un profond soupir.* Ah!

CARLOS. Belle? oh! dit l'une, pas trop belle! Il y a près de six ans que je ne l'ai vue; et quelquefois on change en six ans, répond une autre. Mais nous la verrons, ajoute une troisième; il nous la présentera bientôt sans doute. On se fait des questions, on regarde, on s'informe, on attend, on est impatient; on se représente ce fier Clavijo qui ne se montrait jamais en public sans y mener, comme en triomphe, une belle, une superbe Espagnole, dont la taille parfaite, les joues de roses, les yeux étincelants semblaient dire à tout le monde : Regardez-moi! ne suis-je pas digne de mon cavalier? et qui, dans l'ivresse de son orgueil, par le frémissement de sa robe qu'elle laissait flotter au gré des vents, cherchait à se faire remarquer davantage et à se donner encore plus de majesté. Enfin paraît ce monsieur Clavijo! Mais tous restent muets d'étonnement : il arrive avec sa petite Française maigre et sèche, qui, toute peinte de blanc et de rouge, n'en est pas moins un squelette dont la langueur est l'image de la mort. Oui, mon ami, je suis furieux; je ne sais où fuir, où me cacher, lorsqu'on m'arrête, qu'on m'interroge, qu'on me questionne, et que personne ne saurait concevoir...

CLAVIJO, *lui prenant la main.* Mon ami, mon frère, je suis dans une position terrible! je te le dis, je te l'avoue : j'ai été effrayé moi-même en revoyant Marie! comme elle est maigre et changée! quelle pâleur! Ah! c'est ma faute, c'est ma trahison qui en est cause!

CARLOS. Fantômes, chimères que tout cela! elle était languissante avant que ton roman commençât avec elle ; je te l'ai dit mille fois ; mais vous autres amants vous ne voyez rien, vous ne sentez rien. Clavijo, c'est une action indigne! Quoi! t'oublier à ce point-là! tu veux prendre une femme malade, qui communiquera à ta postérité une infirmité perpétuelle : tu veux que tes enfants et petits-enfants, à peine entrés dans la vie, s'éteignent comme une lampe qui n'a plus d'aliment!—Un homme comme toi, fait pour devenir la souche d'une famille qui peut-être dans la suite... Je ne me connais plus, l'indignation m'égare!

CLAVIJO. Carlos, que te dirai-je? quand je l'ai revue, dans la première ivresse, mon cœur volait au-devant d'elle. Hélas! bientôt la compassion, la pitié furent les seuls sentiments qu'elle m'inspira ; mais de l'amour, juge si je peux en ressentir : dans le moment même où le plaisir d'être à ses genoux faisait bouillonner mon sang, je saisis sa main, et je me sens glacé, comme si la froide mort avait porté tout à coup la sienne sur mon cœur! Je m'efforçais de paraître gai devant tous ceux qui m'environnaient, j'affectais d'être au comble du bonheur, mais le bonheur était bien loin! J'étais gêné, mal à mon aise, et s'ils n'avaient pas été si hors d'eux-mêmes, ils s'en seraient aisément aperçus.

CARLOS. Mort de ma vie! et tu veux l'épouser? (*Clavijo demeure pensif sans lui répondre.*) C'en est fait, tu es perdu, perdu à jamais! Adieu donc, mon cher ami, tous mes projets, il faut les oublier, et je vais passer le reste de ma vie à maudire ton aveuglement. Funeste illusion! Est-il possible, grand Dieu! se rendre méprisable aux yeux de tout un peuple, sans que ce soit au moins pour satisfaire une passion, un désir seulement! Aller gagner de gaîté de cœur une maladie qui, minant peu à peu tes forces, te défigurera et te rendra affreux aux yeux de tout le monde.

CLAVIJO. Carlos! Carlos!

CARLOS. Et fallait-il monter si haut pour faire une si grande chute? Sais-tu bien de quel œil on verrait tout cela? C'est le frère qui est arrivé, diront-ils; il a fait trembler Clavijo, qui ne s'est pas risqué à lui tenir tête. Ha! ha! diront nos courtisans railleurs, on voit bien que cet homme orgueilleux n'a pas un sang fort noble dans les veines. Bah! s'écrie un autre en enfonçant son chapeau et se frappant le ventre, j'aurais bien voulu que ce Français se fût adressé à moi. Et l'insolent qui tient ces propos n'est pas seulement digne d'être ton valet.

CLAVIJO, *dans un moment de la plus vive douleur, se jette dans les bras de Carlos en répandant un torrent de larmes.* Sauve-moi, mon ami! mon cher Carlos, sauve-moi! sauve-moi de l'horreur d'un double parjure; sauve-moi de l'opprobre, de l'ignominie, sauve-moi de moi-même. Je succombe, je meurs...

CARLOS. Pauvre insensé! J'espérais ne plus te voir ces folies de jeunesse, ces larmes, ces faiblesses honteuses! j'espérais que l'âge mûr te rendrait plus raisonnable, plus ferme, et que tu ne t'abandonnerais plus à ces douleurs efféminées qui t'ont fait verser tant de pleurs dans mon sein. Allons, Clavijo, sois homme.

CLAVIJO. Laisse-moi pleurer!

Il se jette dans un fauteuil.

CARLOS. Fallait-il entrer dans une si belle carrière pour s'arrêter ainsi au milieu de sa course? Avec un cœur comme le tien, avec des sentiments qui auraient fait le bonheur d'un citoyen paisible, fallait-il encore réunir ces malheureux désirs de grandeur? Et qu'est-ce que la grandeur, Clavijo? S'élever au-dessus des autres par son rang et par ses dignités?... N'en crois rien, mon ami! si ton cœur n'est pas plus grand que celui des autres hommes, si tu ne te sens pas assez de force pour te mettre tranquillement au-dessus de ces petits malheurs qui tourmenteraient une âme faible, toi-même, avec tous tes honneurs, tes cordons et tes croix, avec la couronne même, tu ne seras jamais qu'un homme ordinaire. Calme-toi, ranime-toi, Clavijo! (*Clavijo se lève, regarde Carlos et lui tend une main que son ami prend avec vivacité.*) Allons, allons, mon ami! prends une résolution. Je me résume, sans ajouter rien de plus : voici deux partis sous tes yeux, il faut choisir : ou tu épouses Marie, et tu trouves ton bonheur dans une vie bourgeoise et ignorée, dans le calme des plaisirs domestiques; ou bien tu continues à diriger ta course par la carrière des honneurs vers un but que tu es sûr d'atteindre. — J'écarte toute espèce de considérations ; je te dis simplement : La balance est immobile encore, c'est ta décision qui va la faire pencher. Soit ; mais décide-toi. — Rien n'est plus malheureux au monde qu'un homme irrésolu, qui flotte entre deux sentiments, voudrait les concilier tous deux, et ne voit pas qu'ils ne peuvent être conciliés que par ce doute et cette inquiétude même, qui sont pour lui un supplice. Courage, donne ta main à Marie, agis comme un honnête homme qui sacrifie à sa parole le bonheur de sa vie entière, qui croit de son devoir de réparer le mal qu'il a fait, et qui n'a jamais étendu le cercle de ses volontés, de ses goûts, de ses actions, pour être toujours en état de pouvoir tout réparer. Jouis ainsi du bonheur d'une douce obscurité, du bon témoignage d'une conscience scrupuleuse, et de toutes ces félicités qui sont accordées aux hommes capables de faire leur propre bonheur et les plaisirs de leur petite famille. — Décide-toi, et je te dirai alors : Tu es un homme.

CLAVIJO. O Carlos ! pourquoi n'ai-je pas une partie de ta force, de ton courage !

CARLOS. Ce feu est dans ton cœur, mais il est assoupi, et je veux souffler sur ses étincelles jusqu'à ce que tu en sois embrasé. Vois d'un autre côté la fortune et la grandeur qui t'attendent. Je ne te les peindrai point, ces espérances, avec les couleurs éblouissantes d'un poëte ; tu n'as qu'à te les représenter seulement à toi-même avec cette clarté sous laquelle elles s'offraient sans cesse à ton cœur avant que ce petit Français, cette tête exaltée, n'eût troublé tous tes sens. Mais c'est ici, Clavijo, qu'il faut être homme. Voilà ton chemin ; franchis-le hardiment sans regarder ni à droite ni à gauche. Puisse ton âme s'agrandir ! Sache (et que le sentiment de cette grande vérité s'empare de toi !) que les hommes extraordinaires ne sont réellement extraordinaires que parce que leurs devoirs s'écartent du devoir du commun des hommes. Sache que celui qui est chargé de surveiller un grand tout, de le gouverner et de le conserver, n'a jamais à se reprocher d'avoir négligé de petits rapports, brisé de faibles liens, et sacrifié quelques parties pour le bien de la masse. C'est ainsi que le Créateur agit dans la nature, les rois dans leurs États ; et pourquoi ne serions-nous pas comme eux pour leur ressembler ?

ACTE IV.

CLAVIJO. Ah! Carlos, que mon âme est petite!

CARLOS. Nous ne sommes jamais petits parce que des circonstances malheureuses nous contrarient : nous le sommes quand nous y cédons. Un dernier effort, et tu es rendu à toi-même. Étouffe dans ton cœur les restes d'une malheureuse passion qui t'avilit, et qui, aujourd'hui, te convient aussi peu que ce petit habit gris et cet air simple et modeste avec lequel tu es arrivé à Madrid. Cette jeune fille n'a-t-elle pas eu depuis longtemps sa récompense pour tout ce qu'elle a fait pour toi? Es-tu coupable envers elle d'un crime, parce qu'elle est la première personne qui t'ait reçue chez elle avec amitié? — Oh! pour avoir le plaisir de ta société, une autre en aurait fait autant et même davantage, sans élever d'aussi grandes prétentions. — Et te serait-il venu dans l'idée de donner à ton maître d'école la moitié de ton bien, parce qu'il t'aurait enseigné à lire il y a trente ans?

CLAVIJO. Tout cela est très-bien... Tu peux avoir raison, soit; mais comment nous tirer de l'embarras où nous sommes? Donne-moi des avis, des secours, et je t'écoute alors.

CARLOS. Bon! tu le veux?

CLAVIJO. Fais-moi pouvoir, et je voudrai. Je ne suis pas capable de réflexions, fais-en pour moi.

CARLOS. Eh bien! il faut donner d'abord un rendez-vous à ce Français; ensuite, à la pointe de l'épée, lui redemander cette déclaration qu'il a exigée la force en main, et que tu as signée par inconséquence.

CLAVIJO. Je l'ai déjà cette déclaration : il l'a déchirée et me l'a rendue.

CARLOS. A merveille! à merveille! Comment! ce pas est déjà fait, et tu me laisses parler depuis si longtemps? Oh! cela va donc être bientôt terminé! Tu lui écriras très-tranquillement : *Que tu ne juges point à propos d'épouser sa sœur; qu'il pourrait en apprendre les raisons s'il voulait avoir la bonté de se trouver aujourd'hui, sur le soir, accompagné d'un ami et pourvu d'armes de son choix, à tel ou tel endroit*, etc.

Allons, tout de suite, Clavijo, écris-moi cette lettre. Je serai ton second, et... il faut que le diable s'en mêle si... (*Clavijo s'approche de son secrétaire.*) Écoute! un mot : en y faisant attention, nous serions bien fous de suivre ce projet. Est-ce que des gens comme nous sont faits pour aller risquer leur vie contre un aventurier qui veut se battre? et sa manière de se conduire, et son état, tout cela ne mérite pas que nous le regardions comme notre égal. Écoute-moi donc : qu'en penses-tu? si j'intentais secrètement une plainte au criminel contre lui ; si je l'accusais d'être arrivé *incognito* à Madrid, de s'être fait annoncer chez toi sous un nom emprunté, et d'y être venu escorté d'un homme à lui ; si je disais que d'abord il a su gagner ta confiance par des paroles flatteuses, et que tout à coup il t'a attaqué, qu'il t'a forcé de lui signer une déclaration, et qu'il est parti pour la rendre publique? Voilà ses projets rompus, et il apprendra ce qu'il en coûte pour venir troubler le repos d'un Espagnol.

CLAVIJO. Tu as raison.

CARLOS. Mais en attendant que cette affaire soit entamée, il pourrait fort bien nous jouer quelque tour de sa façon ; il ne serait pas mal de le prévenir, et, sans autre forme de procès, de le faire enlever.

CLAVIJO. Je te connais, et je sais que tu serais homme à exécuter ce projet.

CARLOS. Cela t'étonne? et que serait-ce donc si je n'étais pas capable de conduire une pareille misère, moi qui, depuis vingt-cinq ans, sais ce que c'est que le monde, et qui étais là pour ranimer le premier des hommes, Clavijo, qui succombait à sa douleur? Permets-moi donc d'en agir à ma tête ; tu n'as rien à faire, rien à écrire. Celui qui fait enfermer le frère donne assez à entendre par là, sans le dire hautement, qu'il ne se soucie point du tout de la sœur.

CLAVIJO. Non, Carlos ; quoi qu'il en puisse arriver, jamais, non, jamais je n'y consentirai. Beaumarchais est un homme estimable, et je ne voudrais pas qu'il pérît dans l'horreur des cachots, parce qu'il défend une cause juste. Une autre proposition, Carlos, une autre proposition!

CARLOS. Quelle faiblesse! nous ne le dévorerons pas ; on en prendra soin ; et d'ailleurs ce n'est pas pour toujours. Quand il verra que c'est tout de bon, sois sûr qu'il aura bientôt pris son parti. Je le vois d'ici : son courroux factice s'apaise ; il s'en retourne en France, et il te remercie encore si tu veux bien avoir la générosité de payer une pension à sa sœur.. C'était peut être même là le seul but de son voyage;

CLAVIJO. Tu le veux?... Eh bien! j'y consens; mais j'exige pour lui tous les ménagements possibles.

CARLOS. Je te le promets. Mais voici une autre précaution qu'il ne faut pas oublier de prendre: il est possible que nos projets s'éventent, qu'il en soit instruit et qu'il vienne encore te trouver et tout détruire. Il serait donc très-nécessaire de quitter ta maison, et d'aller te loger dans quelque endroit écarté, sans qu'aucun de tes gens le sache. Fais un paquet de ce qui t'est le plus nécessaire; je t'enverrai mon domestique, et je te ferai conduire en un lieu où la sainte hermandad elle-même ne te déterrerait pas. J'ai toujours au besoin de ces petites retraites. Adieu.

CLAVIJO. Au revoir.

CARLOS. Courage! un peu de courage, mon ami; quand tout cela sera fini, alors nous nous réjouirons.

Le théâtre représente un appartement dans la maison de Guilberg.

SOPHIE, GUILBERT, MARIE BEAUMARCHAIS, *un ouvrage de femme à la main.*

MARIE. Quoi! Buenko est parti si brusquement?

SOPHIE. Cela ne me surprend pas. Il t'aime; comment aurait-il pu supporter la présence d'un rival qu'il doit doublement haïr?

MARIE. C'est le meilleur et le plus vertueux des hommes. (*En lui montrant son ouvrage.*) Il me semble qu'il faut s'y prendre comme cela; je la garnirai par ici, et je ferai repasser ma dentelle par-dessus; ce sera bien?

SOPHIE. Très-bien. Et moi, je vais mettre sur ma coiffure un ruban paille; c'est la couleur qui me sied le mieux. Eh bien! tu ris?

MARIE. Je ris de moi-même. Voilà bien les femmes! A peine nous trouvons-nous un peu plus tranquilles, que nous nous occupons tout de suite de chiffons et de rubans.

SOPHIE. Tu n'as point ce reproche à te faire. Du moment où Clavijo t'abandonna, rien ne fut plus capable de t'inspirer de la joie. (*Marie, effrayée tout à coup, regarde la porte.*) Qu'as-tu donc?

MARIE, *toute saisie*. J'ai cru entendre arriver quelqu'un. Ah! mon pauvre cœur! il me fera mourir. Sophie, mets là ta main; sens comme il palpite pour une vaine frayeur!

SOPHIE. Calme-toi, ma sœur! tu es bien pâle; je t'en prie, ma chère, calme-toi!

MARIE. J'ai là (*elle porte la main sur son cœur*) une oppression, — un spasme! Ah! mon cœur me tuera!

SOPHIE. Ne te tourmente pas.

MARIE. Je suis trop sensible et trop malheureuse. Les chagrins et la joie ont épuisé ma vie infortunée. Je te l'avoue, ma joie est encore imparfaite! je jouirai peu du bonheur qui m'attend dans les bras de Clavijo; et qui sait, hélas! s'il en doit être jamais pour moi?

SOPHIE. Ma sœur, écarte ces idées tristes. Tu fais ton propre tourment.

MARIE. Pourquoi veux-tu que je me fasse illusion?

SOPHIE. Tu es jeune, dans l'âge du bonheur; tu peux tout espérer.

MARIE. L'espérance! ah! ce doux baume de la vie ranime souvent mes forces languissantes. Dans l'erreur d'un songe délicieux, je revois les traits bien-aimés de cet incomparable amant qui revient à mes pieds. O Sophie! qu'il est séduisant! depuis que je ne l'ai vu, il a... je ne sais comment exprimer ma pensée... il a développé toutes ces grandes qualités qui étaient autrefois cachées sous le voile de la modestie. Aujourd'hui sa physionomie marque un caractère; ses traits sont plus mâles, et sans doute il doit sentir au fond de son âme, quoiqu'il soit sans orgueil et sans vanité, qu'il est fait pour régner sur tous les cœurs. Et cet homme serait à moi! non, ma sœur, je ne fus jamais digne de son amour, et aujourd'hui je le suis bien moins encore.

SOPHIE. Donne-lui ta main et sois heureuse. — J'entends notre frère!

BEAUMARCHAIS *entre*. Où est Guilbert?

SOPHIE. Il y a déjà quelque temps qu'il est sorti; il ne tardera pas à rentrer.

MARIE. Qu'as-tu, mon frère? (*Elle se lève avec précipitation et se jette dans ses bras.*) Qu'as-tu, mon bon ami?

ACTE IV.

BEAUMARCHAIS. Rien! laisse-moi, ma chère Marie!

MARIE. Si je suis ta chère Marie, dis-moi donc ce qui t'afflige en ce moment.

SOPHIE. Laisse-le. Tu ne connais pas encore les hommes. Ils ont souvent l'air triste sans avoir aucun sujet de l'être.

MARIE. Non, non. Ah! mon frère, je te vois depuis peu de jours, mais je lis déjà sur ton visage tous les secrets de ton cœur; je lis sur ton front tous les sentiments de ton âme pure, qui ne sait pas dissimuler. Quelque chose te tourmente. Parle, dis-moi ce que c'est.

BEAUMARCHAIS. Ce n'est rien, ma chère amie; j'espère qu'au fond cela ne sera rien. Clavijo...

MARIE. Comment?

BEAUMARCHAIS. Je viens de chez Clavijo. Je ne l'ai pas trouvé.

SOPHIE. Et cela t'inquiète?

BEAUMARCHAIS. Son portier dit qu'il est parti, il ne sait pour quel endroit, ni combien de temps il sera absent. Me ferait-il refuser sa porte? Si cependant il était parti! Que veut dire tout cela? pourquoi ce mystère?

MARIE. Eh bien! il faut attendre.

BEAUMARCHAIS. Il faut attendre! Ah! la pâleur de ton visage, ton corps tremblant, tout nous dit que ta bouche parle autrement que ton cœur. Chère sœur! (*il la serre contre son sein*) j'en jure par ce cœur sensible que je sens palpiter contre le mien, par ce cœur déchiré... Puissances du ciel, et toi qui protéges l'innocence opprimée, grand Dieu, écoute-moi! Tu seras vengée, si... la seule idée m'en fait frémir!... si Clavijo n'était qu'un traître; s'il se rendait coupable d'un double parjure; s'il se faisait un jeu cruel de nos malheurs! Non, cela ne se peut, c'est impossible... Qu'il tremble! tu seras vengée!

SOPHIE. Tu le condamnes trop précipitamment. Crains d'affliger une âme trop sensible, mon frère. (*Marie s'assied.*) Qu'as-tu, ma sœur? tes forces t'abandonnent.

MARIE. Non, non; un rien te met tout de suite en alarmes.

SOPHIE *lui présente un verre d'eau*. Bois cela.

MARIE. Laisse-moi donc; je n'en ai pas besoin. — Allons, donne-le-moi.

BEAUMARCHAIS. Où est donc Guilbert? et Buenko, où demeure-t-il? envoie les chercher, je t'en prie. (*Sophie sort.*) Comment te trouves-tu, Marie?

MARIE. Bien, très-bien! Tu penses donc, mon frère...

BEAUMARCHAIS. Quoi? ma bonne amie!

MARIE. Ah!

BEAUMARCHAIS. Tu as de la peine à respirer?

MARIE. Mon cœur est si agité, que je ne puis reprendre haleine.

BEAUMARCHAIS. N'emploies-tu rien pour calmer ces palpitations?

MARIE. Ah! je ne sais qu'un remède pour me guérir. Je le demande à Dieu depuis longtemps.

BEAUMARCHAIS. Tu l'obtiendras, et de ma main, je l'espère!

MARIE, *d'une voix éteinte.* Oui? c'est bon!

Sophie entre.

SOPHIE. Un courrier arrive d'Aranjuez; il m'a remis cette lettre.

BEAUMARCHAIS. C'est le cachet et la main de notre ambassadeur.

SOPHIE. Je l'ai prié d'entrer et de se rafraîchir; il n'a voulu rien accepter, parce qu'il avait encore plusieurs autres dépêches.

MARIE. Oblige-moi, ma bonne amie, de faire appeler le médecin.

SOPHIE. Tu te sens donc bien malade? Grand Dieu! qu'as-tu donc?

MARIE. Tu me tourmenteras au point que je n'aurai pas le courage de te demander un verre d'eau. Sophie! mon frère! Que contient donc cette lettre? Vois comme il tremble! comme il semble abattu! Mon frère! mon frère!

Beaumarchais, sans proférer une parole, se jette dans un fauteuil, et laisse tomber la lettre à ses pieds.

SOPHIE. Mon frère!

Elle ramasse la lettre et lit.

MARIE. Laisse-moi la voir, il faut que je... (*Elle veut se lever, mais elle n'en a pas la force.*) Ah! je le sens, il a frappé le coup mortel. Ma sœur! ah! par pitié, parle, enfonce-moi le poignard dans le cœur... Il nous trahit?

BEAUMARCHAIS, *se levant hors de lui-même.* Il nous

trahit! (*Furieux, il se frappe la tête et la poitrine de ses mains.*) Tout est mort, tout est anéanti pour mon âme, comme si un coup de foudre m'avait privé de tous mes sens. Ma sœur! ma sœur! il t'a trahie, et je suis encore ici! Où aller? où le trouver? que faire? Je ne vois rien, rien! point de moyen, point de salut. O rage!

Il se rejette dans le fauteuil.

Guilbert entre.

SOPHIE. Ah! mon cher Guilbert, aide-nous, conseille-nous! nous sommes perdus!

GUILBERT. Sophie!

SOPHIE. Prends! lis cette lettre! L'ambassadeur écrit d'Aranjuez que Clavijo a porté contre mon frère une plainte criminelle qui l'accuse de s'être introduit dans sa maison sous un nom emprunté; que Beaumarchais l'a surpris encore au lit; qu'en lui mettant le pistolet sur la gorge il l'a forcé de lui signer une déclaration ignominieuse; et que si mon frère ne s'éloigne sur-le-champ du royaume, on va le renfermer dans une prison perpétuelle, dont lui-même il ne pourra peut-être jamais le faire sortir.

BEAUMARCHAIS *se lève tout bouillant de colère.* Oui, je le veux! qu'ils me traînent dans les cachots! mais ils viendront m'arracher de son corps tout déchiré, de la place où je nagerai dans son sang. Une effroyable soif de son sang me dévore. Dieu du ciel, sois béni de ce que tu envoies aux hommes quelques soulagements au milieu de leurs douleurs affreuses! Mes entrailles desséchées sont altérées de vengeance. Ce sentiment délicieux me ranime, et je sors de mon irrésolution stupide et muette. Je m'élève au-dessus de moi-même. Vengeance! que je me sens soulagé! comme tous mes nerfs se tendent, se roidissent pour le saisir, le déchirer...

SOPHIE. Tu me fais frémir, mon frère!

BEAUMARCHAIS. Tant mieux! Point d'épée, point d'armes; c'est de ces mains que je veux le déchirer, afin que ma joie soit plus directe, que je puisse dire au fond de mon cœur: Je l'ai anéanti!

MARIE, *très-oppressée.* Ah! mon cœur!

BEAUMARCHAIS. Je n'ai pu te sauver, ma sœur; mais tu seras vengée; je veux respirer son sang comme un parfum délicieux! Mes dents sont avides de sa chair. Suis-je donc devenu une bête féroce? Je haïrais d'une haine éternelle celui qui, pour frustrer mon attente, voudrait l'empoisonner ou l'assassiner. Guilbert, aide-moi donc à le trouver! Où est Buenko? Vous tous, aidez-moi donc à le trouver!

GUILBERT. Sauve-toi! sauve-toi, te dis-je! Mon frère, tu ne te connais plus!

MARIE. Fuis promptement, mon frère!

SOPHIE. Emmène-le, mon bon ami. Il va faire mourir sa pauvre sœur!

Buenko entre.

BUENKO. Je l'avais bien prévu, monseigneur; partez sur-le-champ, partez; j'ai observé toutes leurs démarches, on vous cherche, et vous êtes perdu si vous ne sortez à l'instant de la ville.

BEAUMARCHAIS. Non, jamais! Où est Clavijo?

BUENKO. Je l'ignore.

BEAUMARCHAIS. Tu le sais! dis-le-moi. O Buenko! faut-il que je t'en conjure à genoux!

SOPHIE. De grâce, Buenko!

MARIE. J'étouffe! j'étouffe! ah! (*Elle tombe à la renverse.*) Clavijo!

Elle glisse de son siége.

SOPHIE. Au secours! elle se meurt!

MARIE. Ne nous abandonne pas, grand Dieu! Sauve-toi, mon frère, sauve-toi!

BEAUMARCHAIS. (*Il se précipite aux genoux de Marie, et malgré tous les secours elle ne peut revenir à elle.*) Moi, t'abandonner! t'abandonner!

SOPHIE. Eh bien! reste, et fais-nous mourir tous comme ma malheureuse sœur! Marie, tu n'es plus, et ton frère a causé ta mort!

BEAUMARCHAIS. Arrête! Que dis-tu?

SOPHIE, *avec un sourire amer*. Notre libérateur! notre vengeur! Qu'il s'aide donc lui-même!

BEAUMARCHAIS. Dieu! ai-je mérité...

SOPHIE. Rends-la-moi, et ensuite va te plonger dans un cachot, monte sur l'échafaud; vas-y répandre ton sang, mais rends-moi ma sœur!

BEAUMARCHAIS. Sophie!

SOPHIE. Hélas! puisqu'elle n'est plus, au moins conserve-toi pour nous, mon frère! (*Elle se jette dans ses bras.*) Conserve-toi pour nous! pour notre malheureux père! Hâte-toi, hâte-toi de partir. C'était là sa destinée, elle l'a remplie; et, puisqu'il est un Dieu dans le ciel, remets-lui le soin de nous venger.

BUENKO. Partons, partons, suivez-moi, et je vous déroberai à leurs poursuites, jusqu'à ce que nous trouvions un moyen de vous faire sortir du royaume.

BEAUMARCHAIS *se jette sur le corps de Marie; il le couvre de baisers.* Ma sœur!

On l'arrache des bras de sa sœur. Il prend la main de Sophie; celle-ci se retire et sort avec le corps de Marie qu'on enlève.

GUILBERT, UN MÉDECIN.

SOPHIE, *sortant de la chambre où l'on vient de porter Marie.* Il est trop tard! Elle n'est plus! elle n'est plus!

GUILBERT. Venez, monsieur, secourez-la, elle n'est peut-être pas morte. Serait-il possible!

Ils sortent.

ACTE CINQUIÈME.

Le théâtre représente une rue devant la maison de Guilbert. Il fait nuit.

La porte de la maison est ouverte, et devant cette porte on voit trois hommes en manteau noir avec des flambeaux.

Clavijo arrive, enveloppé dans son manteau; il porte une épée sous son bras. Un domestique marche devant lui, tenant un flambeau à la main.

CLAVIJO. Je t'avais dit d'éviter cette rue.

LE DOMESTIQUE. Il nous aurait fallu faire un grand tour, et vous êtes pressé. Don Carlos ne demeure pas loin d'ici.

CLAVIJO. Que vois-je? des flambeaux!

LE DOMESTIQUE. C'est un enterrement. Venez par ici, monsieur.

CLAVIJO. Dans la maison de Marie! un cadavre! Un frisson mortel a glacé tous mes sens. Va leur demander qui l'on enterre?

LE DOMESTIQUE *s'approche des hommes qui attendent le cercueil.* Qui enterrez-vous là?

LES HOMMES. Marie Beaumarchais.

Clavijo s'assied sur une pierre et s'enveloppe dans son manteau.

LE DOMESTIQUE *revient.* Ils enterrent Marie Beaumarchais.

CLAVIJO, *tout en désordre.* Devais-tu le répéter, traître! ce mot terrible qui me fait tressaillir d'horreur?...

LE DOMESTIQUE. Silence, monsieur! venez promptement; songez à quel danger vous vous exposez.

CLAVIJO. Que l'enfer t'engloutisse! Je reste.

LE DOMESTIQUE. O Carlos! que ne puis-je te trouver! Carlos! il est hors de lui!

Il sort. On voit au fond les hommes qui doivent enterrer Marie.

CLAVIJO. Elle est morte! elle est morte! Voilà les flambeaux! voilà son lugubre cortége! — C'est un songe sans doute, un fantôme qui vient de m'effrayer et m'offrir un miroir prophétique où se peint l'issue de mes trahisons. — Il en est temps encore! Encore?... je frémis, et mon cœur est glacé d'épouvante. Non, non! tu ne mourras point! Me voici! me voici! (*Aux hommes vêtus de noir qui attendent le convoi.*) Disparaissez, spectres de la nuit! cessez de vous opposer à mon passage par vos images terribles. (*Il s'élance vers eux.*) Ils restent immobiles, ils me regardent avec étonnement! Ah! malheureux! ce sont des hommes! Il est donc vrai?... il est vrai!... Peux-tu le penser? Elle est morte! cette idée affreuse se présente à mon âme égarée avec toutes les horreurs de la nuit. Elle est morte! cette fleur autrefois si belle, la voilà maintenant à tes pieds.— Et toi, Dieu du ciel, prends pitié de mon sort! Ce n'est pas moi qui l'ai fait mourir! Astres de la nuit, couvrez-vous d'épaisses ténèbres; ne jetez pas vos regards sur moi, sur un parjure! Vous qui m'avez vu tant de fois sortir de cette maison, ivre de bonheur!... lorsque, dans l'enthousiasme du plus ardent amour, je venais chanter sous ces fenêtres et flatter des plus douces espérances le cœur de mon amante, qui se cachait pour m'entendre ! et c'est moi, c'est moi qui ai rempli cette maison de deuil et de gémissements, qui fais retentir les chants de mort dans ces lieux témoins de mon bonheur ! Marie ! Marie ! je veux te suivre. (*On entend dans la maison de Guilbert quelques sons d'une musique lugubre.*) Ils vont la porter au tombeau. Arrêtez ! arrêtez, ne fermez pas son cercueil; laissez-moi la revoir encore une fois ! (*Il s'approche de la maison de Guilbert.*) Aux yeux de qui vais-je me présenter ? la douleur les accable tous. Ses amis, son frère, dont le cœur est plein de regrets et de fureurs... (*La musique recommence.*) Elle m'appelle ! elle m'appelle ! Je cours à toi ! Quelle angoisse me saisit ! quel tremblement retient mes pas !

La musique lugubre se fait entendre pour la troisième fois et continue. Les hommes, vêtus de noir, commencent à se mettre en rang devant la porte; trois autres hommes viennent se joindre à eux pour entourer le cortége qui sort de la maison. Six autres portent les bâtons sur lesquels on voit le cercueil.

GUILBERT et BUENKO, *en grand deuil.*

CLAVIJO, *s'avançant.* Arrêtez !
GUILBERT. Quelle voix !
CLAVIJO. Arrêtez !

Le cortége s'arrête.

BUENKO. Qui ose arrêter ce cortége respectable ?
CLAVIJO. Arrêtez ! laissez là ce cercueil.
GUILBERT. Ah !
BUENKO. Misérable ! il n'y aura donc point de terme à tes forfaits ! tu poursuis ta victime jusque dans le tombeau !
CLAVIJO, *mettant l'épée à la main.* Laisse-moi, n'excite pas ma fureur ! Les malheureux sont à craindre. Il faut que je la voie !

Il ôte le drap mortuaire et découvre le cercueil. On voit Marie couchée, les mains jointes, et ensevelie dans un linceul blanc. Clavijo recule effrayé et se cache le visage.

BUENKO. Veux-tu la ranimer pour la tuer une seconde fois ?

CLAVIJO. Misérable railleur!... Marie!
Il tombe à genoux devant le cercueil.

BEAUMARCHAIS *arrive dans le fond du théâtre.* Buenko m'a quitté tout à coup. Elle n'est pas morte, disent-ils : il faut que je la voie ; quand tout l'univers s'y opposerait, il faut que je la voie. Qu'aperçois-je? Des flambeaux! un cercueil! un convoi!

Il accourt et se jette sur le cercueil ; on le relève, il est prêt à s'évanouir. Guilbert le soutient dans ses bras.

CLAVIJO, *qui est de l'autre côté du cercueil* : Marie! Marie!

BEAUMARCHAIS *se ranime.* C'est sa voix. Qui appelle Marie? Au seul son de cette voix, la fureur a fait bouillonner mon sang dans mes veines.

CLAVIJO. C'est moi.

Beaumarchais lui jette un regard terrible et met la main sur son épée. Guilbert le retient.

CLAVIJO. Je ne crains ni tes regards furieux ni la pointe de ton épée. Vois ces yeux éteints et fermés pour jamais, vois ces mains jointes!

BEAUMARCHAIS. Et c'est toi qui oses encore...

Il s'arrache des bras de Guilbert et s'élance l'épée à la main sur Clavijo ; ils se battent, et Beaumarchais plonge son épée dans le cœur de Clavijo.

CLAVIJO, *en tombant.* Je te remercie, mon frère, tu nous unis. (*Il tombe sur le cercueil.*) Ah!

Les porteurs le soutiennent.

BEAUMARCHAIS. Du sang! Ouvre les yeux à la lumière, Marie, ouvre-les encore pour voir la pompe de tes noces, et ferme-les ensuite pour jamais! Vois comme je l'ai rendu sacré le lieu de ton repos, en répandant sur ta tombe le sang de ton assassin. Je suis content de moi!

SOPHIE *arrive.* Mon frère! Dieu! qu'as-tu fait?

BEAUMARCHAIS. Approche, ma sœur, et regarde. J'espérais semer de roses son lit nuptial ; vois les roses dont je la pare pour aller habiter dans les cieux.

SOPHIE. Nous sommes perdus!

CLAVIJO, *d'une voix languissante.* Sauve-toi donc, insensé, sauve-toi avant que le jour ne commence à paraître. Que le Dieu qui t'a envoyé pour punir le crime t'accompagne! Sophie, pardonne-moi. — Mon frère! — mes amis, pardonnez-moi!

BEAUMARCHAIS. Comme son sang qui coule apaise toute ma rage! comme il éteint toute la vengeance qui brûle dans mon cœur! (*Il s'approche de lui.*) Meurs, je te pardonne.

CLAVIJO. Donne-moi donc ta main! Sophie, donne-moi la tienne; et vous, les vôtres, mes amis!

Buenko hésite à lui donner sa main.

SOPHIE, *avec douceur.* Donnez-lui votre main, Buenko.

CLAVIJO, *à Buenko.* Je te remercie. (*A Sophie.*) Ton cœur est toujours le même! Ame de mon amante, si tu planes encore sur ces lieux, jette du haut des cieux un regard sur nous, vois cette bonté divine (*Il montre Sophie.*) Que ton cœur, touché de mon repentir, me pardonne et me bénisse encore! Je te rejoins, je vole vers toi. Mon frère, sauve-toi, je t'en conjure! Dites-moi, m'a-t-elle pardonné? comment est-elle morte?

SOPHIE. Dans ses derniers adieux elle a oublié son frère, sa pauvre sœur; et sa dernière parole était encore ton malheureux nom!

CLAVIJO. Je la suis, je lui porterai vos adieux et vos regrets.

CARLOS, LE DOMESTIQUE.

CARLOS. Clavijo! des assassins!

CLAVIJO. Écoute-moi, Carlos: tu vois ici les victimes de tes conseils... Je t'en conjure par ce sang qui s'échappe avec ma vie, sauve mon frère...

CARLOS. Clavijo! Clavijo! et vous restez là tranquilles, vous! Courez donc chercher les médecins!

Le domestique sort.

CLAVIJO. C'est en vain. Sauve les jours de ce frère infortuné... Donne-moi ta main, mon ami, comme un gage de ta promesse. Ils m'ont pardonné et je te pardonne. — Tu l'accompagneras sur la frontière, et... — Ah!

CARLOS, *frappant du pied.* Clavijo! Clavijo!

CLAVIJO, *s'approchant un peu plus près du cercueil et s'y appuyant.* Marie! que je serre encore ta main!
Il décroise ses mains, et lui prend la main droite.

SOPHIE, *à Beaumarchais.* Sauve-toi donc, malheureux! sauve-toi!

CLAVIJO. Je la tiens, sa main, sa main glacée. Tu es à moi..... Que je lui donne encore une fois un baiser d'époux..... Ah!

SOPHIE. Il n'est plus. Sauve-toi, mon frère!

Beaumarchais se jette dans les bras de sa sœur. Sophie l'embrasse et fait signe qu'on l'éloigne.

FIN DE CLAVIJO.

EGMONT.

PERSONNAGES.

MARGUERITE DE PARME, fille de Charles-Quint, gouvernante des Pays-Bas.
LE COMTE D'EGMONT, prince de Gavre.
GUILLAUME D'ORANGE.
LE DUC D'ALBE.
FERDINAND, son fils naturel.
MACHIAVELL, au service de la gouvernante.
RICHARD, secrétaire particulier d'Egmont.

SILVA, } servant sous le duc d'Albe.
GOMEZ, }
CLAIRE, maîtresse d'Egmont.
SA MÈRE.
BRACKENBOURG, fils d'un bourgeois.
SOEST, mercier, bourg. de Bruxelles.
JETTER, tailleur, id.
UN CHARPENTIER, id.
UN FABRICANT DE SAVON, id.
BUYCK, soldat sous Egmont.
RUYSUM, Frison, invalide et sourd.
VANSEN, écrivain copiste.
PEUPLE, SUITE, GARDES, etc.

La scène est à Bruxelles.

ACTE PREMIER.

Tir à l'arbalète.

SOLDATS ET BOURGEOIS, *avec des arbalètes;* JETTER *s'avance et bande l'arbalète.*

SOEST. Allons, allons, tirez ; qu'on en finisse ! Vous avez beau faire, j'en aurai toujours plus que vous. Trois noirs ! de votre vie il ne vous est arrivé de prendre trois noirs. Quand je vous dis que je serai maître cette année !

JETTER. Eh ! qui vous le conteste? Maître et roi par-dessus le marché. Mais, pour avoir cet honneur, vous payerez double écot ; vous payerez votre adresse, comme de juste.

BUYCK. Jetter, soyons de moitié dans le gain ; je vous achète le coup et régale ces messieurs. Il y a déjà longtemps que je demeure ici, et je suis en reste avec eux pour bien des honnêtetés. — Si je manque, c'est comme si vous aviez tiré.

SOEST. J'aurais bien quelque petites choses à dire à cela ; car, de fait, j'y perds... mais je ne dis rien. Voyons, Buyck.

BUYCK *tire*. Eh! marqueur, attention ! — Un! deux! trois! quatre!

SOEST. Quatre anneaux! Soit!

TOUS. Vive le roi! vivat! mille fois vivat!

BUYCK. Grand merci, messieurs. Maître, ce serait trop! grand merci de l'honneur.

JETTER. L'honneur en est à vous; c'est vous seul que vous devez remercier.

RUYSUM. Que je vous dise!

SOEST. Comment ça va-t-il, mon vieux?

RUYSUM. Que je vous dise! — Il tire comme son maître; il tire comme Egmont.

BUYCK. Oh! près de lui je ne suis qu'un pauvre homme. A l'arbalète, il tire mieux que personne au monde : et je ne dis pas seulement quand il est en veine; non! pour peu qu'il vise, il est sûr de mettre au noir. Il m'a donné des leçons, et il faudrait être un grand imbécile pour ne rien apprendre en suivant ses ordres. — Mais pour ne rien oublier, messieurs, un roi nourrit ses gens; ainsi donc, au compte du roi, qu'on apporte du vin!

JETTER. Il est d'usage chez nous que chacun...

BUYCK. Je suis étranger et roi : je me moque de vos usages.

JETTER. Tu es pire que le roi d'Espagne; il a bien été obligé, au moins jusqu'ici, de nous en laisser la jouissance, lui.

RUYSUM. Quoi?

SOEST, *élevant la voix*. Il veut nous régaler : il ne veut pas entendre que chacun de nous contribue, et que le roi paye seulement le double.

RUYSUM. Laissez-le faire!... sans préjudice pour l'avenir! C'est la manière de son maître : faire les choses grandement, et laisser aller le monde comme il va.

Ils boivent.

TOUS. A la santé de Sa Majesté! Vivat!

JETTER *à Buyck*. A la vôtre, s'entend.

BUYCK. Je vous remercie bien, si c'est comme vous le dites.

SOEST. Oui, oui! car, pour la santé de Sa Majesté espagnole, un Belge ne la boit pas de bon cœur.

RUYSUM. Qui?

SOEST, *élevant la voix*. De Philippe II, roi d'Espagne.

RUYSUM. Notre gracieux seigneur et roi? que Dieu lui prête une longue vie!

SOEST. N'aimiez-vous pas mieux le roi Charles-Quint, son père?

RUYSUM. Que Dieu lui donne sa sainte paix! C'était un prince! Il avait la main sur tout le globe et se faisait tout à tous; et quand il vous rencontrait, c'est qu'il vous saluait comme on salue son voisin; et quand la frayeur vous prenait, il savait là... par de si bonnes manières... vous m'entendez bien. — Et puis il sortait, il montait à cheval, comme ça lui venait en tête, quasi sans suite. Nous avons tous pleuré quand il a cédé ici le gouvernement à son fils... je veux dire, vous m'entendez... que celui-ci est tout autre, qu'il est plus majestueux.

JETTER. Lors de son séjour ici, jamais il ne s'est montré qu'en grand apparat et en costume royal. Il parle peu, dit-on.

SOEST. Ce n'est pas un roi comme il nous en faut, à nous autres Belges. Nos princes doivent être francs et gaillards comme nous, vivre et laisser vivre. Nous ne voulons être méprisés ni opprimés, tous bons diables que nous sommes.

JETTER. Je pense que le roi serait un bon maître s'il était mieux conseillé.

SOEST. Non, non! il n'a aucune inclination pour nous autres Belges, son cœur ne sympathise point avec le nôtre, il ne nous aime pas; comment pourrions-nous l'aimer? Tenez, Egmont, pourquoi plaît-il tant à tout le monde? pourquoi le porterions-nous sur les mains? C'est qu'à son air on voit qu'il nous veut du bien; c'est que la gaîté, la franchise, la bonhomie, lui sortent par les yeux; c'est qu'il n'a rien qu'il ne partage avec le malheureux, et même avec celui qui n'en a pas besoin. Vive le comte d'Egmont! Buyck, c'est à vous à porter la première santé; portez la santé de votre maître.

BUYCK. Oh! oui, de toute mon âme. Au comte d'Egmont!

RUYSUM. Au vainqueur de Saint-Quentin!

BUYCK. Au héros de Gravelines!

RUYSUM. Saint-Quentin fut ma dernière bataille. J'avais bien de la peine à me traîner, et mon fusil me paraissait bien lourd. J'ai pourtant brûlé là encore plus d'une amorce sur la peau des Français, et j'en suis revenu avec une éraillure de plus à la jambe droite, pour mon congé.

BUYCK. Gravelines, mes amis! c'est là qu'il faisait bon! A nous seuls est l'honneur de la journée, à nous seuls la victoire.

Ces chiens de Welches ne couraient-ils pas la Flandre, brûlant et grillant tout sur leur passage? Mais nous les avons frottés comme il faut, je m'en vante! Leurs vieilles moustaches ont tenu longtemps; et ce n'est qu'à force de pousser, de tirer, de presser, que nous sommes parvenus à leur faire faire la grimace et à rompre leurs lignes. Egmont eut son cheval tué sous lui, et la mêlée fut longue : nous nous battions de près, tantôt avançant, tantôt reculant, homme contre homme, cheval contre cheval, peloton contre peloton, sur la grande plaine de sable au bord de la mer. Mais pendant qu'on se battait, arrivent tout d'un coup, comme du ciel, pif! paf! des boulets dans les rangs des Français. C'était la flotte anglaise, commandée par l'amiral Malin, qui se trouvait là par hasard, venant de Dunkerque. Il est vrai de dire qu'ils ne nous aidèrent pas à grand'chose, ne pouvant faire avancer que les plus petits bâtiments, et encore pas assez près; et puis ils tiraient bien un peu sur nous... Ça fit pourtant bien! les Welches furent mis en désordre, et nous, nous redoublâmes de courage. Il fallut voir alors! Cric! crac! à droite, à gauche! main basse sur tous les ennemis, à l'eau tous! et ils n'en eurent pas plutôt tâté qu'ils étouffèrent. Nous autres Hollandais, nous nous y jetons après eux; nous qui sommes des amphibies, nous étions là à notre aise, et nous nous en donnions de les sabrer et de les canarder! — Le peu qui nous échappa fut tué dans la fuite, par les paysannes, à coups de fourches et de râteaux. Sa Majesté welche fut obligée de tendre bien vite la patte et de faire la paix. Et c'est à nous que vous devez la paix, vous la devez au grand Egmont.

TOUS. Au grand Egmont! Vive le grand Egmont! vivat! vivat!

JETTER. Si on nous l'avait donné pour gouverneur au lieu de Marguerite de Parme.

SŒST. Ne dis pas cela : le vrai reste vrai! Je ne permettrai point qu'on dise du mal de Marguerite. C'est à présent mon tour : Vive notre excellente princesse!

TOUS. Vivat!

SŒST. C'est une vérité qu'il y a dans cette maison d'excellentes femmes. Vive la gouvernante!

JETTER. Je ne nie point qu'elle ne mette de la sagesse et de la modération dans tout ce qu'elle fait; mais elle est trop entichée des prêtres. Enfin, c'est elle qui est cause que nous avons ces quatorze mitres de plus dans le pays. A quoi bon? N'est-il pas clair que la fin de tout cela est de pouvoir installer des étrangers aux bonnes places dont les chapitres ont disposé jusqu'ici? Et on veut nous faire croire que c'est dans l'intérêt de la religion! Oui, je t'en fiche! nous avions assez de trois évêques : tout se passait convenablement et dans l'ordre. A présent chacun veut se donner l'air utile; de là mille chicanes à tout propos. Plus vous secouez la bouteille, plus l'eau devient trouble.

Ils boivent.

SŒST. C'était la volonté du roi. Elle n'y est pour rien et n'y peut rien changer.

JETTER. Voilà que nous ne pouvons plus chanter les nouveaux psaumes! mais des chansons infâmes, tant que nous voudrons. Et pourquoi? Il y a là, disent-ils, des hérésies, des choses... Dieu sait! quant à moi, j'en ai chanté, et de plus nouveaux; et je n'y ai rien vu de tout cela.

BUYCK. Je voulais vous en parler! Dans notre province, nous chantons ce que nous voulons. C'est qu'aussi nous avons pour gouverneur le comte d'Egmont, qui ne regarde pas à ces choses-là, lui. — A Gand, à Ypres, dans toute la Flandre, chacun chante ce qui lui fait plaisir. (*Elevant la voix.*) Il n'y a rien de si innocent qu'un chant spirituel; pas vrai, père Ruysum?

RUYSUM. Eh! sans doute! c'est une partie du culte, un devoir de religion.

JETTER. Mais ils prétendent que ce n'est pas selon la bonne manière, selon leur manière. Et comme il y a toujours quelque danger, disent-ils, on fait mieux de s'en passer. Les familiers de l'inquisition épient tout cela; plus d'un galant homme est déjà tombé dans le malheur. Gêner les consciences! il ne manquait plus que cela. Puisqu'ils m'empêchent de faire ce que je veux, ils pourraient bien au moins me laisser penser et chanter ce qui me plaît.

SŒST. L'inquisition ne prendra pas ; nous ne sommes pas faits pour laisser tyranniser notre conscience, comme les Espagnols. Et puis! a noblesse est intéressée à lui rogner à temps les ongles.

JETTER. C'est très-fâcheux. Enfin, s'il vient à l'esprit de ces braves gens-là de faire une descente chez moi, et qu'ils me trouvent assis à mon ouvrage, fredonnant un psaume français, sans pour cela y attacher la moindre idée bonne ou mauvaise, mais le fredonnant parce qu'il est dans mon gosier, me voilà aussitôt hérétique et conduit en prison. Ou bien, en courant la campagne, je rencontre sur mon chemin un groupe de peuple qui écoute quelqu'un de ces nouveaux docteurs venus d'Allemagne; je m'arrête un moment : déclaré rebelle sur la place, et en danger de perdre ma tête. Vous est-il arrivé d'en entendre prêcher un?

SOEST. Ce sont de fières gens. Dernièrement j'en entendis un parler en rase campagne devant des milliers d'hommes. C'était une autre paire de manches que les nôtres, quand ils battent la caisse sur leur pupitre, et qu'ils font avaler aux gens du latin à en étouffer. Il a parlé rondement celui-là. Il nous a dit comme quoi nos prêtres nous avaient toujours menés par le nez et nous tenaient dans la stupidité, et comme quoi nous pouvions nous éclairer.— Et tout cela, il vous le prouvait par la Bible.

JETTER. Il peut bien y avoir quelque chose de vrai là dedans. Je l'ai toujours dit, moi, et j'ai vu clair à tout cela. Il y a, Dieu merci, assez longtemps que je le rumine.

BUYCK. Aussi tout le peuple court après eux.

SOEST. Je le crois bien, là où il y a quelque chose de bon et de nouveau à apprendre.

JETTER. Et qu'est-ce que ça fait, je vous le demande? On peut bien laisser chacun prêcher à sa manière.

BUYCK. Encore un coup, messieurs! Tout en bavardant, vous oubliez le vin, et Orange.

JETTER. Celui-là, il ne faut pas l'oublier. C'est un vrai rempart : je crois, en bonne foi, lorsque j'y pense, que derrière lui on serait à l'abri du diable lui-même. A Guillaume d'Orange! vivat!

TOUS. Vivat! vivat!

SOEST. Et toi, mon vieux, porte une santé à ton tour.

RUYSUM. Aux vieux soldats! à tous les soldats! Vive la guerre!

BUYCK. Bravo, mon vieux! A tous les soldats! Vive la guerre!

JETTER. La guerre! la guerre! Savez-vous bien ce que vous appelez? Que ce mot vous vienne naturellement à la bouche, ça se conçoit; mais de dire à quel point il nous révolte, nous autres bourgeois, c'est ce qui me serait impossible. Toute l'année le tambour dans les oreilles; point d'autres discours que ceux-ci : Un bataillon file par ici, un autre par là; ils ont passé la colline et se sont arrêtés près du moulin; là il en est resté tant, tant ici; ils en sont venus aux mains, et l'un a gagné, l'autre a perdu, sans que de vos jours vous sachiez qui ni quoi; une ville a été prise; on a égorgé tous les bourgeois; voici comme on a traité les malheureuses femmes, les pauvres petits enfants. Pas un moment de repos; des angoisses!... à se dire : Ils viennent! il va nous en arriver autant.

SŒST. C'est pour cela qu'un bourgeois doit être exercé aux armes.

JETTER. Oui, qu'il aille s'exercer, celui qui a une femme et des enfants! Pourtant j'aime encore mieux entendre parler des soldats que d'en voir.

BUYCK. Ce que vous dites là, je pourrais le prendre en mauvaise part.

JETTER. Ce n'est pas pour vous que je le dis, mon compatriote; c'est pour les garnisons espagnoles... Ah! quand nous avons vu leurs talons, nous avons respiré.

SŒST. N'est-ce pas? Ils t'étaient furieusement à charge?

JETTER. Allons, des plaisanteries!

SŒST. Ils avaient de rudes cantonnements chez toi.

JETTER. Tais-toi.

SŒST. C'est qu'ils l'avaient chassé de la cuisine, du cellier, de la chambre... du lit.

JETTER. Tu es une bête.

Ils rient.

BUYCK. Paix, messieurs! Est-ce au soldat à prêcher la paix? — Eh bien! puisque vous ne voulez pas entendre parler de nous, portez donc votre propre santé, une santé bourgeoise.

JETTER. Volontiers! Sécurité et repos!

SOEST. Ordre et liberté !

BUYCK. Bravo ! elle nous convient aussi à merveille.

Ils trinquent et répètent gaîment ces paroles, l'un reprenant quand l'autre a fini, de manière à former une sorte de canon. L'invalide écoute, et finit par s'en mettre aussi.

TOUS. Sécurité et repos ! Ordre et liberté !

Le palais de la gouvernante.

MARGUERITE DE PARME, *en habits de chasse;*
COURTISANS, PAGES, DOMESTIQUES.

MARGUERITE. Décommandez la chasse, je ne sortirai pas. Dites à Machiavell que j'ai à lui parler. (*Ils sortent tous.*) L'idée de ces affreux événements ne me laisse aucun repos ! rien ne peut m'égayer, rien ne peut me distraire : ces images, ces inquiétudes sont toujours devant moi. Le roi ne manquera pas de dire que ce sont les suites de ma bonté, de mon indulgence ; et ma conscience me dit pourtant que j'ai fait ce qu'il y avait de mieux à faire et de plus sage. Devais-je, à la première étincelle, souffler la colère pour allumer un incendie ? j'espérais, en l'isolant, qu'elle s'éteindrait d'elle-même... Oui, tout ce que je me dis, tout ce que je sais me disculpe à mes propres yeux ; mais aux yeux de mon frère quelle sera ma conduite ? Car, peut-on le nier ? l'arrogance des docteurs étrangers s'accroît de jour en jour : ils ont profané notre sanctuaire, renversé la cervelle du peuple, soufflé sur lui un esprit de vertige... d'impurs démons se sont mêlés aux rebelles ; il s'est commis des excès dont l'idée seule fait frémir, et que je me vois obligée de transmettre en détail à la cour ; en détail et en diligence, pour éviter que la voix publique ne me prévienne, et que le roi ne s'imagine qu'on en tait plus qu'on en dit. Je ne vois aucun moyen d'arrêter le mal : rigueur, indulgence, tout me paraît également funeste. Oh ! que sommes-nous, princes et rois, sur la vague de l'humanité ? nous croyons la maîtriser, et elle nous ballotte en tous sens, nous pousse et nous repousse çà et là.

Entre Machiavell.

MARGUERITE. Les lettres au roi sont-elles rédigées?

MACHIAVELL. Dans une heure d'ici vous pourrez les signer.

MARGUERITE. Avez-vous fait le rapport assez explicite?

MACHIAVELL. Explicite et circonstancié, comme le roi les aime. Je raconte d'abord comment leur fureur contre les images éclata vers Saint Omer; comment là une multitude en délire, pourvue de bâtons, de haches, de marteaux, d'échelles, de cordes, et escortée d'un petit nombre d'hommes armés, se jette sur les chapelles, les monastères, les églises, expulse les fidèles, enfonce les portes, bouleverse tout, renversant les autels, brisant les statues des saints, dégradant les tableaux, en un mot faisant main basse sur tout ce qu'elle rencontre, dispersant, écrasant, foulant aux pieds les choses saintes. J'expose ensuite comment cette troupe de bandits grossit à mesure qu'elle s'avance, et fait son entrée dans Ypres, qui lui ouvre ses portes; comment ils dépouillent la cathédrale avec une vitesse incroyable, et brûlent la bibliothèque de l'évêque; comment une foule prodigieuse de peuple, saisie d'un même délire, se déborde sur Menin, Comines, Lille, Wervick, et ne trouve de résistance nulle part; comment enfin dans un clin d'œil cette vaste conjuration se déclare, et inonde la Flandre entière.

MARGUERITE. Ah! comme à ton récit ma douleur se réveille! Et il s'y joint encore la crainte de voir le mal s'aggraver de plus en plus. Machiavell, communique-moi tes idées.

MACHIAVELL. Votre altesse m'excusera; mes idées ressemblent si fort à des chimères! et quoique vous paraissiez toujours contente de mes services, il est si rare que vous ayez suivi mes conseils! Vous me disiez souvent en badinant : « Tu vois les choses trop en grand, Machiavell : tu devrais te mettre à écrire l'histoire. Quand on agit, il faut regarder à ses pieds! » Et cependant, n'ai-je pas raconté cette histoire d'avance? n'ai-je pas prédit tout cela?

MARGUERITE. Moi aussi, je prévois bien des choses que je ne puis empêcher.

MACHIAVELL. Je ne cesserai de le dire : jamais vous n'étoufferez la nouvelle secte. Laissez-les prendre, séparez-les des orthodoxes, donnez-leur des églises, faites-les rentrer dans l'ordre social, tenez-les en bride, et vous verrez que par ce moyen les rebelles seront bientôt réduits. Tout autre est impuissant, et vous ruinez le pays.

MARGUERITE. As-tu oublié l'indignation de mon frère, quand on lui demanda s'il fallait tolérer la nouvelle doctrine? Ne sais-tu pas que dans toutes ses lettres il me recommande du ton le plus pressant la conservation de la vraie foi? Ignores-tu qu'il ne voudrait pas de la concorde, s'il fallait l'acheter aux dépens de la religion? N'entretient-il pas lui-même dans ces provinces des espions que nous ne connaissons pas, pour l'informer de tous ceux qui inclinent aux nouvelles opinions? Ne nous a-t-il pas, à notre grand étonnement, nommé tel et tel qui, dans notre voisinage, professait l'hérésie? N'a-t-il pas enjoint la sévérité et la rigueur? Et je serais indulgente? je l'engagerais à laisser faire, à patienter? Ne serait-ce pas le moyen de me discréditer près de lui, de perdre toute sa confiance?

MACHIAVELL. Je sais bien; le roi ordonne, il vous fait savoir ses intentions: il veut que vous rameniez le calme et la paix par des moyens qui ne sont propres qu'à aigrir les esprits de plus en plus et à embraser tout le pays. Pensez bien à ce que vous allez faire: les gros commerçants sont gagnés, la noblesse, le peuple, les soldats. Que sert-il de persister dans ses idées, quand tout change autour de nous? Si un bon génie pouvait persuader à Philippe qu'il sied mieux à un roi de régner sur des hommes divisés de croyance que de les exterminer les uns par les autres!

MARGUERITE. Qu'à l'avenir je n'entende plus de pareils discours. La politique, je le sais trop, admet rarement la bonne foi et la confiance; je sais qu'elle bannit de nos cœurs tout sentiment de franchise, de bonté, d'indulgence: dans les affaires humaines, ce n'est, hélas! que trop vrai. Mais devons-nous jouer avec Dieu comme entre nous? devons-nous regarder avec froideur et indifférence la doctrine éprouvée, cette doctrine à laquelle tant d'hommes ont sacrifié leur vie? Devons-nous l'abandonner pour des nouveautés incertaines, venues de je ne sais où, qui se contredisent elles-mêmes?

MACHIAVELL. N'allez pas pour cela prendre mauvaise idée de moi.

MARGUERITE. Je connais ta fidélité, et n'ignore pas qu'on peut être homme de bien, alors même qu'on a manqué le chemin de son salut. Il y en a d'autres que toi, Machiavell, que je me vois forcée d'estimer et de condamner.

MACHIAVELL. De qui voulez-vous parler ?

MARGUERITE. Je dois l'avouer, Egmont m'a fait éprouver aujourd'hui le chagrin le plus vif.

MACHIAVELL. Comment ?

MARGUERITE. Comme à l'ordinaire, par son insouciance et sa légèreté. Je reçus la nouvelle qui nous afflige au moment où je sortais de l'église, accompagnée de lui et de beaucoup d'autres. Je ne pus contenir ma douleur : je me plaignis hautement, et m'écriai en me tournant vers lui : « Voyez ce qui se passe dans votre province ! Et vous le permettez, comte, vous de qui le roi s'était tout promis ? »

MACHIAVELL. Et que répondit-il ?

MARGUERITE. Comme s'il s'agissait d'une bagatelle, d'un rien : « Plût au ciel, dit-il, que les Belges fussent tranquilles sur leurs droits! le reste s'arrangerait tout seul. »

MACHIAVELL. Peut-être ce qu'il a dit est-il plus vrai que sage. En effet, comment veut-on que la confiance règne, tant que le Belge verra qu'il s'agit moins de son bonheur et du salut de son âme que de ses richesses ? Les nouveaux évêques n'ont-ils pas mangé plus de gras bénéfices qu'ils n'ont sauvé d'âmes ? et ne sont-ils pas pour la plupart étrangers ? A présent que tous les gouvernements sont encore aux mains des Belges, les Espagnols ne laissent-ils pas trop clairement paraître qu'ils sont dévorés d'un désir irrésistible de s'emparer de ces places ? Et un peuple n'aime-t-il pas mieux être gouverné à sa manière par les siens, que par des étrangers qui ne viennent dans le pays que pour s'enrichir aux dépens de tous, qui apportent avec eux des maximes étrangères, et gouvernent sans bienveillance et sans équité !

MARGUERITE. Tu te ranges du côté de nos adversaires.

MACHIAVELL. Non pas de cœur, et je voudrais que ma raison pût être entièrement du nôtre.

MARGUERITE. Selon toi, je n'aurais donc rien de mieux à faire qu'à leur céder mon gouvernement ; car Egmont et Orange se promettent bien cette place. Autrefois ils étaient rivaux :

maintenant ils font cause commune contre moi ; ils sont devenus amis, amis inséparables.

MACHIAVELL. Deux hommes dangereux.

MARGUERITE. Pour parler nettement, je crains Orange, et je crains pour Egmont. Orange ne médite rien de bon ; sa pensée porte loin, il est mystérieux, fait semblant de consentir à tout, ne contredit jamais, et, avec l'apparence du plus profond respect et une prudence sans égale, il finit toujours par faire ce qui lui plaît.

MACHIAVELL. Egmont, tout au contraire, marche d'un pas libre, comme si le monde lui appartenait.

MARGUERITE. Il porte la tête si haut, qu'on dirait que la main du roi n'est pas étendue sur elle.

MACHIAVELL. Les yeux du peuple sont fixés sur lui ; tous les cœurs lui appartiennent.

MARGUERITE. Jamais il n'a pris la peine d'écarter un soupçon, comme s'il n'avait de compte à rendre à personne. Il continue de porter le nom d'Egmont, et l'on dirait, au plaisir qu'il prend à s'entendre appeler *comte d'Egmont*, qu'il a peur d'oublier que ses ancêtres ont régné sur la Gelder. Pourquoi ne prend-il pas son titre de prince de Gavre ? pourquoi cette obstination ? Veut-il faire revivre des droits éteints ?

MACHIAVELL. Oh ! je le crois un fidèle sujet du roi.

MARGUERITE. Il ne tiendrait qu'à lui d'acquérir des droits à la reconnaissance du gouvernement, tandis que, sans utilité pour lui, il nous a déjà fait un mal incalculable. Les liaisons qu'il a formées, les repas, les fêtes qu'il donne, lui ont concilié l'affection de la noblesse plus que n'auraient pu faire les conciliabules secrets les plus dangereux ; et avec leurs toasts bruyants, ses convives ont créé autour de lui une auréole qui ne se dissipera jamais. Combien de fois n'a-t-il pas remué les esprits du peuple par ses plaisanteries, et n'a-t-on pas vu la canaille s'arrêter bouche béante devant ses nouvelles livrées, et admirer le luxe ridicule de son cortége ?

MACHIAVELL. Je suis convaincu qu'il ne mettait dans ces choses-là aucune intention.

MARGUERITE. Mais il suffit qu'elles soient mauvaises. Comme je le disais tout à l'heure, il nous nuit sans en tirer pour lui aucun profit. Il prend le sérieux en plaisanteries; nous, pour ne pas nous donner l'air de l'indolence et de la paresse, nous sommes obligés de prendre ses plaisanteries au sérieux. De là mille altercations qui deviennent ensuite la source des maux les plus graves, de ceux même qu'on s'efforçait de repousser. Il est cent fois plus à craindre que le chef avoué d'une conjuration; et je suis bien trompée si à la cour on ne lui tient pas registre de tout cela. Quant à moi, je puis le dire, il se passe peu de jours qu'il ne me cause un chagrin sensible, très-sensible.

MACHIAVELL. En toute occasion, il m'a semblé agir d'après sa conscience.

MARGUERITE. Sa conscience porte un miroir complaisant. Sa conduite est souvent très-offensante; il a souvent l'air d'un homme qui vit dans l'intime persuasion que lui seul est maître, et que s'il veut bien condescendre à ne pas le faire sentir, s'il ne nous chasse pas du pays à l'instant même, cela se fera tout seul.

MACHIAVELL. Je vous en supplie, ne donnez pas à sa franchise, à cette heureuse disposition d'humeur qui lui fait traiter légèrement des sujets quelquefois fort graves, une *interprétation* trop fâcheuse. Vous ne faites par là que vous nuire, ainsi qu'à lui.

MARGUERITE. Je n'interprète rien, je ne parle que des conséquences inévitables; et je le connais: sa noblesse belge et la Toison d'or qu'il porte sur sa poitrine sont pour lui de nouveaux motifs d'assurance et d'audace; l'un et l'autre peuvent également le protéger contre un mécontentement subit et arbitraire du roi. Pensez-y bien: il est l'unique source des malheurs de la Flandre; c'est lui qui le premier a toléré les docteurs étrangers; peut-être même s'est-il réjoui en secret de nous voir ces affaires sur les bras. Mais patience! je compte saisir cette occasion pour me décharger de tout ce que j'ai sur le cœur, et la flèche que je lancerai ne sera pas perdue. Je sais par où il est sensible... car il est sensible aussi.

MACHIAVELL. Avez-vous fait appeler le conseil? Orange s'y rendra-t-il.

MARGUERITE. J'ai envoyé chez lui à Anvers. Cette fois, je veux les mettre au pied du mur; il faut qu'ils s'opposent sérieusement au mal avec moi, ou qu'ils lèvent le masque et se déclarent rebelles.—Hâte-toi de préparer les lettres et de me les faire signer ; puis envoie au plus tôt à Madrid le fidèle Fasca, c'est un homme infatigable et dévoué ; que ce soit lui qui apprenne la nouvelle à mon frère ; qu'il devance le bruit public. Je veux lui parler moi-même avant son départ.

MACHIAVELL. Vos ordres seront exécutés promptement et ponctuellement.

Maison bourgeoise.

CLAIRE, LA MÈRE DE CLAIRE, BRACKENBOURG.

CLAIRE. Ne voulez-vous pas me tenir mon écheveau, Brackenbourg ?

BRACKENBOURG. Je vous en prie, Claire, épargnez-moi.

CLAIRE. Quelle est donc cette nouvelle lubie ? pourquoi me refuser ce petit service d'amitié ?

BRACKENBOURG. Avec votre fil, vous m'enchaînez devant vous, et je ne puis plus éviter vos yeux.

CLAIRE. Folies ! Allons, tenez-le-moi.

LA MÈRE, *sur une chaise, tricotant.* Voyons donc, une chanson ; Brackenbourg fait si bien la seconde partie ! Vous étiez plus gais autrefois, et j'avais toujours sujet de rire.

BRACKENBOURG. Oui, autrefois !

CLAIRE. Chantons.

BRACKENBOURG. Tout ce que vous voudrez.

CLAIRE. Point de façons, et couramment ; c'est une chanson militaire, mon morceau favori.

Elle dévide son fil et chante avec Brackenbourg.

> Le tambour résonne[1],
> La trompette sonne.
> Vois cet homme armé
> Qui vers nous s'élance

---

[1] Dans *Egmont* comme dans *Gœtz*, le petit nombre de vers que l'on rencontre étant de ceux qui ne se laissent point mettre en prose, nous leur avons conservé le rhythme et le genre d'harmonie qui les distinguent.

Et brandit sa lance :
C'est mon bien-aimé !
Sur tous il commande ;
Que sa gloire est grande !
Mon cœur bat pour lui.
Quand je songe à lui,
Tout mon sang murmure :
Que n'ai-je une armure,
Un fer comme lui !

Parmi les cohortes
Qu'il guide aux combats,
Au seuil de nos portes
Je suivrais ses pas.
Au bout de la terre
Je suivrais ses pas...
Déjà sous nos pas
Roule la poussière ;
Devant mon coursier
Tout fuit d'un pied leste :
Quel plaisir céleste
D'être homme et guerrier !

Brackenbourg, pendant qu'il chantait, a souvent jeté les yeux sur Claire; enfin la voix lui manque, les larmes lui viennent aux yeux, il laisse tomber le fil, et va se mettre à la fenêtre. Claire achève sans lui la chanson; sa mère lui fait un signe de mécontentement. Elle se lève, fait quelques pas vers Brackenbourg, retourne sur ses pas comme indécise, et s'assied.

LA MÈRE. Qu'y a-t-il dans la rue, Brackenbourg ? j'entends marcher.

BRACKENBOURG. C'est la garde de la gouvernante.

CLAIRE. A cette heure? qu'est-ce que cela peut être? (*Elle se lève et court se mettre à la fenêtre à côté de Brackenbourg.*) Ce n'est pas la garde du jour ; celle-ci est plus nombreuse; c'est presque toute la troupe. O Brackenbourg, allez savoir ce que c'est! il doit y avoir quelque chose de particulier. Allez donc, mon cher Brackenbourg, faites-moi ce plaisir!

BRACKENBOURG. J'y vais, et dans la minute je suis ici.

Au moment de sortir, il lui tend la main; elle lui donne la sienne.

LA MÈRE. Voilà déjà que tu le renvoies?

CLAIRE. Que voulez-vous? je suis curieuse; et puis, ne m'en faites pas un reproche, sa présence me met au supplice; je ne sais jamais quel ton prendre avec lui. J'ai des torts envers lui, et mon cœur est navré de voir qu'il le sent aussi vivement... Je ne puis pourtant rien y changer.

LA MÈRE. C'est un brave garçon.

CLAIRE. Aussi je ne puis m'empêcher de le traiter amicalement. Bien des fois, quand il me prend la main si tendrement, si délicatement, je me surprends à serrer la sienne. Alors je me reproche de le tromper, de nourrir dans son cœur une vaine espérance; j'en suis malade. Dieu m'est témoin que je ne le trompe pas; je fais tout pour lui ôter l'espérance, et cependant je ne puis pas non plus l'abandonner au désespoir.

LA MÈRE. Non, non, ce n'est pas bien.

CLAIRE. J'avais du goût pour lui; aujourd'hui encore je lui veux du bien au fond de mon âme. J'aurais pu aller jusqu'à l'épouser; et pourtant je ne crois pas l'avoir jamais aimé.

LA MÈRE. Tu aurais toujours été heureuse avec lui.

CLAIRE. Je serais bien établie et mènerais une vie tranquille.

LA MÈRE. Et tout cela est perdu par ta faute!

CLAIRE. Je suis dans une singulière position. Quand je songe en moi-même à tout ce qui s'est passé, je m'en souviens très-bien, et je ne peux pas me l'expliquer. Mais je n'ai qu'à revoir Egmont pour le comprendre, et tout me paraît très-compréhensible, plus que compréhensible. Ah! mon Dieu, quel homme! Toutes les provinces l'adorent, et moi je ne serais pas avec lui la plus heureuse créature du monde?

LA MÈRE. Quel avenir tout cela nous prépare-t-il?

CLAIRE. Ah! je ne demande qu'une chose, c'est s'il m'aime; et s'il m'aime, est-ce une demande?

LA MÈRE. On n'a que du souci à attendre de ses enfants! Comment cela finira-t-il? Toujours de l'inquiétude et du chagrin; cela prend une mauvaise tournure! Tu as fait ton malheur! tu as fait mon malheur!

CLAIRE, *tranquillement*. Vous ne vous y êtes pas opposée au commencement.

LA MÈRE. Mon Dieu! j'ai été trop bonne; je suis toujours trop bonne.

CLAIRE. Quand Egmont passait et que je courais à la fenêtre, vous ne me grondiez pas, vous couriez même à la fenêtre. Quand il levait la tête, souriait et me saluait, vous ne vous y opposiez pas; vous vous trouviez, au contraire, honorée dans votre fille.

LA MÈRE. Fais-moi encore des reproches!

CLAIRE, *émue*. Quand ses promenades dans notre rue devinrent plus fréquentes, et que nous sentions bien que c'était pour moi qu'il passait, ne l'avez-vous pas remarqué vous-même avec une joie secrète? Me rappeliez-vous, toutes les fois que je m'établissais derrière les carreaux à l'attendre?

LA MÈRE. Pouvais-je prévoir que les choses iraient si loin?

CLAIRE, *d'une voix entrecoupée de sanglots*. Et ce soir où il vint nous surprendre auprès de notre lampe, enveloppé dans son manteau, qui est-ce qui s'empressa de le recevoir, pendant que j'étais là clouée sur ma chaise, sans mouvement?

LA MÈRE. Est-ce que je pouvais craindre que cette malheureuse passion entraînât sitôt la sage Claire? — Maintenant il faut que je supporte de voir ma fille...

CLAIRE, *fondant en larmes*. Ma mère, vous le voulez absolument! vous prenez plaisir à me désoler!

LA MÈRE, *pleurant*. Pleure donc à présent! rends-moi encore plus malheureuse par ton chagrin! N'est-ce pas assez pour moi que ma fille unique soit une créature perdue?

CLAIRE, *debout*, *froidement*. Perdue! l'amante d'Egmont une créature perdue! Quelle princesse n'envierait à la pauvre Claire la place qu'elle occupe dans son cœur? O ma mère, ma mère!... vous ne parliez pas de même autrefois. Ma bonne mère, de l'indulgence!... Et qu'importe ce que pense le peuple, ce que disent nos voisines? Cette chambre, cette petite maison est un paradis depuis que l'amour d'Egmont y demeure!

LA MÈRE. On doit lui faire bon accueil, c'est vrai. Il est si amical, si franc, si ouvert!

CLAIRE. Il n'y a pas en lui une seule veine de fausseté. Voyez, ma mère, c'est pourtant le grand Egmont! et quand il vient à moi, quelle amabilité, quelle bonté! Comme il s'empresse autour de moi! Ce n'est plus qu'un homme, un ami, un amant!

LA MÈRE. Penses-tu qu'il vienne aujourd'hui ?

CLAIRE. Ne m'avez-vous pas vue plus d'une fois aller à la fenêtre ? n'avez-vous pas remarqué comme j'écoute chaque bruit qui se fait à la porte ? — Je sais bien qu'il ne vient jamais avant la nuit ; mais, dès que je suis levée, je l'attends, je l'attends à tous les moments du jour. Si j'étais homme, et que je pusse l'accompagner à la cour et partout ! Si je pouvais le suivre avec le drapeau dans le combat !

LA MÈRE. Oui, tu as toujours été une évaporée. Déjà toute petite, tantôt folle, tantôt réfléchie !...— Ne fais-tu pas un bout de toilette ?

CLAIRE. Peut-être, ma mère, si je m'ennuie. — Hier, je m'en souviens, il passa des gens de sa suite qui chantaient des chansons à sa louange... au moins son nom était dans leurs chansons : je ne pus distinguer le reste des paroles. Le cœur me battait d'une force !... je les aurais appelés, si j'avais osé...

LA MÈRE. Prends garde à toi ! ta vivacité gâte tout : tu te trahis ouvertement devant le monde. L'autre jour encore, chez notre cousin, quand tu as trouvé sur la table cette gravure en bois avec une légende, et que tu as crié : « Le comte d'Egmont ! » je devins rouge comme le feu.

CLAIRE. Le moyen de me taire ! C'était la bataille de Gravelines : je trouve en haut la lettre C ; je cherche en bas dans la légende, il y avait ceci : « Le comte d'Egmont ayant son cheval tué sous lui. » J'en fus toute saisie... Ensuite je ne pus m'empêcher de rire de cet Egmont gravé sur bois, qui à lui seul était aussi grand que la tour de Gravelines et les vaisseaux anglais tout ensemble. — Quand je me rappelle les idées que je me formais d'une bataille, et la manière dont, étant petite, je me représentais le comte d'Egmont, toutes les fois que j'entendais parler de lui et de tous les autres comtes et princes du monde, et quand je les compare à celles d'à présent...

Entre Brackenbourg.

CLAIRE. Eh bien ! qu'y a-t-il ?

BRACKENBOURG. On ne sait rien de positif. Il doit être survenu de nouveaux désordres en Flandre ; et la gouvernante craint, dit-on, qu'ils ne se propagent ici. Le château a reçu une forte garnison : les bourgeois sont aux portes en grand nombre; les rues sont pleines de groupes. — Je cours vite rejoindre mon vieux père.

Il va pour sortir.

CLAIRE. Vous verra-t-on demain? Je vais m'habiller un peu : mon cousin doit venir, et je suis par trop négligée! Donnez-moi un coup de main, ma mère. — Prenez ce livre avec vous, Brackenbourg, et rapportez-moi une histoire pareille.

LA MÈRE. Adieu.

BRACKENBOURG, *tendant la main*. Votre main!

CLAIRE, *refusant la sienne*. Quand vous reviendrez.

La mère et la fille sortent ensemble.

BRACKENBOURG, *seul*. J'étais décidé à sortir tout de suite, et me voici furieux de ce qu'elle me prend au mot. — Malheureux! et le sort de ton pays ne te touche pas? ce tumulte croissant te trouve froid, indifférent! tu regardes du même œil le compatriote et l'Espagnol, l'oppresseur et l'opprimé!... A l'école j'étais pourtant tout autre! Quand on me donnait une composition à faire : « Discours de Brutus pour la liberté, exercice d'éloquence, » Fritz était toujours le premier; et le régent disait : « Ce serait bien s'il y avait plus de méthode, et que tout ne fût pas jeté pêle-mêle. » C'est alors que je me sentais! — Maintenant je rampe lâchement devant une jeune fille... Je ne peux donc pas m'en détacher! elle ne peut donc pas m'aimer! Ah!... non... elle... elle ne peut pas m'avoir tout à fait rejeté... pas tout à fait... un peu, ce n'est rien! non, je ne puis l'endurer plus longtemps! — Serait-ce vrai, ce qu'un ami me disait dernièrement à l'oreille, que vers la nuit tombante elle reçoit un homme en secret, après m'avoir modestement congédié avant le soir, comme elle fait toujours?... Non, c'est un mensonge, un infâme mensonge! c'est une calomnie! Claire est aussi innocente que je suis malheureux. Elle m'a rejeté, elle m'a banni de son cœur... Et je dois continuer de vivre ainsi? non, non, je ne puis l'endurer! — Déjà mon pays est agité de querelles intestines, le tumulte est autour de moi, et je m'éteins dans l'inaction! C'est trop souffrir... Mais lorsque j'entends le son de la trompette ou la décharge d'une arme à feu, cela me traverse les os sans que j'y trouve le moindre charme, sans que mon courage en soit exalté, sans que l'envie me vienne de prendre aussi les armes, de défendre ma patrie, de courir à l'ennemi ! Misérable, funeste état !... Mieux vaut finir d'un seul coup. — Il y a quelques jours, je me suis jeté à l'eau : j'enfonçais déjà, mais la nature aux abois fut plus forte que ma volonté ; je sentis que je pouvais nager, et me sauvai malgré moi. — S'il était en mon pouvoir d'oublier les temps où elle m'aimait..... où elle avait l'air de m'aimer !..... Pourquoi donc m'a-t-il pénétré jusqu'à la moelle, ce bonheur ? pourquoi ces espérances ont-elles absorbé tout mon goût pour la vie en me montrant de loin un paradis ? — C'est ici (*mettant la main sur la table*), c'est ici même que nous étions seuls... Elle avait toujours été bonne et aimable pour moi ; alors elle parut s'attendrir... elle jeta sur moi un regard ! j'en fus enivré, et je sentis ses lèvres sur les miennes... et... et maintenant ?... Meurs, malheureux ! qu'attends-tu ? (*Il sort de sa poche une fiole.*) Je ne veux pas t'avoir tiré pour rien de l'armoire de mon frère, poison, remède souverain ! — Ces angoisses, ce vertige, cette sueur mortelle, tu m'en affranchiras d'un seul trait !

ACTE DEUXIÈME.

Place publique de Bruxelles.

JETTER *et un* MAITRE CHARPENTIER *marchent ensemble.*

LE CHARPENTIER. Ne l'avais-je pas prévu ? il n'y a pas huit jours que dans notre corporation j'ai dit que les affaires prenaient une mauvaise tournure.

JETTER. Est-ce donc vrai qu'ils ont pillé les églises en Flandre ?

LE CHARPENTIER. Comment ! de fond en comble ; églises et chapelles, ils ont tout détruit, n'ont laissé debout que les quatre murs. Pure canaille ! et voilà de quoi rendre détestable notre bonne cause. Avant tout ceci, nous pouvions plaider nos droits près de la gouvernante en sûreté et avec force, et insister sur leur maintien ; avisons-nous à présent de parler, avisons-nous de nous rassembler; on dira que nous faisons cause commune avec les rebelles.

JETTER. Oui, c'est l'idée qui vient d'abord à tout le monde. Qu'est-ce que tu fais là avec ton nez au vent? Sais-tu bien que le cou n'en est pas si loin?

LE CHARPENTIER. Je ne réponds de rien si une fois on voit se soulever le menu peuple qui n'a rien à perdre. Nos justes réclamations servent aux révoltés de pretexte, et ils attirent sur le pays les plus grands malheurs.

Arrive Sœst.

SŒST. Bonjour, messieurs! Qu'y a-t-il de nouveau? est-il vrai que ces briseurs d'images marchent droit ici?

LE CHARPENTIER. Ici ils ne toucheront à rien.

SŒST. Il sort de chez moi un soldat qui venait acheter du tabac. Je l'ai fait causer. La gouvernante, cette brave femme qui est toujours si prudente, il paraît que pour le coup elle a perdu la tête. Il faut que ce soit diablement sérieux pour qu'elle ait couru si vite se retrancher derrière sa garde. La citadelle est garnie de troupes. On va jusqu'à dire qu'elle veut quitter la ville.

LE CHARPENTIER. Quitter la ville! qu'elle n'aille pas faire pareille chose : sa présence nous protége, et nous la défendrons mieux que les moustaches qui l'environnent. Si elle maintient nos droits et nos libertés, nous la porterons sur les mains.

Arrive un fabricant de savon.

LE FABRICANT DE SAVON, Vilaines affaires! méchantes affaires! Il y a de l'agitation; ça va mal! — Gardez-vous de rester en place, qu'on ne vous prenne pas pour des rebelles.

SŒST. Voici venir les sept sages de la Grèce!

LE FABRICANT DE SAVON. Je sais qu'il y en a beaucoup qui entretiennent des rapports secrets avec les calvinistes, qui maudissent les évêques et n'ont aucun respect pour le roi ; mais un fidèle sujet, un vrai catholique...

Arrivent petit à petit toutes sortes de gens qui s'assemblent autour d'eux et écoutent.

VANSEN, *s'approchant.* Je vous salue, messieurs! Quelles nouvelles?

LE CHARPENTIER. Ne vous fiez pas à lui, c'est un mauvais drôle.

JETTER. N'est-ce pas le secrétaire du docteur Wiets?

LE CHARPENTIER. Il a eu plus d'un maître. Son premier métier était bien celui de secrétaire; mais tous ses maîtres l'ont chassé tour à tour pour friponneries, et à présent il tranche du notaire et de l'avocat. Vrai pilier de cabaret.

Le peuple afflue en plus grand nombre; il se forme un groupe.

VANSEN. Vous voici réunis, concertez-vous : parler ne nuit jamais.

SŒST. Oui, moi je suis de votre avis.

VANSEN. Eh bien! si l'un de vous avait du cœur, si l'un de vous avait un peu de tête, ce serait là une belle occasion de secouer le joug espagnol.

SŒST. Diable! ne parlez pas ainsi. Nous avons prêté serment au roi.

VANSEN. Et le roi à nous : faites-y attention.

JETTER. Pas si bête! Voyons, dites un peu votre opinion.

QUELQUES AUTRES. Paix! écoutez-le! Il met le doigt dessus, celui-là! il y voit clair.

VANSEN. J'ai eu autrefois pour maître certain vieillard qui gardait précieusement chez lui un tas de parchemins et de papiers contenant d'anciens documents, contrats et titres : il faisait grand cas des écrits rares. Dans l'un de ces papiers se trouvaient toutes nos institutions, depuis la première jusqu'à la dernière. J'y ai lu que nous autres Belges nous avons d'abord été gouvernés par des princes particuliers, d'après des droits, des priviléges et des usages établis; que nos ancêtres avaient beaucoup de respect pour leurs princes tant qu'ils les gouvernaient bien; mais qu'à la moindre infraction de leurs priviléges, ils se mettaient sur leurs gardes. Les états étaient aussitôt en arrêt; car il n'y avait si petite province qui n'eût ses états, ses assemblées.

LE CHARPENTIER. Eh! taisez-vous, il y a longtemps qu'on sait tout cela. Des institutions du pays, chaque honnête bourgeois en connaît ce qu'il lui en faut.

JETTER. Laissez-le parler : on apprend toujours quelque chose de nouveau.

SŒST. Il a bien raison.

PLUSIEURS VOIX. Parlez! parlez! On n'entend pas de ces choses-là tous les jours.

VANSEN. Voilà comme vous êtes, vous autres bourgeois, vous vivez au jour le jour; et quand vous avez hérité du bien de vos pères, vous laissez le gouvernement faire de vous tout ce qu'il lui plaît, sans vous enquérir des usages, sans consulter l'histoire, sans demander au souverain ses titres. C'est cette insouciance qui est cause que les Espagnols vous ont mis la corde au cou.

SŒST. Qui est-ce qui va songer à tout cela, pourvu qu'on ait son pain quotidien?

JETTER. Que diable! aussi pourquoi personne ne vient-il nous le dire quand il en est temps?

VANSEN. Moi, je vous le dis à présent. Le roi d'Espagne, qui se trouve par hasard posséder toutes les provinces à la fois, ne devrait pas les gouverner autrement que ne faisaient jadis les petits princes qui les possédaient chacune à part.

JETTER. Expliquez-vous clairement.

VANSEN. C'est clair comme le jour. Ne devez-vous pas être jugés selon les lois du pays? Et maintenant, comment cela se pourrait-il?

UN BOURGEOIS. Sans doute.

VANSEN. L'habitant de Bruxelles n'a-t-il pas d'autres lois que celui d'Anvers; celui d'Anvers, d'autres que celui de Gand? Et comment cela se pourrait-il?

UN AUTRE BOURGEOIS. Pardi !

VANSEN. Mais si vous laissez comme ça tout aller à la débandade, on vous fera voir du pays! Fi! ce que n'ont pu ni Charles le Hardi, ni Frédéric le Brave, ni Charles-Quint lui-même, Philippe le fait aujourd'hui par les mains d'une femme.

SŒST. Oui... les anciens princes l'ont essayé aussi?

VANSEN. Eh! certainement. — Mais nos pères y regardaient. Quand ils n'étaient pas contents de leur prince, ils allaient lui prendre son fils et son héritier, le gardaient chez eux étroitement, et ne le relâchaient que sous de bonnes conditions. Nos pères! c'étaient des gens qui savaient ce qui leur était avantageux, qui savaient mener leurs affaires et les tenir en bon ordre! Quels hommes! Voilà aussi d'où vient que nos priviléges sont si clairs, nos libertés si positives.

LE FABRICANT DE SAVON. Que parlez-vous de libertés?

LE PEUPLE. De nos libertés, de nos priviléges! Parlez encore un peu de nos priviléges.

VANSEN. Nous autres Brabançons particulièrement, quoique toutes les provinces aient leurs prérogatives, nous sommes de beaucoup les mieux partagés. J'ai tout lu.

SŒST. Dites-les donc.

JETTER. Écoutez.

UN BOURGEOIS. De grâce!

VANSEN. Premièrement, il est écrit : Le duc de Brabant nous doit être bon et fidèle seigneur.

SŒST. Bien cela! mais en êtes-vous sûr?

JETTER. Franchement, est-il vrai?

VANSEN. Comme je vous le dis. Secondement : Il ne doit exercer, laisser entrevoir, ni s'ingérer de permettre aucun acte arbitraire quelconque.

JETTER. Bien! très-bien! Il ne doit exercer...

SŒST. Laisser entrevoir...

UN AUTRE. Ni s'ingérer de permettre! C'est là le point essentiel : Ne permettre à qui que ce soit...

VANSEN. En termes exprès.

JETTER. Allez nous chercher cet écrit.

UN BOURGEOIS. Oui, il faut que nous ayons l'écrit.

D'AUTRES. L'écrit! l'écrit!

UN AUTRE. Nous irons trouver la gouvernante, l'écrit à la main.

UN AUTRE. Vous porterez la parole, monsieur le docteur.

LE FABRICANT DE SAVON. Oh! les imbéciles!

UN AUTRE. Encore quelque chose de cet écrit!

LE FABRICANT DE SAVON. S'il dit un mot de plus, je lui casse la gueule.

LE PEUPLE. Nous voudrions bien voir qu'on lui fît quelque

chose! Allons, parlez-nous de nos priviléges; avons-nous encore d'autres priviléges?

VANSEN. De plus d'une sorte, et de très-bons, de très-salutaires. On lit encore que le prince ne doit apporter ni augmentation ni changements quelconques à l'état du clergé, sans l'assentiment de la noblesse et des états; et qu'en outre, remarquez bien! il ne doit point toucher à l'administration du pays.

SŒST. Bah! vraiment?

VANSEN. Je vous le montrerai écrit, sous la date de deux ou trois siècles.

PLUSIEURS BOURGEOIS. Et nous endurons les nouveaux évêques? Que la noblesse nous aide, nous éclatons.

D'AUTRES. Et nous nous laissons bâillonner par l'inquisition!

VANSEN. C'est votre faute.

LE PEUPLE. Nous avons encore Egmont! nous avons Orange! Ils veillent sur nos intérêts.

VANSEN. Vos frères de Flandre ont déjà mis la main à l'œuvre.

LE FABRICANT DE SAVON. Canaille!

Il le frappe.

D'AUTRES *le repoussent en criant:* Es-tu aussi un Espagnol?

UN AUTRE. Quoi! ce digne homme?

UN AUTRE. Ce docteur?

Ils tombent sur le fabricant de savon.

LE CHARPENTIER. Paix! paix, au nom de Dieu! (*D'autres accourent et prennent part à la rixe.*) Bourgeois, pourquoi tout ce bruit?

On voit en même temps des enfants siffler, jeter des pierres et exciter des chiens; le peuple refluer de toute part; des bourgeois s'arrêter bouche béante; d'autres circuler paisiblement; d'autres enfin se livrer à mille singeries, crier, battre des mains, éclater de rire.

VOIX DE LA FOULE. Liberté et priviléges! Priviléges et liberté!

Arrive Egmont avec une suite.

EGMONT. Paix! paix, messieurs! Qu'y a-t-il? Silence! Qu'on les sépare.

LE CHARPENTIER. Ah! monseigneur, vous venez comme un ange du ciel. — Silence donc! Êtes-vous aveugles? ne voyez-vous pas le comte d'Egmont? Respect au comte d'Egmont!

EGMONT. Encore! que prétendez-vous donc? bourgeois contre bourgeois! Comment! le voisinage de notre royale gouvernante ne contient pas cette frénésie? Allons, allons, séparez-vous, et retournez à vos affaires! C'est mauvais signe quand vous fêtez les jours ouvriers. De quoi s'agit-il?

Le tumulte s'apaise par degrés, et ils se rangent tous autour d'Egmont.

LE CHARPENTIER. Ils se battent pour leurs priviléges.

EGMONT. Qu'ils vont encore détruire de gaîté de cœur. — Et qui êtes-vous donc? Vous m'avez l'air d'honnêtes gens.

LE CHARPENTIER. C'est à quoi nous visons.

EGMONT. Votre métier?

LE CHARPENTIER. Charpentier et maître juré.

EGMONT. Et vous?

SOEST. Mercier.

EGMONT. Et vous?

JETTER. Tailleur.

EGMONT. Ah! oui, je me rappelle : vous avez travaillé aux livrées de mes gens. Votre nom est Jetter.

JETTER. C'est bien de l'honneur pour moi que vous vous rappeliez mon nom.

EGMONT. Ceux que j'ai vus une fois et à qui j'ai parlé, je ne les oublie guère. — Veiller à la tranquillité publique, mes amis, c'est là votre devoir : faites-le donc. Vous êtes déjà assez mal notés! n'irritez pas le roi par de nouveaux désordres; car, après tout, il a la force en main. Et d'ailleurs un bourgeois rangé, qui vit honorablement, a bien autant de liberté qu'il lui en faut.

LE CHARPENTIER. Ah! mon Dieu, oui, c'est justement notre plaie! Ces batteurs de pavé, ces ivrognes, ces fainéants, qu'avec la permission de Votre Grâce la faim pousse à déterrer des priviléges, qui ensuite s'en vont mentir au nez des badauds et des gobe-mouches, et, pour une cruche de bière, engagent des rixes qui entraînent dans le malheur des milliers d'hommes, ça leur est bien égal à eux! nous tenons nos maisons et nos boutiques trop bien fermées; ils voudraient nous en chasser la flamme à la main.

EGMONT. Vous trouverez toute protection; des mesures sont prises pour s'opposer sérieusement au mal. Tenez ferme contre les doctrines étrangères, et ne croyez pas que la rébellion soit un moyen d'affermir vos priviléges. Restez chez vous, et empêchez-les de s'attrouper dans les rues. Les gens raisonnables peuvent beaucoup.

Déjà le gros de l'attroupement s'est dissipé.

LE CHARPENTIER. Mille grâces à Votre Excellence! mille grâces pour la bonne opinion! Tout ce qui dépend de nous... (*Egmont sort.*) Gracieux seigneur! vrai Belge! rien d'espagnol!

JETTER. Si nous l'avions pour gouverneur! On aime à lui obéir.

SOEST. Le roi s'en gardera bien! il donne toujours la place à ses créatures.

JETTER. As-tu vu son habit? il est à la nouvelle mode, coupé à l'espagnole.

LE CHARPENTIER. Le bel homme!

JETTER. Et ce cou! quel bon gibier de bourreau!

SOEST. Es-tu fou? quelle idée!

JETTER. Oui, c'est un malheur d'avoir une idée pareille : mais je suis comme ça, moi; quand je vois un beau long cou, il faut, bon gré mal gré, que je pense : En voilà un qui serait joli à couper.—Les maudites exécutions! on ne se les ôte pas de l'esprit. Aux bains où les jeunes gens nagent, je ne vois pas un dos nu qu'aussitôt ne me reviennent par douzaines tous ceux que j'ai vu battre de verges. Si mes yeux tombent sur un gros ventre, il me semble déjà le voir griller au poteau. La nuit, en rêve, je sens des pincements dans tous les membres. On n'a plus un instant de bien-être. Quant à moi, j'aurai bientôt oublié ce que c'est que gaîté et bonne humeur; ces images épouvantables me sont imprimées sur le front comme avec un fer chaud.

La demeure d'Egmont.

RICHARD, *à une table, devant des papiers; il se lève dans l'agitation.*

RICHARD. Il ne vient toujours pas! et voici deux mortelles heures que j'attends la plume à la main, les papiers devant moi. Et justement aujourd'hui que j'aimerais tant à être libre de bonne heure! Les pieds me brûlent : je ne me possède pas d'impatience. Sois exact à l'heure, m'a-t-il dit en partant; et il n'est pas encore là! Il y a tant à faire que je ne serai pas libre avant minuit..... Il faut être juste, il a pour vous des attentions, de l'indulgence. Mais j'aimerais cent fois mieux qu'il fût sévère et vous laissât aller à l'heure précise : on saurait au moins sur quoi compter. — Voilà plus de deux heures qu'il est sorti de chez la gouvernante. Dieu sait à qui il se sera accroché en route!

Entre Egmont.

EGMONT. Eh bien?

RICHARD. Je suis prêt, et il y a trois messagers qui attendent.

EGMONT. Tu trouves peut-être que je suis resté trop longtemps? tu fais une mine d'une aune.

RICHARD. Pour me conformer à vos ordres, il y a fort longtemps que j'attends. Voici les papiers!

EGMONT. Donc Elvire m'en voudra si elle apprend que je t'ai retenu.

RICHARD. Vous plaisantez.

EGMONT. Non, non, il n'y a pas là de quoi rougir : c'est une preuve de ton bon goût! elle est belle; et puis je suis bien aise que tu aies une amie au château. — Que disent les lettres?

RICHARD. Beaucoup de choses, et rien de fort gai.

EGMONT. Tant mieux donc que nous ayons la gaîté chez nous, et que nous n'ayons pas besoin de la faire venir d'ailleurs! Y a-t-il bien des affaires?

RICHARD. Assez. Et comme je vous le disais tout à l'heure, il y a trois messagers qui attendent.

EGMONT. Allons, dis le plus nécessaire.

RICHARD. Tout est nécessaire.

EGMONT. Une chose après l'autre; et vite!

RICHARD. Le capitaine Breda envoie la relation de ce qui s'est passé depuis à Gand et aux environs. Les désordres sont presque partout apaisés...

EGMONT. Encore quelques coups de tête, quelques désordres isolés !

RICHARD. Oui, plus d'un.

EGMONT. Épargne-les-moi.

RICHARD. On en a encore emprisonné six, qui ont brisé l'image de la Vierge près de Wervick. Il demande s'il doit les faire pendre comme les autres.

EGMONT. Je suis las de pendaisons. Qu'on les fouette, et qu'ils s'en retournent chez eux.

RICHARD. Il se trouve dans le nombre deux femmes : doit-il aussi les faire fouetter?

EGMONT. Il n'a qu'à les admonester sévèrement et les relâcher après.

RICHARD. Brinck, de la compagnie de Breda, veut se marier. Le capitaine espère que vous le lui refuserez. « Il y a, dit-il, tant de femmes à la caserne, que si nous nous mettons en campagne; ce sera moins une marche de soldats qu'un attirail de Bohémiens. »

EGMONT. Passe encore pour celui-ci! c'est un beau jeune homme : il m'en fit à moi-même mille instances avant mon départ. Mais dorénavant qu'il ne l'accorde à personne... Il me fâche pourtant bien de refuser à ces pauvres diables, si tourmentés d'ailleurs, leur passe-temps le plus doux.

RICHARD. Deux de vos gens, Seiter et Hart, ont fait violence à une fille d'auberge. Ils ont profité d'un moment où elle était seule, et elle n'a pu leur échapper.

EGMONT. Si c'est une honnête fille, et qu'ils aient usé de violence, dis-lui qu'il leur fasse passer les verges trois jours de suite; et, dans le cas où ils posséderaient quelque chose, qu'il en prélève de quoi fournir une dot à la jeune fille.

RICHARD. On a surpris un des prédicateurs étrangers passant furtivement à Comines. Il assure que son intention était d'aller en France. D'après l'ordre il doit être décapité.

EGMONT. Qu'ils le fassent simplement conduire aux frontières, en lui déclarant qu'on ne lui fera pas grâce deux fois.

RICHARD. Une lettre de votre intendant. Il mande : « Qu'il lui rentre peu d'argent ; qu'il ne voit guère la possibilité de vous envoyer dans le courant de la semaine la somme demandée ; que l'insurrection a mis partout la plus grande confusion. »

EGMONT. Il me faut cet argent. C'est à lui de songer aux moyens de le rassembler.

RICHARD. Il dit qu'il fera son possible, et qu'à cet effet il va enfin procéder juridiquement contre ce Raimond, qui vous doit depuis si longtemps, et le faire arrêter.

EGMONT. Mais il a promis de payer.

RICHARD. La dernière fois il a demandé un répit de quinze jours.

EGMONT. Eh bien, il n'a qu'à lui accorder encore quinze jours ; après cela il peut le poursuivre.

RICHARD. Vous faites bien : ce n'est pas impuissance, c'est mauvaise volonté. Il prendra la chose au sérieux quand il verra que vous ne badinez pas. — L'intendant ajoute qu'il va retenir à de vieux soldats, à des veuves et à d'autres individus auxquels vous faites des pensions, un demi-mois de ce qui leur est dû, afin de se donner du temps ; qu'ils n'auront qu'à se pourvoir ailleurs.

EGMONT. Qu'est-ce à dire? ces gens ont plus besoin d'argent que moi. Qu'il leur paye tout ce que je leur dois.

RICHARD. Où ordonnez-vous donc qu'il prenne l'argent?

EGMONT. Qu'il y pense! on le lui a déjà dit dans la lettre précédente.

RICHARD. C'est aussi pour cela qu'il vous propose ces moyens.

EGMONT. Qui ne valent rien. Qu'il en cherche d'autres ; qu'il fasse des propositions acceptables, et, avant tout, qu'il me trouve l'argent.

RICHARD. J'ai rapporté ici la lettre du comte Oliva. Pardonnez si je vous en fais souvenir ; ce vieux seigneur mérite avant tout une réponse détaillée. Votre intention était de lui écrire vous-même. En vérité, il vous aime comme un père.

EGMONT. Je n'en ai pas le temps. De tout ce que je déteste

au monde, l'écriture est ce que je déteste le plus. Tu contrefais si bien ma main! écris en mon nom. J'attends Orange ; je n'ai pas le temps d'écrire moi-même. Mais je voudrais qu'on le rassurât sur ses appréhensions.

RICHARD. Dites-moi à peu près votre idée : je rédigerai la réponse et je vous la soumettrai. Ce sera écrit de manière à pouvoir passer en justice pour votre main.

EGMONT. Donne-moi la lettre. (*Après y avoir jeté les yeux.*) Honnête, excellent vieillard! as-tu toujours été dans ta jeunesse aussi réfléchi qu'aujourd'hui? n'as-tu jamais sauté un mur? Dans la mêlée, te plaçais-tu où le veut la prudence, derrière les autres? Que de soucis, que d'inquiétudes! Il veut ma vie et mon bonheur, et ne sent pas que c'est être déjà mort que de vivre pour sa sûreté. — Écris-lui qu'il peut être tranquille; que j'agis comme je dois agir; que je m'observerai; que, du reste, il continue d'employer en ma faveur son crédit à la cour, et soit persuadé de ma parfaite reconnaissance.

RICHARD. Rien de plus? Oh! il attend davantage.

EGMONT. Qu'ai-je à dire de plus? Si tu veux le rendre en plus de mots, il ne tient qu'à toi. Ses lettres ne roulent jamais que sur ceci : qu'il faut que je vive comme il m'est impossible de vivre. Or, être gai, prendre les choses légèrement, vivre sans souci, voilà mon bonheur; et je ne l'échangerais pas contre la sécurité du tombeau. Je n'ai pas dans les veines une seule goutte de sang espagnol, et ne me sens nulle envie de régler mon pas sur la cadence grave de la cour. Est-ce que je ne vis que pour penser à la vie? Dois-je m'empêcher de jouir du moment présent, pour m'assurer du moment qui va suivre, et celui-ci encore, le consumer dans les soucis et les projets?

RICHARD. Je vous en supplie, monseigneur, ne soyez pas si dur envers cet excellent homme. Vous êtes affable avec tout le monde. Dites-moi un mot prévenant qui tranquillise votre noble ami. Voyez quel intérêt il vous témoigne! avec quelle délicatesse il vous insinue ce qu'il croit devoir vous être utile!

EGMONT. Fort bien; mais il touche toujours cette même corde. Il sait pourtant de longue date combien je hais les remontrances ; elles ne servent de rien, ne font que troubler. Si j'étais somnambule, et que je me misse à courir sur le toit glissant d'une maison, serait-il à propos de m'appeler par mon nom, et de m'avertir du danger que je cours? ne serait-ce pas m'éveiller et me faire casser le cou? Laissez chacun aller son chemin; s'il tombe, c'est son affaire.

RICHARD. Sans doute il est digne de vous de mépriser le danger ; mais celui qui vous connaît et vous aime...

EGMONT, *jetant un coup d'œil rapide sur la lettre.* Le voici qui rappelle les vieux contes que nous avons débités un soir entre nous, dans l'effusion de l'intimité et dans la gaîté du vin, avec tout ce qu'on en a déduit de conséquences et d'indices par tout le royaume... Eh! mon Dieu! nous en avons fait bien d'autres! nous avons fait broder sur les manches de nos laquais des bonnets et des jaquettes de fou, et ensuite nous avons changé ces ornements ridicules en un carquois de flèches : symbole encore bien plus alarmant pour ceux qui veulent trouver un sens où il n'y en a pas. Dans un moment de gaîté, que de folies n'avons-nous pas conçues et exécutées! Nous sommes coupables d'avoir un jour masqué toute une troupe de gens à qui nous donnâmes des noms burlesques, et qui s'en vinrent chez le roi lui rappeler ses devoirs avec une humilité railleuse, nous sommes coupables... Mais à quoi bon tant d'exemples? Un divertissement de carnaval est-il un crime de haute trahison? Devons-nous rejeter les lambeaux de pourpre qu'une imagination jeune et riante peut suspendre à la triste nudité de notre vie? Et si vous prenez la vie trop au sérieux, qu'y trouverez vous? Si le matin ne nous éveille pas pour de nouvelles joies, que le soir il ne nous reste à attendre aucun plaisir, vaut-il la peine de s'habiller et de se déshabiller? Est-ce pour rêver à ce qui était hier que le soleil me luit aujourd'hui? pour deviner et arranger ce qui ne s'arrange ni ne se devine, le hasard d'un lendemain?... Tiens-moi quitte de ces éternelles réflexions; nous les laisserons aux écoliers et aux courtisans. Libre à eux de penser et repenser toujours, d'aller et de venir, de soupirer après des chimères, de se fourvoyer où ils peuvent... — Si tu peux tirer quelque parti de tout cela pour ta lettre, sans en faire un volume, je te l'abandonne. Le bon vieillard met trop d'importance aux moindres choses. C'est ainsi qu'un ami, qui a longtemps tenu notre main dans la sienne, la serre encore une fois avec plus de force avant de la laisser aller.

RICHARD. Pardonnez-moi. Lorsqu'un piéton voit passer près de lui un cavalier avec la vitesse de l'éclair, la tête lui tourne, et...

EGMONT. Enfant! enfant, assez! — Excités par des esprits invisibles, les coursiers du soleil emportent si rapidement le char léger de notre destinée! Une fois lancés, il ne dépend plus de nous de retenir les rênes, et de détourner les roues, tantôt à droite, tantôt à gauche, des pierres et des précipices dont la route est bordée. Où le char va, qui le suit? qui se rappelle même d'où il vient?

RICHARD. Ah! monseigneur!

EGMONT. Je suis déjà haut, mais je puis et je dois monter plus haut encore; je me sens espoir, courage, énergie. Je n'ai pas encore atteint le faîte de ma grandeur; et si jamais je l'atteins, je veux m'y tenir, non y chanceler. Si je tombe, qu'un coup de tonnerre, un tourbillon... un mauvais pas, me précipite au fond de l'abîme, j'y dormirai avec des milliers d'hommes. — Moi qui, au milieu de mes braves camarades, pour le moindre gain, n'ai jamais hésité un moment à mettre à la loterie sanglante des combats, j'hésiterais, maintenant qu'il s'agit de mon indépendance et du prix de ma vie entière?

RICHARD. O monseigneur! vous ne savez pas quelles paroles vous prononcez là. Que Dieu veille sur vous!

EGMONT. Rassemble les papiers, voici Orange. Expédie le plus pressé, et que les messagers partent avant qu'on ferme les portes. Le reste peut se différer. Remets à demain la lettre au comte; ne manque pas d'aller voir Elvire, et salue-la de ma part. — Informe-toi aussi des nouvelles de la gouvernante; elle m'a paru indisposée, quelques efforts qu'elle fît pour le cacher.

Richard sort.

Entre Orange.

EGMONT. Bonjour, Orange; vous avez l'air préoccupé.

ORANGE. Que dites-vous de notre entretien avec la gouvernante?

EGMONT. Je n'ai rien trouvé d'extraordinaire dans son accueil. Je l'ai déjà vue comme cela plus d'une fois. Seulement j'ai cru remarquer qu'elle n'était pas bien portante.

ORANGE. Et n'avez-vous pas remarqué aussi qu'elle était plus réservée ? Après avoir d'abord fait semblant d'approuver en tout notre conduite dans la dernière émeute, elle s'est mise à énumérer toutes les circonstances qui peuvent y jeter un faux jour, et peu à peu elle est revenue à ses anciens discours : que ses manières affables, son amitié pour nous autres Belges étaient mal appréciées et plus mal récompensées ; que rien ne voulait s'arranger au gré de ses vœux ; qu'elle finirait par perdre patience, et déciderait le roi à prendre d'autres mesures. L'avez-vous entendu ?

EGMONT. Pas tout : pendant qu'elle a parlé, je pensais à autre chose. — C'est une femme, mon cher Orange; et les femmes, vous le savez, seraient charmées que tout se soumît à leur joug aimable, et que chaque Hercule déposât sa peau de lion pour prendre en main la quenouille et filer à leurs genoux. Comme elles sont en général d'un caractère doux et tranquille, elles voudraient que la fermentation qui bout au sein de tout un peuple, la tempête qui éclate entre deux puissants rivaux, se laissassent calmer par une parole amicale; elles voudraient que les éléments les plus contraires vinssent à leurs pieds s'unir dans une paisible harmonie! C'est là son cas : et comme elle n'a pu en venir à bout, elle ne trouve rien de mieux que de montrer de l'humeur, d'accuser les hommes d'ingratitude et d'imprudence, d'annoncer un avenir sinistre, et de menacer de partir.

ORANGE. Ne croyez-vous pas que cette fois elle tiendra sa menace ?

EGMONT. Pas le moins du monde! Que de fois ne l'ai-je pas déjà vue au moment de partir! Où irait-elle? Ici gouvernante, vice-reine, crois-tu qu'elle supportât de s'aller enterrer à la cour de son frère, et d'y filer des jours insignifiants? ou bien en Italie, de végéter tristement dans de vieilles relations de famille ?

ORANGE. On ne la juge pas capable de cette résolution, parce que jusqu'ici on l'a vue hésiter, on l'a vue reculer; mais elle n'en est pas moins maîtresse de la prendre, et de nouvelles circonstances peuvent la ramener à ce parti si longtemps différé. Si elle partait, et que le roi envoyât quelqu'un à sa place?

EGMONT. Eh bien! il viendrait, et rencontrerait les mêmes obstacles; il viendrait avec de grands projets, des plans, des vues, pour tout bouleverser et tout remettre sur un pied différent. Puis il se verrait traversé aujourd'hui par une misère, demain par une autre, après-demain par quelque nouvel embarras; il passerait un mois à mûrir son projet, un second à le voir échouer; une province absorberait à elle seule une demi-année de soins et de peines; le temps s'écoulerait en pure perte, la tête finirait par lui tourner, et les choses reprendraient leur train ordinaire: tant et si bien, qu'au lieu de cingler en pleine mer vers un point marqué, il se trouverait fort heureux, dans cette tempête, de sauver son vaisseau du naufrage.

ORANGE. Mais si l'on conseillait au roi un essai?

EGMONT. Qui serait?

ORANGE. De voir ce que pourrait entreprendre le tronc sans tête.

EGMONT. Comment?

ORANGE. Egmont, voici bien des années que je prends à cœur nos affaires. Je suis toujours comme devant un échiquier, et ne pense pas qu'un seul coup de l'adversaire soit sans conséquences. De même qu'il y a des gens oisifs qui se tourmentent à l'excès des mystères de la nature, moi, je tiens que c'est le devoir, la vocation d'un prince, de sonder les intentions et les desseins de tous les partis. En ce moment, j'ai de fortes raisons d'appréhender une explosion. Le roi, pendant longtemps, s'est conduit d'après certains principes; il s'aperçoit que ces principes ne le mènent point au résultat; qu'y a-t-il de plus probable que de le voir entrer dans d'autres directions?

EGMONT. Je n'en crois rien. Quand on se fait vieux, et qu'on a essayé de tout, sans jamais amener le moindre changement dans l'ordre du monde, on finit par en avoir assez.

ORANGE. Il y a une chose qu'il n'a pas encore essayée.

EGMONT. Cette chose?

ORANGE. D'épargner le peuple et de frapper les grands.

EGMONT. Eh! que de gens ont déjà rêvé cette crainte! il n'y a pas la moindre inquiétude à avoir de ce côté-là.

ORANGE. Oui, c'était autrefois une simple inquiétude; mais peu à peu cette inquiétude s'est changée pour moi en conjecture, enfin en certitude.

EGMONT. Le roi a-t-il des serviteurs plus fidèles que nous?

ORANGE. C'est-à-dire, nous le servons à notre manière; et, entre nous soit dit, nous savons fort bien mettre en balance les intérêts du roi et les nôtres.

EGMONT. Eh! qui ne le fait? Nous lui sommes soumis et dévoués dans tout ce qui lui appartient.

ORANGE. Mais s'il s'arrogeait plus que nous lui donnons, et qu'il appelât trahison ce que nous appelons, nous, tenir à nos droits?

EGMONT. Nous pourrions nous défendre. Qu'il assemble les chevaliers de la Toison, et qu'on nous juge.

ORANGE. Et que serait un jugement avant l'enquête? une condamnation avant le jugement?

EGMONT. Une injustice dont Philippe n'est pas capable, une sottise que je n'imputerai ni à lui ni à ses conseillers.

ORANGE. Et s'ils étaient injustes et sots?

EGMONT. Non, Orange, c'est impossible. Qui oserait porter la main sur nous? — Nous mettre en prison serait une entreprise vaine, inexécutable. Non, non, ils n'osent pas lever si haut l'étendard de la tyrannie; le coup de vent qui apporterait dans le pays cette nouvelle allumerait un horrible incendie. Et quel serait leur but? Le roi ne peut pas juger et condamner tout seul. Voudraient-ils nous faire périr en assassins? Non, ils ne peuvent pas le vouloir. Au même instant une ligue terrible se formerait dans le peuple : haine et guerre éternelle au nom espagnol, voilà ce qu'ils en recueilleraient.

ORANGE. Oui, l'incendie s'allumerait sur nos cendres, le sang coulerait en vain sacrifice expiatoire. Pensons-y bien, Egmont.

EGMONT. Mais enfin comment s'y prendraient-ils?

ORANGE. Albe est en chemin.

EGMONT. Je n'en crois rien.

ORANGE. Je le sais.

EGMONT. La gouvernante assurait ne rien savoir.

ORANGE. C'est ce qui me le confirme. La gouvernante lui cédera la place. Je connais son humeur sanguinaire, et il amène une armée.

EGMONT. Pour écraser derechef les provinces! Le peuple en sera plus mutin.

ORANGE. On commencera par s'assurer des chefs.

EGMONT. Non! non!

ORANGE. Retournons chacun dans notre province; nous nous y retrancherons. Il ne débutera pas par la violence.

EGMONT. Ne devons-nous point le saluer à son arrivée?

ORANGE. Nous remettons cela.

EGMONT. Et s'il nous mande au nom du roi?

ORANGE. Nous cherchons des défaites.

EGMONT. Et s'il insiste?

ORANGE. Nous nous excusons.

EGMONT. Et s'il revient à la charge?

ORANGE. Raison de plus pour ne pas aller.

EGMONT. Et la guerre est déclarée, et nous sommes des rebelles! Orange, ne te laisse pas séduire par la prudence; car pour la crainte, je sais qu'elle ne peut rien sur toi. Réfléchis au pas que tu vas faire.

ORANGE. J'y ai réfléchi.

EGMONT. Réfléchis aux suites d'une pareille démarche. Songe que si tu te trompes, tu te charges du crime d'avoir excité la plus épouvantable guerre qui ait jamais désolé un pays; songe que ton refus est le signal qui fait courir aux armes toutes les provinces et légitime toutes les cruautés pour lesquelles les Espagnols n'attendent depuis longtemps qu'un prétexte. Ce que nos efforts ont toujours tendu à calmer, tu vas le rallumer d'un signe, et en faire naître la plus horrible catastrophe. Songe aux villes, songe à la noblesse, au peuple, à l'industrie, à l'agriculture, au commerce! Songe aux dévastations, aux meurtres!... — Sur le champ de bataille, le soldat voit d'un œil tranquille son camarade tomber à ses côtés; mais toi, quand les fleuves t'amèneront les cadavres des bourgeois, des enfants, des jeunes filles, ne t'arrêteras-tu pas avec horreur? croiras-tu encore avoir servi leur cause? Hélas! ils ne seront plus, ceux pour qui tu auras pris les armes; et quelle honte pour toi s'il te fallait dire alors : C'est pour ma sûreté personnelle que je les ai prises!

ORANGE. Nous ne sommes pas des individus isolés, Egmont. S'il convient que nous nous immolions pour des milliers d'hommes, il convient également que nous nous épargnions pour eux.

EGMONT. Qui s'épargne se dégrade à ses propres yeux!

ORANGE. Qui se connaît peut en assurance avancer ou reculer selon l'occasion.

EGMONT. Le mal que tu redoutes, ta démarche le rend certain.

ORANGE. Quand le mal est inévitable, il est sage et hardi d'aller au-devant.

EGMONT. Dans un si grand péril, la plus faible espérance n'est pas à dédaigner.

ORANGE. Mais il ne nous reste plus où poser le pied : l'abîme est là devant nous.

EGMONT. La faveur du roi, est-ce donc un terrain si mobile?

ORANGE. Mobile, non, mais glissant.

EGMONT. Pour Dieu! on lui fait injure. Je ne puis permettre qu'on pense mal de lui! Il est fils de Charles, et incapable d'une bassesse.

ORANGE. Les rois ne font jamais rien de bas.

EGMONT. On devrait apprendre à le connaître.

ORANGE. C'est précisément cette connaissance qui nous invite à ne pas attendre une épreuve dangereuse.

EGMONT. Aucune épreuve n'est dangereuse pour qui a du courage.

ORANGE. Tu t'emportes, Egmont.

EGMONT. Je dois voir par mes yeux.

ORANGE. Oh! que ne vois-tu cette fois par les miens! Ami, parce que tes yeux sont ouverts, tu t'imagines voir. — Je pars.

Attends l'arrivée d'Albe, et que Dieu te protége! Peut-être mon refus te sauve-t-il; peut-être le monstre ne croit-il rien tenir s'il ne peut nous dévorer tous deux à la fois; peut-être va-t-il différer pour mieux exécuter ses projets, et te donner ainsi le temps de considérer les choses sous leur véritable jour.—Mais alors, vite! vite! sauve-toi. — Adieu. — Ne te laisse pas endormir; observe tout: combien il amène de soldats, de quelle manière il occupe la ville, quel degré de pouvoir conserve la gouvernante, quelle contenance font tes amis. Donne-moi de tes nouvelles... — Egmont!...

EGMONT. Que veux-tu?

ORANGE, *lui prenant la main.* Laisse-toi persuader! viens avec moi!

EGMONT. Que vois-je! des larmes, Orange?

ORANGE. On peut sans faiblesse en répandre sur l'homme qui se perd.

EGMONT. Tu me crois perdu?

ORANGE. Tu l'es. Penses-y! Il ne te reste que peu d'instants. Adieu.

Il sort.

EGMONT, *seul.* Que les idées d'un autre aient une telle influence sur nous! jamais je ne l'aurais cru... Et cet homme fait passer en moi ses inquiétudes!... — C'est une goutte de sang étranger. Bonne nature, purges-en mon sang! Et moi, pour éclaircir ce front soucieux, je sais un moyen fort doux.

ACTE TROISIÈME.

Le palais de la gouvernante.

MARGUERITE. Ah! j'aurais dû le prévoir. Peut-on s'empêcher, lorsqu'on passe sa vie dans les travaux, de croire qu'on fait le mieux possible? et celui qui de loin surveille et commande croit-il jamais demander l'impossible? Oh! les rois! les rois!... Non, je n'aurais pas cru qu'il m'en reviendrait tant de chagrin. Il est si beau de régner !... et abdiquer !... Je ne sais comment mon père en eut le courage ; mais je veux l'imiter. (*Machiavell paraît dans le fond.*) Approchez, Machiavell. Je songe ici à la lettre de mon frère.

MACHIAVELL. Me serait-il permis de savoir ce qu'elle contient?

MARGUERITE. Autant de déférence et de tendresse pour moi que de sollicitude pour ses États. Il exalte la fermeté, le zèle et la fidélité avec lesquels j'ai veillé aux droits du trône dans ce pays. Il me plaint extrêmement des obstacles que me suscite à tout coup la licence d'un peuple ingouvernable. Enfin, il est si intimement convaincu de la profondeur de mes vues, si extraordinairement satisfait de la sagesse de ma conduite, que je dirais presque de sa lettre qu'elle est trop bien écrite pour un roi, pour un frère assurément.

MACHIAVELL. Ce n'est pas la première fois qu'il vous témoigne sa juste satisfaction.

MARGUERITE. Mais la première fois que c'est une figure de rhétorique.

MACHIAVELL. Je ne vous comprends pas.

MARGUERITE. Vous allez comprendre. Car, après cet exorde, il ajoute que sans des soldats, sans une petite armée, je jouerai toujours ici un triste rôle. Il dit que nous avons eu tort de céder aux plaintes des habitants et de retirer nos soldats des provinces. Il pense qu'une garnison, en pesant sur la tête d'un bourgeois, l'empêcherait par sa lourdeur de sauter trop haut.

MACHIAVELL. Cela échaufferait les têtes au dernier point.

MARGUERITE. Mais le roi pense... entends-tu ? il pense qu'un brave général, un homme inaccessible à toute raison, viendrait bientôt à bout du peuple et de la noblesse, des bourgeois et des paysans; et à cet effet il envoie avec une bonne armée... le duc d'Albe.

MACHIAVELL. Albe?

MARGUERITE. Tu t'étonnes?

MACHIAVELL. Vous dites : il envoie, c'est-à-dire qu'il demande s'il doit envoyer.

MARGUERITE. Le roi ne demande pas: il envoie.

MACHIAVELL. Eh bien, vous allez avoir à votre service un guerrier expérimenté.

ACTE III.   221

MARGUERITE. A mon service! parle franchement, Machiavell.

MACHIAVELL. Je ne voudrais pas anticiper sur ce que vous pensez vous-même.

MARGUERITE. Et ce que je voudrais pouvoir me dissimuler. — Le coup m'est sensible, très-sensible. J'aurais bien mieux aimé que mon frère dît simplement ce qu'il pense, que de signer ainsi des lettres de pure formalité, rédigées par un secrétaire d'État.

MACHIAVELL. Ne pourrait-on pas deviner...

MARGUERITE. Je les sais par cœur. Ils voudraient avoir maison nette; et comme ils n'y travaillent pas eux-mêmes, pour gagner leur confiance il suffit de se présenter à eux le balai à la main. Oh! mon Dieu! c'est comme si je voyais le roi et son conseil brodés ici sur le tapis.

MACHIAVELL. Aussi vivement?

MARGUERITE. Il n'y manque pas un trait. Dans le nombre se trouvent de braves gens: l'honnête Rodrigue, si habile, si mesuré, n'élevant jamais trop haut ses prétentions, et ne laissant pourtant rien tomber; le loyal Alonzo, le laborieux Freneda, l'inflexible Las Vargas, et quelques autres encore qui les secondent quand le bon parti triomphe. Mais là siége l'archevêque de Tolède, au front d'airain, à l'œil cave, au regard de feu. Il me semble l'entendre murmurer de sa place quelques mots sur l'indulgence des femmes et sur une condescendance déplacée, disant que les femmes sont faites pour monter des chevaux bien dressés, mais que ce sont de mauvais écuyers, et autres sarcasmes semblables dont j'ai été rassasiée autrefois par nos hommes d'État.

MACHIAVELL. Vous avez pris pour ce tableau une admirable palette.

MARGUERITE. Mais avoue-le, Machiavell, dans toute la nature, je chercherais vainement un ton assez livide, une nuance assez rembrunie pour le portrait d'Albe. Il faudrait lui dérober ses couleurs, elles sont à lui seul. Personne qui ne soit à ses yeux un blasphémateur, un criminel de lèse-majesté! parce que c'est un chapitre où il y a beaucoup à rouer, empaler, écarteler, brûler. — Faire du bien, pour lui c'est ne rien faire. Aussi se plaint-on là-bas de ma négligence. Une scène de désordre a-t-elle eu lieu, Albe s'y accroche, et lorsque tout est fini, que le tumulte est déjà loin de nous, il va trouver le roi et lui en rafraîchit la mémoire. De cette manière, le roi, n'ayant devant les yeux que meurtres, séditions, licence, finit par croire tout de bon qu'ils se mangent ici les uns les autres; pendant qu'il ne s'agit que d'un scandale passager, occasionné par une populace grossière, et que nous avons oublié depuis des siècles. Alors il prend en haine ces pauvres gens, ne les envisage qu'avec horreur, comme des monstres et des bêtes féroces, ne voit plus de ressource que dans le fer et le feu, et s'imagine que c'est ainsi qu'on vient à bout des hommes.

MACHIAVELL. Il me semble que vous vous alarmez beaucoup trop, et que vous poussez les choses à l'extrême. Après tout, ne demeurez-vous pas gouvernante?

MARGUERITE. Je connais cela; il apporte une instruction. — Dieu merci, j'ai assez d'expérience dans les affaires d'État pour savoir comment on s'y prend pour évincer les gens sans leur ôter les marques de leurs dignités. Rien de plus simple. Il va d'abord tirer de sa poche une instruction bien vague et bien louche; puis il empiétera sur mes droits, car il a la force. Si je me plains, il alléguera une instruction secrète; si je demande à la voir, il trouvera des délais; si j'insiste, il me montrera un papier qui renfermera toute autre chose; et si je ne veux pas m'en contenter, il fera comme si je ne parlais pas. Et en attendant, ce que je craignais aura été fait, ce que je désirais mis de côté.

MACHIAVELL. Je voudrais pouvoir contester la vérité de ce que vous dites.

MARGUERITE. Ce qui m'a coûté tant de patience à apaiser, il va le ranimer à force de violences et de cruautés. Je verrai sous mes yeux périr mon ouvrage, et j'aurai de plus à répondre de ses fautes.

MACHIAVELL. Votre altesse peut y compter.

MARGUERITE. J'ai assez d'empire sur moi pour me contenir. Qu'il vienne, je lui céderai la place de la meilleure grâce du monde, et avant qu'il m'y force.

MACHIAVELL. Quoi! si vite? une démarche si importante!

MARGUERITE. Moins légèrement que tu ne penses. Aussi

bien, lorsqu'on s'est accoutumé à régner, qu'on a pris l'habitude de se dire chaque jour : Le sort de tant de milliers d'hommes est dans mes mains! on descend du trône comme au tombeau. Mais plutôt cela que de ne demeurer ainsi qu'une ombre parmi les vivants, et de persister à remplir de son vain squelette une place échue à un autre, qui déjà la possède et en jouit sans partage.

La demeure de Claire.

CLAIRE, SA MÈRE.

LA MÈRE. Jamais je n'ai vu attachement pareil à celui de Brackenbourg. Je croyais jusqu'aujourd'hui que ces amours-là n'existaient que dans les romans.

CLAIRE, *se promenant en long et en large dans la chambre, chantant un air à demi-voix.*

>Digne est d'envie
>L'âme qui sait aimer.

LA MÈRE. Il soupçonne ta liaison avec Egmont; et je crois que si tu le traitais amicalement, si tu voulais, il t'épouserait encore.

CLAIRE, *chantant.*

>Pensive,
>Gaie et vive,
>Triste tour à tour,
>Du rire
>Au martyre
>Passer en un jour;
>Jusqu'aux cieux ravie,
>Soudain s'abîmer :
>Digne est d'envie
>L'âme qui sait aimer.

LA MÈRE. Laisse là le refrain [1].

CLAIRE. N'allez pas en dire de mal; c'est une chanson ma-

---

[1] En allemand, POPZYO, refrain d'usage.

gique. Elle m'a servi déjà plus d'une fois à endormir un grand enfant.

LA MÈRE. Tu n'as en tête que ton amour. Si tu voulais bien ne pas tout sacrifier à cette seule chose! Tu devrais avoir des attentions pour Brackenbourg, te dis-je. Il peut encore te rendre heureuse.

CLAIRE. Lui?

LA MÈRE. Eh oui! il vient un temps.... Vous autres enfants, vous ne prévoyez rien, et vous n'écoutez pas les leçons de notre expérience. Jeunesse et tendresse, tout a son terme; et il vient un temps où c'est une grâce de Dieu si on a de quoi se mettre à couvert.

CLAIRE *fait un mouvement d'effroi, reste muette quelques instants, puis s'écrie*: Ah! ma mère, ne parlez pas de ce temps-là! laissez-le venir comme la mort. L'idée en est horrible! Et quand il sera venu... quand il nous faudra... alors... nous nous en tirerons comme nous pourrons. — Egmont! être privée de toi! non, impossible! impossible!

EGMONT *dans un manteau de cavalier, le chapeau rabattu sur les yeux*. Claire!

CLAIRE *jette un cri et recule*. Egmont! (*Elle s'élance vers lui.*) Egmont! (*Elle l'embrasse et se pend à son cou.*) O bon, cher, doux ami! viens-tu? es-tu là?

EGMONT, *à la mère*. Bonsoir, bonne mère.

LA MÈRE. Je vous salue, monseigneur! ma petite est presque morte de ce que vous venez si tard : elle n'a encore parlé que de vous tout le jour.

EGMONT. Vous avez de quoi me donner à souper, n'est-ce pas?

LA MÈRE. C'est trop d'honneur!..... Si nous avions quelque chose.....

CLAIRE. Certainement! Soyez tranquille, ma mère, j'ait tout disposé pour le souper; j'ai préparé ce qu'il faut. — Ne me trahissez pas, ma mère.

LA MÈRE. Maigre chère.

CLAIRE. Attendez! et puis, je pense à une chose: quand il est près de moi, je n'ai pas faim du tout; il ne doit donc pas avoir non plus grand appétit quand je suis près de lui.

ACTE III.

EGMONT. Tu crois? (*Claire frappe du pied et se détourne avec humeur.*) Qu'as-tu donc?

CLAIRE. Comme vous êtes froid aujourd'hui! vous ne m'avez pas encore embrassée une seule fois. Pourquoi avez-vous les bras emmaillottés dans un manteau, comme un enfant de deux jours? Il ne sied ni à un soldat ni à un amant d'avoir les bras emmaillottés.

EGMONT. Quelquefois, ma chère, quelquefois. Quand le soldat est en embuscade, et qu'il veut surprendre l'ennemi, il se blottit, croise les bras et médite son coup. Et un amant...

LA MÈRE. Ne voulez-vous pas vous asseoir et vous reposer? Moi, je m'en vais à la cuisine. Claire ne pense à rien quand vous êtes là. Il faudra vous contenter de ce qui se trouvera.

EGMONT. Votre bonne volonté est le meilleur assaisonnement.

La mère sort.

CLAIRE. Et mon amour, que sera-t-il donc?

EGMONT. Tout ce que tu voudras.

CLAIRE. Comparez-les, si vous en avez le cœur.

EGMONT. Laissons cela.

Il rejette son manteau et paraît dans un costume magnifique.

CLAIRE. Oh!

EGMONT. J'ai les bras libres maintenant.

Il l'embrasse.

CLAIRE. Laissez! laissez! vous allez vous salir. (*Elle recule de quelques pas.*) Quelle magnificence! Je n'ose vous toucher.

EGMONT. Es-tu satisfaite? Je t'ai promis de venir un jour en Espagnol.

CLAIRE. Il y a longtemps que je ne vous en disais plus rien : je pensais que vous ne vouliez pas... Ah! et la Toison d'or!

EGMONT. Tu la vois enfin.

CLAIRE. C'est l'empereur qui t'a pendu cela au cou?

EGMONT. Oui, mon enfant; et cette chaîne et cette décoration sont pour celui qui les porte la source des plus nobles priviléges. Je ne reconnais sur la terre aucun juge de mes actions que le grand maître de l'ordre avec le chapitre des chevaliers.

CLAIRE. Oh! quant à cela, tu peux te faire juger par le monde entier sans aucun risque... Mais ce velours! il est trop riche... Et cette broderie!... on ne sait par où commencer.

EGMONT. Examine tout, rassasie-toi.

CLAIRE. Et la Toison d'or! vous me disiez un jour que c'est une distinction d'un grand prix, qu'on ne mérite et qu'on n'obtient qu'à force de peines et de travaux. Elle est d'un grand prix! je puis donc la comparer à votre amour; je le porte de même ici au cœur.— Mais ensuite...

EGMONT. Eh bien?

CLAIRE. Ensuite la comparaison n'est plus juste.

EGMONT. Comment?

CLAIRE. C'est que, n'ayant pris aucune peine pour l'obtenir, je ne le mérite pas.

EGMONT. En amour, c'est tout une autre affaire. C'est précisément parce que tu ne l'as pas recherché que tu le mérites. Et ceux-là l'obtiennent le plus tôt qui s'en inquiètent le moins.

CLAIRE. Est-ce ton propre exemple qui te fait dire cela? Aurais-tu fait cette belle remarque sur toi-même, toi qui es aimé de tout le peuple?

EGMONT. Oh! si j'avais fait quelque chose pour eux! si je pouvais les servir en quelque chose!... C'est pure bonne volonté s'ils m'aiment.

CLAIRE. Tu as sûrement vu la gouvernante aujourd'hui?

EGMONT. Oui, je suis allé chez elle.

CLAIRE. Es-tu bien avec elle?

EGMONT. On le dirait. Nous avons des attentions l'un pour l'autre.

CLAIRE. Et dans le fond?

EGMONT. Moi, je lui veux du bien. Chacun a ses vues particulières; mais cela ne fait rien à la chose. C'est une bonne personne, qui connaît bien son monde, et serait douée d'assez de pénétration si elle n'avait pas le défaut d'être soupçonneuse. Je lui donne bien de l'occupation, parce que derrière ma conduite elle cherche toujours des mystères, et qu'il n'y en a aucun.

CLAIRE. Aucun?

EGMONT. C'est-à-dire une petite arrière-pensée. Eh! quel vin ne dépose un peu de tartre au fond du tonneau avec le temps! Mais dans Orange elle trouve encore bien plus ample matière à conjectures : il est pour elle un problème toujours nouveau. A la cour, il passe pour un homme réservé, mystérieux, ne disant jamais que la moitié de ce qu'il pense. Aussi la voit-on sans cesse occupée à déchiffrer son âme sur les rides de son front et à compter ses pas pour s'assurer de la direction qu'il va prendre.

CLAIRE. Est-elle dissimulée ?

EGMOND. Elle est gouvernante, et tu le demandes!

CLAIRE. Pardon, je voulais dire : est-elle fausse ?

EGMONT. Ni plus ni moins que tous ceux qui veulent arriver à leurs fins.

CLAIRE. Je sens que je ne suis pas faite pour le monde. — Elle a pourtant un esprit mâle. C'est une femme bien au-dessus de nous autres ouvrières : elle est noble, courageuse, déterminée.

EGMONT. Sans doute, lorsque les affaires ne se compliquent pas trop ; mais cette fois-ci elle a un peu perdu contenance.

CLAIRE. Comment cela ?

EGMONT. Oui, elle a une petite moustache sur la lèvre d'en haut et parfois une attaque de goutte; d'ailleurs vraie amazone.

CLAIRE. Oh! c'est une femme majestueuse! Je tremblerais s'il me fallait paraître devant elle.

EGMONT. Tu n'es pourtant pas timide; ce ne serait donc pas frayeur chez toi, mais pudeur virginale... (*Claire baisse les yeux, prend la main d'Egmont et se penche vers lui.*) Je t'entends, chère enfant! tu voudrais ouvrir les yeux.

Il lui donne un baiser sur les yeux.

CLAIRE. Ah! laisse-moi me taire! laisse-moi te tenir! laisse-moi fixer mes yeux sur les tiens! y trouver tout, consolation, espérance, joie, douleur! (*Elle l'embrasse et le regarde fixement.*) Dis-moi! dis! je ne comprends pas! es-tu bien Egmont? le comte d'Egmont? ce grand Egmont qui fait tant de bruit, dont on parle dans les gazettes, dont les provinces attendent leur bonheur?

EGMONT. Non, Claire, je ne suis pas cet Egmont-là.

CLAIRE. Comment!

EGMONT. Ecoute, mon amie. — Que je m'asseye! (*Il s'assied. Claire se met à genoux devant lui sur un tabouret, appuie ses deux bras sur les genoux d'Egmont et tient ses yeux attachés sur lui.*) L'Egmont dont tu parles est un Egmont chagrin, solennel, froid, contraint de s'observer sans cesse, de prendre tantôt un masque, tantôt un autre; il est persécuté, méconnu, ennuyé, pendant que le monde le tient pour gai, libre et joyeux; il est aimé d'un peuple qui ne sait pas ce qu'il veut, honoré et exalté par une multitude dont il n'a rien à attendre, entouré d'amis auxquels il n'ose se confier, observé par des hommes qui ont à cœur de le pénétrer et de s'emparer de lui; travaillant et se fatiguant souvent sans but, presque toujours sans fruit... Oh! fais-moi grâce de l'énumération pénible de tout ce qu'il pense et éprouve. Mais cet Egmont que voici, Claire, il est sincère, heureux, tranquille; il est aimé et connu du cœur le plus sensible, que de son côté il connaît à fond, et qu'avec un amour, une confiance sans bornes, il presse contre le sien. (*Il la serre dans ses bras.*) C'est ton Egmont!

CLAIRE. Que je meure donc! le monde n'a pas de joies comparables à celles-ci.

ACTE QUATRIÈME.

Une rue.

JETTER, UN CHARPENTIER.

JETTER. Hé! pst! hé! voisin, un mot.

LE CHARPENTIER. Passe ton chemin et reste coi!

JETTER. Rien qu'un mot : point de nouvelles?

LE CHARPENTIER. Point, si ce n'est qu'on vient de nous interdire de parler.

JETTER. Comment?

ACTE IV.

LE CHARPENTIER. Venez par ici, le long des maisons; prenez bien garde à vous! Aussitôt son arrivée, le duc d'Albe a fait publier un édit par lequel sont déclarées coupables de haute trahison deux ou trois personnes qu'on trouverait causant dans la rue.

JETTER. Miséricorde!

LE CHARPENTIER. Il est défendu, sous peine de prison perpétuelle, de parler affaires d'État.

JETTER. O notre liberté!

LE CHARPENTIER. Et il y a peine de mort pour ceux qui blâment la conduite du gouvernement.

JETTER. O nos têtes!

LE CHARPENTIER. Et de grandes promesses sont faites aux pères, mères, enfants, parents, amis, domestiques, pour les engager à observer soigneusement tout ce qui se passe dans l'intérieur de la maison, et à en venir faire la déclaration devant le tribunal établi pour cela.

JETTER. Rentrons à la maison.

LE CHARPENTIER. Et ceux qui obéiront, on leur promet que, soit en corps, biens ou honneur, il ne leur sera fait nul dommage.

JETTER. Belle grâce! — J'ai senti un vrai malaise dès que le duc a mis le pied dans la ville, et depuis lors je ne vis plus qu'à moitié. Il me semble que le ciel s'est couvert d'un crêpe noir, et qu'il pend si bas, si bas, que pour ne pas donner contre on est obligé de se courber en deux.

LE CHARPENTIER. Et que dis-tu des soldats? Après ceux que nous sommes accoutumés à voir... diable! c'est une autre affaire.

JETTER. Ne m'en parle pas! Tiens, de voir seulement défiler par les rues un peloton d'Espagnols, j'en ai le cœur serré. Droits comme des I, le regard fixe, un seul pas pour tous. Et puis quand il y en a un en faction et que vous passez devant lui, ne dirait-on point qu'il veut voir à travers votre peau? Ils ont l'air si roide et si rébarbatif qu'à chaque pas on croit rencontrer un geôlier. Ils me font mal à voir. Notre milice, c'était là une troupe joviale! la tête haute, le jarret tendu, les jambes écartées, le chapeau sur l'oreille, vivant et laissant vivre! Mais ces drôles-ci, c'est comme des mannequins dont le diable tient les fils.

LE CHARPENTIER. Si l'un d'eux crie : Halte-là! et ajuste son fusil, crois-tu qu'on résiste?

JETTER. Je tomberais roide comme un mort.

LE CHARPENTIER. Rentrons à la maison.

JETTER. Il ne fait pas bon. Adieu.

Arrive Sœst.

SŒST. Amis, camarades, holà!

LE CHARPENTIER. Paix! laissez-nous aller.

SŒST. Savez-vous?

JETTER. Que trop!

SŒST. La gouvernante est partie.

JETTER. Mon Dieu, aie pitié de nous!

LE CHARPENTIER. Elle nous protégeait encore.

SŒST. Subitement et sans bruit. Elle n'a pu s'arranger avec le duc. Avant de partir, elle a fait savoir à la noblesse qu'elle reviendrait bientôt; personne n'y croit.

LE CHARPENTIER. La noblesse! voici encore, Dieu lui pardonne, un joug de plus qu'elle a laissé mettre sur nos têtes. Ils auraient si bien pu l'empêcher! C'en est fait de nos priviléges.

JETTER. Au nom de Dieu! pas un mot de priviléges; je flaire un jour d'exécution. Le soleil ne veut pas se montrer; le brouillard sent mauvais.

SŒST. Orange est aussi parti.

LE CHARPENTIER. Nous sommes donc tout à fait abandonnés?

SŒST. Le comte d'Egmont est encore là.

JETTER. Dieu soit loué! que tous les saints le fortifient et qu'il fasse de son mieux! lui seul à présent y peut quelque chose.

Arrive Vansen.

VANSEN. Enfin j'en trouve deux qui n'ont pas détalé!

JETTER. Faites-nous le plaisir de passer votre chemin.

VANSEN. Vous n'êtes pas polis.

LE CHARPENTIER. C'est moins que jamais le temps des compliments. Le dos vous démange-t-il encore? Êtes-vous déjà guéri?

VANSEN. Est-ce qu'un soldat regarde à ses blessures? Si j'avais eu peur des coups, je ne serais jamais parvenu à rien.

JETTER. Il peut arriver pis.

VANSEN. L'approche de l'orage a engourdi vos membres, à ce qu'il me paraît.

LE CHARPENTIER. Tes membres iront bientôt se dégourdir autre part, si tu ne te tiens en repos.

VANSEN. Misérables souris, qui désespèrent de tout quand le maître de la maison prend un nouveau chat! Il y a bien un petit changement; mais nous n'en sommes pas moins en vie comme auparavant. Soyez donc tranquilles.

LE CHARPENTIER. Tu es un effronté coquin!

VANSEN. Maître sot! laisse faire le duc. Notre vieux matou a l'air d'avoir avalé des démons en place de souris, et de ne pas pouvoir les digérer. Laissez-le faire, vous dis-je. Il faut bien, après tout, qu'il mange, boive et dorme comme d'autres. Quant à moi, je n'en suis pas en peine, pour peu que nous sachions nous prêter aux circonstances. D'abord il ira vite en besogne, mais ce ne sera pas de longue durée; il finira par trouver qu'il fait meilleur vivre à l'office autour du lard et dormir la nuit, que se morfondre dans le grenier à guetter quelques souris. Allez donc, je connais les gouverneurs.

LE CHARPENTIER. Où va-t-il pêcher tout ce qu'il dit, cet homme-là? S'il m'était arrivé dans ma vie d'avoir tenu de pareils propos, je n'en dormirais plus.

VANSEN. Soyez donc tranquilles! Dieu dans le ciel ne sait rien de ce que vous faites, vous autres vers de terre; à plus forte raison le gouverneur.

JETTER. Langue de vipère!

VANSEN. Ce n'est pas que je n'en connaisse d'autres à qui du sang de tailleur ne ferait pas mal dans les veines, au lieu de leur grand héroïsme.

LE CHARPENTIER. Que voulez-vous dire par là?

VANSEN. Hem! c'est le comte que j'entends.

JETTER. Egmont! qu'a-t-il à craindre?

VANSEN. Je ne suis qu'un pauvre diable qui pourrait vivre un an de ce qu'il perd dans une soirée; eh bien! lui, il pourrait me donner son revenu d'un an pour avoir ma tête seulement un quart d'heure.

JETTER. Tu te crois donc un aigle? Va, les cheveux d'Egmont sont plus sensés que ta cervelle!

VANSEN. Plus sensés, dites-vous? oui! mais pas plus fins. Ces beaux messieurs se trompent des premiers. Il ne devrait pas s'y fier.

JETTER. Quel bavardage! un homme semblable!

VANSEN. Précisément, parce que ce n'est pas un tailleur.....

JETTER. Mal-appris!

VANSEN. Je lui souhaiterais votre courage dans les membres pour une petite heure. Qu'il tremble comme la feuille, et n'ait ni paix ni trêve qu'il ne soit hors des murs.

JETTER. Ce que vous dites là n'a pas le sens commun; il est aussi assuré que l'étoile au ciel.

VANSEN. N'en as-tu jamais vu filer une? On regarde... elle n'y est plus.

LE CHARPENTIER. Qui est-ce donc qui lui fera quelque chose?

VANSEN. Qui? T'y opposeras-tu, toi? exciteras-tu une émeute, s'ils le mettent en prison?

JETTER. Ah!

VANSEN. Hasarderez-vous vos têtes pour lui?

SOEST. Eh!

VANSEN, *les contrefaisant*. Eh! oh! ah! parcourez en exclamations toutes les lettres de l'alphabet; ce qui est vrai n'en restera pas moins vrai. Que Dieu le protége!

JETTER. Votre impudence me confond! Un si noble, un si honnête homme aurait quelque chose à craindre!

VANSEN. Le coquin a partout l'avantage. Sur le tabouret de l'accusé, il se moque de son juge; sur le fauteuil du juge, il fait de l'accusé un coupable. J'ai, moi, copié un procès-verbal où le juge d'instruction reçut éloges et argent pour avoir trouvé des crimes à un pauvre diable, honnête s'il en fut, qu'on voulait perdre.

LE CHARPENTIER. Voilà encore un de vos mensonges. L'apparence qu'on puisse trouver des crimes à un homme innocent!

VANSEN. Tête de linotte! là où il n'y a point de crimes à trouver, on en met. L'honnêteté rend imprudent et même un peu rogue; on commence donc par interroger timidement. Le prévenu, fort, comme on dit, de son innocence, ne manque pas de révéler tout ce qu'un homme avisé cacherait. De ces réponses maladroites le juge d'instruction tire de nouvelles demandes et guette la première contradiction apparente, qui n'est pas longue à se présenter. Alors il tend ses filets : l'autre imbécile se laisse déconcerter sur ce qu'on lui allègue qu'il a dit trop ici, pas assez là, ou bien que, Dieu sait par quel caprice! il a tu une circonstance et a montré de la frayeur à quelque endroit de ses réponses. Et voilà mon homme en beau chemin! Je vous réponds que les mendiants ne mettent pas plus de soin à fouiller les tas d'ordures qu'un de ces faiseurs de criminels n'en met à construire de tous ces petits indices obscurs, faussés, détournés, pressurés, torturés, avoués ou niés, un mannequin de paille, un épouvantail d'oiseaux, pour avoir au moins la faculté de faire pendre son accusé en effigie; et le pauvre diable peut bien encore remercier Dieu s'il en est quitte pour se voir pendre.

JETTER. Quelle langue!

LE CHARPENTIER. Passe pour les moucherons; mais les guêpes se moquent de vos toiles d'araignée.

VANSEN. C'est suivant les araignées. Ce grand flandrin de duc vous a toute la mine d'un faucheur; non pas de ces araignées à gros ventre, dont on n'a guère à craindre, mais de celles à longues pattes et à petits corps, qui mangent toujours sans engraisser jamais, et tendent des fils qui pour être minces n'en sont que plus élastiques.

JETTER. Egmont est chevalier de la Toison d'or; qui oserait mettre la main sur lui? Il ne peut être jugé que par ses pairs, par l'ordre assemblé. C'est ta méchante langue, c'est ta mauvaise conscience qui te fait tenir de ces propos.

VANSEN. Est-ce que je lui veux du mal pour cela? Pas le moins du monde; c'est le plus excellent homme! Deux de mes amis, qui partout ailleurs auraient été pendus, il les a seulement congédiés avec une bonne volée de coups de bâton... Mais détalons! je suis maintenant le premier à vous le conseiller. Je vois s'avancer par ici une patrouille, et ils n'ont pas du tout l'air de vouloir fraterniser avec nous le verre à la main. Attendons-les de pied ferme, et bornons-nous au rôle de paisibles spectateurs. J'ai une couple de nièces et un compère cabaretier; s'ils en ont tâté et qu'ils ne soient pas apprivoisés, ce sont alors de vrais loups enragés.

Le palais de Culembourg, demeure du duc d'Albe.

SILVA *et* GOMEZ *se rencontrent.*

SILVA. As-tu exécuté les ordres du duc?

GOMEZ. Ponctuellement: toutes les patrouilles de service ont reçu ordre de se rendre, à une certaine heure, dans divers lieux que je leur ai désignés; en attendant elles parcourent la ville, comme à l'ordinaire, pour maintenir la tranquillité. Nul ne sait la consigne de son voisin, et chacun s'imagine que l'ordre est pour lui seul; de manière qu'en un clin d'œil le cordon peut être établi et toutes les avenues du palais occupées. Sais-tu le motif de cet ordre?

SILVA. J'ai coutume d'obéir aveuglément; et quoi de plus commode que d'obéir au duc? L'événement ne tarde jamais à démontrer qu'il a bien ordonné.

GOMEZ. Bon! bon! je ne vois rien d'étonnant à ce que tu sois, ainsi que lui, renfermé et monosyllabique, toi qui ne quittes pas sa personne d'un instant; mais c'est pour moi une chose tout à fait étrange, accoutumé comme je suis au service animé des Italiens. En fidélité et en obéissance, je suis toujours le même; mais j'ai pris l'habitude de discourir et de raisonner. Vous autres, vous êtes d'un taciturne! jamais vous ne vous mettez à l'aise. Le duc me fait l'effet d'une tour d'airain dont la garnison aurait des ailes. A table, dernièrement, je l'ai entendu comparer un homme gai et accueillant à un mauvais bouchon où l'on vend de l'eau-de-vie pour attirer les oisifs, les gueux et les voleurs.

SILVA. Et ne vient-il pas de nous conduire ici dans le plus profond silence?

GOMEZ. Oh! à cela il n'y a rien à dire. Certes, celui qui a été témoin de la prudence qu'il vient de déployer en conduisant l'armée d'Italie jusqu'ici, celui-là peut se vanter d'avoir vu quelque chose. Avec quelle adresse il s'est glissé à travers amis et ennemis, Français, royalistes et huguenots, Suisses et confédérés! comme il a su maintenir la plus exacte discipline, et achever sans le moindre accident cette expédition qu'on croyait si dangereuse! — Oui, oui, nous avons vu quelque chose, et nous en avons appris long.

SILVA. Et ici, tout n'est-il pas calme et tranquille, comme si aucune sédition n'avait eu lieu?

GOMEZ. Mais la tranquillité régnait déjà presque partout quand nous sommes arrivés.

SILVA. Dans les provinces le calme est devenu bien plus grand, et si quelqu'un remue encore, c'est pour s'enfuir. Mais il s'occupera aussi bientôt de leur barrer les chemins, je pense.

GOMEZ. C'est à présent qu'il va gagner la faveur du roi!

SILVA. Et nous, ce que nous avons de mieux à faire est de nous conserver dans la sienne. Si le roi vient ici, le duc reste, et ceux qu'il recommande ne sont pas sans récompense.

GOMEZ. Crois-tu que le roi vienne?

SILVA. A voir tous les préparatifs qu'on fait ici, la chose me paraît fort probable.

GOMEZ. Ils ne me persuadent pas, moi.

SILVA. N'en dis rien, au moins; car si le roi n'a pas l'intention de venir, il a au moins celle de le faire croire.

Entre Ferdinand.

FERDINAND. Mon père n'est pas encore sorti?

SILVA. Nous l'attendons.

FERDINAND. Les princes seront bientôt ici.

GOMEZ. Viennent-ils aujourd'hui?

FERDINAND. Orange et Egmont.

GOMEZ, *bas à Silva.* Je comprends une chose !

SILVA. Eh bien, garde-la pour toi.

Entre le duc d'Albe.

ALBE. Gomez !

GOMEZ, *s'avançant.* Monseigneur !

ALBE. Tu as disposé les patrouilles ?

GOMEZ. Avec le plus grand soin. Les patrouilles de service...

ALBE. Il suffit. Va attendre dans la galerie. Silva t'avertira quand il faudra les réunir et occuper les avenues. Le reste, tu le sais.

GOMEZ. Oui, monseigneur.

Il sort.

ALBE. Silva !

SILVA. Me voici.

ALBE. Écoute. Tout ce que j'ai prisé jusqu'ici en toi, courage, audace, exécution irrésistible, montre-le aujourd'hui.

SILVA. Je vous remercie de ce que vous me donnez une occasion de vous prouver que je suis toujours le même.

ALBE. Dès que les princes seront chez moi, cours arrêter le secrétaire particulier d'Egmont. Tu as fait les préparatifs nécessaires pour saisir le reste de ceux qui sont désignés ?

SILVA. Reposez-vous sur nous. Leur sort les atteindra d'un coup terrible et à point nommé, comme l'éclipse de soleil la mieux calculée.

ALBE. Les as-tu fait surveiller exactement ?

SILVA. Tous, Egmont le premier. Il est le seul qui, depuis ton arrivée ici, n'ait rien changé à sa conduite. Toute la journée, d'un cheval sur l'autre, tenant table ouverte, gai et causant aux repas, jouant aux dés, tirant au blanc, et la nuit se glissant chez sa maîtresse. Les autres, au contraire, ont coupé court à leur train de vie accoutumé. Ils se tiennent renfermés chez eux, et à voir l'extérieur de leurs maisons, on jurerait qu'il y a dedans un malade.

ALBE. Vite donc ! avant qu'ils guérissent malgré nous.

SILVA. J'en réponds. D'après tes ordres, nous les accablons d'honneurs et d'offres de service. L'effroi les glace, et ils nous font par politique un remerciment forcé. Ils sentent bien que le plus sage serait de s'enfuir ; mais nul ne hasarde un pas ; ils hésitent, ne peuvent se concerter, et de faire seul une démarche aussi hardie, l'esprit de corps les en empêche. Ils voudraient écarter tout soupçon, et se rendre de plus en plus suspects. — Je vois déjà avec joie ton plan réalisé.

ALBE. Moi, je ne me réjouis que de ce qui est fait ; et encore pas aisément, car il reste toujours quelque sujet de réflexion et d'inquiétude. La fortune a des caprices : souvent elle couronne du plus beau succès d'ignobles entreprises, et les plans les mieux combinés, elle les déshonore par une ignoble issue. Attends que les princes soient arrivés : avertis alors Gomez qu'il est temps d'occuper les avenues, et va toi-même arrêter le secrétaire d'Egmont et les autres suspects. Cela fait, reviens ici, et que mon fils m'en apporte la nouvelle au conseil.

SILVA. J'espère que ce soir je pourrai paraître devant vous en toute assurance. (*Albe s'approche de son fils, qui jusque-là est resté dans la galerie.*) J'ose à peine me l'avouer, mais mon espoir est chancelant. Je crains que les choses ne tournent autrement qu'il n'imagine. Je vois devant moi des esprits muets et pensifs qui pèsent dans de noires balances la destinée des princes et des peuples. La languette vacille longtemps incertaine, les juges ont l'air de réfléchir profondément, puis vient un souffle capricieux du sort qui fait baisser un plateau, monter l'autre, et l'affaire est décidée.

Il sort.

ALBE. Comment as-tu trouvé la ville ?

FERDINAND. Tout s'est rendu. J'ai promené mon cheval par les rues en long et en large, comme pour une partie de plaisir. Vos patrouilles, bien disposées, tiennent tout le monde dans une si grande frayeur, qu'à peine ose-t-on respirer. Bruxelles ressemble à une campagne, quand l'orage éclaire de loin : on ne voit pas un oiseau, pas un animal dehors, que ceux qui cherchent un asile en tremblant.

ALBE. N'as-tu rien rencontré encore ?

FERDINAND. Pendant que j'étais sur la place du Marché, Egmont y a passé avec une suite. Nous nous sommes salués ; il montait un beau cheval entier, dont je n'ai pu m'empêcher de lui faire compliment. « Exerçons nos chevaux, m'a-t-il crié de loin, nous en aurons besoin sous peu ! » Il a ajouté qu'il me reverrait aujourd'hui, devant venir, sur votre invitation, se concerter avec vous.

ALBE. Il te reverra.

FERDINAND. De tous les nobles de Bruxelles, c'est lui que je préfère. Tout m'annonce que nous deviendrons amis.

ALBE. Tu es trop vif et trop peu sur tes gardes ; je reconnais toujours en toi cette légèreté de ta mère, qui la mit sans condition dans mes bras. Sur la simple apparence, tu as déjà formé inconsidérément plus d'une liaison dangereuse.

FERDINAND. Votre volonté ne m'a jamais trouvé indocile.

ALBE. Je pardonne à ton jeune sang cette disposition à bien juger des autres, cette humeur gaie, étourdie ; mais n'oublie pas quel est l'objet de ma mission, et quelle part je voudrais t'y donner.

FERDINAND. Rappelez-le-moi, et ne m'épargnez pas où vous le jugerez nécessaire.

ALBE, *après une pause.* Mon fils !

FERDINAND. Mon père.

ALBE. Les princes viennent ; Orange et Egmont viennent. Ce n'est pas une faible marque de confiance que de te révéler dès à présent ce qui doit arriver. Une fois ici, ils n'en sortiront pas.

FERDINAND. Quel projet médites-tu ?

ALBE. Il est décidé qu'on les retiendra. — Tu t'étonnes ! Écoute ce que tu as à faire ; les motifs tu les sauras après. Maintenant il est trop tard pour te les expliquer, et d'ailleurs j'ai à te communiquer un secret de la plus haute importance. Un lien sacré nous unit l'un à l'autre ; tu m'es cher, mon fils ; ma tendresse pour toi ne connaît point de bornes ; je voudrais tout accumuler sur ta tête ; je voudrais non-seulement t'inculquer l'habitude d'obéir, mais encore faire passer en toi le talent de commander, de parler, d'agir : en un mot, je voudrais te laisser un riche héritage, au roi un serviteur utile. Ce que j'ai de plus précieux, je voudrais t'en doter, que tu puisses marcher l'égal de tes frères et ne point rougir devant eux.

FERDINAND. Par quelle reconnaissance m'acquitterai-je jamais de tant d'amour concentré sur moi seul, tandis que tout un royaume tremble devant toi ?

ALBE. Écoute à présent ce qu'il y a à faire. Les princes ne seront pas plutôt ici que toutes les avenues du palais seront occupées ; Gomez en a reçu l'ordre. Silva ira de son côté arrêter le secrétaire d'Egmont avec les plus suspects. Toi, veille à ce que la garde soit sévère à la porte et dans les cours. Sur toutes choses, je te recommande de placer dans ces chambres-ci des hommes sûrs. Cela fait, reste dans la galerie et attends-y le retour de Silva. Tu viendras alors me remettre ici n'importe quoi, un papier insignifiant, pour marquer que sa mission est remplie, et tu te posteras dans l'antichambre, prêt à suivre Orange à sa sortie. Je retiendrai Egmont, sous prétexte que j'ai quelque chose de particulier à lui dire. Au bout de la galerie demande à Orange son épée, appelle la garde, assure-toi de cet homme dangereux. Je me charge d'Egmont.

FERDINAND. J'obéis, mon père, pour la première fois à regret et avec douleur.

ALBE. Je te le pardonne ; c'est le premier grand jour de ta vie.

Entre Silva.

SILVA. Un exprès d'Anvers. Voici une lettre d'Orange ! il ne vient pas.

ALBE. Est-ce que le messager l'a dit ?

SILVA. Non, c'est le cœur qui me l'a dit.

ALBE. Mon mauvais génie parle par ta bouche. (*Après avoir lu la lettre il leur fait un signe : tous deux se retirent dans la galerie du fond.—Il reste seul sur l'avant-scène.*) Il ne vient pas ! pour se déclarer, il attend le dernier moment. Il ose ne pas venir ! Ainsi donc cette fois, contre toute apparence, l'homme prudent a été assez prudent pour agir imprudemment ! — L'heure s'avance ! encore quelques pas de l'aiguille, et un grand ouvrage est achevé ou perdu, perdu sans ressource ; car, une fois faite, la chose sera irrévocable..... et publique. J'ai longtemps pesé toutes ces choses dans mon esprit ; j'ai prévu le cas où je me trouve, et j'ai arrêté ce qu'il y avait à faire en un tel cas ; et maintenant qu'il s'agit d'exécuter, le pour et le contre reviennent malgré moi jeter mon âme dans les tourments de l'incertitude. — Est-il sage de se saisir des autres, quand celui-ci m'échappe ?... que je diffère encore, que je laisse évader Egmont et tant d'autres dont la vie est aujourd'hui dans mes mains, pour la dernière fois peut-être !... Le sort t'a donc aussi vaincu, toi l'invincible! De si longues méditations, des préparatifs si bien faits, un plan si beau, si vaste! tant de pas vers le but! et à présent, à l'instant décisif, te voici placé entre deux maux également funestes; ta main puise dans l'obscur avenir comme dans l'urne fatale : le billet sur lequel tu tombes est encore à dérouler; noir ou blanc, tu l'ignores... (*Il prend tout à coup l'air attentif d'un homme qui vient d'entendre quelque bruit, et se met à la fenêtre.*) C'est lui! — Egmont, ton cheval t'emporte dans ma cour bien rapidement! Il ne craint donc pas l'odeur du sang? il n'a donc pas vu sur le seuil le spectre qui l'a reçu l'épée à la main! — Descends! — Bon, un pied dans la fosse! deux! — Oui, oui, caresse-le un peu, quelques petits coups sur la tête pour le dernier service qu'il vient de te rendre. — Il n'y a plus à délibérer, l'aveuglement d'Egmont me détermine; on ne se livre pas ainsi deux fois.—Holà! (*Ferdinand et Silva accourent.*) Suivez de point en point les ordres que je vous ai donnés; je ne change rien à ma décision. De manière ou d'autre, je retiens Egmont jusqu'à ce que tu m'apportes des nouvelles de Silva. Ne t'éloigne pas. Le sort t'enlève le mérite immense d'avoir pris de ta main le plus grand ennemi du roi. (*A Silva.*) Hâte-toi. (*A Ferdinand.*) Sors à sa rencontre.

Albe, resté seul un moment, se promène à grands pas en silence.

Entre Egmont.

EGMONT. Je viens prendre les ordres du roi, et savoir de vous quels services il demande à notre fidélité, qui est toujours la même pour sa personne.

ALBE. Il désire, avant toutes choses, vous consulter.

EGMONT. Sur quel objet? Orange ne vient-il pas aussi? Je le croyais ici.

ALBE. Je suis fâché qu'il nous manque justement à une heure si importante. — Mais, pour en revenir, le roi veut vous consulter sur les moyens à prendre pour pacifier ce pays. Il demande là-dessus vos sentiments, votre opinion; car il ne doute pas que vous ne mettiez tout votre zèle à apaiser les troubles qui ont altéré le repos des provinces, et à y fonder un ordre réel et durable.

EGMONT. Vous devez savoir mieux que moi que tout est assez

tranquille, et l'était encore bien davantage avant que l'apparition des nouveaux soldats eût frappé les esprits de crainte et d'inquiétude.

ALBE. C'est-à-dire que, selon vous, le roi aurait mieux fait de ne pas m'envoyer ici?

EGMONT. Pardon! si le roi aurait dû envoyer l'armée, ou si son auguste présence en eût imposé davantage, ce n'est pas à moi de le juger : l'armée est ici, non le roi. Mais il serait d'une ingratitude bien indigne et d'un cœur bien lâche d'oublier déjà tout ce que nous devons à la gouvernante. Avouons-le, par sa conduite aussi sage que ferme, en déployant tour à tour l'ascendant de son pouvoir et les ressources de son esprit persuasif, elle a su calmer une effervescence opiniâtre, et, à l'étonnement du monde, faire en peu de mois rentrer dans le devoir tout un peuple rebelle.

ALBE. Je suis loin de le nier. En effet, le désordre est apaisé, chacun semble être rentré dans les limites d'une stricte obéissance. Mais ne dépend-il pas de la volonté de chacun de les dépasser encore? Qui empêchera le peuple de se déborder? Où est le pouvoir qui doit le contenir? Qui nous garantit la continuation de sa fidélité et de son obéissance? Sa bonne volonté, voilà le seul gage que nous en ayons.

EGMONT. Et la bonne volonté d'un peuple, n'est-ce pas de tous les gages le plus sûr comme le plus noble? Pour Dieu! quand est-ce donc qu'un roi peut se croire en sûreté, si ce n'est quand tous vivent pour un, un pour tous? Quand a-t-il moins à redouter les attaques des ennemis intérieurs et extérieurs?

ALBE. Nous n'irons pourtant pas jusqu'à nous bercer de l'idée qu'il en est ainsi maintenant.

EGMONT. Que le roi fasse publier une amnistie générale, qu'il tranquillise les esprits, et on verra bientôt comme l'amour et la fidélité renaîtront avec la confiance.

ALBE. Et tout homme qui aurait insulté à la majesté royale et profané le sanctuaire de la religion pourrait aller et venir en tous lieux, circuler sans gêne et librement? Ce serait d'un bel exemple pour les autres de laisser sans châtiment des crimes aussi abominables!

EGMONT. Un crime commis dans l'ivresse ou dans la démence n'est-il pas plutôt à excuser qu'à punir cruellement? et surtout lorsqu'il y a un espoir aussi certain, que dis-je? une complète assurance que le mal ne se renouvellera jamais. L'indulgence ne fut-elle pas de tout temps la sauvegarde des rois? Ne recueillent-ils pas d'âge en âge les éloges du monde, ceux qu'une offense n'irrite point, qui savent la pardonner, la plaindre et la mépriser? Ne seront-ils pas, pour cela même, comparés à Dieu, qui est trop grand pour que chacun de nos blasphèmes puisse l'atteindre?

ALBE. Et c'est à cause de cela précisément que le roi doit veiller à ce qu'on respecte Dieu et la religion, et que nous, nous devons veiller à ce qu'on respecte le roi. Où le souverain dédaigne de descendre, c'est nous qui sommes chargés d'y porter la vengeance.— Si l'on suit mon conseil, aucun coupable ne jouira de l'impunité.

EGMONT. Crois-tu que tu les atteindras tous? N'apprend-on pas tous les jours que la peur les fait errer çà et là et même sortir du pays? Qu'en arrivera-t-il? Les riches emmèneront dans leur fuite leurs biens, leur famille, leurs amis; les pauvres iront vendre à nos voisins leurs mains industrieuses.

ALBE. Oui, si on ne peut pas les en empêcher.—Le roi demande à tous les grands services de tête et de main, zèle et rigidité à tous les gouverneurs, et non pas seulement des rapports sur ce qui est et sur ce qui pourrait arriver dans le cas où on laisserait aller les choses comme elles vont.— Avoir devant les yeux un grand mal, se flatter d'espérances vagues, s'en remettre au temps, une fois par hasard y faire une charge, comme à un carrousel, pour qu'il en résulte du tapage, et que sans rien faire on ait l'air de faire quelque chose, n'est-ce pas se rendre suspect d'envisager d'un œil content cette sédition, dont sans doute on ne voudrait pas allumer la flamme, mais encore moins l'éteindre?

EGMONT, *sur le point de s'emporter, se retient, et, après une courte pause, reprend d'un ton calme.* Les intentions ne sont pas toutes également visibles, et il est certaines gens dont on peut aisément mésinterpréter l'intention. Mais, de fait, on entend dire partout que l'intention du roi est moins de gouverner les provinces d'après des lois claires et uniformes, de maintenir la religion en honneur et de faire jouir ses peuples d'une paix durable, que de leur imposer un joug absolu, de les dépouiller de leurs antiques droits, de se rendre maître de leurs biens, et enfin de restreindre les beaux priviléges de la noblesse, unique gage de l'obéissance du noble, qui, à cette condition, mais à cette condition seulement, peut consentir à lui consacrer son bras et sa vie. La religion, dit-on, n'est autre chose qu'une riche tenture derrière laquelle on médite plus à son aise des projets funestes : le peuple est là sur ses genoux, adorant les figures sacrées qui sont peintes, et, caché derrière, l'oiseleur guette l'instant de se jeter sur lui et de l'enchaîner.

ALBE. Est-ce de ta bouche que je dois entendre de pareils discours ?

EGMONT. Je suis loin de le penser ! mais voilà ce que disent, ce que publient en tous lieux toutes sortes de gens, grands et petits, sages et fous. Les Belges redoutent un joug plus pesant; et où est la garantie de leur liberté ?

ALBE. Liberté ! beau mot pour qui l'entend bien. Mais quelle liberté demandent-ils ? — La liberté de l'homme le plus libre au monde, qu'est-ce ? bien faire ! et en cela le roi ne les contrariera point. — Non, non, jamais ils ne se croient libres tant qu'ils n'ont pas le pouvoir de nuire aux autres et de se nuire à eux-mêmes. Mieux vaudrait cent fois abdiquer la couronne que de régner sur un tel peuple ! A-t-on affaire à des ennemis éloignés, quel secours voulez-vous qu'on trouve dans des bourgeois qui ne connaissent d'ennemis que leurs voisins? Le roi ne les a pas plutôt rassemblés, que la discorde éclate parmi eux et qu'ils se liguent avec les ennemis de l'État. Il est bien plus sage de les emmailloter; qu'on puisse les tenir à la lisière comme des enfants, les conduire au bonheur comme des enfants. Car mets-toi bien dans l'esprit qu'un peuple ne vieillit jamais, ne devient jamais sage : un peuple reste toujours enfant.

EGMONT. Combien il est rare qu'un roi sache la vérité ! N'est-il pas tout simple que beaucoup aient plus de confiance en beaucoup qu'en un seul? et que dis-je, un seul ! le petit nombre de ceux qui l'entourent, cette tourbe qui vieillit sous les regards du maître... ce sont eux apparemment qui ont seuls le droit d'être sages !

ALBE. Peut-être par la raison qu'ils ne sont pas maîtres d'eux-mêmes.

EGMONT. Et c'est aussi par cette raison-là que personne n'en veut pour maîtres. Qu'on fasse maintenant ce qu'on voudra, j'ai répondu à ta question, et je répète encore : Cela ne va pas ! cela ne peut pas aller ! Je connais mes compatriotes ; ce sont des hommes dignes de fouler la terre de Dieu. Maîtres chez eux, rois en petit, fermes, jaloux, habiles, loyaux, tenant à leurs vieilles institutions. Il est difficile de mériter leur confiance, aisé de l'obtenir. Fermes et braves, on peut les opprimer ; les comprimer, jamais !

ALBE, *après avoir, à plusieurs reprises, jeté les yeux autour de lui.* Répéterais-tu tout cela en présence du roi ?

EGMONT. Il serait bien malheureux que sa présence m'intimidât ! heureux au contraire pour lui et pour son peuple qu'elle servît a redoubler mon zèle et m'inspirât la confiance d'en dire encore davantage.

ALBE. Ce qui est utile, je puis l'entendre comme lui.

EGMONT. Je lui dirais : Il est aisé sans doute à un berger de chasser devant lui un troupeau de moutons ; le bœuf tire sa charrue sans faire de résistance ; mais le noble coursier que tu veux monter, il te faut étudier son allure, consulter ses penchants, ne rien exiger de lui que de sage, ne le corriger qu'à propos. Eh bien ! il en est de même du bourgeois qui aime ses vieilles coutumes et tient à être gouverné par ses compatriotes ; pourquoi ? parce qu'il sait mieux que personne le régime qui lui convient, et qu'il a confiance dans les siens, qu'il en attend désintéressement et participation à son sort.

ALBE. Quoi ! le gouvernement n'aurait pas la faculté de réformer ces vieilles coutumes ? ce ne serait pas sa plus belle prérogative ? Est-il en ce monde quelque chose d'immuable ? et une organisation politique surtout peut-elle être immuable ? Les rapports d'homme à homme ne doivent-ils pas changer avec les temps, et une vieille construction devenir, à cause de cela, une source de maux sans nombre ? Ne répondant plus aux besoins actuels du peuple, comment ferait-elle son bonheur ? —

J'ai bien peur que ces antiques droits ne plaisent justement par les moyens d'évasion qu'ils fournissent au coupable en faveur ; je crains les repaires dont ils abondent, et où le puissant et le riche peuvent, au péril du peuple, au péril de tous, se cacher et braver le glaive de la justice.

EGMONT. Et ces réformes arbitraires, ces usurpations illimitées du pouvoir suprême, qu'annoncent-elles, sinon qu'un seul homme veut faire ce que ne doivent pas faire des milliers d'hommes ? Seul il veut être libre, libre de satisfaire tous ses penchants, de se livrer à toutes ses passions, à tous ses caprices. Et quand nous nous confierions entièrement à lui, qui est un roi sage et bienfaisant, nous répond-il de ses successeurs ? nous répond-il que nul d'entre eux ne règne sans ménagement et sans mesure ? Qui sera notre appui et nous sauvera du despotisme, s'il nous envoie ses valets et ses proches, qui, sans aucune connaissance du pays, sans aucun égard à ses besoins, disposent et ordonnent en maîtres, et, ne rencontrant aucune résistance, se sentant libres de toute responsabilité, gouvernent pour leurs plaisirs, ne tiennent compte que de leurs intérêts ?

ALBE, *après avoir de nouveau jeté les yeux autour de lui.* Il est fort naturel qu'un roi pense à régner par lui-même, et qu'il choisisse pour l'exécution de ses volontés ceux qui le comprennent mieux, ceux qui veulent le comprendre, ceux enfin qui lui obéissent sans restriction.

EGMONT. Et n'est-il pas fort naturel aussi que le bourgeois aime à être gouverné par celui qui est né et qui a été élevé avec lui, qui a pris sur le juste et l'injuste les mêmes idées que lui, qu'il peut enfin considérer comme son frère ?

ALBE. La noblesse n'a pourtant pas fait un partage trop équitable avec ses frères.

EGMONT. Cela date de bien des siècles, et on le souffre aujourd'hui sans envie. Mais que maintenant on envoie sans nécessité des intrus qui arrivent avec le projet de s'enrichir aux dépens du peuple, que le peuple se voie livré sans défense à une cupidité sans pudeur et sans frein ; voilà ce qu'on ne peut tolérer, voilà ce qui ne manquerait pas d'exciter une fermentation terrible, générale, et qui, pour se calmer, demanderait plus d'un jour.

ALBE. Tu me dis là des choses que je ne devrais pas entendre. Moi aussi, je suis étranger.

EGMONT. Te les dire, c'est te prouver assez que je ne t'ai point en vue.

ALBE. Il n'importe; elles m'offensent dans ta bouche. — Le roi m'a envoyé ici avec l'espoir que je trouverais un appui dans la noblesse. Le roi veut ce qu'il veut. Le roi, après un mûr examen, a vu ce qui convenait au peuple : les choses ne peuvent ni ne doivent rester sur l'ancien pied. Les intentions du roi sont de faire le bonheur de son peuple, et, s'il le faut, de le faire malgré lui, de sacrifier les citoyens dangereux pour que le reste vive en paix, et jouisse à loisir des bienfaits d'une administration sage. C'est là sa volonté, c'est là ce que je suis chargé de faire savoir à la noblesse; et, en son nom, je demande conseil sur les moyens à prendre, non sur ce qu'il faut faire; car, cela, il l'a résolu.

EGMONT. Hélas! ton langage ne justifie que trop la terreur du peuple, la terreur universelle! Il a donc résolu de faire ce que nul prince ne devrait tenter : d'énerver la vigueur de son peuple, d'abattre son courage, de rabaisser l'estime qu'il a de lui-même, et tout cela pour le gouverner plus à l'aise! Il veut empoisonner les sources de sa vie, apparemment dans l'intention de le rendre plus heureux! Il veut l'anéantir pour en faire quelque chose de différent... — Oh! s'il le veut bien, il est donc étrangement trompé! On ne s'oppose jamais aux rois; on va au-devant d'eux, on les pousse de plus en plus dans la route funeste où ils ont eu le malheur de s'engager.

ALBE. Avec des idées comme les tiennes, il me paraît tout à fait superflu d'essayer de nous entendre. Tu as une bien mince opinion du roi et un mépris bien décidé pour ses ministres, puisque tu hésites à croire que toutes ces raisons aient été pesées, examinées, considérées. Moi, je ne suis pas chargé de discuter, encore une fois, le pour et le contre. Obéissance, voilà ce que je demande au peuple, et à vous, chefs de la noblesse, conseil et assistance, comme garantie de ce devoir absolu.

EGMONT. Demande nos têtes, pour en finir d'un seul coup! Que ce soit sous un joug pareil ou sous la hache du bourreau qu'il faille courber la tête, pour une âme élevée, c'est tout un.

En vain j'ai si longuement discouru, mes paroles n'ont ébranlé que l'air, et je n'ai rien gagné !

Entre Ferdinand.

FERDINAND. Pardonnez si je vous interromps; c'est une lettre dont le porteur demande instamment la réponse.

ALBE. Permettez que je voie ce qu'elle contient.

Il se retire à l'écart.

FERDINAND, *à Egmont.* C'est un beau cheval, celui que vos gens ont amené pour vous chercher.

EGMONT. Il n'est pas des plus mauvais. Voici déjà quelque temps que je l'ai, et je songe à m'en défaire. S'il vous convient, nous pourrons voir à nous arranger ensemble.

FERDINAND. Bien, nous verrons.

Albe fait un signe à son fils, qui se retire vers le fond.

EGMONT. Adieu ! laissez-moi m'en aller ; car, pour Dieu ! je ne saurais plus que dire.

ALBE. Heureusement cette interruption t'a empêché de trahir ta pensée tout entière. Il est imprudent à toi de mettre ainsi à nu les replis de ton cœur, et ton mortel ennemi ne pourrait parler contre toi plus fortement que toi-même.

EGMONT. Ce reproche ne me touche pas. Je me connais trop moi-même, et je sais trop combien est pur mon attachement au roi, comparé à celui de tant de gens qui, en paraissant le servir, ne servent que leurs intérêts personnels. C'est avec douleur que je mets fin à cette discussion sans la voir terminée, et tout mon désir serait que le service du maître pût s'accorder avec le bien des sujets. Un nouvel entretien, la présence des autres princes qui nous manquent aujourd'hui fera peut-être, à un instant plus favorable, ce qui aujourd'hui paraît impossible. J'emporte avec moi cette espérance.

ALBE, *faisant signe à son fils Ferdinand.* Un moment, Egmont ! — Ton épée !

La porte du fond s'ouvre : on voit la galerie pleine de gardes qui se tiennent immobiles.

EGMONT. C'était là ton dessein ? c'est pour cela que tu m'as fait venir? (*Mettant la main sur son épée comme pour se défendre.*) Suis-je donc sans armes?

ALBE. Le roi l'ordonne ; tu es mon prisonnier.

De chaque côté entre une file d'hommes armés.

EGMONT. Le roi ?...— Orange! Orange! (*Après une pause, donnant son épée.*) Prends-la donc! elle a plus souvent servi le roi qu'elle n'a protégé mon sein.

Il sort par la porte du fond : les soldats qui sont dans la salle le suivent; le fils d'Albe sort pareillement. Albe reste seul; le rideau tombe.

ACTE CINQUIÈME.

Une rue. — Au crépuscule.

CLAIRE, BRACKENBOURG, BOURGEOIS.

BRACKENBOURG. Au nom de Dieu, ma chère amie, que prétends-tu faire?

CLAIRE. Viens avec moi, Brackenbourg. Il faut que tu ne connaisses pas les hommes! Viens, nous le délivrerons certainement; car est-il rien d'égal à leur amour pour lui? Chacun brûle, j'en réponds, du désir de le sauver, de soustraire au péril une vie si précieuse et de rendre la liberté à cet homme, le plus libre qui fut jamais. Viens, te dis-je! il ne manque qu'une voix pour les rassembler. Le sentiment de ce qu'ils lui doivent vit encore dans leur âme! ils savent trop bien qu'il n'y a que la force de son bras qui puisse prévenir leur ruine. Sa cause est la leur : il est impossible qu'ils ne hasardent pas tout pour le défendre. Et que hasardons-nous? tout au plus notre vie, et ce n'est pas la peine de la conserver s'il périt.

BRACKENBOURG. Malheureuse! tu ne vois donc pas la puissance qui nous tient enchaînés?

CLAIRE. Je ne la crois point invincible. Mais ne perdons pas le temps en paroles. Je vois venir à nous de ces hommes francs et braves comme il y en avait autrefois. — Holà! voisins, amis, écoutez! Qu'avez-vous fait d'Egmont?

LE CHARPENTIER. Que veut-elle dire? Fais-la donc taire, cette enfant!

CLAIRE. Approchez-vous encore un peu, que nous puissions parler à voix basse jusqu'à ce que nous nous entendions et que nous soyons en force. — Cette tyrannie insolente qui a osé le charger d'indignes fers lève déjà sur lui le poignard assassin. O mes amis! chaque pas du crépuscule ajoute à mes angoisses. Je redoute cette nuit. Venez, partageons-nous, courons de quartier en quartier, appelons à grands cris nos concitoyens. Que chacun aille prendre ses armes : nous nous réunissons sur la place du Marché, et de là, nous répandant par la ville, nous entraînons comme un torrent tout ce qui se trouve sur notre passage. Les ennemis qui se voient cernés, enveloppés, sont anéantis. Que peut contre nous une poignée d'esclaves?... Et lui, il revient au milieu de nous, il se voit délivré par nous, il peut enfin une fois nous remercier, nous qu'il a comblés de tant de bienfaits! Il revoit peut-être..... oui, il revoit l'aurore sous un ciel libre!

LE CHARPENTIER. Qu'est-ce que tu dis donc là, jeune fille?

CLAIRE. Quoi! vous ne me comprenez pas? Je parle du comte! je parle d'Egmont!

JETTER. Ne prononcez pas son nom, il tue.

CLAIRE. Son nom! Comment? que je ne prononce pas son nom! Eh! qui ne l'a point à la bouche à tout instant? où n'est-il point écrit? Jusque dans ces étoiles, il m'est souvent arrivé de le lire avec toutes ses lettres. Et je ne dois pas le prononcer! Qu'est-ce à lire? Mes amis! mes bons, mes chers voisins, vous rêvez : remettez-vous. Ne me regardez donc pas avec cette inquiétude, cet égarement; ne tournez donc pas les yeux autour de vous d'un air si effaré. Ce que je dis tout haut, chacun le désire en secret; ma voix n'est-elle pas la voix de votre cœur! Qui de vous, dans cette affreuse nuit, avant de chercher sur sa couche un sommeil qu'il n'y trouvera point, ne se jetterait pas à deux genoux pour obtenir du ciel qu'il soit rendu à nos larmes? Interrogez-vous l'un l'autre, que chacun descende en soi-même; et qui de vous ne s'écriera pas avec moi : « La liberté d'Egmont ou la mort! »

JETTER. Dieu nous soit en aide! il y aura quelque malheur.

CLAIRE. Restez, restez! ne fuyez pas devant ce nom qui vous faisait accourir autrefois avec tant d'ardeur! — Quand la rumeur publique annonçait son arrivée, quand on se disait : « Egmont vient! il vient de Gand! » c'était une fête pour les habitants des rues par lesquelles il devait passer. Et quand vous entendiez les pas de son cheval, chacun laissait son ouvrage, et, sur les figures chagrines que vous avanciez aux fenêtres, on voyait tout à coup briller un rayon de joie et d'espérance, comme émané de son front. Vous vous teniez tous sur le seuil de vos portes, élevant dans vos bras vos enfants, et leur disant : « Regardez, c'est Egmont, ce grand-là! c'est lui! lui qui vous vaudra de meilleurs temps que n'en ont vu vos pauvres pères. » Ne donnez pas à vos enfants le droit de vous demander quelque jour : « Qu'est-il devenu? Où sont-ils, ces temps que vous nous promettiez?..... » — Mais les heures se passent en discours; nous restons oisifs, nous le trahissons.

SŒST. C'est une honte à vous, Brackenbourg! Ne la laissez donc pas faire; empêchez qu'elle ne se perde, qu'elle ne nous perde tous!

BRACKENBOURG. Claire, mon amie, rentrons! Que va dire ta mère? Peut-être...

CLAIRE. Me prends-tu pour un enfant ou pour une folle? Que veux-tu dire, avec ton *peut-être?* Tu n'as pas une espérance à m'offrir pour m'arracher à cette affreuse certitude. — Ecoutez-moi!... vous m'écouterez; car, je le vois bien, la stupeur vous glace et vous n'êtes plus à vous-mêmes. Réveillez-vous donc! A travers les dangers qui vous menacent, laissez tomber un regard sur le passé, le passé d'hier! Tournez ensuite vos pensées vers l'avenir : pouvez-vous vivre? vivrez-vous s'il périt? Avec sa vie s'exhale le dernier souffle de votre liberté. Que n'était-il pas pour vous! Pour qui l'a-t-on vu courir aux plus affreux dangers? Ses blessures n'ont jamais saigné, n'ont jamais guéri que pour vous. Eh bien! cette grande âme qui vous portait tous, un cachot la renferme, et les piéges du meurtre l'environnent, les horreurs de la mort voltigent autour d'elle! Il pense peut-être à vous, il espère en vous, lui qui était votre unique espoir et qui ne l'a jamais trompé.

LE CHARPENTIER. Venez, compère.

ACTE V.

CLAIRE. Et pourtant je n'ai ni vos bras ni votre vigueur ; mais j'ai ce qui vous manque à tous, du courage et le mépris du danger. Mon souffle ne peut-il vous embraser ? ne puis-je, en vous pressant contre mon sein, faire passer en vous le feu qui me dévore ? Venez ! je marcherai au milieu de vous ! Ce qu'est pour une noble phalange un simple étendard flottant dans les airs, mon esprit le sera pour vous ; il brillera dans l'ombre en avant de vos pas. L'amour et le courage sauront faire une terrible armée d'un peuple chancelant et dispersé.

JETTER. Emmène-la, elle fait peine à voir.

Les bourgeois s'éloignent.

BRACKENBOURG. Claire, ne vois-tu pas où nous sommes ?

CLAIRE. Où ! sous le ciel qui se courbait en dais sur la tête d'Egmont, lorsqu'il paraissait. Voilà les fenêtres où ils se mettaient, quatre, cinq têtes l'une sur l'autre ; voilà les portes où ils se fatiguaient à le saluer quand il jetait un regard sur les lâches ! Oh ! ils m'étaient si chers, alors qu'ils lui rendaient ces honneurs ! S'il se fût fait leur tyran, il leur eût été permis de l'abandonner dans sa chute..... mais ils l'aimaient !...... — Quand il ne s'agissait que d'ôter vos bonnets, vous aviez des mains ! vous n'en avez plus à présent qu'il faut tirer l'épée... Brackenbourg, et nous ?..... de quel droit leur adressons-nous des reproches ! Ces bras dont il se sentit pressé tant de fois, que font-ils pour lui ?... — La ruse est venue à bout de si grandes choses dans ce monde ! Tu connais le vieux château, tu en connais les issues... Il n'est rien d'impossible. Donne-moi une idée.

BRACKENBOURG. Si nous retournions à la maison.

CLAIRE. Bon.

BRACKENBOURG. Je vois au tournant de la rue des soldats du duc d'Albe. Écoute enfin, mon amie, écoute la voix de la raison. Me prends-tu pour un lâche ? crois-tu que je ne saurais pas mourir pour toi ? Nous sommes fous tous les deux, moi aussi bien que toi. Ne vois-tu pas l'impossibilité ? ne peux-tu reprendre tes esprits ?... Tu es hors de toi.

CLAIRE. Hors de moi ! fi ! Brackenbourg, vous êtes seul hors de vous. — Autrefois, pendant que vous rendiez des honneurs publics à ce héros, pendant que vous le nommiez votre ami, votre soutien, votre espoir, que vous criiez *vivat* sur son passage, moi je me tenais renfermée dans ma chambre, j'entr'ouvrais ma fenêtre, et je le regardais furtivement, et le cœur me battait plus fort qu'à vous tous. Maintenant il me bat encore bien plus fort qu'à vous tous ! Vous vous cachez au moment du danger, vous le trahissez, et ne voyez pas que s'il meurt, c'en est fait de vous.

BRACKENBOURG. Viens à la maison.

CLAIRE. A la maison ?

BRACKENBOURG. Remets-toi un peu ! Regarde autour de toi ; nous sommes dans des rues où jamais tu n'as passé que le dimanche pour te rendre à l'église ; où ta pudeur s'alarmait, quand je voulais seulement t'aborder et te saluer d'un mot amical. Et t'y voilà parlant et gesticulant aux yeux de tout le monde. Remets-toi, mon amie ! A quoi cela nous mène-t-il ?

CLAIRE. A la maison ! oui, je me remets un peu. Viens, Brackenbourg, viens à la maison. Sais-tu où je demeure ?

Ils s'éloignent.

Une prison éclairée par une lampe ; un lit dans le fond.

EGMONT, *seul.* Ancien ami ! sommeil jusqu'ici fidèle, me fuis-tu aussi, à l'exemple de tous mes autres amis ? Dans ma liberté, je n'avais pas besoin de t'appeler : tu venais de toi-même ; et avec quels charmes je sentais ma paupière s'appesantir sous ta main ! L'amour m'eût touché de son rameau de myrte, qu'il eût répandu sur mes nuits moins de fraîcheur. Au milieu des armes, sur le flot de la vie, je m'endormais aussi paisiblement qu'un enfant nouveau-né ; mon repos était profond, ma respiration légère comme la sienne. Quand les vents ont mugi dans la forêt, le chêne superbe a incliné sa tête, et ses branches se sont agitées en criant ; mais le cœur est demeuré sans atteinte. Qu'est-ce qui t'ébranle maintenant ? qu'est-ce qui émeut tes entrailles ? D'où vient donc que ta fermeté t'abandonne ?... Ah ! je le sens, c'est le bruit de la hache meurtrière qui sape mes racines. Je suis encore debout et je frissonne intérieurement. Oui, elle l'emporte, la puissance traîtresse ; déjà elle mine sourdement le tronc élevé que les vents ne purent abattre, et avant que l'écorce sèche elle va te précipiter avec fracas et joncher la terre des éclats de ta couronne. — Pourquoi donc maintenant, toi qui as si souvent chassé au loin, comme des bulles de savon, les soucis les plus cuisants, pourquoi ne peux-tu par aucun effort arracher de ton sein le pressentiment qui le ronge? Depuis quand la mort te semble-t-elle à craindre, elle dont les images toujours présentes n'ont pas plus altéré le repos de ta vie que tous les autres fantômes de cette terre?... Aussi n'est-ce plus cet ennemi rapide au-devant duquel s'élance avec ardeur le sein qui bat encore; c'est la prison, image du tombeau, en horreur au héros comme au lâche. Elle m'était déjà insupportable, dans mon fauteuil de velours, lorsque, solennellement assemblés, les princes se livraient à des discussions sans fin sur ce qu'un mot eût décidé, et que moi, pressé entre deux murs sombres, les poutres du plafond m'écrasaient. Sitôt qu'il m'était possible, ah! comme je me hâtais vers la porte! comme je m'élançais sur mon cheval, respirant avec fureur le grand air, ivre de ma liberté! Les champs, voilà notre élément! partout ailleurs nous ne vivons qu'à demi. C'est aux champs que la nature nous ouvre ses trésors, que nous sentons errer autour de nous les bienfaisantes vapeurs qui s'exhalent de la terre, que les astres tout-puissants versent sur nos têtes leurs influences propices. C'est là que, semblables aux géants, fils de la terre, nous puisons dans l'embrassement de notre mère une force nouvelle et des élans plus sûrs; là que, rendus à nous-mêmes, nous goûtons des jouissances pures, vraies, dignes d'un homme; là que l'envie de percer la foule, d'essayer ses forces, de subjuguer, de vaincre, s'élève dans l'âme du jeune chasseur; là que le guerrier fait valoir en courant ses droits innés sur le monde, et, dans son indépendance terrible, fond comme un nuage de grêle sur plaines et bois et prairies, renverse tout ce qui veut lui résister, méconnaît les limites assignées à l'homme ici-bas... — Hélas! tu n'es qu'une vaine ombre, souvenir du bonheur que j'ai possédé si longtemps : où le sort perfide t'a-t-il entraîné? Il ne m'aurait refusé la mort tant de fois bravée à la face du soleil, que pour me préparer ici, dans la pourriture infecte, un avant-goût du sépulcre!... Quel malaise j'éprouve sur ces pierres froides!... La mort est dans mon sein!... Devant ce lit, mon pied recule comme devant le tombeau... O angoisses! angoisses! vous me tuez avant le temps; grâce! éloignez-vous de moi!... Depuis quand Egmont est-il seul, si absolument seul au monde? Ce n'est plus le bonheur qui t'accable, c'est le doute; le doute!... Quoi! la justice du roi, à laquelle tu as cru toute ta vie; quoi! l'amitié de la gouvernante, cette amitié qui (tu peux te l'avouer) touchait presque à l'amour; quoi! tout cela s'est évanoui comme un sillon de lumière dans la nuit, et tu restes abandonné sur une route obscure! — Orange ne tentera-t-il pas quelque chose, à la tête de ses nombreux amis? Le peuple ne s'assemblera-t-il pas, ne viendra-t-il pas en force délivrer son ancien ami?... O vous, murs de ma prison, n'empêchez point cette multitude dévouée de pénétrer jusqu'à moi! J'étais autrefois son appui; c'est maintenant à elle à me rendre ce que j'ai pu lui inspirer alors d'énergie et de courage... Oui, oui, ils se lèvent par milliers! ils viennent! ils sont près de moi! Leur pieuse prière monte au ciel, elle invoque un miracle; et si un ange ne descend pas à mon secours, je les vois courir aux armes, saisir leurs lances et leurs épées. Les portes s'ouvrent, les grilles sautent, les murs tombent sous leurs coups; Egmont est libre, et l'aurore l'accueille d'un sourire. Que de visages connus, où se peint la joie, viennent me recevoir!... Ah! Claire, si tu étais un homme, je te verrais sans doute ici des premiers, et je te devrais ce qu'il est dur de devoir à un roi, la liberté.

La demeure de Claire.

CLAIRE.

Elle sort de la chambre voisine, tenant d'une main un verre d'eau, de l'autre une lampe; elle pose le verre sur la table et court à la fenêtre.

Brackenbourg, est-ce vous? Qu'est-ce donc que j'ai entendu? Personne encore? non, personne. Je vais mettre la lampe sur la fenêtre, pour qu'il voie que je ne dors pas encore, que je l'attends toujours. Il m'a promis des nouvelles... des nouvelles!... cruelle incertitude!... — Egmont condamné! Quel tribunal a donc osé le citer?... Et ils le condamnent ! le roi le condamne !... ou le duc... et la gouvernante s'en va! Orange n'accourt pas, et tous ses amis... Est-ce là ce monde qu'on m'a tant dit être inconstant, volage, sans que jamais j'en aie rien su par moi-même? est-ce là le monde? — Il y aurait au monde un être assez pervers pour haïr l'idole du peuple? et la perversité serait assez puissante pour perdre en un clin d'œil celui que protége la faveur universelle? C'est pourtant ce qui arrive... oui... O Egmont! moi qui te croyais aussi sûr devant Dieu et parmi les hommes que dans mes bras! Qu'étais-je pour toi? Tu m'as nommé *ta Claire*, j'avais consacré ma vie à la tienne... Et que suis-je maintenant? J'ai beau étendre ma main, je ne puis rompre le filet qui t'enchaîne. Toi sans ressource, et moi libre! — Voici ma clef sur ma porte; je puis entrer et sortir à volonté... et je ne te suis bonne à rien!... — Oh! chargez-moi de fers, pour que je ne désespère pas tout à fait; jetez-moi dans un cachot, dans le cachot le plus sombre! qu'au moins je puisse me frapper la tête contre les murs humides, soupirer après la liberté, rêver comment je voudrais le délivrer, comment je le délivrerais, sans les liens qui m'accablent... Mais je suis libre, et dans ma liberté j'éprouve toutes les angoisses de l'impuissance! j'ai la douleur de ne pouvoir bouger un membre pour lui! — Hélas! cette faible portion de ton existence, ta Claire, est comme toi captive; et, séparée de toi, elle épuise les derniers restes de ses forces dans les convulsions de l'agonie!... J'entends marcher, on tousse... Brackenbourg... c'est lui! — Pauvre bon jeune homme! ton sort n'a point changé : ton amie t'ouvre sa porte la nuit; mais quel lugubre rendez-vous, grand Dieu!

Entre Brackenbourg.

CLAIRE. Quelle pâleur! quel tremblement! Brackenbourg, qu'y a-t-il?

BRACKENBOURG. Après tant de détours et de dangers, je te trouve enfin! — Les grandes rues sont gardées; il m'a fallu, pour arriver jusqu'à toi, m'enfoncer dans les ruelles, dans les recoins les plus obscurs.

CLAIRE. Dis, quelles nouvelles?

BRACKENBOURG, *se jetant sur une chaise*. Ah! Claire, laisse-moi pleurer. Je ne l'aimais pas; il était riche et ôtait au pauvre son unique brebis en l'attirant à de meilleurs pâturages. Jamais je ne l'ai maudit; Dieu m'a fait tendre et fidèle. Ma vie s'écoulait dans la tristesse, et chaque jour j'espérais que ce serait le dernier.

CLAIRE. Oublie tout cela, Brackenbourg; oublie-toi toi-même. Parle-moi de lui! est-il vrai qu'il soit condamné?

BRACKENBOURG. Il l'est! j'en ai la certitude.

CLAIRE. Vit-il encore?

BRACKENBOURG. Oui, il vit encore.

CLAIRE. Comment peux-tu l'affirmer? La tyrannie égorge dans la nuit l'homme généreux! son sang coule loin de tous les yeux. Le peuple abattu repose, et dans son mauvais sommeil il rêve la délivrance, il rêve l'accomplissement de ses vœux impuissants; mais, pendant ce temps, son âme indignée a déjà quitté le monde... Il n'est plus! ne m'abuse pas, ne t'abuse pas toi-même!

BRACKENBOURG. Non, te dis-je, il vit... hélas! et l'Espagnol prépare au peuple qu'il veut opprimer un épouvantable spectacle! sans doute pour briser à jamais tout cœur où respire encore la liberté.

CLAIRE. Poursuis, et ne crains pas de prononcer aussi ma sentence de mort! Je sens, oui, je sens que je touche aux plages bienheureuses; déjà un souffle consolateur m'arrive de ces régions de paix. Parle.

BRACKENBOURG. A la disposition des gardes, et à quelques propos que je recueillis ici et là, je me doutai qu'il se faisait cette nuit sur la place du Marché des préparatifs funestes. Prenant des rues détournées et des passages à moi connus, j'allai chez mon cousin et me mis à une fenêtre de derrière qui a vue sur la place. Au milieu d'un cercle de soldats espagnols apparaissaient de loin en loin quelques flambeaux. Comme ils étaient agités par le vent, il me fut d'abord impossible de rien distinguer nettement; mais, à force de regarder, je finis par voir, à travers l'ombre, grandir quelque chose de noir qui ressemblait à un vaste échafaud; je frémis. Il y avait tout autour une foule d'hommes occupés à recouvrir de drap noir les places blanches où la charpente restait à nu; ils tendirent aussi en noir les marches de l'échafaud, je le vis bien; on eût dit qu'ils s'apprêtaient à offrir un sacrifice lugubre. Un crucifix blanc, qui brillait dans la nuit comme de l'argent, était placé à une grande hauteur sur l'un des côtés. Plus je regardais, plus se dévoilait à mes yeux l'affreuse vérité. Je restai longtemps. Quelques flammes vacillaient encore çà et là : l'une après l'autre je les vis pâlir et s'éteindre. Tout à coup l'œuvre horrible de la nuit fut replongée dans le sein de sa mère.

CLAIRE. Paix, Brackenbourg, paix ! laisse, à présent, laisse aussi tomber ce voile sur mon âme. Les fantômes ont disparu, les illusions se sont évanouies. Descends, ô nuit favorable ! viens jeter le manteau des ombres sur la terre agitée ; viens, elle ne peut plus soutenir cet horrible fardeau : la voici qui ouvre ses abîmes pour y engloutir l'appareil homicide. Un ange descend envoyé par ce même Dieu qu'ils ont voulu, les impies ! rendre témoin de leur fureur. Le messager céleste étend la main, les verrous cèdent, les chaînes tombent ; il répand autour du juste une tendre lumière ; il lui fait signe, et à travers la nuit le mène à la liberté d'un pas doux et tranquille. C'est ainsi à travers cette obscurité que passe ma route, la route qui me guidera vers lui.

BRACKENBOURG, *la retenant.* Où vas-tu, mon enfant ? que prétends-tu faire ?

CLAIRE. Plus bas, mon ami, n'éveillons personne, ne nous éveillons pas nous-mêmes ! Connais-tu cette fiole, Brackenbourg ? je te la pris en badinant, un jour que, selon ta coutume, tu parlais de te délivrer de la vie : et maintenant, mon ami...

BRACKENBOURG. Au nom de tous les saints !

CLAIRE. Tu n'y peux rien changer ; la mort est mon partage ; ne m'envie donc pas la mort douce et prompte que tu t'étais préparée. Donne-moi ta main !..... Dans un moment, lorsque j'ouvrirai la sombre porte qu'on n'ouvre qu'une fois, je voudrais pouvoir te redire, en te serrant ainsi la main, combien je t'ai aimé, combien j'ai pleuré sur ton sort. — Mon frère est mort jeune ; je t'avais choisi pour le remplacer près de moi. Au lieu de te satisfaire, je ne fis par là qu'aigrir tes douleurs... et les miennes. Tu aspirais à une place qui ne t'était pas destinée. Pardonne-moi, et vis heureux. Laisse-moi te nommer mon frère ! c'est un nom qui comprend bien des noms. Cueille la dernière fleur de ceux qui se séparent, et que ce soit de bon cœur..... prends ce baiser !..... La mort réunit tout, Brackenbourg; tout! nous aussi.

BRACKENBOURG. Eh bien! laisse-moi mourir avec toi! Partage, ah! partage; il y en a assez pour trancher deux vies!

CLAIRE. Arrête! tu dois vivre; tu le peux. — Viens au secours de ma mère, qui sans toi tomberait dans le dénûment; sois ce que je ne puis plus être pour elle, et pleurez ensemble sur moi. Pleurez sur la patrie, pleurez sur l'homme qui aurait pu la sauver! aujourd'hui commence pour elle une longue suite de maux : la génération présente n'en verra point le terme. Toute la fureur de la vengeance échouerait contre de tels malheurs. Mais aujourd'hui se taisent pour moi tous les bruits du monde; la terre suspend sa marche... mon cœur n'a plus que quelques minutes à battre. Adieu !

BRACKENBOURG. Non! vis, oh! vis avec nous, comme nous pour toi seule! Claire, ta mort entraîne la nôtre; ah! vis plutôt, et souffre. Nous tâcherons d'adoucir tes souffrances, nous veillerons près de toi; l'amour te rendra l'espérance, et dans ses bras vivifiants tu retrouveras peut-être la plus belle des consolations. Sois à nous!... à nous!... je n'ose dire à moi.

CLAIRE. Silence, Brackenbourg! tu ne sens pas le mal que tu me fais. Où tu vois l'espérance, je vois le désespoir.

BRACKENBOURG. Jusqu'au dernier souffle on espère : partage l'espérance avec tous ceux qui respirent! Arrête-toi sur le bord de l'abîme, jettes-y un regard, et ramène-le sur nous.

CLAIRE. J'ai vaincu; ne me force pas de recommencer la lutte.

BRACKENBOURG. La stupeur t'accable! tu cherches le précipice dans l'obscurité... mais toute lueur n'est pas éteinte encore; plus d'un jour...

CLAIRE. Malheur, malheur sur toi! Barbare! tu déchires le voile qui couvrait ma vue. Oui, il poindra le jour! en vain s'enveloppera-t-il de nuages, il poindra malgré lui!... Le bourgeois tremblant se penche à sa fenêtre, il regarde : la nuit a disparu, mais en laissant après elle une tache sombre; il regarde, et le jour tombe tristement sur l'appareil de la mort. Rendue à ses supplices, l'image profanée d'un Dieu lève pour la seconde fois vers son père des yeux en pleurs. Le soleil n'ose se montrer ; il ne veut point marquer l'heure où Egmont doit mourir ; les aiguilles s'avancent lentement, et l'une après l'autre on entend sonner les heures... Arrêtez ! arrêtez ! voici l'instant !... le froid du matin m'invite à descendre dans la tombe.

Elle s'approche de la fenêtre, comme pour voir ce qui se passe dehors, et boit furtivement.

BRACKENBOURG. Claire ! Claire !

CLAIRE *prend sur la table le verre d'eau et le boit.* Voici le reste ! Je ne t'engage pas à me suivre, fais ce que t'inspirera ton cœur ; adieu. Éteins cette lampe ; allons, point d'hésitations. Moi, je vais dormir ! Sors sur la pointe des pieds, et tire après toi la porte. Silence ! ne réveille pas ma mère ! Va, sauve-toi ! sauve-toi, te dis-je, si tu ne veux pas passer pour mon assassin.

Elle sort.

BRACKENBOURG, *seul.* Elle me quitte pour la dernière fois comme toujours !... Oh ! qui pourra jamais comprendre jusqu'où elle a pu déchirer mon cœur... un cœur aimant ! Elle me laisse là, livré à moi-même, et la vie et la mort me sont également insupportables... Mourir seul !... Pleurez, vous qui savez aimer ! Quel sort plus cruel que le mien ? Elle partage d'abord avec moi la coupe de la mort, et me rejette ensuite, me rejette loin d'elle ! Elle m'attire d'abord, et puis me repousse dans la vie ! O Egmont, de quel prix inestimable est le sort qui t'attend ! elle te précède : c'est de sa main que tu vas recevoir la palme. Déjà elle entraîne tout le ciel au-devant de toi !... Et dois-je les suivre, continuer mon rôle malheureux, me tenir encore à l'écart, attrister ces belles demeures, y porter l'envie, qui ne s'éteint jamais ?... Hélas ! sur cette terre, il m'est impossible d'y rester, et le ciel et l'enfer m'offrent les mêmes supplices ! — Qu'il serait doux à l'infortuné de se sentir saisi par la main froide du néant !

Brackenbourg sort ; la scène ne change pas. On entend une musique exprimant la mort de Claire. La lampe que Brackenbourg a oublié de souffler s'éteint. Alors seulement la scène change, et le théâtre représente la prison.

La prison.

Egmont dort sur le lit. Tout à coup un bruit de clefs se fait entendre, et la porte s'ouvre. Des domestiques entrent avec des flambeaux; ils sont suivis de Ferdinand, fils du duc d'Albe, et de Silva, entouré de soldats. Egmont s'éveille en sursaut.

EGMONT. Qui êtes-vous, vous qui venez si brusquement interrompre mon sommeil? Pourquoi ces regards inquiets, effrontés? que m'annoncent-ils? Dites, quel est le rêve dont vous voulez effrayer mes esprits encore appesantis?

SILVA. Le duc nous envoie pour te notifier ta sentence.

EGMONT. Amènes-tu aussi le bourreau pour l'exécuter?

SILVA. Écoute, et tu sauras ce qui t'attend.

EGMONT. C'est bien digne de vous et de vos lâches menées! machiné dans la nuit, et dans la nuit consommé. Vous faites bien de la dérober au jour, cette œuvre d'insolence et d'injustice!... Allons, toi, ne cache pas le glaive sous ton manteau; viens, voici ma tête... c'est la plus libre que jamais la tyrannie ait fait tomber.

SILVA. Tu es dans l'erreur : ce que des juges intègres décident, ils ne craignent pas de le montrer au grand jour.

EGMONT. Alors, l'insolence est portée à un excès qui passe toute idée et toute imagination.

SILVA *prend la sentence des mains d'un assistant, la déploie et lit :* « Au nom du roi, et en vertu du pouvoir spé-
» cial à nous transmis par Sa Majesté, de juger tous ses sujets,
» de quelque condition qu'ils soient, y compris les chevaliers
» de la Toison d'or, nous reconnaissons... »

EGMONT. Le roi peut-il transmettre ce pouvoir?

SILVA. « Nous reconnaissons, après une enquête scrupu-
» leuse et légale, en toi, Henri, comte d'Egmont, prince de
» Gavre, le crime de haute trahison. A raison de quoi nous
» ordonnons ce qui suit : qu'au point du jour, tu seras trans-
» féré du lieu de ta prison sur la place du Marché, et que là,
» aux yeux de tout le peuple, pour l'instruction des traîtres,

» tu seras mis à mort par l'épée. Donné à Bruxelles le...» (*On doit lire la date et l'année de manière à n'être point entendu des spectateurs.*)

» *Signé* FERDINAND, DUC D'ALBE,
» Président du tribunal des Douze. »

A présent tu connais ton sort. Il ne te reste que peu d'instants pour t'y résigner, mettre ordre à tes affaires et prendre congé des tiens.

Silva sort avec sa suite. Ferdinand reste. Il n'y a plus que deux flambeaux; le théâtre est faiblement éclairé.

EGMONT, *quelque temps absorbé par lui-même, laisse sortir Silva sans regarder autour de lui; se croyant seul, il lève les yeux et aperçoit le fils d'Albe.* Tu es encore là? tu restes? Veux-tu augmenter par ta présence ma surprise et mon horreur?... ou aurais-tu peut-être quelque idée de porter à ton père l'agréable nouvelle que je me désespère lâchement? Va, va, jure-lui bien qu'il ne trompe ni moi, ni le monde. Veux-tu savoir ce qu'on dira de lui, d'abord tout bas, tant que durera son pouvoir, et puis de plus haut en plus haut, et ce qu'un jour, lorsqu'il sera précipité du rang suprême, mille voix lui crieront sans relâche? Le voici : Ce n'est pas le bien de l'État, ce n'est pas l'autorité du roi, ce n'est pas le repos des provinces, qui l'a conduit ici ; c'est son propre intérêt, son vil intérêt! il a pensé que le crédit du guerrier gagnerait à la guerre, et il a conseillé la guerre ; il a excité des troubles, afin qu'on ait besoin de lui pour les apaiser. Et moi, je tombe victime de sa basse haine, de sa petite envie... Oui, oui, je le sais et j'ose le dire; blessé à mort, mourant, je puis le dire: il a préparé de loin ma ruine, et l'a méditée de longue main. Dès notre jeunesse, aux parties de dés que nous faisions ensemble, quand les rouleaux d'or passaient de lui à moi, il changeait de couleur, étouffait de rage, me lançait des regards terribles... moins pour sa perte que pour mon bonheur. — J'ai encore présents les éclairs de ses yeux et la pâleur sinistre de ses joues, à cette fête publique où nous tirâmes au but devant des milliers d'hommes. Ce fut lui qui me provoqua: les deux nations étaient là, les Espagnols et les Belges pariaient. J'eus l'avantage sur lui; son coup écarta, le mien porta: un cri de joie s'éleva du milieu des miens... Il m'atteint à présent, son coup! dis-lui que je le sais, que je lis dans son âme, que le monde méprise tout trophée mendié par la bassesse et obtenu par la ruse.— Et toi! s'il est possible à un fils de fuir les traces de son père, rougis, pendant qu'il en est temps, rougis de celui que tu voudrais de tout ton cœur pouvoir estimer.

FERDINAND. Je t'écoute sans t'interrompre, tes reproches tombent sur moi comme des coups de massue sur un casque; je sens la secousse, mais je suis armé: tu m'atteins, tu ne me blesses pas. Elle m'est toutefois sensible, la douleur qui me déchire le sein. Malheur sur moi! malheur! C'est donc pour un tel spectacle que j'ai grandi, pour une telle scène que j'ai été envoyé!

EGMONT. Tu éclates en plaintes? Qu'est-ce qui te touche, t'afflige? est-ce un tardif repentir d'avoir prêté ton ministère à l'infâme conjuration? Tu es si jeune! et tu as une physionomie heureuse: tu étais si ouvert, si amical envers moi! Quand je te vis, je fus raccommodé avec ton père. Et ta dissimulation, dissimulation plus profonde que la sienne, me fait tomber dans le piége... Tu es un misérable! Qui se fie à lui en court les risques; mais qui croirait risquer en se fiant à toi? Va, fuis! ne m'ôte pas encore le peu d'instants qui me restent! fuis, te dis-je, que je me recueille, que j'oublie le monde, et toi le premier!

FERDINAND. Que dois-je te répondre? Je suis là devant toi, je te vois... et je ne te vois pas, et je ne me sens pas moi-même. Dois-je me justifier? dois-je te jurer que j'appris tard, que dis-je! au dernier moment, les desseins de mon père? que je fus un instrument passif et contraint de sa volonté? Qu'importe l'opinion que tu peux avoir de moi? tu es perdu; et moi, misérable, je suis là pour t'en convaincre... et te pleurer!

EGMONT. Quelle voix étrange, quelle consolation inespérée s'offre à moi sur le chemin de la tombe? Toi, le fils de mon mortel, je dirai presque de mon seul ennemi, tu me plains, tu n'es pas de mes assassins! Parle, pour qui dois-je te prendre?

FERDINAND. Oui, père barbare, oui, je te reconnais dans cet ordre. J'ai des entrailles, tu le sais! tu me le reproches souvent comme un héritage de ma pauvre mère. C'est donc pour me rendre semblable à toi que tu m'as envoyé ici. Cet homme au bord du tombeau, sous la main de la mort, d'une mort injuste, tu me forces à le visiter, pour briser mon cœur, pour que la violence de cette émotion me rende sourd à toute autre, insensible comme toi, quelque chose qu'il m'arrive !

EGMONT. Je suis dans l'étonnement ! Reviens à toi, relève-toi un peu, parle comme un homme.

FERDINAND. Plût au ciel que je fusse une femme, et qu'on pût me dire : Qu'est-ce qui te touche ? qu'est-ce qui t'afflige ?... Dis-moi un malheur plus grand, plus affreux, plus accablant, rends-moi témoin d'une action plus infâme ; je te remercierai, je dirai : Ce n'était rien.

EGMONT. Tu te perds. Où es-tu ?

FERDINAND. Laisse un libre cours à mon indignation, laisse-moi gémir à mon gré ! je ne veux pas avoir l'air calme quand tout au dedans de moi se brise et se déchaîne ! — Faut-il que je te voie ici !... toi !... c'est horrible !... Tu ne me comprends pas ! et dois-tu me comprendre ? Egmont ! Egmont !

Il se jette à son cou.

EGMONT. Explique-moi ce mystère.

FERDINAND. Quel mystère ?

EGMONT. Comment se peut-il faire que le sort d'un étranger t'émeuve si profondément ?

FERDINAND. Étranger ! tu ne m'es pas étranger. Ton nom fut mon étoile ; ce fut lui qui éclaira mes premiers pas dans la vie. Que de fois j'ai entendu demander l'histoire de tes hauts faits ! L'espoir de l'enfant, c'est l'adolescent ; celui de l'adolescent, c'est l'homme : eh bien ! tu marchais ainsi devant moi, toujours devant ; et sans jalousie je te voyais devant moi, et je courais après toi, et je redoublais d'efforts pour t'atteindre. J'eus enfin l'espérance de te voir, je te vis, mon cœur vola au-devant de toi. Déjà tu m'étais cher : en te voyant, je t'avais choisi de nouveau. Quelle perspective enchanteresse !... te connaître, vivre près de toi, t'embrasser, te... tout s'est évanoui, et je te retrouve ici !... Dieu !

EGMONT. Mon ami, si cela peut te faire quelque bien, reçois ici l'assurance que dès l'abord mon cœur fut à toi. Mais écoute ici tranquillement, j'ai une question à te faire : dis-moi, est-ce bien l'intention de ton père de me mettre à mort ?

FERDINAND. Oui.

EGMONT. Ce jugement ne serait pas un simple épouvantail pour m'intimider, une punition en menace, et dont la grâce royale se réserverait de m'exempter ?

FERDINAND. Hélas ! non. Je me flattais d'abord de cette vaine espérance, et déjà je m'affligeais de te voir réduit à un tel état d'humiliation ; mais il n'est que trop vrai ! il n'est que trop sûr !... Non, je ne suis plus maître de moi. Qui me donnera un conseil ? qui m'aidera à secouer ce joug inévitable ?

EGMONT. Eh bien ! écoute. Puisque tu souhaites avec tant d'ardeur de me sauver, puisque tu abhorres le pouvoir qui m'a mis dans les fers, sauve-moi. Les moments sont précieux. Tu es le fils de celui qui peut tout ! tu peux beaucoup toi-même. Fuyons ! je connais les lieux ; les moyens ne peuvent pas t'être inconnus. Ces murs seulement et quelques milles me séparent de mes amis. Brise mes chaînes, guide-moi vers eux, et sois à nous. Sûrement le roi te saura gré un jour de ma délivrance. Maintenant il est surpris, et peut-être il ignore tout. Ton père prend sur lui d'agir, et Sa Majesté est obligée de se résigner à ce qui est fait, quelque horreur qu'elle en éprouve. Tu te consultes ?... Oh ! trouve-moi quelque issue ; que je recouvre ma liberté ! Parle, et nourris l'espérance dans une âme qui ne demande qu'à vivre.

FERDINAND. Silence ! oh ! silence ! tes discours mettent le comble à mon désespoir. Il n'y a aucune issue, aucun moyen, aucune fuite. C'est pour moi une idée horrible ! j'ai moi-même tendu le filet, j'en connais les nœuds indissolubles ; je sais comment l'on a fermé la route à toute audace et à toute ruse ; je me sens, moi et tous les autres, garrottés comme toi. Sans cela aurais-je passé le temps à gémir ? n'aurais-je pas tout essayé ?... Je me suis jeté à ses pieds, j'ai parlé, prié conjuré. En réponse, il m'a envoyé ici perdre tout ce qui peut rester en moi d'amour pour la vie, de joie...

EGMONT. Et aucun moyen de s'échapper ?

FERDINAND. Aucun.

EGMONT, *frappant du pied.* Aucun moyen de s'échapper !...

ACTE V.

— Douce vie, aimable habitude d'être et d'agir! je dois donc te quitter, et te quitter de sang-froid! Ce n'est plus dans le tumulte du combat, ce n'est plus au bruit des armes, dans l'ivresse de la mêlée, que tu me dis un brusque adieu; tu ne prends pas un congé rapide, tu n'abréges pas l'instant de la séparation. Il me faut prendre ta main, la serrer dans la mienne, ramener encore une fois mes yeux sur les tiens, admirer ta beauté, sentir vivement tout ton prix; puis faire un douloureux effort, m'arracher de toi, et te dire : Va-t'en!

FERDINAND. Et moi, il faut que je reste auprès de toi, et que je te regarde mourir, sans y pouvoir rien changer! Oh! quelle voix suffirait à tant de plaintes? quel cœur ne succomberait sous tant de douleur?

EGMONT. Un peu de courage!

FERDINAND. Hélas! du courage! c'est à toi qu'il appartient d'en montrer. Tu peux renoncer à l'espérance, et résigné, tranquille, marcher au-devant de la mort. Mais moi, que dois-je, que puis-je faire? Tu triomphes de toi-même et de nous; tu mets le comble à ta gloire. Moi, en te survivant, je me survis à moi-même. J'ai perdu ma lumière dans le festin, mon drapeau dans le combat.

EGMONT. Jeune ami que, par un sort bizarre, je gagne et perds au même instant, toi qui ressens pour moi les angoisses de la mort, non, tu ne me perds pas. Si ma vie fut un miroir où tu aimais à te contempler, que ma mort le soit de même. Les hommes ne vivent pas ensemble uniquement lorsqu'ils sont rapprochés : l'absent peut vivre aussi avec nous. Je vis avec toi... avec moi j'ai assez vécu. — Chacun de mes jours a été marqué par quelque plaisir; j'ai fait chaque jour, sans hésiter, ce que ma conscience m'a dit être mon devoir. Aujourd'hui finit ma vie, comme elle aurait pu finir plus tôt, bien plus tôt! aux sables de Gravelines. Je cesse de vivre; mais j'ai vécu. Vis de même, mon ami; jouis de la vie, et ne crains point la mort.

FERDINAND. Tu aurais dû te conserver pour nous, tu l'aurais pu, tu t'es tué toi-même. J'ai entendu plus d'une fois des hommes sages s'entretenir de toi. Sur ton mérite les avis étaient partagés; mais tous, amis et ennemis, se réunissaient à blâmer ta conduite : « Oui, disaient-ils, il s'est engagé dans une route périlleuse. » Que de fois n'ai-je pas souhaité de pouvoir t'en avertir! N'avais-tu point d'amis?

EGMONT. Je fus averti.

FERDINAND. Et toutes ces charges, comme je les retrouvai mot pour mot dans l'accusation! et les réponses! assez bonnes pour te justifier, pas assez pour te faire rendre justice.

EGMONT. Suffit. Qu'il n'en soit plus question. L'homme se croit libre, il croit se diriger lui-même; mais une force irrésistible l'entraîne à sa destinée. Pensons à tout cela le moins que nous pourrons : quant à moi, je me soustrais facilement à ces idées... plus difficilement à mes inquiétudes pour ma malheureuse patrie! — Il n'importe; d'autres y pourvoiront. Si mon sang est versé pour tous, s'il procure à mon peuple la paix et la liberté, je le verse avec plaisir... Hélas! il n'en sera point ainsi... Mais il ne convient pas à l'homme qui va mourir de s'inquiéter de ce qui se fera sans lui. — Toi, si tu peux mettre un frein au zèle exterminateur de ton père, n'y manque pas... Qui le pourrait?... Adieu.

FERDINAND. Je ne puis te quitter!

EGMONT. Je te recommande mes gens. J'ai de braves gens à mon service : qu'ils ne soient pas dispersés, maltraités! — Qu'est devenu Richard, mon secrétaire?

FERDINAND. Il t'a précédé. Ils l'ont décapité, comme complice du crime de haute trahison.

EGMONT. Pauvre jeune homme! — Encore un mot, et nous nous séparerons, car je n'en puis plus! Quelque occupé que soit l'esprit, la nature est là qui réclame impérieusement ses droits : de même qu'un enfant sommeille dans les replis du serpent, ainsi l'homme fatigué se couche jusque sur le seuil de la mort, et y repose profondément, comme s'il avait encore beaucoup de chemin à faire. — Un seul mot donc. Je connais une jeune fille : tu ne la mépriseras pas, parce qu'elle s'était donnée à moi. En te la recommandant, je meurs tranquille : tu es un homme d'honneur; et une femme qui trouve un tel homme n'a rien à craindre. — Mon vieil Adolphe vit-il? est-il libre?

FERDINAND. Ce bon vieillard qui vous accompagnait toujours à cheval?

EGMONT. Lui-même.

FERDINAND. Il vit et il est libre.

EGMONT. Eh bien! il sait sa demeure : fais-toi conduire par lui, et récompense-le jusqu'à la fin de ses jours de t'avoir guidé vers ce trésor. — Maintenant, adieu.

FERDINAND. Non, je ne sortirai pas.

EGMONT, *le poussant vers la porte*. Adieu.

FERDINAND. Oh! laisse-moi! encore un moment!

EGMONT. Ami, point d'adieux !

Il accompagne Ferdinand jusqu'à la porte, et s'arrache de ses bras. Ferdinand, consterné, s'éloigne précipitamment.

EGMONT, *seul*. Barbare! tu ne croyais pas me faire tant de bien en m'envoyant ton fils. Par lui je suis délivré des inquiétudes, du chagrin, de la crainte, de tous sentiments pénibles. Je n'entends plus au dedans de moi que le cri de la nature qui demande son dernier tribut. — Il n'y a pas à en revenir, la sentence est portée! je vais m'endormir avec la certitude de ce qui ne s'offrait encore à moi, la nuit passée, que vaguement et sous une forme douteuse. (*Il s'assied sur le lit. Musique.*) Charmant sommeil, tu t'empares de nous, ainsi qu'un bonheur pur, inattendu, qu'on n'a point invoqué. A ton approche les pensées douloureuses se dissipent, tu confonds toutes les images de la tristesse et de la joie, toutes les cordes de notre cœur résonnent à la fois sous tes mains harmonieuses... Saisis d'un doux égarement, nous nous sentons faillir et nous cessons d'être...

Il s'endort : la musique accompagne son sommeil. Après quelques instants, le mur contre lequel est adossé son lit s'entr'ouvre, et on voit se déployer une brillante apparition. La Liberté, en habits célestes, environnée de clarté, repose sur un nuage. Elle a les traits de Claire; elles se penche vers le héros endormi. Sa physionomie exprime un sentiment triste et tendre, elle paraît gémir sur lui. Mais bientôt son visage s'éclaircit, elle se relève, et d'un geste encourageant lui montre les attributs de sa divinité, le faisceau de flèches, le sceptre et le bonnet. Elle semble l'inviter à reprendre sa gaîté accoutumée, et en lui annonçant que sa mort affranchira les provinces, elle le recon-

naît vainqueur, et lui tend une couronne de laurier. Au moment où elle s'apprête à poser la couronne sur son front, Egmont fait un mouvement convulsif, comme quelqu'un qui s'agite en dormant; par là son visage se trouve dirigé vers elle. Elle tient la couronne suspendue sur sa tête. On entend de fort loin une musique guerrière de fifres et de tambours; aux premiers sons de cette musique, l'apparition s'évanouit. Le bruit devient plus fort; Egmont s'éveille. La prison est faiblement éclairée des rayons du matin. Son premier mouvement est de porter la main sur son front; il se lève, et regarde autour de lui en tenant toujours la main sur son front.

Elle n'y est plus, la couronne!... Vision enchanteresse, la lumière du jour t'a fait disparaître!... Oui, elles y étaient réunies, les deux plus douces joies de mon cœur. La céleste Liberté avait emprunté les traits de ma bien-aimée; cette fille charmante avait pris le divin costume de la protectrice de mes jours. Elle marchait devant moi les pieds teints de sang, les plis flottants de sa robe souillés de sang. C'était mon sang, le sang de bien des nobles... Non, il n'aura pas coulé en vain. Accours, brave peuple! la déesse victorieuse marche à ta tête! Comme on voit la mer rompre ses digues, rompez, démolissez de concert le rempart de la tyrannie, précipitez-la du terrain qu'elle s'arroge insolemment... (*Les tambours approchent.*) Silence!..... Ah! que de fois ce bruit m'a ouvert le champ libre du combat et de la victoire! Avec quels transports de joie mes compagnons s'élançaient dans le sentier périlleux de la gloire!... En sortant de ce cachot, je marche aussi à une mort glorieuse! je meurs pour la liberté. Je n'ai vécu, je n'ai combattu que pour elle; maintenant je lui offre ma vie en sacrifice.

Une ligne de soldats espagnols, portant des hallebardes, défile, et se range au fond du théâtre.

EGMONT, *aux Espagnols.* Oui, avancez en front de bataille! serrez vos rangs! vous ne m'effrayez pas, je suis accoutumé à regarder des lances. C'est lorsque l'appareil menaçant de la mort m'environne que je sens redoubler la vie au fond de mon cœur. (*Tambours.*) L'ennemi t'enveloppe de toutes parts! les épées brillent ! Courage, amis, vous avez derrière vous parents, femmes, enfants !... Mais ceux-ci (*montrant du doigt les Espagnols*), par quoi sont-ils excités ? par leur courage ? non, par une parole du maître.—Peuple, défends tes biens ! et pour sauver ce que tu as de plus cher, tombe avec joie, comme je t'en donne ici l'exemple.

Tambours. Il marche aux Espagnols d'un pas ferme, et sort par la porte du fond. En même temps le rideau tombe. — La musique reprend et termine la pièce par une fanfare.

FIN D'EGMONT.

IPHIGÉNIE EN TAURIDE.

PERSONNAGES.

IPHIGÉNIE.
THOAS, roi de Tauride.
ORESTE.
PYLADE.
ARCAS.

La scène se passe dans un bois sacré, devant le temple de Diane.

ACTE PREMIER.

SCÈNE I.

IPHIGÉNIE, *seule.*

Bois sacré, voûtes antiques et touffues agitées par les vents, j'éprouve encore en m'avançant sous vos ombrages, comme en entrant dans le sanctuaire paisible de la déesse, un frémissement secret : il semble toujours que mes pas touchent ces lieux pour la première fois, et mon esprit ne s'y accoutume point. Il y a déjà longtemps qu'une volonté suprême à laquelle je me résigne me tient ici cachée, et cependant aujourd'hui, comme le premier jour, je ne suis ici qu'une étrangère ; car, hélas ! la mer me sépare de ceux que je chéris ; je passe de longs jours sur le rivage où mon cœur cherche en vain la terre de la Grèce ; la vague ne répond à mes soupirs que par de sourds mugissements. Malheur à celui qui, loin de ses parents, loin de sa famille, mène une vie solitaire. Le chagrin dévore le bonheur qu'il semblait près de goûter. Ses pensées errantes se reportent incessamment vers le foyer paternel où le soleil brilla pour la première fois à ses yeux, où les enfants du même âge, se livrant aux mêmes jeux, s'attachaient de plus en plus l'un à l'autre par de doux liens. Je ne juge point les décrets des dieux; mais l'état des femmes est bien digne de pitié! Dans l'intérieur, à la guerre, l'homme commande, et hors de son pays il sait pourvoir à ses besoins. C'est lui qui a le plaisir de la possession; c'est lui que couronne la victoire; c'est à lui qu'une mort pleine d'honneur est réservée. Mais, la femme, que son bonheur est peu de chose! Obéir à un époux farouche est pour elle un devoir, et même une consolation : qu'elle est malheureuse si un destin ennemi la pousse sur une terre lointaine! Tel est mon sort : Thoas, tout généreux qu'il est, me retient ici dans un esclavage dont la cause est grave et sacrée. Ah! je l'avoue avec confusion, c'est à regret que je te sers, ô Diane, ô déesse ma libératrice! Ma vie devrait être consacrée librement à ton culte: aussi ai-je toujours espéré en toi, et ma confiance est encore la même, puisque tu as accueilli dans tes bras divins et secourables la fille abandonnée du roi des rois. Oui, fille de Jupiter, si l'homme puissant que tu désespéras en lui demandant sa fille, si Agamemnon, l'égal des dieux, qui offrit sur tes autels ce qu'il avait de plus cher, a été reconduit par ta main protectrice des murs de Troie renversée dans Mycènes, sa patrie ; si tu lui as conservé son épouse, Electre, et son fils, précieux trésors..., rends-lui maintenant son Iphigénie ; et toi qui m'as sauvée de la mort, sauve-moi de la vie que je traîne en ces lieux, qui est une seconde mort.

SCÈNE II.

IPHIGÉNIE, ARCAS.

ARCAS. Le roi qui m'envoie salue la prêtresse de Diane. C'est aujourd'hui que la Tauride remercie sa déesse de la merveilleuse victoire nouvellement remportée. Je devance à la hâte le roi et l'armée pour vous apprendre que l'un et l'autre s'approchent.

IPHIGÉNIE. Nous sommes prêts à les recevoir dignement, et notre déesse attend d'un œil favorable le sacrifice que va lui offrir la main de Thoas.

ARCAS. Que ne trouvé-je aussi le regard de la digne et honorée prêtresse, ton regard, ô vierge sainte, plus serein et plus brillant, présage heureux pour nous tous; mais le voile d'un secret chagrin couvre encore ton cœur. Les années s'écoulent sans que nous puissions obtenir de toi la moindre confiance; depuis que je te connais dans tes augustes fonctions, voilà le regard devant lequel je frémis toujours; et ton âme, loin de se communiquer, reste comme scellée dans ton sein avec des liens de fer.

IPHIGÉNIE. Comme il convient à l'exilée, à l'orpheline.

ARCAS. Te semble-t-il être ici orpheline ou exilée?

IPHIGÉNIE. La terre étrangère peut-elle devenir pour nous la patrie?

ARCAS. Mais la patrie elle-même t'est devenue étrangère.

IPHIGÉNIE. Et voilà pourquoi mon cœur saigne toujours et ne guérit point. Dans la première jeunesse, quand mon âme commençait à peine à s'attacher à mon père, à ma mère, à ma famille; quand les jeunes rejetons d'une tige commune, doucement unis, s'élevaient ensemble vers le ciel, hélas! une malédiction inconcevable s'appesantit sur moi, m'arracha aux objets de mon amour, et d'une main de fer rompit ces doux liens. Elle disparut alors, la joie de ma jeunesse, la félicité des premières années : je fus, il est vrai, sauvée de la mort, mais néanmoins je ne suis plus qu'une ombre, je le sens, et le doux plaisir de la vie ne refleurira plus pour moi.

ARCAS. Si tu prétends être si malheureuse, je serai en droit de t'appeler ingrate.

IPHIGÉNIE. Vous recevez sans cesse le tribut de ma reconnaissance.

ARCAS. Il est vrai; mais non cette reconnaissance qui est le prix du bienfait, ce regard joyeux qui témoigne à l'hôte une vie contente, un cœur bienveillant. Lorsqu'un destin mystérieux te conduisit à ce temple, il y a bien des années, Thoas t'accueillit, te traita avec respect et amour, comme une envoyée du ciel, et il fut pour toi favorable et ami, ce rivage si terrible pour les étrangers, puisque, avant toi, nul n'y aborda sans être immolé, d'après l'antique usage, comme une victime expiatoire, sur les marches sacrées du temple de Diane.

IPHIGÉNIE. Respirer librement n'est pas la seule condition

de la vie. Quelle est cette vie que mes saintes fonctions m'obligent à passer ici dans le deuil, semblable à une ombre qui erre autour de son tombeau? Et peut-on dire qu'on a la conscience d'une vie heureuse, quand chaque jour consumé dans des songes stériles nous prépare à ces jours lugubres que la noire troupe des morts, s'oubliant elle-même, célèbre sur les bords du Léthé? Une vie inutile est une mort anticipée. Ce destin commun des femmes est particulièrement le mien.

ARCAS. Ce noble orgueil qui te rend mécontente de toi-même, je te le pardonne, quoique je te plaigne secrètement, car il t'enlève la jouissance de la vie. Tu n'as, dis-tu, rien fait ici depuis ton arrivée? et qui a donc dissipé la sombre tristesse dont l'âme du roi était atteinte? Qui a su, par sa douce persuasion, arrêter l'ancien et cruel usage qui veut que chaque étranger laisse sa vie et son sang au pied de l'autel de Diane? Qui a sauvé tant de fois les prisonniers d'une mort certaine, et les a renvoyés au sein de leur patrie? La déesse, loin d'être irritée de la perte de ce sanglant sacrifice, n'a-t-elle pas exaucé tes douces prières? La victoire ne plane-t-elle pas sur l'armée, et même ne vole-t-elle pas en avant de nos guerriers? Chacun ne jouit-il pas d'un meilleur sort depuis que le roi, qui nous gouverna si longtemps par la sagesse et le courage, a appris aussi de toi la douceur et la clémence, et nous a rendu plus faciles les devoirs de la silencieuse obéissance? Diras-tu que tu es inutile, lorsque ta présence répand le bonheur sur des milliers d'hommes, que tu deviens pour le peuple auquel un dieu t'a envoyée l'éternelle source d'une félicité nouvelle, et que sur ce rivage inhospitalier tu ouvres à l'étranger que tu sauves le chemin de sa patrie?

IPHIGÉNIE. Ce qui est fait est bien peu de chose devant tout ce qui reste à faire.

ARCAS. Loues-tu donc celui qui n'apprécie pas ce qu'il fait?

IPHIGÉNIE. On blâme celui qui pèse la valeur de ses actions.

ARCAS. Et celui qui, par fierté, ne les estime pas ce qu'elles valent réellement, tout aussi bien que celui qui, par vanité, rehausse faussement leur prix. Crois-moi, écoute un homme qui t'est fidèlement dévoué; si aujourd'hui le roi s'entretient avec toi, n'arrête point sur ses lèvres l'expression de sa pensée.

IPHIGÉNIE. Tu m'affliges en voulant me persuader; déjà souvent j'ai éludé avec peine ses propositions.

ARCAS. Réfléchis à ce que tu feras et à ce qui t'est vraiment utile. Depuis que le roi a perdu son fils, il ne se livre qu'à un petit nombre des siens, et sa confiance en ce petit nombre n'est plus la même qu'autrefois. Il regarde d'un œil jaloux tous les enfants nobles; il croit voir dans chacun d'eux son successeur. Il craint une vieillesse sans consolation, peut-être une audacieuse révolte et une mort prématurée. Le Scythe ne connaît point dans ses discours le choix des paroles, et le roi moins que tout autre. Habitué à commander et à agir, il ignore l'art de ménager de loin un entretien conforme à ses vues; ne le lui rends pas pénible par la réserve et l'hésitation, et en feignant à dessein de ne pas le comprendre : fais au moins la moitié du chemin.

IPHIGÉNIE. Dois-je hâter le coup qui me menace?

ARCAS. Donneras-tu le nom de menace à la démarche qu'il fait près de toi?

IPHIGÉNIE. C'est pour moi la plus terrible de toutes.

ARCAS. Accorde-lui au moins ta confiance en retour de sa tendresse.

IPHIGÉNIE. Il faut d'abord qu'il délivre mon âme de la crainte.

ARCAS. Pourquoi lui dissimuler ta naissance?

IPHIGÉNIE. Parce que le mystère sied à une prêtresse.

ARCAS. Pour le roi rien ne devrait être un mystère; et quoiqu'il n'exige pas la vérité, il sent néanmoins, et il sent profondément dans sa grande âme que tu t'enveloppes à ses yeux.

IPHIGÉNIE. Serait-il donc irrité contre moi?

ARCAS. On le dirait presque; quoiqu'il parle peu de toi, quelques mots échappés au hasard m'ont appris néanmoins que son âme a formé l'irrévocable vœu de te posséder. Je t'en conjure, ne l'abandonne pas à lui-même : crains que le chagrin ne s'amasse dans son cœur et ne te remplisse un jour d'effroi, pour avoir pensé trop tard à cet avis fidèle.

IPHIGÉNIE. Eh quoi! une idée que l'homme ami des dieux ne doit point concevoir, le roi l'a-t-il conçue? Songe-t-il à m'arracher de cet autel? Eh bien! j'invoque à mon aide tous les dieux, et surtout l'intrépide Diane. Déesse, elle prêtera son appui à sa prêtresse, et vierge, elle saura défendre une vierge comme elle.

ARCAS. Ne crains rien. La force d'un sang bouillant ne pousse pas le roi à une action qui serait celle d'un jeune téméraire; mais j'appréhende de lui une autre résolution qu'il accomplira sans qu'on puisse l'arrêter, car son âme est inébranlable : aussi je te prie de te confier à lui : sois du moins reconnaissante si tu ne peux rien offrir de plus.

IPHIGÉNIE. Oh! dis-moi ce que tu sais encore de lui.

ARCAS. Tu l'apprendras de sa bouche, car je le vois qui s'avance. Tu le respectes, et ton propre cœur te dit de le recevoir avec amitié et confiance. Les douces paroles d'une femme ont bien du pouvoir sur une âme généreuse.

IPHIGÉNIE, *seule.* Je ne sais vraiment comment suivre le conseil de cet homme fidèle : cependant j'obéis volontiers au devoir d'adresser au roi des paroles flatteuses en reconnaissance de son bienfait, et je souhaite de pouvoir dire la vérité à ce prince en lui disant quelque chose d'agréable.

SCÈNE III.

IPHIGÉNIE, THOAS.

IPHIGÉNIE. Que la déesse te comble de biens dignes d'un roi! Qu'elle t'assure la victoire, la gloire, la richesse, le bonheur des tiens ; qu'elle exauce chacun de tes sages désirs, et que celui qui veille au sort de tant d'hommes jouisse aussi, plus que tout autre, d'un rare bonheur!

THOAS. Il me suffit que mon peuple applaudisse à mes exploits; quant au prix de la victoire, d'autres en jouissent plus que moi. Le plus heureux des hommes, roi ou sujet, est celui qui trouve le bonheur dans sa maison. Tu as pris part à mon profond chagrin, lorsque l'épée des ennemis m'arracha le dernier et le meilleur de mes fils. Tant que la vengeance posséda mon âme, je ne sentis pas la solitude de ma demeure; cependant, aujourd'hui que je reviens satisfait, mes ennemis détruits et mon fils vengé, il ne me reste rien dans ma maison qui me réjouisse. L'obéissance joyeuse que je voyais autrefois luire dans tous les regards a fait place au silence, à l'inquiétude et au chagrin. Chacun pense à l'avenir, et obéit à un roi sans postérité, parce qu'il le faut. Aujourd'hui je viens dans ce temple où je suis venu si souvent pour remercier la déesse de la victoire, et lui en demander une nouvelle. Je porte depuis longtemps dans mon sein un désir auquel tu n'es pas étrangère, et que tu prévois : j'espère, pour le bonheur de mon peuple et le mien, te faire entrer comme fiancée dans ma demeure.

IPHIGÉNIE. C'est trop offrir à une inconnue, ô roi! c'est une fugitive qui est devant toi confuse de tes bontés; elle ne cherche sur ce rivage que la protection et la paix, et tu les lui as données.

THOAS. Ce soin à t'envelopper du mystère de ta naissance à mes yeux comme à ceux du dernier des hommes, ne serait juste ni louable chez aucun peuple. Ce rivage est terrible pour les étrangers, il est vrai; la loi et la nécessité l'exigent. Mais j'espérais que toi, qui jouis en ce pays des droits auxquels la vertu peut prétendre, tu m'accorderais la confiance due à mes soins et à ma tendresse, comme un hôte témoigne sa joie reconnaissante du bon accueil qu'il a reçu.

IPHIGÉNIE. Si j'ai caché jusqu'ici ma race et le nom de mes parents, ô roi! c'était embarras plutôt que méfiance; car si tu connaissais la créature qui est devant toi, si tu savais quelle tête maudite tu protéges, peut-être un effroi terrible s'emparerait de ton grand cœur avec un mortel frisson; au lieu de m'offrir une place à côté de toi sur un trône, tu me chasserais de tes États; tu me repousserais peut-être avant le jour que le destin a marqué pour me rendre aux miens et mettre un terme à mon exil, et tu me livrerais à cette misère dont la main froide et pleine d'horreur attend partout le malheureux banni de sa famille.

THOAS. Quels que soient les desseins des dieux sur toi, quelque fortune qu'ils réservent à ta maison et à toi-même, néanmoins depuis que tu habites parmi nous, et que tu jouis des droits d'un hôte pieux, rien ne manque à la bénédiction qui m'arrive du ciel; on me persuadera difficilement que je protége en toi une tête coupable.

IPHIGÉNIE. C'est ta bonne action, et non pas celle qui en est l'objet, qui attire sur toi cette source de bénédiction.

THOAS. Le bien que l'on fait aux méchants n'est pas béni; mets donc fin à ton silence et à tes refus. Ce n'est pas un homme injuste qui l'exige. La déesse te livra à mes mains; en devenant sacrée pour elle, tu le devins pour moi; que sa moindre volonté soit encore à l'avenir ma loi. Je le jure, si tu peux espérer de retourner dans ta famille, je renonce à toute prétentions sur toi. Mais si le chemin t'est fermé pour toujours, si ta race est dépossédée ou éteinte par un affreux malheur, alors tu m'appartiens par plus d'un droit. Parle franchement, tu sais que je tiens parole.

IPHIGÉNIE. La langue se délie avec peine pour mettre au jour un secret longtemps caché; car, une fois confié, il abandonne sans retour les sûres et profondes retraites du cœur, et il est nuisible ou utile, selon qu'il plaît aux dieux. O roi! sache-le donc, je suis du sang de Tantale!

THOAS. Tu prononces sans émotion un nom bien grand. Nommes-tu parmi tes ancêtres celui que le monde connaît comme l'ancien favori des dieux? Est-ce le Tantale que Jupiter admit à son conseil et à sa table, et dont la sagesse et la science faisaient que les dieux eux-mêmes se plaisaient à ses entretiens, comme aux sentences des oracles?

IPHIGÉNIE. C'est-lui-même : mais les dieux ne devraient pas agir avec les hommes comme avec leurs semblables. La race humaine est beaucoup trop faible pour n'être pas éblouie à une hauteur inaccoutumée. Tantale n'était ni perfide ni traître; mais il était trop grand pour être l'esclave du maître du tonnerre; et pour en être le compagnon, il n'était qu'un homme. Aussi sa faute appartient à la nature humaine. La justice des dieux fut rigoureuse, et les poëtes ont dit : « Sa présomption et sa perfidie l'ont précipité de la table de Jupiter dans les abîmes du noir Tartare. » Hélas! et toute sa race fut chargée aussi du poids de leur haine.

THOAS. N'est-elle coupable que des fautes de son aïeul, ou bien en a-t-elle commis de nouvelles?

IPHIGÉNIE. Les enfants et les neveux de Tantale avaient reçu en héritage le cœur intrépide et la mâle vigueur des

ACTE I, SCÈNE III.

Titans, mais Jupiter ceignit encore leur front d'un bandeau d'airain. Il cacha à leurs sombres regards les bons conseils, la modération, la sagesse et la patience. Chacun de leurs désirs devint une frénésie, et cette frénésie fut sans bornes. Le premier de tous, Pélops, fils bien-aimé de Tantale, Pélops à la volonté de fer, s'empara par la trahison et le meurtre de la plus belle des femmes, de la fille d'OEnomaüs, d'Hippodamie. Elle donne aux vœux de son époux deux enfants, Thyeste et Atrée. Ceux-ci voient d'un œil jaloux l'amour de leur père pour son premier fils d'un autre lit ; et, réunis par la haine, ils consomment leur premier crime sur la personne de ce frère. Le père soupçonne Hippodamie d'être la meurtrière, et lui redemande son fils avec fureur... La malheureuse s'arrache la vie...

THOAS. Tu te tais? Continue ; ne te repens point de ta confiance : parle.

IPHIGÉNIE. Heureux celui qui aime à se souvenir de ses aïeux, qui parle avec plaisir de leurs actions, de leur grandeur, et qui, tranquille et content, se voit placé lui-même à la fin de cette glorieuse succession ! car ce n'est pas subitement qu'une race produit des demi-dieux ou des monstres ; il faut une suite d'hommes de bien ou de méchants, pour qu'elle enfante le malheur et la félicité du monde. — Après la mort de leur père, Atrée et Thyeste régnèrent ensemble sur Mycènes ; mais l'harmonie ne put durer longtemps entre eux. Bientôt Thyeste souille la couche de son frère ; Atrée, pour se venger, le chasse de son royaume. Déjà Thyeste avait dans une intention criminelle dérobé à son frère un fils qu'il avait élevé en secret et avec une apparence de tendresse, comme s'il eût été le sien. C'est alors qu'il remplit de rage et de vengeance le cœur de ce jeune homme, et l'envoie à la cour d'Atrée pour qu'il assassine son père en croyant frapper son oncle. Le projet est découvert, et le roi punit cruellement l'émissaire assassin, pensant tuer le fils de son frère. Il apprend trop tard quelle victime a succombé devant ses yeux trompés, et, pour satisfaire le besoin de la vengeance, il médite un crime inouï. Il feint d'être apaisé, réconcilié ; il attire de nouveau son frère Thyeste avec ses deux fils dans son royaume, saisit les enfants, les égorge, et au premier festin il sert à leur père ce mets épouvantable. Puis, lorsque Thyeste s'est rassasié de son propre sang, qu'un pressentiment l'agite, qu'il demande ses enfants et croit entendre à la porte de la salle les pas, la voix de ses fils, Atrée, avec un rire infernal, lui jette la tête et les pieds des victimes. Tu détournes le visage, ô roi! ainsi le soleil détourna le sien, et fit quitter à son char son éternelle route. — Tels sont les aïeux de ta prêtresse! La nuit couvre encore de ses sombres ailes bien des malheurs, une foule d'actions fruits de cet esprit de vertige, et ne nous laisse qu'une sinistre obscurité.

THOAS. Que ton silence les cache aussi. C'est assez d'horreur. Dis-moi maintenant par quel miracle tu es sortie de cette race farouche.

IPHIGÉNIE. Le fils aîné d'Atrée était Agamemnon; c'est mon père. Je puis dire avoir vu en lui depuis ma première enfance le modèle d'un homme accompli. Clytemnestre était son épouse; je fus le premier fruit de leur amour; Électre naquit ensuite. Le roi régnait paisiblement, et le repos semblait assuré à la maison de Tantale, qui en avait été si longtemps privée. Mais il manquait encore au bonheur de mes parents un fils, et à peine ce vœu avait-il été rempli, à peine Oreste avait-il pris place entre ses deux sœurs, que de nouveaux malheurs se préparèrent à frapper cette maison tranquille. — Le bruit de la guerre que les forces réunies des princes de la Grèce portèrent autour des murs de Troie pour venger l'enlèvement de la plus belle des femmes est venu jusqu'à toi. Ont-ils pris la ville, ont-ils atteint le but de leur vengeance, je l'ignore. Mon père conduisait l'armée des Grecs. Ils s'arrêtèrent en Aulide, attendant vainement un vent favorable; car Diane, irritée contre leur chef, retint leur impatience, et demanda par la bouche de Calchas l'aînée des filles du roi. Ils m'attirèrent avec ma mère dans le camp, me traînèrent devant l'autel et dévouèrent ma tête à la déesse. Mais elle était apaisée; elle ne voulait pas mon sang, et me sauva en m'enveloppant dans un nuage. C'est dans ce temple que je repris l'usage de mes sens. Oui, celle qui te parle est Iphigénie, la petite-fille d'Atrée, la fille d'Agamemnon, qui maintenant appartient à la déesse.

THOAS. Je ne préfère pas la fille des rois à l'inconnue : je ne lui accorde pas plus de confiance. Je répète ma première offre : Suis-moi, viens partager mon sort.

IPHIGÉNIE. Comment l'oserais-je, ô roi? La déesse qui m'a

sauvée n'a-t-elle pas seule droit sur ma vie, qui lui est consacrée? Elle m'a choisi cet asile, et elle me réserve peut-être afin que je sois la plus belle joie de la vieillesse d'un père qu'elle a puni assez par l'apparence de ma mort. Peut-être l'heureux instant de mon retour est-il proche; et moi, sans égard à ses vues, je m'enchaînerais ici contre sa volonté? O roi! je l'ai supplié de m'apprendre par quelque indice si elle veut que je demeure en ce lieu.

THOAS. Sa volonté est manifeste, puisque tu es encore ici. Ne cherche point péniblement de semblables subterfuges. C'est vainement qu'on emploie de longs discours pour donner un refus; celui qui demande ne comprend qu'un Non formel.

IPHIGÉNIE. Ce ne sont pas de vaines paroles qui aient pour but d'éblouir tes yeux : je t'ai découvert le fond de mon cœur. Et ne sens-tu pas toi-même combien je dois soupirer avec une attente pénible après mon père, ma mère et toute ma famille? Ne te dis-tu pas que, sous ces vieux portiques où la douleur a tant de fois murmuré mon nom, la joie, à mon retour, comme à un jour de naissance, enlacerait les colonnes des festons les plus beaux? Oh! si tu m'envoyais sur un vaisseau dans ma patrie, tu me donnerais à moi et à tous les miens une vie nouvelle.

THOAS. Retournes-y donc : fais ce que ton cœur te demande, n'écoute pas la voix de la prudence et de la raison. Sois femme tout à fait, et livre-toi au penchant inconsidéré qui t'entraîne. Quand une passion brûle dans le cœur des femmes, aucun lien sacré ne les retient; elles s'abandonnent au traître qui les attire hors des bras fidèles et éprouvés du père et de l'époux; mais, si ce feu n'embrase pas leur sein, la langue dorée de la persuasion, toute puissante, toute sacrée qu'elle est, fait sur elles d'inutiles efforts.

IPHIGÉNIE. Souviens-toi, ô roi! de ta noble parole. Veux-tu donc reconnaître ainsi ma confiance? Tu semblais préparé à tout entendre.

THOAS. Je n'étais point préparé à des choses si loin de ma pensée. Pourtant je devais m'y attendre; ne savais-je pas en venant ici que j'aurais affaire à une femme?

IPHIGÉNIE. O roi! n'outrage pas un sexe infortuné! Ses

armes, quoique au-dessous des vôtres, ne sont pas pour cela sans noblesse. Veuille le croire, j'ai cet avantage sur toi que je sais mieux que toi-même ce qui peut te rendre heureux. Tu t'imagines, sans connaître ton cœur ni le mien, que des nœuds plus étroits nous uniront pour notre bonheur. Plein d'espoir et d'intentions louables, tu me presses de m'associer à ton sort, et moi je rends ici grâce aux dieux qui m'ont donné la force de ne pas contracter une alliance qu'ils désapprouvent.

THOAS. Les dieux se taisent : c'est ton cœur qui parle.

IPHIGÉNIE. Les dieux ne nous parlent que par la voix de notre cœur.

THOAS. Et n'ai-je pas aussi le droit de les écouter?

IPHIGÉNIE. Le bruit de l'orage étouffe une voix faible.

THOAS. Sans doute la prêtresse sait seule les comprendre.

IPHIGÉNIE. Le prince, plus que tout autre, doit avoir égard à leur avis.

THOAS. Ta fonction sacrée, il est vrai, et le droit de t'asseoir à la table de Jupiter, que t'a donné ta naissance, t'élèvent plus près des dieux qu'un sauvage enfant de la terre.

IPHIGÉNIE. Voilà donc comment j'expie la confiance que tu m'as arrachée.

THOAS. Je ne suis qu'un homme; et il vaut mieux, je pense, terminer cet entretien. Voici ma volonté : reste prêtresse de Diane telle qu'elle t'a choisie; mais que la déesse me pardonne d'avoir interrompu jusqu'à ce jour les anciens sacrifices, sans aucun droit, et malgré le reproche de ma conscience. L'étranger ne fut jamais conduit par son bon destin sur ce rivage; de tout temps il y a rencontré une mort certaine. Toi seule, par une douceur dont je me réjouissais au fond de l'âme, croyant voir en toi tantôt l'amour d'une tendre fille, tantôt le secret attachement d'une fiancée, toi seule m'as enchaîné comme par des liens magiques, et m'as fait oublier mon devoir. Tu t'étais rendue maîtresse de mon esprit par un charme, et je n'entendais plus les murmures de mon peuple. Aujourd'hui, il me reproche tout haut d'avoir attiré la mort prématurée de mon fils, et je ne veux pas irriter plus longtemps en faveur de toi la foule qui réclame à grands cris le sacrifice.

IPHIGÉNIE. Je n'ai jamais demandé ce changement en faveur

de moi. C'est mal comprendre les dieux que de les croire avides de sang. Celui qui le pense leur attribue à tort sa propre cruauté. La déesse ne m'a-t-elle pas soustraite elle-même au glaive du prêtre ? Mon dévoûment à son culte lui fut plus agréable que ma mort.

THOAS. Il ne nous convient pas d'expliquer et de plier ce saint usage au gré de nos idées et de notre mobile raison. Fais ton devoir, je ferai le mien. Deux étrangers que nous avons trouvés cachés dans les rochers du rivage, et qui n'apportent ici rien d'heureux, sont entre mes mains. Que ta déesse en recevant leur sang retrouve un juste et ancien sacrifice trop longtemps suspendu! Je vais les envoyer ici : tu sais quel est ton ministère.

SCÈNE IV.

IPHIGÉNIE, *seule*.

Généreuse protectrice! tu as des nuages pour envelopper l'innocente persécutée et la transporter où tu veux, sur l'aile des vents, au-dessus des mers et des vastes contrées de la terre, loin des bras de fer du destin. Tu es sage, et tu vois l'avenir. Pour toi le passé n'est pas anéanti, et ton regard se repose sur ceux qui t'honorent, comme la lumière, la vie des nuits, se repose sur la terre qu'elle caresse. O déesse! éloigne le sang de mes mains! Jamais il ne donne le bonheur ni le repos; et le spectre de la victime égorgée au hasard épiera l'heure fatale de son assassin involontaire pour le glacer d'épouvante. Car les immortels aiment à voir se multiplier et s'étendre sur la terre les races d'hommes vertueux; ils aiment à prolonger la vie fugitive du mortel, et ils ne lui envient pas la jouissance de contempler un moment avec eux ce beau ciel, leur éternelle demeure.

ACTE DEUXIÈME.

SCÈNE I.

ORESTE, PYLADE.

ORESTE. C'est à la mort que nous marchons ! A chaque pas mon âme devient plus calme. Quand je priai Apollon d'écarter de moi l'effroyable cortége des Euménides, ce dieu parut promettre avec des paroles riches en espérance un terme à mes malheurs dans le temple de sa sœur bien-aimée qui règne sur la Tauride; et sa promesse a son effet aujourd'hui, car tous mes maux vont finir avec moi. Qu'il me sera facile de renoncer à la lumière du soleil, à moi dont une main divine opprime le cœur et égare l'esprit ! Oui, puisque les descendants d'Atrée ne doivent pas obtenir dans le combat une mort couronnée par la victoire; puisque je dois, ainsi que mes aïeux et mon père, périr d'un trépas misérable, comme une victime dévouée au sacrifice, que mon sort s'accomplisse ! mieux vaut périr ici devant l'autel que dans un réduit obscur où d'homicides parents tiennent des poignards tout prêts ! Puissances souterraines, laissez-moi en paix jusque-là, vous qui vous excitez entre vous, comme le chien lancé sur sa proie, à suivre les traces du sang qui marque l'empreinte de mes pas; laissez-moi, je descendrai bientôt dans vos sombres demeures; le flambeau du jour ne doit pas m'éclairer plus que vous; le beau, le verdoyant tapis de la terre n'est pas fait pour les ombres. Oui, je vais là-bas vous chercher; là, un même destin unit tout dans une nuit éternelle. Toi seul, cher Pylade, complice innocent de ma faute et compagnon de mon exil, toi seul m'arrêtes : que je sens de peine à t'entraîner sitôt avec moi dans ces lieux de douleur ! Ta vie ou ta mort sont maintenant seules capables de m'inspirer de l'espoir ou de la crainte.

PYLADE. Je ne suis pas encore préparé comme toi, cher Oreste, à descendre dans le royaume des ombres : j'ai encore l'idée que, par les routes tortueuses qui semblent mener à l'éternelle nuit, nous parviendrons à remonter à la lumière. Je ne songe pas à la mort : je cherche à savoir si par hasard les dieux ne nous ouvrent point l'avis et le chemin de la fuite. La mort, redoutée ou non, vient sans qu'on la puisse arrêter. Au moment même où la prêtresse lèvera la main pour couper et consacrer les boucles de nos cheveux, ton salut et le mien seront encore ma seule pensée. Relève ton âme abattue : ton hésitation accroît le danger. Apollon nous a donné sa parole que, dans le sanctuaire de sa sœur, consolation, secours et retour en Grèce, tu trouverais tout préparé : les paroles des dieux ne sont pas équivoques, comme l'homme désespéré se l'imagine.

ORESTE. Ma mère entoura de bonne heure ma jeune tête des sombres nuages de la vie : je grandissais, fidèle image de mon père, et mon regard muet était pour elle et son amant un amer reproche. Combien de fois, quand ma sœur Électre était paisiblement assise près du foyer, dans le palais paternel, je me serrai contre son sein, l'âme oppressée ! Elle fondait en larmes, et moi je la regardais fixement d'un œil inquiet et avide. Alors elle parlait beaucoup de notre illustre père. Combien je désirais le voir, être à ses côtés. Tantôt je souhaitais d'aller à Troie ; tantôt j'eusse voulu qu'il en revînt ! Enfin le jour arriva, où...

PYLADE. Ah ! laisse les esprits infernaux s'entretenir la nuit de cette heure fatale ! rappelons-nous des temps heureux, et que ces souvenirs nous donnent une nouvelle force pour parcourir une carrière héroïque. Les dieux ont besoin pour leur service sur cette vaste terre de plus d'un homme de bien. Ils ont encore des vues sur toi ; voilà pourquoi ils n'ont pas voulu que tu suivisses ton père, quand il a passé violemment au sombre rivage.

ORESTE. Plût aux dieux que, m'attachant à lui, je l'eusse accompagné !

PYLADE. C'est donc pour moi qu'ont travaillé ceux qui t'ont sauvé ; car je ne puis songer à ce que je serais devenu si tu n'étais plus, puisque, depuis mon enfance, je ne vis et ne désire vivre que pour toi, et pour l'amour de toi.

ORESTE. Ne me rappelle pas ces beaux jours où ta famille m'offrit un libre asile. Ton noble père, si sage et si tendre, me prodigua ses soins comme à une jeune plante qui dépérit ;

tandis que toi, compagnon toujours gai, semblable à un brillant et léger papillon qui voltige autour d'une fleur sombre, tu folâtrais chaque jour autour de moi avec un nouvel enjouement que tu faisais passer dans mon âme. Oui, grâce à toi, j'oubliai mes peines, et me livrai avec toi à l'entraînement d'une rapide jeunesse.

PYLADE. Ma vie ne commença que du moment où je t'aimai.

ORESTE. Dis plutôt : mon malheur commença, et tu diras la vérité. Ce que mon destin a de plus terrible, c'est que, semblable à un malade impur que l'on bannit, je porte dans mon sein la douleur et la mort; aussitôt que mes pas touchent le lieu le plus salubre, je vois autour de moi les plus brillants visages se flétrir et déceler le trait douloureux d'une lente mort.

PYLADE. Qui serait plus près que moi de cette mort, cher Oreste, si ton haleine était un poison ? et cependant ne suis-je pas toujours plein de courage et de gaîté ? et la gaîté jointe à l'amitié, voilà le mobile des grandes actions.

ORESTE. Les grandes actions ! Oui, je sais le temps où elles s'offraient en foule à nos yeux : quand nous poursuivions ensemble les bêtes sauvages à travers les monts et les vallées, et que nous nous flattions de pouvoir ainsi quelque jour, égaux en force et en courage à notre illustre aïeul, poursuivre avec le glaive et la massue les monstres et les brigands; lorsque ensuite appuyés l'un contre l'autre nous nous reposions le soir au bord de la mer; que les vagues venaient se jouer à nos pieds et que le monde si grand, si vaste, se déployait à nos regards, souvent alors un de nous tirait son épée avec feu, et les belles actions à venir sortaient autour de nous du sein de la nuit, innombrables comme les étoiles.

PYLADE. L'ambition de notre cœur nous impose une tâche impossible. Il voudrait que toutes nos actions fussent, à leur naissance, au niveau de celles que la voix des poètes nous transmet embellies et agrandies à travers les générations, les pays et les siècles. Ils sonnent si bien, les hauts faits de nos pères, quand, mêlés au son de la harpe, ils descendent au crépuscule du soir dans l'âme du jeune homme qui s'en pénètre avec délices ! Et pourtant nos actions sont ce qu'étaient les leurs, une suite de peines et de vains efforts. C'est ainsi que nous poursuivons une chimère qui fuit devant nous, sans tenir compte du chemin que nous parcourons, et nous voyons à peine que nos aïeux ont marché comme nous pas à pas, et qu'il y a eu dans leur vie une partie terrestre. Nous nous précipitons toujours vers leur ombre qui, semblable à une déité, couronne dans un long éloignement, sur des nuages d'or, le sommet des montagnes. Je n'estime pas l'homme qui a de lui-même une opinion aussi élevée que pourrait peut-être en concevoir la multitude : néanmoins, jeune homme, remercie les dieux d'avoir, par ton bras si jeune encore, opéré tant de choses.

ORESTE. Lorsque les dieux accordent à l'homme quelque action d'éclat, que, guidé par eux, il détourne un malheur prêt à fondre sur les siens, qu'il agrandit son royaume, assure ses frontières, et fait tomber ou fuir de puissants ennemis, alors il peut les remercier ; car le ciel ne lui a pas envié toutes les joies de la vie. Mais moi, c'est le rôle d'un bourreau que les dieux m'ont réservé ; ils m'ont rendu assassin d'une mère que j'honorais pourtant, et, vengeant un crime par un autre crime, ces dieux m'ont eux-mêmes précipité dans l'abîme. Crois-moi, Pylade, ils ont dirigé tous leurs traits sur la famille de Tantale, et moi, son dernier rejeton, je ne dois point sortir du monde innocent et vertueux.

PYLADE. Les dieux ne punissent pas les fautes des pères sur les enfants. Chacun, bon ou méchant, emporte avec lui la récompense de ses actions. La bénédiction accordée aux aïeux est seule héréditaire.

ORESTE. Ce n'est pas, il me semble, leur bénédiction qui nous conduit ici.

PYLADE. C'est du moins la volonté suprême des dieux.

ORESTE. C'est donc leur volonté qui nous perd.

PYLADE. Fais ce qu'ils t'ordonnent, et attends. Si tu ramènes à Apollon sa sœur, et si par tes soins ils habitent tous deux réunis à Delphes, honorés par un noble peuple, cette action te méritera les bonnes grâces du couple divin : ils t'arracheront aux mains des furies. Déjà même aucune d'elles ne se hasarde à te poursuivre dans ce bois sacré.

ORESTE. Ainsi je vais avoir au moins une mort paisible.

PYLADE. Mes idées sont bien différentes des tiennes, cher Oreste. Après un mûr examen, j'ai compris la liaison de notre passé et de notre avenir : peut-être que ce grand ouvrage se prépare depuis longtemps dans le conseil des dieux. Diane désire vivement s'éloigner de ce rivage barbare et de ces sacrifices de sang humain. C'est nous qui fûmes destinés à ce grand œuvre ; il nous est imposé, et un miracle nous a conduits de force jusqu'à la porte de ce temple.

ORESTE. Tu lies avec beaucoup d'art les vues du ciel à tes propres désirs, Pylade.

PYLADE. Qu'est-ce que la prudence des hommes si elle n'écoute attentivement la voix du ciel ? Un dieu appelle à une action difficile l'homme de cœur qui a souvent failli, il lui impose ce qui nous semble impossible ; mais le héros sort vainqueur de cette épreuve, expie ses torts, et sert les dieux et le monde dont il acquiert la vénération.

ORESTE. Ah ! si je suis destiné à vivre et à agir, qu'un dieu chasse donc de ma tête affaiblie ce vertige qui m'entraîne vers les morts sur un chemin glissant, tout trempé du sang de ma mère ; que par grâce il tarisse cette source qui, jaillissant des blessures de ma mère, vient incessamment me couvrir de sang !

PYLADE. Attends ce bienfait avec plus de calme. Tu accrois tes maux, et tu remplis contre toi-même l'office des furies. Laisse-moi réfléchir. Demeure tranquille. C'est à la fin que je t'appellerai, quand il sera besoin de réunir nos forces pour agir ; et alors nous marcherons tous deux pleins d'audace à l'accomplissement de nos destinées.

ORESTE. Je crois entendre parler Ulysse.

PYLADE. Ne raille point. Chacun doit choisir son héros, et travailler à se frayer sur ses traces les chemins de l'Olympe. Je l'avouerai, la ruse et la prudence ne me semblent pas déshonorantes pour l'homme qui se voue aux actions audacieuses.

ORESTE. J'estime celui qui est droit et brave.

PYLADE. Voilà pourquoi je ne t'ai point demandé conseil. Un pas est déjà fait. J'ai jusqu'à présent tiré beaucoup de nos gardiens. Je sais qu'une femme étrangère, semblable à une déesse, tient cette loi barbare enchaînée. Elle offre aux dieux un cœur pur, de l'encens et des prières. On vante beaucoup sa bonté ; on dit qu'elle est issue d'une race d'Amazones, et qu'elle a fui pour échapper à quelque grand malheur.

ORESTE. Il paraît que son empire et son influence ont perdu leur force par l'approche du criminel que la malédiction poursuit et enveloppe comme une épaisse nuit. Une superstition sanguinaire réveille pour nous perdre l'antique et cruel usage. Le roi, dont l'esprit est farouche, nous laissera immoler, une femme ne nous sauvera pas de son courroux.

PYLADE. Nous sommes heureux que ce soit une femme; car l'homme, même le meilleur, habitue son esprit à la cruauté; il se fait à la fin une loi de ce qu'il abhorre, et, s'endurcissant par l'habitude, il devient presque méconnaissable. Une femme, au contraire, est fidèle aux sentiments qu'elle a une fois adoptés. On peut compter plus sûrement sur elle pour le bien comme pour le mal. — Paix! — Elle vient; laisse-nous seuls. Je ne dois pas lui apprendre nos noms et lui confier nos destins sans réserve. Va, je te reverrai encore avant qu'elle te parle.

SCÈNE II.

IPHIGÉNIE, PYLADE.

IPHIGÉNIE. D'où es-tu? d'où viens-tu, étranger? Parle. Il me semble que je dois te comparer plutôt à un Grec qu'à un Scythe. (*Elle lui ôte ses chaînes.*) La liberté que je donne est dangereuse. Que le ciel détourne les maux qui vous menacent!

PYLADE. O douce voix! sons de la langue maternelle, mille fois agréables sur la terre étrangère! A ce bienveillant accueil, les côtes bleuâtres de mon pays se représentent à mes yeux, tout captif que je suis. Oui, je suis Grec. Livre-toi en assurance à cette joyeuse pensée. — Mais j'oubliais un moment combien j'ai besoin de toi, et mon esprit était plein de cette délicieuse apparition. Ah! dis-moi, si un destin sévère ne ferme point tes lèvres, dans quelle famille parmi nous tu as puisé ton origine presque céleste.

IPHIGÉNIE. Celle qui te parle est la prêtresse de Diane, que la déesse elle-même a choisie et attachée à son culte; que cela te suffise : dis-moi qui tu es, dis quelle funeste influence du destin t'a conduit ici avec ton compagnon.

PYLADE. Il m'est facile de te raconter quels maux nous poursuivent de leur pénible cortége. Que ne peux-tu, ministre du ciel, nous garantir aussi facilement un favorable espoir!

Nous sommes Crétois, fils d'Adraste; je suis le plus jeune et me nomme Céphale; Laodamas est le nom du frère qui m'accompagne; c'est l'aîné de la famille. Entre nous deux il existait un troisième fils, sauvage et dur, qui, dès la première enfance, rompait dans les jeux l'union et les plaisirs. Nous obéîmes paisiblement aux ordres de ma mère, tant que mon père combattit devant Troie; mais, comme il en revint chargé de butin et mourut quelque temps après, un vif débat s'éleva entre nous au sujet du royaume et de l'héritage. Je pris le parti de l'aîné, et celui-ci tua notre frère. En punition de ce fratricide, les furies le poursuivent sans relâche en tous lieux. Cependant Apollon de Delphes nous envoie pleins d'espérance sur ce rivage barbare. Il nous a commandé d'attendre dans le temple de sa sœur secours et bénédiction. Nous avons été faits prisonniers, amenés ici, et remis en tes mains comme des victimes : tu sais tout.

IPHIGÉNIE. Troie est tombée! Ah! de grâce, assure-moi cette nouvelle.

PYLADE. Troie n'est plus. Mais, toi, prêtresse, assure-nous la délivrance. Hâte le secours qu'un dieu nous a promis. Prends pitié de mon frère. Adresse-lui bientôt une parole consolatrice. Néanmoins ménage-le en parlant avec lui, je t'en prie instamment. Car la joie, le chagrin et les souvenirs s'emparent facilement de ses sens et les bouleversent. La fièvre et le délire le saisissent, et son âme si belle, si libre, devient la proie des furies.

IPHIGÉNIE. Quelque grand que soit ton malheur, je t'en conjure, oublie-le un moment jusqu'à ce que tu m'aies satisfaite.

PYLADE. La grande ville qui durant dix longues années résista à toute l'armée des Grecs est maintenant ensevelie sous les décombres pour ne plus se relever. Cependant maints tombeaux de nos plus vaillants guerriers rappellent à notre souvenir le rivage des barbares. Achille y dort avec son ami Patrocle.

IPHIGÉNIE. Images des dieux, vous voilà donc aussi réduites en poussière!

PYLADE. Palamède, Ajax, fils de Télamon, n'ont pas revu non plus le ciel de la patrie.

IPHIGÉNIE, *à part*. Il ne parle pas de mon père; il ne le nomme pas au nombre des morts; oui, il vit encore pour moi; je le verrai; mon cœur, livre-toi à l'espérance.

PYLADE. Heureux pourtant les milliers de combattants qui ont reçu de la main de l'ennemi une mort douce et cruelle à la fois, car un dieu puissamment irrité a préparé, au lieu d'un triomphe, un effroi sombre et une triste fin à ceux qui ont revu la Grèce! La voix des hommes ne parvient-elle pas jusqu'à vous? Partout où elle s'étend, elle publie les forfaits inouïs qui ont été commis. Est-il vrai? l'affliction profonde où est plongé le palais de Mycènes, et les soupirs sans fin dont il retentit, sont-ils un secret pour toi? — Clytemnestre avec le secours d'Egysthe a surpris son époux, et le jour même de son retour elle l'a poignardé. — Oui, je le vois, tu révères la famille de ce prince! Vainement ton cœur veut lutter contre ces paroles horribles et inattendues. Es-tu fille d'un ami de ce roi? Es-tu née à Mycènes, auprès de son palais? Ne me le cache pas, et ne m'en veuille point si je t'annonce le premier cette abominable nouvelle.

IPHIGÉNIE. Dis-moi comment fut accompli cet exécrable forfait.

PYLADE. Le jour de son arrivée, le roi sortant du bain, frais et reposé, voulut recevoir ses vêtements de la main de son épouse. Alors la perfide jeta sur les épaules du prince et autour de sa noble tête un manteau à grands plis artistement apprêté; et, comme il faisait d'inutiles efforts pour s'en débarrasser comme d'un filet, Égysthe, le traître Égysthe le frappa, et c'est dans ce linceul que ce grand monarque passa chez les morts.

IPHIGÉNIE. Et quelle récompense reçut le conspirateur?

PYLADE. Un royaume et un lit qu'il possédait déjà.

IPHIGÉNIE. Ainsi elle a été poussée à ce crime affreux par une passion impure?

PYLADE. Qui se joignait au profond sentiment d'une ancienne vengeance.

IPHIGÉNIE. Et en quoi le roi offensa-t-il son épouse?

PYLADE. Par une action barbare qui excuserait Clytemnestre si l'assassinat était excusable. Il l'attira en Aulide, et, comme une divinité opposait des vents impétueux à la traversée des Grecs, il mena devant l'autel de Diane l'aînée de ses filles, Iphigénie, qui tomba en sacrifice pour le salut de l'armée. Cette cruauté grava, dit-on, dans le cœur de Clytemnestre une haine si profonde pour son époux, qu'elle se livra aux sollicitations d'Égysthe, et enveloppa elle-même son mari dans les filets de la mort.

IPHIGÉNIE, *se voilant*. C'est assez ; tu me reverras.

PYLADE, *seul*. Elle semble vivement émue du sort de la famille royale. Quelle qu'elle soit, il est certain qu'elle a connu le roi, et que c'est le rejeton d'une illustre famille amené ici en esclavage pour notre bonheur. Mais, silence, mon cœur ; l'étoile de l'espérance nous sourit ; laisse-nous marcher vers elle avec résolution et prudence.

ACTE TROISIÈME.

SCÈNE I.

IPHIGÉNIE, ORESTE.

IPHIGÉNIE. Infortuné! je brise tes liens ; mais c'est le présage d'un destin plus rigoureux. La liberté qu'assure ce sanctuaire est un avant-coureur de la mort, et ressemble aux dernières lueurs d'un vie qui va douloureusement s'éteindre. Je ne puis, je n'ose encore me dire à moi-même que vous êtes perdus ! Comment d'une main homicide pourrais-je vous sacrifier? Et nul autre, quel qu'il soit, n'osera toucher à vos têtes aussi longtemps que je serai prêtresse de Diane. Si pourtant je refuse de remplir ce devoir, comme l'exige le roi courroucé, il choisira pour me succéder dans mes fonctions une des vierges sacrées, et je cesse alors de pouvoir vous aider autrement que par mes vœux. O digne compatriote! si le dernier serviteur qui a touché le foyer des dieux paternels nous est si bienvenu dans le pays étranger, puis-je vous recevoir avec assez de joie et de bénédiction, vous qui m'offrez l'image des héros que mes parents m'instruisaient à révérer, et qui me remplissez le cœur d'une nouvelle et flatteuse espérance.

ORESTE. Caches-tu à dessein et par prudence ton origine et ton nom, ou puis-je savoir qui s'offre à moi, semblable à une divinité ?

IPHIGÉNIE. Tu me connaîtras; mais, en ce moment, dis-moi ce que je n'ai appris qu'imparfaitement de la bouche de ton frère! Dis-moi la fin de ceux qui, revenant de Troie, furent accueillis au seuil de leur demeure par une destinée aussi cruelle qu'inattendue. J'étais jeune, il est vrai, quand je fus conduite sur ce rivage ; je me souviens cependant du regard timide et inquiet que je jetais avec étonnement et admiration sur ces héros. Quand ils partirent, on eût dit que l'Olympe s'était ouvert, et avait envoyé sur la terre, pour l'effroi d'Ilion, les images des héros anciens; et Agamemnon était plus imposant et plus noble encore que tous les autres! Ah! dis-le-moi, est-il vrai que ce prince en touchant le seuil de sa maison ait succombé dans les piéges de sa femme et d'Égysthe?

ORESTE. Il est vrai.

IPHIGÉNIE. Malheur à toi, infortunée Mycènes! Ainsi les cruels descendants de Tantale ont semé à pleines mains malédiction sur malédiction! et comme la plante malfaisante qui secoue ses têtes arides et répand autour d'elle des milliers de semences, ils ont engendré eux-mêmes des assassins pour leurs enfants, afin qu'une fureur réciproque se perpétuât entre eux de génération en génération. Découvre-moi ce que le voile de l'effroi m'a caché dans le discours de ton frère. Comment le dernier fils de cette grande race, le précieux enfant destiné à être un jour le vengeur de son père, comment Oreste a-t-il échappé à ce jour de sang? Pareil destin l'a-t-il envoyé aux sombres rivages? Est-il sauvé? Vit-il? Électre existe-t-elle?

ORESTE. Ils vivent.

IPHIGÉNIE. Brillant soleil, prête-moi tes plus beaux rayons, et place-les comme l'offrande de ma reconnaissance devant le trône de Jupiter; car je suis pauvre et ne puis parler.

ORESTE. Si tu es attachée à cette famille royale par les nœuds de l'hospitalité ou par des liens plus étroits, comme ta joie me l'a décelé, dompte à présent ton cœur et maîtrise-le fortement, car un soudain retour à la douleur doit être insupportable à la joie. Tu ne sais, je le vois, que la mort d'Agamemnon.

IPHIGÉNIE. N'est-ce point assez de cette nouvelle?

ORESTE. Tu n'as appris que la moitié des crimes.

IPHIGÉNIE. Que puis-je craindre encore? Oreste, Électre vivent.

ORESTE. Et ne crains-tu rien pour Clytemnestre?

IPHIGÉNIE. Celle-là, ni l'espérance, ni la crainte, ne peuvent la sauver.

ORESTE. Aussi a-t-elle quitté la terre de l'espérance.

IPHIGÉNIE. A-t-elle, dans ses remords furieux, versé son propre sang?

ORESTE. Non; cependant son propre sang lui a donné la mort.

IPHIGÉNIE. Parle plus clairement; ne me laisse pas plus longtemps à mes conjectures : l'incertitude agite ses sombres ailes autour de ma tête inquiète.

ORESTE. Ainsi les dieux m'ont choisi pour être le héraut d'une action que je voudrais ensevelir à jamais dans les sourdes profondeurs du royaume des ombres; c'est contre ma volonté que ta bouche m'impose cette loi, divine prêtresse; mais elle peut sans craindre le refus demander aussi quelque chose de douloureux. Le jour qu'Agamemnon périt, Électre cacha son frère pour le sauver. Strophius, beau-père d'Agamemnon, le recueillit avec bonté, l'éleva près de son propre fils Pylade, qui dès lors se lia des plus doux nœuds de l'amitié à ce frère adoptif. Ils croissaient, et le violent désir de venger la mort du roi crût aussi dans leur âme. Tout à coup ils se déguisent et se dirigent vers Mycènes, comme s'ils apportaient la nouvelle de la mort d'Oreste avec sa cendre. La reine les reçoit bien; ils entrent dans le palais. Oreste alors se fait reconnaître à Électre, qui ranime dans son cœur le feu de la vengeance que la présence sacrée de sa mère avait comprimé. Elle le mène en silence à l'endroit où a péri leur père, où, malgré le temps, quelques traces d'un sang versé par le crime imprimaient encore sur la pierre souvent lavée une teinte pâle et de sinistre augure. Là, elle lui peint avec feu toutes les circonstances de ce monstrueux forfait, lui montre sa vie passée dans l'esclavage et le malheur, retrace l'orgueil des heureux meurtriers, et les périls qui attendent les enfants d'Agamemnon de la part d'une mère qui n'est plus qu'une marâtre; puis elle lui met à la main cet antique poignard, déjà plus d'une fois instrument de ravage dans la maison de Tantale, et Clytemnestre tombe sous les coups de son fils.

IPHIGÉNIE. Immortels ! vous qui jouissez de jours sereins sur des trônes de nuages toujours nouveaux, ne m'avez-vous séparée des hommes pendant si longtemps, ne m'avez-vous si longtemps retenue près de vous dans l'innocente occupation de nourrir le feu sacré; n'avez-vous élevé mon âme semblable à une flamme légère vers vos demeures pures, qu'afin que je sentisse plus tard et plus amèrement les horribles malheurs de ma famille? Ah! parle-moi de l'infortuné! parle-moi d'Oreste!

ORESTE. Que ne peut-on parler de sa mort! L'âme de sa mère est sortie de son corps sanglant, et crie aux terribles filles de la Nuit : « Ne laissez point échapper ce fils parricide; poursuivez ce monstre; sa tête vous est dévouée. » Elles écoutent et promènent autour d'elles leurs yeux sinistres avec l'avidité de l'aigle. Elles s'agitent dans leurs noirs gouffres, et du fond de l'antre sortent sans bruit leurs satellites, le doute et le remords. Devant eux s'élève une vapeur de l'Achéron; dans les nuages qu'elle forme, le coupable effrayé voit tourner incessamment autour de sa tête l'éternelle image de son crime. Ces filles d'enfer, nées pour le mal, foulent aux pieds cette belle terre, ouvrage des dieux, dont une ancienne malédiction les avait bannis. Leur pas rapide poursuit le fugitif; elles ne lui donnent du repos que pour l'accabler ensuite d'un nouvel effroi.

IPHIGÉNIE. Infortuné! ton sort est semblable, et tu éprouves les mêmes tourments que ce pauvre fugitif.

ORESTE. Que me dis-tu? Qui te fait présumer mon sort semblable?

IPHIGÉNIE. Un fratricide t'accable comme lui; ton jeune frère m'a déjà confié ce secret.

ORESTE. Je ne puis souffrir que ta grande âme soit trompée par un mensonge. Qu'un étranger accoutumé à l'artifice cherche à tromper un autre étranger; mais, entre nous, que la vérité règne! — Je suis Oreste! Et cette tête coupable s'abaisse vers le tombeau et cherche la mort. Elle sera bienvenue sous quelque forme qu'elle arrive! Qui que tu sois je désire ta délivrance et celle de mon ami, mais non la mienne. Tu sembles demeurer ici malgré toi; cherchez tous deux un moyen de fuir, et laissez-moi dans ce lieu : que mon corps déchiré soit précipité d'un rocher; que mon sang tout fumant coule jusqu'à la mer et appelle la malédiction sur ce rivage de barbares! Pour vous, allez dans la belle Grèce commencer une heureuse et nouvelle vie.

Il s'éloigne.

IPHIGÉNIE. Tu descends donc jusqu'à moi, accomplissement du destin, auguste enfant du plus grand des pères! Comme ton image s'élève immense devant mes yeux! A peine mon regard arrive-t-il jusqu'à tes mains sacrées, qui, remplies de fruits et de couronnes de bénédiction, viennent m'offrir les trésors de l'Olympe! Ainsi que l'on connaît un roi à l'abondance de ses dons (car ce qui pour mille autres est richesse semble peu de chose à un roi), ainsi l'on reconnaît les dieux aux présents qu'ils nous font avec ménagement et après une longue et sage préparation. Car vous savez seuls, ô dieux! ce qui peut nous être utile; et vous embrassez de vos regards le royaume étendu de l'avenir, tandis que notre vue est bornée par l'étoile et les vapeurs de chaque soir. Vous entendez sans vous émouvoir les prières que nous vous adressons, inconsidérément, pour hâter vos bienfaits; mais votre main ne cueille jamais les fruits du ciel avant leur maturité, et malheur à celui qui par impatience les arrache avant le temps : il n'y trouve que l'amertume et la mort. Ah! ne souffrez point que le bonheur que j'ai si longtemps attendu, auquel même je crois à peine encore, disparaisse à mes yeux comme l'ombre d'un ami qui n'est plus, ne m'ayant donné qu'une illusion et me laissant une plus cruelle douleur!

ORESTE, *qui revient vers elle*. Si tu invoques les dieux pour toi et Pylade, ne mêle pas mon nom aux vôtres ; tu ne sauverais pas le malheureux auquel tu t'associerais, et tu partagerais sa malédiction et ses tourments.

IPHIGÉNIE. Mon destin est irrévocablement lié au tien.

ORESTE. Non, non, laisse-moi marcher seul à la mort : tu envelopperais le coupable de ton voile que tu ne pourrais le dérober aux regards des inévitables gardiens que ta présence divine écarte sans les dissiper. Ils n'osent, les téméraires, porter leurs pieds d'airain sur le sol de ce bois sacré ; cependant j'entends çà et là dans l'éloignement leurs hideux éclats de rire. C'est ainsi que les loups attendent au pied de l'arbre où s'est réfugié le voyageur. Là dehors ils se reposent tranquilles ; mais, si j'abandonne ce bois, ils vont se lever, secouer leurs têtes de serpents, faire voler de tous côtés la poussière et entraîner devant eux leur proie.

IPHIGÉNIE. Oreste, peux-tu entendre une parole amicale ?

ORESTE. Réserve-la pour un ami des dieux.

IPHIGÉNIE. Ces dieux t'offrent une nouvelle lueur d'espérance.

ORESTE. A travers la fumée et la vapeur je vois la pâle lumière du fleuve des morts éclairer la route qui me conduit aux enfers.

IPHIGÉNIE. N'as-tu qu'Electre pour sœur ?

ORESTE. Je n'ai connu qu'elle. L'aînée, dont le sort nous a paru si effroyable, a suivi son bon destin en quittant de bonne heure la misère de notre maison. Mais cesse de m'interroger, et ne te joins pas aux furies ; contentes de mon mal, elles soufflent la cendre au fond de mon âme et ne permettent point que les derniers tisons de l'incendie horrible de notre maison s'éteignent doucement en moi. Ce feu, allumé à dessein, nourri avec le soufre de l'enfer, doit-il donc éternellement brûler dans mon âme en la déchirant ?

IPHIGÉNIE. J'apporte un doux parfum sur la flamme. Laisse la pure haleine de l'amitié rafraîchir l'ardeur qui te dévore. Oreste, mon cher Oreste, ne peux-tu pas m'entendre ? Le cortége des dieux de l'effroi a-t-il donc tellement desséché ton sang dans tes veines ? Un charme semblable à celui que produisait la tête de l'horrible Gorgone glace-t-il tes membres ? Ah ! si le sang maternel que tu as répandu évoque les dieux des enfers par de sourds gémissements, la parole de bénédiction d'une sœur innocente ne doit-elle pas appeler sur toi le secours des dieux protecteurs de l'Olympe!

ORESTE. Quelle voix! quelle voix! Tu veux donc ma perte? Est-ce une divinité vengeresse qui se cache en toi? Qui es-tu, toi dont la voix me remue si terriblement le cœur jusque dans ses derniers replis?

IPHIGÉNIE. Ton cœur te le dit; Oreste, c'est moi; vois Iphigénie; je vis!

ORESTE. Toi?

IPHIGÉNIE. Mon frère!

ORESTE. Fuis! retire-toi! Je te conseille de ne point toucher les boucles de mes cheveux. Un feu inextinguible émane de moi, comme de la robe nuptiale du Créuse. Laisse-moi! comme Hercule, je veux concentrer en moi l'ignominie et la mort.

IPHIGÉNIE. Non, tu ne mourras pas! Ah! si je pouvais seulement t'entendre prononcer une parole calme! De grâce, éclaircis mes doutes, laisse-moi m'assurer d'un bonheur que j'ai imploré si longtemps. La joie et la douleur se succèdent rapidement dans mon âme; un sentiment de crainte me fait fuir l'étranger, mais mon cœur m'entraîne vers mon frère.

ORESTE. Est-ce ici le temple de Bacchus, et un indomptable et saint transport s'empare-t-il de la prêtresse?

IPHIGÉNIE. Oh! écoute-moi, regarde-moi; vois comme après si longtemps mon cœur s'ouvre à la plus douce jouissance que le monde puisse encore m'accorder, celle de baiser ta tête et de t'entourer de mes bras, habitués à n'embrasser que les airs. Ah! n'arrête pas mes transports, car l'éternelle source qui jaillit du Parnasse de rochers en rochers et va bouillonner dans le vallon doré n'est pas plus pure que la joie qui coule de mon cœur et que la mer de félicité qui m'environne. Oreste! Oreste! ô mon frère!

ORESTE. Belle nymphe, je ne me fie pas à toi ni à tes caresses. Diane veut des ministres austères, et venge son sanctuaire profané. Éloigne ta main de mon cœur, et si tu veux sauver un jeune homme, l'aimer et lui offrir le bonheur, tourne ton affection du côté de mon ami; il en est plus digne que moi. Il erre au milieu de ces rochers; cherche à le découvrir, montre-lui la bonne route, et ne t'adresse point à moi.

IPHIGÉNIE. Remets-toi, mon frère, et reconnais ta sœur retrouvée. Ne reproche pas à une sœur la pure joie du ciel comme un désir punissable. O dieux! arrachez le bandeau qui couvre ses yeux, et que le moment du plus grand des bonheurs ne soit pas pour nous un surcroît de misère. Celle qui te parle est ta sœur si longtemps perdue. La déesse m'a arrachée de l'autel et m'a donné un asile ici, dans son propre sanctuaire. Tu es prisonnier, destiné au sacrifice, et tu trouves ta sœur dans la prêtresse.

ORESTE. Infortunée! Ainsi le soleil veut donc voir les dernières calamités de notre famille! Électre n'est-elle pas ici, afin qu'elle tombe aussi avec nous dans l'abîme, et qu'elle ne prolonge pas sa vie pour un destin plus rigoureux et de plus grandes souffrances? Tout va bien, prêtresse, je te suis à l'autel : le fratricide est passé en coutume dans notre vieille race, et je vous remercie, ô dieux! d'avoir résolu de m'exterminer tandis que je suis sans enfants. Toi, prêtresse, crois-moi, n'aie pas trop de plaisir à voir le soleil et les astres; viens, suis-moi au sombre empire! Semblable à ces dragons sortis des marais sulfureux qui étouffent leur couvée, notre famille furieuse se détruit elle-même. Innocente et sans enfants, descends avec moi dans l'abîme! Tu me regardes d'un œil attendri! Arrête! c'est avec de semblables regards que Clytemnestre cherchait une route vers le cœur de son fils; et pourtant le bras était levé et n'a pas retenu son coup, Clytemnestre est tombée! — Parais, spectre terrible! et vous, furies, approchez; rangez-vous en cercle, et assistez à un spectacle bien doux pour vous, le dernier, le plus affreux que vous ayez préparé! Que la haine et la vengeance n'aiguisent point vos poignards. Ma sœur, pleine d'amour pour moi, est destinée à accomplir ce sacrifice. Ne pleure pas, ma sœur; tu n'es point coupable. Depuis mes premières années, je n'ai rien aimé autant que je pourrais t'aimer. Oui, prends ton glaive, ne m'épargne point; déchire ce cœur, et ouvre un passage aux torrents qui bouillonnent dans mon sein.

Il tombe épuisé.

IPHIGÉNIE. Je ne puis supporter ce mélange de bonheur et

de tourments. Où es-tu, Pylade? où trouverai-je ton secours, précieux ami?

Elle s'éloigne en cherchant.

SCÈNE II.

ORESTE, *se réveillant de son assoupissement et se levant.*

Encore une, encore une dernière coupe d'eau du Léthé, fraîche source de soulagement! Bientôt la convulsion de la vie sera chassée de mon sein; bientôt mon âme, abandonnée au fleuve de l'oubli, coulera paisiblement vers vous, puissances des ombres, dans les éternelles ténèbres. Souffrez que le fils de la terre, qui la parcourt depuis si longtemps sans relâche, aille prendre part à votre doux repos! — Mais quel murmure entends-je dans ces feuillages? quel bruit léger sort de ce crépuscule? Ils viennent déjà voir leur nouvel hôte! Quelle est cette troupe imposante, comme une famille de princes rassemblés? Elle se livre à une gaîté sans partage : ils marchent en paix, les vieillards et les jeunes gens, les hommes avec les femmes. Leurs nobles visages, qui se ressemblent, ont un air de divinité. Oui, ce sont les ancêtres de ma famille! — Atrée marche avec Thyeste, et s'entretient familièrement avec lui; leurs enfants se jouent en riant autour d'eux. N'y a-t-il plus ici d'inimitié entre vous? La vengeance s'est-elle éteinte avec la lumière du soleil? S'il est ainsi, je suis aussi le bienvenu, et je ne crains pas de me mêler à votre cortége solennel. Salut, mes pères : je suis Oreste, le dernier homme de votre race. Ce que vous avez semé, il l'a recueilli; il est descendu au sombre bord chargé de malédiction. Tout fardeau cependant se supporte plus facilement ici : recevez-moi, oh! recevez-moi parmi vous. — Je t'honore, Atrée, et toi aussi, Thyeste; nous sommes ici tous exempts de haine. — Montrez-moi mon père, que mes yeux ne virent qu'une fois dans la vie? — Est-ce toi, mon père? Quoi! tu te promènes sans défiance avec ma mère? Clytemnestre ose te prendre la main. Eh bien! Oreste aussi osera s'avancer près d'elle et lui dire : Regarde ton fils! — Oui, voyez votre fils, ô mes pères! nommez-le le bienvenu. Sur la terre ce fut toujours le sort de notre famille d'être accueillie par l'assassinat, et la race du vieux Tantale a ses joies au delà du tombeau. Vous vous écriez : Sois le bienvenu! et vous m'admettez dans votre sein. Oh! menez-moi vers mon aïeul, vers Tantale : où est-il ce vieillard? que je le voie, que je voie cette tête si précieuse et si vénérable qui fut admise au conseil des dieux. Vous semblez hésiter, vous détournez le visage! Qu'y a-t-il donc? l'égal des dieux subirait-il des tourments? Malheur à moi! les dieux tout-puissants ont attaché avec des chaînes de fer de cruelles tortures à l'âme de ce héros.

SCÈNE III.

ORESTE, IPHIGÉNIE, PYLADE.

ORESTE. Êtes-vous aussi déjà descendus en ces lieux? Quel bonheur pour toi, ma sœur! Mais Électre nous manque encore; qu'un dieu propice nous l'envoie rapidement par une douce mort. Toi, pauvre ami, je dois te plaindre; viens, viens avec moi vers le trône de Pluton, convives nouveaux, présenter nos hommages à notre hôte.

IPHIGÉNIE. O vous, qui du haut du vaste ciel versez tour à tour sur les humains votre belle lumière, et qui ne brillez point pour les morts, Diane, Apollon, sauvez-nous! O Diane! tu aimes ton gracieux frère par-dessus tout ce que le ciel et la terre peuvent t'offrir; et, pleine du désir de le voir, tu tournes doucement ton visage virginal vers son éternelle lumière; ah! ne laisse pas mon unique frère, que je retrouve après si longtemps, tomber ainsi dans le délire et les noirs vertiges! et si le dessein que tu as eu en me cachant ici est maintenant rempli, si tu veux que nous nous sauvions tous deux par un mutuel secours, délivre-le donc de ces liens de malédiction, afin que le précieux instant de la délivrance ne nous échappe point.

PYLADE. Ne nous reconnais-tu pas, ainsi que ce bois sacré, et cette lumière qui ne brille pas pour les morts? Ne sens-tu pas le bras de ton ami et de ta sœur qui, ferme et vivant encore, te soutient ici? Serre-nous dans tes bras avec force, nous ne sommes point des fantômes. Prête l'oreille à mes paroles, et recueille tes sens : les moments sont précieux, et notre retour dépend de quelques légers fils que tourne, ce me semble, une parque favorable.

ORESTE, *à Iphigénie*. Laisse-moi, pour la première fois, ô ma sœur, goûter dans tes bras une joie pure avec un cœur libre. O dieux ! vous qui marchez entourés d'éclairs pour épancher vos pesants nuages ; qui, favorables et sévères à la fois, répandez sur la terre en affreux torrents la pluie longtemps invoquée en y mêlant la voix des tonnerres et le sifflement des vents, et qui néanmoins changez l'attente effrayée des mortels en bénédiction, et l'étonnement inquiet en regards de joie et en vives actions de grâce, lorsque le soleil, reparaissant après l'orage, se réfléchit de mille manières dans les gouttes qui couvrent les feuilles fraîchement vivifiées, et qu'Iris, parée de mille couleurs, sépare d'une main légère le crêpe grisâtre des derniers nuages ; ô dieux ! laissez-moi goûter et conserver avec une profonde reconnaissance dans les bras de ma sœur et le sein de mon ami le bonheur que vous m'accordez. La malédiction s'éloigne de moi, mon cœur me le dit. Les Euménides, je l'entends, s'en retournent au Tartare et poussent violemment derrière elles ses portes d'airain, dont le fracas roule au loin comme le tonnerre. La terre exhale un parfum réparateur, et m'invite à poursuivre dans ses belles plaines la joie de la vie et les grandes actions.

PYLADE. Ne perdez pas des moments qui sont comptés. Que le vent qui va gonfler nos voiles porte nos premiers accents de joie vers l'Olympe. Venez, il faut ici promptitude dans le conseil, fermeté dans la résolution.

ACTE QUATRIÈME.

SCÈNE I.

IPHIGÉNIE.

Lorsque les dieux destinent à un enfant de la terre une suite de souffrances, qu'ils lui préparent un passage terrible de la joie à la douleur et de la douleur à la joie, alors ils font naître pour lui dans sa patrie ou sur un rivage lointain un ami paisible, secours heureux pour les heures de la peine. O dieux ! bénissez notre Pylade dans toutes ses entreprises. Il a le bras du jeune

homme dans le combat, et l'œil perçant du vieillard dans le
conseil : car son âme est calme ; elle conserve le saint et inépuisable trésor du repos, et il offre avis et secours aux malheureux
pour les tirer de l'abîme. Il m'a arraché à mon frère, que je
regardais toujours avec un nouvel étonnement sans pouvoir contenir mon bonheur, et que je retenais dans mes bras sans songer
au péril qui nous environne. Tous deux en ce moment, pour
exécuter leur dessein, se dirigent vers la mer, où le vaisseau qui
les amena est caché dans une baie, et où leurs compagnons les
attendent, épiant le moindre signal. Ils m'ont suggéré les sages
réponses que je dois faire au roi, s'il envoie ici et commande plus
impérieusement le sacrifice. Ah ! je vois bien qu'il faut me laisser
conduire comme un enfant. Je n'ai point appris à cacher mes
pensées, ni à rien obtenir par l'imposture. Malheur, oh ! malheur au mensonge ! Il ne soulage pas le cœur comme une parole
dite avec vérité : il ne nous console pas ; il tourmente celui qui
le forge en secret, et, semblable à un trait qui, détourné par un
dieu, s'arrête impuissant, il se retourne et frappe celui qui le
lança. Mille soucis tiennent mon âme en suspens. La furie en
courroux va peut-être saisir de nouveau mon frère sur la partie
du rivage qui n'est pas sacrée ! Peut-être on le découvrira ! Il me
semble que j'entends des hommes armés s'approcher ! — Ici ?
Un messager accourt de la part du roi. Mon cœur bat, mon
âme se trouble à la vue de l'homme que je dois aborder le mensonge à la bouche.

SCÈNE II.

IPHIGÉNIE, ARCAS.

ARCAS. Hâte le sacrifice, prêtresse ; le roi et le peuple l'attendent.

IPHIGÉNIE. Je suivrais mon devoir et l'ordre que tu viens
me transmettre, si un obstacle inopiné ne se plaçait entre moi
et l'exécution de cet ordre.

ARCAS. Quel est donc cet obstacle aux volontés du roi ?

IPHIGÉNIE. Le hasard, dont nous ne sommes pas maîtres.

ARCAS. Apprends-moi donc ce qui t'arrête, afin que je le

lui annonce au plus tôt; car il a résolu la mort de ces deux étrangers.

IPHIGÉNIE. Les dieux ne l'ont pas encore résolue. L'aîné de ces deux hommes est coupable d'avoir versé le sang d'un parent; les furies poursuivent ses pas. Leur rage s'est emparée de lui dans l'intérieur même de ce temple, et sa présence a profané cette pure enceinte. Maintenant je vais aller en hâte vers la mer, accompagnée de mes jeunes vierges, et plonger la statue de la déesse dans une onde fraîche pour la purifier en secret. Que nul n'interrompe notre paisible marche.

ARCAS. Je vais prévenir promptement le roi de ce nouvel empêchement; ne commence pas cette œuvre pieuse avant qu'il ne l'ait permise.

IPHIGÉNIE. Ce soin regarde la prêtresse seule.

ARCAS. Le roi doit aussi connaître une circonstance si singulière.

IPHIGÉNIE. Son conseil comme son ordre n'y changerait rien.

ARCAS. On consulte souvent l'homme puissant pour l'apparence.

IPHIGÉNIE. N'insiste pas sur ce qu'il me faudrait refuser.

ARCAS. Ne refuse pas ce qui est bon et utile.

IPHIGÉNIE. Je cède si tu veux ne point tarder.

ARCAS. Je serai bientôt arrivé avec la nouvelle dans le camp, et de retour ici avec la réponse. Oh! puissé-je être aussi porteur pour le roi d'un message qui mît fin au trouble et aux soucis qui nous tourmentent actuellement! Car tu n'as pas fait cas de mon fidèle conseil.

IPHIGÉNIE. Ce que j'ai pu faire, je l'ai fait volontiers.

ARCAS. Il est temps encore de changer d'avis.

IPHIGÉNIE. Cela n'est plus en notre pouvoir.

ARCAS. Tu juges impossible ce qui te coûte quelque peine.

IPHIGÉNIE. Cela te paraît possible parce que ton désir t'aveugle.

ARCAS. Veux-tu donc tout risquer avec tant d'indifférence?

IPHIGÉNIE. J'ai tout placé dans la main des dieux.

ARCAS. Ils ont coutume de sauver les hommes par des moyens humains.

ACTE IV, SCÈNE II.

IPHIGÉNIE. Tout dépend de leur commandement.

ARCAS. Je te le répète, tout dépend de toi; l'emportement du roi prépare seul à ces étrangers un amer trépas. Il y a longtemps que l'armée ne demande plus ces cruels sacrifices et ce culte sanglant. Déjà même maint étranger conduit sur ces rivages par un destin ennemi a reçu de nous un bienveillant accueil, jouissance aussi douce qu'un regard des dieux pour le malheureux errant et abandonné sur une terre d'exil. Ah! ne retiens pas le bien que tu peux nous faire. Tu finiras facilement ce que tu as commencé; car la douceur qui descend du ciel sous une figure humaine ne fonde nulle part plus rapidement son empire que là où un peuple nouveau, sauvage et grossier, plein de courage et de force, livré à lui-même et à d'inquiets pressentiments, porte avec peine le pesant fardeau de cette vie.

IPHIGÉNIE. Ne cherche pas à ébranler mon âme que tu ne peux émouvoir à ton gré.

ARCAS. Lorsqu'il en est temps encore, on n'épargne aucune peine, et l'on ne craint pas de répéter un bon conseil.

IPHIGÉNIE. Tu te fatigues en vain et me causes une peine inutile: cesse donc maintenant ces discours.

ARCAS. C'est cette peine que j'appelle à mon secours; car c'est un ami dont les avis sont bons.

IPHIGÉNIE. Elle s'empare avec force de mon âme, et ne peut néanmoins en arracher ma répugnance.

ARCAS. Eh quoi! une belle âme sent de la répugnance pour une bonne action que lui offre un homme généreux?

IPHIGÉNIE. Oui, puisque cet homme généreux, au lieu de mes actions de grâces, veut m'avoir moi-même.

ARCAS. Qui ne sent point d'inclination pour une chose ne manque jamais d'excuses. Je rapporterai au prince ce que je viens d'apprendre. Puisse ton âme se rappeler quelle a été la noblesse de ses procédés envers toi depuis ton arrivée jusqu'à ce jour!

SCÈNE III.

IPHIGÉNIE, *seule*.

Les paroles de cet homme ont tout à coup bouleversé mon cœur, au moment où il devrait être calme. Je tremble, tandis qu'auparavant un torrent de joie inondait mon âme, comme le flot croissant avec rapidité va laver la cime des rochers qui couvrent la rive sablonneuse. Je caressais une chimère. Il me semblait qu'un doux nuage venait encore m'entourer, m'enlevait de terre, et me berçait assoupie comme à l'instant où la bonne déesse me saisit de son bras libérateur. — Mon cœur s'attachait uniquement à mon frère; je n'écoutais que les conseils de son ami; mon âme n'aspirait qu'à les sauver; et je m'éloignais de la Tauride avec la joie du pilote qui tourne le dos aux rochers d'une île déserte. Maintenant la voix de cet homme fidèle m'a réveillée, et m'a rappelé que j'abandonne aussi des hommes en ce lieu. L'imposture me devient doublement odieuse. Paix, ô mon âme! vas-tu commencer à chanceler et à hésiter? Tu es arrachée du terrain solide où tu languissais dans ta solitude. Tu es rendue aux vagues, elles te saisissent et t'agitent, et dans ton inquiétude et ton trouble tu méconnais le monde et toi-même.

SCÈNE IV.

IPHIGÉNIE, PYLADE.

PYLADE. Où est-elle? que je m'empresse de lui apprendre la douce nouvelle de notre délivrance!

IPHIGÉNIE. Tu me vois dans l'attente inquiète de la consolation que tu me promets.

PYLADE. Ton frère est guéri! Nous parcourions dans un joyeux entretien la partie du rivage qui n'est pas sacrée; nous avions laissé derrière nous, sans y songer, le bois de la déesse; et cependant la belle flamme de la jeunesse entoura majestueusement la tête et la chevelure bouclée d'Oreste. Son œil brilla de courage et d'espérance, et son cœur devenu libre se livra

ACTE IV, SCÈNE IV.

tout entier à la joie et au plaisir de nous sauver, toi sa libératrice, et moi son ami.

IPHIGÉNIE. Sois béni, Pylade! et puissent tes lèvres qui prononcent de si douces paroles ne laisser échapper jamais l'accent de la douleur et de la plainte!

PYLADE. J'apporte plus que cela; car le bonheur, semblable à un prince, s'approche toujours avec une belle suite. Nous avons aussi trouvé nos compagnons; ils tenaient le vaisseau caché dans une baie de rochers, et tristement assis ils attendaient ton frère. Ils l'aperçoivent; aussitôt ils se lèvent tous avec des cris de joie, et pressent vivement l'heure du départ. Chaque bras aspire à saisir la rame, et même, on l'a remarqué, un vent frais venant de la côte a soulevé les précieuses voiles. Hâtons-nous donc; conduis-moi au temple; laisse-moi pénétrer dans le sanctuaire; laisse-moi m'emparer avec respect de l'objet de nos vœux. Je suis en état d'emporter seul, sur mes épaules vigoureuses, la statue de la déesse. Combien je soupire après ce fardeau si désiré! (*En prononçant ces derniers mots il s'approche du temple, sans remarquer qu'Iphigénie ne le suit pas; enfin il se retourne.*) Tu restes immobile et irrésolue. — Parle. — Tu te tais, tu parais embarrassée: un nouveau malheur s'oppose-t-il à notre félicité? Parle! As-tu fait porter au roi les sages paroles dont nous étions convenus?

IPHIGÉNIE. Je l'ai fait, cher Pylade; pourtant tu vas m'adresser des reproches; et quand je t'ai vu revenir, mon cœur m'en a déjà fait secrètement. L'envoyé du roi m'est venu trouver; ma bouche lui a répété tout ce que tu m'avais préparée à lui dire. Il a paru étonné; il a désiré ardemment annoncer au roi cette cérémonie extraordinaire et apprendre sa volonté. Maintenant j'attends son retour.

PYLADE. Malheur à nous! Le danger plane de nouveau sur nos têtes. Pourquoi n'as-tu pas fait valoir prudemment ton droit de prêtresse pour déguiser nos desseins?

IPHIGÉNIE. Je ne l'ai jamais fait servir à aucun déguisement.

PYLADE. Ainsi, âme pure, tu vas nous perdre tous trois. Que n'ai-je prévu ce cas! Que ne t'ai-je instruite à éluder cette demande!

IPHIGÉNIE. Ne t'en prends qu'à moi : c'est ma faute, je le sens bien ; cependant je ne pouvais agir autrement avec l'homme qui me faisait des questions raisonnables et sérieuses, et dont je ne pouvais m'empêcher de reconnaître la justice.

PYLADE. Le péril augmente. Cependant il ne faut pas nous laisser abattre et nous trahir nous-mêmes par imprudence et précipitation. Attends paisiblement le retour du messager, et demeure ensuite ferme dans ta résolution, quel que soit son rapport ; car c'est le ministère de la prêtresse, et non du roi, d'ordonner une pareille cérémonie. S'il demande à voir l'étranger que tourmente un cruel vertige, détourne-l'en, et dis-lui que tu nous retiens tous deux renfermés dans le temple. Donne-nous ainsi les moyens de fuir au plus vite en enlevant un trésor sacré à ce peuple sauvage, qui n'est pas digne de le posséder. Apollon nous envoie les meilleurs présages, et avant que nous remplissions les devoirs pieux qu'il nous a imposés, il accomplit déjà sa divine promesse. Oreste est libre, il est guéri ! — Vents favorables, conduisez-nous au delà des mers vers l'île entourée de rochers où habite le dieu, et ensuite à Mycènes ! Que cette cité revive ; que de la cendre éteinte du foyer paternel les dieux domestiques se relèvent avec joie, et qu'un feu brillant éclaire leurs demeures ! C'est ta main, Iphigénie, qui doit avec une coupe d'or y verser le premier encens. C'est toi qui vas ramener le salut et le bonheur dans ces lieux, chasser la malédiction, et rendre aux tiens les fleurs de la vie qui n'ornaient plus leur front.

IPHIGÉNIE. Quand je t'entends, cher ami, alors, comme la fleur qui se tourne vers le soleil, mon âme, frappée du rayon de tes paroles, se tourne vers la douce consolation. Qu'ils sont délicieux les discours rassurants d'un ami ! c'est une force divine qui manque à celui qui est dans la solitude : aussi languit-il tristement ; car la pensée et la résolution renfermées dans son cœur mûrissent chez lui lentement, tandis que la présence d'un ami les développe avec rapidité.

PYLADE. Adieu. Je vais tranquilliser nos amis, qui attendent dans la plus vive impatience. Je reviens ensuite promptement, et, caché dans un buisson parmi ces rochers, j'épie ton moindre signe. — A quelles pensées te livres-tu donc ? Tout à coup l'image de la douleur a paru sur ton front si pur.

IPHIGÉNIE. Pardonne! Comme de légères vapeurs passent devant le soleil, ainsi un nuage de soucis et d'inquiétudes passe devant mon âme.

PYLADE. Ne crains pas! La crainte s'allie au danger pour nous perdre. Tous deux sont perfidement d'accord.

IPHIGÉNIE. C'est une inquiétude noble, celle qui m'avertit de ne pas tromper, de ne pas dépouiller le roi qui est devenu mon second père.

PYLADE. Tu échappes à celui qui veut immoler ton frère.

IPHIGÉNIE. C'est le même qui m'a fait du bien.

PYLADE. Ce qu'exige la nécessité n'est point une ingratitude.

IPHIGÉNIE. C'est toujours une ingratitude; seulement la nécessité l'excuse.

PYLADE. Elle t'excusera certainement aux yeux des dieux et des hommes.

IPHIGÉNIE. Mais mon propre cœur n'est pas satisfait.

PYLADE. Trop de scrupule est un orgueil caché.

IPHIGÉNIE. Je n'examine pas; je sens.

PYLADE. Si tu te sens bien, tu ne peux manquer de t'estimer.

IPHIGÉNIE. Oui, mais le cœur n'est content de lui que quand il est sans aucune tache.

PYLADE. Sans doute, c'est ainsi que tu t'es conservée dans le temple; mais d'ailleurs la vie nous apprend à être indulgents envers nous-mêmes et les autres; tu l'apprendras aussi toi-même. L'homme est si singulièrement formé, son âme a tant de plis et de replis, que nul ne peut rester pur et exempt de reproche envers soi-même et envers autrui. Aussi ne sommes-nous pas établis pour nous juger nous-mêmes. Marcher et regarder avec soin son chemin, voilà le premier, le plus essentiel devoir de l'homme : car rarement il apprécie bien ce qu'il a fait, et ce qu'il fait, il ne sait presque jamais l'apprécier.

IPHIGÉNIE. Ton éloquence persuasive m'attire presque à ton opinion.

PYLADE. Est-il besoin de persuasion là où le choix est interdit? Il n'y a qu'une voie de salut pour toi, ton frère et ton ami : faut-il demander si nous la suivrons?

IPHIGÉNIE. Ah! permets-moi d'hésiter; car tu ne ferais pas

toi-même de sang-froid une pareille injustice à un homme auquel tu serais attaché par ses bienfaits.

PYLADE. Si nous périssons, tu éprouveras de plus cruels regrets qui te conduiront au désespoir. On voit que tu n'es pas habituée aux revers, puisque, pour échapper à un grand malheur, tu ne veux pas même faire le sacrifice d'un seul mot contraire à la vérité.

IPHIGÉNIE. Que ne porté-je dans mon sein le cœur d'un homme qui se ferme à toute autre voix, quand il nourrit un hardi projet!

PYLADE. C'est en vain que tu t'en défends : la main de fer de la Nécessité le commande, et sa volonté sévère est la plus haute des lois, à laquelle les dieux eux-mêmes sont contraints de se soumettre. Cette sœur de l'éternel Destin règne silencieuse et inaccessible aux conseils. Ce qu'elle t'impose, supporte-le; fais ce qu'elle exige. Le reste, tu le sais. Bientôt je reviens pour recevoir de ta sainte main le sceau précieux de la délivrance.

SCÈNE V.

IPHIGÉNIE, *seule*.

Il faut lui obéir; car je vois les miens dans un pressant danger. Cependant, hélas! mon propre destin me rend de plus en plus inquiète. La douce espérance que j'ai nourrie dans cette solitude doit-elle ne point se réaliser? Cette malédiction doit-elle durer éternellement? Ma race ne doit-elle jamais se relever avec une prospérité nouvelle? — Tout finit cependant! Le bonheur le plus parfait, la plus belle fortune se lasse à la fin. Pourquoi n'en serait-il pas ainsi de la malédiction! C'était donc vainement que j'espérais, préservée ici de la cruelle destinée de ma maison, pouvoir un jour, la main et le cœur sans tache, aller purifier le palais de Mycènes, théâtre de tant de crimes. — A peine mon frère est-il guéri dans mes bras subitement et comme par miracle des fureurs qui l'agitaient, à peine un vaisseau longtemps invoqué s'approche-t-il pour me conduire au port de la patrie, que l'inexorable Nécessité m'impose un double crime; elle m'oblige à dérober la sainte et respectable image de la déesse, image confiée à mes soins ; elle veut que je trompe un homme à qui je dois ma vie et mon sort. Ah! que mon cœur se garde de se révolter à la fin contre les dieux! Maîtres de l'Olympe, faites que la profonde haine qui animait contre vous les Titans, ces anciens dieux, ne saisisse pas avec ses griffes de vautour une faible créature! et sauvez votre image dans mon âme! — Un vieux chant retentit à mes oreilles... Je l'avais oublié et je m'en réjouissais... C'est le chant des Parques, celui qu'elles entonnèrent en frissonnant, lorsque Tantale tomba de son siége d'or. Elles compatirent aux maux de ce noble ami; leur cœur était furieux, leur hymne terrible. Dans notre jeunesse, la nourrice nous l'apprenait à mes frères et à moi, et je l'ai gravé dans mon souvenir.

Mortels, craignez les dieux!
Leur main est du pouvoir seule dépositaire;
Leur caprice est la loi qui gouverne la terre,
Qui gouverne les cieux!

Tremblez surtout, vous qu'un choix redoutable
Fait monter au banquet des rois de l'univers!
Des nuages flottants soutiennent dans les airs
Leurs siéges d'or et leur céleste table,
Et des gouffres sans fond à leurs pieds sont ouverts.

Qu'un moment la concorde cesse :
Les dieux, d'une main vengeresse,
De leur convive dans l'ivresse
Arrêtant les transports joyeux,
Le précipitent dans l'abîme,
Où la malheureuse victime
Au jour ferme à jamais les yeux :
Vainement des lieux du supplice
Sa voix demande encor justice;
Sa voix expire aux pieds des dieux.

Mais sur leurs trônes d'or, en d'éternelles fêtes,
Ces dieux, au-dessus de nos têtes,
Règnent dans une douce paix.
De montagne en montagne ils promènent leur gloire
L'haleine des Titans défaits
Monte en vapeur vers leurs palais
Comme l'encens de la victoire.

Ils détournent leurs yeux puissants
De la race où jadis éclata leur vengeance,
Pour ne point retrouver dans les traits des enfants
Une importune ressemblance.

Ces traits qu'ils aimaient autrefois,
Leur cœur aujourd'hui les abhorre ;
Ils évitent le fils ; par ses yeux, par sa voix,
L'aïeul leur parlerait encore.

Ainsi les filles des enfers
Chantaient sur la funeste rive.
Au fond du gouffre obscur, Tantale dans les fers
Leur prête une oreille attentive :
Il a compris leurs sinistres accents,
Et, secouant la tête, il songe à ses enfants.

ACTE CINQUIÈME.

SCÈNE I.

THOAS, ARCAS.

ARCAS. Je l'avoue dans le trouble de mon âme, je ne sais vraiment où diriger mes soupçons. Sont-ce les prisonniers qui forment secrètement des projets de fuite ? Est-ce la prêtresse qui leur prête secours ? Le bruit se répand de plus en plus que le vaisseau qui les amena est demeuré caché dans une baie. Et le délire de cet homme, cette cérémonie expiatoire, le prétexte religieux de ce retard, provoquent encore le soupçon et les mesures prévoyantes.

THOAS. Que la prêtresse se rende ici promptement. Allez ensuite, parcourez le rivage avec précaution et rapidité, depuis le promontoire jusqu'au bois de la déesse. Respectez ses religieuses profondeurs, placez adroitement une embuscade de manière à vous emparer d'eux ; partout où vous les trouverez, saisissez-les.

SCÈNE II.

THOAS, *seul.*

La colère s'allume tour à tour dans mon sein, contre elle d'abord, que je regardais comme si pure, ensuite contre moi qui, par mon indulgence et ma bonté, la formai à la trahison. L'homme s'habitue aisément à l'esclavage et apprend sans peine à obéir, quand on lui enlève sa liberté tout entière. Oui, si elle fût tombée dans les mains sauvages de mes aïeux, et que le courroux du ciel l'eût épargnée, elle eût été joyeuse de se sauver toute seule; et, reconnaissante, elle eût versé le sang étranger devant l'autel, et appelé devoir ce qui était nécessité. Aujourd'hui ma bonté fait naître dans son sein un vœu téméraire; vainement j'espérais me l'attacher; elle pense à s'assurer un destin indépendant de moi. Ses flatteries lui ont gagné mon cœur; maintenant que je résiste à leur douceur, elle cherche par la ruse et la fourberie à se frayer un chemin pour me fuir, et les bontés dont je l'accable ne sont plus à ses yeux qu'un bien méprisable et suranné.

SCÈNE III.

IPHIGÉNIE, THOAS.

IPHIGÉNIE. Tu me demandes, ô roi! Qui t'amène vers nous?

THOAS. Tu diffères le sacrifice; par quel motif? dis-le-moi.

IPHIGÉNIE. J'ai tout expliqué clairement à Arcas.

THOAS. Je veux l'apprendre encore plus en détail de ta bouche.

IPHIGÉNIE. La déesse te donne un délai pour réfléchir.

THOAS. Il semble t'être favorable à toi-même, ce délai.

IPHIGÉNIE. Si ton cœur s'obstine à une résolution cruelle, il ne fallait pas venir ici! Un roi qui veut commettre une action inhumaine trouve assez d'agents qui, pour des faveurs et un salaire, s'empressent de partager la malédiction attachée au forfait; et du moins la présence du roi n'est point compromise. Il se contente de méditer la mort dans l'épais nuage où il réside, et ses envoyés descendent jusqu'au malheureux pour apporter la foudre sur sa tête; mais le prince, paisible dans ses hautes demeures, continue dans l'orage à planer sur ses sujets, comme une divinité inaccessible.

THOAS. Tes saintes lèvres parlent un langage bien hardi.

IPHIGÉNIE. Ce n'est point la prêtresse qui parle, c'est la fille d'Agamemnon seule. Tu as honoré la parole de l'inconnue, et tu veux commander sans égard à la princesse? Dès l'enfance, j'ai appris à obéir, d'abord à mes parents, ensuite à une divinité; et malgré cette obéissance, j'ai toujours senti mon âme entièrement libre; mais me conformer à l'ordre cruel, à l'arrêt barbare d'un homme, c'est ce que je n'ai appris nulle part.

THOAS. C'est une loi ancienne, ce n'est pas moi qui t'ordonne d'agir.

IPHIGÉNIE. Nous embrassons avidement une loi qui sert d'arme à nos passions. Une autre loi plus ancienne, pour qui tout étranger est sacré, me défend de t'obéir.

THOAS. Il paraît que les prisonniers touchent de près ton cœur; car ton intérêt et ta tendresse pour eux te font oublier la première loi de la prudence, qui est de ne pas irriter un homme puissant.

IPHIGÉNIE. Que je parle ou non, il t'est facile de savoir ce qui se passe dans mon cœur. Le plus endurci ne s'attendrit-il pas sur des maux qu'il a soufferts? Comment le mien y serait-il insensible? Je me vois dans ces deux victimes. Et moi aussi, j'ai tremblé à genoux devant l'autel; une mort prématurée a plané sur moi; déjà le couteau se levait pour percer mon sein plein de vie; mon âme égarée se glaçait, mon œil s'éteignait... quand tout à coup je fus délivrée. N'est-on pas coupable de ne pas rendre aux malheureux les bienfaits qu'on a reçus du ciel? Tu le sais, tu me connais, et tu veux me contraindre!

THOAS. Obéis à ton devoir, et non pas à un maître!

IPHIGÉNIE. Arrête! et ne pare point de beaux dehors ta puissance, qui se réjouit de la faiblesse d'une femme. Je suis née aussi libre qu'un homme. Si mon frère, si le fils d'Agamemnon était devant toi, et que tu exigeasses une injustice, il a aussi une épée et un bras, lui, pour soutenir ses droits. Moi, je n'ai que des paroles, et il convient à l'homme généreux d'avoir égard aux paroles d'une femme.

THOAS. J'en fais plus de cas que de l'épée d'un frère.

IPHIGÉNIE. La chance des armes est incertaine. L'homme prudent ne méprise aucun ennemi; car la nature n'a pas laissé le faible sans secours contre l'orgueil et la force. Elle lui a inspiré l'art de la ruse; elle lui enseigne mille expédients; il cède,

ACTE V, SCÈNE III.

il diffère, il aime les détours. Oui, l'homme puissant mérite qu'on emploie toutes ces armes contre lui.

THOAS. Une adroite prévoyance déconcerte la ruse.

IPHIGÉNIE. Et une âme pure n'en a pas besoin.

THOAS. Ne prononce pas légèrement ta propre condamnation.

IPHIGÉNIE. Ah! que ne peux-tu voir les combats que livre mon âme pour repousser l'attaque d'un mauvais génie qui veut s'emparer d'elle! N'ai-je donc ici aucune arme à t'opposer? Si tu repousses la douce prière, ce rameau gracieux, plus puissant que le fer dans la main d'une femme, que me reste-t-il pour me défendre? Implorerai-je un miracle de la déesse? N'y a-t-il aucune force dans le fond de mon âme?

THOAS. Le sort des deux étrangers semble te causer la plus vive inquiétude. Parle! qui sont-ils, ceux pour qui ton esprit s'intéresse avec tant de zèle?

IPHIGÉNIR. Ils sont..., ils semblent..., je les crois Grecs.

THOAS. Quoi! des compatriotes? et ils ont sans doute fait revivre en toi l'idée flatteuse du retour?

IPHIGÉNIE, *après un moment de silence*. L'homme a-t-il donc le privilége exclusif des actions extraordinaires? A-t-il seul un cœur héroïque et sublime qui embrasse l'impossible? Qu'y a-t-il de grand? Quels sont les faits dont le récit mille fois répété élève l'âme et la remue toujours, si ce n'est ceux qu'un grand courage a entrepris et couronnés d'un succès invraisemblable? L'homme qui surprend seul pendant la nuit l'armée de l'ennemi; qui, semblable à une flamme dévorante et inattendue, atteint et ceux qui dorment et ceux qui s'éveillent; qui, repoussé enfin par les guerriers qui ont secoué le sommeil, s'en retourne chargé de butin sur les chevaux qu'il a pris, sera-t-il seul vanté? Ne prisera-t-on que celui qui, dédaignant les routes sûres, ira parcourant les montagnes et les forêts pour purger une contrée des brigands qui l'infestent? Ne nous reste-t-il rien, à nous? faut-il qu'une femme faible dépouille les attributs de son sexe, oppose la rudesse à la rudesse, vous enlève comme les Amazones le droit de porter le glaive, et venge l'oppression par le sang? Pour moi, une entreprise hardie agite mon âme; je n'échapperai ni à de vifs reproches ni à de grands malheurs si elle ne réussit point ; mais c'est dans votre sein que je la dépose, dieux immortels ! Si vous êtes amis de la vérité, comme on vous fait gloire de l'être, prouvez-le donc en me prêtant votre appui et en rendant hommage à la vérité en ma personne ! — Oui, apprends, ô roi ! qu'un secret artifice a été forgé : en vain demandes-tu les prisonniers, ils ne sont plus ici ; ils sont à la recherche des amis qui les attendent sur le rivage avec un vaisseau. Le plus âgé, que les Furies ont saisi en ce lieu et qu'elles ont maintenant abandonné, c'est Oreste, mon frère, et l'autre est son compagnon, son ami d'enfance, qu'on appelle Pylade. Apollon les envoie de Delphes vers ce rivage avec l'ordre divin d'enlever l'image de Diane, et de lui rapporter sa sœur ; il promet en récompense la délivrance du coupable qui a versé le sang de sa mère, et que les Furies poursuivent. Nous voici donc maintenant tous deux livrés à toi ; je viens de remettre à ta discrétion les restes de la famille de Tantale : perds-nous... si tu crois le devoir faire.

THOAS. Tu penses que le Scythe sauvage, que le barbare entendra la voix de la vérité et de l'humanité, qu'Atrée le Grec n'a pas entendue ?

IPHIGÉNIE. Tout homme l'entend, sous quelque ciel qu'il soit né, quand la source de la vie coule pure dans son sein. — Tu gardes le silence, ô roi ! que prépares-tu dans le fond de ton âme ? Est-ce la mort ? Frappe-moi donc la première ! car, maintenant qu'il ne nous reste plus aucun moyen de délivrance, je sens le péril affreux où j'ai plongé volontairement par ma précipitation les objets de ma tendresse. Hélas ! je les verrai enchaînés devant moi ! De quel front pourrai-je dire à mon frère le dernier adieu ? C'est moi qui l'assassine ! Non, je ne pourrai plus soutenir ses regards chéris !

THOAS. Les fourbes ! ils ont offert une fable adroite à la crédulité d'une femme depuis longtemps enfermée en ce temple, disposée à croire tout ce qu'ils désiraient, et ils ont enveloppé son esprit de cette trame mensongère !

IPHIGÉNIE. Non, non, ô roi ! l'on pourrait, il est vrai, me tromper ; mais ces deux prisonniers sont sincères et vrais. Si tu découvres le contraire, fais-les périr et chasse-moi ; exile-moi, en punition de ma folie, sur le triste rivage d'une île déserte hérissée de rochers. Mais si cet homme est mon frère bien-aimé, que j'ai si longtemps appelé de mes vœux, rends-nous à la liberté, sois aussi bon envers le frère et la sœur réunis qu'envers la sœur toute seule. Mon père est tombé sous les coups de sa femme, elle-même sous le bras de son fils. La dernière espérance de la race d'Atrée repose sur lui seul. Laisse-moi, le cœur et la main purs, regagner ma patrie au delà des mers et laver notre maison des crimes qui l'ont souillée. Oui, tu me tiendras parole ! — Tu as juré que si jamais le retour vers les miens était possible, tu me laisserais partir ; et il l'est aujourd'hui... Un roi ne fait pas, comme le reste des hommes, une promesse par lassitude et pour éloigner un moment le suppliant : il promet même pour les cas inattendus, et il ne sent toute la hauteur de sa dignité que lorsqu'il peut faire le bonheur de celui qui l'implore.

THOAS. Comme le feu se défend contre l'eau et cherche en écumant à détruire son ennemi, ainsi la colère lutte dans mon sein contre tes paroles.

IPHIGÉNIE. Ah ! ne retiens point ta clémence ! Que la joie au front, l'hymne de louange et de reconnaissance à la bouche, je la voie briller comme la sainte lueur de la douce flamme des sacrifices.

THOAS. Que cette voix m'a souvent apaisé !

IPHIGÉNIE. Oh ! tends-moi la main en signe de paix.

THOAS. Tu demandes beaucoup en peu de temps.

IPHIGÉNIE. Pour faire le bien il n'est pas besoin de délibérer.

THOAS. Il en est besoin ; car le bien est suivi du mal.

IPHIGÉNIE. C'est le doute qui gâte le bien. N'hésite pas ; ne suis que le mouvement de ton cœur.

SCÈNE IV.

LES PRÉCÉDENTS, ORESTE, *armé*.

ORESTE, *sans voir les autres*. Doublez vos forces ! retenez-les ! Encore quelques instants ! ne cédez point à la foule, et assurez-nous à ma sœur et à moi le chemin qui mène au vaisseau. (*A Iphigénie, sans voir le roi.*) Viens, nous sommes trahis. Il nous reste peu d'espace pour la fuite. Viens vite !

Il aperçoit le roi.

THOAS, *portant la main sur son épée*. Nul ne vient impunément l'épée nue en ma présence.

IPHIGÉNIE. Ne profanez pas la demeure de la déesse par la fureur et le meurtre. Ordonnez à vos soldats de demeurer en paix. Écoutez une prêtresse, une sœur.

ORESTE. Dis-moi quel est celui qui nous menace ainsi?

IPHIGÉNIE. Respectez en lui le roi qui fut mon second père. Pardonne-moi, mon frère, mais mon cœur filial a placé dans sa main toute notre destinée. J'ai avoué votre stratagème et délivré mon âme du poids d'une trahison.

ORESTE. Veut-il nous assurer un paisible retour?

IPHIGÉNIE. Ton épée étincelante me défend de répondre.

ORESTE, *remettant son épée dans le fourreau*. Parle donc! Tu vois que j'obéis à tes paroles.

SCÈNE V.

LES PRÉCÉDENTS, PYLADE. *Bientôt après lui* ARCAS, *tous deux avec des épées nues.*

PYLADE. Ne tardez pas; nos amis rassemblent leurs dernières forces; ils vont se replier lentement vers la mer. Mais quel entretien trouvé-je ici entre des princes? Voici l'auguste personne du roi!

ARCAS. Tu restes calme, comme il est digne de toi, en face de tes ennemis, ô roi! Leur témérité a été bientôt punie : leur parti cède et tombe, et leur vaisseau est à nous. Un mot de ta bouche, et il devient la proie des flammes.

THOAS. Va : ordonne à mon peuple de s'arrêter; que l'ennemi soit respecté tant que nous parlerons.

Arcas sort.

ORESTE. J'accepte. Va, fidèle ami, rassemble le reste de nos compagnons; attendez en paix l'issue que les dieux préparent à nos actions.

Pylade sort.

SCÈNE VI.

IPHIGÉNIE, THOAS, ORESTE.

IPHIGÉNIE. Délivrez avant tout mon âme du souci qui l'agite. Je redoute une fatale querelle si tu n'écoutes pas, ô roi! la douce voix de l'équité, et si toi, mon frère, tu ne veux commander à l'impétuosité de ta jeunesse.

THOAS. Je retiens ma colère, comme il sied au plus âgé. Réponds-moi, comment prouveras-tu que tu es fils d'Agamemnon et frère de la prêtresse?

ORESTE. Voici l'épée dont il frappa les braves défenseurs de Troie. Je l'ai enlevée à son assassin, et j'ai prié les dieux de me donner le courage, le bras et la valeur du grand roi, avec une mort plus belle que la sienne. Fais un choix parmi les chefs de ton armée et oppose-moi le plus vaillant. Partout où la terre nourrit des fils de héros, cette demande est accordée à tout étranger.

THOAS. Ici, l'ancien usage n'a jamais donné à l'étranger cette prérogative.

ORESTE. Eh bien, toi et moi nous fonderons cet usage nouveau! Un peuple suit l'exemple de ses chefs, et donne force de loi à leurs nobles actions. Souffre aussi que je ne défende pas notre seule liberté; laisse-moi, étranger, combattre pour tous les étrangers. Si je succombe, alors leur arrêt est prononcé avec le mien; mais, si j'ai le bonheur de triompher, que nul n'aborde plus ce rivage sans rencontrer l'œil empressé d'une amitié secourable, et que chacun s'éloigne consolé?

THOAS. Tu ne me parais pas indigne, jeune homme, des aïeux dont tu te fais gloire de descendre. Il est grand, le nombre des braves et vaillants guerriers qui m'environnent; cependant, à mon âge, je résiste encore moi-même à l'ennemi; je suis prêt à courir avec toi la chance des armes.

IPHIGÉNIE. Non, non, il n'est pas besoin de cette sanglante preuve, ô roi! Que vos mains ne s'arment point du glaive! pensez à moi et à mon sort. Les funestes combats immortalisent un homme, je le sais; lors même qu'il tombe, tous les chants célèbrent sa gloire. Mais les pleurs intarissables de ceux qui lui survivent, d'une femme délaissée, la postérité ne les compte point, et le poëte ne dit rien des jours et des nuits passés dans les larmes, et durant lesquels une âme sensible s'épuise et se consume vainement à rappeler l'ami qu'elle a perdu, que la mort lui a subitement enlevé. Moi-même aussi une crainte secrète m'a tenue en garde contre l'imposture d'un brigand, qui aurait pu m'arracher de cet asile sûr, me trahir et me réduire en esclavage. Mais je les ai soigneusement interrogés; je me suis informée de chaque circonstance, j'ai exigé des signes évidents, et maintenant mon cœur ne doute plus. Vois ici à sa main droite cette marque qui semble représenter trois étoiles; elle parut au jour de sa naissance, et le prêtre en tira le présage que cette main devait frapper un grand coup. Ce qui me persuade ensuite doublement, c'est cette cicatrice qui lui partage à cet endroit les sourcils. Il était encore enfant lorsque Électre, avec sa vivacité ordinaire, le laissa tomber de ses bras; il se frappa la tête contre un trépied... C'est lui...

Faut-il encore te citer en témoignage la ressemblance avec mon père, et enfin le cri de joie qui retentit dans mon cœur?

THOAS. Quand tes paroles auraient levé tous les doutes, et dompté la colère dans mon sein, il faudrait toujours néanmoins que les armes décidassent entre nous; je ne vois point de paix possible. Ils sont venus, tu le reconnais toi-même, pour m'enlever l'image sacrée de la déesse. Croyez-vous que j'envisage de sang-froid ce larcin? Souvent le Grec tourne son œil avide vers les trésors lointains des barbares, leur toison d'or, leurs chevaux, leurs belles filles; mais la force et la ruse ne les ont pas toujours ramenés heureusement dans leur patrie avec les biens qu'ils avaient conquis.

ORESTE. O roi! cette image sacrée ne doit pas être un sujet de discorde entre nous. Maintenant nous connaissons l'erreur dont un dieu avait enveloppé notre esprit, lorsqu'il nous ordonna de diriger nos pas vers ce lieu. Je le suppliais de me donner conseil, et de me délivrer de la poursuite des Furies : « Si tu ramènes, dit-il, en Grèce la *sœur* qui demeure contre » son gré dans le sanctuaire au rivage de Tauride, alors la ma- » lédiction cessera. » Nous entendîmes ces paroles de la sœur d'Apollon, et c'est toi qu'il voulait dire, ma sœur! Les liens funestes sont maintenant rompus; tu es rendue aux tiens, sainte

ACTE V, SCÈNE VI.

prêtresse ! Dès que tu m'as touché, j'ai été guéri ; c'est dans tes bras que le mal m'a saisi pour la dernière fois, avec tous ses tourments et m'a ébranlé jusqu'à la moelle des os ; ensuite, comme un serpent, il s'est enfui dans sa caverne. Grâce à toi, je recommence à jouir maintenant de la vaste lumière du jour. Le dessein de la déesse se montre à moi dans toute sa grandeur et sa beauté. Comme une statue sacrée à laquelle le destin de l'État est invariablement attaché par un secret arrêt des dieux, elle t'a enlevée, toi l'appui de la maison, et t'a conservée dans un saint repos pour le bonheur de ton frère et des tiens. Quand tout espoir de délivrance semblait perdu sur la terre, tu nous rends tout ! — O roi ! que ton âme se laisse aller à des sentiments de paix ! n'empêche point qu'elle accomplisse à présent la consécration de la maison paternelle, qu'elle me fasse rentrer dans notre palais purifié, et place sur ma tête l'antique couronne ! En reconnaissance des biens qu'elle t'a apportés, laisse-moi jouir des droits d'un frère plus sacrés que les tiens même. Force et ruse, les deux sources de gloire des hommes, cèdent en ce jour à la véracité de cette grande âme, et une pure et tendre confiance dans un homme noble et généreux ne demeure pas sans récompense.

IPHIGÉNIE. Pense à ta promesse, et laisse-toi émouvoir par ce discours sorti d'une bouche loyale et sincère ! Tu n'as pas souvent l'occasion d'agir aussi noblement. Tu ne peux nous refuser ce bienfait ; accorde-le sans hésiter.

THOAS. Eh bien donc, partez !

IPHIGÉNIE. Que ce ne soit pas ainsi, mon roi ! je ne te quitterai pas mécontent, et sans recevoir ta bénédiction. Ne nous bannis point ! qu'un droit d'hospitalité amicale règne entre nous ; alors nous ne serons point séparés pour toujours. Tu m'es cher et précieux comme l'était mon père, et cette impression ne s'effacera pas de mon âme. Si le moindre de tes sujets rapporte jamais à mon oreille l'accent que j'ai coutume d'entendre parmi vous ; si je vois un infortuné porter le vêtement de votre nation, je veux l'accueillir comme un dieu, lui préparer moi-même une couche, le placer sur un siége auprès du feu, et ne l'interroger que sur toi et sur ton sort. Ah ! que les dieux accordent à tes actions et à ta clémence le prix qu'elles méritent ! Adieu ! De grâce, tourne-toi vers nous et réponds-moi par un adieu amical ! Le vent enfle ensuite plus doucement les voiles, et les pleurs coulent avec plus de soulagement des yeux de celui qui s'éloigne. Adieu ! Donne-moi ta main droite comme un gage de notre ancienne amitié.

THOAS. Adieu !

FIN D'IPHIGENIE.

LE TASSE.

PERSONNAGES.

ALPHONSE II, duc de Ferrare.
LÉONORE D'EST, sa sœur.
LÉONORE SANVITALE, comtesse de Scandiano.
LE TASSE.
ANTONIO MONTECATINO, secrétaire d'État.

La scène est à Belriguardo, maison de plaisance du duc.

ACTE PREMIER.

Le théâtre représente un parterre orné des bustes des poëtes épiques. Sur le devant de la scène, à droite Virgile, à gauche l'Arioste.

SCÈNE I.

LA PRINCESSE, LÉONORE.

LA PRINCESSE. Tu me regardes, Léonore, et tu souris ; tu souris encore en te regardant : qu'as-tu ? dis-le à ton amie. Tu parais à la fois pensive et satisfaite.

LÉONORE. Oui, princesse, je me plais à nous voir toutes deux parées ici de ces habits champêtres. Nous semblons d'heureuses bergères ; et comme elles heureuses, nous travaillons, comme elles, à tresser des guirlandes. Celle-ci, formée par moi de simples fleurs, s'épaisissait de plus en plus sous mes doigts ; pour toi, d'un cœur plus grand et d'un esprit plus fier, tu as choisi le flexible laurier.

LA PRINCESSE. Ces rameaux, que j'ai enlacés sans dessein, ont déjà trouvé une tête digne de leur glorieuse couronne : je la place, en signe de reconnaissance, sur le front de Virgile.

LÉONORE. Moi, je presse de ma riche et joyeuse guirlande

les tempes élevées de messer Ludovico [1]. Qu'il ait aussi sa part des prémices du printemps nouveau, celui dont les fictions pleines de charmes ne doivent jamais se flétrir.

LA PRINCESSE. Que nous devons savoir gré à mon frère de nous avoir déjà conduites au sein de ces belles campagnes! Nous pouvons y être à nous; nous pouvons, durant des heures entières, rêver que nous vivons dans l'âge d'or des poètes. J'aime Belriguardo; c'est là que j'ai passé tant de beaux jours de ma jeunesse : cette verdure renaissante, ce soleil font revivre en moi le sentiment de ces temps heureux.

LÉONORE. Oui, un nouveau monde nous environne! L'ombre de ces arbres toujours verts a déjà des attraits, déjà le murmure de ces fontaines revient nous récréer; les jeunes rameaux se balancent, bercés par le souffle matinal; les fleurs des parterres ouvrent amicalement vers nous leurs yeux enfantins. Le jardinier consolé dépouille, de leurs vêtements d'hiver, l'oranger et le citronnier; le ciel d'azur dort au-dessus de nos têtes, et vers l'horizon la neige des montagnes lointaines se dissout en légère vapeur.

LA PRINCESSE. Le printemps serait le bienvenu, s'il ne devait pas m'enlever mon amie.

LÉONORE. Ne me fais pas souvenir, au milieu même de ces doux instants, ô princesse! qu'il m'y faudra sitôt renoncer.

LA PRINCESSE. La grande ville te rendra au double ce que tu peux regretter ici.

LÉONORE. Le devoir, l'amour, me rappellent près de l'époux qui s'est si longtemps privé de moi. Je lui ramène un fils que cette année a vu croître et se former si rapidement. Je partage d'avance sa joie paternelle. — Florence est grande, Florence est magnifique; mais toutes ses richesses ensemble ne valent pas les nobles joyaux de Ferrare. Florence doit son rang à son peuple : Ferrare doit sa grandeur à ses princes.

LA PRINCESSE. Dis plutôt aux hommes excellents que le hasard y a conduits, et que notre fortune y retient.

LÉONORE. Le hasard disperse aisément ce qu'il réunit. Un noble esprit attire et sait fixer près de lui des esprits qui lui ressemblent. C'est ce qu'on vous voit faire, à ton frère et à toi :

---

[1] Nom de l'Arioste.

autour de vous se rallient des âmes dignes des vôtres, et vous êtes dignes de vos illustres ancêtres. Ici s'est allumé le sublime éclat de la science et de la pensée libre, tandis que la barbarie couvrait encore d'un lourd crépuscule les régions voisines. Je n'étais encore qu'un enfant, et déjà le nom d'Hercule, le nom d'Hippolyte d'Est résonnaient à mon oreille : mon père joignait hautement dans ses éloges Rome, Florence et Ferrare. J'ai souvent aspiré à visiter vos murs; ils m'ont enfin reçue. — Ici fut accueilli et fêté Pétrarque; ici l'Arioste trouva ses modèles : l'Italie ne cite pas un grand nom que ce brillant séjour n'ait appelé son hôte, et ce n'est pas sans fruit qu'on prête asile au génie. Ce que lui donne l'hospitalité, il le rend avec usure; les lieux où régna l'homme généreux qui le protége sont à jamais consacrés, et la postérité retentit encore, après des siècles, de son nom et de ses bienfaits.

LA PRINCESSE. La postérité? oui, lorsqu'elle sent à ta manière.—Je t'ai souvent envié cette sensibilité précieuse...

LÉONORE. Que tu possèdes plus et mieux que bien d'autres; mais tu en jouis en silence, et ton bonheur n'en est que plus pur. Mon cœur, lorsqu'il est plein, me pousse à exprimer tout ce qu'il sent; tu sens mieux encore, princesse, tu sens profondément, et — tu te tais. Le prestige du moment ne t'éblouit point; les jeux aiguisés de l'esprit ne peuvent t'abuser; en vain la flatterie s'adresse avec art à ton oreille : ton sens demeure impassible et ferme; ton goût conserve sa justesse, ton jugement sa rectitude; toujours un intérêt puissant te porte vers ce qui est grand; et ce qui est grand, tu le reconnais, parce que tu t'y reconnais toi-même.

LA PRINCESSE. Voici, cette fois, une flatterie bien outrée, et tu ne devrais pas la revêtir des couleurs d'une amitié intime qui s'épanche.

LÉONORE. L'amitié est juste; elle seule peut apprécier ce que tu vaux. Je veux bien accorder au sort, aux circonstances, qu'ils ont contribué à te faire telle qu'on te voit être; mais tu es telle enfin, et le monde t'honore avec ta sœur au-dessus de toutes les femmes célèbres de votre âge.

LA PRINCESSE. J'en suis médiocrement touchée, quand je pense combien l'on est peu de chose, et que ce peu même, on le doit toujours à d'autres. La connaissance des langues anciennes et des plus beaux monuments que l'antiquité nous ait laissés, c'est à ma mère que je la dois, et encore aucune de ses deux filles ne l'égale en savoir, en jugement ; ou, si l'on pouvait lui en comparer une, c'est assurément Lucrétia qui aurait le droit d'y prétendre. Aussi, je puis te l'affirmer, je n'ai jamais regardé comme une propriété, comme un titre, ce que m'ont dispensé la nature et la fortune : seulement, quand les sages parlent, je me réjouis de pouvoir comprendre leurs opinions. S'ils jugent un homme des temps anciens, s'ils pèsent le mérite de ses actions, ou bien s'ils discourent d'une science qui, accrue par l'expérience, profite à l'homme en l'élevant, quelque direction que leurs idées prennent, je suis avec plaisir un entretien qu'il m'est facile de suivre. J'aime à prêter l'oreille à ces combats paisibles, où les lèvres de l'orateur jouent avec grâce autour des puissances qui remuent le cœur humain d'une manière si aimable ou si terrible. J'aime à écouter encore, lorsque l'amour de la grâce, cette passion du domaine des rois, devient pour le simple penseur un vaste sujet qu'il s'approprie ; lorsqu'un homme judicieux, nous développant par degrés les secrets d'une sagesse subtile, nous instruit, au lieu de s'en servir pour nous tromper.

LÉONORE. Mais, à la suite de ces entretiens sérieux, l'oreille et le cœur se prêtent avec amour à l'attrait des chants du poëte ; le poëte et ses suaves accords font pénétrer dans l'âme les plus intimes et les plus délicieux sentiments. Ton esprit plus élevé embrasse une sphère plus haute ; moi, je préfère l'île de la poésie et ses bois touffus de lauriers.

LA PRINCESSE. Le myrte, on me l'a dit, croît plus que tout autre arbre en ce pays charmant. Les muses sont nombreuses, et pourtant on pense moins à chercher parmi elles une amie, une compagne, qu'à rencontrer le poëte, qui semble nous éviter, nous fuir, et poursuivre quelque chose que nous ne connaissons pas, qu'au fond peut-être il ignore lui-même. Ne serait-il pas bien doux que nous pussions paraître à ses yeux à l'heure favorable, et que son cœur, soudain épris, nous reconnût pour le trésor qu'il chercha si longtemps et si vainement dans l'univers entier ?

LÉONORE. Il faut bien me prêter à cette plaisanterie. — Le trait m'atteint, mais la blessure est peu profonde. J'honore le mérite dans chaque homme, et je ne suis que juste envers le Tasse. — Son œil s'arrête à peine sur la terre, et son oreille n'entend que l'harmonie de la nature. Ce que présente l'histoire, ce que fournit la vie, il s'en saisit aussitôt pour le déposer dans son sein; son esprit rassemble ce qui se répand au loin dans l'espace, et il anime, en le touchant, ce qui est insensible. Souvent il ennoblit ce qui est vulgaire, et ce que nous admirons reste à ses yeux dans le néant. Cet homme prodigieux s'avance dans la région magique qu'il s'est créée; il nous y entraîne après lui, il nous force de prendre part à ses enchantements. Il semble s'approcher de nous, et il reste toujours hors de notre portée; il semble jeter sur nous la vue, et peut-être, au lieu de formes mortelles, des esprits apparaissent-ils à ses regards privilégiés.

LA PRINCESSE. C'est faire une peinture fine et délicate du poëte, qui va planant dans l'empire des songes; mais un monde plus réel, je pense, l'attire aussi et le retient par des liens non moins puissants. Les vers charmants que nous lisons, attachés çà et là à nos arbres, ces vers qui, semblables aux fameuses pommes d'or, réalisent pour nous un nouveau jardin des Hespérides, n'y reconnais-tu pas les fruits gracieux d'un véritable amour?

LÉONORE. Je jouis aussi de ces feuilles passionnées. — Il est une image unique, que le génie de notre poëte célèbre sous mille formes variées. Tantôt il l'élève jusqu'au ciel brillant des étoiles, il s'incline devant elle et l'adore comme un ange au sein des nuages; tantôt il se glisse mystérieusement à sa suite, à travers la campagne paisible, et chaque fleur lui tresse une couronne. Si la déesse s'éloigne, il consacre la voie légèrement foulée par son joli pied; caché dans le bocage, et tel que le rossignol, il remplit l'air et les bois des plaintes harmonieuses d'un cœur qu'amour rend malade: ses chants délicieux et sa douce mélancolie attirent toutes les oreilles; tous les cœurs sont entraînés!

LA PRINCESSE. Et quand il nomme celle qu'il aime, il nomme Léonore.

LÉONORE. C'est ton nom comme le mien, et je lui en voudrais d'en faire entendre un autre. J'aime que sous cette équivoque il puisse cacher le sentiment qu'il éprouve pour toi;

j'aime aussi que ce nom chéri lui doive en même temps rappeler mon souvenir. Je ne parle point d'un amour qui veuille subjuguer l'objet qui l'inspire, le posséder exclusivement, en envier à tout autre l'aspect adoré. Lorsque, plongé dans une douce contemplation, il s'occupe d'un être aussi sublime que le tien, qu'il se plaise aussi dans l'idée d'un être moins élevé, tel que moi! — Ce n'est pas nous qu'il aime; pardonne-moi de le dire; mais, de toutes les sphères où son génie le transporte, il rassemble sur un nom tout ce qu'il aime, et ce nom est le nôtre; il nous attribue ce qu'il sent : nous paraissons l'aimer lui-même, et pourtant nous n'aimons en lui que ce que nous pouvons aimer de plus parfait.

LA PRINCESSE. Tu as bien approfondi cette science raffinée, Léonore; tu me dis des choses qui n'atteignent guère que mon oreille, et arrivent à peine jusqu'à mon âme.

LÉONORE. Toi, disciple de Platon, ne pas me comprendre! Toi, ne pas concevoir ce qu'une novice se hasarde à bégayer devant toi? Il faudrait que je me trompasse beaucoup, et cependant je sais bien que je ne me trompe pas si complétement. L'Amour, dans l'école épurée du philosophe grec, ne se montre pas, comme ailleurs, sous les traits d'un enfant gâté; c'est l'adolescent qui fut l'époux de Psyché [1], celui qui siége dans l'Olympe et a voix dans le conseil des dieux immortels. Il ne passe pas, dans sa fougue coupable, d'un cœur trahi à un cœur qu'il doit trahir encore. Une douce erreur ne l'attache pas d'abord à la beauté, à la figure fragile, et il n'expie point par le dégoût et l'ennui les écarts d'une ivresse passagère.

LA PRINCESSE. Mon frère s'approche, ne lui laissons pas voir où nous a conduites cette fois encore notre entretien : nous aurions à supporter de nouveau les railleries que notre costume a déjà provoquées.

SCÈNE II.

LES PRÉCÉDENTS, ALPHONSE.

ALPHONSE. Je cherche partout le Tasse et ne le trouve nulle part; — pas même auprès de vous. Ne pouvez-vous point m'en donner des nouvelles?

---

[1] On sait que PSYCHÉ veut dire l'AME.

LA PRINCESSE. Je l'ai peu vu hier, et pas du tout aujourd'hui.

ALPHONSE. Rechercher la solitude et fuir le monde c'est son ancien défaut. Je le lui pardonne lorsqu'il se dérobe à l'essaim bigarré des hommes, pour s'entretenir avec son génie en silence et en liberté; mais je ne puis pas approuver qu'il évite même le cercle formé par ses amis.

LÉONORE. Si je ne me trompe, ô prince, tu changeras bientôt le blâme en éloge. Je l'ai aujourd'hui aperçu de loin; il tenait un livre et des tablettes, il écrivait, il marchait, et écrivait encore. Un mot qu'il me dit hier en passant, me semble annoncer la fin de son ouvrage. Sans doute il s'occupe à en corriger quelques traits pour offrir enfin un digne hommage à la bienveillance royale qui lui a tant accordé.

ALPHONSE. Qu'il me l'apporte enfin, et il sera le bienvenu; de longtemps même je consens à ne lui plus rien demander. Plus je prends de part à ses travaux, plus ce grand œuvre me cause et me doit causer de plaisir, et plus aussi s'accroît mon impatience. Il ne peut achever, il ne peut finir; il change, il avance lentement, il s'arrête, et mon espoir est toujours trompé. —On voit avec peine s'éloigner une jouissance que l'on croyait si prochaine.

LA PRINCESSE. Pour moi, je loue la précaution qu'il met à marcher pas à pas vers le but. Ce n'est que par une faveur marquée des muses qu'on parvient à fondre tant de vers en un seul tout, et son génie ne tend qu'à perfectionner, à arrondir l'ensemble de son vaste poëme. Il ne veut point entasser les uns sur les autres des contes qui charment d'abord, et, semblables à des mots vides de sens, s'évanouissent bientôt comme un vain son, et n'ont produit que l'erreur.—Laisse-le, mon frère! le temps n'est pas la mesure d'un bon ouvrage, et lorsque les siècles futurs sont appelés à partager les plaisirs qu'il procure, il faut que l'âge contemporain de l'artiste sache s'oublier lui-même.

ALPHONSE. Eh bien donc, chère sœur, agissons de concert, comme nous l'avons fait souvent pour l'avantage de tous deux. Quand l'impatience m'entraînera trop loin, songe à la modérer; moi, j'exciterai ta lente réserve à mon tour. Peut-être alors le verrons-nous atteindre au terme où nous avons si longtemps souhaité qu'il parvînt. Alors aussi la patrie, l'univers, s'étonneront en apprenant quelle œuvre aura été accomplie. Je prendrai ma part de cette gloire, et le Tasse enfin entrera dans la vie. — Un noble esprit ne peut trouver dans un cercle étroit le développement de son être. Il faut que la patrie, il faut que l'univers agisse sur son génie; il faut qu'il s'instruise à supporter le blâme et la louange, qu'il soit contraint d'apprendre à apprécier et les autres et lui-même. — La retraite ne l'endort plus alors de ses flatteuses illusions; un ennemi ne veut pas, un ami n'ose pas le ménager. C'est ainsi que le jeune homme exerce ses forces; elles se déploient en luttant; il sent ce qu'il est, et bientôt il se sent homme.

LÉONORE. Il faudra donc, seigneur, que tu fasses tout encore pour le Tasse, comme tu as tant fait pour lui jusqu'à ce jour. Le talent se forme dans le silence; le caractère se façonne au courant du monde; et puisse-t-il disposer son âme comme son génie à tes heureuses leçons! qu'il cesse d'éviter les hommes! que la défiance ne se change pas dans son cœur en haine et en effroi!

ALPHONSE. Celui-là seul craint les hommes, qui ne les connaît pas, et celui qui les fuit les méconnaîtra bientôt tout à fait. Telle est la condition du Tasse, et c'est ainsi qu'un esprit indépendant perd peu à peu sa justesse et sa liberté. Par exemple, le Tasse s'inquiète plus de ma faveur qu'il ne le devrait. Il se méfie de bien des gens qui, j'en suis sûr, ne sont pas ses ennemis. S'il arrive qu'une lettre s'égare, qu'un valet passe de son service à celui d'un autre, qu'un papier sorte de ses mains; aussitôt il voit un projet arrêté, une trahison, des intrigues, tout conspire contre son sort.

LA PRINCESSE. N'oublions pas, cher frère, que l'homme ne peut se séparer de lui-même; et si un ami, en cheminant avec nous, se blessait au pied, ne ralentirions-nous pas volontiers notre marche, ne lui prêterions-nous pas avec empressement le secours de notre bras?

ALPHONSE. Mieux vaudrait chercher à le guérir, et tenter au plus vite la cure ordonnée par les sages conseils du médecin; puis, la guérison faite, reprendre gaîment avec lui les sentiers nouveaux d'une vie nouvelle. — J'espère, au surplus, chères amies, ne mériter jamais le reproche d'avoir agi en médecin trop rigoureux. Je fais tout ce que je puis pour inspirer au cœur du Tasse confiance et sécurité; je lui donne, en présence de nombreux témoins, des marques décisives de ma bienveillance. Vient-il se plaindre à moi, je fais examiner ses griefs; et c'est ainsi que j'en ai agi dernièrement, lorsqu'il s'imagina qu'on avait forcé sa demeure. Si rien ne se découvre, je lui expose de sang-froid la chose comme je la vois, et puisqu'il faut s'exercer à tout en ce monde, je m'exerce à la patience avec le Tasse, qui la mérite. Je sais qu'en cela vous me secondez avec plaisir.—Je vous ai amenées en ces lieux, mais je retourne ce soir à la ville. Vous allez bientôt voir Antonio; il arrive de Rome et viendra me chercher ici. Nous avons bien des choses à terminer ensemble, des résolutions à prendre, nombre de lettres à écrire, et tout me force de retourner à Ferrare.

LA PRINCESSE. Nous permettras-tu de t'y suivre?

ALPHONSE. Restez à Belriguardo; allez toutes deux à Consandoli. Jouissez en toute liberté des premiers beaux jours.

LA PRINCESSE. Ne peux-tu rester près de nous? Les affaires ne peuvent-elles aussi bien s'expédier ici qu'à la ville?

LÉONORE. Quoi! déjà nous enlever Antonio, lorsqu'il aurait tant de choses à nous raconter de Rome!

ALPHONSE. Que vous êtes enfants! Il le faut; mais je reviendrai avec lui dès que cela sera possible. Alors il satisfera votre curiosité, et vous m'aiderez à votre tour à récompenser un homme qui vient de se donner tant de soins pour mon service. Enfin, quand nous aurons bien parlé entre nous, que la cour vienne alors pour animer ces jardins et pour m'offrir sous leurs frais ombrages quelque beauté qui n'ait pas l'injustice de me fuir lorsque j'irai chercher ses traces.

LÉONORE. Nous ne manquerons pas, en amies, d'y regarder à travers nos doigts.

ALPHONSE. Vous savez, en revanche, que je suis indulgent.

LA PRINCESSE, *se tournant vers le fond de la scène.* Depuis longtemps je vois le Tasse s'approcher. Il marche à pas lents, il demeure parfois immobile et comme irrésolu, puis il se hâte vers nous, et s'arrête encore.

ALPHONSE. Lorsqu'il pense et qu'il compose, ne l'interrompez pas dans ses rêveries. Laissez-le errer en liberté.

LÉONORE. Non, il nous a vus. Le voici.

SCÈNE III.

LES PRÉCÉDENTS, LE TASSE.

LE TASSE. *Il tient un livre relié en parchemin.* Je viens lentement t'apporter un ouvrage que j'hésite encore à t'offrir. Je sais trop bien qu'il est imparfait, quoiqu'il pût sembler achevé; mais si j'étais retenu par la crainte de te le présenter dans cet état, une autre crainte l'emporterait, celle de paraître trop inquiet, celle surtout de paraître ingrat. — De même qu'un homme ne peut, pour satisfaire ses amis et obtenir leur indulgence, que leur dire : Me voici, je ne puis de même que te dire : Prends ce livre.

ALPHONSE. Ton présent me vaut une surprise bien douce, et ce beau jour devient une vraie fête pour moi. — Je le tiens donc enfin, et puis en quelque sorte dire qu'il est à moi. J'ai déjà bien des fois souhaité que tu pusses te décider à finir et à penser enfin. Le voilà ! c'est assez.

LE TASSE. Si mon poëme vous contente, mon poëme est parfait; il vous appartient à tous les titres. Quand je considérais le travail qu'il m'a coûté, quand je ne voyais que les traits tracés par ma plume, je pouvais m'écrier : Cet ouvrage est le mien ! Mais quand j'y regarde de plus près, quand j'observe ce qui lui donne sa valeur propre et son mérite, je reconnais bien que je le tiens de vous seul. Si la nature bienveillante me fit dans sa largesse le don gracieux de la poésie, la capricieuse fortune mit à me repousser sa puissance cruelle; quand la beauté du monde, étalant ses trésors dans toute leur plénitude, attirait mes regards, l'injuste détresse d'une famille chérie vint flétrir mon jeune cœur. Mes lèvres s'ouvraient-elles pour chanter, il n'en sortait que des accords de tristesse; j'accompagnais de mes faibles accents les douleurs de mon père et les angoisses maternelles. Seul, ô mon prince, tu me tiras de cette existence étroite pour me donner à une douce liberté; c'est toi qui déchargeas ma tête des soucis qui l'accablaient, toi qui me rendis l'indépendance pour que mon âme affranchie pût se déployer avec audace et entonner fièrement ses chants impétueux. Oui, si mon ouvrage a quelque prix, je vous en rends grâces, car c'est à vous que je le dois.

ALPHONSE. Pour la seconde fois, tu mérites toutes nos louanges; ta modestie t'honore en nous rendant hommage.

LE TASSE. Oh! si je pouvais exprimer combien je sens vivement ne tenir que de vous ce que je vous offre! Est-ce de lui-même que le jeune homme désœuvré a tiré son poëme? Cette sage conduite de la guerre fougueuse, l'a-t-il pu deviner pour la décrire? La science des armes, que chaque héros montre avec tant de vigueur au jour marqué pour le combat, la prudence du chef et le courage des chevaliers, la lutte entre la ruse et la vigilance, n'est-ce pas toi, prudent et valeureux prince, qui m'as tout inspiré, comme si tu étais mon génie, et que tu misses ta joie à révéler, par la bouche d'un simple mortel, un être sublime, un être inaccessible à l'humaine pensée?

LA PRINCESSE. Ne songe plus maintenant qu'à jouir du chef-d'œuvre qui fera nos délices.

ALPHONSE. Réjouis-toi du suffrage de toutes les belles âmes.

LÉONORE. Réjouis-toi de la gloire universelle qui t'attend.

LE TASSE. Ah! ce moment me suffit. Je ne pensais qu'à vous, en composant, en écrivant : vous plaire était mon vœu le plus ardent; vous récréer, mon dernier but. Celui qui ne voit pas l'univers dans ses amis n'est pas digne que le monde apprenne à répéter son nom. Ici est ma patrie, ici finit le cercle où mon âme s'arrête avec joie; ici j'écoute, ici je révère chaque signe; ici parlent l'expérience, le goût, le savoir. Oui, je vois devant moi le monde présent, le monde à venir. La multitude épouvante, elle égare l'artiste : celui qui vous ressemble, celui qui vous comprend, qui sympathise avec vous, celui-là seul peut lui présenter ou l'éloge ou le blâme.

ALPHONSE. S'il est vrai que nous représentions le présent et l'avenir, nous ne devons pas nous borner à recevoir ton offrande. J'aperçois sur le front de ton premier maître le signe glorieux qui honore le poëte, celui dont le héros voit sans envie couronner l'enfant des muses, dont il a toujours besoin. — Est-ce le hasard, est-ce un bon génie qui a tressé cette guirlande, qui l'a portée en ces lieux? Ce n'est pas en vain qu'elle se montre à nos regards. J'entends Virgile lui-même me dire : A quoi bon honorer les morts ? Ils ont eu, lorsqu'ils vivaient, et leurs récompenses et leurs joies ; ou si vous nous admirez, si vous nous célébrez encore, que les vivants aient aussi leur part. Mon marbre est assez couronné ; ces verts rameaux appartiennent à la vie.

Alphonse fait un signe à sa sœur; elle enlève la couronne de laurier placée sur le buste de Virgile, et s'approche du Tasse, qui fait un pas en arrière.

LÉONORE. Quoi ! tu refuses ? Vois donc quelle main te présente ce beau, cet impérissable laurier.

LE TASSE. Oh ! souffre que je diffère ! Aussi bien je ne saurais prévoir ce que sera ma vie après cette heure délicieuse.

ALPHONSE Elle se passera à jouir en repos du noble honneur qui t'a d'abord effrayé.

LA PRINCESSE. Tu ne m'envieras pas la joie si peu commune de t'exprimer sans paroles ce que je pense.

LE TASSE. Je présente à genoux ma faible tête au fardeau que tes mains chéries veulent lui imposer.

Il plie les genoux, la princesse le couronne.

LÉONORE, *applaudissant.* Vive celui qu'on vient de couronner pour la première fois ! Voyez comme cette guirlande est un bel ornement au front de l'homme modeste !

ALPHONSE. Ce n'est qu'un présage de celle qui t'attend au Capitole.

LA PRINCESSE. Là des voix plus éclatantes salueront ton triomphe ; l'amitié t'honore ici à voix basse.

LE TASSE. Oh ! enlevez-la ! enlevez-la ! elle embrase mes cheveux ; attachée à mon front, elle consume les puissances de la pensée, comme un rayon de soleil trop ardent qui atteindrait ma tête. L'ardeur de la fièvre agite mon sang. Grâce ! c'en est trop !

LÉONORE. Non, non, ces rameaux protégent au contraire la tête de celui qui doit s'avancer dans les brûlantes régions de la gloire ; ils rafraîchissent le front qu'elle enflamme.

LE TASSE. Le mien ne mérite point l'ombrage qui ne doit protéger que le front des héros. O dieux ! enlevez jusqu'à vous cette radieuse couronne ; qu'elle se transfigure au sein des nuages, qu'elle plane à d'inaccessibles hauteurs! et puisse ma vie elle-même s'avancer sans cesse vers ce but!

ALPHONSE. Celui qui acquiert de bonne heure apprend de bonne heure aussi à estimer la valeur des biens que la vie lui dispense. Celui qui s'est hâté d'en profiter ne renonce jamais volontairement à ce qu'il a possédé une fois; mais celui qui possède doit être armé de toutes pièces et muni pour le combat.

LE TASSE. Oui; mais celui qui s'arme pour le combat doit sentir au cœur une force qui ne l'abandonne jamais, et la mienne me délaisse à cette heure! elle me délaisse au moment heureux, cette force qui m'apprit à supporter l'infortune et à braver l'injustice. La joie et ses transports ont-ils donc consumé jusqu'à la moelle de mes os? — Mes genoux fléchissent. Tu me vois, ô princesse! prosterné de nouveau à tes pieds. Exauce ma prière, délivre-moi de cette couronne; qu'éveillé d'un rêve trop flatteur, je retrouve une autre vie, une réalité moins accablante!

LA PRINCESSE. Puisque tu sais allier la modestie au génie que les dieux t'ont donné, sache aussi porter cette couronne, hommage le plus glorieux que nous puissions lui rendre. Qu'elle repose pour toujours sur le front qui en fut digne!

LE TASSE. Laissez alors, laissez-moi, dans ma confusion, me dérober à vos regards; laissez-moi cacher ma félicité dans ces bois épais, où j'ai tant de fois enseveli mes douleurs. Là, je veux errer solitaire; là, nul témoin ne me fera souvenir d'un bonheur que je ne méritais pas. — Si par hasard une claire fontaine me montre, dans son miroir limpide, un homme qui, merveilleusement couronné à la face brillante du ciel, se repose pensif au milieu des rochers et des bois, je croirai, oui, je croirai voir l'Elysée reproduit dans ce cristal magique! A cet aspect, je rêve en silence et je me demande: Quel est ce mort illustre, ce jeune homme d'un temps passé, la tête ceinte de glorieux rameaux? Qui me dira son nom, qui me racontera ses mérites? — J'attends et je me dis: Que ne vient-il quelque autre habitant de ces lieux éternels, pour se joindre à lui dans un entretien amical! Oh! que ne vois-je assemblés autour de cette fontaine les héros, les poëtes des jours antiques! Que ne les vois-je les uns et les autres toujours inséparables, toujours associés, comme au temps de la vie, par de nécessaires sympathies! —

Comme l'aimant, par sa vive puissance, attache le fer au fer, ainsi une tendance mutuelle lie le poëte et le héros. Homère s'oublia lui-même; sa vie tout entière fut consacrée à contempler deux hommes, et Alexandre dans l'Elysée s'empresse à la recherche d'Homère et d'Achille. — Oh! que n'y suis-je à voir ces grandes âmes maintenant réunies !

LÉONORE. Réveille-toi ! réveille-toi ! ne nous fais pas sentir que tu négliges si fort le présent qui t'entoure.

LE TASSE. C'est lui qui exalte mon âme. Je ne suis pas hors de ces lieux ; je suis ravi par ce que j'y vois.

LA PRINCESSE. J'aime qu'en t'adressant aux esprits, tu leur parles encore une langue humaine.

Un page s'approche du prince, et lui parle bas.

ALPHONSE. Il est arrivé! — Il vient à propos. — Antonio ! — Qu'il entre ! — Le voici !

SCÈNE IV.

LES PRÉCÉDENTS, ANTONIO.

ALPHONSE. Sois le bienvenu, toi qui nous apportes à la fois ta présence et une bonne nouvelle.

LA PRINCESSE. Nous te saluons.

ANTONIO. J'ose à peine vous dire quel plaisir vient me ranimer à votre aspect : je retrouve près de vous tout ce qui m'a si longtemps manqué. Vous paraissez satisfaits de ce que j'ai entrepris et achevé; je suis assez payé de mes soins, vous me dédommagez de chacun des jours impatiemment écoulés ou sacrifiés à nos desseins. — Nous avons enfin gagné ce que nous souhaitions, et nous n'avons plus de dissensions à craindre.

LÉONORE. Je te salue à mon tour, quoique fâchée contre toi; tu arrives au moment même où je dois partir.

ANTONIO. Ainsi mon bonheur ne doit pas être complet, si tu m'en ravis sitôt une part si belle.

LE TASSE. Et moi aussi, salut ! j'espère n'être pas le dernier à me rejouir du commerce d'un homme plein d'une si haute expérience.

ANTONIO. Tu me trouveras toujours vrai, si, de la sphère où tu habites, tes yeux veulent jamais pénétrer dans la mienne.

ALPHONSE. Bien que tu m'aies annoncé par tes lettres et ce que tu as fait et ce qui t'est arrivé, il me reste encore à apprendre avec plus de détails par quels moyens tu as pu réussir. Il faut bien mesurer ses pas, dans cet étrange pays de Rome, pour parvenir enfin à son but. Le serviteur fidèle des intérêts de son maître s'y trouve placé dans une position bien difficile : Rome veut tout prendre et ne rien donner; lorsqu'on y va solliciter quelque concession, on ne l'obtient qu'en y portant soi-même quelque chose en échange : heureux même si l'on obtient d'elle ce qu'on lui paye.

ANTONIO. Ce n'est ni par ma conduite, ni par mon adresse, seigneur, que j'ai rempli tes volontés. Quel homme expert d'ailleurs ne trouverait son maître à Rome? mais j'ai profité des diverses circonstances qui aidaient à nos vues. — Grégoire t'estime; il te salue et te bénit. Ce vieillard, le plus digne de ceux dont une couronne charge la tête, se rappelle avec plaisir le temps où il te serrait dans ses bras. Cet homme, qui se connaît en hommes, t'apprécie et te vante hautement. Il a beaucoup fait par amitié pour toi.

ALPHONSE. Je suis sensible à cette estime flatteuse, — pour peu qu'elle soit sincère; mais tu sais que du haut du Vatican on voit les royaumes bien petits à ses pieds, plus petits encore les princes et les hommes. — Avoue-moi donc les causes qui ont le plus concouru au succès de tes négociations.

ANTONIO. Puisque tu l'exiges, c'est surtout le sens exquis du pape. Il traite en petit ce qui est petit, et voit en grand les grandes choses. Pour commander à un monde entier, il cède volontiers aux désirs de ses voisins. Il sait aussi bien le prix du mince territoire qu'il t'abandonne, que celui de ton amitié. L'Italie doit rester en repos; il ne veut voir que des amis dans son voisinage; il veut fixer la paix autour de ses frontières, afin que sous sa main puissante les forces entières de la chrétienté puissent détruire, ici les Turcs, là les hérétiques.

LA PRINCESSE. Connaît-on les hommes qu'il honore d'une faveur particulière, ceux qui l'approchent de plus près?

ANTONIO. L'homme expérimenté possède seul son oreille;

l'homme actif sa confiance, sa faveur. Pour lui, exercé dès sa jeunesse aux affaires de l'État, il les gouverne encore aujourd'hui, et il étend même son influence sur ces cours qu'en qualité d'ambassadeur il a vues jadis, qu'il a connues et dirigées plus d'une fois. Il voit le monde entier aussi clairement que l'avantage de ses propres États. Lorsqu'on peut enfin le voir agir, on le loue et l'on se félicite de ce que le temps découvre les projets que son génie a longtemps préparés et accomplis dans le silence. — Il n'est point au monde de spectacle plus beau que celui d'un prince qui gouverne avec art, que celui d'un pays où l'orgueil même se soumet, où chacun croit n'obéir qu'à soi seul parce qu'on ne commande à chacun que ce qui est juste.

LÉONORE. Avec quelle ardeur je désirerais voir un jour de près cette cour étonnante!

ALPHONSE. Sans doute pour y agir? car Léonore ne se contentera jamais du simple rôle de spectateur. — Ne serait-il pas bien doux, mon amie, de pouvoir mêler parfois ces belles mains aux jeux graves de la politique?

LÉONORE. Tu veux me fâcher, mais tu n'y parviendras point.

ALPHONSE. Oh! à cet égard, je suis depuis longtemps en reste avec toi.

LÉONORE. Eh bien donc, je ne m'acquitterai pas encore aujourd'hui. — Pardonne, et n'interromps pas mes questions. — A-t-il beaucoup fait pour ses neveux?

ANTONIO. Précisément ce qu'il doit. L'homme puissant qui ne sait pas veiller au bien de sa maison serait blâmé même par le peuple. Grégoire sait avec modération et mesure servir les siens, qui servent à leur tour l'État avec distinction, et il satisfait ainsi au double devoir de chef de famille et d'empire.

LE TASSE. Les sciences, les beaux-arts ont-ils à se louer de sa protection? Est-il jaloux d'imiter les grands princes des temps passés?

ANTONIO. Il honore la science en tant qu'elle est profitable, et qu'elle apprend à gouverner l'État et à connaître les hommes; il aime les arts en tant qu'ils décorent et agrandissent sa ville de Rome; les arts qui élèvent dans ses murs un palais, un temple, véritables merveilles du monde. — Sous ses yeux personne n'ose rester oisif; tout ce qui veut être compté pour quelque chose doit agir et se rendre utile.

ACTE I, SCÈNE IV.

ALPHONSE. Enfin, crois-tu que nous puissions bientôt conclure avec lui? Crois-tu qu'ils ne finiront point par nous susciter çà et là quelques difficultés nouvelles?

ANTONIO. Je me tromperais fort, si ta signature, si quelques lettres de ta part, ne faisaient aussitôt et pour jamais disparaître nos sujets de discorde.

ALPHONSE. Ce jour est donc pour moi un jour de bonheur et de conquête. Je vois mes frontières s'étendre, l'avenir me promet sécurité. Sans avoir recours aux armes, tu m'as valu ces heureux résultats. — Tu as bien mérité une couronne civique. Il faut que, par une belle matinée de printemps, nos femmes en tressent une des premiers rameaux de chêne, et qu'elles la placent sur ta tête. — Le Tasse, cependant, m'a aussi payé son tribut; il a conquis pour nous Jérusalem; à la honte de la chrétienté moderne, c'est lui, c'est son noble courage, sa persévérance énergique, qui ont atteint un but si haut et si éloigné; et pour prix de ses efforts, il paraît à tes yeux le front ceint de lauriers.

ANTONIO. Tu m'expliques une énigme. L'aspect de ces deux têtes couronnées m'avait d'abord surpris.

LE TASSE. Puisque tu es témoin de mon bonheur, je voudrais que tu pusses en même temps voir toute ma confusion.

ANTONIO. Je savais depuis longtemps qu'en fait de récompenses Alphonse ne connaît point de bornes, et il vient de faire pour toi ce que ses ancêtres ont fait pour tant d'autres.

LA PRINCESSE. Quand tu connaîtras la valeur du présent que nous devons au Tasse, tu ne nous trouveras que modérés et justes dans le prix que nous lui avons offert. — Nous ne sommes ici que les premiers et paisibles spectateurs du triomphe que le monde ne lui refusera pas, et que les siècles futurs lui décerneront au centuple.

ANTONIO. Grâce à vous, sa gloire est déjà certaine. Qui oserait douter, quand vous avez prononcé? — Mais, dis-moi, qui a placé cette couronne sur la tête de l'Arioste?

LÉONORE. Cette main même.

ANTONIO. Et assurément elle a bien fait. Ces fleurs l'ornent mieux que le plus fastueux laurier. — De même que la nature recouvre son sein précieux d'un vêtement de verdure nuancé de mille couleurs, ainsi l'Arioste enveloppe des draperies fleuries de la fable tout ce qui peut seul faire aimer et respecter l'homme. La joie, l'expérience, la raison, la force d'esprit, et le goût et le sens pur du vrai beau, tout dans ses chants se spiritualise et se personnifie à la fois; tout semble s'y reposer comme au sein des fleurs, s'imprégner de la poussière argentée qui satine leurs feuilles légères, se couronner de roses et l'entourer comme par magie des folâtres jeux des amours. Non loin murmure la source de l'abondance, offrant à nos yeux mille sirènes enchanteresses. L'air est rempli des oiseaux les plus rares; le bocage, la prairie, sont peuplés de troupeaux venus des régions étrangères. La ruse est aux aguets, à demi cachée dans le feuillage; la sagesse, du fond d'un nuage d'or, fait retentir parfois quelques sentences sublimes, tandis que la folie, sur un luth harmonieux, semblant chercher en désordre quelques accords sauvages, règle pourtant ses transports et garde toujours la mesure. — Celui qui ose se risquer près de l'Arioste mérite déjà une couronne pour son audace. — Pardonnez si je me sens inspiré moi-même, et si, semblable à l'homme ravi en extase, je ne songe ni au temps, ni au lieu, ni à mes paroles : ces poëtes, ces couronnes, ces habits de fête, le costume nouveau dont s'est revêtue votre beauté, tout me transporte à mon tour dans un autre monde.

LA PRINCESSE. Celui qui sait si bien apprécier le mérite de l'un ne peut rester aveugle sur le mérite de l'autre. Tu nous montreras quelque jour, dans les chants du Tasse, ce que nous sentons, et ce dont toi seul sais te rendre compte.

ALPHONSE. Suis-moi, Antonio. J'ai encore à te demander bien des choses que je suis curieux d'apprendre. Ensuite, et jusqu'au déclin du soleil, tu seras tout entier à ces dames. Viens. — Adieu.

Antonio suit le prince. Le Tasse s'éloigne avec les dames.

ACTE DEUXIÈME.

SCÈNE I.

Le théâtre représente une salle du château.

LA PRINCESSE, LE TASSE.

LE TASSE. Je te suis, ô princesse ! à pas mal assurés, et des pensées sans ordre et sans mesure s'agitent dans mon âme. La solitude semble m'appeler, et murmurer avec complaisance ces mots à mon oreille : Viens, je t'aiderai à chasser les doutes récents qui s'élèvent en ton sein. Cependant, lorsque je jette un regard sur toi, quand un mot de ta bouche vient frapper mes sens attentifs, un nouveau jour m'environne, et les liens qui m'entouraient tombent aussitôt. — Je te l'avouerai sans peine, cet homme et son arrivée imprévue m'ont brusquement réveillé d'un songe bien doux. Sa manière, ses paroles ont agi si singulièrement sur moi, que je sens plus que jamais mon être se désunir et combattre tout éperdu avec lui-même.

LA PRINCESSE. Après avoir longtemps mené loin de nous une existence étrangère, un ancien ami ne peut, à l'instant même où il nous revoit, se retrouver comme par le passé ; mais il n'est pas changé au fond ; laisse-nous vivre quelques jours avec lui, et l'accord renaîtra bien vite pour produire la plus belle et la plus heureuse harmonie. Lorsqu'il connaîtra mieux l'ouvrage que tu viens d'achever, il n'hésitera certainement point à te placer à la hauteur du poëte qu'il t'oppose aujourd'hui comme un géant sans égal.

LE TASSE. Ah! princesse, l'éloge de l'Arioste m'a plutôt réjoui qu'offensé dans sa bouche. Il est consolant pour nous d'entendre célébrer l'homme qui se montre à nos yeux comme un grand modèle à suivre. Nous pouvons alors dire tout bas dans notre cœur : Empare-toi d'une part de son mérite, et tu ne peux manquer d'obtenir une part de sa gloire. Non, ce qui m'a ému jusqu'au fond de l'âme, ce qui m'occupe encore tout entier, c'est de songer au train ordinaire de ce monde, qui, vif, infatigable, immense, tourne aveuglément autour d'un seul homme sage ou supérieur, et accomplit la route qu'ose lui prescrire ce demi-dieu. J'écoutais moi-même, attentif et curieux, je recueillais avec empressement les paroles assurées que l'expérience dictait à Antonio; et plus j'écoutais, hélas! plus je m'écroulais à mes propres yeux, plus je tremblais de m'évanouir, comme Écho dans les montagnes, et de me perdre dans le néant comme les vains sons qu'elle répète.

LA PRINCESSE. Ne semblais-tu pas naguère sentir nettement comment le héros et le poëte vivent l'un pour l'autre, comment le poëte et le héros se cherchent tour à tour, comment aucun des deux ne peut mêler l'envie à leurs rapports mutuels ? Certes, ils sont grands les hauts faits qui méritent l'honneur des chants poétiques; mais elle est belle aussi la mission d'en porter jusqu'à la postérité, par des chants dignes de leur sujet, le récit énergique et plein.—Au sein de l'État borné qui te protége, contente-toi de voir en paix, et comme du rivage, le courant déréglé du monde.

LE TASSE. Et n'est-ce pas en ces lieux mêmes que j'ai vu d'abord avec quelle magnificence on récompense avant tout l'homme vaillant? J'apportai ici mon inexpérience et ma jeunesse au moment même où des fêtes multipliées semblaient faire de Ferrare le rendez-vous de l'honneur.— Oh! quel était ce spectacle? Un cercle, tel que le soleil n'en verra point de sitôt un semblable, ceignait la place immense où la valeur adroite allait se montrer dans tout son éclat. Là siégeaient en foule les plus belles femmes, les hommes les plus illustres de nos jours : l'œil parcourait avec surprise cette noble multitude; on s'écriait : La patrie seule, l'étroite péninsule, les a tous réunis dans ces murs; ils forment ensemble le plus majestueux tribunal qui ait jamais prononcé sur l'honneur, sur la vertu, sur le mérite; examinez-les l'un après l'autre, et vous n'en trouverez pas un seul qui ait à rougir de son voisin. — Et alors s'ouvraient les barrières; les coursiers broyaient le sol, le heaume et l'écu lançaient leurs éclairs, les écuyers se pressaient, le son des trompettes retentissait avec fracas; les lances criaient en se brisant, le casque et le bouclier résonnaient au loin sous les atteintes des combattants, et tout à coup la poussière voilait de ses noirs tourbillons la gloire du vainqueur et la honte du vaincu. — Oh! laisse-moi tirer un rideau sur un spectacle qui me dit trop de choses, laisse.— Qu'en ce doux moment le sentiment de ma nullité ne devienne pas trop vif.

LA PRINCESSE. Tandis que l'aspect de ce noble concours et de ces jeux guerriers t'enflammait d'émulation, te commandait la peine et l'effort, j'aurais pu, jeune ami, te fournir une leçon muette de patience. Ces fêtes que tu vantes, que cent témoins m'ont alors et longtemps après vantées comme toi, je n'ai pu en jouir. Reléguée dans un lieu solitaire, où, à de longs intervalles, le dernier écho de la joie pouvait à peine venir expirer, il me fallait supporter plus d'une douleur et plus d'une pensée triste. L'image de la mort planait à mes regards sur ses ailes étendues; elle me cachait la vue d'un monde où tout était nouveau pour moi. De temps à autre seulement, le spectre s'éloignait, et souffrait que j'entrevisse, comme à travers un crêpe, les couleurs pâles mais agréables de la vie : je voyais des formes animées s'élever de nouveau et se déployer doucement à mes faibles yeux. — Quand, pour la première fois, je quittai le lit de souffrance, encore appuyée sur le bras de mes femmes, Lucrétia vint à moi, pleine d'une vie joyeuse, te conduisant par la main. Tu fus le premier qui, au moment où se renouvelait mon être, t'offris à ma vue, objet inconnu et nouveau. — Alors j'espérai beaucoup pour nous deux, et cet espoir ne nous a pas encore trompés.

LE TASSE. Et moi, étourdi par la confusion de la foule bruyante, aveuglé par tant d'éclat, ému de passions diverses, j'avançais en silence, près de ta sœur, à travers les détours paisibles du palais. Je pénétrai dans l'asile où tu nous apparus bientôt, soutenue par les femmes. — Quel fut ce moment pour moi!—Oh! pardonne! — De même que la divinité se plaît à dissiper sans peine, par sa présence, le prestige des idées et du fracas du monde; de même, en voyant ton céleste regard, je me sentis guéri de toute vaine fantaisie, dégagé de toute ambition mensongère, enlevé à toute fausse impulsion. Dans mon inexpérience, j'avais adressé mes désirs à mille objets divers : ces désirs disparurent; honteux, je rentrai pour la première fois en moi-même, et j'appris enfin à reconnaître la juste valeur des vœux de l'homme. — C'est ainsi qu'on cherche vainement sur le vaste sable des mers une perle qui repose et se cache enfermée dans une écaille solitaire.

LA PRINCESSE. D'heureux jours commencèrent alors; et si le duc d'Urbino ne nous eût pas ravi ma sœur, nos années auraient fui au sein d'un bonheur sans mélange. — Mais, hélas! nous n'avons que trop à regretter aujourd'hui l'âme enjouée, le cœur plein de vie et de force, l'esprit riche et ingénieux de cette aimable femme.

LE TASSE. Je le sais trop bien; depuis le jour qui la vit quitter ces lieux, nul autre n'a pu te rendre à la douce joie. — Combien cette idée n'a-t-elle pas de fois déchiré mon âme! Combien de fois, dans le silence des bois, n'ai-je pas été soupirer des douleurs dont tu étais l'objet! Ah! m'écriai-je, sa sœur a-t-elle donc seule le bonheur, le droit de suffire à celle qui m'est si chère? N'est-il donc plus de cœur qui soit digne de sa confiance, qui puisse répondre au sien? L'esprit et ses traits piquants ont-ils perdu leur feu? Se peut-il qu'une femme, quelque parfaite qu'elle puisse être, soit tout pour elle? — Pardonne, ô princesse! parfois alors je pensais à moi-même, et je souhaitais pouvoir devenir quelque chose à tes yeux; peu de chose seulement, mais au moins quelque chose: je souhaitais te prouver, non par de vains discours, mais par des faits, par ma vie tout entière, jusqu'à quel point mon cœur s'est en secret consacré à ton culte. — Inutiles désirs! j'ai souvent fait par erreur ce qui devait t'affliger; j'offensais celui que tu honorais de ta bienveillance, mon imprudence compliquait ce que tu voulais démêler; et c'est ainsi qu'au moment même où je voulais me rapprocher de toi, je sentais que je m'en éloignais toujours davantage.

LA PRINCESSE. Je ne me suis jamais trompée sur tes intentions, et je sais combien tu prends à tâche de te nuire à toi-même. — Ma sœur sait l'art de vivre avec chacun, quel qu'il puisse être, et toi, tu ne saurais, même après des années, te retrouver dans un ami.

LE TASSE. Accuse-moi si tu veux! — mais ensuite, dis-moi où est l'homme, où est la femme, avec qui je puisse me risquer à parler librement comme j'ose le faire avec toi.

LA PRINCESSE. Tu devrais te fier à mon frère.

LE TASSE. Il est mon prince! — Ne crois pas toutefois qu'un amour outré de l'indépendance enorgueillisse mon cœur : l'homme n'est pas né pour être libre; et le sort le plus beau auquel une âme élevée puisse atteindre, c'est de servir sous un prince qu'elle honore. Mais enfin ton frère est mon maître, et je sens toute la force de ce grand mot. Je dois apprendre à me taire quand il parle, à agir quand il ordonne, lors même que ma raison, que mon cœur pourraient vivement le contredire.

LA PRINCESSE. Tel n'est jamais le cas avec lui. Maintenant d'ailleurs qu'Antonio est de retour, tu as certainement retrouvé un sage ami de plus.

LE TASSE. Je m'en flattais autrefois, à présent je commence à en douter. — Que son commerce serait instructif pour moi! Comme, dans mille circonstances, ses conseils me seraient nécessaires! Il possède, je puis bien le dire, tout ce qui me manque; mais — les dieux se sont-ils tous réunis pour orner son berceau? Non, les Grâces, hélas! ne s'en sont point approchées, et celui que ces vierges aimables n'ont pas doué de leurs faveurs peut bien encore être riche d'autres dons; il pourrait en être prodigue à son tour; mais jamais il ne se laissera aller à son cœur.

LA PRINCESSE. On peut du moins, et c'est beaucoup, avoir confiance en lui. Tu ne peux tout exiger d'un seul homme, et celui-ci donne tout ce qu'il te promet. S'il s'est d'abord déclaré ton ami, il se chargera lui-même de suppléer à ce qui te manque. — Vous serez unis! je me flatte d'achever en peu de temps cet heureux dessein. Mais ne va point t'y opposer comme à ton ordinaire! — Léonore a longtemps vécu parmi nous, elle est remplie de finesse et d'élégance, il est aisé de se faire à elle; et pourtant tu ne t'en es jamais autant rapproché qu'elle l'eût voulu.

LE TASSE. Je voulais t'obéir : autrement je m'en fusse éloigné, bien loin de l'approcher davantage. Quelque aimable qu'elle puisse paraître, je ne sais comment il arrive qu'il m'est presque toujours impossible de me découvrir entièrement à ses yeux. Lors même qu'elle a dessein de plaire à ses amis, on sent qu'elle s'y prépare, et la sympathie se détruit.

LA PRINCESSE. De cette manière, nous ne pourrions jamais, dans ce monde, marcher de compagnie; le sentier où tu vas te perdre nous égare à travers de solitaires bocages ; il nous promène dans de silencieux déserts. Plus l'âme aspire à rétablir en elle-même l'âge d'or qu'elle ne retrouve point au dehors, moins elle peut y parvenir.

LE TASSE. Oh ! quel mot as-tu prononcé, princesse ! — L'âge d'or, où s'est-il réfugié ? Lui que chaque cœur cherche vainement ! cet âge où, comme de joyeux essaims, les hommes se répandaient, pour jouir, sur la surface libre de la terre ; où le berger et sa compagne trouvaient sur la prairie un lit émaillé de fleurs et l'ombrage sous un arbre séculaire, tandis qu'un bocage plus jeune entrelaçait familièrement ses tendres rameaux pour l'amour et ses transports passionnés : cet âge où, paisible et clair, sur un sable toujours pur, le ruisseau flexible embrassait mollement les nymphes ; où le serpent alors timide se perdait, sans nuire, dans le gazon ; où le faune entreprenant fuyait, bientôt châtié par une brave jeunesse : cet âge où chaque oiseau, dans le libre espace de l'air, chaque créature errant à travers les prairies et les montagnes, disaient à l'homme : Tout ce qui plaît est permis.

LA PRINCESSE. Mon ami, l'âge d'or est bien loin ; mais les belles âmes le ramènent ; et, s'il faut t'avouer ce que j'en pense, celui dont le poëte se plaît à nous flatter n'a jamais, ce me semble, autrement existé qu'aujourd'hui ; ou, s'il a régné sur la terre, ce ne fut assurément point à d'autres conditions qu'à celles qui peuvent toujours nous le rendre. Des cœurs unis se rencontrent encore pour goûter ensemble les plaisirs de la belle nature, et il n'est qu'un mot de changé, mon ami, dans la devise du monde : — Tout ce qui est convenable est permis.

LE TASSE. Ah ! si du moins un tribunal suprême, formé de cœurs nobles et bons, décidait de ce qui convient ! Chacun cependant juge tel aussi ce qui lui profite. — Nous le voyons ; tout sied à l'homme puissant ou à l'homme adroit, et l'un et l'autre se croient tout permis.

LA PRINCESSE. Veux-tu savoir avec vérité ce qui est réellement convenable, interroge, et c'est assez, des femmes dignes de leur sexe ; car les hommes, pour la plupart, reçoivent en principe que ce qui réussit convient toujours. Les convenances entourent d'un rempart protecteur notre sexe, tendre, léger, vulnérable : là où règne la moralité, les femmes sont souveraines ; elles ne sont rien là où la corruption effrontée commande. Demande aux deux portions de l'espèce humaine ce qu'elles briguent dans la vie : l'homme veut la liberté; la femme appelle les mœurs.

LE TASSE. Ainsi donc, tu nous crois intraitables, grossiers, dépourvus de tout sentiment?

LA PRINCESSE. Non pas! mais vous aspirez à des biens éloignés ; et pour y parvenir, vos efforts doivent être pleins de violence. Vous hasardez vos spéculations comme pour l'éternité, tandis que nous ne pouvons posséder sur cette terre qu'un bien, un seul bien, limité, près de nous ; tous nos vœux se bornent à souhaiter qu'il puisse être durable. Nous ne sommes sûres du cœur d'aucun homme, pas même de celui qui s'est donné une fois si ardemment à nous. La beauté est fragile, et c'est la beauté seule que vous paraissez estimer ; ce qui reste après elle ne charme plus, et ce qui ne charme plus est mort.—S'il existait des hommes qui sussent apprécier le cœur d'une femme, qui pussent découvrir quel gracieux trésor de constance et d'amour le sein d'une femme peut recéler ; si votre âme se prêtait à garder dans sa force la seule mémoire des douces heures que donne la tendresse ; si votre regard, d'ailleurs pénétrant, pouvait aussi percer le voile dont l'âge ou les souffrances nous enveloppent ; si la possession, qui devrait calmer votre âme, ne la rendait pas à l'ambition des biens d'une autre nature, alors de beaux jours renaîtraient sans peine pour nous, alors nous aurions aussi à célébrer notre âge d'or.

LE TASSE. Tu me dis des choses qui viennent avec violence réveiller dans mon cœur des craintes déjà presque assoupies.

LA PRINCESSE. Quelle est ta pensée? parle-moi librement.

LE TASSE. J'ai souvent, et dernièrement encore, entendu dire (je l'aurais dû penser, lors même qu'on ne me l'eût point dit) que de nobles princes aspiraient à ta main. Nous redoutons un malheur auquel nous devons nous attendre, et nous pourrions presque désespérer. Tu nous quitteras, et la chose est toute simple ; mais j'ignore comment nous pourrons supporter ta perte.

LA PRINCESSE. Sois sans crainte pour le moment : je pourrais presque dire : A cet égard, sois toujours sans crainte. Je me trouve bien ici, et j'y resterai volontiers. Je ne vois encore aucune raison pour m'engager : et si vous voulez que je demeure avec vous, prouvez-le-moi en vivant unis ; que notre vie soit heureuse, et que la mienne le soit par vous.

LE TASSE. Ah ! apprends-moi à faire ce qui est possible ! tous mes jours te sont voués. Quand mon cœur se déploie pour t'apprécier, pour te rendre grâces, j'éprouve d'abord la félicité la plus pure que les mortels puissent goûter ; la plus céleste de toutes, je ne puis la sentir qu'en toi. Autant le destin suprême s'élève au-dessus des jugements et des volontés des hommes, même les plus sages, autant les dieux de la terre se séparent du reste des humains. Quand nous voyons, sur l'océan du monde, les vagues se heurter en furie, elles passent inaperçues, et semblent à peine murmurer à leurs pieds, comme des ondes légères ; ils n'entendent point la tempête qui nous engloutit et nous précipite ; à peine si nos vives prières parviennent jusqu'à eux ; ils nous laissent remplir les airs de sanglots et de clameurs, insensibles comme nous le sommes aux cris des pauvres enfants que les langes emprisonnent. — Pour toi, ô divine femme, ta patience a souvent toléré mes défauts, et ton regard, comme un rayon de soleil, a plus d'une fois séché la rosée de mes paupières humides.

LA PRINCESSE. Il est juste que les femmes te traitent comme leur meilleur ami : tes chants rendent à leur sexe plus d'un genre d'hommage. Tendre ou vaillant, tu as toujours su le représenter aimable et noble ; et lors même qu'Armide paraît mériter la haine, ses charmes et son amour nous réconcilient bientôt avec elle.

LE TASSE. C'est à une seule femme, à une seule, que je dois tout l'éclat de mes accords. Mon cerveau n'a point cru voir, dans l'espace imaginaire, de ces formes vagues, indéterminées, qui tantôt se soient approchées trop éblouissantes de mon âme, et tantôt lui aient échappé ; j'ai vu de mes yeux le modèle de chaque attrait, de chaque vertu. Ce que j'ai peint d'après lui restera ; l'amour héroïque de Tancrède pour Clorinde, la constance ignorée et silencieuse d'Herminie, la grandeur d'âme de Sophronie et les peines d'Olinde ; ce ne sont point des fantômes évoqués par l'imagination ; ces copies seront éternelles, car leur type existe. — Et qui plus que le secret d'un noble amour, discrètement confié à la poésie qui le favorise, a le droit de passer aux siècles futurs et de se perpétuer dans le mystère!

LA PRINCESSE. Et dois-je te dire quel autre privilége la poésie s'arroge encore à notre insu? — Elle nous attire peu à peu; nous prêtons l'oreille, nous écoutons, et nous croyons comprendre; nous ne pouvons blâmer ce que nous comprenons, et c'est ainsi qu'enfin elle nous séduit.

LE TASSE. Quels cieux viens-tu m'ouvrir, ô princesse! j'en verrais, si tant d'éclat ne m'aveuglait point, j'en verrais descendre sur des rayons d'or un bonheur éternel autant qu'inespéré.

LA PRINCESSE. Arrête! — Il est des choses que nous devons saisir avec vivacité; mais il en est d'autres que nous ne pouvons nous approprier que par la modération et la privation même. — Que l'amour, on l'a dit, soit comme la vertu dont il est frère. — Songes-y bien!

SCÈNE II.

LE TASSE, *seul*.

T'est-il permis d'ouvrir enfin les yeux? Oseras-tu regarder autour de toi? Tu es seul! — Ces colonnes ont-elles donc entendu ses paroles, et dois-tu craindre des témoins, ces témoins muets d'une félicité si haute? — Le soleil du nouveau jour de la vie se lève, et ce jour n'a rien de semblable à ceux qui l'ont précédé. En descendant jusqu'au mortel, la Divinité m'a tout d'un coup élevé à sa hauteur. Quelle sphère nouvelle, quelle région se découvre à ma vue! comme l'ardent désir qui consumait mon âme est payé de délices! Je rêvais un bonheur suprême, et voilà que mon bonheur est encore au-dessus de mes rêves! Que l'aveugle-né se figure à son gré la lumière, les couleurs; si le jour inconnu se révèle à lui, il acquiert un sens dont il ignorait les plaisirs. — Plein de courage et de pressentiments heureux, mon cœur, ivre de joie, entre en chancelant dans la route qui lui est ouverte. Tu es prodigue pour moi, aussi prodigue que le ciel et la terre quand ils nous comblent de leurs dons; et tu exiges en échange ce qu'une pareille faveur seule peut te donner, le droit d'exiger : que je sache me modérer, me priver, et mériter ainsi que tu te confies à moi! — Qu'ai-je donc jamais pu faire pour qu'elle ait daigné me choisir? Que dois-je faire pour me rendre digne d'elle? Tu l'es, puisqu'elle a pu te donner sa confiance. — Oui, princesse, que mon âme soit éternellement soumise à tes paroles, à tes regards! Oui, ordonne tout ce qu'il te plaira; car je suis à toi! — Qu'elle m'envoie dans les pays lointains chercher le travail, le danger et la gloire; que dans un bois silencieux elle me présente la lyre d'or; qu'elle consacre mes jours au repos et à son culte; je suis à elle, elle possédera l'homme qu'elle a créé; mon cœur gardait pour elle tous ses trésors. Un dieu m'eût-il accordé mille fois plus de facultés, à peine si elles auraient suffi à exprimer mon adoration ineffable : je me souhaitais le pinceau du peintre et les lèvres du poëte, les plus douces qui eussent été nourries par le premier miel de l'abeille. — Non, le Tasse, à l'avenir, n'ira plus, faible et troublé, se perdre solitaire à travers les forêts, au milieu des hommes; il n'est plus seul dans ce monde, car il est avec toi. Oh! que la plus grande entreprise ne vient-elle s'offrir à mes yeux, environnée du plus affreux danger! je courrais au-devant, et j'exposerais avec joie une vie que je tiens aujourd'hui de ses mains; je sommerais l'élite des hommes de s'unir à moi, et de rallier leur noble troupe, pour accomplir l'impossible, à son ordre, à son geste. — Tu t'es trop hâté. Pourquoi ta bouche n'a-t-elle pas caché ce que sentait ton cœur, jusqu'au moment où, digne et toujours plus digne d'elle, tu aurais pu te mettre à ses pieds? Tel était d'abord ton dessein; c'était le vœu que t'avait prescrit la raison. N'importe cependant! il vaut mieux recevoir sans l'avoir mérité le don gratuit qu'elle t'a fait, que de se croire peu à peu des titres pour l'oser exiger. — Laisse voir ta joie! l'avenir qui se montre à tes yeux est si grand et si vaste! La jeunesse, pleine d'espérance, t'appelle de nouveau vers cet avenir inconnu et tout éclatant de lumière. Gonfle-toi, mon cœur! Atmosphère du bonheur, une fois au moins, favorise cette plante généreuse! Elle s'élance vers le ciel; mille rameaux sortent de sa tige, ils se déploient en fleurs brillantes. Oh! puisse-t-elle porter des fruits, puisse-t-elle produire la joie, et qu'une main adorée vienne cueillir une riche parure sur ses branches abondantes et fraîches!

SCÈNE III.

LE TASSE, ANTONIO.

LE TASSE. Sois le bienvenu, toi qu'il me semble voir pour la première fois en ce moment. Nul homme ne m'a jamais été annoncé sous de plus beaux auspices. Sois le bienvenu! je te connais maintenant, toi et tout ce que tu vaux, et je t'offre, sans plus tarder, mon cœur avec ma main : j'espère aussi que tu ne les dédaigneras pas.

ANTONIO. L'offre est grande et généreuse, et j'en sens, comme je dois, tout le prix. Souffre donc, avant tout, que je diffère de l'accueillir; car j'ignore si je puis te donner quelque chose qui l'égale en retour. Je ne voudrais ni trop me hâter, ni paraître ingrat. Laisse-moi me prémunir sagement contre ce double danger.

LE TASSE. Qui blâmerait une prudente réserve? Chaque pas dans la vie montre combien elle est nécessaire. Mais le moment est plus beau où l'homme nous dit : La prévoyance qui calcule est cette fois inutile.

ANTONIO. Que chacun sur ce point consulte son caractère, puisque chacun en répond et doit en porter la peine.

LE TASSE. Soit! — J'ai fait mon devoir : je me suis soumis avec respect aux ordres de la princesse, qui désire que nous soyons amis. Je me suis offert à toi, et je n'ai pas dû rester en arrière; mais je ne veux assurément pas être importun. Qu'il en soit donc ainsi qu'il te plaira. Le temps, un commerce plus fréquent, te feront peut-être réclamer plus vivement un jour les dons que tu mets aujourd'hui si froidement à l'écart, et que tu sembles presque dédaigner.

ANTONIO. L'homme circonspect est souvent taxé de froideur par ceux qui, sur les accès d'une ardeur soudaine, se croient une chaleur d'âme dont nul autre n'approche.

LE TASSE. Tu blâmes ce que je blâme, ce que j'évite moi-même. Je suis jeune, mais je sais bien aussi qu'il faut préférer ce qui est durable à ce qui est violent.

ANTONIO. Sagement dit! Maintiens-toi toujours dans ce principe.

LE TASSE. Tu as droit de me conseiller, de m'avertir ; car l'expérience se tient à tes côtés comme une amie longtemps éprouvée. Crois néanmoins aussi qu'un cœur peut écouter dans le silence les avis que chaque jour, que chaque heure lui répète, et qu'il peut en secret s'exercer à chacune des qualités dont ton esprit sévère pense lui révéler l'existence.

ANTONIO. S'occuper avec soi-même est une étude fort agréable ; il faudrait seulement que ce travail secret fût aussi utile qu'attrayant. En se renfermant dans l'intimité de son être, nul homme n'apprend à le connaître, parce qu'usant de sa propre mesure il se manque, il diminue parfois, et souvent, hélas ! il s'exagère ses véritables proportions. L'homme ne se reconnaît que dans les hommes ; la vie et ses rapports peuvent seuls instruire chacun de ce qu'il est réellement.

LE TASSE. J'honore ton opinion, et je la partage.

ANTONIO. Et cependant mes paroles te donnent certainement à penser autre chose que ce que je veux dire.

LE TASSE. De cette manière, nous ne nous rapprocherons jamais pour nous entendre. Il n'est pas sage, il n'est pas juste de méconnaître à dessein un homme, quel qu'il soit. Pour moi, c'est tout au plus si j'avais besoin d'attendre que la princesse eût parlé ; j'ai sans peine reconnu ce que tu vaux. Je sais que tu veux et que tu fais le bien ; ton sort te laissant sans inquiétude pour toi-même, tu penses aux autres, tu viens à leur aide ; ton cœur reste impassible au milieu des flots si facilement agités de la vie. C'est ainsi que je te juge ; et quel que je sois moi-même, n'ai-je pas été au-devant de toi ? n'ai-je point cherché aussi avec empressement une part du trésor caché que tu mets en réserve ? Je sais que tu n'as pas regret d'ouvrir ton âme ; je sais que, si tu me connais, tu seras mon ami, et un pareil ami m'est depuis longtemps bien nécessaire ; car je ne rougis point de mon inexpérience et de ma jeunesse. L'avenir repose doucement encore en nuages d'or sur ma tête. Oh ! prends-moi, noble Antonio, sur ton cœur, et daigne former au sobre usage de la vie le jeune homme fougueux et sans expérience.

ANTONIO. Tu veux de suite emporter ce que le temps peut seul obtenir de la réflexion.

LE TASSE. L'amitié accorde en un moment ce que de longs

efforts peuvent à peine atteindre. Je ne m'en tiens pas à te prier de me donner la tienne, j'ose l'exiger, je t'en somme au nom de la vertu qui s'empresse à joindre les belles âmes. — Et, dois-je invoquer ce nom? la princesse l'espère, Léonore le veut, elle veut me conduire à toi. Ah! laisse-nous prévenir ses désirs! fais que nous puissions paraître unis aux yeux de la déesse, et lui offrir d'accord nos services, notre âme tout entière! Allions-nous, afin de faire pour elle tout ce qui mérite le plus de lui plaire. — Encore une fois, voici ma main, prends-la. Ne recule pas, noble Antonio, ne me refuse pas davantage, et que je te doive cette volupté, la plus douce aux gens de bien, celle de s'abandonner avec confiance et sans réserve à l'homme qui vaut mieux qu'eux encore!

ANTONIO. Tu vogues à pleines voiles! On voit bien que tu es habitué à vaincre, à trouver toutes les voies larges, toutes les portes ouvertes. — Il n'est pas de succès, de bonheur que je ne te souhaite volontiers; mais, je le vois trop, une distance trop grande nous sépare.

LE TASSE. Celle de l'âge, celle du mérite éprouvé, j'y consens; mais je ne cède à personne en courage et en bonne volonté.

ANTONIO. La bonne volonté n'entraîne pas les actions, le courage nous fait juger trop courte la route qui doit nous mener au but. — On couronne celui qui l'atteint, et souvent le plus digne athlète n'obtient pas le prix. Mais il est des couronnes faciles, il en est d'une espèce singulière, qui se laissent commodément gagner au milieu d'une promenade.

LE TASSE. La faveur qu'une divinité accorde librement à l'un et refuse sévèrement à l'autre, chacun ne l'obtient pas comme il veut et de la manière qu'il peut.

ANTONIO Fais-en hommage à la fortune plus qu'à toute autre divinité, et j'aurai plaisir à l'entendre, car elle est aveugle dans ses choix.

LE TASSE. La justice porte aussi un bandeau et ferme les yeux à tout prestige, à toute illusion.

ANTONIO. L'homme que la fortune favorise a raison d'exalter la capricieuse déesse! Il lui suppose cent yeux pour le mérite, il vante ses scrupules et la sagesse de ses choix. Qu'il la nomme Minerve, qu'il la nomme comme il voudra, toujours voit-il une récompense dans une grâce, un honneur mérité dans une décoration donnée au hasard.

LE TASSE. Tu n'as pas besoin de parler plus clairement; il suffit! Je lis au fond de ton cœur, et je te connais pour la vie. Oh! la princesse te connût-elle comme moi!—Épargne les traits que lancent tes yeux jaloux et ta langue ennemie : tu les diriges en vain contre cette noble couronne, qui reste hors de leur portée sur ma tête. Sois d'abord assez grand pour ne pas me l'envier; alors tu pourras me la disputer peut-être. —Je la révère, cette couronne, comme un objet sacré, comme le premier des biens; et cependant montre-moi l'homme parvenu là où je m'efforce d'arriver; montre-moi le héros dont l'histoire me raconta seulement les hauts faits, le poëte qui ose se comparer à Homère, à Virgile; oui, pour dire plus encore, fais-moi connaître l'homme qui ait trois fois mérité ce beau prix, et que ce prix ait, plus que moi, fait trois fois rougir : tu me verras alors courber le genou devant la déesse qui m'a si généreusement traité, et ne me plus relever qu'elle n'ait fait passer sur le front de mon vainqueur les rameaux qui ornent ma tête.

ANTONIO. Jusque-là, sans doute, tu resteras digne de les porter.

LE TASSE. Qu'on pèse mes droits, je ne fuirai pas le jugement; mais je n'ai pas mérité le mépris. La couronne dont mon prince m'a cru digne, que la main de ma souveraine a tressée pour moi, personne ne me la disputera, personne n'en fera un sujet de risée.

ANTONIO. Ce ton hautain, cette ardeur si prompte, ne te conviennent ni avec moi, ni dans ces lieux.

LE TASSE. Ce que tu t'y permets m'y convient comme à toi. —La vérité en est-elle donc bannie? L'esprit indépendant est-il esclave dans ce palais? Un noble cœur n'a-t-il ici qu'à tolérer l'injure? Ici, je pense, la grandeur, celle de l'âme, est surtout à sa place! N'osera-t-elle pas se féliciter du voisinage des grandeurs de ce monde? Elle l'ose et le doit. La noblesse que nous devons à nos aïeux suffit pour nous approcher des princes; pourquoi ne tiendrions-nous pas le même droit de la noblesse d'âme, de celle que la nature n'a pas accordée à tous les grands, comme elle n'a pu donner à tous les hommes une longue suite d'illustres ancêtres? C'est à la politesse d'esprit seule à se sentir gênée dans ces lieux, à l'envie qui se décèle à sa honte, de même qu'Arachné ne peut attacher sa toile impure à ces murs de marbre.

ANTONIO. Tu me montres le droit même que j'ai de te dédaigner. — Le jeune homme emporté veut arracher par la violence à l'homme mûr sa confiance et son amitié! Te crois-tu bon parce que tu n'as point d'usage?

LE TASSE. J'aime bien mieux ce que vous autres appelez rudesse, que ce que je devrais pour moi nommer sentiments ignobles.

ANTONIO. Tu es encore assez jeune pour qu'une bonne discipline puisse t'enseigner une meilleure route.

LE TASSE. Je ne le suis pas assez pour m'incliner devant de faux dieux, et j'ai assez d'âge pour réprimer l'arrogance par la fierté.

ANTONIO. Là où les lèvres et la lyre décident du combat, tu peux bien t'en tirer en héros.

LE TASSE. Il serait téméraire de vanter mon bras, il n'a rien fait encore; et pourtant je m'en fie à lui.

ANTONIO. Tu te fies aux ménagements qui t'ont par trop gâté dans le cours hardi de tes succès.

LE TASSE. Je suis homme, et je le sens maintenant! — Tu es le dernier avec qui j'aurais souhaité de tenter les chances du jeu des armes; mais tu attises la flamme, elle embrase la moelle de mes os! la soif cuisante de la vengeance bouillonne en écumant dans mon sein! — Si tu es tel que tu le dis, défends-toi!

ANTONIO. Tu sais aussi peu qui tu es qu'où tu es.

LE TASSE. Il n'est point de sanctuaire qui nous impose l'outrage. C'est toi qui offenses, qui profanes ces lieux, non pas moi qui suis venu t'offrir confiance, respect, amitié, le plus beau des hommages. Ton esprit infecte ce paradis; tes paroles souillent cette salle sainte, et non le bouillant ressentiment d'un cœur qui se soulève pour repousser la moindre injure.

ANTONIO. Quelle humeur hautaine dans une âme étroite!

LE TASSE. Il y a encore assez de place ici pour lui donner carrière.

ANTONIO. C'est ce que fait le vulgaire avec des mots.

LE TASSE. Si tu es gentilhomme comme moi, montre-le.

ANTONIO. Je le suis, certes; mais je sais où nous sommes.

LE TASSE. Viens avec moi là où nous pourrons user de nos armes.

ANTONIO. Comme tu ne devrais pas l'exiger, je ne te suivrai point.

LE TASSE. Une pareille raison n'est bien accueillie que de la lâcheté.

ANTONIO. Le lâche ne menace qu'en lieu sûr.

LE TASSE. C'est une sauvegarde que j'écarte avec joie.

ANTONIO. Si tu n'as point égard aux lieux où tu te trouves, aie au moins pitié de toi-même.

LE TASSE. Que ces lieux me pardonnent de les violer! (*Il met l'épée à la main.*) En garde! ou suis-moi, si tu ne veux pas que j'aie éternellement pour toi autant de mépris que de haine!

SCENE IV.

LES PRÉCÉDENTS, ALPHONSE.

ALPHONSE. Dans quel combat vous trouvé-je engagés? Qui aurait pu s'y attendre?

ANTONIO. Tu me vois, ô prince! opposer la patience à un homme que la rage a saisi.

LE TASSE. Je te conjure comme mon Dieu de la dompter d'un seul de tes regards!

ALPHONSE. Racontez-moi l'un et l'autre comment la discorde a pu pénétrer dans mon palais. Comment s'est-elle emparée de vous? comment, dans son délire, vous a-t-elle arrachés aux liens des convenances, aux lois qui règlent les hommes sages? Je reste confondu!

LE TASSE. Tu ne nous connais pas, je le crois bien. Cet homme fameux par sa sagesse, par l'urbanité de ses mœurs, vient ici de montrer envers moi autant de grossièreté que de malice; il s'est conduit à mon égard en homme étranger à toute éducation, à tous nobles sentiments. Je m'approchais de lui avec confiance, il m'a repoussé; mon amitié insistait, je me

ACTE II, SCÈNE IV.

pressais contre son cœur, et il n'a cessé de me traiter toujours avec plus d'aigreur et d'amertume, jusqu'à ce qu'il ait changé en fiel les plus pures gouttes de mon sang! — Pardonne! j'ai paru à ta vue comme un furieux; mais si je me suis rendu coupable, la faute en est à lui tout entière; à lui, qui a attisé avec violence dans mon âme l'incendie qui pouvait devenir funeste à tous les deux.

ANTONIO. L'élan poétique l'entraîne! — Prince, c'est à moi que tu t'es d'abord adressé; qu'il me soit maintenant permis de parler à mon tour après ce fougueux plaideur.

LE TASSE. Oh! oui, raconte, raconte la chose mot pour mot; et si tu peux reproduire devant notre juge chaque syllabe, chaque geste, ose-le seulement! insulte à toi-même pour la seconde fois! viens témoigner contre ta propre cause. Mon pouls, mon souffle ne te démentiront pas un instant.

ANTONIO. Si tu as encore quelque chose à dire, parle; sinon, tais-toi, et ne m'interromps point. — Ai-je commencé la querelle, ou bien est-ce cette tête chaude? Qui que ce soit, est-ce là qu'est la faute? C'est ce qu'il faut examiner avant tout.

LE TASSE. Comment cela? La première question, ce me semble, est de savoir qui de nous deux a tort ou raison.

ANTONIO. Une tête perdue peut le croire; mais...

ALPHONSE. Antonio!

ANTONIO. Je révère un signe de ton altesse; mais ordonne qu'il se taise: quand j'aurai parlé il pourra répondre; tu décideras ensuite. — Ainsi je me borne à dire que je ne puis raisonner avec lui, récriminer, me justifier moi-même, ni m'offrir maintenant à le satisfaire; car dans l'état où tu le vois il n'est plus libre, il n'est plus maître de lui. Une force rebelle le gouverne, que ta bonté pourra tout au plus adoucir. — Ici même, il m'a menacé, il m'a défié; à peine si devant toi il a caché son épée nue; et si tu n'étais point survenu, seigneur, si tu ne t'étais mis entre nous, je paraîtrais moi-même en ce moment à tes yeux, transgresseur de mes propres devoirs et complice de cet homme: je rougirais devant mon maître.

ALPHONSE, *au Tasse.* Tu n'as pas bien agi.

LE TASSE. Seigneur, quoi qu'il en dise, mon cœur est libre aussi sûrement que le tien même. — Il est vrai, oui, j'ai menacé, défié, tiré l'épée ; mais tu ne sais pas jusqu'à quel point sa langue perfide et ses paroles trop bien choisies m'ont blessé le cœur ; de quelle manière sa dent acérée et rapide a lancé dans mes veines le plus subtil poison ; comment il a de plus enflammé la fièvre qui m'aveuglait ! avec le même calme, la même froideur qu'il opposait à mes attaques, il m'a provoqué au dernier degré de colère. — Ah ! tu ne le connais pas, et tu ne le connaîtras jamais ! Je suis venu lui offrir avec chaleur l'amitié la plus belle, il m'a jeté mes dons aux pieds ; et, si mon âme fût restée insensible à tant d'outrage, je devenais pour toujours indigne de te plaire et de te servir. Pardonne, si j'ai oublié et les lois et les lieux ; je ne puis nulle part être vil, endurer nulle part l'humiliation. En quelque lieu que je me trouve, si mon cœur manque jamais à ce qu'il se doit, comme à ce qu'il doit à son prince, punis-moi alors, chasse-moi, et que je ne revoie jamais ton regard.

ANTONIO. Voyez avec quelle aisance ce jeune homme porte le poids des torts les plus graves, et secoue ses fautes comme la poussière de ses vêtements ! Il y aurait de quoi s'étonner, si l'on ne connaissait déjà le pouvoir magique de l'imagination, si l'on ne savait combien elle aime à se faire un jeu de l'impossible. Je doute un peu, seigneur, que la chose soit jugée si légèrement aussi, par toi, par tous les serviteurs. La majesté des princes étend son égide sur quiconque s'approche d'elle comme d'une divinité, et de son séjour comme d'un inviolable asile. Les passions viennent mourir au seuil du palais qu'elle habite, comme au pied des autels. Là, jamais ne brille un glaive, nul mot menaçant ne se fait entendre ; là, l'offensé lui-même n'exige point de vengeance. La terre est assez grande, elle offre encore un espace assez vaste à la fureur, à la haine irréconciliable ; et si le lâche craint de porter un défi dans cette arène ouverte, l'homme de cœur n'y fuira pas le combat. Mais ces murs ! tes ancêtres les ont fondés sur la sécurité, ils ont affermi ce sanctuaire de leur dignité suprême, et maintenu sagement la paix qui doit y régner, par de stricts et sévères châtiments. Le bannissement, les fers, la mort, atteignaient le coupable : on n'avait point d'égard aux personnes ; la clémence ne retenait point le bras de la justice, et le crime audacieux se sentait épouvanté. Et maintenant, après une douce et longue

ACTE II, SCÈNE IV.

paix, nous voyons la rage grossière rentrer en délire dans le domaine même des mœurs! — Prononce, seigneur! châtie! car qui peut rester dans les bornes de son devoir, si la loi, si le pouvoir du prince ne se chargent pas de le protéger!

ALPHONSE. Laissez-moi prêter une oreille impartiale plutôt à ce que me dicte mon cœur, qu'à ce que vous avez dit et pourriez dire encore tous deux. — Vous eussiez mieux fait votre devoir, si je n'avais pas eu à décider entre vous; car ici le droit et le tort se touchent de bien près. — Si Antonio t'a offensé, il a peut-être à t'offrir une satisfaction telle que tu l'exigeras; je verrais avec plaisir que vous me choisissiez pour arbitre. Cependant, jeune homme, ta faute mérite punition. Je veux bien, par grâce, adoucir la loi en ta faveur: retire-toi! tu garderas ta chambre. Restes-y avec toi-même, surveillé par toi seul.

LE TASSE. O prince! est-ce là ta sentence?

ANTONIO. N'y reconnais-tu pas la douceur d'un père?

LE TASSE, à *Alphonse*. O prince, je n'ai plus rien à te dire. — Ton arrêt sévère me condamne à la captivité. Soit! tu le crois juste. Plein de respect pour tes ordres sacrés, je commande à mon cœur le plus profond silence. — Prisonnier! la chose est nouvelle pour moi; si nouvelle, qu'à peine si je puis reconnaître, toi, moi-même, et ces beaux lieux. Mais je connais bien cet homme. — Je veux obéir; quoique je pusse et dusse ajouter ici quelques mots, mes lèvres restent muettes. — Etait-ce un crime? il paraît du moins qu'on me juge criminel, et mon cœur me le dit aussi: je suis prisonnier.

ALPHONSE. Tu prends la chose plus au sérieux que moi-même.

LE TASSE. Je ne puis la comprendre, et pourtant je ne suis pas un enfant; j'aurais presque dû m'y attendre. Une clarté nouvelle vient tout à coup frapper mes yeux, mais elle disparaît aussitôt; je n'entends plus que mon arrêt, et je m'incline devant mon juge. — Voilà déjà trop d'inutiles paroles! accoutume-toi désormais à obéir. Impuissante créature! tu as oublié en quels lieux tu étais; la salle des dieux t'a paru au niveau de la terre, et maintenant une chute rapide t'entraîne. Obéis sans effort; car il sied bien à un homme de faire de bon gré même ce qui est pénible. — Prends d'abord cette épée; je la reçus de toi quand je suivis le cardinal en France. Je l'ai portée sans gloire, mais aussi sans honte, en ce jour comme en tout autre. — Le cœur profondément ému, je dépose en même temps le don, riche en espérance, dont tu m'as honoré ce matin.

ALPHONSE. Tu ne sens pas dans quelles dispositions je suis à ton égard.

LE TASSE. Mon lot est d'obéir, et non pas de penser! — Le sort, hélas! exige que je renonce à ce magnifique présent; une couronne ne sied pas au prisonnier, et je dépouille moi-même ma tête des rameaux que j'y avais crus placés pour l'éternité. — Le bonheur suprême me fut accordé trop tôt; et, comme si je m'en étais prévalu, ce bonheur me sera trop tôt ravi. Tu reprends ce que nul autre ne pouvait reprendre, et ce qu'aucun dieu ne donne deux fois. — Nous autres hommes, nous sommes mis à de merveilleuses épreuves; nous ne pourrions les supporter, si la nature ne nous aidait contre elles de l'insouciante légèreté qu'elle nous prête. La nécessité nous apprend du reste à jouer patiemment avec les plus inestimables biens: nous consentons à ouvrir la main pour laisser échapper une félicité qui ne revient plus. — Une larme s'unit à ce baiser, couronne chérie, et te voue à l'instabilité des choses de ce monde. Ces tendres marques de regret sont permises à notre faiblesse; et qui ne pleurerait, en voyant que le gage même de l'immortalité n'est pas à l'abri de la destruction? Associe-toi à cette épée, qui ne t'a point conquise, hélas! Repose entrelacée autour d'elle, sur la tombe où s'enfouissent mon bonheur et mes espérances, comme sur le cercueil des braves. — Prince, je les dépose sans peine à tes pieds, l'une et l'autre; car quel homme est assez armé contre ta colère, quel ornement sied à celui que tu méconnais? — Captif, je me retire, j'accomplis ton arrêt.

A un signe du prince, un page relève et emporte la couronne et l'épée du Tasse.

SCÈNE V.

ALPHONSE, ANTONIO.

ANTONIO. Où s'emporte ce jeune homme? De quelles couleurs se peint-il son mérite et sa destinée! Quoique bornée et sans expérience, la jeunesse pense être l'élue de ce monde; plus que tous elle se croit tout permis! Notre poëte s'imagine être puni, et son âge voit un châtiment dans un bienfait qui inspirerait des actions de grâces à l'homme mûr.

ALPHONSE. Le châtiment n'est, j'en ai peur, que trop fort.

ANTONIO. Si tu crois devoir agir plus doucement encore avec lui, prince, rends-lui la liberté, et que l'épée décide de notre différend.

ALPHONSE. Oui, si l'opinion l'exige. Mais, dis-moi, comment as-tu excité sa colère?

ANTONIO. A peine si je saurais dire de quelle manière la chose s'est passée. Je l'ai peut-être mortifié comme homme; comme gentilhomme, je ne l'ai point insulté : et pour lui, dans la plus grande chaleur de son emportement, aucune parole outrageante n'est sortie de sa bouche.

ALPHONSE. C'est ainsi que j'avais jugé votre querelle, et tu me confirmes encore dans ce que j'avais d'abord pensé. Quand deux hommes sont aux prises, c'est justice que de tenir pour coupable le plus sage des deux. Tu n'aurais pas dû t'irriter comme lui; il te convenait mieux de détourner sa fougue. Il est encore temps d'y remédier : rien dans cette affaire ne vous oblige au combat. Aussi longtemps que la paix doit me rester, je veux en jouir, surtout dans ma demeure. Ramènes-y le calme, cela t'est facile. Léonore Sanvitale peut d'abord chercher à l'adoucir par de tendres paroles : alors, va vers lui, rends-lui la liberté en mon nom; et gagne sa confiance par des discours nobles et vrais. Fais ceci le plus tôt qu'il te sera possible : tu lui parleras comme un ami, comme un père! Je veux apprendre que la paix est conclue avant que nous partions pour la ville, et ce traité dépend de ta bonne volonté. Nous resterons, s'il le faut, une heure de plus, puis nous laisserons nos dames achever doucement ce que tu auras commencé, et à notre retour elles auront effacé jusqu'à la dernière trace de ces vives impressions.—Il semble, Antonio, que tu ne veuilles pas tenter l'entreprise! Tu viens à peine d'accomplir une première tâche, nous te revoyons, et déjà tu t'en prépares une semblable! J'espère que tu ne réussiras pas moins à terminer celle-ci.

ANTONIO. Je suis tout honteux, et dans tes paroles j'aperçois ma faute comme dans le miroir le plus clair. — On obéit aisément au noble prince qui sait joindre la persuasion à ses ordres.

ACTE TROISIÈME.

SCÈNE I.

LA PRINCESSE, *seule*.

Où s'arrête Léonore? Chaque instant redouble au fond de mon cœur la douloureuse anxiété qui l'agite. Je sais à peine ce qui s'est passé, je sais à peine qui des deux est coupable. — Oh! que ne vient-elle! car je ne pourrais jamais me décider sans peine à parler à mon frère, à Antonio, dans cet état d'irrésolution, avant de savoir où en sont les choses, et comment elles doivent tourner.

SCÈNE II.

LA PRINCESSE, LÉONORE.

LA PRINCESSE. Quelles nouvelles m'apportes-tu, Léonore? Dis-moi : que deviennent nos amis? Qu'est-il donc arrivé?

LÉONORE. Je n'ai pu rien apprendre de plus que ce que nous connaissons déjà. — Ils ont eu une altercation violente; le Tasse a mis l'épée à la main, et ton frère les a séparés. Mais il paraît que le Tasse a commencé la querelle; Antonio marche

ACTE III, SCÈNE II.

en liberté et parle avec son prince : notre ami est banni de sa présence ; il est relégué solitaire et captif dans sa chambre.

LA PRINCESSE. Antonio, n'en doutons pas, l'aura poussé à bout. Sa froideur, ses formes étrangères auront blessé cette âme irritable.

LÉONORE. Je le crois aussi. Ce matin, en se présentant à nous, un nuage obscurcissait déjà le front du ministre.

LA PRINCESSE. Pourquoi faut-il que nous négligions si facilement de suivre les simples et muettes inspirations de notre cœur? Un dieu est dans notre âme, qui nous avertit tout bas, qui nous indique doucement, mais avec clarté, ce qu'il faut faire et ce qu'il faut fuir. Antonio m'a paru ce matin plus roide encore que de coutume, plus retiré que jamais en lui-même. Un secret pressentiment me parlait, quand le Tasse s'est placé près de lui. Il suffit de les voir l'un et l'autre, de voir leur figure, leur regard, leur démarche, d'entendre le son de leur voix, pour se convaincre qu'en eux tout se repousse : ils ne peuvent jamais faire échange d'amitié. — Et cependant l'espérance, cette flatteuse hypocrite, me persuadait le contraire; ils sont raisonnables tous deux, me disait-elle, leur esprit est noble, éclairé; tous deux ils t'aiment. Quel lien plus sûr que celui que forment des qualités communes? — J'ai encouragé notre jeune ami ; il s'est tout entier livré à ma discrétion : avec quelle louable ardeur ne l'a-t-il pas fait? Ah! pourquoi n'avais-je pas d'abord prévenu Antonio ! J'hésitais ; il arrivait à peine, je craignais dès le premier mot de le presser, de le lui recommander ; je me fiais d'ailleurs à cette politesse de mœurs, à cet usage du monde, qui s'entremet si doucement même entre ennemis ; enfin je ne redoutais point, de la part d'un homme éprouvé par l'âge, ces prompts emportements de la vive jeunesse. — Le mal est fait! je le croyais bien loin, et le voici maintenant au milieu de nous. — Oh! conseille-moi ! que faut-il faire?

LÉONORE. D'après ce que tu viens de dire, tu sens toi-même combien il me sera difficile d'ouvrir un avis.—Il ne s'agit point ici d'une mésintelligence soudaine entre deux esprits qui d'ailleurs peuvent s'entendre : quelques paroles, et, s'il le faut, une réparation à main armée, les rapprochent heureusement et les réconcilient sans peine. Je vois deux hommes, et j'en étais depuis longtemps convaincue, qui sont ennemis parce que la nature même s'oppose à ce qu'ils confondent leur être. S'ils entendaient sagement leurs mutuels intérêts, ils s'uniraient; ils agiraient comme s'ils n'avaient qu'un corps, et avanceraient dans la vie en force, en bonheur, en joie : je l'espérais de leur raison; mon espérance était vaine, je n'en puis plus douter. Leur récente querelle s'apaisera sûrement; mais l'avenir, le lendemain même, n'en est pas plus rassurant. — Le mieux serait, je pense, que le Tasse s'éloignât pour un temps de ces lieux. Il pourrait diriger ses pas vers Rome, vers Florence : je l'y suivrais dans quelques semaines, et je pourrais, au nom de l'amitié, agir sur son âme aigrie. — Cependant tu chercherais à rapprocher de toi, de ton ami, Antonio que l'absence nous a rendu à tel point étranger. — De cette façon, peut-être le temps, dans sa bienveillance, amènerait ce qui semble à présent impossible.

LA PRINCESSE. Mon amie, tu prendrais à toi la jouissance, et tu me laisserais la privation ! Est-ce là être juste ?

LÉONORE. Tu ne seras privée que d'un bien dont tu ne pourrais jouir dans cette circonstance.

LA PRINCESSE. Dois-je si tranquillement bannir un ami ?

LÉONORE. C'est conserver celui que tu bannirais seulement pour la forme.

LA PRINCESSE. Mon frère ne voudra point le laisser partir.

LÉONORE. Il le permettra s'il voit la chose comme nous.

LA PRINCESSE. Il est si dur de se condamner dans ce qu'on aime !

LÉONORE. Mais c'est toi qui le sauves ainsi.

LA PRINCESSE. Je ne consens point à ce qu'il parte.

LÉONORE. Attends-toi donc à un mal plus grand.

LA PRINCESSE. Tu me persécutes sans savoir si ce sacrifice serait utile.

LÉONORE. Nous apprendrons bientôt qui de nous deux se trompe.

LA PRINCESSE. S'il peut nous quitter, pourquoi me demander d'y souscrire ?

LÉONORE. Qui peut se décider triomphe de la douleur.

LA PRINCESSE. Décidée! je ne le suis pas. — Cependant que la chose se fasse, s'il ne doit point s'éloigner pour longtemps. — Songeons au moins pour lui à parer à ses besoins futurs : faisons en sorte que le duc consente à lui laisser, même loin de nous, ce que son entretien exige. Parles-en à Antonio; son crédit est grand sur mon frère, et il ne voudra point que nous et notre ami nous ne puissions jamais oublier cette fatale querelle.

LÉONORE. Un mot de toi, princesse, aurait plus de pouvoir.

LA PRINCESSE. Je ne puis, tu le sais, je ne puis, comme ma sœur, me résoudre à solliciter quelque faveur pour moi ou pour les miens. J'aime à vivre sans bruit dans ma retraite, et je me borne à recevoir avec reconnaissance de mon frère ce qu'il lui plaît de me donner. Je me suis jadis reproché plus d'une fois cette timidité. Maintenant j'ai pris mon parti. — Une ancienne amie m'en a blâmée souvent : Ton désintéressement pour toi-même, disait-elle, est assurément très-louable; mais tu le portes si loin, que tu ne peux bien ressentir non plus les besoins de ceux que tu aimes. — Je ne me suis cependant pas vaincue sur ce point, et j'aurai encore aujourd'hui à supporter le même reproche. Aussi suis-je d'autant plus heureuse de pouvoir prêter à notre pauvre ami un secours efficace : l'héritage de ma mère me tombe en partage, et je l'aiderai avec joie dans son exil.

LÉONORE. Je puis aussi, princesse, faire preuve de mon amitié pour lui. — Ce n'est point un hôte facile; mais j'y suis déjà faite, et je saurai pourvoir à ce qui lui est nécessaire.

LA PRINCESSE. Emmène-le donc! Et puisqu'il faut m'en priver, qu'il te soit donné plutôt qu'à tout autre! — Je le vois bien, c'est ce qu'il y a de mieux à faire. — Dois-je donc cette fois encore me résigner à ma douleur comme à un sacrifice salutaire? Dès mon plus jeune âge mon sort fut toujours celui-là, et maintenant j'en ai pris l'habitude. — Aussi bien nous ne perdons qu'à moitié le bonheur même le plus doux lorsque nous ne pouvons espérer d'en jouir avec sécurité.

LÉONORE. J'espère te voir aussi heureuse que tu le mérites!

LA PRINCESSE. Léonore! heureuse? — Qui donc est heureux? — Mon frère, peut-être, parce que son grand cœur porte sa destinée d'une âme toujours égale; mais le sort dont il est digne ne lui a point été départi.—Heureuse! ma sœur l'est-elle? ma sœur, cette femme si belle, au cœur si grand et si noble! — Elle ne donne point d'enfants à son jeune époux. Il la respecte, et ne lui fait point souffrir la peine de sa stérilité; mais la joie n'habite point avec eux. — Que servit à ma mère sa sagesse si haute? à quoi lui ont servi son sens si parfait, ses connaissances en tout genre? A-t-elle su se préserver des erreurs du dehors? Non. On nous enleva à ses caresses; elle n'est plus maintenant, et n'a pas même laissé à ses enfants la consolation de la voir mourir réconciliée avec son Dieu.

LÉONORE. Ah! ne pense point à ce dont chacun manque! Considère plutôt ce qui reste à chacun pour sa part! et la tienne, ô princesse, n'est-elle pas encore assez belle?

LA PRINCESSE. La mienne! je n'ai que la patience! et j'ai pu l'exercer dès mon âge le plus tendre. — Quand mes amis, lorsque Alphonse et Lucretia allaient ensemble chercher la joie au milieu des plaisirs et des fêtes, la maladie me retenait dans un triste réduit. Il me fallut apprendre de bonne heure à souffrir, et j'eus pour fidèle compagne la douleur et son cortége. — Un seul plaisir, le plaisir du chant, charmait encore ma solitude: je m'amusais alors avec moi-même; je berçais, j'endormais par de doux accords mes regrets, mes vœux, mes ennuis; souvent ainsi la peine se changeait en jouissance, l'affliction même devenait harmonie! — On ne me laissa pas longtemps goûter ce dernier bonheur; le médecin me l'interdit, et son arrêt sévère me prescrivit le silence.—Il me fallut vivre, souffrir, et renoncer à l'unique et faible consolation qui me restait encore!

LEONORE. Mais tant d'amis se pressaient autour de toi!— La santé n'est-elle pas enfin revenue à ton aide? n'as-tu pas regagné les agréments de la vie?

LA PRINCESSE. J'ai retrouvé la santé, ou plutôt mon corps n'est plus malade: j'ai des amis, et leur fidélité me rend heureuse.—J'en avais un aussi...

LÉONORE. Tu l'as encore.

LA PRINCESSE. Et je vais bientôt le perdre. — L'instant où je le vis pour la première fois fut solennel et plein de choses: j'échappais à peine à plus d'une souffrance; la douleur et la maladie venaient à peine de céder au temps. Humble et silencieuse, j'apparaissais de nouveau dans la vie ; je commençais à jouir du jour et de la société des miens ; je reprenais courage et je savourais à longs traits le baume le plus pur de la douce espérance. J'osais lancer mes regards plus avant dans l'avenir, et des images caressantes m'accompagnaient dans ces lointaines régions.—C'est alors, Léonore, que ma sœur vint me présenter le jeune poëte ; il s'avançait, une main dans la sienne : alors aussi, je te l'avouerai ! mon âme se saisit de lui pour le garder éternellement en elle-même.

LÉONORE. Ne t'en repens point, ô princesse ! — On gagne à reconnaître ce qui est digne de nous, un bien qui ne peut jamais nous être ravi.

LA PRINCESSE. Le beau, la perfection même est à craindre comme la flamme ; elle est utile tant qu'elle échauffe ton foyer, ou brille pour toi du haut d'un flambeau : comme alors elle est bienfaisante ! qui saurait, qui pourrait s'en passer ? — Mais aussi que de maux ne va-t-elle pas causer, si, mal surveillée, elle s'élance et dévore tout autour d'elle ! — Laisse-moi maintenant. J'en dis trop, et je ferais mieux de cacher, même à Léonore, combien ce cœur est faible et malade.

LÉONORE. Le mal de l'âme ne se dissipe jamais mieux que par la confiance et la plainte.

LA PRINCESSE. Si la confiance en guérit, j'en serai bientôt délivrée ; car pour toi la mienne est pure et parfaite. — Ah ! mon amie, il est vrai, j'y suis résolue ; qu'il parte ! mais je sens d'avance les longues douleurs qui m'attendent aux jours où je serai privée du bien qui me charmait. L'aurore ne vient déjà plus enlever au sommeil, qui fuit mes paupières, sa douce image réfléchie dans un songe ; l'espoir de le revoir ne remplit plus d'un joyeux empressement mes sens à peine éveillés, et mon premier regard le cherche vainement dans nos jardins, sous l'ombrage des bois humides de la rosée du matin. — Comme mes vœux étaient satisfaits, en passant avec lui les paisibles soirées des beaux jours ! Comme s'accroissait, dans ces aimables entrevues, le désir de le mieux connaître, de le mieux comprendre ! Chaque fois nos cœurs redoublaient d'intelligence ; une harmonie toujours plus pure et plus belle les accordait chaque fois davantage. — Maintenant, quelles ténèbres tombent autour de moi ! Les pompes éclatantes du soleil, le sentiment vivifiant dont le jour nous pénètre à son midi, le riche et brillant aspect de la nature et de ses milles merveilles, tout disparaît dans le vide, tout se perd dans le nuage qui m'environne ! — Jadis chaque journée était pour moi une vie tout entière : les soucis se taisaient, les tristes pressentiments mêmes étaient réduits au silence, et, passagers heureux sur le fleuve du monde, nous nous laissions aller, sans le secours des rames, aux flots légers du courant. — En présence d'un sombre avenir, mon âme est aujourd'hui la proie d'une secrète terreur.

LÉONORE. L'avenir ! il te rendra tes amis, il te rendra de nouvelles joies et un bonheur nouveau.

LA PRINCESSE. Je ne demanderais qu'à conserver ce que je possède : le changement peut plaire parfois ; mais il est bien rarement profitable. — Quant à moi, l'impatience du jeune âge n'a jamais plongé ma main curieuse dans l'urne où s'agite une loterie de chances inconnues, et mon cœur, sans expérience, ne chercha point à y saisir au hasard celles qu'il désire. — Le Tasse força mon estime, et par elle je l'aimai : je dus l'aimer, parce qu'il fit de mon existence une vie que j'avais ignorée jusqu'alors. D'abord je me disais : Éloigne-toi de lui ! mais je cédais, je cédais peu à peu, et je m'en rapprochais davantage. Il m'attirait si doucement ! il était si triste de m'en défendre ! Et je vois s'évanouir une félicité si pure, un bien si vrai m'échappe ! un mauvais génie soustrait à mes désirs le bonheur, qu'il remplace par une longue suite de douleurs.

LÉONORE. Si la voix d'une amie ne peut te consoler, le pouvoir insensible du monde, l'action muette et bienfaisante du temps soulageront peu à peu tes ennuis.

LA PRINCESSE. Oui, le monde est beau ! tant de biens s'agitent çà et là sur sa vaste étendue ! — Ah ! pourquoi semblent-ils toujours ne s'éloigner de nous que d'un pas ? Pourquoi, par cette perfide marche insensible, attirent-ils nos vœux inquiets à travers la vie et jusqu'au tombeau même ? — Il est si rare que les hommes trouvent ce qui paraissait leur être destiné, si rare seulement qu'ils retiennent ce que leur main plus heureuse a pu toucher une fois ! Ce qui d'abord s'était livré à nous s'arrache maintenant à nos étreintes, et nous lâchons avec dégoût ce que nous avions saisi avec ardeur. Un bonheur nous arrive, mais nous l'ignorons, ou nous le connaissons sans savoir mieux l'apprécier.

SCÈNE III

LÉONORE, *seule.*

Que je plains cette âme et si haute et si belle ! Noble femme, quel triste sort est le tien ! — Elle perd, hélas !... et toi, songes-tu donc à en profiter ? Est-il si nécessaire qu'il s'éloigne ? ou ne le supposes-tu que pour jouir seule du talent et du cœur que tu as jusqu'ici partagés avec une autre... et partagés inégalement ? — N'es-tu pas assez riche ? Que te manque-t-il donc ? Epoux, fils, fortune, et le rang, et la beauté, tout cela t'appartient, et tu veux y joindre encore le Tasse ? — L'aimes-tu ? Pourquoi, si tu ne l'aimes, ne pouvoir plus te passer de lui ? — Tu oses te l'avouer. — Mais aussi quel charme pour une femme de voir son image réfléchie dans son brillant génie ! Quel bonheur ne serait doublé, ne se ferait sentir plus grand et plus glorieux, si ces chants sublimes nous élevaient avec eux et nous ravissaient jusqu'au ciel ! Ta destinée devient alors digne d'envie ! tu es, tu possèdes non-seulement ce que tant d'autres désirent, mais chacun sait encore, chacun connaît aussi ce que tu possèdes ! Ta patrie répète ton nom, ses regards sont fixés sur toi, et c'est là le comble de toutes les félicités humaines. — Ton nom ! celui de Laure est-il donc le seul qui doive retentir sur les lèvres de tous ceux qui aiment, et Pétrarque aurait-il seul le droit de déifier sa beauté inconnue ? — Où est l'homme qui ose se comparer à mon ami ? Le monde entier l'honore, et la postérité ne prononcera son nom qu'avec respect : quoi de plus délicieux que de l'avoir à ses côtés tout éclatant de cette vie glorieuse, et de marcher ensemble à pas légers vers cet immortel avenir ! Le temps alors, l'âge ne peuvent plus rien sur toi ; rien non plus, la renommée hardie qui pousse çà et là la vague inconstante des suffrages de la multitude. Les chants impérissables du Tasse préservent de mort ce qui doit périr, et ta beauté, ton bonheur se perpétueront, quand déjà le cercle des choses t'aura entraînée dans sa révolution éternelle. — Oui, le Tasse doit être à moi ; ce n'est rien ravir à la princesse : son penchant pour ce grand homme ne ressemblet-il pas aux autres passions de ce cœur tranquille ? Elles brillent comme le paisible éclat de la lune, dont la lueur voilée s'épanche à peine sur le sentier du voyageur : elles brillent, elles n'échauffent point, et ne répandent autour d'elles ni le plaisir ni les joies de la vie. — Comme elle jouissait de sa vue, lorsqu'elle le voyait chaque jour, elle se réjouira de le savoir loin d'elle, si elle apprend aussi qu'il est heureux. Je ne prétends pas d'ailleurs me bannir avec lui de sa cour ; j'y reviendrai et je l'y ramènerai à ma suite. — Puisse-t-il en être ainsi ! — Je vois venir un ami moins traitable. Tâchons de l'adoucir un peu.

SCÈNE IV.

LÉONORE, ANTONIO.

LÉONORE. Ainsi tu nous apportes la guerre au lieu de la paix ! On croirait que tu arrives d'un camp, d'une bataille, où la force commande, où le bras décide, et non pas de Rome, où la sainte sagesse lève, en bénissant, les mains, et voit à ses pieds un monde qui lui obéit sans efforts.

ANTONIO. Il faut bien, belle amie, souffrir que tu me blâmes ; et pourtant je n'irai pas chercher mon excuse bien loin. — C'est une tâche périlleuse que d'avoir trop longtemps à se montrer sage et maître de soi. Notre mauvais génie s'attache à notre suite ; il nous guette, et veut de temps en temps aussi nous arracher quelques sacrifices. — Cette fois, hélas ! c'est aux dépens de mes amis.

LÉONORE. Il t'a fallu si longtemps faire effort auprès d'hommes nés en d'autres climats, il t'a fallu régler ta manière sur la leur ; et maintenant que tu revois tes amis, tu ne les reconnais plus, tu leur cherches querelle comme à des étrangers !

ANTONIO. C'est justement avec ses amis qu'on court risque de s'oublier, chère Léonore ! Avec des étrangers, on prend garde, on s'observe, et, pour se les rendre utiles, on poursuit son but jusque dans leurs bonnes grâces ; mais, près de ceux que l'on aime, on se laisse aller en toute liberté, on se fie sur leur tendresse, on se permet l'humeur, la passion agit sans entraves ; et c'est ainsi que nous blessons plus souvent que d'autres ceux que nous chérissons le mieux.

LÉONORE. Dans ce froid retour sur toi-même, j'aime à te retrouver déjà tout entier.

ANTONIO. Oui, je m'afflige, et je l'avoue sans peine, d'avoir tant dépassé la mesure. — Mais conviens-en à ton tour : l'homme actif qui, le front encore tout baigné de sueur, revient d'accomplir une longue et pénible tâche; qui, pour mieux s'apprêter à de nouvelles fatigues, compte se reposer vers le soir sous l'ombrage après lequel il soupire, ne doit-il pas sentir dans son âme quelques mouvements d'humaine nature, lorsqu'il voit son asile occupé tout à l'aise par un rival oisif ?

LÉONORE. Non; s'il est homme tel qu'il faut l'être, il cédera avec joie une part de ce frais ombrage à celui dont l'entretien, dont les accords gracieux lui rendront le repos plus doux et le travail plus facile. — L'arbre qui les invite au sommeil étend assez au loin son ombre pour que chacun puisse en jouir sans envie.

ANTONIO. Ne jouons pas avec une image. — Il est beaucoup de choses en ce monde que l'on cède, que l'on communique avec plaisir aux autres; mais il est un trésor qu'on n'abandonne volontiers qu'au mérite éminent, un autre qu'on ne partage jamais de bon gré, même avec le plus digne. — Veux-tu les connaître tous deux? C'est une branche de laurier; c'est la faveur des femmes.

LÉONORE. La couronne placée sur la tête de notre jeune poëte a-t-elle donc déplu au moins frivole des hommes? Tu n'aurais pu trouver toi-même un plus modeste salaire de ses efforts et de son bel ouvrage. — Pour le génie qui n'a rien de terrestre, qui plane dans l'espace et voltige autour de notre âme comme un son aérien, comme une forme légère, la récompense doit n'être aussi qu'un signe, qu'un gracieux emblème; et quand lui-même touche à peine à la terre, son noble prix doit à peine effleurer son front. Les dons de celui qui l'honore sont un rameau stérile, et son adorateur lui en fait volontiers l'inutile hommage, pour acquitter sans peine une dette sacrée. — Ne trembles-tu pas d'envier à l'image du martyr l'auréole d'or qui couvre sa tête chauve? Crois-moi, la couronne de laurier, sur celle du Tasse, est le gage de la souffrance bien plus que du bonheur.

ANTONIO. Ta bouche aimable veut-elle donc m'instruire à mépriser les vanités du monde ?

LÉONORE. Je n'ai pas besoin de t'enseigner à apprécier chaque chose selon sa juste valeur. Il semble, au reste, que le sage ait parfois besoin, comme un autre, qu'on lui montre sous leur vrai jour les biens qu'il possède. — Le noble Antonio irait-il donc courir après un vain fantôme de grâce et d'honneur ? C'est par des services réels qu'il attache à lui ses amis, son prince ; ses soins donnent la vie, sa récompense doit lui rendre tout ce qu'il donne. — Ton laurier, c'est la confiance de ton maître, fardeau précieux qui repose tout entier sur toi, mais sans t'accabler ; ta gloire, c'est l'estime publique.

ANTONIO. Et ne me dis-tu rien de la faveur des femmes ? Tu ne veux pourtant pas, je pense, que je la regarde comme un superflu.

LÉONORE. Par là, que veux-tu dire, si cette faveur ne t'est pas refusée ? Il te serait plus aisé du moins de t'en passer qu'au Tasse. Que servirait, dis-moi, à une femme, de vouloir user envers toi de soins à sa manière, de penser à s'employer pour toi, chez qui tout est sûr et réglé ? Tu songes à toi-même comme tu songes aux autres, et tu as ce qu'on pourrait t'offrir. Mais le Tasse! il nous occupe à des choses qui sont de notre domaine ; il a mille de ces petits besoins qu'une femme se donne volontiers la peine de surveiller. Il aime à porter le plus beau tissu de lin, un vêtement de soie orné de quelques broderies ; il aime à se voir paré. Il ne peut surtout souffrir sur son corps délicat l'étoffe grossière qui ne sied qu'à un valet : il faut que sa mise lui aille bien, qu'elle soit élégante et noble. — Mais il n'est pas capable de se procurer tous ces agréments, ou de les conserver quand il en jouit : il manque toujours d'argent ou d'attention. Il laisse ici une pièce de son ajustement, plus loin c'en est une autre : il ne revient jamais d'un voyage sans avoir perdu une bonne partie de ce qu'il a emporté. Puis c'est un serviteur qui le vole. — Tu vois, Antonio, qu'on a toute l'année à s'inquiéter de ce qui lui manque.

ANTONIO. Et cette perpétuelle sollicitude le fait chérir toujours davantage. — Heureux jeune homme, à qui l'on tient compte de son incapacité comme d'une vertu, et dont le sort est si favorable, qu'il peut sous les traits d'un homme jouer le rôle

ACTE III, SCÈNE IV.

d'un enfant, et se faire encore honneur de sa gracieuse faiblesse! En vérité, tu devrais m'excuser, belle amie, si j'avais laissé paraître un peu d'humeur contre lui. — Tu ne dis pas tout d'ailleurs, tu ne dis pas ce qu'il ose, et qu'il est plus adroit qu'on ne pense. Il se vante d'avoir allumé une double flamme! il noue à la fois et dénoue deux intrigues, et par certains artifices il gagne certains cœurs. — Que faut-il en croire?

LÉONORE. Bon! c'est justement une preuve que la seule amitié nous anime; et lors même que nous aurions échangé amour pour amour, ne serait-ce pas la récompense méritée de celui qui s'oublie lui-même tout entier, et vit pour ses amis, abandonné à d'aimables songes?

ANTONIO. Courage! gâtez-le de plus en plus, et voyez de l'amour dans cette humeur rêveuse qui fait sa nature; rebutez tous les amis qui se consacrent à vous dans la sincérité de leur âme; payez au poëte orgueilleux un tribut volontaire, et détruisez enfin le cercle agréable d'une société confiante.

LÉONORE. Notre partialité ne va pas si loin que tu penses; nous avons plus d'une fois grondé notre jeune ami. Nous voudrions le former, pour qu'il jouît plus de lui-même, et qu'il en fît plus jouir les autres. — Nous ne nous dissimulons pas ses défauts.

ANTONIO. Vous le louez souvent néanmoins d'un tort qu'il faudrait vivement accuser en lui. Je connais le Tasse depuis longtemps; il est facile à connaître, et trop fier pour se cacher. — Parfois il s'abîme en lui-même, comme si l'univers s'était retiré dans son âme; le monde qu'il se crée, son être qu'il y renferme tout entier, lui suffisent, et les objets qui l'entourent au dehors disparaissent tous à ses yeux. Il les laisse s'agiter, il les laisse choir, il les heurte, et se retrouve immobile.—Tout à coup, comme l'étincelle inaperçue qui enflamme la mine (est-ce joie, douleur, colère ou caprice?), il éclate avec violence. Alors il veut tout saisir, tout retenir; alors tout ce qu'il peut imaginer doit se faire; ce qu'il faudrait préparer pendant de longues années doit naître en un moment; un moment doit enlever l'obstacle qu'un long travail pourrait à peine écarter. Il exige de lui-même l'impossible, pour avoir droit de l'exiger des autres. Son esprit veut embrasser à la fois les fins dernières de toutes choses.—Cette ardeur de conception réussit tout au plus à un hommes entre des millions d'hommes ; et cet homme unique, ce n'est pas lui : fatigué de ses efforts, il retombe sur lui-même, sans avoir rien retiré de tant de peine.

LÉONORE. Il ne fait tort qu'à lui, jamais aux autres.

ANTONIO. Il ne les offense pourtant que trop. Nieras-tu qu'au moment où la passion rapide s'empare de lui, il ose attaquer, réprimander le prince, la princesse elle-même, qui que ce soit enfin ? Sa fougue ne dure qu'un instant, il est vrai ; mais cet instant ne revient que trop souvent. Il maîtrise aussi peu sa langue que son âme.

LÉONORE. Aussi je pense que, s'il s'éloignait d'ici quelque temps, les autres et lui s'en trouveraient bien.

ANTONIO. Son départ serait peut-être utile ; peut-être ne le serait-il pas. — Ce n'est pas d'ailleurs le moment d'y songer, je ne voudrais pas en porter le blâme ; et l'on pourrait croire que c'est moi qui l'exile, tandis qu'il n'en est rien. Il faut pour moi-même qu'il reste dans cette cour, et qu'il y reste en paix. S'il veut se réconcilier avec moi, s'il veut prendre sur lui de suivre mes conseils, nous pourrons aisément vivre ensemble.

LÉONORE. Espères-tu maintenant agir sur un caractère qui te semblait tout à l'heure désespéré ?

ANTONIO. Nous espérons toujours, et en toutes choses il vaut mieux garder quelque espoir qu'y renoncer entièrement ; car qui peut calculer ce qui est possible ? — D'ailleurs il est cher à notre prince, il faut qu'il reste avec nous ; et si c'est en vain que nous aurons cherché à le corriger, il ne sera pas le seul dont nous supportions les défauts.

LÉONORE. Je ne te crois pas à ce point affranchi de passion et de partialité ! Tu t'es bien vite converti.

ANTONIO. Il faut bien que l'âge ait quelque prérogative, et que, faute d'échapper à l'erreur, un homme mûr ait du moins le privilége de s'arrêter à temps. — Tu voulais d'abord t'employer à nous rapprocher l'un de l'autre : c'est à présent moi qui t'en prie. Fais ce que tu pourras pour qu'enfin il revienne à lui, et que tout rentre bientôt dans l'ordre accoutumé. J'irai moi-même à sa rencontre, dès que tu m'auras dit seulement qu'il est tranquille, que ma présence ne peut plus accroître le mal. Mais ne perds pas de temps : Alphonse repart ce soir, et je dois l'accompagner. — En attendant, adieu.

SCÈNE V.

LÉONORE, *seule*.

Pour cette fois, cher ami, nous ne sommes pas d'accord; mon intérêt et le tien ne se donnent pas la main aujourd'hui. Je vais mettre le temps à profit, et chercher à gagner le Tasse.— Hâtons-nous!

ACTE QUATRIÈME.

SCÈNE I.

Le théâtre représente une chambre.

LE TASSE, *seul*.

Es-tu donc éveillé d'un songe, et la plus douce illusion t'a-t-elle abandonné tout à coup? ou bien, après un jour de félicité suprême, un affreux sommeil s'est-il saisi de toi, qui tourmente ton âme et la retient encore captive? Oui, tu veilles à la fois, et tu rêves pour souffrir. Où sont les heures qui se jouaient sur ta tête en la couvrant de guirlandes de fleurs? les jours où ton esprit, libre dans ses désirs, pénétrait au delà de l'immense azur des cieux? Et cependant tu vis encore; tu te sens, — tu te sens, mais sais-tu si tu vis? — Est-ce pour expier une faute que je me vois dans cette odieuse prison? Un autre n'est-il pas plus coupable? et suis-je criminel parce que je suis puni? Ah! plutôt tout mon tort n'est-il pas d'avoir trop bien agi? Je le regardais, cet arrogant ministre, et je me pressais vers lui, entraîné par l'élan d'une présomptueuse espérance : je le regardais, et sous des formes humaines ne devais-je pas supposer un homme? Les bras ouverts, je m'élançais vers lui; mais j'ai trouvé un sein fermé de triples verrous; mon cœur n'a pas senti de cœur pour lui répondre. Oh! que ne m'étais-je prémuni d'avance contre un homme qui m'était depuis bien longtemps suspect! — Laisse là tes regrets, et, quelque chose qui te soit arrivée, attache-toi fortement à cette bienheureuse certitude : Tu l'as vue! elle était devant toi, elle t'a parlé, tu l'as comprise! Son regard, le son de sa voix, le sens divin de ses paroles, tout ce qui fut dans cet instant céleste est à moi pour l'éternité! le temps, le sort, la capricieuse fortune, rien ne peut me ravir ces doux trésors d'amour. Et quand il serait vrai que mon âme se fût trop facilement emportée, que j'eusse laissé s'allumer dans mon sein la flamme trop prompte du courroux qui maintenant me dévore moi-même et me perd, je ne pourrais m'en repentir, dût le destin de ma vie en dépendre à jamais! Ne m'étais-je pas voué à ses ordres, et ne dois-je pas me féliciter d'avoir suivi avec tant de joie le signe qui m'a poussé dans l'abîme? Soit! je me suis du moins montré digne de la précieuse confiance dont le charme me console; oui! me console à cette heure même, où pour moi s'ouvre avec violence l'antre du deuil voilé de crêpe. — C'en est fait maintenant! le soleil et le brillant éclat de la faveur du prince disparaissent ensemble à mes yeux. Alphonse me prive de ses gracieux regards, et me laisse ici m'égarer dans un sentier étroit et sombre; l'essaim hideux, obscur et fatal cortége des nuits, se précipite et frémit en cris lugubres autour de ma tête. Où donc, où porterai-je mes pas, pour échapper aux dégoûts qui m'entourent, pour éviter le gouffre ouvert à mes pieds?

SCÈNE II.

LÉONORE, LE TASSE.

LÉONORE. Que s'est-il donc passé, cher Tasse? Ton ardeur, ta défiance, ont-elles pu t'emporter si loin? Comment est née cette querelle? nous sommes tous consternés. Qu'est devenue ta douceur, la manière d'être si prévenante, ta vue rapide, cette raison droite qui rendait à chacun ce qui lui appartient? cette égalité d'âme qui supportait ce qu'un noble cœur, et rarement un esprit frivole, apprend aisément à supporter? Qu'est devenu ce sage empire qui maîtrisait ta langue et tes lèvres? — Cher ami, je puis à peine te reconnaître.

LE TASSE. Et quand j'aurais tout perdu! quand l'ami que tu croyais si riche se laisserait tout à coup voir à toi comme un

mendiant? Tu n'as que trop raison, je ne suis plus moi-même.—
Je le suis toutefois autant que je l'étais naguère.—Ceci te semble
une énigme, et ce n'en est point une. La lune paisible, qui
te réjouit durant la nuit, qui charme alors tes yeux et ton âme
de son éclat irrésistible; la lune, pendant le jour, plane dans
une lumière du ciel comme un petit nuage, sans couleur et
sans forme. Eh bien! je suis, comme elle, effacé par la splendeur du jour; vous me connaissez maintenant, je ne me connais plus.

LÉONORE. Que dis-tu, cher Tasse? je ne te conçois pas!
Parle: les outrages de l'intraitable Antonio ont-ils tellement
abattu tes esprits que tu puisses te méconnaître, et nous méconnaître à ce point? Aie confiance en moi.

LE TASSE. A les entendre, je ne suis point l'offensé, et tu me
vois puni comme agresseur! Il y aurait là beaucoup à dire,
ou plutôt l'épée trancherait aisément la question; mais je ne
suis pas libre.—Tendre amie, ne t'effraye pas! tu ne pensais
guère que tu trouverais le Tasse en prison. Le prince me châtie
comme un écolier! Je ne veux, je ne puis disputer contre mon
maître.

LÉONORE. Tu me sembles bien ému.

LE TASSE. Me crois-tu donc l'esprit assez faible, assez puéril,
pour qu'une telle chose puisse le troubler? Je ne m'afflige pas
de ce qui m'arrive; c'est l'augure que j'en tire qui me désespère. Repose-toi sur mes envieux, sur mes ennemis, du soin
de le justifier! Un champ libre leur est ouvert.

LÉONORE. Tes soupçons portent souvent à faux, et j'ai pu
m'en convaincre. Antonio lui-même n'a pas pour toi l'inimitié
que tu lui supposes; et le différend qui vient...

LE TASSE. Je l'oublie, et je juge Antonio tel qu'il était auparavant et tel qu'il sera toujours. Sa sagesse empesée m'a de
tout temps été odieuse; je ne lui pardonnerai jamais de jouer
sans relâche son rôle de pédant. Au lieu de chercher si l'esprit de ceux qui l'écoutent n'est pas déjà dans la bonne voie,
il se met à leur expliquer gravement ce qu'ils savent mieux ou
sentent plus souvent profondément que lui-même: il reste sourd
à tout ce qu'on peut lui dire, et il se trompe toujours sur celui
qui lui parle. — Se voir méconnu! méconnu par l'homme orgueilleux qui pense, en se moquant, examiner les autres! Je

n'ai pas encore assez d'âge et de politique pour le supporter et m'en tenir à lui rendre dérision pour dérision. Il fallait en finir, il fallait rompre tôt ou tard; la rupture pouvait tout au plus se différer, et c'eût été pis encore. Je ne reconnais qu'un maître, celui qui me nourrit; je me soumets à lui avec joie, mais je ne veux pas souffrir de pédagogue. Je veux être libre dans mes pensées comme dans mes conceptions : c'est déjà bien assez que le monde restreigne si fort l'indépendance de nos actions.

LÉONORE. Antonio s'exprime souvent avec considération sur ton compte.

LE TASSE. Avec ménagement, veux-tu dire, par calcul et par adresse. Son ton mesuré même me fâche; car il sait de telle sorte manier, disposer ses paroles, que l'éloge sur ses lèvres équivaut à la censure, et que rien ne blesse plus vivement dans sa bouche que les louanges qu'il semble accorder.

LÉONORE. Que n'as-tu entendu comme il parlait de toi, mon ami, comme il vantait le talent que la nature bienveillante t'a donné pour marquer ta place si loin au-dessus des autres! Il sait ce que tu vaux; et ce que tu possèdes, il sait aussi l'apprécier à sa juste valeur.

LE TASSE. Ah! crois-moi, une âme vaine ne peut échapper au supplice étroit de l'envie. Un homme tel que lui voudra peut-être bien pardonner aux autres la fortune, un rang, des honneurs, parce qu'il pense obtenir les mêmes avantages de sa persévérance à les poursuivre et des caprices favorables du sort; mais ce qu'il ne saurait souffrir, c'est la supériorité qui reste inaccessible à tous les efforts, à toutes les brigues, celle que ne peuvent extorquer l'or, l'épée, ni la ruse, ni la constance. Il me l'accorde, cette supériorité, dis-tu? lui! qui croit arracher les faveurs des Muses en roidissant ses esprits; lui! qui, lorsqu'il a compilé tant bien que mal les idées de quelques poëtes, s'imagine mériter aussi ce beau titre! Bien qu'il fût charmé de la réunir tout entière sur lui seul, il me laisserait plutôt la faveur du prince que le talent donné par ces filles célestes au pauvre orphelin qu'il envie.

LÉONORE. Oh! que ne vois-tu les choses aussi clairement que moi-même! Tu te trompes; il n'est pas tel que tu le penses.

LE TASSE. Si je me trompe, Léonore, je me plais dans mon erreur. Je regarde Antonio comme le plus malin de mes ennemis, et je serais inconsolable d'être forcé de lui croire plus d'indulgence. C'est une folie que d'être toujours juste; c'est vouloir contredire sa nature. Les hommes le sont-ils donc pour nous? hélas! non; l'homme, cet être borné, a cependant besoin du double sentiment de l'amour et de la haine. Ne lui faut-il pas une nuit comme un jour, le sommeil comme la veille? Oui! et je veux, moi, voir désormais dans Antonio l'objet de ma haine la plus profonde. Je ne renoncerai jamais au plaisir de penser mal et toujours plus mal de lui.

LÉONORE. Si tu persistes, cher ami, dans ces sentiments hostiles, je ne comprends pas que tu veuilles rester plus longtemps dans cette cour. Tu sais combien son crédit y est et doit y être grand.

LE TASSE. Depuis longtemps j'y suis de trop, et je le sais bien.

LÉONORE. Non, certes, jamais! Ne sais-tu pas plutôt combien le prince, combien la princesse aiment à vivre avec toi, et que Lucretia même, lorsqu'elle vient en ces lieux, vient presque autant pour toi que pour les siens? Leur estime pour toi est toujours égale; elle est sans bornes, comme leur confiance.

LE TASSE. O Léonore! qu'est-elle, cette confiance? Le duc m'a-t-il jamais dit un mot, un mot sérieux de ses affaires d'État? Lorsqu'en ma présence il prend, pour une circonstance difficile, l'avis de sa sœur, un conseil des autres, s'adresse-t-il jamais à moi? Jamais! et l'on entend toujours ce seul nom: Qu'Antonio vienne! écrivez à Antonio! consultez Antonio!

LÉONORE. Tu te plains, et tu devrais le remercier. En te laissant une liberté entière, il t'honore de la seule manière qui te convienne.

LE TASSE. Dis qu'il me laisse oisif, parce qu'il me croit inutile.

LÉONORE. Tu sers lors même que tu te reposes. Jusqu'à quand veux-tu couver dans ton sein, comme un enfant chéri, la méfiance et ses peines? Je l'ai souvent pensé, tu ne prospères point sur ce sol brillant où le bonheur semblait pourtant t'avoir transplanté. — Te le dirai-je, ô Tasse! dois-je te le conseiller? — tu devrais t'éloigner de Ferrare.

LE TASSE. Pourquoi hésiterais-tu ? ne ménage point le malade, charmant médecin ! offre-lui ton remède sans l'inquiéter s'il est trop amer. Examine bien seulement, tendre et prudente amie, si ce malade peut encore guérir. — Je le vois moi-même, tout est fini ! Je puis lui pardonner, il ne me pardonnera pas. On a besoin d'Antonio, hélas ! et non du Tasse ; Antonio seul est sage : il travaille à ma perte, et je ne puis, je ne saurais me défendre. Mes amis même laissent aller les choses, ils les voient d'autres yeux que les miens : à peine s'ils résistent quand ils devraient combattre. — Il faut que je parte, dis-tu ? je le crois aussi. — Vous tous donc, adieu ! je supporterai encore cette douleur nouvelle. Vous vous êtes séparés de moi : force et courage me soient donnés pour me séparer de vous !

LÉONORE. Ah ! tout ce qui, vu de trop près, se confond à nos regards, s'éclaircit et s'explique par l'éloignement. Peut-être reconnaîtras-tu plus tard quelle affection te suivit en tout lieu, de quel prix est la constance de véritables amis, et combien peu le monde, avec toute sa grandeur, remplace ceux qui se serrent autour de nous !

LE TASSE. C'est ce que j'éprouverai. — Mais n'ai-je pas déjà vu, jeune encore, de quel train va le monde, avec quelle aisance il nous abandonne au dénûment, à la solitude, et poursuit loin de nous sa route, impassible comme les astres des cieux ?

LÉONORE. Écoute-moi, mon ami, et tu n'iras jamais reprendre ce triste cours d'expérience. Si tu m'en crois, rends-toi d'abord à Florence, et là l'amitié d'une femme se plaira tendrement à veiller sur ton sort. Console-toi ; cette femme, c'est moi-même. Je pars au premier jour pour rejoindre mon époux, et je ne puis rien faire qui lui soit, comme à moi, plus agréable que de t'amener au milieu de nous. — Je n'ajoute pas, tu le sais déjà, auprès de quel prince tu viendrais t'établir, quels hommes et quelles femmes cette belle cité garde en son sein. — Tu te tais? Réfléchis bien, décide-toi.

LE TASSE. Ce que tu me proposes me ravit, tant cette offre est conforme au vœu que je nourris en silence ; mais elle est encore trop nouvelle ; laisse-moi, je t'en prie, y penser. Je me déciderai bientôt.

LÉONORE. Je te quitte, emportant pour nous et pour toi,

pour nos amis même, la plus douce espérance. Réfléchis seulement; et si tu le fais avec justesse, tu trouveras difficilement un meilleur parti.

LE TASSE. Encore un mot, chère amie ! Dis-moi : quels sont, à mon égard, les sentiments de la princesse? Était-elle irritée contre moi? Que disait-elle? Elle m'a beaucoup blâmé, n'est-ce pas? — Parle-moi librement.

LÉONORE. Elle te connaît, et t'a facilement excusé.

LE TASSE. Ai-je perdu dans son esprit? Ne me flatte point.

LÉONORE. La faveur des femmes ne se perd ni si aisément ni pour si peu de chose.

LE TASSE. Me verra-t-elle partir de bon gré?

LÉONORE. Assurément, si ce départ doit tourner à ton avantage.

LE TASSE. Me faudra-t-il renoncer aux bonnes grâces du prince?

LÉONORE. Tu peux te fier en repos à sa générosité.

LE TASSE. Et laisserons-nous donc la princesse toute seule? Tu pars aussi, et moi-même, quelque peu que je sois, je sais que je suis pourtant quelque chose à ses yeux.

LÉONORE. Même dans l'éloignement, l'ami que nous savons heureux nous tient encore agréablement compagnie. Tout va bien, et je vois ta joie ; tu ne partiras pas d'ici mécontent. Antonio te cherche, le prince l'a ordonné. Le ministre blâme lui-même l'amertume des paroles qui t'ont blessé dans sa bouche. Je t'en prie, accueille-le avec calme.

LE TASSE. Rien ne me fait craindre sa présence.

LÉONORE. Et fasse pour moi le ciel, cher ami, que vous ne vous quittiez pas sans que tes yeux se soient ouverts ! Puisses-tu te persuader enfin que personne, dans ta patrie, ne te hait, ne te persécute ; que personne, en secret, ne t'attaque, ne se joue de toi! Tu te trompes, sois en bien convaincu ; et l'imagination, qui te fait si souvent créer pour le plaisir des autres, ourdit cette fois, hélas! la trame bizarre où tu vas te prendre toi-même. Je veux tout faire pour la rompre, cette trame funeste, afin que, dégagé du piége, tu puisses marcher en liberté dans les voies enchantées de la vie.— Adieu! j'espère bientôt de toi une heureuse parole.

SCÈNE III.

LE TASSE, *seul.*

Reconnaître que personne ne me hait, ne me persécute! que tout complot n'est ourdi, que toute trame secrète n'est tissue que dans ma tête! reconnaître que j'ai tort, que j'ai fait injure à des hommes qui ne le méritaient pas, et cela au moment même où la justice de ma cause, aussi bien que leur malice, se montre à la clarté du jour! Quoi donc! il me faut sentir jusqu'au fond de mon âme avec quelle bonté le prince m'a ouvert son cœur et réservé sa bienveillance, avec quelle riche mesure il m'a partagé ses dons! Il le faut, alors même que sa faiblesse laisse mes ennemis obscurcir sa vue et enchaîner la main qui devrait les punir! — Il ne peut voir qu'il est trompé, je ne puis lui prouver qu'ils le trompent; et pour qu'il reste plus en repos dans l'erreur, pour qu'ils puissent l'y induire plus à leur aise, je dois me taire. — Que dis-je? — m'éloigner! — Qui donc me donne cet étrange conseil! Quelle est celle dont la foi, l'amitié, la sagesse, me font ainsi violence? — Léonore elle-même! Léonore Sanvitale, cette amie si tendre! — Ah! je te connais maintenant! et pourquoi me suis-je jamais confié à ses lèvres flatteuses! — Quoi! ils n'étaient pas sincères, ces témoignages de son affection! ces gracieuses et secourables paroles... Non: son cœur méditait, il médite encore la ruse. La femme de cour adroite règle doucement sa marche sur les retours de la faveur. — Que de fois me suis-je plu à m'abuser moi-même sur son compte! et cependant... — Au fond, la vanité seule m'abusait. Fort bien! je la connaissais, et je voulais me flatter. Pour les autres, me disais-je, elle est telle en effet que tes soupçons la jugent; mais, pour toi, sa pensée est ouverte, et son cœur est sans artifice. Maintenant, je le vois bien, je ne le vois que trop tard: la faveur me souriait, et Léonore s'inclinait avec tendresse vers l'homme que caressait la fortune. Aujourd'hui ma chute est certaine... Ainsi que la fortune, Léonore me tourne le dos. — Elle est venue vers moi comme l'instrument de mon ennemi! Elle s'approchait en rampant, la petite vipère, et sifflait entre ses dents d'ivoire quelques sons magiques. Qu'elle semblait aimable! plus aimable que jamais! Que chaque parole avait de charme dans sa bouche ! Mais la sirène n'a pu me cacher longtemps ses intentions perfides ; sur son front était écrit trop clairement le contraire de tout ce qu'exprimaient ses lèvres. — Oh ! je sens bien vite quand la déloyauté cherche à trouver le chemin de mon cœur. — Il faut que je parte, il faut que je me rende à Florence aussitôt que je le pourrai ! — A Florence ! et pourquoi ? — Je le vois bien ! — Là règne la maison nouvelle de Médicis : l'inimitié entre elle et Ferrare n'est pas ouvertement déclarée, mais une muette jalousie sépare toutefois, de sa main glacée, ces esprits si nobles et si bien faits pour s'entendre. Si, comme assurément j'oserais m'y attendre, je recevais quelques marques de la bienveillance de ces princes généreux, le courtisan perfide aurait bientôt rendu suspectes à mon premier protecteur et ma fidélité et ma reconnaissance : il y réussirait sans peine. — Oui, je veux partir ! mais ce n'est pas pour aider à vos plans ; je veux partir, et je porterai mes pas plus loin que vous ne pensez. — Aussi bien, qu'ai-je à faire en ces lieux ? qui m'y retient encore ? Ah ! je comprends trop bien chaque mot sorti de sa bouche. A peine si je pouvais les en arracher syllabe à syllabe ; mais je sais maintenant ce que la princesse a dans le cœur. — Oui, oui ! ce soupçon aussi n'est que trop fondé. Ne te désespère pas ! — « Elle consentira sans peine à mon départ, s'il doit tourner à mon avantage. » A mon départ ! Oh ! que ne sent-elle dans son âme une passion qui aimât mieux voir s'anéantir et mon avantage et moi-même ! Fussé-je plutôt cent fois à la mort qu'à celle dont la main s'ouvre si froidement pour lâcher la mienne ! — Je pars ! — Prends garde à toi maintenant ; ne te laisse surprendre à nul dehors de douceur ou d'amitié. Personne ne te trompera désormais, si tu veux ne pas te tromper toi-même.

SCÈNE IV.

ANTONIO, LE TASSE.

ANTONIO. Je viens... Mais, avant tout, veux-tu, peux-tu m'entendre avec calme ?

LE TASSE. Je ne puis agir, tu le sais ; il faut bien que j'attende et que j'écoute.

ANTONIO. Je te trouve disposé comme je le souhaitais, et j'aurai plaisir à te parler librement. — Je romps d'abord, au nom du prince, le faible lien qui semblait te retenir captif.

LE TASSE. Une volonté arbitraire me délivre, comme elle m'avait enchaîné; j'accepte, et je ne demande point de juges.

ANTONIO. C'est maintenant en mon nom propre que je m'adresse à toi. — Mes paroles, on le croirait, t'ont profondément mortifié, et plus assurément que les diverses passions dont j'étais agité ne m'ont permis de le sentir moi-même. Nul mot insultant toutefois n'est sorti, même par mégarde, de ma bouche; et, comme gentilhomme, tu n'as point lieu d'exiger vengeance : j'espère que, comme homme aussi, tu ne te refuseras point à excuser ma vivacité.

LE TASSE. Je ne veux point examiner qui d'une humiliation ou d'un outrage froisse le plus rudement notre être. — L'une pénètre avant tout dans notre cœur si l'autre irrite tous nos sens : le trait lancé par l'outrage revient du moins contre celui qui croyait s'en servir comme d'une arme mortelle, et l'épée sait alors satisfaire aux lois de l'opinion. — L'âme, il est vrai, qu'on humilie, ne se contient aussi qu'avec peine.

ANTONIO. C'est à mon tour d'insister pour te dire : Ne recule pas; remplis mes désirs, ceux du prince qui m'envoie vers toi.

LE TASSE. Je connais mon devoir, et je cède. Soit, oublions tout ce que nous pourrons oublier. — Les poëtes nous racontent que la lance d'Achille guérissait, par une réparation bienfaisante, les coups qu'elle-même avait portés; la langue de l'homme possède aussi cet heureux privilége, et je ne veux pas que le ressentiment résiste à son pouvoir.

ANTONIO. Je t'en remercie, et je désire que tu puisses bientôt mettre avec confiance à l'épreuve le désir que j'ai de te rendre service. Dis, puis-je t'être utile? Je me plairais à te le prouver.

LE TASSE. Tu m'offres ce que je ne pouvais que souhaiter en silence. — Tu me rends la liberté; maintenant, je t'en prie, procure-m'en l'usage.

ANTONIO. Qu'entends-tu par ces mots? explique-toi clairement.

LE TASSE. Mon poëme, tu le sais, est achevé; mais il s'en faut de beaucoup encore qu'il soit accompli. — Lorsque j'en fis aujourd'hui l'hommage au prince, j'espérais en même temps lui soumettre une demande. — Plusieurs de mes amis sont en ce moment à Rome; chacun d'eux m'a déjà fait connaître son opinion par écrit sur divers passages de ce long ouvrage : j'en ai souvent pu profiter; mais il en est beaucoup qui me semblent avoir encore besoin d'un nouvel examen, et j'avouerai qu'il en est d'autres que je ne voudrais point changer sans être plus convaincu de la justesse des critiques qui les condamnent. C'est ce qui ne peut se faire par lettres, et, en nous rapprochant, nous trancherons bien plus aisément toutes ces difficultés. Aussi pensais-je à prier aujourd'hui le prince lui-même de me laisser partir. Je n'en ai pas trouvé l'occasion; je n'ose plus maintenant hasarder ma demande, et c'est par toi que je me flatte d'obtenir la permission qui m'est nécessaire.

ANTONIO. Je ne crois pas qu'il soit dans ton intérêt de t'éloigner au moment même où l'achèvement de ton poëme te recommande plus que jamais à la bienveillance du prince et de sa sœur. — Le jour de la faveur est comme un jour de la moisson : il faut en profiter aussitôt qu'elle est mûre. En quittant ces lieux, tu ne gagneras rien, et tu perdras peut-être ce que tu as déjà gagné. La présence est une puissante déesse : apprends à connaître son influence, et demeure près du maître.

LE TASSE. Je n'ai rien à craindre; Alphonse est noble, il s'est toujours montré grand envers moi : et quant à ce que j'ai le droit d'espérer, je veux ne le devoir qu'à son cœur; je ne veux surprendre aucune grâce, et rien recevoir de lui qu'il pût se repentir de m'avoir donné.

ANTONIO. N'exige donc point qu'il souscrive maintenant à ton départ; il ne s'y prêterait qu'à regret, et je craindrais presque qu'il n'y consentît pas.

LE TASSE. Il y consentira s'il en est prié comme il faut, et c'est ce que tu peux faire, pour peu que tu le veuilles.

ANTONIO. Mais quels motifs, dis-moi, faut-il que je fasse valoir?

LE TASSE. L'intérêt des Muses! Laisse seulement parler mon poëme par chacune de ses stances! Mon entreprise est louable, lors même que le but où j'aspire resterait au-dessus de mes forces. La constance et la peine n'ont pas manqué à mes travaux : le cours serein de plus d'un beau jour, les heures silencieuses de tant de nuits profondes, que de temps uniquement consacré à ces chants religieux ! Sans m'enfler d'un vain orgueil, j'espérais me rapprocher des grands maîtres que l'antiquité propose à notre émulation ; j'espérais, plein de courage, réveiller mes contemporains d'une longue léthargie, les appeler aux nobles actions, et peut-être alors partager avec quelque héros chrétien le danger et la gloire des saintes batailles. — Mais si mes vers doivent animer les âmes généreuses, il faut qu'ils soient dignes d'elles. Déjà je suis redevable à Alphonse du peu que j'ai fait, et je pourrais encore lui devoir la perfection de mon ouvrage.

ANTONIO. Ne trouves-tu pas ici des hommes, ce prince lui-même, qui peuvent te guider aussi bien que tes amis de Rome? Accomplis ici ton poëme; c'est ici qu'il convient d'y mettre la dernière main. Va chercher ensuite dans la capitale du monde catholique le théâtre des effets qu'il doit produire.

LE TASSE. Alphonse a le premier inspiré ma muse, et c'est assurément lui qui, le dernier, réglera ses accords. Pour tes avis, pour ceux des hommes de goût que cette cour rassemble, je sais les apprécier aussi tout ce qu'ils valent : vous déciderez donc si mes amis ne parviennent pas à me convaincre entièrement ; mais il faut que je les voie. Gonzague a réuni pour moi un tribunal devant lequel je dois d'abord paraître, et je pouvais à peine compter sur de tels juges : Flaminio de Nobili, Angelio da Barga, Antoniano, Speron Speroni ! Tu les connaîtras. — Quels noms! ils m'inspirent à la fois la confiance et la crainte. Mon esprit tremble à l'idée des arrêts qu'ils vont prononcer ; mais il s'y soumet d'avance avec joie.

ANTONIO. Tu ne penses qu'à toi, et tu oublies le prince. Je te l'ai dit, il ne te laissera point partir; ou, s'il y consent, ce consentement lui coûtera. Peux-tu bien désirer ce qu'il ne pourra t'accorder qu'à regret? et dois-je moi-même m'employer pour une chose que je ne puis approuver?

LE TASSE. Ainsi tu me refuses le premier service qui mette à l'épreuve l'amitié que tu viens de m'offrir?

ANTONIO. L'amitié véritable se montre à refuser quand il le faut, et l'on obtient d'elle un bien trop souvent funeste quand

ACTE IV, SCÈNE IV.

elle consulte plutôt les vœux que l'intérêt de celui qui la sollicite. Tu crois désirable ce que tu désires avec passion, et tu veux tout d'un coup l'obtenir. L'homme qui se trompe remplace en violence ce qui lui manque en force, en vérité; mais mon devoir m'oblige à modérer autant qu'il m'est possible l'empressement qui t'égare.

LE TASSE. Je connais depuis longtemps cette tyrannie de l'amitié, qui de toutes les tyrannies me semble la plus insupportable. Parce que tu penses autrement que moi, tu crois penser avec plus de justesse. Je me plais à le reconnaître, tu veux mon avantage; n'exige pas cependant que je le cherche à ta manière.

ANTONIO. Et dois-je donc ainsi te nuire de sang-froid, avec pleine et entière conviction?

LE TASSE. Je veux te délivrer de cette crainte! Tes discours ne me retiendront pas. Je suis libre, m'as-tu dit; la porte m'est donc ouverte pour parvenir jusqu'au prince. Je te laisse le choix : toi ou moi! Alphonse va partir, il n'y a pas un moment à perdre; choisis vite! Si tu ne vas pas lui parler à l'instant, j'y cours moi-même. Je me résigne à tout.

ANTONIO. Laisse-moi du moins obtenir de toi quelque délai! Attends le retour du prince! Que ce ne soit pas aujourd'hui même!

LE TASSE. Non, s'il se peut, à cette heure! les pieds me brûlent sur ces pavés de marbre! mon âme ne peut trouver de repos jusqu'à ce que mes pas précipités soulèvent en liberté la poussière des voies qui conduisent à Rome. Je t'en prie! Tu vois combien peu, dans ce moment, je suis en état de parler à mon maître; tu vois, et comment le cacher? qu'en ce moment je ne puis me contenir, que nul pouvoir au monde ne le pourrait. Non, il n'y a que des chaînes qui puissent me retenir! Mais Alphonse n'est pas un tyran, ses ordres me rendent la liberté. Avec quelle joie je leur obéissais autrefois! Obéir aujourd'hui m'est impossible! Aujourd'hui seulement, laisse-moi à toute cette énergie de l'indépendance; que mon esprit puisse enfin se retrouver lui-même! je rentrerai bientôt dans le devoir.

ANTONIO. Tu me jettes dans une cruelle incertitude. Que dois-je faire? Je le sens bien, l'erreur est contagieuse.

LE TASSE. Si je dois croire que tu veux mon bien, fais ce que je désire, fais ce que tu peux! Que le prince me laisse partir, et que je ne perde pas ses bonnes grâces, ses secours! voilà ce que je te devrai, voilà ce qu'il me sera doux de te devoir. Mais si tu gardes dans ton cœur une vieille haine contre moi, si tu veux me bannir à jamais de cette cour, si tu veux à jamais ruiner ma destinée, me pousser, sans appui, dans l'immense désert du monde, persiste alors dans tes refus, et résiste à mes prières.

ANTONIO. Puisqu'il faut absolument que je te nuise, ô Tasse! je choisirai du moins la route que toi-même a choisie. L'issue prouvera qui de nous deux se trompe. — Tu veux partir! je te le prédis, à peine auras-tu quitté ces lieux que ton cœur t'y rappellera; mais l'obstination pressera ta marche, et tu iras trouver à Rome le trouble et les chagrins qui t'y attendent, manquant ainsi ton but à Rome comme à Ferrare. Je ne t'en parle plus pour t'offrir un conseil : je t'annonce seulement ce qui doit infailliblement t'arriver. Du reste, lors même que tout serait désespéré, je te prie par avance de compter toujours sur moi. — Je vais maintenant parler au prince comme tu l'exiges.

SCÈNE V.

LE TASSE, seul.

Va! je n'en veux pas davantage. Va! emportant l'idée que tu me fais croire tout ce que tu veux que je croie! Et moi aussi, j'apprends à feindre; car, si tu es un grand maître en cet art, tu as en moi un élève qui se forme vite. Ainsi la vie nous force de paraître, que dis-je? de devenir semblables à ceux que notre âme hardie et fière était d'abord en droit de mépriser! — Je vois bien clairement désormais tout l'artifice des trames de cour. Antonio veut m'éloigner de ces lieux, mais il voudrait s'en cacher. Il joue l'homme mesuré, l'homme sage, pour qu'on me juge moi-même avec d'autant plus de défaveur : il se fait mon tuteur pour ramener à l'enfance le jeune homme qu'il a trouvé indomptable; et c'est ainsi qu'il couvre d'un nuage épais le front d'Alphonse et les yeux de la princesse. — Que suis-je, à l'entendre? Si la nature m'a doué d'un beau talent, elle a fait suivre, hélas! ses dons précieux de plus d'une vicieuse faiblesse, d'un orgueil sans bornes, d'une sensibilité outrée, d'une opiniâtreté sombre. Et quand cela serait, quand le sort aurait formé de la sorte l'homme qui n'a point son pareil, ne devrait-on pas le prendre tel qu'il est, le supporter, et jouir, comme d'un profit inattendu, des instants plus heureux que la joie lui donnerait peut-être aux bons jours, enfin le laisser vivre et mourir tel qu'il est né? — Puis-je encore reconnaître l'âme solide et ferme d'Alphonse? Puis-je reconnaître, dans ce que je vois aujourd'hui, le prince qui brave ses ennemis et protége ses amis avec constance? Ah! je vois maintenant toute l'étendue de mon malheur! Il entrait dans ma destinée que chacun de ceux mêmes qui restent fidèles à tout autre changeassent pour moi, changeassent en un instant et comme par un souffle. — N'est-ce pas du retour seul de cet homme que me vient ma ruine? N'a-t-il pas dans une heure achevé ma perte? N'a-t-il pas renversé jusqu'en ses derniers fondements tout l'édifice de mon bonheur? Devais-je m'attendre à un revers si soudain de fortune? Devait-il bien me frapper aujourd'hui? Oui, aujourd'hui tout m'abandonne, comme tout se pressait naguère autour de moi. Chacun se disputait le Tasse, chacun aurait voulu s'en emparer; tous maintenant me repoussent et m'évitent. Et pourquoi cela? Le seul Antonio peut donc plus, à lui seul, que tous les trésors de gloire et d'amour dont on était envers moi si prodigue. — Oh! tous m'évitent! Toi aussi! toi aussi, ô princesse adorée, tu me fuis! — M'a-t-elle accordé, dans ces heures de tristesse, une seule, la plus faible marque de souvenir? Ai-je mérité d'elle un pareil oubli? Je te plains, pauvre cœur, toi qui lui rendais si naturellement hommage! — Si j'entendais sa voix, comme un sentiment ineffable pénétrait mon âme! si je l'apercevais, la lumière même du jour, la lumière brillante se troublait à ma vue! Son regard, sa bouche, m'attiraient par un charme irrésistible; mes genoux se soutenaient à peine, et j'avais besoin de toutes les forces de ma raison pour ne pas me prosterner et tomber à ses pieds divins! A peine pouvais-je dissiper cette ivresse! — Reprends ta fermeté, mon cœur! Plus d'illusion, plus de prestige! Oui! elle aussi! — Osé-je le dire? Je ne puis le croire. — Je le crois trop bien! mais passé-je le taire! elle aussi! elle aussi! — Pardonne-lui tout le mal qu'elle te fait mais ne te le cache pas ? elle aussi ! elle aussi ! — Oh ! ce mot, ce mot terrible dont j'aurais douté tant qu'un souffle de croyance eût survécu dans mon âme, oui ! ce mot s'y grave comme un dernier arrêt du sort sur la marge étroite des pages trop bien remplies, où sont tracées, dans l'airain, les tables de nos douleurs. C'est de ce seul instant que mes ennemis sont forts ! c'est maintenant que je cesse de l'être et pour jamais ! Comment combattre lorsqu'elle se mêle à la foule de mes ennemis? comment prendre patience, puisqu'elle ne me tend plus de loin sa main secourable, puisque son regard n'accueille plus mes prières ? — Tu as osé accuser sa légèreté, et pourtant devais-tu la craindre? Maintenant, avant que le désespoir n'ait déchiré tes entrailles de ses griffes de fer, oui ! hâte-toi de plaindre tes amères destinées, et répète seulement : Elle aussi ! oh ! elle aussi !

ACTE CINQUIÈME.

SCÈNE I.

Le théâtre représente un jardin.

ALPHONSE, ANTONIO.

ANTONIO. J'ai suivi tes ordres : je viens, pour la seconde fois, de parler au Tasse. Je l'ai vivement mais vainement pressé de ne point quitter la cour, il reste inébranlable, et te supplie de permettre qu'il aille passer au moins quelque temps à Rome.

ALPHONSE. Son obstination m'afflige, je te l'avoue, et j'aime mieux en convenir que d'accroître, en la cachant, la peine que j'éprouve. — Il veut partir? eh bien ! je ne le retiens plus. Il veut partir, il veut aller à Rome? soit ! pourvu seulement que Gonzague, que l'adroit Médicis, ne me l'enlèvent pas pour toujours. L'Italie doit sa grandeur à cette émulation de ses princes, qui se disputent l'un à l'autre la possession des hommes de génie et la jouissance de leur talent. Le souverain qui ne les rassemble pas autour de lui me semble un général sans armée, et celui qui reste sourd à la voix mélodieuse des poëtes n'est, quel qu'il soit, qu'un barbare. — J'ai trouvé, j'ai choisi le Tasse, je suis fier de lui comme de mon serviteur, et, après avoir déjà tant fait pour l'acquérir et pour le conserver, je ne pourrais me résoudre à le perdre sans nécessité.

ANTONIO. Je suis tout honteux, car je porte à tes yeux la faute de ce qui s'est passé aujourd'hui. Je confesse volontiers mes torts, et j'attends de ta bonté qu'elle me les pardonne ; mais, si tu pouvais croire un moment que je n'ai pas fait pour les réparer tout ce que j'ai pu faire, je serais vraiment inconsolable. Oh ! regarde-moi avec bienveillance, ou je ne pourrais retrouver mes esprits, je perdrais toute confiance en moi-même.

ALPHONSE. Non, Antonio, ne crains rien; je ne t'accuse pas. Je connais trop bien le caractère du Tasse ; et ne sais-je pas trop bien aussi que j'ai fait moi-même pour lui ce que j'aurais pu en exiger, que j'ai eu pour lui les égards, les ménagements auxquels je devais m'attendre de sa part? — L'homme peut maîtriser bien des choses ; mais la nécessité, le temps peuvent à peine dompter sa nature.

ANTONIO. Quand les autres s'oublient pour un seul, il est juste qu'à son tour il cherche avec empressement ce qui peut leur plaire. Celui qui a agrandi toutes ses facultés, celui qui a amassé toutes les richesses du savoir, et acquis toutes les connaissances que nous pouvons acquérir, ne devrait-il pas être doublement obligé à se dominer lui-même? — Mais y songe-t-il?

ALPHONSE. Nous ne pouvons jamais goûter le repos! Au moment où nous croyons en jouir, un ennemi nous est donné pour exercer notre courage, un ami pour exercer notre patience.

ANTONIO. Le premier devoir de l'homme, puisque la nature ne l'a pas aussi étroitement borné que la bête, celui de choisir avec une sobriété prudente des aliments, des breuvages qui ne l'enlèvent pas à sa raison, voit-on que le Tasse le remplisse? Ne se laisse-t-il pas plutôt séduire comme un enfant par tout ce qui flatte son palais? Quand tempère-t-il le vin dont il fait usage? Mets épicés, mets les plus délicats, boissons fortes, autant de poisons qu'il entasse à la hâte! Puis il se plaint du trouble de ses sens, du feu qui embrase ses veines, qui porte l'incendie dans tout son être ; et, souffrant par sa faute, il maudit la nature et le sort ! — Combien de fois n'ai-je pas entendu l'insensé disputer avec amertume contre son médecin! Cette scène m'aurait presque fait rire, s'il y avait rien de plaisant à voir souffrir un autre et à souffrir soi-même de sa folie. — Je suis malade, dit-il, plein d'inquiétude et de tristesse : à quoi bon vanter votre art? Guérissez-moi!—Changez de régime.— Je ne le puis. — Prenez du moins ce breuvage. — Oh non ! son goût est horrible, il me révolte. — Alors buvez de l'eau. — De l'eau ? moins encore ! je la hais comme un hydrophobe. — Il n'y a pas moyen de vous secourir. — Et pourquoi ? — Vous ajoutez sans cesse à vos maux ; et, si vous n'en mourez pas, vos douleurs augmenteront tous les jours. — Fort bien! pourquoi donc êtes-vous médecin? Vous connaissez mon mal ; vous devez aussi connaître le remède dont j'ai besoin, et savoir le rendre agréable, afin que, pour chasser la souffrance, je ne sois pas d'abord forcé de souffrir. — Tu ris, prince, et pourtant, j'en suis sûr, c'est ce que tu as toi-même entendu de sa bouche.

ALPHONSE. Oui, souvent ! et souvent je l'ai excusé.

ANTONIO. Une vie déréglée enfante des songes pénibles, et finit par nous faire rêver même en plein jour. Sa défiance habituelle est-elle autre chose qu'un rêve? Il se croit, en tout lieu, environné d'ennemis et de piéges : il ne voit point d'hommes qu'il n'accuse d'envie; et envier son talent c'est haïr sa personne, le persécuter sans relâche. Combien de fois n'as-tu pas été importuné de ses plaintes? Des portes forcées, des lettres surprises, et du poison, et des poignards ! Sais-je quels monstres son imagination ne se crée pas? Alors tu ordonnes des recherches; on les exécute, et que trouve-t-on? à peine une apparence. La protection d'aucun prince ne le tranquillise; le cœur d'aucun ami ne le rassure. Peux-tu donc lui promettre repos et bonheur? Peux-tu bien en attendre quelques plaisirs pour toi-même?

ALPHONSE. Tu aurais raison, Antonio, si je ne cherchais en lui que mon propre avantage. — N'en est-ce pas un déjà que de ne pas compter sur des jouissances parfaites? Toutes choses ne nous servent pas de la même manière, et l'homme qui veut user d'un grand nombre de moyens ne manque jamais son but quand il sait les manier. Les Médicis, les papes même, nous l'ont appris et prouvé. Quelle noble indulgence, quelle patiente douceur ces princes n'ont pas montrées pour plus d'un grand talent qui, tout en ayant besoin de leurs faveurs, semblait par leur conduite pouvoir s'en passer?

ANTONIO. Qui ne sait, seigneur, que les privations de la vie peuvent seules nous apprendre à apprécier les biens qui l'adoucissent? Dès son entrée dans la carrière, le Tasse a déjà trop obtenu pour trouver ses vœux pleinement satisfaits. Certes, s'il lui eût fallu d'abord gagner ce qu'on lui prodigue maintenant à pleines mains, il aurait en homme déployé toutes ses forces, et chaque pas vers le but eût été pour lui une jouissance. — N'est-ce donc pas, pour un pauvre gentilhomme, avoir atteint le terme le plus élevé de ses désirs que d'être choisi par un grand prince pour habiter sa cour, et de devoir à sa main bienfaisante une existence assurée? Et s'il reçoit, en outre, de ce maître généreux des marques de faveur et de confiance qui l'élèvent jusqu'à lui et au-dessus des autres, soit dans la guerre, soit dans les emplois, dans sa familiarité même; alors, ce me semble, ne devrait-il pas, dans sa reconnaissance, rendre humblement grâces à sa bonne fortune? — Que manque-t-il au Tasse? N'a-t-il pas obtenu le succès le plus doux à son âge? Sa patrie ne proclame-t-elle pas déjà son nom, et n'a-t-elle pas mis en lui ses espérances? Crois-moi : c'est sur le duvet même où le berce son bonheur qu'il repose et caresse son humeur et ses caprices. Qu'il parte, laisse-le s'éloigner, donne-lui du temps : qu'il aille chercher à Rome, à Naples, partout où il voudra, ce qu'il ne sait pas trouver ici et ne retrouvera qu'auprès de toi.

ALPHONSE. Veut-il d'abord retourner à la ville?

ANTONIO. Il demande à rester quelques jours encore à Belriguardo. Il doit s'y faire envoyer par un ami tout ce que son voyage rend nécessaire.

ALPHONSE. J'y consens de grand cœur. Ma sœur et son amie vont retourner à Ferrare, je les y précéderai à cheval : toi, tu nous suivras dès que tu auras pourvu à ce qu'il désire. Donne au châtelain l'ordre de le laisser ici tout le temps qu'il voudra, jusqu'à ce qu'il ait reçu ce dont il a besoin pour partir, et que nous lui ayons envoyé les lettres que je veux lui donner pour Rome. — Il vient! Adieu!

SCÈNE II.

ALPHONSE, LE TASSE.

LE TASSE, *avec réserve*. La bonté dont tu m'as si souvent donné des marques ne s'est jamais fait voir à moi si clairement qu'en ce jour. Tu m'as pardonné le criminel écart dont je m'étais rendu coupable au sein de ta demeure, tu m'as réconcilié avec mon adversaire, et maintenant tu permets que je m'éloigne de ta présence, sans m'enlever ta généreuse protection. Je pars donc, plein d'une douce sécurité, et dans cette courte absence j'espère trouver un terme aux angoisses qui me serrent le cœur. Mon esprit abattu va se relever, prince; il se rendra digne encore de te plaire. Je le vois s'élancer de nouveau dans la route où j'avançai d'abord, en joie et en courage, animé par ton puissant regard.

ALPHONSE. Je te souhaite un heureux voyage, et j'espère bientôt te revoir exempt de maux et de tristesse. Rapporte-nous alors, pour chaque heure dont tu nous auras privés, de nouveaux et de plus grands plaisirs : reviens plus heureux toi-même. Je te donnerai des lettres pour mes amis, pour mes serviteurs de Rome, et je désire vivement que ce soit en tout lieu aux miens que tu te fies; je ne cesserai même, malgré ton éloignement, de te considérer comme à moi.

LE TASSE. Seigneur, tu combles de tes bienfaits un homme qui s'en trouve indigne, et qui ne peut même, en ce moment, t'exprimer sa profonde reconnaissance. Au lieu d'actions de grâces, je te soumets une autre prière! Mon poëme est ce qui m'importe le plus. J'ai déjà beaucoup fait pour accomplir cette longue entreprise; je n'ai épargné ni soins ni travail; mais je suis loin d'avoir atteint le but. Je voudrais consulter mes premiers maîtres, dans la cité antique où le génie des grands hommes plane encore sur la postérité, et donne à leurs humbles disciples d'utiles et d'efficaces leçons. Mes chants leur devront de nouveaux titres à ton suffrage; ils en seront plus fiers en le méritant davantage. Daigne donc me rendre les pages imparfaites que je rougis de savoir dans tes mains.

ALPHONSE. Eh quoi! tu me reprendrais aujourd'hui ce que

tu viens à peine de m'offrir en ce jour! Laisse-moi me placer, comme un médiateur, entre ton poëme et toi! Prends garde de flétrir, par une critique trop rigoureuse, cette nature aimable qui revit dans tes vers, et ne va pas prêter l'oreille aux conseils qui t'assiégeront de toutes parts! Le poëte avec sagesse doit concilier les mille pensées des hommes, accorder, s'il le peut, tant d'esprits divers qui se contredisent dans leurs opinions comme dans la vie; mais il ne doit pas craindre de déplaire à certains de ses juges, pour plaire d'autant mieux à d'autres. — Pourvu qu'elle soit maniée par une main scrupuleuse, la lime peut toutefois être çà et là nécessaire : je m'engage donc à te faire remettre bientôt une copie de ton poëme. L'original restera dans mes mains, pour que mes sœurs et moi nous puissions en jouir les premiers; et si tu nous rapportes un plus parfait ouvrage, heureux de voir s'accroître nos plaisirs, nous te donnerons encore, au nom de la seule amitié, notre avis sur quelques passages.

LE TASSE. Je n'oserais répéter ma prière. Que j'aie promptement du moins la copie que tu veux bien me promettre! Mon âme est maintenant attachée tout entière à ce fruit de mes pénibles veilles.

ALPHONSE. J'approuve le zèle qui t'anime! mais, cher Tasse, il faudrait d'abord te distraire, jouir en liberté du monde, et reposer ton sang par un régime plus sain. Tu retrouveras alors cette douce harmonie, cet équilibre des sens, que tu chercheras vainement dans une existence agitée.

LE TASSE. On le croit; et cependant il n'est pas de santé pour moi qu'en me laissant aller à l'activité qui me poursuit : c'est en m'y livrant que je guérirai tous mes maux. Tu le vois, une vie libre et voluptueuse ne me convient pas; je ne suis jamais si peu en repos qu'au sein du repos même. Ce cœur, je le sens, hélas! ne fut point fait par la nature pour s'abandonner sur la mer des âges au mol élément de ces jours de délices.

ALPHONSE. Pourquoi tous tes sentiments, tous tes efforts, te ramènent-ils si avant dans toi-même? Des abîmes nous entourent, que le sort a creusés; mais le plus profond de tous est dans notre cœur, et un irrésistible penchant nous y entraîne! Arrache-toi à toi-même, je t'en conjure! l'homme gagnera ce que perdra le poëte.

LE TASSE. Je voudrais vainement contenir cette multitude impétueuse qui, nuit et jour, s'agite et se succède dans mon sein. S'il faut renoncer à l'imagination, à la pensée, vivre pour moi n'est plus vivre. Défendras-tu au ver industrieux de filer la soie, lors même que son travail le rapproche incessamment de la mort? C'est de ses entrailles qu'il tire le linceul précieux où il s'ensevelira, et il ne s'arrête qu'après s'être enfermé dans sa tombe magnifique. Oh! puisse un jour quelque dieu favorable nous accorder un sort si digne d'envie, afin que, pleins de joie, nous déployions nos ailes agiles dans l'espace éclairé par un soleil nouveau!

ALPHONSE. Un mot encore! Toi qui sais doubler pour les autres les jouissances de la vie, apprends, je t'en supplie, à les connaître enfin à ton tour. Cette vie ne s'offre-t-elle pas encore à toi, riche de tous ses trésors? — Adieu! plus prompt sera ton retour, et plus tu seras le bienvenu parmi nous.

SCÈNE III.

LE TASSE, *seul*.

Courage! sache te contenir, mon cœur! — Cette contrainte était donc sagesse! Il t'en coûte, car c'est la première fois, de vouloir feindre et de le pouvoir si bien. — Tu l'as bien entendu; ce n'était pas lui, ce n'était plus lui qui parlait. Il me semblait que dans sa bouche la voix d'Antonio retentissait encore. Oh! prends garde! c'est ainsi désormais qu'elle résonnera de tous côtés à tes oreilles. Courage! courage encore pour un moment! Celui qui, dans la vie, s'instruit tard à dissimuler, conserve quelque temps les dehors de la franchise. Cela passera bientôt; exerce-toi du moins avec tes maîtres. (*Après une pause.*) Tu triomphes trop vite! Elle vient! la princesse, ton amie s'approche! Oh! que sens-tu, mon âme? — La voici! Dépit, soupçons, tout dans mon sein devient douleur.

SCÈNE IV.

LA PRINCESSE, LE TASSE.

Les autres personnages paraissent à la fin de la scène.

LA PRINCESSE. Tu veux nous quitter, rester seul quelques jours encore à Belriguardo, et t'éloigner ensuite, ô Tasse! J'espère que ton séjour à Rome ne sera que de courte durée.

LE TASSE. C'est là que se porteront d'abord mes pas, et si, comme j'ose m'y attendre, mes amis m'accueillent avec bonté, je m'y arrêterai peut-être pour mettre patiemment la dernière main à mon poëme. Que d'hommes réunis au sein de cette cité fameuse pourraient à juste titre se nommer maîtres en tout genre! Chaque place, dans cette capitale du monde, chaque pierre, ne nous parlent-elles pas? Là, quelques milliers de muets instituteurs nous font signe et nous appellent, tout pleins d'une majesté à la fois grave et bienveillante! Si ce n'est pas à Rome que j'accomplis mon ouvrage, il faut renoncer à y parvenir. — Hélas! je sens déjà que le succès m'est refusé pour toute entreprise! Je le changerai, ce poëme si imparfait; mais l'accomplir, jamais! Je le sens bien aussi, je serai la victime de cet art dont profitent les autres, et qui donne aux esprits sains la force et le repos. Il me faudra errer sans cesse! Hâtons-nous de partir! bientôt Naples me recevra.

LA PRINCESSE. Imprudent! oserais-tu y paraître? L'arrêt qui t'a proscrit en même temps que ton père te repousse encore loin de ta patrie.

LE TASSE. Tu dis vrai, mais j'y ai déjà songé. — Écoute! je passe à la faveur d'un déguisement obscur, couvert de la robe indigente du pèlerin ou de l'habit d'un pauvre berger; je me glisse à travers la ville; le concours des citoyens cache aisément la trace d'un seul homme; je précipite mes pas au rivage, j'arrive, et j'y trouve une barque montée par de bons paysans qui venaient au marché, et qui regagnent leur humble demeure; ils habitent Sorrente: car c'est à Sorrente que doit tendre ma course; c'est là qu'est retirée ma sœur, ma sœur qui fut avec moi la joie des tristes auteurs de nos jours. Durant le trajet, je garde le silence ; j'aborde, toujours en silence ; je monte lentement le sentier qui conduit aux portes de la ville, et je demande : Où demeure Cornélia? Dites-le-moi, je vous prie; Cornélia Sersale? Aussitôt une femme s'empresse et me montre avec complaisance la rue, la maison ; je monte encore : les enfants courent à mes côtés, et regardent, tout surpris, l'étranger à l'air sombre, et sa chevelure en désordre. C'est ainsi que j'arrive au seuil de mon refuge; la porte est ouverte, j'entre...[1].

LA PRINCESSE. Lève les yeux, ô Tasse ; regarde, si tu peux, le danger où tu vas te jeter ! Si je ne voulais ménager une âme malade, je te dirais : Est-il généreux de parler ainsi? est-il généreux de ne penser qu'à toi, et d'oublier tes amis, comme si tu ne déchirais pas leur cœur? Ignores-tu donc ce que pense mon frère? combien ma sœur et moi nous savons t'apprécier? et ne l'as-tu pas reconnu ? Eh quoi ! tout est-il changé en si peu d'instants? O Tasse ! si tu veux nous quitter, ne nous laisse pas du moins après toi l'inquiétude et la douleur. (*Le Tasse détourne la tête.*) Qu'il serait doux d'offrir à l'ami qui s'éloigne un faible présent, ne fût-ce qu'un manteau neuf, une arme ! Mais que peut-on te donner, à toi qui rejettes avec dédain ce que tu possèdes ? La coquille du pèlerin, sa robe brune et son bourdon, voilà les biens de ton choix ! Tu pars avec la pauvreté que tu te fais à plaisir, et tu nous enlèves des jouissances que tu ne pouvais goûter toi-même qu'avec nous.

LE TASSE. Il n'est donc pas vrai que tu veuilles me chasser? Idée ravissante ! précieuse consolation ! défends-moi, prends-moi sous ta garde ! — Laisse-moi à Belriguardo, transporte-moi à Consandoli, partout où tu voudras ! Le prince a tant de châteaux superbes, tant de jardins qu'on soigne à grands frais durant toute l'année, et où vous paraissez à peine un jour, peut-être même une heure ! Oui, choisissez le plus éloigné de tous, celui que vous ne visitez jamais, qu'on laisse même sans culture; envoyez-y le Tasse! Là, que je sois à vous ! — Quels soins j'aurai de tes arbres ! Je veux, dans l'automne, couvrir les citronniers d'un impénétrable abri, et les préserver des dangers de l'hiver en les entourant d'un chaume épais. Les plus belles fleurs pousseront dans les parterres leurs racines nombreuses;

---

[1] Le Tasse, comme on sait, exécuta ce projet. Sa visite à sa sœur a même été le sujet d'un petit tableau exposé dans notre Musée.

la propreté, l'élégance pareront chaque allée, chaque réduit du parc. — Abandonne-moi aussi l'entretien du palais : j'ouvrirai, quand il faudra, ses larges fenêtres, pour que l'humidité ne puisse nuire aux peintures fragiles ; je chasserai la poussière de ses murs ornés de stucs délicats ; les plafonds brilleront de blancheur et de pureté ! pas une pierre qui se détache, pas un brin d'herbe qui pousse dans les murailles entr'ouvertes !

LA PRINCESSE. Mon âme me refuse tout conseil, je n'y trouve rien de consolant pour toi et..... pour nous. Mes yeux cherchent de tous côtés si un dieu ne viendrait pas à notre aide, s'il ne pourrait m'indiquer quelque plante salutaire, un breuvage qui rendît le calme à tes sens, à nous-mêmes. Les paroles les plus vraies qui puissent sortir d'une bouche sincère, le remède le plus doux, n'ont plus de pouvoir. — Il faut que je te quitte, et mon cœur ne peut renoncer à toi.

LE TASSE. O dieux ! est-ce bien elle qui te parle, qui prend ton sort en pitié ? Et tu as pu méconnaître ce noble cœur ! Comment à sa présence le découragement a-t-il pu saisir et abattre ton âme ? — Non, non, je te retrouve, princesse, et je me retrouve avec toi ! Continue, laisse-moi entendre de ta bouche tout ce que peut dicter la compassion ! Ne me refuse pas tes avis ! Oh ! parle, que dois-je faire ? que dois-je faire pour que ton frère me pardonne, pour que tu trouves toi-même plaisir à me pardonner, et que je puisse avec transport me compter encore au nombre des vôtres ? Dis-le-moi !

LA PRINCESSE. Nous ne voulons de toi que bien peu de chose, et il semble pourtant que ce soit trop exiger. Que te demandons-nous ? de l'abandon, de l'amitié, rien qui te sorte de ce que tu es réellement, rien, si tu n'es d'abord content de toi-même. Ta joie fait naître la nôtre ; tu nous affliges en la repoussant ; et si parfois notre patience se lasse, c'est que, pleins du désir de venir à ton secours, nous voyons, hélas ! qu'il n'y a point de secours à te donner, et que tu ne fais rien pour saisir la main que nous tendons avec effort vers toi, sans pouvoir atteindre la tienne.

LE TASSE. Tu es encore celle qui m'apparut pour la première fois un ange, un ange sacré ! Pardonne à la vue troublée du mortel, s'il t'a méconnue un instant. Maintenant plus d'erreur ! son âme s'ouvre tout entière pour te rendre hommage, son cœur tout entier se remplit de tendresse! La voilà, elle est devant toi! que sens-tu donc? Ce qui t'entraîne vers elle, est-ce du délire? est-ce de la frénésie? ou bien ne fais-tu qu'obéir à un sens plus relevé, qui conçoit d'abord, et te révèle une vérité céleste, la vérité la plus haute et la plus pure? Je l'entends; je ne puis être heureux dans ce monde qu'en me livrant au sentiment dont je suis la proie, à celui qui me rendait si misérable quand je lui résistais et voulais le bannir de mon cœur. Insensé! je songeais à lutter contre cette passion toute-puissante! Je combattais, et combattais encore, avec le plus intime de mon être; j'osais vouloir anéantir cet être qui t'appartient si pleinement.

LA PRINCESSE. Si tu veux que je t'écoute plus longtemps, ô Tasse, modère des transports qui m'effrayent.

LE TASSE. Le bord du vase retient-il le vin généreux qui bout, écume, monte, et s'élance en pétillant? Chaque mot de ta bouche relève mon bonheur; tes yeux, à chaque mot, brillent d'une lueur plus vive. Je suis changé, je le sens, jusqu'au fond de mon âme; je me sens dégagé de toute nécessité commune, je suis libre comme un dieu, et c'est à toi que j'en rends grâces! Un pouvoir ineffable découle de tes lèvres, il me subjugue. Oui, tu me fais tout à toi; rien de moi-même ne m'appartient plus désormais. — Mon regard se trouble à tant de bonheur et par tant d'éclat; mes sens chancellent, mon pied ne me fixe plus à ma place! Tu m'entraînes vers toi sans que je puisse m'en défendre; mon cœur s'élance vers le tien sans que je puisse l'arrêter! — Tu m'as conquis tout entier pour toujours; prends donc aussi mon âme tout entière!

Il tombe dans ses bras, et la serre avec force contre son sein.

LA PRINCESSE, *le repoussant et reculant avec précipitation.* Loin de moi!

LÉONORE, *accourant, après avoir paru depuis quelques instants au fond de la scène.* Qu'est-il arrivé? O Tasse! ô Tasse!

Elle suit la princesse.

LE TASSE, *sur le point de les suivre.* O Dieu!

ALPHONSE, *qui, avec Antonio, s'était déjà approché des autres personnages.* Il perd l'esprit, arrête-le.

Il sort.

SCÈNE V.

LE TASSE, ANTONIO.

ANTONIO. Si quelqu'un des ennemis dont tu te crois toujours entouré était maintenant près de toi, comme il triompherait, malheureux! Je puis à peine encore revenir de ma première surprise. Lorsque nos yeux sont frappés d'un aspect inattendu, d'un monstrueux spectacle, notre esprit demeure quelque temps immobile; nous n'avons rien à quoi nous puissions comparer ce qui nous paraît incroyable.

LE TASSE, *après une longue pause.* Remplis ta charge; je vois celle qu'on t'a confiée, et tu mérites bien cette confiance de ton prince! Remplis ta charge, et, par un long martyre, traîne ta proie à la mort! Lance, lance le trait déchirant! que je sente sa pointe recourbée sillonner mes entrailles! Tu es pour la tyrannie un précieux instrument! Chef des geôliers ou valet du bourreau, que l'un ou l'autre emploi te va bien! Comme Antonio y est propre! (*Vers la scène.*) Va, tyran, tu n'as pu feindre jusqu'au bout; triomphe! tu as rivé les fers de l'esclave; tu l'avais sciemment épargné pour des supplices longtemps médités! Va, je te hais! je sens dans toute sa force l'horreur qu'inspire le pouvoir, lorsque le crime et l'injustice dirigent ses coups odieux. (*Après une pause.*) — Ainsi donc, je me vois à la fin banni, chassé de ces lieux comme un mendiant! Ainsi l'on a paré, couronné la victime pour la conduire au sacrifice : ainsi l'on m'a, au dernier jour, dérobé mon unique bien, soustrait mon poëme par de flatteuses paroles; l'on ne me le rendra plus; ce bien unique est aujourd'hui dans vos mains, lui qui m'aurait recommandé en tout lieu à la bienveillance des hommes, le seul qui restât encore pour échapper au besoin qui me suit. Je vois bien maintenant pourquoi l'on me pressait tant de me livrer au repos : leur conspiration m'enveloppait, et tu en es la tête. Pour que mes chants demeurassent imparfaits, pour que mon nom ne s'étendît pas plus loin, que mes envieux trouvassent mille faibles passages dans mes vers, et qu'on finît par m'oublier; pour cela il fallait m'habituer à la paresse, il fallait me ménager et reposer mes sens. O digne amitié, chère sollicitude! Je m'étais fait une affreuse idée des complots qui s'appliquaient sans relâche à m'entourer de leurs filets invisibles; mais la trame est encore plus affreuse que je ne me le figurais. Et toi, sirène! toi dont la voix si douce et le regard céleste séduisaient ce cœur trop crédule, un moment t'a décelée; je te vois à présent! O Dieu! pourquoi si tard! — Mais n'est-ce pas aussi que nous trouvons un merveilleux plaisir à nous tromper nous-mêmes? Ne voulons-nous pas à toute force honorer les misérables qui nous honorent? Les hommes ne se connaissent pas entre eux. Ces esclaves seuls se connaissent, qui, tout haletants et liés par leurs chaînes au banc étroit d'une galère, n'ont rien à demander, rien à perdre, proclament chacun leurs crimes, et savent que chacun d'eux est criminel comme les autres. — Mais nous! notre politesse intéressée se méprend sur le compte de ceux qui nous entourent, pour qu'à leur tour ils se méprennent sur la nôtre. — Combien de temps l'image sacrée que se créait mon âme a-t-elle couvert à mes yeux la coquette et ses subtils artifices! Le masque tombe, Armide se laisse voir dépouillée de tous ses charmes. Armide? oui, c'est bien toi! c'est toi que mes pressentiments avaient devinée dans mes vers. — Et la rusée médiatrice de tant de perfidies, quel avilissement l'accable devant moi! J'entends maintenant le bruit de ses pas suspendus, et je connais le cercle autour duquel elle rampe. Vous tous, je vous connais! Que cela me suffise; et quand le malheur m'enlève tout, que je lui sache gré du moins de me donner une leçon : la vérité!

ANTONIO. Je sais avec quelle facilité ton âme impétueuse passe d'un extrême à l'autre; mais, en t'écoutant, ma surprise est sans égale. Modère-toi, commande à tes transports! Tu calomnies, tu te permets des choses qu'il faut pardonner à ta douleur, mais que tu ne pourras jamais te pardonner à toi-même.

LE TASSE. Oh! ne me parle pas d'un ton si doux! que je n'entende de toi aucune sage parole! Laisse-moi m'étourdir; ne me condamne pas à réfléchir sitôt sur mon égarement. — Je sens mes os brisés par la souffrance, et je ne vis plus que pour la sentir. Le désespoir me saisit de toute sa rage, et, dans les maux d'enfer qui anéantissent mon être, l'injure n'est qu'un faible cri de douleur. Je veux partir! et si tu es homme loyal, prouve-le, laisse-moi m'éloigner à l'instant.

ANTONIO. Je ne te quitterai pas dans cette pressante détresse, et si tu manques à tel point d'empire sur toi-même, je ne manquerai certainement pas de patience.

LE TASSE. Il faut donc que je me livre prisonnier dans tes mains? Je me livre, et c'en est fait! Je ne résiste pas, et ce n'en est que mieux pour moi. — Laisse-moi ramener ma triste pensée sur la grandeur du bien que j'ai perdu par ma faute. Ils partent. — O Dieu! déjà je vois d'ici la poussière qui se lève sous les roues du char, — les cavaliers courent en avant, — ils s'avancent vers la ville, ils en approchent! n'en suis-je pas aussi venu avec eux? — Ils partent, irrités contre moi! Ah! si j'avais du moins une fois baisé la main du prince! Ah! si j'avais pu seulement prendre congé, pour dire une fois encore : Oh! pardonnez! et pour entendre ces mots ravissants : Va, l'on te pardonne. — Tu ne les entendras pas, jamais! — Je veux, je veux y aller! Des adieux au moins, des adieux! Rendez, oh! rendez-moi pour un instant, pour un seul instant, votre présence tutélaire! Peut-être puis-je guérir. — Mais non, je suis chassé, je suis banni, et... je me suis banni moi-même. Je ne rencontrerai plus ce regard, je n'entendrai plus cette voix! Oh! non! plus jamais!

ANTONIO. Écoute celle d'un homme qui n'est point insensible à des peines si vives. Tu n'es pas si malheureux que tu le crois. Reprends courage! c'est trop t'abandonner à toi-même.

LE TASSE. Et suis-je donc si malheureux que je le parais? Suis-je aussi faible que je me montre à tes yeux? Tout est-il donc perdu? La douleur, comme si la terre tremblait, a-t-elle changé l'édifice en un affreux monceau de ruines? Le talent n'est-il plus là pour distraire, pour soutenir mon âme? La force qui s'élevait autrefois dans mon sein est-elle tout entière éteinte? Ne suis-je plus rien enfin? Oui, rien. Je me sens ravi à moi-même, et cette force généreuse m'est ravie à son tour.

ANTONIO. Tu te crois perdu tout entier? Compare-toi donc! Reconnais ce que tu es!

LE TASSE. Oui, tu me le rappelles à propos! L'histoire ne fournit-elle plus d'exemples qui m'encouragent? Nul grand homme, qui ait plus souffert que je ne souffrirai jamais, ne m'apparaît-il pour m'engager, au nom de cette triste supériorité, à recouvrer mes esprits ? Non ! tout est perdu ! — Une seule chose me reste. La nature nous a donné des larmes et ce cri de la douleur qui échappe à l'homme quand il ne peut plus la supporter.—Elle m'a laissé encore une voix mélodieuse pour déplorer toute ma peine, alors même qu'elle se fait sentir jusqu'au fond du cœur; et, quand les autres se taisent accablés par la souffrance, un Dieu propice m'accorda de dire combien je souffre. (*Antonio s'approche et le prend par la main.*) O noble Antonio ! tu restes ferme, immobile, et je ressemble auprès de toi à la vague remuée par les orages. Mais considère, et ne te prévaux pas trop de ta force ! La puissante nature qui fonda ces rochers donne aussi la mobilité aux flots qui viennent les battre. Elle envoie sa tempête, et l'onde fuit, chancelle, s'enfle et se courbe en écumant. Le soleil se mirait dans le cristal des eaux, les astres reposaient sur leur sein tendrement agité; mais l'éclat a disparu, et le calme s'est enfui.—Je ne me reconnais plus dans le péril, je ne rougis pas de l'avouer. Le gouvernail est brisé, le vaisseau crie de toutes parts, le plancher s'ouvre brusquement sous mes pieds ! Antonio, mes deux bras te saisissent ! Ainsi le matelot s'attache avec effort au roc contre lequel il devait échouer.

FIN DU TASSE.

LA FILLE NATURELLE.

PERSONNAGES.

LE ROI.
LE DUC.
LE COMTE.
EUGÉNIE.
LA GOUVERNANTE.
LE SECRÉTAIRE.

L'ABBÉ.
LE CONSEILLER.
LE GOUVERNEUR.
L'ABBESSE.
LE MOINE.

ACTE PREMIER.

SCÈNE I.

Le théâtre représente un bois touffu.

LE ROI, LE DUC.

LE ROI. L'objet fugitif qui attire après lui les chiens, les chevaux et les hommes, avides de ses traces, le noble cerf nous a mené si loin à travers les montagnes et les vallées, que moi-même, ici, je ne me retrouve plus, malgré la connaissance que j'ai du pays. Où sommes-nous, mon oncle? Duc, dis-moi, vers quelles collines courions-nous?

LE DUC. O mon roi! le ruisseau qui murmure autour de nous traverse la campagne d'un de tes serviteurs. Comme premier soutien du trône, il les obtint de ta faveur et de celle de tes ancêtres. De l'autre côté de ce rocher, sur une pente verdoyante, se cache une agréable demeure; elle ne fut pas construite pour te loger; mais, si tu veux l'honorer de ta présence, elle est prête à te recevoir.

LE ROI. Que la voûte seule de ces grands arbres nous reçoive sous son ombre, au moment du repos. Laisse plutôt ce zéphyr nous envelopper dans ses réseaux légers et rafraîchissants; après l'agitation et la fatigue de la chasse, le besoin du repos se fait sentir.

LE DUC. Sous cet abri de la nature, ainsi que toi-même, ô mon roi, je me sens détaché de tout; ici, du moins, n'arrive pas la voix des mécontents; ici les hommes sans pudeur ne viennent pas tendre leur main ouverte pour recevoir. Seul et satisfait, tu ne remarques nul ingrat s'éloignant de toi en silence; le monde bruyant ne nous atteint pas jusqu'ici, pour demander toujours et ne jamais rien accorder.

LE ROI. Si je veux oublier ce qui nuit et jour me poursuit, qu'aucune parole ne vienne donc me le rappeler et troubler ma paix; que le bruit tumultueux du monde cesse peu à peu de résonner à mon oreille. Oui, mon cher oncle, entretiens-moi d'objets qui cadrent mieux avec ce lieu tranquille. Ici des époux doivent se promener ensemble, et voir avec joie leur bonheur dans leurs enfants; c'est ici qu'un ami doit s'approcher de son ami pour lui ouvrir son cœur; et toi-même ne m'as-tu pas fait entendre récemment le désir de profiter d'un instant de calme pour me dévoiler une parenté secrète, avec l'espoir d'avancer, par cette confidence, l'accomplissement d'un vœu qui t'est cher?

LE DUC. Aucune de tes faveurs ne pouvait me rendre plus heureux que celle qui m'accorde la parole en ce moment. Ce que j'ai à te dire pourrait-il être bien compris d'un autre que de mon roi, qui, parmi les trésors qu'il possède, voit briller au premier rang ses enfants? Quel autre que lui-même pourrait partager plus cordialement avec un de ses sujets l'élan si pur et si vif de la joie paternelle?

LE ROI. Tu parles de joies paternelles! les as-tu jamais senties? Ton fils unique, par son naturel rude et sauvage, par ses folles dépenses, ses embarras d'argent et ses caprices opiniâtres, ne dérangeait-il pas sa fortune, aussi bien qu'il troublait la vieillesse indulgente? A-t-il changé de caractère?

LE DUC. De lui je n'attends pas de jours heureux. Son esprit troublé n'enfante que des nuages qui trop souvent, hélas! obscurcissent l'horizon de ma vie. Un astre différent, une autre lumière me réjouit; de même que la fable raconte qu'au fond d'obscures cavernes mille étincelantes escarboucles par leur éclat doux et brillant arrachent à la nuit ses ombres livides et ses secrètes terreurs; de même un bien miraculeux m'est tombé en partage, trop heureux mortel que je suis; ce bien, je le soigne plus que la possession de richesses disputées, plus que mes yeux, plus que ma vie; il me remplit à la fois de joie et de crainte, d'inquiétude et de plaisir.

LE ROI. Ne parle pas mystérieusement d'un mystère.

LE DUC. Qui parlerait avec assurance de ses fautes devant la majesté royale, si elle seule ne pouvait changer ce mal en bien et en bonheur?

LE ROI. Ce trésor si cher et si caché...

LE DUC. Est une fille.

LE ROI. Une fille! Eh quoi? mon oncle, comme les dieux de la fable, est-il furtivement descendu vers un monde inférieur, pour y chercher le bonheur de l'amour et le charme de la paternité?

LE DUC. La grandeur, comme l'humilité, nous force à agir secrètement. Celle à laquelle un sort singulier m'unit avec mystère était placée trop haut pour moi; c'est à cause d'elle que ta cour porte encore le deuil, et partage ainsi mes douleurs cachées.

LE ROI. La princesse, qu'on respectait si fort, ma proche parente, morte depuis peu?

LE DUC. Elle-même. Permets, ah! permets-moi de parler uniquement de son enfant, de cette enfant toujours plus digne de ses parents, et qui jouit de la vie avec un noble orgueil. Que tout le reste demeure enseveli avec la mère, avec cette femme si élevée en rang et douée de qualités si belles : sa mort m'ouvre la bouche; je puis enfin nommer ma fille devant mon roi, je puis le prier de la relever jusqu'à moi, jusqu'à son propre rang, et de lui rendre, par sa bonté, en présence de la cour, du royaume et du monde entier, le titre de princesse qu'elle tient de sa naissance.

LE ROI. Si la nièce que tu veux nous amener tout élevée réunit en elle les vertus de son père et celles de sa mère, la cour et la famille royale seront forcées d'admirer le lever d'un nouvel astre qui remplacera celui dont nous venons d'être privés.

LE DUC. Apprends à la connaître avant de te déclarer en sa

faveur; ne te laisse pas prévenir par les éloges d'un père. La nature lui a donné beaucoup de choses que j'admire avec ravissement, et j'ai rassemblé autour de son enfance tout ce qui dépend du cercle auquel je commande; ses premiers pas ont été guidés par une femme accomplie et par un homme sage. Avec quelle ivresse et quelle gaîté elle jouit du présent! comme elle sait peindre à son imagination ce bonheur futur des couleurs flatteuses de la poésie! Son cœur joyeux s'attache à son père; et, tandis que son esprit, attentif aux leçons d'hommes prudents, se développe par degrés, l'habitude des exercices chevaleresques ne manque pas à son corps élégant. Toi-même, ô mon roi, tu l'as vue près de toi, sans la connaître, dans la foule des chasseurs. Oui, encore aujourd'hui, cette jeune amazone qui, sur un cheval rapide, s'est précipitée la première dans le fleuve à la poursuite du cerf, c'était elle.

LE ROI. Nous prenions tous grand soin de cette noble enfant; je suis charmé d'apprendre qu'elle est ma parente.

LE DUC. Ce n'est pas aujourd'hui pour la première fois que j'éprouve comment l'orgueil et la crainte, le bonheur et l'inquiétude, en se mêlant dans le cœur d'un père, le remplissent d'un sentiment trop fort pour l'humanité.

LE ROI. Le cheval a emporté avec force et agilité cette jeune amazone près des rives du fleuve, au travers d'une colline boisée et sombre. C'est ainsi qu'elle m'a échappé.

LE DUC. Je l'ai aperçue encore une fois avant de la perdre dans le labyrinthe de la chasse qui s'éloignait. Qui sait vers quelle campagne lointaine l'emporte maintenant son humeur chagrine? Elle craint de se trouver au rendez-vous, où elle ne peut approcher de son monarque chéri qu'à une distance respectueuse, jusqu'à ce que celui-ci, par sa grâce, ait daigné la reconnaître pour une fleur de sa tige antique.

LE ROI. Quel tumulte vois-je ici? quel est ce concours de monde du côté du rocher?

Il fait signe au fond du théâtre.

SCÈNE II.

LES PRÉCÉDENTS, LE COMTE.

LE ROI. Pourquoi la foule se rassemble-t-elle là-bas?

LE COMTE. L'amazone imprudente vient de tomber le long de ces murs à pic.

LE DUC. Dieu!

LE ROI. Est-elle blessée dangereusement?

LE COMTE. Seigneur, on a sur-le-champ appelé ton chirurgien.

LE DUC. Pourquoi m'arrêter en ce lieu? Si elle est morte, il ne me reste rien qui m'attache à la vie.

SCÈNE III.

LE ROI, LE COMTE.

LE ROI. Connais-tu les détails de cet événement?

LE COMTE. Il s'est passé devant moi. Un groupe nombreux de cavaliers que le hasard avait séparés de la chasse, conduits par cette belle personne, se montraient sur les rochers de cette colline boisée : ils aperçoivent au-dessous d'eux, dans le vallon, la chasse terminée, et le cerf jeté en pâture à la meute bruyante qui le poursuivait. Aussitôt la troupe se sépare et chacun cherche à se frayer un sentier par des endroits plus ou moins difficiles. Elle seule, sans s'arrêter un instant, presse son cheval, et, de roc en roc, descend de ce côté. Nous admirions tous le bonheur de son imprudence, car il lui réussit d'abord; mais arrivée à la pente inférieure, la plus rapide du rocher, les derniers degrés trop minces manquent sous les pieds du cheval; il tombe, et elle avec lui. C'est là tout ce que j'ai pu voir avant que la foule me l'ait dérobée. Bientôt après j'ai entendu appeler ton médecin, et je suis accouru à ton signe pour t'apprendre cet accident.

LE ROI. Oh! puisse-t-elle lui rester! Il est si affreux de n'avoir plus rien à perdre.

LE COMTE. L'effroi lui a-t-il donc arraché ce secret, qu'il cachait auparavant avec tant de prudence?

LE ROI. Il m'avait déjà tout confié.

LE COMTE. La mort de la princesse lui ouvre la bouche; on peut donc publier maintenant ce qui depuis longtemps était un secret, bien que public déjà pour la cour et la ville. C'est une chose étrange que, par cela seul qu'on n'en parle pas, on s'imagine anéantir pour soi et pour les autres ce qui s'est passé.

LE ROI. Laisse à l'homme ce noble orgueil. Beaucoup de choses peuvent, doivent même arriver, qu'il ne faut pas divulguer.

LE COMTE. On l'apporte, et je le crains bien, sans vie.

LE ROI. Quel événement inattendu et terrible!

SCÈNE IV.

LES PRÉCÉDENTS, EUGÉNIE, *comme morte, portée sur des branchages entrelacés;* LE DUC, LE MÉDECIN, SUITE.

LE DUC *au médecin.* Homme expérimenté auquel est confié l'inestimable trésor de la vie de notre roi, si ton art peut quelque chose, rouvre l'œil brillant de cette jeune fille, fais que l'espérance apparaisse encore pour moi dans son regard; que du moins, pour un instant, je sorte de l'abîme de ma douleur! Si tu ne peux rien de plus, si tu ne peux me la conserver que quelques minutes, je veux m'empresser de mourir avant elle, pour dire avec consolation, au moment de la mort : Ma fille vit encore!

LE ROI. Éloigne-toi, mon oncle; je vais remplir ici, avec exactitude, les devoirs d'un père. Cet homme habile tentera tous les moyens; il soignera ta fille avec autant de conscience et de sollicitude que si moi-même j'étais couché ici entre ses bras.

LE DUC. Elle remue.

LE ROI. Est-il vrai?

LE COMTE. Elle remue.

LE DUC. Elle regarde fixement le ciel, elle promène sa vue autour d'elle; elle vit! elle vit!

ACTE I, SCÈNE V.

LE ROI, *se retirant un peu.* Redoublez vos soins.

LE DUC. Elle vit! elle vit! ses yeux se sont rouverts à la lumière. Oui, elle reconnaîtra bientôt son père, ses amis. O mon enfant chéri! ne laisse pas errer ainsi autour de toi un regard étonné, incertain; tourne-le d'abord vers moi, vers ton père; reconnais-moi; et puisque tu sors de cette nuit silencieuse, que d'abord ma voix frappe ton oreille.

EUGÉNIE, *qui peu à peu est revenue à elle et s'est relevée.* Que nous est-il arrivé?

LE DUC. Regarde-moi : me reconnais-tu?

EUGÉNIE. Mon père!

LE DUC. Oui, ton père, que ces douces paroles arrachent au désespoir.

EUGÉNIE. Qui nous a transportés sous ces arbres?

LE DUC, *auquel le médecin a donné un linge blanc.* Reste tranquille, ma fille; prends ce fortifiant avec calme et confiance.

EUGÉNIE. *Elle prend des mains de son père le linge qu'il lui présente et en couvre son visage. Elle se relève ensuite avec vivacité en ôtant le linge de sa figure.*) Je revis, oui, maintenant je me rappelle tout. J'étais là-haut; c'est par là que je voulus faire descendre mon cheval en droite ligne. N'est-il pas vrai, je suis tombée?... Me pardonnes-tu?... On m'a relevée comme morte... Mon bon père, pourras-tu aimer l'imprudente qui te causes des douleurs si amères?

LE DUC. Je croyais savoir quel noble trésor m'était tombé en partage; mais la perte que je craignais me donne un sentiment infini de mon bonheur.

LE ROI, *qui jusqu'alors s'était entretenu dans l'éloignement avec le médecin et le comte, se tournant vers ce dernier.* Fais éloigner tout le monde; je veux lui parler.

SCÈNE V.

LE ROI, LE DUC, EUGÉNIE.

LE ROI, *s'approchant.* La brave amazone s'est-elle remise? n'est-elle point blessée?

LE DUC. Non, mon roi. Ton regard favorable et tes paroles douces et amicales ont fait disparaître le reste de son effroi et de sa douleur.

LE ROI. Et à qui appartient cette chère enfant?

LE DUC, *au bout de quelques instants.* Puisque tu m'interroges, je puis tout t'avouer; puisque tu me l'ordonnes, je puis te la présenter comme ma fille.

LE ROI. Ta fille? Ainsi, mon cher oncle, le sort a fait pour toi beaucoup plus que la loi.

EUGÉNIE. Je puis me demander si de cet étourdissement mortel je suis bien rentrée dans la vie, et si ce qui m'est arrivé n'est point un songe; mon père me nomme sa fille devant son roi. Il est donc vrai, l'oncle d'un roi me reconnaît pour son enfant; je suis parente d'un grand monarque; je sors d'un état obscur et caché pour paraître tout à coup à la lumière; que Ta Majesté me pardonne d'en être éblouie et de ne pouvoir me contenir, encore incertaine et flottante.

Elle se jette aux pieds du roi.

LE ROI. Que cette position fasse éclater ton attachement au sort dont tu as joui depuis ton enfance, et cette humilité dont, quoique instruite de ta noble origine, tu as durant tant d'années pratiqué en silence les pénibles devoirs! Cependant, puisque je te relève de mes pieds pour t'approcher de mon cœur (*il la relève et la presse dans ses bras*), puisque ton oncle imprime sur ton beau front un baiser paternel, que ce soit un signe certain que je te reconnais pour ma parente, et que bientôt devant toute ma cour je renouvellerai ce qui ne s'est fait ici qu'en secret.

LE DUC. De si hautes faveurs exigent une reconnaissance entière et sans bornes, une reconnaissance de toute la vie.

EUGÉNIE. On m'a beaucoup parlé de grands hommes; mon propre cœur m'en a aussi appris plusieurs choses; cependant je ne suis nullement préparée à parler à mon roi. Ne sachant pas tout ce que je devrais te dire, je ne voudrais pas non plus rester gauchement muette devant toi. Que te manque-t-il? que pourrait-on te donner? L'abondance même qui se presse autour de toi ne s'écoule que pour le bonheur des autres. Des milliers d'hommes sont là pour te défendre, des milliers agissent à ton signe ; et si un seul voulait te sacrifier avec joie son cœur et son esprit, son bras et sa vie, il ne compterait pas dans une si grande foule, et s'anéantirait devant toi comme devant lui-même.

LE ROI. Noble enfant, si la foule peut te paraître signifier quelque chose, je ne te blâme pas, elle est importante ; mais, parmi cette foule, le petit nombre de ceux qui sont créés pour la dominer par leurs actes, leur situation, leur pouvoir, est encore plus important. Si la naissance a appelé le roi à être roi, elle a aussi appelé ses plus proches parents à être ses conseillers naturels, qui, par leur union avec lui, devraient protéger le royaume et le rendre heureux. Oh! plût au ciel que la discorde au visage feint, à la démarche sourde ne se glissât jamais dans les hautes régions, parmi les conseils de ces chefs! Noble nièce, je te donne un père par ma parole toute-puissante et royale : conserve-moi, gagne-moi le cœur et la voix de celui qui te tient de si près. Un prince a beaucoup de contradicteurs, ne le laisse pas renforcer ce parti.

LE DUC. De quel reproche tu affliges mon cœur!

EUGÉNIE. Tes paroles sont incompréhensibles pour moi.

LE ROI. N'apprends pas à les comprendre trop tôt. Je t'ouvre de ma propre main les portes de ma maison royale, je t'amène sur des pavés de marbre poli ; tu admires tout encore, et tu ne présages dans l'intérieur qu'une dignité tranquille et le bonheur. Tu trouveras autre chose. Oui, tu es venue dans un temps où ton roi, lorsqu'il célébrera le jour qui lui donna la vie, ne l'appellera pas à une fête sans nuage. Cependant ce jour me sera agréable à cause de toi ; je te verrai en public, au milieu d'un cercle, et tous les yeux seront fixés sur toi. La nature t'a donné la parure la plus belle ; laisse à ton roi et à ton père le soin d'ornements qui soient dignes d'une princesse.

EUGÉNIE. Les cris inarticulés du saisissement, tous les gestes les plus expressifs pourraient-ils peindre la joie dont tu viens d'inonder mon cœur? Seigneur, permets-moi de me mettre à tes pieds sans pouvoir rien t'exprimer.

Elle veut s'agenouiller.

LE ROI, *la retenant.* Tu ne dois pas plier le genou.

EUGÉNIE. Ah! laisse-moi jouir du bonheur d'un abandon

parfait. Lorsque, dans des moments rapides et pleins d'enthousiasme, nous nous redressons en nous affermissant sur nous-mêmes comme sur notre propre soutien, gais et pleins de confiance, alors la terre et le ciel semblent nous appartenir. Cependant ce qui fait ployer les genoux dans un moment de ravissement est aussi un sentiment doux ; on exprime mieux, dans cette position, ce qu'on peut offrir en pur sacrifice de gratitude et d'amour à son père, à son roi, à son Dieu.

Elle tombe aux genoux du roi.

LE DUC. (*Il se met aussi à genoux.*) Permets-moi de te renouveler mes hommages.

EUGÉNIE. Reçois-nous pour tes vassaux à jamais.

LE ROI. Relevez-vous, et placez-vous près de moi dans le chœur des fidèles qui, à mes côtés, protégent constamment le bien. Ce temps a des signes effrayants ; les inférieurs s'élèvent, les supérieurs s'abaissent, comme si chacun ne pouvait trouver l'accomplissement de ses vœux insensés qu'en prenant la place des autres, et ne se sentir heureux que lorsqu'il n'y aura plus de distinction, et lorsque, confondus, nous serons tous entraînés d'un même cours vers l'Océan, sans laisser de traces après nous. Ah! résistons avec courage, et redoublons d'efforts pour conserver ce qui peut nous sauver, nous et notre peuple ; oublions les différends qui excitent le puissant contre le puissant et abîment le navire, qui ne saurait résister aux vagues qu'en luttant avec force contre elles.

EUGÉNIE. Quelle nouvelle et bienfaisante lumière m'éclaire et me dirige au lieu de m'éblouir! Notre roi nous estime assez pour nous avouer ce qu'il attend de nous, et nous ne sommes plus simplement ses parents ; sa confiance nous élève à l'emploi le plus sublime. Lorsque les nobles de son royaume se pressent autour de lui pour protéger son sein, il nous demande un service plus important. Conserver les cœurs au monarque est le premier devoir de tous les gens de bien. Lorsque le prince chancelle, l'État chancelle aussi, et lorsqu'il tombe tout périt avec lui. La jeunesse, dit-on, se confie trop en ses forces et en sa volonté ; mais tout ce que peuvent cette force et cette volonté t'appartient à jamais.

LE DUC. Prince magnanime! tu sais apprécier la confiance

d'un enfant et lui pardonner. Si son père, homme d'expérience, sent et juge bien les faveurs de ce jour et les espérances qu'il promet, tu peux être certain de la plénitude de sa reconnaissance.

LE ROI. Nous nous reverrons bientôt à cette fête qui réunit mes fidèles pour célébrer l'heure qui me donna naissance. Dans ce jour, noble enfant, je te rendrai au monde, à la cour, à ton père, à moi-même. Que ton sort brille près du trône. Cependant, jusque-là, j'exige votre silence à tous deux. Que personne n'apprenne ce qui s'est passé entre nous. L'envie est toujours éveillée; bientôt les flots s'élèvent et la tempête augmente, et le vaisseau est poussé contre des bords escarpés dont le pilote lui-même ne peut le sauver. Le secret ne fait qu'assurer nos desseins; un projet divulgué ne nous appartient plus, et le hasard se joue déjà de nous. Celui-là même qui peut commander doit surprendre. Oui, avec la meilleure volonté nous faisons bien peu, parce que mille volontés croisent la nôtre. Oh! si, selon mes vœux, une force entière m'était donnée pour peu de temps seulement, tout, jusqu'au dernier foyer de mon royaume, s'en ressentirait par les soins attentifs d'un père; des heureux habiteraient sous le toit le plus humble, et les palais aussi seraient peuplés d'heureux. Après avoir un instant joui de leur bonheur, je renoncerais volontiers au trône et à la terre.

SCÈNE VI.

LE DUC, EUGÉNIE.

EUGÉNIE. Quel jour heureux, quel jour plein de délices!

LE DUC. Que j'en voudrais voir beaucoup de semblables!

EUGÉNIE. Le roi nous a comblés de grâces.

LE DUC. Jouis purement de présents si inattendus.

EUGÉNIE. Il ne paraît pas heureux, et cependant il est si bon!

LE DUC. La bonté bien souvent porte à la résistance.

EUGÉNIE. Qui serait assez dur pour s'opposer à lui?

LE DUC. Le salut de l'État demande de la force.

EUGÉNIE. La douceur du roi ne devrait faire naître que de la douceur.

LE DUC. Sa bonté enfante l'audace.

EUGÉNIE. De quelle noblesse la nature l'a doué!

LE DUC. Mais elle l'a placé trop haut.

EUGÉNIE. Elle l'a orné de tant de vertus!

LE DUC. De vertus domestiques, non de celles d'un roi.

EUGÉNIE. Il est issu d'une souche de héros.

LE DUC. La force manque quelquefois aux rejetons tardifs.

EUGÉNIE. Nous sommes là pour écraser la faiblesse.

LE DUC. Dès qu'il ne méconnaît pas notre force...

EUGÉNIE, *pensive*. Ses discours me portent à la réflexion.

LE DUC. A quoi songes-tu? Découvre-moi ton cœur.

EUGÉNIE, *après quelques moments de silence*. Toi aussi, tu es un de ceux qu'il craint.

LE DUC. Il ne craint que ceux qui sont à craindre.

EUGÉNIE. Des ennemis cachés le menaceraient-ils?

LE DUC. Celui qui cache le danger est un ennemi. Où sommes-nous, ma fille? et comme ce hasard singulier nous a entraînés rapidement vers le but? Je parle sans y être préparé, et, dans ma précipitation, je t'égare au lieu de t'éclairer. Ainsi le bonheur calme de ton enfance s'est évanoui dès tes premiers pas dans la vie. Dans la douce tranquillité, tu ne pouvais pas goûter un bonheur qui t'enivrât. Tu atteins le but, et les épines cachées d'une couronne trompeuse déchirent ta main. Chère enfant, il ne devrait pas en être ainsi; j'espérais que, sortant par degrés de la solitude, tu t'accoutumerais au monde, et que de jour en jour tu renoncerais à quelques-unes de tes espérances, à quelques-uns de tes vœux les plus chers. Mais maintenant, comme semble te l'annoncer ta chute subite, tu es entrée tout d'un coup dans un cercle de soucis et de dangers. Dans cet air on respire la méfiance, l'envie allume un sang fiévreux et joint ses maux à ceux du chagrin. Ne dois-je plus, le soir, revenir dans ce paradis qui t'entourait, et me consoler de la scène tumultueuse du monde par le sentiment de ton innocence? A l'avenir, enveloppée avec moi dans le filet, comme moi blasée et troublée, tu nous plaindras tous les deux.

EUGÉNIE. Non pas, mon père : si, jusqu'à présent inactive, séparée de tout, enfermée, bagatelle aimable, j'ai pu te donner les joies les plus pures; si j'ai pu être la consolation et le bonheur de ta vie, malgré mon insignifiance, combien la fille, enchaînée à ton destin, prise par tous les fils de ta vie, brillera pour toi d'un éclat plus doux et plus varié! Je prendrai part à toutes les actions, à toutes les grandes entreprises qui rendent mon père cher au roi et à l'État. La fraîcheur d'esprit et la vivacité de jeunesse qui m'animent, je les partagerai avec toi; ils chasseront ces pénibles rêves dont le poids et l'ennui du monde ne manquent jamais de charger le cœur d'un homme. Si, dans tes moments de tristesse, j'ai su t'offrir une bonne volonté sans effet, un amour inutile et un badinage bien puéril, j'espère qu'initiée dans tes plans et instruite de tes vœux, je mériterai glorieusement les droits de ma naissance.

LE DUC. Ce que tu perds par ce pas important te paraît sans valeur et sans dignité; tu attaches trop de prix à ce que tu espères gagner.

EUGÉNIE. Partager le crédit et l'influence d'hommes si élevés et si heureux, quelle jouissance pour de nobles âmes!

LE DUC. Assurément. Pardonne-moi de me trouver, en cette occasion, plus faible qu'il ne convient à un homme. Nous avons fait un singulier échange de nos devoirs : je devais te guider, et c'est toi qui me conduis.

EUGÉNIE. Eh bien, mon père! pénètre avec moi dans ces régions où se lève maintenant pour moi un soleil jeune et pur. Souris seulement si, dans ces heures pleines de vie, j'ose te découvrir le secret de mes soucis.

LE DUC. Découvre-le-moi, ô ma fille!

EUGÉNIE. Il y a dans la vie des moments importants qui remplissent à la fois le cœur humain de joie et de souffrance. Si, dans ces grandes occasions, un homme oublie son extérieur et se présente négligemment à la multitude, une femme, au contraire, désire plaire à chacun par une parure et des ornements bien choisis; elle aime à être pour tous un objet digne d'envie. On me l'a dit souvent, je m'en suis aperçue moi-même, et je sens même aujourd'hui que, dans les moments les plus importants de ma vie, je ne puis échapper à la faiblesse des jeunes filles.

LE DUC. Peux-tu rien souhaiter que tu n'obtiennes aussitôt?

EUGÉNIE. Tu es disposé à tout m'accorder, je le sais. Mais le grand jour est près, trop près, pour qu'on puisse tout préparer dignement : ce qu'il faut d'étoffes, de broderies, de dentelles, de bijoux, pour me parer, comment peut-on se les procurer et tout disposer?

LE DUC. Un bonheur désiré depuis longtemps vient de nous surprendre, mais nous pouvons nous trouver préparés à le recevoir. Tout ce que tu viens de me demander est acheté : dès aujourd'hui tu recevras dans des caisses magnifiques des présents auxquels tu ne t'attends pas. Je ne t'impose qu'une légère épreuve comme préparation à celles plus difficiles encore qui t'attendent dans la suite. Voici la clef, garde-la bien ; mais calme tes désirs, et n'ouvre pas ce trésor avant que je t'aie revue. Ne te confie à qui que ce soit ; la prudence le conseille, le roi lui-même l'a ordonné.

EUGÉNIE. Tu imposes de dures conditions à une jeune fille ; cependant je veux les subir, je te le jure.

LE DUC. Mon fils égaré, mon propre fils épie déjà les voies secrètes par lesquelles je t'ai conduite ; il envie le peu de bien que je t'ai consacré jusqu'ici. S'il apprenait que la faveur du roi t'élève, et que bientôt tu pourrais avoir des droits égaux aux siens, quelle serait sa fureur! N'emploierait-il pas toute espèce de ruses pour empêcher ce grand événement?

EUGÉNIE. Attendons ce jour en silence ; et lorsqu'il sera venu, le droit que j'aurai de me nommer sa sœur ne me fera pas manquer pour lui d'une conduite complaisante, de paroles amicales, ni de condescendance. Il est ton fils, et ne devrait-il pas, comme toi, être fait pour la sagesse et pour l'amour?

LE DUC. Je te charge de ce miracle ; accomplis-le pour le plus grand bien de ma famille. Mais, hélas! en te quittant, une terreur subite s'empare de moi et me fait frissonner. C'est ici que je te tins morte dans mes bras, c'est ici que la griffe de tigre du désespoir me déchira. Qui pourra jamais m'ôter cette image de devant les yeux? Je t'ai vue morte! Bien souvent, le jour et la nuit, telle je croirai te voir. Quand j'étais loin de toi, ne veillais-je pas continuellement sur toi? Ce n'est plus maintenant le rêve bizarre d'un malade, c'est une image vraie, ineffaçable. Eugénie, âme de ma vie, pâle, abattue, sans haleine, Eugénie morte!

ACTE I, SCÈNE VI.

EUGÉNIE. Ne renouvelle pas des impressions que tu devrais écarter; que cette chute et ma délivrance te paraissent le gage de mon bonheur. Tu me vois vivante devant toi (*elle l'embrasse*), tu me sens vivante contre ton sein. Que toujours je te paraisse ainsi, qu'une vie si ardente et si pleine d'amour chasse cette odieuse pensée de mort.

LE DUC. Un enfant peut-il sentir combien la crainte d'une perte seulement possible déchire un père? Te l'avouerai-je? le courage trop hasardeux avec lequel, semblable à l'oiseau qui s'élance dans les airs, tu presses ton cheval à travers les vallées et les montagnes, les rivières et les fossés, comme si tu sentais en toi la double nature et la force des centaures, ce courage m'a causé encore plus d'inquiétude que d'admiration. A l'avenir, modère l'ardeur avec laquelle tu jouis de cet exercice.

EUGÉNIE. Le danger cède à la violence et ne s'attaque qu'à la modération. Tâche de voir maintenant du même œil qu'autrefois, lorsque avec tant de calme tu m'initiais, jeune encore, aux secrets de l'équitation.

LE DUC. Je me trompais alors, et une longue vie d'alarmes me punira. L'habitude du danger ne nous invite-t-elle pas à le chercher?

EUGÉNIE. Le bonheur et non la crainte dompte le danger. Adieu, mon père; suis ton roi, et, à cause de ta fille, sois son vassal dévoué, son ami fidèle. Adieu.

LE DUC. Reste encore debout à cette place, comme lorsque tu es revenue à la vie, et que tu as rempli de joie mon cœur déchiré. Ce bonheur ne doit pas rester inutile; je veux lui consacrer ici même un monument éternel. Un temple s'élèvera en ce lieu consacré à la guérison, comme à la chose qui rend le plus heureux. A l'entour ta main élèvera un royaume de fées. Un labyrinthe d'allées agréables s'entrelacera dans le bois touffu; ce rocher immobile deviendra accessible, ce ruisseau coulera semblable à un miroir tranquille, et le voyageur étonné se croira arrivé dans un paradis. Nul trait ne tombera ici tant que je vivrai; nul oiseau ne sera chassé de sa branche, nulle bête sauvage ne sera effrayée ni blessée dans sa tanière. Lorsque mes yeux me refuseront leur secours, et que mes pieds seront sans vigueur, je viendrai encore ici appuyée sur toi; le sentiment de la reconnaissance m'animera toujours également. Mais adieu !... Quoi ! tu pleures ?

EUGÉNIE. Quand mon père a pu craindre avec angoisse de perdre sa fille, aucune inquiétude ne doit-elle naître en moi à l'idée de... comment le penser et le dire ?... de le perdre ? Les pères privés de leurs enfants sont bien à plaindre, mais les enfants privés de leurs pères le sont plus encore. Et moi, la plus malheureuse de tous, je resterais seule dans ce monde immense, qui m'est étranger ; je serais séparée de lui, de mon unique guide !

LE DUC. Je te rends les consolations que tu m'as données. Poursuivons notre chemin gaiment comme autrefois. La vie est le gage de la vie et se défend elle-même. Séparons-nous promptement ; une rencontre heureuse nous dédommagera de cette séparation, qui nous a trouvés trop faibles.

Ils se quittent brusquement ; de loin ils se disent encore un dernier adieu en étendant les bras, et disparaissent.

ACTE DEUXIÈME.

SCÈNE I.

Chambre d'Eugénie, d'un style gothique.

LA GOUVERNANTE, LE SECRÉTAIRE.

LE SECRÉTAIRE. Mérité-je que tu me rebutes, au moment où je t'apporte une nouvelle tant désirée ? Écoute d'abord ce que j'ai à te dire.

LA GOUVERNANTE. Je sens bien ce que cela signifie. Ah ! permets à mon œil d'éviter un regard trop connu, à mon oreille de se fermer à une voix trop écoutée, à ma volonté de suivre l'ascendant de l'homme qui, toujours à mes côtés comme un spectre, agit sur moi par l'amour et par l'amitié d'une manière irrésistible.

LE SECRÉTAIRE. Lorsque, après une longue attente, je secoue enfin à tes pieds la corne d'abondance du bonheur, et que l'aurore du jour qui doit nous unir à jamais se lève en souriant à l'horizon, c'est alors que tu parais pleine d'indécision et de répugnance, et que tu veux fuir les offres d'un époux.

LA GOUVERNANTE. Tu ne me montres qu'un des côtés, celui qui brille et éblouit, comme la terre éclairée des rayons vivifiants du soleil; mais derrière s'étend une nuit sombre et pleine d'horreur que je redoute déjà.

LE SECRÉTAIRE. Ne regardons d'abord que le côté brillant. Désires-tu une habitation au milieu de la ville? La veux-tu spacieuse, en bon air, bien ornée, telle qu'on peut la désirer pour soi et pour les hôtes qu'on reçoit? elle est prête; et si tu le veux, l'hiver prochain nous trouvera plongés dans les plaisirs. Si au printemps tu aimes à voir la campagne, une maison, un jardin, des champs fertiles nous y attendent aussi. Tout ce que l'imagination peut se figurer de plus riant en forêts, en bocages, en prairies, en ruisseaux et en lacs, nous le posséderons, et nous en jouirons. A côté de cela, des rentes nous permettront, au moyen d'économies faciles, d'augmenter chaque année une aisance certaine.

LA GOUVERNANTE. Ce tableau, quelque flatteur que tu me le représentes, s'entoure à mes yeux de tristes nuages. Le Dieu du monde ne m'offre pas l'abondance sous une forme digne d'envie, mais sous une forme odieuse. Quel sacrifice demande-t-il? J'aiderai à détruire le bonheur d'une élève qui m'est chère? Mais pourrais-je goûter d'un cœur libre ce que me donnerait un tel crime? Eugénie, toi dont la paisible existence devait se développer tout entière près de moi et porter de si beaux fruits, puis-je encore distinguer ce qui t'appartient et ce que tu as reçu de moi? Toi que je porte dans mon cœur comme mon propre ouvrage, faut-il t'immoler maintenant? De quoi êtes-vous formés, cruels, pour m'oser proposer un tel crime, et me croire capable de le faire à ce prix?

LE SECRÉTAIRE. Il est vrai qu'un cœur noble et bon, conservé tel depuis l'enfance, est un trésor qui devient toujours plus beau et plus digne d'être offert à la divinité sainte qui habite en nous. Mais lorsque la puissance qui nous gouverne exige de nous un grand sacrifice, nous cédons à la nécessité, quoique avec un cœur saignant. Ce sont deux mondes, ma chère, qui se combattent avec acharnement.

LA GOUVERNANTE. Tu te jettes dans un monde tout à fait étranger à mes sentiments, en préparant au noble duc, ton maître, des jours d'une douleur si amère, et en t'enrôlant dans le parti de son fils. Lorsque le pouvoir suprême peut paraître favoriser le crime, nous le nommons hasard; mais l'homme qui avec réflexion choisit un tel lot est une énigme pour moi... Et moi, ne suis-je pas aussi une énigme pour moi-même, de tenir encore à toi avec tant d'attachement, lorsque tu t'efforces de m'entraîner dans l'abîme? Pourquoi la nature t'a-t-elle donné un extérieur agréable, et qui plaît irrésistiblement, en mettant dans ton sein un cœur froid, ennemi de la félicité d'autrui?

LE SECRÉTAIRE. Ne doute pas de la vivacité de mon amour.

LA GOUVERNANTE. Je voudrais m'anéantir si je le pouvais. Mais pourquoi m'affliger de ce plan odieux? N'avais-tu pas juré d'ensevelir cette infamie dans un silence éternel?

LE SECRÉTAIRE. Hélas! elle devient de jour en jour plus nécessaire. On force le jeune prince à prendre un parti. Pendant bien des années, Eugénie n'a été qu'un enfant insignifiant et inconnu. Toi seule tu l'as élevée depuis sa naissance dans ces vastes salles; peu de personnes la visitaient et toujours en secret. Mais comment eût pu se cacher l'amour de son père? Fier du mérite de sa fille, il la laissait peu à peu voir publiquement, tantôt à cheval, tantôt en voiture. Chacun se demande, et à la fin chacun sait qui elle est. Maintenant la mère est morte; Eugénie était l'effroi de cette femme orgueilleuse, parce qu'elle semblait toujours lui reprocher sa faiblesse. Elle n'a jamais reconnu sa fille, à peine l'a-t-elle vue. Le duc, se sentant libre par la mort de la mère, agit en secret, se rapproche de la cour, et, mettant de côté tout ancien sujet de plainte, il se réconcilie avec le roi sous la condition que celui-ci reconnaîtra Eugénie pour une princesse de sa famille.

LA GOUVERNANTE. Un sort propice ne lui a-t-il pas donné des droits au précieux avantage d'être princesse du sang royal?

LE SECRÉTAIRE. Ma tendre amie, tu parles légèrement du prix des biens de la terre, comme si tu étais séparée du monde par les murs d'un couvent. Regarde autour de toi; on prise mieux de pareils trésors. Le père envie le fils; le fils compte les années de son père; un droit incertain divise des frères à la vie et à la mort; le religieux lui-même oublie le but de ses efforts, et court après les richesses. On ne peut donc pas blâmer le prince, si, regardé jusqu'à présent comme fils unique, il ne reçoit pas bien une sœur qui, en s'introduisant dans la famille, vient diminuer la portion héréditaire. Qu'on se mette à sa place pour le juger.

LA GOUVERNANTE. N'est-il pas déjà un prince riche? Et à la mort de son père ne le sera-t-il pas outre mesure? Une partie de ces richesses trouverait un emploi bien précieux, si elle lui procurait une sœur chérie.

LE SECRÉTAIRE. Agir d'après ses caprices est le bonheur du riche; il résiste à la voix de la nature, à celle de la loi, de la raison, et répand ses dons au hasard. Avoir assez peut s'appeler chez lui manquer du nécessaire, car il a besoin de biens infinis pour des libéralités sans bornes. Ne pense pas donner des conseils ici, ni rien adoucir; si tu ne veux pas être avec nous, quitte-nous.

LA GOUVERNANTE. Que voulez-vous de moi? Vous menacez déjà depuis longtemps le bonheur de cette aimable enfant. Qu'avez-vous donc décidé d'elle dans votre horrible conseil? Vous voudriez peut-être que je m'associasse aveuglément à vos projets?

LE SECRÉTAIRE. Non certainement; tu peux et tu dois savoir ce qu'on veut entreprendre, et ce qu'on est forcé d'exiger de toi. Tu emmèneras Eugénie, elle doit tellement disparaître du monde que nous puissions pleurer sa mort en sûreté, et son sort futur doit rester éternellement caché, tout comme si elle n'était plus.

LA GOUVERNANTE. Vous la vouez vivante au tombeau, et dans vos rêves vous me choisissez pour être sa compagne. On me précipite avec elle. Moi qui la trahis, je partagerais durant ma vie entière la mort apparente de celle que je trahis!

LE SECRÉTAIRE. Tu la conduiras, et reviendras aussitôt.

LA GOUVERNANTE. Doit-elle passer ses jours enfermée dans un couvent?

LE SECRÉTAIRE. Non, pas dans un couvent; nous ne confierions pas un tel gage à des prêtres qui pourraient facilement s'en faire un instrument contre nous.

LA GOUVERNANTE. Doit-elle aller aux îles? Réponds.

LE SECRÉTAIRE. Tu l'apprendras plus tard ; calme-toi maintenant.

LA GOUVERNANTE. Comment le pourrais-je en voyant le danger qui menace mon élève chérie et moi-même?

LE SECRÉTAIRE. Cette jeune fille que tu aimes si tendrement y trouvera peut-être son avantage ; et quant à toi, un bonheur assuré t'attend dans ces lieux.

LA GOUVERNANTE. Ne vous flattez pas d'une semblable espérance. Que vous sert de m'assiéger ainsi, pour m'envelopper dans vos trames et me pousser au crime? Cette noble fille rendra vains tous vos projets. Ne croyez pas l'entraîner sans peine et sans danger, comme une victime dévouée. L'esprit courageux qui l'anime, la force qu'elle tient de son père et qui ne l'abandonne jamais, déchireront les filets trompeurs dont vous l'entourez.

LE SECRÉTAIRE. La sauver, tu ne le pourrais pas. Crois-tu me persuader qu'un enfant, bercé jusqu'ici dans les bras caressants de la fortune, conservera de la présence d'esprit, de la force et de la prudence, au milieu d'une catastrophe subite? Son esprit n'est pas encore façonné à l'activité ; elle peut sentir avec justesse, parler sagement, mais il lui manque beaucoup pour savoir agir. Le courage libre et fier de celui qui n'a point d'expérience se change souvent en faiblesse et en désespoir lorsque l'invincible nécessité se jette devant lui. Exécute ce que nous avons résolu ; il en sortira un peu de mal, mais beaucoup de bien.

LA GOUVERNANTE. Donnez-moi le temps d'examiner et de choisir.

LE SECRÉTAIRE. Le moment de l'exécution nous presse déjà. Le duc paraît assuré qu'à la fête prochaine le roi lui accordera toute sa faveur et reconnaîtra sa fille. Les habits et les joyaux sont prêts, et enfermés dans des caisses magnifiques dont il garde lui-même la clef, croyant ainsi garder son secret ; mais nous l'avons pénétré, nous en profitons, et ce que nous avons décidé arrivera. Ce soir tu en apprendras davantage. Adieu.

LA GOUVERNANTE. Vous marchez dans des sentiers obscurs, et croyez voir clairement votre avantage à les suivre. Mais avez-vous donc repoussé tout pressentiment de ce Dieu protecteur qui plane sur l'innocence pour la sauver, et dont tôt ou tard la vengeance démasque et punit le crime ?

LE SECRÉTAIRE. On ne peut nier un Être tout-puissant, qui s'est réservé de juger le résultat de nos actions selon sa volonté. Mais qui donc ose s'asseoir à ses conseils suprêmes ? Qui peut savoir la règle et la loi selon laquelle il veut que nous agissions ? Nous ne savons qu'une chose, mais, celle-là, nous la savons bien et nous la sentons, c'est qu'il faut nous rendre heureux dans ce bas monde. Ce qui nous est utile est notre loi suprême.

LA GOUVERNANTE. Ainsi vous repoussez tout ce qui est divin, vous n'écoutez pas les cris de votre conscience. Mais moi j'entends la mienne, qui me commande de détourner de toutes mes forces cet affreux danger qui menace mon enfant chérie, et de m'armer de courage contre la puissance et la fureur, contre toi-même. Non, aucune puissance, aucune menace ne m'ébranlera. Je suis irrévocablement dévouée à son salut.

LE SECRÉTAIRE. Toi seule, en effet, tu peux la sauver et détourner le danger qui la menace ; mais c'est en nous écoutant. Saisis promptement cette fille qui t'est chère, emmène-la aussi loin que tu le pourras, cache-la aux yeux de tous les hommes, car..... Tu frémis, tu pressens ce que je vais te dire. Eh bien ! puisque tu m'y forces, je veux le dire enfin ; l'éloigner est le moyen le plus doux. Si tu ne voulais pas entrer dans ce plan, si tu osais t'opposer à nous en secret, et trahir dans de bonnes intentions ce que je t'ai confié, tu la verrais morte dans tes bras. Moi aussi je la pleurerais ; mais mes larmes et les tiennes lui serviraient peu.

SCÈNE II.

LA GOUVERNANTE, *seule*.

D'orgueilleuses menaces ne m'effrayeront pas ; déjà depuis longtemps je vois couver le feu qui va bientôt s'échapper en flammes dévorantes. O ma chère enfant ! pour te sauver, il faut t'arracher aux doux rêves du matin de ta vie. Une seule espérance apaise ma douleur ; mais elle s'enfuit lorsque je veux la saisir. Eugénie, si tu pouvais renoncer au bonheur sans bornes qui brille pour toi, mais accompagné de mortels dangers, et dont le bannissement est la suite la moins funeste ! Que je voudrais t'éclairer, te découvrir les chemins cachés où la ruse de tes cruels persécuteurs t'épie en silence ! Mais, hélas ! je dois me taire, je ne puis t'instruire que d'une manière détournée ; et me comprendras-tu bien, dans l'étourdissement que te cause ta joie ?

SCÈNE III.

EUGÉNIE, LA GOUVERNANTE.

EUGÉNIE. Je te salue, amie de mon cœur, que j'aime comme une mère ; sois la bienvenue.

LA GOUVERNANTE. Je te presse avec délices contre mon sein, fille chérie, et je me réjouis de la plénitude de vie et de plaisir qui t'anime. Que ton œil est brillant et calme ! Quel ravissement on voit empreint sur ta bouche et sur tes joues ! et que de bonheur oppresse ton sein agité !

EUGÉNIE. Un grand accident m'était arrivé ; le cheval et sa conductrice sont tombés du haut du rocher.

LA GOUVERNANTE. Ah Dieu !

EUGÉNIE. Sois tranquille ; tu me revois, après cette chute, gaie et pleine de santé.

LA GOUVERNANTE. Comment ?...

EUGÉNIE. Tu apprendras de quelle manière ce malheur a été pour moi la source d'un bonheur bien grand.

LA GOUVERNANTE. Souvent aussi le bonheur enfante la peine.

EUGÉNIE. Ne profère pas de tristes paroles, et ne m'effraye pas d'avance par la crainte des soucis.

LA GOUVERNANTE. Tu devrais me confier tout ce qui t'arrive.

EUGÉNIE. A toi plutôt qu'à toute autre. Mais pour l'instant, chère amie, laisse-moi ; je voudrais me retrouver au milieu de mes propres sentiments. Tu sais combien mon père est satisfait lorsque je le surprends par quelque petite pièce de poésie, telle que la faveur de la Muse m'en voulut inspirer en quelques occasions. Des idées riantes voltigent autour de moi, je veux les saisir au passage, autrement elles m'échapperaient.

LA GOUVERNANTE. Quand reviendront ces entretiens qui suffisaient autrefois à nous réunir pendant une longue suite d'heures paisibles? Quand pourrons-nous, semblables à de jeunes filles qui ne peuvent se lasser de se montrer leurs parures, nous ouvrir les replis les plus secrets de nos cœurs, et nous faire jouir mutuellement avec tendresse des trésors qu'ils renferment?

EUGÉNIE. Ces heures de calme et de confiance, dont on aime à se souvenir et à se parler, reviendront aussi. Mais aujourd'hui laisse-moi dans une solitude complète, pour répondre à ce que ce jour demande de moi.

SCÈNE IV.

EUGÉNIE, *et ensuite* LA GOUVERNANTE, *en dehors.*

EUGÉNIE, *tirant un portefeuille.* Un papier et du crayon. Je veux vite écrire ce que j'ai composé si vite et de si bon cœur pour la fête du roi, pour cette fête pendant laquelle un mot de lui doit me donner une nouvelle naissance et me faire entrer dans la vie. (*Elle récite lentement, à mesure qu'elle écrit.*) « Comme la vie s'écoule ici avec douceur! Maître des régions d'en haut, ne veux-tu pas épargner la faiblesse d'une jeune novice? Je succombe éblouie de ta majesté. Mais, bientôt consolée, je relève les yeux vers toi, et me réjouis de me trouver au pied de ton trône inébranlable; rejeton de ta race, je me réjouis de voir tous les rêves de mon enfance accomplis. Laisse donc se répandre la source de tes faveurs; un cœur fidèle s'arrête ici avec tant de plaisir! tant de respect s'y mêle à tant d'amour! Tout mon être ne tient qu'à un fil délié; je me sens comme un besoin irrésistible de me hâter de te rendre la vie que tu m'as donnée. » (*Elle regarde avec satisfaction ce qu'elle vient d'écrire.*) Mon cœur ému n'a pas tardé à s'épancher en paroles cadencées. Qu'on est heureux de graver ainsi pour l'éternité les sentiments de son cœur! Mais cela suffit-il? Mon sein bat toujours avec plus de violence. Tu t'approches, grand jour que le roi nous donne et qui, en me donnant à mon roi, à mon père, à moi-même, me remplira d'une volupté infinie. Que mes chants embellissent cette fête. Mon imagination me transporte dans l'avenir, elle me transporte devant le trône, elle me fait avancer dans le cercle...

LA GOUVERNANTE, *du dehors.* Eugénie.

EUGÉNIE. Qu'est cela?

LA GOUVERNANTE. Écoute-moi, et ouvre à l'instant.

EUGÉNIE. Malheureux dérangement! Je ne puis pas ouvrir.

LA GOUVERNANTE. C'est un message de ton père.

EUGÉNIE. Comment! de mon père! Tout à l'heure, je vais ouvrir.

LA GOUVERNANTE. Je crois qu'il t'envoie des présents considérables.

EUGÉNIE. Attends.

LA GOUVERNANTE. M'entends-tu bien?

EUGÉNIE. Attends. Où pourrai-je cacher cette feuille? Elle exprime trop clairement l'espoir qui m'anime. Il n'y a pas un meuble qu'on puisse fermer, et rien n'est sûr ici, pas même ce que je porte sur moi; tous les domestiques ne sont pas fidèles. On m'a déjà lu et dérobé plusieurs choses pendant que je dormais. Où dois-je donc cacher le plus grand secret que je doive posséder jamais?(*Elle s'approche du mur.*) Bien! c'est ici, c'est dans cette muraille que je cachai les secrets innocents de mon premier âge. Toi que découvrit l'inquiète et curieuse activité, fruit de l'étourderie et du loisir de mon enfance, toi qui es inconnue à tout le monde, ouvre-toi. (*Elle pousse un ressort caché qui fait ouvrir une petite porte.*) Comme je te confiais autrefois des sucreries défendues, pour les goûter à la dérobée, de même aujourd'hui je confie à ta discrétion, et pour peu de temps, tout le bonheur de ma vie. (*Elle pose la feuille dans l'armoire, qu'elle ferme.*) Les jours se succèdent et amènent des pressentiments, tantôt de joie et tantôt de douleur.

Elle ouvre la porte.

SCÈNE V.

EUGÉNIE, LA GOUVERNANTE.

Des domestiques apportent une cassette magnifique.

LA GOUVERNANTE. Si je t'ai dérangée, je t'apporte quelque chose qui certainement me justifiera.

EUGÉNIE. De la part de mon père, cette superbe cassette? Quel contenu précieux annoncent de si beaux dehors! (*Aux domestiques.*) Attendez. (*Elle leur présente une bourse.*) Prenez cette bagatelle pour prix de votre message; vous recevrez mieux ensuite. (*Les domestiques sortent.*) Sans lettre et sans clef! Comment! un tel trésor près de moi, et fermé! O désir et impatience! devines-tu ce que peut signifier ce présent?

LA GOUVERNANTE. Je ne doute pas que tu ne l'aies deviné toi-même; il présage ta grandeur prochaine. On t'apporte une parure de princesse, parce que le roi t'en donnera bientôt le titre.

EUGÉNIE Comment peux-tu savoir cela.

LA GOUVERNANTE. Les secrets des grands seigneurs sont épiés. On peut les surprendre.

EUGÉNIE. Si tu le sais, qu'ai-je à te cacher? Pourquoi étouffer inutilement devant toi le désir que j'ai de voir ce présent? J'ai la clef ici : il est vrai que mon père m'a défendu de m'en servir; mais qu'a-t-il défendu? de découvrir le secret avant le temps, et il t'est déjà connu. Tu n'apprendras rien que tu ne saches déjà, et tu te tairas pour l'amour de moi. Pourquoi trembler? Allons, ouvrons; viens admirer avec moi l'éclat de ces présents.

LA GOUVERNANTE. Arrête; pense à ce qui t'est défendu. Qui sait les motifs du duc pour te donner ces ordres prudents?

EUGÉNIE. Il m'a donné de sages conseils pour atteindre un certain but; mais ce but est vain, tu sais tout, tu m'aimes, tu es discrète et sûre. Fermons la porte, et ensuite nous examinerons ce secret entre nous.

Elle ferme la porte de la chambre, et court vers la cassette.

LA GOUVERNANTE, *la retenant.* L'or des étoffes précieuses,

leur couleur, le doux éclat des perles, le feu des bijoux, tout cela doit rester caché : ils t'entraîneraient invinciblement.

EUGÉNIE. Le bonheur qu'ils annoncent, voilà ce qui ravit. (*Elle ouvre la cassette, dont le couvercle est orné de glaces.*) Quelle superbe draperie s'est déployée dès que ma main l'a touchée ! Et ces glaces ! ne demandent-elles pas à réfléchir la jeune fille et la parure ensemble ?

LA GOUVERNANTE. C'est la robe mortelle de Créuse que ta main déploie.

EUGÉNIE. Comment un tel accès de mélancolie peut-il s'emparer de ton cœur ? Pour chasser cette tristesse, pense aux fêtes les plus animées, à une noce. Viens, donne-moi les parties de l'habillement l'une après l'autre ; d'abord la robe de dessous. Comme l'éclat de l'argent et celui des couleurs se marient bien ensemble et paraissent riches !

LA GOUVERNANTE, *en attachant la robe d'Eugénie.* Lorsque les rayons de la faveur se voilent, cette parure pâlit tout à coup.

EUGÉNIE. Un cœur sincère mérite cette faveur, et la retient lorsqu'elle veut s'éloigner. Attache maintenant la seconde robe, celle garnie d'or ; arrange la queue, qu'elle traîne tout entière. L'émail de ces fleurs de métal est d'un bon goût sur cet or. Ne suis-je pas bien avec cette parure ?

LA GOUVERNANTE. Les connaisseurs aiment mieux la beauté sans autre parure qu'elle-même.

EUGÉNIE. Le connaisseur préfère la beauté simple, mais les ornements plaisent à la multitude. Prête-moi le doux éclat des perles, donne-moi les bijoux les plus éblouissants.

LA GOUVERNANTE. Le mérite propre et réel a seul du prix pour ton cœur et pour ton esprit ; l'apparence n'en a point.

EUGÉNIE. Qu'est-ce que l'apparence qui n'a ni fond ni réalité ? et qu'est-ce que la réalité, lorsqu'elle ne paraît pas ?

LA GOUVERNANTE. N'as-tu point passé ta jeunesse dans cette enceinte, sans trouble et sans chagrin ? N'as-tu pas goûté auprès d'une personne qui t'aimait une félicité pure et tranquille ?

EUGÉNIE. Le bouton ferme ses feuilles tant que l'hiver l'entoure de ses glaces ; mais, au souffle du printemps, une force vivifiante le fait gonfler et s'épanouir en fleur superbe à l'air et à la lumière.

LA GOUVERNANTE. La modération procure des joies sans mélange.

EUGÉNIE. Oui, lorsqu'on vise à un but médiocre.

LA GOUVERNANTE. Les heureux aiment à borner leurs jouissances.

EUGÉNIE. Tu ne me persuaderas point tant que je serai ainsi parée. Je voudrais agrandir cette salle, et la rendre éclatante comme celle où siége le roi; je voudrais étendre ici de riches tapis, au-dessus de nos têtes un dais d'or, et voir briller le cercle des grands, qu'anime le sourire du soleil et qui humilient leur fierté devant sa pompe. A cette fête majestueuse, je serai, parmi les plus distinguées, la plus remarquée. Laisse-moi goûter à l'avance le bonheur d'attirer les regards et l'admiration de tous.

LA GOUVERNANTE. Oui, l'admiration, mais plus encore la haine et l'envie.

EUGÉNIE. L'envie est l'épine du bonheur, et la haine apprend à être toujours sur ses gardes.

LA GOUVERNANTE. Les orgueilleux sont souvent frappés par l'opprobre.

EUGÉNIE. Je le défie de me surprendre. (*Se tournant vers la cassette.*) Nous n'avons pas encore tout examiné. Je ne pense pas à moi seul pour ce jour ; j'espère que d'autres recevront aussi des dons de prix.

LA GOUVERNANTE, *sortant une petite cassette*. Ici est écrit : Pour des présents.

EUGÉNIE. Prends ce qui te fera plaisir parmi ces montres et ces boîtes ; choisis. Non, je pense qu'il y a peut-être quelque chose de meilleur dans ce riche écrin.

LA GOUVERNANTE. Oh ! s'il s'y trouvait un talisman capable de te gagner l'amitié de ton frère, de cet homme haineux !

EUGÉNIE. Les efforts d'un cœur naïf et pur fléchiront peu à peu sa mauvaise volonté.

LA GOUVERNANTE. Mais le parti qui attise sa colère sera toujours opposé à tes vœux.

EUGÉNIE. S'il a cherché jusqu'ici à retarder mon bonheur, il sera bientôt forcé de suivre une pente irrésistible, et chacun s'arrangera sur ce qui sera arrivé.

LA GOUVERNANTE. Ce que tu espères n'est pas encore fait.

EUGÉNIE. Je puis bien le considérer comme terminé. (*Regardant la caisse.*) Qu'y a-t-il dans cette longue boîte ?

LA GOUVERNANTE, *sortant la boîte*. Ce sont des rubans frais et de choix : ne dépense pas toute ton attention en une vaine et futile curiosité ; prends sur toi d'écouter mes paroles, pour un instant seulement. Tu sors d'une sphère bornée et tranquille pour entrer dans un vaste champ où te seras assiégée de soucis, et où une main meurtrière te tendra ses filets ; la mort t'y attend peut-être.

EUGÉNIE. Tu me parais malade, sans cela mon bonheur pourrait-il te sembler un spectre effrayant ? (*Regardant la boîte.*) Que vois-je ? ce rouleau, certainement c'est le bandeau des princesses ; je l'aurai aussi : vite, laisse-moi voir comment il me siéra. Il est de règle pour le costume. Essaye-le-moi. (*On lui attache le ruban.*) Maintenant, ne me parle plus de mort ni de danger. Que peut souhaiter de plus l'esprit d'un homme que de paraître devant son roi entouré de ses pairs et vêtu comme un héros ? Rien peut-il mieux attirer les regards que ces habits guerriers qui brillent sur une longue file ? Ces habits et leurs couleurs ne sont-ils pas l'emblème d'un danger continuel ? L'écharpe signifie la guerre où se précipite un homme courageux, et la force qui fait sa confiance. Les emblèmes brillants sont toujours dangereux. Mais, ainsi parée, je puis attendre avec fermeté ce qui doit m'arriver ; mon bonheur, chère amie, est inévitable.

LA GOUVERNANTE, *à part*. Inévitable est le sort qui te menace !

ACTE TROISIÈME.

SCÈNE I.

Antichambre du duc, ornée dans le goût moderne.

LE SECRÉTAIRE, UN ABBÉ.

LE SECRÉTAIRE. Entrez sans bruit dans cette demeure silencieuse. La mort semble planer sur toute la maison. Le duc dort, et la tristesse rend tous ses serviteurs immobiles et muets. Il dort; je le félicitais en moi-même tout à l'heure de ce qu'il reposait sans connaissance sur son lit. Ce calme bienfaisant de la nature a soulagé l'excès de sa douleur. Je crains pour lui le moment du réveil; vous verrez un homme bien accablé.

L'ABBÉ. J'y suis préparé, n'en doutez pas.

LE SECRÉTAIRE. Il y a peu d'heures qu'il a reçu la nouvelle qu'Eugénie était morte d'une chute de cheval: on lui raconta qu'on l'avait transportée chez vous comme à l'endroit le plus proche de ces masses de rochers où elle a affronté la mort avec tant d'imprudence.

L'ABBÉ. Pendant ce temps, on a pris soin de l'éloigner?

LE SECRÉTAIRE. On l'entraîne le plus rapidement possible.

L'ABBÉ. A qui avez-vous confié une tâche aussi difficile?

LE SECRÉTAIRE. A la femme prudente qui nous appartient.

L'ABBÉ. De quel côté l'avez-vous envoyée?

LE SECRÉTAIRE. Au port le plus éloigné de ce royaume.

L'ABBÉ. Et de là, sans doute, aux pays les plus lointains?

LE SECRÉTAIRE. Le premier vent favorable l'emmène.

L'ABBÉ. Et ici elle doit passer pour morte?

LE SECRÉTAIRE. Ton récit doit le faire croire.

L'ABBÉ. Il faut que l'erreur prenne dès les premiers moments pour qu'elle se perpétue à jamais. Il faut que l'imagination soit frappée du cadavre et du tombeau de cette jeune fille; je déchirerai son image chérie de mille manières, et je graverai ce malheur en traits de feu dans la mémoire de ceux qui m'écouteront. Déjà pour tous elle s'est évanouie, elle a disparu sous les cendres du néant. Chacun s'empresse de reporter ses regards vers la vie, et, dans l'ivresse des désirs mondains, oublie qu'elle aussi, elle a été au nombre des vivants.

LE SECRÉTAIRE. Tu te mets à l'œuvre avec beaucoup de hardiesse; mais ne crains-tu pas des remords pour l'avenir?

L'ABBÉ. Quelle question me fais-tu là! Nous sommes résolus.

LE SECRÉTAIRE. Un malaise intérieur nous trouble malgré nous à l'heure de l'exécution.

L'ABBÉ. Qu'entends-je! toi délicat? ou serait-ce seulement pour essayer si vous avez réussi de faire de moi un de vos élèves?

LE SECRÉTAIRE. On ne réfléchit jamais trop aux choses importantes.

L'ABBÉ. Il faut y réfléchir avant de les entreprendre.

LE SECRÉTAIRE. On en trouve l'occasion même pendant l'exécution.

L'ABBÉ. Quant à moi, je ne puis plus hésiter sur rien: cela était bon alors que je vivais dans le paradis de jouissances modestes que je m'étais créées, alors qu'enfermé dans l'étroite enceinte des haies de mon jardin je greffais les arbres plantés de mes mains, et que les humbles planches de mon potager suffisaient à garnir mon humble table; alors la joie répandait un sentiment d'abondance sur tout ce qui m'entourait dans ma pauvre maison; je parlais à mes paroissiens selon la portée de mes vues et selon les impulsions de mon cœur, comme un père et comme un ami; ma main secourait le bon dans ses nécessités, repoussait le méchant, et s'opposait au vice. Pourquoi mon bon génie ne t'a-t-il pas chassé loin de ma porte, ce jour où tu vins y frapper pendant la chasse, accablé de fatigue et dévoré de soif? tu sus me charmer par de douces paroles et par des manières flatteuses. Ce beau jour, voué à l'hospitalité, fut pour moi le dernier d'une paix si longue, goûtée avec tant de délices.

ACTE III, SCÈNE I.

LE SECRÉTAIRE. Nous t'avons procuré bien des jouissances.

L'ABBÉ. Et bien des peines. Je devins pauvre en fréquentant les riches, soucieux par le besoin, indigent en ne pouvant me passer de l'assistance d'autrui. Vous me donnâtes des secours, mais je les achetai bien cher. Vous me prîtes pour partager votre bonheur et seconder vos plans : je devrais dire que vous fîtes un esclave tourmenté d'un homme libre jusqu'alors. Et d'ailleurs, si vous m'avez pris à vos gages, ne m'avez-vous pas toujours refusé le prix que je vous demandais?

LE SECRÉTAIRE. Compte que dans peu nous t'accablerons de richesses, d'honneurs et de bénéfices.

L'ABBÉ. Ce n'est pas ce que j'attendais.

LE SECRÉTAIRE. Et quelle nouvelle demande as-tu donc à faire?

L'ABBÉ. Jusqu'à présent, et cette fois encore, vous vous êtes servi de moi comme d'un instrument. On exile cette enfant du monde des vivants, je suis chargé de cacher et de colorer ce crime ; vous l'avez conçu et exécuté sans moi. Mais de ce moment je demande à prendre place à des conseils où les choses se décident, où chacun, fier de ses moyens et de ses forces, opine sur des forfaits monstrueux et inévitables.

LE SECRÉTAIRE. Tu acquiers de nouveaux droits et de bien grands à notre confiance en t'unissant encore cette fois à nous. Tu apprendras bientôt de graves secrets ; jusque-là prends patience et affermis-toi.

L'ABBÉ. Je le suis, et plus que vous ne le pensez. Depuis longtemps j'ai pénétré vos plans, et celui-là seul qui sait les prévoir et les deviner mérite d'y être initié.

LE SECRÉTAIRE. Que prévois-tu, et que sais-tu?

L'ABBÉ. Nous en parlerons cette nuit. Le triste sort de cette jeune fille se perd à mes yeux comme un ruisseau dans l'Océan, depuis que je songe à quelle puissance factieuse vous vous élevez secrètement, et avec quelle ruse et quelle audace vous espérez prendre la place de ceux qui gouvernent. Vous n'êtes pas les seuls ; d'autres visent au même but par de contraires chemins : ainsi s'écroulent la patrie et le trône. Qui peut se sauver, lorsque tout tombe à la fois?

LE SECRÉTAIRE. J'entends marcher.... Retire-toi à l'écart ; je t'introduirai quand il en sera temps.

SCÈNE II.

LE DUC, LE SECRÉTAIRE.

LE DUC. Lumière cruelle! tu me rappelles à la vie, à la conscience du monde extérieur et de moi-même. Que tout me semble désert autour de moi! Tout est consumé, tout est en ruines, le bonheur n'est plus pour moi.

LE SECRÉTAIRE. Chacun de tes serviteurs souffre avec toi, et voudrait se charger d'une portion de ta douleur: tu en serais moins triste et plus fort.

LE DUC. Les douleurs causées par l'amour sont indivisibles et infinies comme l'amour lui-même. Je sens quel est l'épouvantable malheur de celui qui perd son bien de chaque jour. Pourquoi laisse-t-on briller encore devant moi ces murailles, dont les couleurs vives et les riches dorures me rappellent froidement l'état de bonheur parfait dont je jouissais hier, dont je jouissais avant-hier ? Pourquoi n'avoir point tendu les corridors et les salles d'un crêpe funèbre, afin qu'à l'extérieur une nuit sombre comme mon cœur m'entoure éternellement ?

LE SECRÉTAIRE. Tout ce qui te reste devrait encore te sembler quelque chose, même après ce que tu as perdu.

LE DUC. Ce n'est plus pour moi qu'un rêve accablant et sans réalité: elle seule était l'âme de cette maison. A mon réveil, je voyais voltiger autour de moi l'image de cette enfant chérie ; et souvent elle m'envoyait pour salut matinal une feuille écrite de sa main, toute pleine d'esprit et de sentiment.

LE SECRÉTAIRE. Que de fois l'envie de te faire plaisir lui a inspiré des rimes poétiques et précoces !

LE DUC. L'espérance de la voir était le seul charme des heures fatigantes de la journée.

LE SECRÉTAIRE. Que de fois on t'a vu t'échapper vers elle, impatient des obstacles et des retards, comme un jeune homme qui brûle de rejoindre sa maîtresse !

LE DUC. Ne compare pas ce feu de jeunesse que le désir

ACTE III, SCÈNE II.

égoïste de la possession dévore, au sentiment d'un père qui contemple avec un enthousiasme pur et tranquille le développement rapide des forces de son enfant, et qui jouit avec délices des progrès de son esprit. Les transports de l'amour demandent la présence de l'objet aimé; mais le père vit dans l'avenir : c'est là que s'étend le champ de ses espérances, c'est là qu'il doit recueillir les fruits qu'il a semés.

LE SECRÉTAIRE. Tu as perdu ce bonheur immense, cette joie toujours pleine d'une fraîcheur nouvelle.

LE DUC. Est-il perdu? En ce moment même, mon âme le possédait tout entier dans tout son éclat. Oui, il est perdu; malheureux, tu me l'as rappelé; cette heure vide et sans emploi me le rappelle. Je l'ai perdu! Coulez, mes pleurs; que le désespoir mine et détruise mon corps trop plein de santé, et que l'âge a trop épargné. Tout ce qui existe encore, tout ce qui me paraît fier de sa durée m'est odieux; mes vœux sont pour tout ce qui passe et chancelle. Flots, révoltez-vous, renversez vos digues, et couvrez la terre. Mer turbulente, ouvre tes abîmes, engloutis les vaisseaux, les hommes et leurs trésors. Que les bataillons guerriers se répandent au loin, et que des cadavres amoncelés signalent partout leurs traces sanglantes. Que la foudre s'allume dans un ciel pur, et frappe les tours qui lèvent leur tête avec tant d'orgueil; que la flamme détruise, dévore, répande au loin sa fureur au milieu du tumulte des villes : entouré de toutes parts des cris du désespoir, je me résignerai alors au sort qui m'a frappé.

LE SECRÉTAIRE. Ce malheur imprévu a fait une impression effrayante sur ton esprit, si ferme et si élevé.

LE DUC. Il m'a surpris : mais il s'était annoncé. Un génie favorable avait ranimé ma fille dans mes bras, et m'avait montré un instant, pour m'y préparer, ce malheur effroyable, éternel maintenant! C'est alors que je devais m'opposer à sa témérité, et réprimer l'excès de son courage. Il fallait arrêter cette folie, qui, l'aveuglant sur sa nature mortelle et vulnérable, précipitait à travers les bois, les fleuves, les ruisseaux et les rochers, sa course rivale du vol des oiseaux.

LE SECRÉTAIRE. Comment ce que font heureusement tous les premiers du pays pourrait-il être la prédiction d'un malheur?

LE DUC. J'ai bien eu un pressentiment de mes souffrances, lorsque pour la dernière fois... pour la dernière fois ! je viens de prononcer le mot fatal qui plonge ma vie dans les ténèbres. Si je l'avais vue encore une fois, j'aurais peut-être détourné ce malheur, je l'aurais priée avec instance, je l'aurais suppliée, comme peut le faire un père tendre, de se conserver à nous, et de sacrifier à notre bonheur et à notre tranquillité sa passion pour les courses à cheval. Un instant me fut refusé, et j'ai perdu ma fille chérie! Elle n'est plus! L'accident auquel elle échappa avec tant de bonheur n'a fait que la rendre plus hardie. Personne n'était là pour l'avertir, pour la diriger. Elle était trop âgée pour se soumettre à sa gouvernante. A quelles mains avais-je confié un tel trésor? à une femme trop faible et qui cédait en tout ; pas un mot de fermeté pour diriger la volonté de ma fille. On lui laissait une liberté illimitée, un champ ouvert à toutes ses imprudences. Cette femme ne la conduisait pas bien ; je l'ai souvent senti, mais je ne me le disais pas assez fortement.

LE SECRÉTAIRE. Ne blâme pas cette malheureuse. On ne sait dans quels lieux elle erre, poursuivie par ses douleurs et sans aucune consolation. Elle s'est échappée. Qui oserait se présenter devant toi, lors même qu'on n'aurait à se faire que des reproches indirects?

LE DUC. Laisse-moi décharger ma colère sur d'autres, bien qu'injustement : sans cela je me déchirerais moi-même. Je paye ma faute, et bien chèrement. N'est-ce pas moi qui, par mes encouragements insensés, ai provoqué le péril et la mort sur une tête si chère? C'était tout mon orgueil de la voir dominer en tout ; ah! je l'ai payé bien cher. Je voulais la voir briller comme une héroïne lorsqu'elle montait à cheval, ou lorsque, debout sur un char léger, elle tenait les rênes. En plongeant dans l'eau, elle me semblait une déesse qui commande aux éléments. Elle l'aurait été véritablement, si elle avait pu échapper à un danger de tous les jours; mais, au lieu de la conserver, l'habitude du danger lui a donné la mort.

LE SECRÉTAIRE. L'exercice d'un devoir bien généreux donna la mort à celle que nous n'oublierons jamais.

LE DUC. Explique-toi.

LE SECRÉTAIRE. Je vais encore aggraver tes douleurs par le récit de sa noble entreprise. Son premier et vieil instituteur, qu'elle aimait tant, habite loin de cette ville ; il est misanthrope, malade, et plongé dans la tristesse. Elle seule pouvait l'égayer, ce devoir était devenu une passion pour elle ; elle venait trop souvent le visiter, et on le lui avait défendu. Mais elle s'arrangeait en conséquence, et employait les heures consacrées à l'exercice du cheval à courir avec la plus grande rapidité voir ce vieillard tant aimé. Un seul palefrenier était dans sa confidence, chaque fois il lui préparait son cheval ; à ce que l'on présume du moins, car il a aussi disparu. Cet homme et la gouvernante errent on ne sait où, par crainte de toi.

LE DUC. Qu'ils sont heureux d'avoir encore quelque chose à craindre ! Le chagrin d'avoir fait évanouir la félicité de leur maître fait chez eux une légère blessure, qui se change en frayeur bientôt dissipée. Je n'ai plus rien à craindre, moi, plus rien à espérer ! Fais-moi tout savoir, décris-moi les plus petites circonstances, je suis préparé à tout.

SCÈNE III.

LE DUC, LE SECRÉTAIRE, L'ABBÉ.

LE SECRÉTAIRE. Très-honoré prince, j'ai gardé pour cet instant l'homme que tu vois s'incliner devant toi. C'est le prêtre qui a reçu ta fille des mains de la Mort, et qui l'a ensevelie avec le plus grand soin, quand tout espoir de secours a été perdu.

SCÈNE IV.

LE DUC, L'ABBÉ.

L'ABBÉ. Grand prince, je nourrissais depuis longtemps un vif désir de paraître devant toi ; mais ce vœu n'est rempli qu'au moment où nous sommes plongés tous deux dans une profonde douleur.

LE DUC. Quoique chargé d'une mission pénible, sois le bienvenu. Tu l'as vue, tu as recueilli dans ton cœur son dernier regard languissant, tu as gardé dans ta mémoire ses dernières paroles, et répondu par ta tristesse à son dernier soupir. Dis-moi, parlait-elle encore? Que disait-elle? A-t-elle pensé à son père? M'apportes-tu un dernier adieu de sa bouche?

L'ABBÉ. Le messager d'une mauvaise nouvelle est le bienvenu tant que par son silence il laisse encore place dans notre cœur à l'espérance et à l'illusion; le malheur sans ressource est odieux.

LE DUC. Pourquoi frémir? Que puis-je apprendre? Elle n'est plus, le calme et le repos sont maintenant sur sa tombe; ce qu'elle souffrit est passé pour elle, c'est pour moi que le tourment commence : parle donc.

L'ABBÉ. La mort est un mal commun à tous. Envisage ainsi le sort de ta fille morte, et que son passage de ce monde en l'autre reste secret comme la nuit du tombeau. Ce n'est pas toujours insensiblement, par une pente douce et facile, que l'on descend dans le royaume silencieux des ombres. La destruction nous entraîne souvent au dernier repos par une douloureuse violence et des tortures infernales.

LE DUC. Elle a donc beaucoup souffert?

L'ABBÉ. Beaucoup, mais pas longtemps.

LE DUC. Elle eut un instant de souffrance, un instant où elle appela du secours! Et moi, où étais-je alors? Quelle occupation, quel plaisir m'enchaînait? Rien ne m'annonçait le malheur effroyable qui déchirait ma vie. Je n'ai pas entendu les cris, ni ressenti la chute, cause de mon désespoir sans ressources. Les pressentiments, les affinités lointaines sont des fables. L'homme, sensuel et endurci, renfermé dans le présent, ne sent que le bien et le mal qui le touchent immédiatement; l'amour même est sourd dans l'absence.

L'ABBÉ. Quelle que soit la force des paroles, je sens combien elles sont insuffisantes à consoler.

LE DUC. Les paroles blessent plus vite qu'elles ne guérissent, et, malgré tous leurs efforts, elles cherchent en vain à remplacer le chagrin présent par l'idée d'un bonheur qui n'est plus. Aucun secours, aucun art ne pouvait donc la ramener à la vie? Qu'as-tu tenté, qu'as-tu fait pour la sauver? Certainement tu n'as oublié aucun moyen.

L'ABBÉ. Hélas! dans l'état où je la trouvai, on ne pouvait penser à rien.

LE DUC. Je perdrai donc pour toujours le doux soutien de ma vie. Je veux nourrir ma douleur de douleur en conservant ses restes. Où sont-ils?

L'ABBÉ. Son tombeau est seul, dans une chapelle digne de le recevoir. De l'autel, je le vois constamment à travers une grille; et je ne cesserai de prier avec larmes pour elle, tant que je vivrai.

LE DUC. Viens. Conduis-moi vers ce lieu. Le plus habile médecin nous accompagnera. Nous arracherons son beau corps à la corruption, et nous conserverons son image inestimable avec des baumes précieux. Oui, tous les atomes qui formaient naguère son admirable stature resteront assemblés; aucun ne se perdra dans le néant.

L'ABBÉ. Que dois-je te dire? Faut-il te le cacher? Tu ne peux y aller; hélas! son image est défigurée; un étranger même ne la verrait pas sans pitié, et les yeux d'un père... Non, que Dieu t'en détourne; tu ne pourrais la regarder.

LE DUC. Quel redoublement de chagrin me menace!

L'ABBÉ. Permets-moi de garder le silence, de peur que mes paroles n'altèrent le souvenir même de celle que tu as perdue. Je ne veux pas te raconter comment elle fut traînée à travers les bois et les rochers, et en quel état je la reçus dans mes bras, défigurée et sanglante, déchirée, meurtrie, brisée, méconnaissable. Alors, les yeux pleins de larmes, je bénis l'heure où j'avais renoncé solennellement à porter le nom de père.

LE DUC. Tu n'es point père! Tu es donc l'un de ces êtres égoïstes et endurcis qui se dérobent à l'ordre de la nature et dévouent dans la solitude leur vie entière à un stérile désespoir. Éloigne-toi, ta vue m'est odieuse.

L'ABBÉ. Je le sens, on ne saurait pardonner au messager d'un tel malheur.

Il veut s'éloigner.

LE DUC. Excuse-moi, et reste. As-tu jamais contemplé avec un étonnement mêlé de plaisir une image qui semblât vouloir te reproduire miraculeusement à tes propres yeux? Si tu avais joui de cette vue, tu n'aurais pas déchiré avec autant de cruauté cet objet créé pour être sous mille traits divers mon bonheur et ma joie en ce monde; tu n'aurais pas aigri jusqu'à la douceur d'un triste souvenir.

L'ABBÉ. Que devais-je faire? Te conduire au tombeau que mille larmes étrangères ont déjà baigné, pendant que je déposais ses membres palpitants et brisés dans la demeure glacée qui les dévorera?

LE DUC. Homme insensible, tais-toi; tu ne fais qu'ajouter à mon désespoir en croyant l'adoucir. Malheur! malheur! Ainsi donc les éléments, affranchis du joug de l'ordre et de la vie, vont détruire insensiblement par leurs combats cette céleste image. Autrefois mon cœur paternel se plaisait à compter un à un ses progrès toujours croissants; mais cette vigueur de vie s'arrête devant mes regards désespérés, et se réduit en poussière.

L'ABBÉ. Tout ce que l'air et la lumière ont produit de destructible, le sépulcre le garde à jamais.

LE DUC. C'était une belle coutume des anciens de séparer par l'action d'un feu pur, dès que l'avait quitté l'esprit qui l'animait, cet ensemble parfait formé par la nature avec tant de lenteur et de sagesse, cette image humaine empreinte de tant de dignité. Lorsque les flammes s'élançaient vers le ciel, et que l'aigle, déployant ses ailes, prenait son vol emblématique entre la fumée et les nuages, les larmes se séchaient, et ceux que la Mort laissait sur la terre suivaient de l'œil sans crainte cette divinité nouvelle jusqu'aux espaces azurés de l'Olympe. Oui, rassemble en un vase précieux les cendres, reste de ses tristes restes, pour que mes bras ne s'étendent plus en vain, pour que je puisse encore presser contre mon cœur ce douloureux trésor.

L'ABBÉ. La douleur qui se nourrit de douleur n'en devient que plus amère.

LE DUC. Vivre de sa douleur est une jouissance. Oh! que je voudrais, m'en allant en pèlerinage, ainsi qu'un pénitent, porter à pas lents ses cendres muettes sous un toit modeste, au lieu même où je la vis pour la dernière fois, où je la tins morte dans mes bras, et où je la vis revenir à la vie; illusion trop vaine! Je croyais la tenir, la posséder pour toujours, et pour toujours elle m'est ravie; à cet endroit du moins j'éterniserai ma douleur. Dans le rêve de ma joie, j'avais fait vœu d'élever un monument à sa guérison ; la main habile du jardinier a déjà tracé des allées détournées à travers les bois et les rochers ; on a déjà découvert la place où le roi la pressa sur son cœur, en la nommant sa nièce ; la proportion et la symétrie devaient embellir ce lieu témoin de mon bonheur. Les mains qui y travaillaient se reposeront, et avec mon bonheur s'évanouira ce plan à moitié exécuté. Je veux encore élever un monument ; mais il sera de pierres brutes, entassées sans ordre. J'irai m'y établir, et j'y demeurerai jusqu'à ce que je sois délivré de la vie. Que ne puis-je être changé en l'une des pierres immobiles du monument, jusqu'à ce que toutes les traces que laisse le chagrin aient disparu de ce lieu triste et solitaire ! Que l'herbe croisse autour de cette enceinte sans abri, que les branches s'entrelacent sans culture, que les bouleaux balayent la terre de leurs chevelures pendantes, que le jeune arbrisseau devienne arbre, et que la pierre polie se couvre de mousse ; quant à moi, je ne sentirai point s'écouler le temps : car elle n'est plus, celle dont les progrès étaient pour moi la mesure des années !

L'ABBÉ. Est-il permis à l'homme de quitter les plaisirs variés du monde pour l'uniformité de la solitude ? Doit-il se livrer volontairement à la destruction lorsque le malheur, s'approchant de lui, le menace de son insupportable fardeau ? Pars plutôt, visite ce pays, et parcours rapidement les royaumes étrangers, pour que les divers tableaux de la terre, passant devant ton esprit, te distraient.

LE DUC. Qu'ai-je à chercher sur la terre, puisque je n'y peux plus trouver celle qui seule était quelque chose à mes yeux ? Pourquoi les fleuves et les collines, les vallées, les forêts et les rochers passeraient-ils devant mon esprit ? Ils ne feraient qu'éveiller en moi le besoin de ressaisir l'image de la seule personne que j'aie aimée au monde. Lorsque du haut d'une montagne je contemplerais la mer sans bornes, que serait pour moi cette richesse de la nature ? que me rappellerait-elle, sinon la misère où je suis tombé moi-même !

L'ABBÉ. Tu acquerras des richesses nouvelles.

LE DUC. Il n'est que l'œil de la jeunesse qui puisse donner de la fraîcheur et une nouvelle vie à ce qui nous est connu depuis longtemps, et l'enthousiasme qui nous est refusé ne peut nous être rendu que par une bouche naïve. Aussi espérais-je lui montrer les plaines couvertes d'habitations de ce royaume, ses forêts, ses fleuves, et la mener jusqu'à la mer pour y jouir des délices infinies qu'on sent à égarer sa vue sur ce qui n'a pas de limites.

L'ABBÉ. Grand prince, puisque tu ne veux pas vouer à la contemplation les jours d'une longue vie, au moins le bonheur de tous t'impose auprès du trône, selon le privilége de ta naissance, une tâche noble et universelle : je t'appelle donc au nom de tous; redeviens homme; que les heures de tristesse qui obscurcissent l'horizon de ta vie, en devenant pour les autres des heures de réjouissance, le deviennent aussi pour toi-même.

LE DUC. Cette vie est insipide et sans charme lorsque tous les efforts, toutes les peines, n'aboutissent qu'à de nouveaux efforts et à de nouvelles peines, lorsque aucun but chéri ne s'offre pour récompense. Je n'avais qu'à la voir, et je possédais et j'acquérais encore avec joie, pour lui créer un petit royaume heureux et tranquille; alors j'étais calme, ami de tous les hommes, serviable, actif, prompt au conseil et à l'action. On chérit son père, on le remercie, me disais-je, et un jour on saluera la fille comme une digne amie.

L'ABBÉ. Tu n'as plus de temps à donner à des soins aussi doux; d'autres soins te réclament. Te le dirai-je, moi, le dernier de tes serviteurs? dans ces tristes jours, tous les regards se tournent avec inquiétude vers ton mérite rare et ta haute puissance.

LE DUC. Celui-là seul qui est heureux peut se sentir du mérite et du pouvoir.

L'ABBÉ. Les atteintes brûlantes d'une si profonde douleur font sentir vivement l'importance de tels moments; pardonne-moi, si j'ose parler encore avec tant de confiance. Tous ne voient pas distinctement la sourde agitation qui ébranle l'État, et la faiblesse qui le fait chanceler; mais ces choses sont plus claires à tes yeux qu'à ceux de la foule à laquelle j'appartiens. Ne crains pas de saisir, pendant l'orage qui nous menace, le gouvernail mal dirigé. Pour le bien de ton pays, écarte ta douleur; autrement mille pères pleureront aussi leurs enfants, et des milliers d'enfants qui ne trouveront plus leurs pères, des milliers de mères dans l'angoisse, feront retentir de leurs cris les murs de leurs cachots. Immole tes douleurs et tes chagrins sur l'autel du bien commun ; tous ceux que tu sauveras deviendront tes enfants et ta consolation.

LE DUC. Ne fais pas sortir de leurs affreux repaires cette multitude de spectres qui se jettent rapidement et comme par magie entre ma fille et moi. Elle n'est plus, la puissance enivrante qui berçait mon esprit de si doux rêves. La réalité me presse, et menace de m'écraser de son poids énorme. Allons, sortons du monde! Si l'habit que tu portes ne me trompe pas, conduis-moi au couvent, séjour de pénitence, et laisse-moi là, pour que la vie qui m'est à charge s'écoule dans le silence et l'humiliation.

L'ABBÉ. Bien qu'il ne me convienne guère de t'appeler au monde, j'ajouterai encore avec fermeté d'autres paroles. Ce n'est pas dans le tombeau ni près de lui qu'un homme plein de grands sentiments doit consumer ses désirs. Il rentre en lui-même, et y retrouve avec étonnement ce qu'il avait perdu.

LE DUC. Le désir de la possession se conserve dans sa force, tandis que ce qui est perdu s'éloigne toujours davantage ; c'est là le tourment continuel que souffre le corps à l'endroit des membres qu'il a perdus. Une existence divisée, qui peut la réunir? Anéantie, qui peut la faire revivre?

L'ABBÉ. La force d'esprit, le courage de l'homme, à qui l'on ne saurait ravir le mérite dont la nature l'a doué. Eugénie vit encore pour toi; elle vit dans ton cœur qu'elle animait jadis, auquel elle faisait vivement sentir la vue d'un beau site; son souvenir chéri te préserve de tout ce qui est vulgaire ou mauvais, et que chaque heure peut t'offrir; son mérite éclatant te garantit de tout le faux brillant qui peut t'éblouir. Que sa force t'anime; rends-lui ainsi une vie indestructible, que rien au monde ne pourra plus t'enlever.

LE DUC. Oui, je veux chasser les tristes et sombres rêveries qui m'enveloppaient; que l'image de ma fille tant aimée soit pour moi toujours la même, toujours pleine de jeunesse! Que ses yeux brillants m'éclairent toujours de leur pure lumière! qu'elle plane devant moi partout où je vais, et me conduise à travers le labyrinthe de ce monde. Ce n'est pas un fantôme que je vois. Tu fus, tu es encore. La Divinité t'avais conçue parfaite et montrée telle à nos yeux. Tu possèdes l'infini, l'éternité; tu m'appartiens pour toujours.

ACTE QUATRIÈME.

Place près d'un port. D'un côté un palais, de l'autre une église, au fond une rangée d'arbres à travers laquelle on aperçoit le port.

SCÈNE I.

EUGÉNIE, *enveloppée d'un voile, est assise dans le lointain, sur un banc, le visage tourné vers la mer.* LA GOUVERNANTE, UN CONSEILLER *sur le devant.*

LA GOUVERNANTE. Une charge bien triste, et que je ne peux pas éviter, m'éloigne du centre du royaume, de l'enceinte de la capitale, et m'entraîne vers ce port, dernière limite du continent; les chagrins me suivent pas à pas, et s'annoncent pour l'avenir accompagnés de périls. Avec quelle joie je vois paraître, ainsi qu'un phare allumé sur ma route, un conseiller si justement distingué entre tous par sa noblesse! Pardonne-moi donc si je m'avance vers toi avec cette feuille autorisant une conduite qui m'est si pénible, vers toi dont le juge estimait jadis les avis et l'assistance, et que maintenant on vénère comme magistrat.

LE CONSEILLER, *après avoir examiné attentivement la feuille.* Mes efforts furent peut-être dignes de louanges, non pas mon mérite. Au reste, il me paraît singulier que ce soit précisément à celui qu'il te plaît de nommer juste et noble que tu viennes t'adresser dans une telle circonstance, en lui présentant avec audace un papier que l'on ne peut regarder sans effroi. Il n'est pas question ici de droit ni de justice, mais de force seulement. C'est une violence terrible, même serait-elle dirigée avec sagesse et prudence. Une noble enfant t'a été confiée à la vie et à la mort, et je ne dis pas trop. Elle a été mise entièrement à ta disposition: chacun donc, le serviteur, le guerrier comme le citoyen, doit te prêter assistance, et exécuter les ordres que tu prononceras sur elle.

Il rend la feuille.

LA GOUVERNANTE. Montre-toi juste encore en cette occasion ; ne te laisse pas émouvoir seulement aux accusations de cette feuille ; mais écoute-moi aussi, moi qui suis si grièvement accusée, et accueille avec faveur mon récit sincère. Cette enfant est d'un sang noble ; la nature lui a donné une riche part dans la distribution de ses dons, et l'a ornée de toutes les vertus, lorsque la loi lui refusait d'autres titres au respect. Maintenant on la bannit ; je suis chargée de l'éloigner du cercle des siens, de l'amener ici pour la conduire ensuite aux îles.

LE CONSEILLER. A une mort certaine, qui surprend, qui s'avance entourée de vapeurs embrasées. Là, cette fleur céleste se fanera, les couleurs de ses joues s'effaceront, et l'on ne reconnaîtra plus cette taille qui maintenant charme les yeux.

LA GOUVERNANTE. Écoute-moi avant de prononcer. Cette enfant n'est point coupable ; cela a-t-il besoin de protestation ? mais elle est cause de beaucoup de maux. Un dieu, dans sa colère, l'a jetée comme une pomme de discorde au milieu de deux partis qui se font une guerre éternelle : d'un côté on cherche à lui assurer le bonheur le plus élevé ; de l'autre on veut la précipiter dans l'abîme. Les deux partis sont résolus. C'est ainsi qu'un double labyrinthe de menées secrètes a enveloppé son sort, que la rage a balancé la ruse, jusqu'à ce qu'une impatience trop vive ait voulu hâter le moment qui assurait son bonheur. Alors de chaque côté la dissimulation brisa ses barrières, la violence se déchaîna en menaçant l'État lui-même. Enfin, pour mettre un terme aux crimes des coupables, et pour déjouer leurs desseins, une sentence frappe ma jeune élève, occasion bien innocente du combat, et la relègue dans l'exil ainsi que moi.

LE CONSEILLER. Je ne profère aucune injure contre l'instrument d'une telle violence, et ne puis m'opposer à la puissance qui se la permet. Hélas ! le pouvoir lui-même a souvent ses fers, et rarement la conviction le fait agir avec liberté. Les soucis et la crainte de maux plus grands forcent ceux qui gouvernent à des actions utiles mais injustes. Fais ce que tu dois, et éloigne-toi de ma sphère pure et bornée.

LA GOUVERNANTE. Je la cherche au contraire, je m'y réfugie ; et c'est là seulement que j'attends mon salut ; tu ne me repousseras pas. Depuis longtemps je désire montrer à mon élève le bonheur simple et tranquille qui habite dans les rangs mitoyens. Si elle voulait renoncer à la grandeur qu'on lui refuse, se mettre sous la protection d'un époux honnête, et, perdant de vue ces régions où l'attendent le danger, le bannissement et la mort, tourner ses regards vers un ménage modeste, tout serait accompli; je serais déchargée de mon devoir rigoureux, et je pourrais goûter encore paisiblement au sein de la patrie des jours heureux.

LE CONSEILLER. Tu me révèles un secret bizarre.

LA GOUVERNANTE. Je le révèle à un homme ferme et prudent.

LE CONSEILLER. Tu peux sauver cette jeune fille en lui trouvant un époux?

LA GOUVERNANTE. Et je la donne parée d'une riche dot.

LE CONSEILLER. Qui pourrait prendre un tel parti si précipitamment?

LA GOUVERNANTE. L'inclination ne se fixe que lorsqu'on la presse.

LE CONSEILLER. La choisir inconnue serait un outrage pour elle.

LA GOUVERNANTE. Le premier regard la fait connaître et apprécier.

LE CONSEILLER. Les dangers qui menacent l'épouse menaceront aussi l'époux.

LA GOUVERNANTE. Lorsqu'elle portera le titre d'épouse, tout danger sera dissipé.

LE CONSEILLER. Découvrira-t-on son secret?

LA GOUVERNANTE. On ne le confiera qu'à celui qui aura confiance en elle.

LE CONSEILLER. Choisira-t-elle un pareil lien de sa propre volonté?

LA GOUVERNANTE. De grands maux la forceront à ce choix.

LE CONSEILLER. Peut-on la posséder honnêtement dans de telles circonstances?

LA GOUVERNANTE. Celui qui se dévoue saisit l'occasion et ne raisonne point.

LE CONSEILLER. Que demandes-tu avant tout?

ACTE IV, SCÈNE I.

LA GOUVERNANTE. Il faudra qu'elle se décide à l'instant même.

LE CONSEILLER. Son destin est donc pressé d'une manière effrayante?

LA GOUVERNANTE. Le départ s'apprête dans le port.

LE CONSEILLER. Lui as-tu conseillé une telle alliance?

LA GOUVERNANTE. Je lui en ai parlé d'une manière détournée.

LE CONSEILLER. En a-t-elle rejeté la pensée avec dégoût?

LA GOUVERNANTE. Le bonheur était encore trop près d'elle.

LE CONSEILLER. Ces images attrayantes pourront-elles disparaître?

LA GOUVERNANTE. La vue de la pleine mer l'a effrayée.

LE CONSEILLER. Elle craint donc de quitter la patrie?

LA GOUVERNANTE. Elle le craint, et moi je le redoute à l'égal de la mort. O toi qui as le cœur si noble, et que nous avons rencontré si heureusement, ne te contente pas d'un vain échange de paroles. Tu es jeune encore, et doué de toutes les vertus qui ont besoin d'une foi puissante et d'un vif amour; tu es entouré sans doute d'un cercle brillant de tes semblables, je ne dis pas de tes égaux. Sonde ton propre cœur et ceux de tes amis, et dis si tu y trouves une mesure complète d'amour, de dévoûment, de force et de courage, telle enfin que celle dont cette personne inestimable comblera du fond de son âme celui qui la méritera.

LE CONSEILLER. Je comprends et je sens ta position; je ne puis, comme le demanderait la prudence, délibérer mûrement en moi-même. Je veux lui parler.

La gouvernante s'approche d'Eugénie.

LE CONSEILLER. Ce qui doit arriver arrivera. La réflexion et la volonté peuvent beaucoup dans les circonstances vulgaires de la vie; mais on ne sait comment s'accomplissent les grands événements.

SCÈNE II.

EUGÉNIE, LE CONSEILLER.

LE CONSEILLER. Jeune beauté, le cœur plein du respect que tu m'inspires en t'approchant de moi, j'ai peine à croire que l'on m'ait bien informé. Tu es malheureuse, dit-on, et tu portes partout avec toi le bonheur et la consolation.

EUGÉNIE. Tu es le premier auquel j'aie osé, dans ma misère, jeter un regard et adresser une parole, tant il y a de douceur et de noblesse dans les traits de ton visage! J'espère que peu à peu le sentiment pénible qui m'oppresse se dissipera.

LE CONSEILLER. Celui même qui aurait beaucoup plus d'expérience que toi serait bien à plaindre si ton sort lui était échu en partage. Comment ces premiers chagrins, qui viennent affliger ta jeunesse, n'exciteraient-ils pas la sympathie et un vif désir de les soulager?

EUGÉNIE. Il y a peu de temps que j'échappai à la nuit du tombeau pour revoir la lumière; je ne prévoyais pas ce qui m'arriverait, quel coup inopiné viendrait m'abattre. Je me levai alors, et je reconnus le monde avec ravissement. Le médecin s'empressait de rallumer en moi la flamme de la vie; je la retrouvai dans le regard plein d'amour de mon père, dans ses touchantes paroles. Maintenant, pour la seconde fois, je me réveille après une chute subite, et tout ce qui m'entoure m'est étranger, tout me paraît fantôme : l'activité de ces hommes, ta bonté même, sont comme un rêve pour moi.

LE CONSEILLER. Lorsque des étrangers entrent dans notre position, ils sont plus pour nous que des proches, qui souvent regardent nos peines avec une sorte d'indifférence, comme des choses dont la vue leur est habituelle. Ta position est dangereuse, peut-être sans remède.

EUGÉNIE. Je n'ai rien à en dire. Les puissants qui causèrent mon malheur me sont inconnus. Tu as parlé à cette femme, elle sait tout; moi, je me borne à tâcher de retenir ma raison près de s'égarer.

LE CONSEILLER. Ce qui a attiré sur toi cette vengeance du pouvoir suprême est une faute légère, une erreur, aggravée par le hasard, mais qui te laisse l'estime et l'inclination des cœurs honnêtes.

EUGÉNIE. Réfléchissant à l'influence des fautes légères, je me confie en la pureté de mon cœur.

LE CONSEILLER. Ce n'est rien que de chanceler sur un terrain uni, mais un seul faux pas précipite des sommités.

EUGÉNIE. Au milieu de ces régions élevées, je nageais dans le plaisir; l'excès de ce plaisir m'a perdue. Je saisissais par la pensée le bonheur qui m'attendait, et j'en tenais déjà dans mes mains un gage précieux. Seulement un peu de calme, un peu de patience, et tout m'était favorable, j'ose le croire. Je me hâtai, je me laissai entraîner par une tentation pressante. Est-ce là la cause de mes maux? Je vis et je racontai ce qu'il m'était défendu de regarder et de divulguer. Une faute si légère méritait-elle donc une si grave punition? Enfreindre en badinant une défense qui ne semblait pas sérieuse, est-ce assez pour s'attirer une condamnation sans miséricorde? Ce que la tradition des peuples nous rapporte d'incroyable est donc vrai : la faible et courte jouissance de manger une pomme a causé l'éternel malheur du monde entier. Une clef me fut confiée, et voulant ouvrir les trésors qui m'étaient défendus, je n'ouvris que mon tombeau.

LE CONSEILLER. Tu ne saurais trouver la source du mal; et d'ailleurs, tu la connaîtrais que tu ne pourrais la tarir.

EUGÉNIE. Je cherche en vain à me persuader que de si faibles transgressions soient cause de si grandes souffrances. Je porte ma pensée plus haut : mais les deux hommes éminents auxquels je croyais devoir tout mon bonheur semblaient se tenir par la main. La discorde des partis qui prend naissance dans les antres obscurs, paraîtra peut-être bientôt à découvert; les craintes et les soucis qui m'entourent dépendent peut-être d'événements qui, en m'écrasant, menacent aussi le monde d'anéantissement.

LE CONSEILLER. Que je te plains! Ta douleur est pour toi le destin même; la terre ne te semblait-elle pas couverte de joie et de bonheur lorsque, enfant heureuse, tu ne marchais que sur des fleurs?

EUGÉNIE. Qui mieux que moi vit la terre parée de toutes ses fleurs? Hélas! autour de moi tout était pur, riche, abondant, et tout ce que l'homme peut désirer semblait prodigué pour mes plaisirs. A qui devais-je un tel paradis? J'en étais redevable à l'amour d'un père qui, soigneux dans les plus petites comme dans les plus grandes choses, semblait vouloir m'accabler des jouissances du luxe, et former en même temps mon corps et mon esprit à supporter de si grands biens. Pendant que toutes ces futilités risquaient de m'amollir au sein des plus douces jouissances, une ardeur chevaleresque me poussait à exercer mes forces en domptant un coursier, en conduisant un char. Je souhaitais souvent de visiter les pays lointains, de parcourir des espaces nouveaux et étrangers: mon noble père promit de me mener voir la mer; il voulait jouir de mes premiers regards plongeant dans l'infini, et son amour devait partager mon ravissement. J'y suis maintenant, je considère cette vaste étendue, et il semble qu'elle me resserre plus étroitement encore. O Dieu! que le ciel et la terre paraissent bornés, lorsque notre cœur tremble dans ses propres limites!

LE CONSEILLER. Infortunée! comme un météore, tu ne tombes point sans désastre de ta sphère élevée; tu as faussé le chemin qui m'était tracé en le touchant dans ta chute; tu as à jamais troublé pour moi le spectacle de la pleine mer. Quand je verrai Phébus se préparer une couche enflammée, et que tous les yeux verseront des larmes d'admiration, je me détournerai pour pleurer sur ton sort. J'apercevrai de loin le sentier que tu suis à travers l'immense Océan, et, navré de douleur, je sentirai en moi-même le besoin de tout ce que l'habitude t'a rendu nécessaire, et tous les maux nouveaux et inévitables qui t'accableront. Je sentirai aussi les traits du soleil pénétrant ce pays humide, à peine arraché aux flots, dont un souffle empesté parcourt sans cesse les bas-fonds couverts de brouillards bleuâtres et venimeux. Je vois s'écouler dans le chagrin et dans l'attente de la mort une vie de jour en jour plus pesante et plus frêle. O toi qui es maintenant devant moi si florissante et si pleine de santé, dois-tu, si jeune encore, succomber à une lente agonie?

EUGÉNIE. Tu me fais frémir. C'est donc là qu'on veut m'exiler, dans cette région qu'on m'a dépeinte depuis mon enfance sous des traits si hideux, qu'on m'a souvent nommée une portion de l'enfer! là où les serpents et les tigres se glissent avec rage au travers des roseaux et des épines qui bordent les marais! là où les insectes enveloppent le voyageur pour le déchirer, pareils à des nuages animés! L'air malsain y abrége la vie. Je voulais te prier; tu me vois à présent te suppliant avec larmes. Tu peux me sauver, tu le feras.

LE CONSEILLER. Un talisman bien puissant est entre les mains de ta conductrice.

EUGÉNIE. Qu'est-ce donc que l'ordre et la loi? Ne peuvent-ils pas défendre la jeunesse d'une fille innocente? Qui êtes-vous donc, vous dont le vain orgueil se vante d'humilier la force devant la justice?

LE CONSEILLER. Nous gouvernons dans le cercle limité où la loi commande, et qui ne passe point la hauteur moyenne de la société. Mais ce qui s'agite au-dessus, dans des espaces sans bornes et avec une puissance capricieuse, enlève ou donne la vie sans conseil et sans jugement; tout cela se mesure autrement et reste une énigme pour nous.

EUGÉNIE. Est-ce là tout? N'as-tu rien de plus à me dire?

LE CONSEILLER. Rien.

EUGÉNIE. Je ne le crois pas, je ne puis pas le croire.

LE CONSEILLER. Laisse-moi m'éloigner. Dois-je passer pour lâche et irrésolu? Faut-il pleurer, me lamenter? Ne puis-je te présenter d'une main hardie quelque moyen de salut? Mais cette hardiesse même me fait courir un risque affreux, celui d'être méconnu de toi, de paraître te proposer avec indignité un but coupable.

EUGÉNIE. Je ne te laisse pas aller; le sort t'a envoyé vers moi pour mon salut. Oui, le sort qui a pris soin de moi et m'a conservée depuis mon enfance, m'envoie dans cette tourmente un homme élu par sa faveur. Je dois apprécier la part que tu prends à mon sort. Je ne suis pas ici sans but... Tu songes, tu réfléchis... c'est en ma faveur que tu examines et que parle ta longue expérience. Non, je ne suis pas encore perdue, tu cherches un moyen de me sauver: dis, l'as-tu trouvé? Ton regard scrutateur, sérieux et bienveillant me le promet. Ah! ne te détourne pas! Dis-moi une seule parole qui puisse relever mon courage.

LE CONSEILLER. C'est ainsi que le malade se tourne avec

confiance vers le médecin, et lui demande du soulagement; il le prie de conserver des jours menacés. L'homme habile apparaît comme un dieu; mais peut-être, hélas! il propose un moyen pénible et cruel. On annonce peut-être au malade, au lieu de guérison, la mutilation douloureuse, la perte même d'un membre. Tu veux être sauvée; on peut te sauver, mais non te rétablir. Sauras-tu éloigner la pensée de ce que tu fus, et te résigner à ce que tu dois être?

EUGÉNIE. Une créature à moitié perdue prie d'abord, en son besoin pressant, qu'on l'arrache à la nuit du trépas, qu'on lui laisse goûter la lumière vivifiante, qu'on lui assure l'existence. Chaque jour lui apprend ensuite ce qu'elle peut sauver, ce qu'elle peut rétablir, ce qu'il lui faut oublier.

LE CONSEILLER. Après la vie, quelle chose donc t'est la plus précieuse?

EUGÉNIE. Le sol chéri de la patrie.

LE CONSEILLER. Par un seul mot tu demandes beaucoup.

EUGÉNIE. Ce seul mot contient tout mon bonheur.

LE CONSEILLER. Qui pourrait en détruire le charme?

EUGÉNIE. Le charme plus puissant de la vertu.

LE CONSEILLER. Il est difficile de résister à une force supérieure.

EUGÉNIE. Cette force n'est pas toute-puissante. Certainement la connaissance de ces formes obligatoires pour les supérieurs comme pour les inférieurs doit te fournir quelque moyen. Tu souris! est-il possible? l'aurais-tu trouvé? Dis-le-moi.

LE CONSEILLER A quoi sert-il, mon amie, de parler de possibilités? Presque tout semble possible à nos vœux; mais beaucoup de choses, au dedans comme au dehors de nous, s'opposent à ce que nous voudrions faire, et le rendent impossible. Je ne puis parler, laisse-moi.

EUGÉNIE. Me tromperais-je? Eh bien! je ne veux donner que pour un instant un faible et douteux essor à mon imagination. Offre-moi du moins un mal pour mettre à la place de l'autre; je suis sauvée si j'en ai seulement le choix.

LE CONSEILLER. Il y a un moyen de te conserver dans ta patrie; il est sûr, et a semblé doux à plusieurs; c'est un titre

ACTE IV, SCÈNE II.

à la faveur de Dieu et des hommes. Des forces saintes doivent le faire triompher de tous les caprices ; il procure le bonheur et la tranquillité à tous ceux qui le connaissent et qui savent en jouir ; nous lui devons de pouvoir jouir des biens de la terre, et réaliser les tableaux flatteurs que l'imagination se fait de l'avenir. Le ciel l'a donné à tous les hommes : pour l'obtenir, il faut du hasard, de l'audace, un désir ardent de l'obtenir.

EUGÉNIE. Quel paradis me présentes-tu dans ces énigmes?

LE CONSEILLER. Le bonheur divin que se procure sur la terre celui qui se le crée à lui-même.

EUGÉNIE. La réflexion ne m'aide point, je m'y perds.

LE CONSEILLER. Si tu ne devines pas, c'est qu'il est loin de toi.

EUGÉNIE. Nous le verrons bien quand tu auras parlé clairement.

LE CONSEILLER. Je hasarde beaucoup! c'est le mariage.

EUGÉNIE. Comment ?

LE CONSEILLER. J'ai parlé ; c'est à toi de réfléchir.

EUGÉNIE. Un tel mot me surprend, il m'inquiète.

LE CONSEILLER. Je comprends ton inquiétude.

EUGÉNIE. Il était loin de moi au temps de mon bonheur, je ne puis supporter son approche maintenant ; mes soucis, mon serrement de cœur, ne font qu'augmenter. C'était de la main de mon père et de celle de mon roi que je devais recevoir un époux ; mes regards ne se portaient pas avec impatience vers cet instant, et aucun amour ne prenait place dans mon cœur. Il me faut penser à ce que je n'ai jamais examiné, et sentir ce que la pudeur m'a toujours fait repousser ; que dis-je ? il me faut désirer un époux avant qu'aucun homme m'ait paru aimable et digne de moi. Non, ce serait profaner le bonheur que l'hymen nous promet, que d'en faire un moyen de salut.

LE CONSEILLER. Une femme peut confier son sort à un homme courageux et fidèle, fût-il même étranger. Mais celui-là ne nous est pas étranger qui sait prendre part à nos souffrances : l'opprimé s'unit bien vite à celui qui le sauve. Ce qui lie étroitement durant le cours de la vie une épouse à son époux, c'est le sentiment de la protection ; et jamais les conseils et les consolations, l'assistance et les secours ne manqueront à la femme pour laquelle, au jour de ses dangers, un homme généreux se sacrifiera.

EUGÉNIE. Quel est le héros qui se montre ainsi pour moi ?

LE CONSEILLER. Cette ville contient beaucoup d'habitants.

EUGÉNIE. Mais je resterai inconnue pour eux tous.

LE CONSEILLER. Un tel regard ne reste pas longtemps caché.

EUGÉNIE. Ne trompe pas mon espérance, qui se laisse égarer trop facilement ! Où pourrai-je trouver un de mes égaux qui m'offre sa main dans mon abaissement? Oserai-je même lui avoir une telle obligation ?

LE CONSEILLER. Il semble d'abord qu'il y ait beaucoup d'inégalités dans la vie; mais elles s'aplanissent bien vite. Par un échange continuel, un bien balance un mal, et de promptes souffrances, nos joies ! Rien n'est constant. Les jours en s'écoulant font disparaître insensiblement beaucoup de belles proportions, qui bientôt par degrés rentrent en harmonie. L'amour sait rapprocher les plus grandes distances; il sait unir parfois le ciel avec la terre.

EUGÉNIE. Tu veux me bercer de vains songes.

LE CONSEILLER. Tu es sauvée si tu peux y croire.

EUGÉNIE. Montre-moi l'image fidèle de celui qui doit me sauver.

LE CONSEILLER. Je te le montre lui-même, il t'offre sa main.

EUGÉNIE. Toi ! quelle légèreté !

LE CONSEILLER. Mes sentiments sont fixés pour la vie.

EUGÉNIE. Un moment peut-il opérer de tels miracles ?

LE CONSEILLER. Le miracle naît du moment.

EUGÉNIE. Mais aussi l'erreur naît de la précipitation.

LE CONSEILLER. Celui qui t'a vue ne saurait se tromper.

EUGÉNIE. L'expérience est la maîtresse de la vie.

LE CONSEILLER. Elle peut égarer, c'est le cœur qui décide. Ah ! laisse-moi te dire comment, il y a peu d'heures, je faisais un retour sur moi-même et me sentais isolé. Je considérais ma position, mes biens, mon état, mon emploi, et je cherchais une épouse à mes côtés. Mon imagination, combinant ensemble les trésors recueillis par ma mémoire, la faisait passer devant mes yeux, et mon cœur n'était porté vers aucun choix. Tu as paru; je sens maintenant ce que je voulais; mon sort est décidé.

EUGÉNIE. L'étrangère sans protection, cernée par la ruse, pourrait éprouver quelque joie et quelque orgueil à se voir ainsi estimée, aimée, si elle ne pensait pas aussi au bonheur de l'ami, de l'homme généreux, du seul homme peut-être qui veuille la secourir. Mais ne te trompes-tu pas toi-même? Pourrais-tu résister à la puissance qui me menace?

LE CONSEILLER. A toutes les puissances du monde! Un dieu nous a montré le port le plus sûr pour résister même à la furie d'une multitude tumultueuse. La paix, que tu chercherais en vain dans les climats lointains, habite la demeure où commande un époux. L'envie inquiète, la calomnie furieuse, l'esprit de parti toujours actif, sont impuissants dans cette enceinte sacrée. La sagesse et l'amour entretiennent le bonheur, et leur présence adoucit tous les chagrins. Viens, sauve-toi par mon secours; je sais ce que je puis et ce que je dois promettre.

EUGÉNIE. Es-tu roi dans ta maison?

LE CONSEILLER. Je le suis. Tous le sont, le bon comme le méchant. Mais est-ce assez d'une seule puissance dans une maison? L'homme doit-il affliger une épouse qui l'aime, en réglant tout suivant ses propres volontés? Doit-il prendre une joie maligne à la tourmenter de ses vains caprices, de ses ordres absolus, de toutes ses ridicules fantaisies? Qui peut sécher les larmes du malheur? quelle loi, quel tribunal peut atteindre le coupable? Il triomphe, et le désespoir conduit insensiblement au tombeau la patience qui se tait. Si la nécessité, la loi, la coutume, donnèrent à l'homme des droits aussi importants, c'est qu'elles se confiaient en sa force et en son honnêteté. Vénérable et chère étrangère, ce n'est pas la main d'un héros descendant d'un héros que je puis t'offrir, mais l'état assuré d'un citoyen indépendant. Si tu m'appartiens, qui pourra t'inquiéter? Tu seras toujours, près de moi, défendue et protégée. Le roi te redemanderait, que je pourrais lui répondre comme époux.

EUGÉNIE. Pardonne. Ce que j'ai perdu se peint encore trop vivement à mes regards. Homme magnanime, pense au peu qui me reste : eh bien! ce peu même, tu m'apprends à l'estimer encore ; tu me rends, par tes sentiments, ma vie et mon être. En retour, je te donne toute ma vénération ; comment la nommer ? reconnaissance, enchantement, affection fraternelle ? Je sens que je suis ton ouvrage ; mais je ne puis t'écouter comme tu le désirerais.

LE CONSEILLER. Ainsi, par ce peu de paroles, tu repousses l'espérance loin de toi, hélas ! et loin de moi ?

EUGÉNIE. On renonce aisément à une espérance impossible.

SCÈNE III.

LES PRÉCÉDENTS, LA GOUVERNANTE.

LA GOUVERNANTE. La flotte va profiter du vent favorable ; les voiles s'enflent, tout s'apprête. Ceux qui se séparent s'embrassent en pleurant, et l'on voit plus d'un mouchoir blanc, des vaisseaux et du rivage, envoyer le dernier adieu. Notre navire aussi lèvera bientôt l'ancre : viens, un baiser d'adieu ne nous retiendra pas ; nous partons sans que personne pleure notre départ.

LE CONSEILLER. Les amis que vous laisserez ici vous pleureront avec une douleur amère et étendront les bras pour vous retenir. Ce que vous dédaignez maintenant sera demain peut-être un bien perdu, digne de vos regrets. (*A Eugénie.*) Il y a peu d'instants que, dans mon ravissement, je te nommai la bienvenue ; un dernier adieu, un éternel adieu va-t-il donc sceller notre séparation ?

LA GOUVERNANTE. Je comprends le résultat de votre entretien.

LE CONSEILLER. Tu me vois prêt à former un indissoluble lien.

LA GOUVERNANTE. Et comment reconnais-tu une offre si généreuse ?

EUGÉNIE. Par la plus pure reconnaissance de mon cœur.

LA GOUVERNANTE. Mais sans désir d'accepter cette main ?

LE CONSEILLER. Elle ne demande qu'à vous secourir.

EUGÉNIE. La chose la plus proche est souvent la moins saisissable.

ACTE IV, SCÈNE IV.

LA GOUVERNANTE. Bientôt, hélas! nous ne serons que trop loin de tout espoir de salut.

LE CONSEILLER. As-tu songé à ce terrible avenir?

EUGÉNIE. Même au dernier de tous, à la mort.

LA GOUVERNANTE. Tu refuses donc la vie qu'on t'offre?

LE CONSEILLER. Et les fêtes d'une alliance qui pourra l'embellir?

EUGÉNIE. Non, plus de fêtes! il n'y en a plus pour moi.

LA GOUVERNANTE. Celui qui a beaucoup perdu peut regagner promptement ce qu'il a perdu.

LE CONSEILLER. Un sort assuré vaut bien un sort brillant.

EUGÉNIE. Non, point de durée pour une vie qui n'a plus d'éclat.

LA GOUVERNANTE. Celui qui sait ce qui est possible s'en contente.

LE CONSEILLER. Et qui ne se contenterait d'un amour fidèle?

EUGÉNIE. Mon cœur, contredisant ces paroles flatteuses, soutient avec impatience vos efforts réunis.

LE CONSEILLER. Hélas! je le sais, un secours intempestif est bien à charge à celui qui le reçoit, et ne fait que déchirer intérieurement son cœur. Nous croyons être reconnaissants, mais nous sommes ingrats en ne voulant point recevoir. Séparons-nous donc; mais auparavant je veux remplir mes devoirs d'habitant d'un port, et te préparer une provision de tous les biens de la terre dont tu manqueras sur l'Océan stérile; je demeurerai ensuite les yeux fixés sur ces voiles gonflées, qui, en s'éloignant toujours plus, m'enlèveront tout mon bonheur, toute mon espérance.

SCÈNE IV.

EUGÉNIE, LA GOUVERNANTE.

EUGÉNIE. Mon salut et ma perte sont dans tes mains, je le sais : laisse-toi persuader, laisse-toi attendrir; ne me conduis pas sur ce vaisseau.

LA GOUVERNANTE. Tu es maîtresse de notre destinée; tu

n'as qu'à choisir. Pour moi, j'obéis seulement à la main puissante qui nous chasse devant elle.

EUGÉNIE. Et tu appelles cela choisir, lorsqu'on n'a devant soi que l'inévitable ou l'impossible !

LA GOUVERNANTE. L'exil est inévitable, mais le mariage est possible.

EUGÉNIE. Ce que l'honneur défend est impossible.

LA GOUVERNANTE. Tu peux faire beaucoup pour cet homme honnête.

EUGÉNIE. Place-moi dans une position meilleure, et je ne mettrai pas de bornes aux récompenses que méritent ses offres.

LA GOUVERNANTE. Donne-lui pour récompense ce qui seul peut le payer ; que ta main l'élève jusqu'à toi. Si la vertu et le mérite avancent lentement l'homme de bien, et si le dévoûment qui le porte à renoncer à lui-même pour se consacrer au bien d'autrui reste inconnu ou à peine remarqué, une femme noble, au contraire, le fait bientôt monter au rang dont il est digne. Il ne faut plus qu'il baisse ses regards, mais qu'il les lève vers celle qui lui est supérieure ; et, s'il l'obtient, elle aplanit pour lui le chemin de la vie.

EUGÉNIE. Je connais la fausseté et la ruse de tes paroles ; leur artifice se fait assez connaître, et le contraire de ce que tu dis ne paraît que trop. Un époux entraîne nécessairement sa compagne dans la sphère où il vit ; c'est là qu'est son lieu d'exil : elle ne peut plus employer ses propres forces à se frayer un chemin ; si elle était dans une condition inférieure, il l'élève à lui ; mais si elle occupait un rang supérieur, il l'en fait descendre. Sa première forme a passé, et il ne reste plus de trace des anciens jours. Qui pourrait lui arracher ce qu'elle a gagné? Mais aussi, ce qu'elle a perdu, qui peut le lui rendre?

LA GOUVERNANTE. Ainsi tu fixes irrévocablement ton sort et le mien ?

EUGÉNIE. Mes regards cherchent encore avec espoir quelque moyen de délivrance.

LA GOUVERNANTE. Celui qui te chérit désespère de toi ; comment verrais-tu encore quelque lueur d'espérance ?

EUGÉNIE. Un homme plus calme nous donnera de meilleurs conseils.

LA GOUVERNANTE. Il ne s'agit plus de choix ni de conseil ; tu me précipites dans la misère, tu m'y suivras.

EUGÉNIE. Oh ! je voudrais te voir encore une fois pleine d'amitié pour moi, comme au temps passé. L'éclat du soleil qui porte partout la vie, la lueur douce et rafraîchissante de la lune, m'étaient moins chers que ta présence. Tout ce que je pouvais désirer était fait ; ce que je craignais, éloigné. Ma mère s'était dérobée trop tôt aux regards de son enfant, et tu m'avais entourée de tous les soins attentifs que peut inventer l'amour d'une mère. Es-tu donc tout à fait changée? Extérieurement tu me parais toujours celle que j'aimais tant ; il semble néanmoins que ton cœur n'est plus le même ; tu es toujours celle que j'implorais dans les plus petites comme dans les plus grandes occasions, et qui ne me refusa jamais rien. Le sentiment de respect que je nourris pour toi depuis mon enfance m'enseigne à te supplier d'avoir compassion de mon sort. Te regarder comme tenant la place de mon père, de mon roi, comme une divinité enfin, et plier le genou devant toi, cela m'abaisserait-il ?

Elle se met à genoux.

LA GOUVERNANTE. Dans cette situation, tu me railles en feignant de m'honorer ; la fausseté ne m'émeut pas.

Elle relève Eugénie avec vivacité.

EUGÉNIE. Est-ce bien de toi que j'entends des paroles aussi dures, et que j'éprouve une conduite aussi haineuse? puis-je y survivre? Tu détruis avec violence mes illusions. Je vois clairement quel est mon sort. Ce ne sont ni mes fautes ni les discordes des grands qui m'ont fait exiler ; c'est la haine de mon frère, et tu es sa complice.

LA GOUVERNANTE. L'erreur t'égare de tous points ; que peut ton frère contre toi? Sa volonté t'est contraire, mais il n'a aucune puissance.

EUGÉNIE. Qu'il fasse ce qu'il veut, je ne languirai pas sans espérance dans la solitude des déserts lointains. Un peuple tout entier s'agite autour de moi, un peuple aimant, qui se plaît à entendre le nom de la patrie sortir de la bouche d'un de ses enfants. Je l'invoquerai ; quelque chose me dit que j'obtiendrai ma liberté au moyen de cette foule émue.

LA GOUVERNANTE. Va, tu ne connais pas la multitude bruyante; elle s'étonne, frémit et laisse faire; elle ne s'émeut jamais; on voit d'ordinaire finir sans succès ce qu'elle a commencé par hasard et sans dessein.

EUGÉNIE. Tes froides paroles ne m'ôteront pas ma confiance, comme tes actions téméraires ont détruit mon bonheur. J'espère encore trouver quelque vie là où la multitude se presse avec tant d'activité; les cœurs qui se contentent de peu s'ouvrent facilement à la pitié. Ne me retiens pas; je vais proclamer à haute voix, au milieu même de cette foule, l'affreux danger qui menace de m'accabler.

ACTE CINQUIÈME.

Place près du port.

SCÈNE I.

EUGÉNIE, LA GOUVERNANTE.

EUGÉNIE. Par quelle puissance m'entraînes-tu comme enchaînée? J'obéis encore, mais malgré moi, aux accents odieux de la voix qui m'accoutumait naguère avec tant de douceur à la docilité, de cette voix dont l'empire était absolu sur mes sentiments jeunes et flexibles. C'est à toi que je dus de comprendre le sens des mots, leur force et leur construction ingénieuse; ta bouche m'a fait connaître le monde et mon propre cœur. Tu emploies maintenant ce charme contre moi, tu m'enchaînes, tu me pousses de côté et d'autre; je sens mon esprit s'égarer, mes sens s'épuiser; je vais descendre chez les morts.

LA GOUVERNANTE. Je voudrais que cette puissance miraculeuse eût agi à l'instant où je te priais avec tant d'instance de quitter tes projets ambitieux.

EUGÉNIE. Quoi! tu prévoyais un tel malheur, et tu ne réprimais pas mon audace?

ACTE V, SCÈNE II.

LA GOUVERNANTE. Je le fis, mais d'une manière détournée; une parole prononcée était mortelle.

EUGÉNIE. Et ton silence cachait l'exil! J'aurais préféré le mot qui m'eût annoncé la mort.

LA GOUVERNANTE. Ce malheur, prévu ou non, nous a enveloppées toutes deux dans le même filet.

EUGÉNIE. Puis-je connaître la récompense qui t'attend pour avoir livré ta malheureuse élève?

LA GOUVERNANTE. Elle m'attend sur un rivage étranger; la voile s'enfle, et va nous emporter toutes deux.

EUGÉNIE. Le filet ne m'a pas encore serrée dans ses nœuds; et puis-je y entrer de bonne grâce?

LA GOUVERNANTE. N'as-tu pas déjà invoqué le peuple? il te regarda avec étonnement, se tut, et s'éloigna.

EUGÉNIE. Le besoin pressant qui dirigeait mes efforts me fit paraître en délire à ces gens d'un esprit vulgaire; mais ni tes paroles ni ta violence ne m'empêcheront de marcher courageusement au-devant du secours. Les grands de cette ville sortent de leurs maisons pour aller sur le port admirer les vaisseaux, qui, pour notre malheur, gagnent la haute mer. La garde se range déjà autour du palais du gouverneur. C'est lui-même qui descend les gradins, entouré de plusieurs officiers. Je veux lui parler et lui raconter mes aventures; s'il est digne de remplacer le roi dans ses fonctions les plus augustes, il ne me renverra pas sans m'avoir entendue.

LA GOUVERNANTE. Je ne m'oppose point à cette démarche; raconte la chose, mais ne dis pas les noms.

EUGÉNIE. Je ne les dirai que lorsque je pourrai avoir toute confiance en lui.

LA GOUVERNANTE. C'est un jeune homme noble, qui fera pour toi ce qu'il pourra convenablement t'accorder.

SCÈNE II.

LES PRÉCÉDENTES, LE GOUVERNEUR, SA SUITE.

EUGÉNIE. M'est-il permis de t'arrêter à ton passage? Pardonneras-tu à une étrangère cette hardiesse?

LE GOUVERNEUR, *après l'avoir examinée attentivement.* Lorsqu'on se recommande comme toi, dès le premier abord, on est sûr d'un accueil favorable.

EUGÉNIE. Ce qui m'amène n'a rien de gai ni d'aimable ; la fatalité la plus terrible me poursuit.

LE GOUVERNEUR. Si on peut la vaincre, je m'en ferai un devoir ; et si on ne peut que l'adoucir, je le ferai de même.

EUGÉNIE. Celle qui te prie descend d'une maison considérée ; mais, hélas ! elle s'avance vers toi sans pouvoir se nommer.

LE GOUVERNEUR. Les noms s'oublient, mais une figure comme la tienne reste gravée dans la mémoire d'une manière ineffaçable.

EUGÉNIE. La force et la ruse m'arrachent du sein de mon père, et m'entraînent au sein du vaste Océan ?

LE GOUVERNEUR. Qui ose porter une main sacrilége sur cette image de la paix ?

EUGÉNIE. Je crois que le coup qui m'a surprise vient d'un des membres de ma propre famille. Un frère, guidé par l'intérêt et par des conseils perfides, m'a attirée dans le piége ; la femme que tu vois ici, et qui m'a élevée, s'est rangée parmi mes ennemis, je ne puis comprendre pourquoi.

LA GOUVERNANTE. J'étais parmi eux en effet, mais pour adoucir de grands maux que je n'ai pu détourner entièrement.

EUGÉNIE. Elle exige que je monte sur ce vaisseau, et veut m'emmener sur d'autres plages.

LA GOUVERNANTE. L'accompagner en un tel trajet prouve mon amour et mes soins maternels.

LE GOUVERNEUR. Vous que j'honore, pardonnez si un homme jeune d'années, mais dont l'expérience a vu bien des choses en ce monde, se trouve embarrassé en vous regardant et en vous écoutant. Toutes deux vous semblez mériter ma confiance, et cependant vous vous défiez l'une de l'autre : au moins on le croirait. Comment puis-je écarter le voile énigmatique qui vous environne ?

EUGÉNIE. J'espère qu'en m'écoutant tu y parviendras.

LA GOUVERNANTE. Je pourrais éclaircir aussi bien des choses.

LE GOUVERNEUR. La vérité souffre de n'être aperçue qu'à

travers un récit ; les étrangers nous trompent si souvent par des fables !

EUGÉNIE. Si tu te défies de moi, je suis sans ressource.

LE GOUVERNEUR. Quand je te croirais, je te serais peut-être encore de peu de secours.

EUGÉNIE. Renvoie-moi seulement vers les miens.

LE GOUVERNEUR. Un homme bien intentionné s'attire peu de remercîments en accueillant des enfants perdus ou enlevés, ou bien en protégeant ceux qui sont repoussés de leur famille. Un débat s'élève aussitôt sur la personne, à cause des héritages, pour savoir si elle est bien la véritable. Lorsque des parents dénaturés se disputent à outrance sur le tien et le mien, la haine des deux partis retombe souvent sur l'étranger qui intervient dans leurs affaires ; et, lorsqu'il n'a pas de preuves convaincantes, on le traîne ignominieusement devant la justice. Excuse-moi donc si je ne réponds pas sur-le-champ à ta demande.

EUGÉNIE. Une telle crainte convient-elle à un homme élevé en dignité ? A qui l'opprimé pourra-t-il donc s'adresser ?

LE GOUVERNEUR. Tu me pardonneras au moins si je te quitte quant à présent : un important devoir m'appelle ailleurs. Reviens demain matin à ma demeure, afin de m'expliquer plus clairement le sort qui te menace.

EUGÉNIE. Je m'y rendrai avec joie ; reçois d'avance mes remercîments du secours que tu m'offres.

LA GOUVERNANTE, *présentant un papier au gouverneur.* Ce papier nous servira d'excuse si nous ne répondons pas à ton invitation.

LE GOUVERNEUR *rend le papier, après l'avoir considéré attentivement pendant quelque temps.* S'il en est ainsi, je ne puis que te souhaiter un bon voyage, de la résignation à ton sort et une bonne espérance.

SCÈNE III.

EUGÉNIE, LA GOUVERNANTE.

EUGÉNIE. Est-ce là le talisman dont tu te sers pour m'enlever, me tenir captive, et repousser tous les hommes honnêtes qui veulent me porter du secours? Laisse-moi voir cette feuille de mort. Je connais ma misère, laisse-moi connaître aussi ce qui a pu la causer.

LA GOUVERNANTE. La voici, regarde.

EUGÉNIE, *se détournant*. Quel coup terrible! Et je vis encore! Quoi! je serais foudroyée par le nom de mon père et par celui du roi! Mais la supercherie est encore possible; un employé de la couronne, gagné par mon frère pour me perdre, s'est peut-être servi de la puissance suprême témérairement et sans ordre. Oui, on peut encore me sauver, je veux l'essayer; montre-moi le papier.

LA GOUVERNANTE, *le lui montrant*. Tu le vois.

EUGÉNIE, *se détournant encore*. Le courage m'abandonne. Non, je ne le puis pas; quoi qu'il en soit, je suis perdue. Tous les biens de ce monde me sont refusés, il faut y renoncer pour jamais. C'est donc là tout ce que tu fais pour moi! Oui, tu es unie avec mes ennemis pour vouloir ma mort; on veut m'ensevelir vivante. Permets-moi donc au moins de m'approcher de l'église; elle ensevelit dans son sein tant de victimes innocentes! Voici le temple, et c'est ici la porte qui conduit à la tranquille misère, comme au bonheur tranquille. Laisse-moi faire en secret cette démarche, quel que soit le destin qui m'attende.

LA GOUVERNANTE. Je vois l'abbesse qui descend vers la place, accompagnée de deux de ses sœurs: elle aussi est jeune et de grande famille; fais-lui part de tes désirs, je ne m'y oppose pas.

SCÈNE IV.

LES PRÉCÉDENTES, UNE ABBESSE, DEUX RELIGIEUSES.

EUGÉNIE. Vierge vénérable et sainte, tu me vois ici seule, égarée, en horreur au monde et à moi-même. L'angoisse du présent, la crainte de l'avenir, me forcent à implorer de toi quelque adoucissement aux maux qui m'accablent.

L'ABBESSE. Si le repos, si l'amour pur, si la paix avec Dieu et avec soi-même peuvent se communiquer, tu ne manqueras pas, jeune étrangère, de paroles instructives qui t'enseigneront ce qui fait mon bonheur et celui de mes compagnes, pour le temps présent comme pour l'éternité.

EUGÉNIE. Mon mal est infini ; toute la force des paroles divines ne saurait le guérir de sitôt. Permets-moi seulement d'habiter avec toi, pour qu'en pleurant je desserre mon cœur ; ce cœur, plus calme alors, se laissera peut-être consoler.

L'ABBESSE. J'ai vu souvent dans cette enceinte sacrée les pleurs terrestres se changer en un divin sourire, en de célestes ravissements ; mais on n'y entre point de force ; il faut que la nouvelle sœur passe par plusieurs épreuves qui nous fassent connaître son mérite.

LA GOUVERNANTE. Un mérite éclatant est prompt à se manifester, et les conditions que tu proposeras seront aisément remplies.

L'ABBESSE. Je ne doute pas de la noblesse de ta naissance, et je veux croire que tu possèdes assez de biens pour acquérir les droits de cette maison, lesquels sont importants et recherchés. Dis-moi donc tout de suite ce que tu voulais me dire.

EUGÉNIE. Accueille ma prière, reçois-moi, dérobe-moi au monde dans la cellule la plus cachée, et prends tout ce que je possède : je t'apporte de grands biens, et j'espère t'en procurer par la suite de plus grands encore.

L'ABBESSE. Si la jeunesse et la beauté ont le don de nous émouvoir et annoncent une âme noble, tu as bien des droits à notre amitié : chère enfant, viens dans mes bras.

EUGÉNIE. Ces paroles et cet embrassement ont déjà calmé la tempête qui soulevait mon sein ; je ne sens plus que l'écume de la dernière vague qui se retire ; je touche au port.

LA GOUVERNANTE, *se mettant entre elles deux*. Oui, si le cruel destin ne nous poursuivait pas. Lis cette feuille, et plains-nous.

Elle présente la feuille à l'abbesse.

L'ABBESSE, *après l'avoir lue*. On doit te blâmer d'avoir laissé proférer tant de paroles que tu savais inutiles. Je m'incline devant la main suprême qui semble diriger cette affaire.

SCÈNE V.

EUGÉNIE, LA GOUVERNANTE.

EUGÉNIE. Comment, une main suprême? De qui parle cette femme hypocrite? De Dieu? mais la Divinité ne peut être mêlée dans un tel forfait. Du roi?... il est vrai, je dois subir ce qu'il a prononcé contre moi ; mais je ne veux plus demeurer dans le doute, flotter entre la crainte et l'espérance, et, comme une femme ordinaire, céder aux sentiments pusillanimes de mon cœur. Qu'il se brise, s'il le faut ; je verrai cette feuille, quand l'arrêt de ma mort serait signé du roi ou de mon père lui-même. Je veux regarder en face la divinité irritée qui m'écrase de sa colère. Oh! que ne suis-je en sa présence! Le dernier regard de l'innocence opprimée est foudroyant.

LA GOUVERNANTE. Je ne te l'ai jamais refusée, prends-la.

EUGÉNIE, *jetant les yeux sur le papier.* Tel est le sort des hommes ; au milieu de leurs plus grands maux, ils craignent toujours pour l'avenir des maux plus grands encore. Sommes-nous donc si riches, grands dieux, que vous ne puissiez tout nous ravir d'un seul coup? Ce papier, qui a déjà détruit tout le bonheur de ma vie, me fait redouter encore des angoisses plus terribles. (*Elle le déplie.*) Prends courage, mon cœur, et ne crains pas de boire le peu qui reste au fond de cette coupe amère. (*Elle regarde le papier.*) La main et le cachet du roi!

LA GOUVERNANTE, *reprenant la feuille.* En pleurant sur ton sort, plains-moi, ma chère enfant ; je ne me suis imposé ce triste devoir, je n'exécute les ordres de la toute-puissance, que pour pouvoir t'assister dans ton malheur et ne pas t'abandonner à des mains étrangères. Tu sauras dans la suite tout ce que souffre mon âme et tout ce que je connais de ce terrible secret. Pardonne-moi si maintenant la main de fer de la nécessité m'oblige à t'embarquer avec moi sans délai.

SCÈNE VI

EUGÉNIE, *seule;* LA GOUVERNANTE, *dans le fond du théâtre.*

EUGÉNIE. Le plus beau royaume du monde, ce port que des milliers d'habitants animent, ne sont donc pour moi qu'un désert; je suis seule. Ici, de savants hommes font parler les lois, de graves guerriers exécutent les commandements qu'on leur donne, de pieux solitaires élèvent leurs prières vers le ciel, la multitude s'agite en tous sens pour l'amour du gain; et l'on me repousse sans justice et sans jugement, aucune main ne s'arme en ma faveur, les saints asiles me sont fermés, et nul ne veut faire un seul pas pour l'amour de moi. L'exil!..... le poids effrayant de ce mot m'oppresse; je suis déjà retranchée du corps des vivants, comme un membre flétri et corrompu. Je ressemble à celui qui est plongé dans un sommeil léthargique, dont les sens sont paralysés, mais qui garde encore la conscience de sa vie, et se trouve le témoin muet et impuissant de la sépulture qu'on lui prépare. Nécessité terrible! Mais quoi! un choix ne m'est-il pas laissé? Ne puis-je pas accepter la main du seul homme qui m'ait généreusement offert son secours? Je le puis; mais ma naissance et tout ce qui m'élevait aux yeux des autres, l'espoir de briller un jour..... faut-il tout perdre, renoncer à tout? Non, je ne puis pas. Que plutôt la fatalité me saisisse de sa main de fer, que l'aveugle destin dispose de moi! La volonté qui flotte incertaine entre deux mots est pire que le mal lui-même. (*La gouvernante passe derrière elle, suivie de gens qui portent les bagages.*) Les voici qui viennent et qui emportent tout ce que je possède, le faible reste des richesses qui m'appartinrent un jour. Me dérobe-t-on aussi cela? On l'enlève, et moi je suivrai bientôt. Un vent favorable tourne le pavillon du côté de la mer, et les voiles vont s'enfler. La flotte quitte le port, et avec elle le vaisseau qui doit m'emmener. On s'avance, on me dit de monter à bord... Dieu! le ciel est-il donc d'airain au-dessus de moi, que mes cris de douleur ne peuvent le pénétrer? Eh bien! je partirai; mais le vaisseau ne me tiendra pas captive dans ses cachots; la planche qui doit m'y conduire sera mon premier pas vers la liberté. Alors, que les vagues me reçoivent dans leur sein; j'irai, portée par elles, chercher au fond de leurs abîmes un asile de paix ; et quand je n'aurai plus rien à craindre de l'injustice de ce monde, qu'elles poussent mon pâle cadavre vers le rivage, pour qu'une âme pieuse puisse me creuser un tombeau sur le sol chéri de ma patrie! (*Elle fait quelques pas.*) Allons ! (*Elle s'arrête.*) Mon pied ne veut-il plus obéir? Qui donc enchaîne mes pas et me retient ici? Misérable amour d'une vie sans dignité, tu me rappelles à de rudes combats. Le bannissement, la mort, le déshonneur, m'entourent et se disputent ma dépouille; si je me détourne de l'un avec horreur, l'autre aussitôt se présente à moi, et me raille d'un sourire infernal. Il n'y a donc aucun moyen d'écarter ces spectres qui m'apparaissent sous mille formes hideuses? nul homme, nul dieu même ne le pourrait faire. Oh! si une seule parole favorable me venait par hasard du sein de cette multitude ; qu'un oiseau, messager de paix, rasât ma tête d'une aile légère, et m'indiquât ma route! je suivrais volontiers celle qu'il m'aurait tracée. Un signe, et je croirai, et j'obéirai aussitôt avec espoir et confiance au doigt de Dieu.

SCÈNE VII.

EUGÉNIE, UN MOINE.

Après avoir eu pendant quelque temps les yeux fixés devant elle, Eugénie les relève et aperçoit un moine.

EUGÉNIE. Je n'en doute pas, oui, je suis sauvée ; voici celui qui me décidera. Ce vieillard respectable, dont la douce figure attire les cœurs, a été accordé à mes prières. (*Elle va à sa rencontre.*) Mon père... Ah! permets-moi de donner à un étranger vénérable ce nom qui ne devait plus sortir de mes lèvres, ce nom qui m'a causé tant de chagrins;... peu de paroles t'expliqueront ma situation ; je te la dirai avec une douloureuse confiance, mais non pourtant comme il faudrait la dire à un homme sage et prudent, à un vieillard protégé de Dieu.

LE MOINE. Découvre-moi librement ce qui cause tes chagrins. Ce n'est pas sans un dessein de la Providence que l'affligée a rencontré celui dont le plus saint devoir est de soulager l'affliction.

EUGÉNIE. Tu vas entendre une énigme au lieu de plaintes ; ce n'est pas un conseil que je demande, mais un oracle. J'ai devant moi deux chemins contraires, menant tous deux à des buts qui me sont odieux : lequel faut-il que je choisisse?

LE MOINE. Tu veux me tenter ; dois-je prononcer comme le sort ?

EUGÉNIE. Comme un sort sacré.

LE MOINE. Je t'entends : plongée dans la plus profonde misère, tu lèves les yeux vers les régions d'en haut. Toute volonté étant morte dans ton cœur, tu espères que le Tout-Puissant décidera pour toi. Oui, celui qui agit de toute éternité nous envoie pour notre bien, d'une manière incompréhensible et comme par hasard, des conseils et des résolutions, et de la force pour les accomplir. Ainsi nous nous trouvons portés vers le but. On est heureux de sentir cette confiance ; ne pas la demander est un devoir d'humilité, l'attendre est la meilleure consolation dans les souffrances. Oh! que je voudrais être digne de connaître pour toi ce qui doit t'être le plus utile ! Mais le pressentiment est muet dans mon sein ; et si tu n'as rien de plus à me confier, une vaine commisération est tout ce que je puis t'offrir pour adieu.

EUGÉNIE. Non, je saisis la seule planche qui s'offre à moi dans le naufrage ; malgré toi, je te retiens ici ; et pour la dernière fois je vais prononcer le mot fatal. Je suis d'une famille illustre ; on me repousse, on me bannit au delà des mers ; et je ne puis me sauver que par un mariage qui me rabaisserait aux classes inférieures. Que dit ton cœur? est-il encore muet?

LE MOINE. Il doit l'être jusqu'à ce que l'intelligence s'avoue impuissante. Tu ne m'as confié que des choses générales, je ne puis donc te donner que des conseils généraux. Forcée de choisir entre deux maux qui te sont également odieux, examine-les bien l'un et l'autre, et prends celui qui te laissera le plus de liberté pour vivre saintement, celui qui mettra le moins d'entraves à ton esprit et restreindra le moins tes actions pieuses.

EUGÉNIE. Ainsi le mariage n'est pas ce que tu me conseilles?

LE MOINE. Non, le mariage tel que celui qui te menace. Comment un prêtre peut-il donner sa bénédiction lorsque le oui ne sort pas du cœur même de l'épouse? Il ne saurait enchaîner ensemble, pour un combat perpétuel, ceux qui ont du dégoût l'un pour l'autre; c'est l'amour dont son divin ministère doit combler les vœux, l'amour, qui sait faire d'une seule chose le tout de l'homme, du présent une éternité, et de ce qui passe un objet durable.

EUGÉNIE. Tu m'exiles donc au delà des mers, où la misère m'attend?

LE MOINE. Sois la consolation des habitants de ces pays.

EUGÉNIE. Comment consoler les autres lorsque le désespoir habite en moi?

LE MOINE. Un cœur pur, tel que l'annoncent tes regards, du courage et un esprit noble et indépendant, peuvent te soutenir et te rendre utile à tes semblables, quelle que soit la portion de cette terre dont tu fasses ton séjour. Si, dès l'entrée de la vie et pleine d'innocence, tu as été méconnue, et que les décrets de la Providence te condamnent à expier des fautes qui te sont étrangères, tu conserveras toujours, comme un être qui n'appartiendrait plus au monde, le bonheur attaché à la vertu et les forces qu'elle donne. Poursuis ta route, entre avec courage dans la sphère des douleurs, et que ta présence éclaire ce triste monde. Tes puissantes paroles et tes actions énergiques ranimeront les cœurs qui se laissent abattre; rassemble ceux qui sont dispersés, réunis-les autour de toi. Crée-toi autre part ce qu'on t'enlève ici, une famille, une patrie, une principauté.

EUGÉNIE. Ce que tu me conseilles, pourrais-tu le faire toi-même?

LE MOINE. Je l'ai fait. Le zèle me conduisit, jeune encore, chez des tribus sauvages : j'importai des mœurs douces dans cette vie désordonnée, et au milieu de la mort l'espérance du ciel. Oh! que je voudrais n'avoir pas été ensuite égaré par le désir d'être utile à mon pays, et par ce désir ramené à la vie coupable d'une cité, dont ses crimes et des vices raffinés font une solitude pour moi, que l'égoïsme a corrompue comme une eau stagnante! La faiblesse de l'âge, l'habitude, le devoir, me retiennent ici... ou peut-être le destin, qui voue ma vieillesse à des épreuves plus difficiles. Toi qui, jeune, libre de tous liens, te vois jetée dans le désert, avance et fais ton salut : la misère que tu souffres se changera en bonheur.

EUGÉNIE. Parle plus clairement ; que crains-tu ?

LE MOINE. L'avenir n'apparaît que dans l'obscurité ; même ce qui va nous toucher n'est pas vu nettement par notre intelligence. Lorsque je traverse la ville éclairée par la lumière du soleil, que j'admire le luxe des palais, de ces masses élevées au niveau des plus hauts rochers ; lorsque j'examine les places spacieuses, la belle architecture des églises, le port encombré d'une forêt de mâts, tout cela me semble arrangé pour l'éternité ; cette foule active qui s'agite de tous côtés, on dirait aussi qu'elle se reproduit sans cesse et ne doit jamais disparaître. Mais lorsque, pendant la nuit, cette grande image se représente à mon esprit, il me semble qu'un bruit sourd se fait entendre dans les ténèbres, que la terre tremble, que les tours s'ébranlent, que les pierres assemblées se déjoignent, et que toute cette apparence de splendeur tombe en débris. Quelques hommes épars gravissent des coteaux nouvellement formés ; chaque ruine cache un tombeau ; une population faible et courbée par la misère ne peut plus dompter les éléments, et déjà la vague infatigable a rempli l'enceinte du port de sable et de limon.

EUGÉNIE. La nuit commence par désarmer l'homme ; puis elle le combat de visions chimériques.

LE MOINE. Hélas ! les rayons attristés du soleil éclaireront assez tôt notre misère. Toi qu'un génie favorable a consacrée à l'exil, fuis rapidement ; adieu, ne tarde pas.

SCÈNE VIII.

EUGÉNIE, *seule*.

On me détourne de mes propres malheurs en me prédisant ceux de ce qui m'est étranger..... Étranger ! ce qui doit arriver à ma patrie l'est-il pour moi ? Ce pressentiment tombe sur mon cœur avec un nouveau poids ; faut-il aux maux présents ajouter ceux de l'avenir ? Ce qu'on me répétait depuis mon enfance est donc vrai. Je le demandais, on me l'a dit, et je l'ai même entendu récemment de la bouche du roi et de celle de mon père; une ruine prochaine menace ce royaume. Les éléments, combinés pour la vie, ne se balanceront plus avec harmonie, afin de reformer un ensemble toujours parfait. Ils se sépareront, se fuiront, et chacun rentrera en lui-même. Où est l'esprit énergique de nos aïeux, cet esprit qui pendant leurs discordes les réunit dans un but commun, et fut comme le roi, le chef et le père de ce grand peuple? Il s'est évanoui, ce qui nous en reste n'est qu'une ombre vaine qui par ses efforts ne peut ressaisir ce qui est perdu. Emporterai-je avec moi un tel souci? Fuirai-je le danger commun, et par là l'occasion de montrer un courage digne de mes ancêtres? Renoncerai-je à humilier, par des secours donnés à l'heure de l'adversité, ceux qui me persécutent maintenant? Non, non, terre de ma patrie, tu es un asile pour moi; j'entends ta voix puissante qui m'appelle, je ne t'abandonnerai pas : les liens qui me retiennent à toi sont sacrés. Où trouver l'homme honnête qui m'a offert sa main avec confiance? Je m'attacherai à lui, et je resterai cachée pour être par la suite un talisman pur; car lorsqu'un miracle arrive dans le monde, c'est à la prière d'un cœur fidèle et plein d'amour. Je ne considère ni la grandeur du danger, ni ma propre faiblesse; un sort favorable disposera tout pour ce grand but lorsqu'il en sera temps, et alors mon père et mon roi verront avec étonnement que celle qui fut jadis méconnue, repoussée, oubliée, existe encore, et que du sein de la misère elle s'efforce de tenir ce qu'elle promit aux jours de ses prospérités. Il vient... je le revois avec plus de plaisir que lorsque je le quittai; il vient, il me cherche, croyant avoir à se séparer de moi; mais je lui resterai.

SCÈNE IX.

EUGÉNIE, LE CONSEILLER, UN JEUNE GARÇON *portant une riche cassette.*

LE CONSEILLER. Les vaisseaux partent l'un après l'autre, et je crains bien que toi aussi on ne t'appelle bientôt; reçois donc avec un adieu sincère ce présent qui, pendant ton long trajet, te sera de quelque soulagement. Pense à moi, et puisse le jour malheureux ne point luire où tu me regretteras amèrement!

EUGÉNIE. J'accepte ce présent avec reconnaissance, comme

un gage de ton amour et de tes soins; mais fais-le reporter dans ta maison, et si tu penses comme autrefois, si tu sens comme tu sentais, et que mon amitié puisse te suffire, je t'y suivrai.

LE CONSEILLER, *après une pause, fait signe au jeune homme de s'éloigner.* Est-il possible? Ta volonté a-t-elle pu si vite changer en ma faveur?

EUGÉNIE. Elle est changée, mais ne pense pas que ce soit la crainte qui me jette ainsi dans tes bras; j'ai un motif plus noble; permets-moi de le taire. Je n'ai plus qu'une question à t'adresser: Peux-tu renoncer à celle qui renonce à tout? Peux-tu me promettre que tu me recevras avec la pure amitié d'un frère, et que tu me donneras la protection, les conseils et l'existence paisible qu'on accorde à une sœur chérie?

LE CONSEILLER. Je crois pouvoir tout supporter, tout, si ce n'est de te perdre après t'avoir trouvée; te voir, t'approcher, vivre pour toi, voilà mon bonheur suprême. Ton cœur seul dictera les conditions de l'alliance que nous contractons.

EUGÉNIE. Connue de toi seul, je dois éviter le monde et vivre dans la retraite; si tu possèdes une campagne paisible et éloignée, consacre-la-moi et m'y envoie.

LE CONSEILLER. Je possède un petit bien situé agréablement, mais la maison est vieille et tombe en ruine. On n'aurait pas de peine à trouver une habitation superbe dans nos environs; leur prix n'est pas élevé.

EUGÉNIE. Non, laisse-moi me retirer dans cette maison qui tombe en ruine; c'est une fidèle image de ma position. Si mon esprit se calme, j'aurai de quoi y exercer son activité. Dès que je t'appartiendrai, permets-moi de m'y rendre, accompagnée d'un vieux serviteur de confiance, avec l'espoir d'une résurrection prochaine.

LE CONSEILLER. Quand pourrai-je t'y visiter?

EUGÉNIE. Tu attendras avec patience que je t'appelle. Un jour viendra, peut être bientôt, qui nous unira par des liens plus sérieux.

LE CONSEILLER. Tu m'imposes une dure épreuve.

EUGÉNIE. Remplis tes devoirs envers moi, et sois sûr que je connaîtrai les miens. Tu risques beaucoup en m'offrant ta main; si l'on me découvre trop tôt, tu peux en souffrir. Je te recommande le plus profond silence ; que nul ne sache d'où je viens : même les personnes absentes qui me sont chères, je ne les visiterai que par la pensée ; nul messager ne doit me nommer, quand ce serait aux lieux où la moindre étincelle suffirait à rallumer le flambeau de ma vie.

LE CONSEILLER. Que dois-je dire dans cette grave circonstance ? La bouche peut protester avec audace d'un amour désintéressé, lorsque le monstre de l'égoïsme veille au fond du cœur. Notre conduite seule donne la mesure de notre amour. En t'obtenant, il faut renoncer à tout, même à ton regard ; je le ferai. Tu resteras toujours pour moi telle que tu m'apparus la première fois, un objet d'amour et de respect. Je ne souhaite de vivre qu'à cause de toi, tu règnes sur moi en souveraine. Comme le prêtre vouant toute sa vie à la divinité invisible qui fut pour lui, dans un moment de bonheur, le type de toutes les vertus, rien ne me distraira de ton service, lors même que tu te seras dérobée à mes yeux.

EUGÉNIE. Pour te prouver que je crois ton intérieur aussi véridique que tes paroles sont sincères, et que je sens tout le prix de ta droiture, de ta sensibilité, de ta confiance, je te donnerai le gage le plus puissant qu'une femme avisée puisse donner. Non-seulement je n'hésite pas, mais j'ai hâte de te suivre : voici ma main, prends-la ; nous allons à l'autel.

FIN DE LA FILLE NATURELLE.

LES COMPLICES.

PERSONNAGES.

L'HOTE.
SOPHIE, sa fille.
SOELLER, mari de Sophie.
ALCESTE.
UN GARÇON D'AUBERGE.

La scène est dans une auberge.

ACTE PREMIER.

SCÈNE I.

Une salle d'auberge.

SOELLER, L'HOTE.

Sœller en domino, sans souliers, une lanterne sourde à la main ; il se présente à la petite porte, éclaire timidement le tour de la chambre, puis s'avance plus déterminé, ôte son masque, et parle.

L'HOTE. Comment! encore un bal? Sérieusement, monsieur mon gendre, je suis las de ces folies, et je pense que vous vous en abstiendrez aussi. En vérité, je ne vous ai pas donné ma fille pour que vous dépensiez si joyeusement mon argent. Je suis un vieillard, et je ne songeais qu'au repos; il me manquait un adjudant, et je vous ai pris. Un bel adjudant, pour dissiper mon peu de bien ! (*Sœller fredonne une chanson.*) Oui, chantez, chantez ; j'aurai mon tour. Vous êtes un vaurien, lancé dans toutes les folies, qui joue, qui boit, qui fume, fait de la nuit le jour, et du jour la nuit. Il n'y a pas un prince de l'Empire qui mène meilleure vie. Le voilà assis avec ses larges manches, comme un bouffon, monsieur l'aventurier !

SŒLLER, *buvant*. A votre prospérité, papa !

L'HOTE. Oui, jolie prospérité ! J'aimerais mieux la fièvre...

SOPHIE. Mon père, soyez moins sévère.

SŒLLER, *buvant*. Ma petite Sophie, à ta satisfaction !

SOPHIE. Satisfaction !... Si vous pouviez seulement vivre d'accord !

L'HOTE. S'il ne change pas, cela sera difficile. En vérité, il y a déjà longtemps que je suis las de ces querelles. Mais le diable ne verrait pas de sang-froid la vie qu'il mène tous les jours. C'est un méchant homme, si sec! si ingrat! Il ne voit pas ce qu'il est, il ne pense plus à ce qu'il était, il ne songe pas au besoin d'où je l'ai tiré, à ses dettes qu'il m'a bien fallu payer. On voit qu'un misérable ne se corrige jamais. Quand on est gueux, c'est pour l'éternité.

SOPHIE. Il changera, bien sûr.

L'HOTE. Pourquoi tarder autant ?

SOPHIE. C'est encore un effet de la jeunesse.

SŒLLER, *buvant*. Oui, Sophie... A nos amours !

L'HOTE. Cela ne fait qu'entrer par une oreille pour sortir par l'autre : jamais il ne m'écoute. Que suis-je donc dans la maison ? Je me suis comporté vingt ans honorablement ; croyez-vous que j'aie gagné mon bien pour vos plaisirs, et que je vous le laisse dissiper à votre fantaisie ? Non, mon ami, cela ne sera pas ; je ne suis point assez sot. Ma réputation se maintient depuis longtemps, elle se maintiendra encore plus longtemps. Le monde entier connaît l'hôte de *l'Ours noir*. Ce n'est pas un ours si bête, il sait garder sa peau. Maintenant, ma maison sera repeinte, elle portera le nom d'hôtel. Il y pleuvra des cavaliers ; l'argent y viendra par torrents. Mais ce n'est pas tout, il faut être actif, et ne point s'enivrer comme une brute ; après minuit, au lit, et le lendemain levé de bonne heure ; voilà ce qu'il faut.

SŒLLER. D'ici là il y a encore du temps. Que tout aille seulement son train, et ne devienne pas pire. Vient-il donc tant de monde ici ? Les chambres d'en haut sont encore vides.

L'HOTE. Oui, c'est que peu de monde voyage en ce moment.

Enfin, cela est comme cela; et puis M. Alceste n'occupe-t-il pas deux chambres et le salon?

SOELLER. Oui, oui, c'est bien quelque chose qu'une bonne pratique; mais il faut soixante minutes pour faire une heure; et puis M. Alceste sait bien pourquoi il est ici.

L'HOTE. Comment?

SOELLER. Ah! à propos, papa; on m'a dit ce matin qu'il y avait en Allemagne un corps de braves jeunes gens qui se disposent à porter du renfort et de l'argent en Amérique. On dit qu'ils sont en grand nombre et qu'ils ont assez de courage, et que, lorsque viendra le printemps, ils se mettront tous en route.

L'HOTE. Oui, oui, j'en ai entendu plus d'un pérorer auprès d'un verre de vin, dire qu'il donnerait sa peau pour nos chères Provinces-Unies. C'est là qu'on trinque à la liberté. Chacun est brave et hardi ; et puis vient le lendemain, et personne ne part.

SOELLER. Ah! il y a assez de gaillards dont la tête bout toujours; et lorsque l'amour les tient une fois, il faut bien devenir romanesque et même exalté, et se jeter tête baissée au travers des événements.

L'HOTE. Si l'envie en prenait seulement à quelqu'un des nôtres qui fût assez aimable pour nous écrire de temps en temps, cela serait un véritable plaisir.

SOELLER. C'est loin en diable!

L'HOTE. Eh! qu'importe! la lettre met son temps. Je vais monter de suite dans la petite chambre, voir sur ma carte quelle est à peu près la distance.

Il sort.

SCÈNE II.

SOPHIE, SOELLER.

SOELLER. Cela a beau aller mal dans la maison, une gazette arrange tout.

SOPHIE. Oui, cède-lui sans cesse.

SOELLER. Je n'ai pas le sang très-vif, c'est ce qu'il y a d'heureux pour lui. Sans cela, me chicaner de la sorte!

SOPHIE. Oh! de grâce!

SŒLLER. Non, il faut finir par perdre patience. Je sais aussi bien que lui qu'il y a un an j'étais un triste hère, criblé de dettes...

SOPHIE. Mon ami, ne te fâche point.

SŒLLER. Il me peint d'une manière si affreuse, et cependant Sophie ne m'a pas trouvé tout à fait si horrible.

SOPHIE. Tes reproches éternels ne me laissent pas une heure de repos.

SŒLLER. Je ne te reproche rien, je dis cela comme autre chose. Ah! une belle femme réjouit tant notre âme! Vois-tu, on a de la reconnaissance. Sophie, que tu es belle! et je ne suis pas de marbre. J'apprécie trop le bonheur d'être ton mari; je t'aime...

SOPHIE. Et cependant tu ne crains pas de me tourmenter.

SŒLLER. Oh! va, qu'importe? Je puis bien te le dire, Alceste t'a aimée; je sais qu'il a brûlé pour toi, que tu l'as aimé de ton côté, que tu l'as connu longtemps.

SOPHIE. Ah!

SŒLLER. Mais non, je ne sais pas, moi, quel mal on peut trouver à cela. Un jeune arbre qu'on plante s'élève à sa hauteur; et quand il porte des fruits, ma foi, les cueille qui est là; il en revient l'année suivante. Oui, Sophie, je te connais trop bien pour y mettre de l'importance. Je trouve seulement cela plaisant.

SOPHIE. Je ne trouve rien de plaisant à cela. Qu'Alceste m'ait aimée, qu'il ait brûlé pour moi, que je l'aie aimé également, que je l'aie connu longtemps... eh bien! après?

SŒLLER. Rien! Je ne dis pas qu'il y en ait davantage. Dans les premiers jours, quand la jeune fille n'est pas épanouie, elle aime uniquement par badinage, le cœur lui bat sans qu'elle y comprenne quelque chose : on l'embrasse en jouant aux gages-touchés; on gagne du terrain, le baiser devient plus sérieux, on y prend goût davantage, et l'on ne conçoit plus pourquoi la mère gronde. Remplie de vertu tout en aimant, quand elle vient à faillir, c'est encore innocence; et si l'expérience vient s'ajouter à ses autres qualités, que son mari se réjouisse d'avoir une femme si prudente!

SOPHIE. Tu ne me connais pas assez.

SŒLLER. Oh ! crois-m'en, pour une jeune fille, un baiser est ce qu'un verre de vin est pour nous. Un premier, puis un second, et puis encore un, jusqu'à ce que nous chancelions. Quand on ne veut pas s'enivrer, il ne faut pas du tout boire. Suffit, tu es à moi maintenant... N'y a-t-il pas trois ans et demi que le sieur Alceste était ton ami et demeurait ici ? Combien y a-t-il de temps qu'il est parti ?

SOPHIE. Trois ans, je pense.

SŒLLER. Au delà. Eh bien ! le voilà de nouveau depuis quinze jours. Déjà...

SOPHIE. Mon cher, que signifie ce discours ?

SŒLLER. Eh bien ! à parler un peu, car entre mari et femme on ne cause déjà pas tant. — Pourquoi diable est-il ici ?

SOPHIE. Eh mais ! pour se réjouir.

SŒLLER. Je crois un peu que tu lui tiens au cœur. S'il t'aimait, eh ! l'écouterais-tu bien ?

SOPHIE. L'amour peut beaucoup, mais le devoir est plus puissant encore. Tu crois ?...

SŒLLER. Je ne crois rien, et je m'entends très-bien. Un mari est toujours meilleur que tous ces petits messieurs qui fredonnent. Le ton doucereux que prennent ces pastoureaux n'est rien... qu'un ton, et un ton est bien peu satisfaisant.

SOPHIE. Oui, un ton ! Eh bien, va pour le ton !... Mais le tien vaut-il mieux ? Ta mauvaise humeur s'accroît sans cesse ; tu ne cesses pas un instant de me contrarier. Lorsqu'on veut être aimé, il faut être aimable. Étais-tu bien l'homme fait pour rendre une jeune fille heureuse? As-tu donc reçu le droit de me reprocher sans cesse ce qui, dans le fond, n'est rien ? Toute la maison se gâte, tu n'aides à rien, et tu dépenses tout. Tu vis au jour le jour. Te manque-t-il quelque chose, tu fais des dettes ; et si ta femme a besoin de quelque chose, il ne se trouve pas un florin ; tu ne demandes seulement point où elle en pourra trouver. Veux-tu une brave femme, sois un honnête homme ; procure-lui ce qu'il lui faut, aide-la à passer le temps, et quant au reste, tu pourras dormir tranquille.

SŒLLER. Eh ! adresse-toi au père.

SOPHIE. Je serais bien reçue ! Nous avons besoin d'un si grand nombre de choses, et tout va si mal ! Hier, pour la première fois, il m'a fallu le prier de m'accorder quelque chose d'indispensable : « Ah ! s'est-il écrié, toi, sans argent ! et Sœller court en traîneau ! » Il ne m'a rien donné, et m'a encore grondée sans relâche. Maintenant, dis-moi un peu où je dois puiser ? car tu n'es pas un homme à t'inquiéter de ta femme.

SŒLLER. Oh ! attends, chère enfant ; peut-être demain recevrai-je quelque chose d'un bon ami...

SOPHIE. Les bons amis se pressent quand il s'agit de prendre ; mais un ami qui apporte, je n'en ai pas encore vu. Non, Sœller, vois-tu bien, cela ne peut continuer ainsi.

SŒLLER. Tu as bien ce qu'il faut.

SOPHIE. Bien, c'est quelque chose. Pourtant, qui n'a jamais été misérable veut un peu plus que cela. On s'accoutume au bonheur et à ses dons. On a le nécessaire, et l'on croit ne posséder rien encore. Le plaisir dont jouit chaque femme, chaque jeune fille, je n'en suis pas jalouse ; mais enfin je ne suis pas blasée : la parure, le bal... suffit, je suis femme.

SŒLLER. Eh bien ! viens avec nous ; ne te le dis-je pas toujours ?

SOPHIE. Que notre ménage devienne un carnaval, que le temps si court soit dissipé tout en un jour ! je préfère demeurer ici toute seule l'année entière. Si tu ne veux pas épargner, il faut du moins que ta femme épargne. Mon père est déjà bien assez aigri à ton égard ; j'apaise sa colère, et je suis sa consolation. Non, monsieur, je ne vous aiderai point à prodiguer mon propre bien. Épargnez d'abord vous-même, vous songerez à moi ensuite.

SŒLLER. Mon enfant, laisse-moi me divertir encore cette fois ; et quand la foire viendra, alors nous nous arrangerons.

UN GARÇON D'AUBERGE, *entrant*. Monsieur Sœller !

SŒLLER. Ah ! qu'y a-t-il ?

LE GARÇON. Monsieur de Tirinette.

SOPHIE. Le joueur ?

SŒLLER. Renvoyez-le. Que le diable l'emporte !

LE GARÇON. Il dit qu'il faut qu'il vous voie.

SOPHIE. Que veut-il donc de toi ?

SŒLLER. Ah! c'est qu'il va partir... (*Au garçon.*) Je viens...
(*A Sophie.*) Il veut prendre congé.

Il sort.

SCÈNE III

SOPHIE, *seule.*

Celui-ci le poursuit certainement. Il dépense tout, fait des dettes de jeu ; et moi, il faut que je souffre... C'est donc là tout mon plaisir et le bonheur que je rêvais ! Moi, la femme d'un tel homme ! Te voilà dégradée, à ce point ! Il est passé le temps où une foule de jeunes et brillants cavaliers étaient à tes pieds, où chacun lisait sa destinée dans tes regards ! Je vivais dans l'abondance, comme une déesse, entourée de serviteurs attentifs à mes caprices. Ce fut assez pour remplir mon cœur de vanité, et, hélas ! une jeune personne s'en trouve vraiment mal. Est-on un peu jolie, aussitôt on plaît à tout le monde, et la tête nous tourne de louanges quotidiennes. Et quelle jeune fille peut soutenir cette épreuve de feu ? Vous pouvez prendre des dehors si honnêtes, on vous en croit aisément sur parole vous autres hommes... Et, tout à coup, le diable vous emporte. — Lorsqu'il y a quelque morceau appétissant, tous aussitôt veulent s'en régaler ; mais qu'une fille le prenne au sérieux, il n'y a plus un homme au logis. Ainsi vont les choses avec ces messieurs dans ce triste temps. Il s'en présente vingt, mais pas un pour épouser. A la vérité, je ne me suis pas trouvée tout à fait délaissée : à vingt-quatre ans, il n'y a pas à tarder; le Sœller se trouve là... je le pris... C'est un pauvre homme, mais enfin c'est un mari. Me voilà ici maintenant comme enterrée. Je pourrais encore avoir une foule de galants ; mais qu'en faire ? Sont-ils stupides, c'est à en périr avec eux ; et il est dangereux d'aimer un homme spirituel : son esprit se tourne bientôt contre vous-même. Et sans amour, leurs attentions m'ont toujours été odieuses... Maintenant !... mon pauvre cœur, étais-tu préparé à cela ? Alceste est revenu ! Ah ! quel nouveau chagrin ! Oui, autrefois, quand il était auprès de moi, que les jours étaient différents ! que je l'aimais !... et encore... je ne sais pas ce que je veux. Je le repousse avec défiance... il est songeur, calme ; je me crains moi-même, et ma crainte est bien fondée. Ah ! s'il savait ce que mon cœur ressent encore pour lui! — Il vient. Je tremble déjà. Mon cœur est si plein! Je ne sais ce que je veux, encore moins ce que je dois.

SCÈNE IV.

SOPHIE, ALCESTE.

ALCESTE, *en toilette, sans chapeau ni épée.* Pardonnez, madame, si je vous semble importun.

SOPHIE. Vous badinez, monsieur Alceste; cette chambre est pour tout le monde.

ALCESTE. Je le sens, maintenant je suis pour vous comme tout le monde.

SOPHIE. Je ne vois pas comment Alceste pourrait s'en plaindre.

ALCESTE. Tu ne vois pas, cruelle?... Le ciel me réservait d'entendre de telles choses!

SOPHIE. Permettez, monsieur, il faut que je m'éloigne.

ALCESTE. Où vas-tu, Sophie, où vas-tu?... Tu détournes ton visage?... tu refuses ta main?... Sophie, ne me connais-tu pas?... Vois, c'est Alceste qui te supplie de l'entendre.

SOPHIE. Malheur à moi!... Que mon cœur, que mon pauvre cœur est agité!

ALCESTE. Si tu es encore Sophie, demeure.

SOPHIE. Je vous prie, épargnez-moi. Il faut, il faut que je m'éloigne.

ALCESTE. Cruelle Sophie! abandonnez-moi donc! — Dans ce moment, pensais-je, elle est seule; tu touches au bonheur. Maintenant, espérais-je, elle pourra te dire un mot d'amitié... Oh! allez, allez. — Dans cette chambre, ici, Sophie me découvrit pour la première fois la plus douce flamme; ici, pour la première fois, l'amour nous enlaça; à cette même place... t'en souvient-il encore?... tu me juras fidélité éternelle.

SOPHIE. Oh! épargnez-moi donc!

ALCESTE. C'était une belle soirée... je ne l'oublierai jamais. Ton regard parla, et moi je m'enhardis : ce fut en tremblant que tu me livras tes lèvres si douces. Mon cœur sent encore

ACTE I, SCÈNE IV.

trop quel fut mon bonheur. Le tien alors était de me voir, le mien de songer à toi ; et maintenant tu me refuses une heure... Tu vois, je te cherche ; tu vois, je suis tout affligé... Va donc, cœur faux, jamais tu n'as aimé.

SOPHIE. Je suis assez tourmentée déjà, veux-tu donc me tourmenter aussi ? Sophie ne t'a jamais aimée, Alceste ?... Et tu oses le dire ? Tu étais mon unique vœu, tu étais mon bien suprême. Pour toi battait mon cœur, mon sang bouillait pour toi ! Ce bon cœur, que tu as possédé, ne pourrait te repousser, ne pourrait t'oublier. Ah ! que de fois ces ressouvenirs m'ont affligée. Alceste !... je t'aime, je t'aime encore comme je t'aimais.

ALCESTE. Ange ! cœur excellent !

Il veut l'embrasser.

SOPHIE. J'entends quelqu'un venir.

ALCESTE. Et pas le moindre mot ! cela n'est pas supportable. Ainsi se passe tout le jour. Quelle existence odieuse ! Je suis depuis quinze jours ici, et je ne t'ai pas encore dit une parole ! Je sais que tu m'aimes encore, et il faut que cela augmente ma douleur. Jamais nous ne sommes seuls, jamais nous n'épanchons nos âmes ; ici, dans cette chambre, on n'a pas un moment de repos : tantôt le père est là, tantôt vient le mari. Je ne puis rester longtemps ici, cela m'est insupportable. Mais, Sophie, à qui veut, tout n'est-il pas possible ? Autrefois rien ne te semblait trop difficile ; tu servais si promptement mes désirs, et la jalousie aux cent yeux était aveugle. Si tu voulais...

SOPHIE. Quoi ?

ALCESTE. Songe qu'il ne faut pas réduire Alceste au désespoir ! Ma bien-aimée, cherche seulement quelque occasion pour un entretien que ce lieu rend impossible. Oh ! écoute : cette nuit, ton mari sort ; on croit que je vais moi-même à un repas de carnaval. Mais la porte de derrière est proche de mon escalier : personne ne le verra dans la maison, je reviens, j'ai la clef sur moi... et, si tu le permets...

SOPHIE. Alceste, je m'étonne...

ALCESTE. Et moi, je dois croire que tu n'es pas un cœur dur, que tu n'es pas une fille trompeuse. Tu rejettes le moyen qui nous reste encore ! Ne connais-tu pas Alceste, Sophie, et peux-tu hésiter à venir causer avec lui une petite heure dans la tranquillité de la nuit ? C'est assez, n'est-ce pas, Sophie, je viendrai te voir cette nuit ? Cependant, si tu te crois plus en sûreté, viens toi-même me voir.

SOPHIE. C'est trop.

ALCESTE. Trop ! trop ! Oh ! bien parlé ! malédiction ! c'est trop ! trop ! Ainsi je perds ici mes jours et mes semaines..... Damnation ! qui me retient en ces lieux, quand Sophie ne me retient pas ?... Je pars demain.

SOPHIE. Mon bien-aimé, mon bon !

ALCESTE. Non, tu connais, tu vois mes souffrances, et tu restes insensible ! Je veux t'éviter pour toujours.

SCÈNE V.

LES MÊMES, L'HOTE.

L'HOTE. Voici une lettre. Il faut que ce soit de quelqu'un de haut parage ; le cachet est très-large et le papier est fin. (*Alceste ouvre la lettre.* — *L'hôte, à part.*) Je voudrais bien connaître le contenu de cette lettre.

ALCESTE, *qui a parcouru la lettre rapidement*. Il me faudra partir demain de bonne heure. Le compte ?

L'HOTE. Eh ! partir si vite, par un aussi mauvais temps ? — Cette lettre est donc d'importance ? Peut-on se permettre de demander à votre seigneurie...

ALCESTE. Non.

L'HOTE, *à Sophie*. Demande-lui donc, toi ; certes il te le dira. *Il va à la table dans le fond, où il prend ses livres dans un tiroir ; il s'assied et écrit le compte.*

SOPHIE. Alceste, est-ce sûr ?

ALCESTE. Le visage aimable !

SOPHIE. Alceste, je t'en prie, n'abandonne pas Sophie.

ALCESTE. Eh bien ! décide-toi à me voir cette nuit.

SOPHIE, *à part*. Que dois-je, que puis-je faire ? Non, il ne faut pas, il ne faut pas qu'il parte ; il est mon seul espoir. — Tu vois que je ne puis pas... pense, je suis mariée.

ALCESTE. Le diable emporte le mari ! Tu es veuve en ce moment. Non, mets à profit ces instants, peut-être ne les retrouverons-nous jamais. Un mot : à minuit, ma bien-aimée, je serai ici.

SOPHIE. Mon père est trop proche de ma chambre.

ALCESTE. Eh bien, alors viens à moi. Que signifient ces hésitations ? Pendant ce temps, l'occasion nous échappe. Tiens, prends la clef.

SOPHIE. La mienne peut ouvrir.

ALCESTE. Viens donc ainsi, chère enfant. Qui t'arrête ? Eh bien, veux-tu ?

SOPHIE. Si je veux ?...

ALCESTE. Eh bien ?

SOPHIE. J'irai.

ALCESTE, *à l'hôte.* Monsieur l'hôte, je reste.

L'HOTE, *avançant sur le devant.* Ah ! ah ! (*A Sophie.*) As-tu appris quelque chose ?

SOPHIE. Il ne veut rien dire.

L'HOTE. Rien ?

SCÈNE VI.

LES MÊMES, SOELLER.

ALCESTE. Mon chapeau !

SOPHIE. Le voilà, tenez.

ALCESTE. Adieu. Il faut que je parte.

SOELLER. Je vous souhaite beaucoup de plaisir.

ALCESTE. Adieu, charmante femme.

SOPHIE. Adieu, Alceste.

SOELLER. Votre serviteur.

ALCESTE. Il faut que je remonte encore.

SOELLER, *à part.* Le drôle devient chaque jour plus audacieux.

L'HOTE, *prenant la lumière.* Permettez, monsieur.

ALCESTE, *la lui prenant des mains avec civilité.* Monsieur l'hôte, pas un pas de plus.

SOPHIE. Eh bien ! Sœller, tu t'en vas. Si tu m'emmenais ; qu'en dis-tu ?

SŒLLER. Ah! ah! l'idée t'en vient.

SOPHIE. Non, va; c'est un badinage.

SŒLLER. Non, non, je le sais, tu en brûles d'envie. Quand on voit quelqu'un s'arranger pour le bal, et qu'il faut aller dormir, on sent là quelque chose qui nous pousse... Une autre fois.

SOPHIE. Oh! oui, je puis bien attendre; seulement, Sœller, sois prudent, abstiens-toi des cartes. (*A l'hôte, qui pendant ce temps est resté à réfléchir profondément.*) Bonne nuit, papa; je vais au lit.

L'HOTE. Bonne nuit, Sophie.

SŒLLER. Dors bien. (*La regardant aller.*) Non, elle est vraiment belle! (*Il court après elle et l'embrasse encore une fois auprès de la porte.*) Dors bien, mon petit mouton. (*A l'hôte.*) Eh bien! n'allez-vous pas aussi vous mettre au lit?

L'HOTE. C'est une lettre du diable! Si j'avais du moins cette lettre. (*A Sœller.*) Allons, une nuit de carnaval, une bonne nuit!

SŒLLER. Merci. Dormez bien.

L'HOTE. Maître Sœller, vous voudrez bien, en sortant, avoir soin de bien fermer la porte.

Il sort.

SŒLLER. Oui, ne vous inquiétez de rien.

SCÈNE VII.

SOELLER, *seul*.

Que faire? ô le maudit jeu! que le coquin n'est-il pendu! La dernière levée n'était pas claire, et pourtant il m'a fallu me taire; il s'escrime aussi bien qu'il ajuste. Je ne sais comment entrer ni sortir. — Si... Alceste a de l'argent... et ces instruments ouvrent et ferment. Il a de son côté grande envie de jouir de mon bien. Il tourne autour de ma femme; depuis longtemps cela m'est odieux. Eh bien, je m'invite une fois aussi à sa table. — Mais s'il transpire quelque chose, cela aura des suites fâcheuses... Je suis dans le besoin, et ne puis faire autrement. Le joueur veut son argent, sinon il m'assomme. Courage, Sœller, en avant! toute la maison dort. Et si cela se découvre, je suis bien épaulé; car une belle femme a sauvé plus d'un voleur.

Il sort.

ACTE DEUXIÈME.

SCÈNE I.

La chambre d'Alceste. Le théâtre est, de l'avant-scène au fond, partagé en une chambre et une alcôve; d'un côté de la chambre, une table sur laquelle il y a des papiers et une cassette; au fond, une grande porte, et sur le côté une petite en face de l'alcôve.

SOELLER.

Il est en domino et masqué, sans souliers, une lanterne sourde à la main; il se présente à la petite porte, éclaire timidement le tour de la chambre, puis s'avance plus déterminé, ôte son masque et parle.

On n'est pas absolument forcé d'être brave; on parvient aussi en se glissant avec ruse. L'un vient à vous, armé de pistolets, pour chercher un sac d'argent, peut-être la mort, et dit : « La bourse, là, sans tant de façons! » d'un sang aussi tranquille que s'il disait : « Levez le coude, messieurs! » Un autre rôde sans cesse, pour attraper votre montre; ses mains sont magiques, ses manœuvres comme l'éclair; et si vous y tenez, il vous dit en face : « Je vole, soyez sur vos gardes. » Il vous vole, et vous n'en voyez rien. La nature, il est vrai, m'a fait moins superbe : mon cœur est trop faible, et mes doigts sont trop engourdis : et cependant être honnête homme est, par le temps qui court, un peu difficile. L'argent diminue chaque jour, et chaque jour il en faut davantage. — Te voilà embarqué; tire-toi de là. Ah! toute la maison pense que je suis cette nuit au bal. Mon petit monsieur Alceste... Il est allé rêver... Ma petite femme dort seule... Jamais mon étoile ne me fut plus favorable. (*S'approchant de la table.*) Approche, ô sanctuaire! ô dieu qui résides dans un coffre, un roi sans toi est un être bien nul! Je vous rends grâce, ô instruments, vous êtes la consolation du monde; c'est par votre secours que je compte l'atteindre, le grand instrument, l'argent! (*En cherchant à ouvrir la cassette.*) Autrefois, étant assesseur près le tribunal, je me connaissais au métier: là, mon zèle n'a pas non plus duré; l'écriture ne prenait pas; c'était toujours la même chose: un morceau de pain pour perspective, et journellement de l'ennui, cela ne me convenait guère. Un voleur fut arrêté, les fausses clefs furent trouvées; il fut pendu. On sait à présent que la justice pense avant tout à elle: je n'étais qu'un subalterne, je n'eus que la ferraille, je la pris. Une chose ne vous paraît guère utile; vient un moment où l'on se réjouit de la posséder; et maintenant..... (*La serrure saute.*) Oh! tout cela bien monnayé! oh! c'est un vrai plaisir! (*Il en met dans sa poche.*) Ma poche déborde d'argent et ma poitrine de joie... si ce n'est de crainte : écoutons! Malédiction! ô mes membres! ô lâches! pourquoi trembler? Assez... (*Il regarde encore dans la cassette, et prend encore.*) Encore une fois. Bon, maintenant! (*Il la ferme et frémit.*) Quoi, déjà?... encore. Quelque chose s'agite dans le corridor; pourtant tout va bien en ordre... Le diable fait peut-être des siennes?... J'aurais fait une belle sottise... Est-ce un chat? Non, ce serait un chat bien pesant. Vite! on tourne la serrure...

Il se jette dans l'alcôve.

SCÈNE I.

L'HOTE, *avec un rat de cave, entrant par la porte de côté*, SOELLER.

SOELLER, *à part*. Aïe! le beau-père!

L'HOTE. C'est une sotte chose qu'un sang un peu craintif: le cœur bat quand on ne fait que demi-mal. De mes jours, du reste, je n'ai été curieux. Si je ne pensais trouver dans cette lettre quelque chose d'important! et puis avec la gazette, c'est un retard éternel. Ce qu'on apprend de plus neuf a toujours un mois de date. N'est-ce pas chose bien insupportable d'entendre chacun dire : « Oui, je l'ai lu aussi. » — Si j'étais seulement gentilhomme, je serais bientôt ministre, et chaque courrier partirait de chez moi et y arriverait. — Je ne la trouve pas, cette lettre. L'a-t-il emportée avec lui? C'est donc le diable ! on ne peut en finir.

SOELLER, *à part.* O bon vieux fou, je le vois bien, le dieu des voleurs et des journaux ne t'aime pas moitié autant que moi.

L'HOTE. Je ne la trouve pas O malheur !..... Mais qu'entends-je? — Ici près, dans le salon...

SOELLER. M'a-t-il senti, déniché peut-être?

L'HOTE. Cela craque comme si c'était une mule de femme.

SOELLER. Une mule? non ce n'est pas moi.

L'HOTE. *Il souffle le rat de cave, et, comme il se donne beaucoup de peine sans pouvoir ouvrir la serrure de la petite porte, il le laisse tomber.* Maintenant, la serrure qui m'arrête.

Il pousse la porte et s'en va.

SCÈNE III.

SOPHIE, *entrant par la porte du fond avec une lumière.*
SOELLER.

SOELLER, *dans l'alcôve, à part.* Une figure de femme ! Diable ! l'enfer ! Ma femme ! que signifie cela ?

SOPHIE. Je tremble d'une démarche si folle !

SOELLER. C'est elle, aussi vrai que c'est moi ! Cela ressemble à un rendez-vous? — Mais supposez que je me montre... Oui? alors le cou me démange déjà.

SOPHIE. Oui, suivez donc l'amour! Avec des formes flatteuses, il vous entraîne d'abord...

SOELLER. J'en deviendrai fou... et je n'ose.

SOPHIE. Et quand une fois on quitte la route, alors point de feu follet qui vous égare autant.

SOELLER. Oui, certes! Un marais te serait plus sain que cette chambre.

SOPHIE. Jusqu'ici, tout allait assez mal sans doute ; mais chaque jour cela devient pire. Mon mari ira trop loin aussi. Jusqu'ici le chagrin ne me manquait pas ; maintenant il en a fait trop, je serai forcée de le haïr.

SOELLER. Toi, sorcière!

SOPHIE. Il a ma main... Mais Alceste possède mon cœur comme autrefois.

SOELLER. Ensorceler, composer des poisons, n'est pas aussi détestable!

SOPHIE. Ce cœur qui brûle entièrement pour lui, qui apprit de lui pour la première fois ce qu'est l'amour...

SOELLER. Damnation!

SOPHIE. Il était tranquille et froid, avant qu'Alceste vînt l'éveiller.

SOELLER. Et vous, maris, que n'êtes-vous tous une fois au confessionnal?

SOPHIE. Comme mon Alceste m'aimait!

SOELLER. Ah! maintenant, c'est passé!

SOPHIE. Comme je l'aimais tendrement!

SOELLER. Bah! c'étaient des enfantillages.

SOPHIE. Destin, tu nous as séparés ; et pour mes péchés, il m'a fallu... quelle douleur!... m'unir à un animal.

SOELLER. Moi, animal!... Oui, certes, un animal, un animal cornu.

SOPHIE. Que vois-je?

SOELLER. Quoi, madame?

SOPHIE. Le rat de cave de mon père! comment se trouve-t-il ici?... Pourtant, non?... Il me faut m'enfuir, peut-être nous espionne-t-il.

SOELLER. O conscience, continue de la poursuivre!

SOPHIE. Mais je ne conçois pas qu'il ait pu le perdre ici!

SOELLER. Si elle ne craint pas la vue de son père, fais-lui donc voir le diable.

SOPHIE. Oh! non, toute la maison est plongée dans le plus profond sommeil.

SŒLLER. Le plaisir est plus puissant que la crainte du châtiment.

SOPHIE. Mon père est au lit... Qui sait comme cela est arrivé?... Enfin, n'importe.

SŒLLER. O malheur!

SOPHIE. Alceste n'est pas encore venu?

SŒLLER. Oh! si j'osais...

SOPHIE. Mon cœur flotte encore dans un vague inquiétant; je l'aime, et cependant je le crains.

SŒLLER. Et moi, je le crains comme le diable, et davantage. Oh! s'il venait, le prince des enfers, je le supplierais: « Emporte-la, dirais-je, et prends tout mon argent. »

SOPHIE. Tu es trop loyal, mon cœur. Quel est donc ton crime? as-tu promis d'être fidèle et pouvais-tu promettre d'être fidèle à un homme qui n'a pas un cheveu qui vaille quelque chose, absurde, grossier, faux...

SŒLLER. Je suis tout cela?

SOPHIE. En vérité, si un tel monstre ne justifie pas toute l'horreur qu'on a pour lui, alors j'admirerai le pays où l'on honore le diable; car Sœller est un diable!

SŒLLER. Quoi? un diable! un monstre!... moi? Je ne puis le supporter plus longtemps.

SCÈNE IV.

ALCESTE, *habillé, avec le chapeau et l'épée, couvert d'un manteau qu'il dépose à l'instant.* LES PRÉCÉDENTS.

ALCESTE. Tu m'attendais déjà?

SOPHIE. Sophie est venue avant toi.

ALCESTE. Tu trembles?

SOPHIE. Les dangers!

ALCESTE. Non, ma petite femme, non.

SŒLLER. Tu! toi! voilà des préliminaires.

SOPHIE. Tu as senti ce que mon cœur a souffert pour toi. Tu le connais tout entier, ce cœur; pardonne-lui cette démarche.

ALCESTE. Sophie !

SOPHIE. Pardonne-moi, et je n'éprouverai point de repentir.

SŒLLER. Oui, demande-moi un peu si je te le pardonne ?

SOPHIE. Quel dessein m'a conduite jusqu'ici ? En vérité, je le sais à peine.

SŒLLER. Je ne le sais que trop, moi.

SOPHIE. Il me semble que c'est un rêve.

SŒLLER. Je voudrais bien rêver, moi.

SOPHIE. Vois, je t'apporte un cœur tout rempli de chagrin.

ALCESTE. Le chagrin s'évanouit en plaintes.

SOPHIE. Je n'ai jamais sympathisé avec un cœur comme avec le tien.

SŒLLER. Quand ils bâillent ensemble, ils appellent cela sympathie. C'est admirable.

SOPHIE. Fallait-il donc te trouver si parfait, pour m'unir à un homme d'un caractère si opposé ! J'ai un cœur qui n'est point mort à la vertu.

ALCESTE. Je le connais.

SŒLLER. Oui, oui ; et moi aussi.

SOPHIE. Quelque digne d'amour que tu sois, jamais tu n'aurais arraché de moi une seule parole, si ce pauvre cœur n'était pas fermé à l'espérance. Je vois de jour en jour la ruine de mon ménage. Quel vie mène mon mari ! comment pouvons-nous subsister ? Je sais qu'il ne m'aime pas, mes larmes ne le touchent pas, et quand mon père tempête, il faut encore que je le réconcilie avec lui. Chaque matin arrive un nouveau tourment.

SŒLLER, *ému à sa manière.* Non; pourtant la pauvre femme est vraiment malheureuse.

SOPHIE. Mon mari n'a aucune idée de ce qui ressemble à une vie humaine. Que n'ai-je point dit, que de choses ne lui ai-je pas cédées ? Il boit tout le jour, il fait des dettes de tous côtés, joue, se querelle, gronde et rampe ; tout cela sans relâche ! Tout son esprit se réduit à des folies et des extravagances ; ce qu'il prend pour de la prudence n'est que de la grosse ruse. Il ment, calomnie, trompe...

ACTE II, SCÈNE IV.

SŒLLER. Je le vois, elle réunit déjà des matériaux pour mon oraison funèbre.

SOPHIE. Oh ! crois-le ! depuis longtemps je serais morte de douleur si je n'avais su...

SŒLLER. Allons, parle.

SOPHIE. Qu'Alceste m'aimait encore.

ALCESTE. Il aime, il gémit comme toi.

SOPHIE. Cela adoucit ma peine d'inspirer de la commisération à quelqu'un... à toi. Alceste, par cette main, par cette main si chère, je t'en conjure, conserve-moi toujours ton cœur.

SŒLLER. Voyez comme elle le cajole.

SOPHIE. Ce cœur, qui n'a brûlé que pour toi, ne connaît d'autres consolations que celles qui viendront de toi.

ALCESTE. Je ne sais pour ton cœur aucun remède.

Il prend Sophie dans ses bras, et l'embrasse.

SŒLLER. Malheur à moi, pauvre homme ! aucun accident ne viendra-t-il donc à mon secours, par pitié ? Le cœur ! cela devient inquiétant.

SOPHIE. Mon ami !

SŒLLER. Maintenant elle s'attendrit ; j'en ai par-dessus les oreilles, de l'amitié ; je voudrais, puisqu'ils ne savent plus que se dire, qu'elle passât son chemin, et en finît avec ses baisers.

ALCESTE. Ma bien-aimée !

SOPHIE. Mon ami, encore ce baiser, et puis adieu.

ALCESTE. Tu t'éloignes ?

SOPHIE. Je m'en vais... car il le faut.

ALCESTE. Tu m'aimes, et tu pars ?

SOPHIE. Je pars... parce que je t'aime : je perdrais un ami si je demeurais. C'est dans la nuit surtout qu'on s'oublie dans ses plaintes ; on se croit en sûreté, et l'on ne redoute rien. Mais pour mon sexe il y a trop à risquer ; trop de dangers suivent la confiance ; un cœur amolli par la souffrance ne refuse point, dans un si beau moment, ses lèvres aux baisers de l'amitié. Mais un ami est aussi un homme...

SŒLLER. Elle paraît le savoir assez bien.

SOPHIE. Adieu; et crois que je suis toute à toi.

SŒLLER. L'orage m'a passé bien près de la tête. (*Sophie sort, et Alceste l'accompagne par la porte du milieu, qui reste ouverte ; on les voit tous deux arrêtés ensemble dans le lointain.*) Pour cette fois, ne sois pas mécontent, il n'y a pas beaucoup à réfléchir! le moment est favorable, et vite, décampe.

Il sort de l'alcôve, et s'enfuit par la porte de côté.

SCÈNE V.

ALCESTE, *revenant*.

Que veux-tu donc, mon cœur?... C'est cependant merveilleux ; cette femme chérie est encore pour toi ce qu'elle fut. Ma reconnaissance pour ces heures dorées du premier bonheur d'amour n'est pas encore évanouie. Que n'ai-je point pensé! que n'ai-je point senti! et elle n'est pas encore effacée là ; cette image n'est pas encore effacée : elle est aussi parfaite que l'amour me la montrait, cette image que mon cœur adorait dans un respect profond. Eh! que les temps sont autres! que de choses se sont éclaircies! Cependant il lui reste quelque chose de cette sainteté première... Avoue bonnement ce qui te pousse ici, et voilà le revers qui se montre! tu recommences à aimer, et cet esprit fort, et ce que tu méditais de loin, la honte que tu lui avais promise, le plan que tu méditais... Comme tout a changé! N'éprouves-tu pas une inquiétude secrète? Certes, avant que tu ne la possèdes, elle te possède déjà. Voilà bien le lot des hommes! Souvent on court, on s'élance, et plus on forme de projets, mieux on est attrapé.—Mais maintenant, au nécessaire! il faut que je découvre un moyen de lui faire remettre, dès demain matin, quelque argent comptant : au fond, c'est une damnation... Son sort me touche infiniment; son mari, le misérable! lui rend la vie pénible. J'ai encore précisément ce qu'il faut. Voyons, oui, cela montera assez : je lui serais entièrement étranger que son sort saurait encore m'attendrir; mais je suis trop intimement convaincu que je suis surtout l'auteur de sa misère... Le destin le voulait de la sorte; je ne pouvais rien; mais ce que je puis faire, du moins, c'est d'adoucir son sort. (*Il ouvre sa cassette.*) Que diable! qu'est cela? Ma cassette presque vide? De tout mon argent, à peine le quart de la monnaie d'argent; j'ai l'or sur moi; j'ai toujours la clef. Ce n'est que depuis l'après-dînée! Qui donc a pénétré dans cette chambre? Sophie?... fi! Oui, Sophie? indigne idée, loin de moi! Mon domestique? Oh! il en est bien éloigné, il dort!... Le brave garçon, certes, il n'est pas coupable. Mais, qui donc!..... Par Dieu, cela me rend inquiet.

ACTE TROISIÈME.

SCÈNE I.

La salle d'auberge.

L'HOTE, *seul*.

Il est en robe de chambre et sur un tabouret, devant une table chargée d'une lumière presque consumée, d'un cabaret avec du café, de pipes et de journaux. Après les premiers vers il se lève, et il s'habille durant cette scène et le commencement de la suivante.

Ah! la maudite lettre m'enlève sommeil et repos; réellement il se passe là quelque chose d'extraordinaire. Il me paraît impossible de deviner cette énigme. Lorsqu'on fait quelque chose de mal, on s'effraye aisément : ce n'était pas ma vocation; voilà pourquoi la crainte m'a poursuivi. Et cependant, pour un aubergiste, ce n'est pas convenable de trembler pour une rumeur, des pas ou un craquement, car les revenants et les voleurs se tiennent la main. Il n'y avait personne à la maison, ni Sœller, ni Alceste; ce ne pouvait être le cellérier; les servantes dormaient rudement. Cependant, au petit jour, vers trois et quatre, j'entendis un léger bruit; la porte de Sophie s'ouvrit : c'est peut-être elle-même, cet esprit devant qui j'ai détalé.

C'était un marcher de femme ; Sophie marche précisément ainsi... Mais que faisait-elle là ?... On sait comment agissent les femmes : elles aiment à visiter, à voir les effets des étrangers, le linge, les habits. Si j'y avais songé, je l'aurais effrayée, et je me serais moqué d'elle. Elle m'aurait aidé à chercher ; nous aurions la lettre ; maintenant l'occasion s'est échappée. Damnation ! une idée comme cela ne vous arrive jamais à propos, et ce qu'on imagine de bon ne nous vient que lorsqu'il n'est plus temps.

SCÈNE II.

L'HOTE, SOPHIE.

SOPHIE. Mon père, imaginez...

L'HOTE. Vous ne me dites pas même bonjour.

SOPHIE. Pardonnez-moi, papa ; ma tête est pleine de soucis.

L'HOTE. Pourquoi ?

SOPHIE. L'argent d'Alceste, qu'il avait reçu dernièrement, a disparu tout à la fois.

L'HOTE. Pourquoi a-t-il joué ? Ils n'en sortent pas.

SOPHIE. Mais non, il est volé.

L'HOTE. Comment !

SOPHIE. Et volé dans sa chambre !

L'HOTE. Que le diable l'emporte, le voleur ! Qui est-il ? vite !

SOPHIE. Qui le peut savoir ?

L'HOTE. Ici, dans la maison ?

SOPHIE. Oui, sur la table d'Alceste, dans sa cassette.

L'HOTE. Et quand ?

SOPHIE. Cette nuit.

L'HOTE, *à part*. Voilà pour mon péché de curiosité ! La faute en retombera encore sur moi ; on trouvera mon rat de cave.

SOPHIE, *à part*. Il est atterré et il murmure... Serait-ce le coupable ? Il a été dans la chambre ; le rat de cave l'accuse.

L'HOTE, *à part*. Est-ce Sophie elle-même ? Au diable ! ce serait bien pis. Elle voulait de l'argent hier, elle a été cette nuit dans la chambre. (*Haut.*) C'est un vilain coup. Prends-y garde, cela nous nuira. Notre réputation, c'est le bon marché et la sévérité.

SOPHIE. Oui; il ne s'en inquiète guère, et pour nous cela nous nuira. On l'attribuera, après tout, à l'hôte.

L'HOTE. Je ne le sais que trop : c'est une véritable sottise. Et serait-ce un voleur domestique? soit, qui pourra le découvrir? Cela nous causera beaucoup de chagrin.

SOPHIE. Cela m'abat absolument.

L'HOTE, *à lui-même.* Ah! elle devient inquiète. (*Haut, d'un air un peu plus mécontent.*) Je voudrais qu'il retrouvât son bien, je serais bien content.

SOPHIE, *à elle-même.* Il me semble que le repentir le prend. (*Haut.*) Et s'il le retrouve, alors soit le voleur qui voudra; on ne lui dira rien, et il ne s'en inquiétera pas non plus.

L'HOTE, *à part.* Si elle ne l'a pas, je veux être un misérable. (*Haut.*) Tu es une bonne fille, et ma confiance en toi... Attends un peu.

Il va voir derrière la porte.

SOPHIE, *à part.* Grand Dieu! il va me découvrir son fait!

L'HOTE. Je te connais, Sophie; tu n'as guère habitude de mentir...

SOPHIE. Je cacherais plutôt quelque chose au monde entier qu'à vous. C'est pourquoi j'espère bien, cette fois, mériter...

L'HOTE. Bien! Tu es mon enfant, et ce qui est fait est fait.

SOPHIE. Le meilleur cœur peut faillir dans ces heures d'obscurité.

L'HOTE. Nous ne nous tourmenterons plus du passé. Que tu aies été dans la chambre, il n'y a que moi qui le sache.

SOPHIE, *effrayée.* Vous savez?...

L'HOTE. J'y étais; tu vins, je t'entendis; je ne savais qui c'était, et je me mis à courir comme si le diable venait.

SOPHIE, *à part.* Oui, oui, il a l'argent; cela n'est plus douteux.

L'HOTE. Ce n'est que maintenant que l'idée m'en vient; je t'ai entendue aujourd'hui de bonne heure.

SOPHIE. Et ce qui est admirable, c'est que personne ne pense à jeter les yeux sur vous. J'ai trouvé le rat de cave...

L'HOTE. Toi?

SOPHIE. Moi.

L'HOTE. Bien, par ma vie! Maintenant, dis, comment ferons-nous pour le lui rendre?

SOPHIE. Vous direz : « Monsieur Alceste, épargnez ma maison : l'argent est là, je tiens le voleur; vous savez vous-même combien l'occasion séduit; à peine vous l'eut-il enlevé, qu'il s'était déjà senti touché, qu'il s'était fait connaître; il a avoué, et me l'a rendu : le voilà, pardonnez-lui. » Certes, Alceste s'en contentera volontiers.

L'HOTE. Pour faufiler de telles choses, tu as un rare talent.

SOPHIE. Oui, portez-le-lui de la sorte.

L'HOTE. Tout de suite, si je l'avais seulement.

SOPHIE. Vous ne l'avez pas?

L'HOTE. Eh non! D'où l'aurais-je donc?

SOPHIE. D'où?

L'HOTE. Et oui, vraiment, d'où? Me l'as-tu donc donné?

SOPHIE. Et qui l'a donc?

L'HOTE. Qui l'a?

SOPHIE. Oui, sans doute, si vous ne l'avez pas?

L'HOTE. Folies!

SOPHIE. Où l'avez-vous donc mis?

L'HOTE. Je crois que tu y es allée. Ne l'as-tu donc pas?

SOPHIE. Moi?

L'HOTE. Oui.

SOPHIE. Comment me serait-il venu?

L'HOTE. Eh!

Il représente par ses gestes l'action de voler.

SOPHIE. Je ne vous comprends pas.

L'HOTE. Quelle effronterie! Maintenant qu'il faut rendre, tu songes à l'éviter? Ne l'as-tu pas avoué? Fi de tels tours!

SOPHIE. Non, voilà qui est trop fort pour moi; accusez-moi maintenant, lorsque vous disiez, il n'y a qu'un moment, que la chose était de votre fait.

L'HOTE. Toi, crabe! Je l'ai fait? Est-ce là l'amour, le respect que tu me dois? Tu me traites de voleur quand c'est toi qui es la voleuse?

SOPHIE. Mon père!

L'HOTE. N'étais-tu pas cette nuit de bonne heure dans la chambre?

SOPHIE. Oui.

L'HOTE. Tu le dis hautement, et tu n'aurais pas l'argent?

SOPHIE. L'un prouve-t-il l'autre?

L'HOTE. Oui.

SOPHIE. N'y étiez-vous pas de bonne heure aussi?

L'HOTE. Je te prends aux cheveux si tu ne veux pas te taire et t'en aller. (*Elle sort en pleurant.*) Tu pousses trop loin la plaisanterie, vaurienne. — Elle est partie... c'était son dernier moment; peut-être s'imagine-t-elle en sortir avec des mensonges; l'argent est parti, suffit, c'est elle qui l'a pris.

SCÈNE III.

ALCESTE, *rêveur et en frac du matin*; L'HOTE.

L'HOTE, *embarrassé et suppliant*. Je suis fort atterré d'apprendre... Je le vois, mon gentilhomme, vous êtes encore tout chagrin. Cependant je vous prie d'être assez bon pour passer momentanément tout cela sous silence; je ferai mon devoir. J'espère que la chose s'éclaircira. Si on l'apprend dans la ville, les envieux se réjouiront, et leur méchanceté rejettera toute la faute sur mon compte. Ce ne peut être un étranger; un voleur domestique a pris votre argent. Modérez un peu votre colère, cela ne tardera pas à se retrouver. A combien cela se montait-il donc?

ALCESTE. Une centaine de gros écus.

L'HOTE. Eh!...

ALCESTE. Cent écus pourtant...

L'HOTE. Peste! ce n'est point une bagatelle.

ALCESTE. Et cependant je les oublierais et m'en passerais volontiers si je savais par qui, pour qui, et comment ils ont été pris.

L'HOTE. Oh! que l'argent se retrouve seulement, et je ne m'inquiéterai pas si c'est Jeannot ou Michel, ni quand ni comment.

ALCESTE. Mon vieux domestique? Non, il ne peut me piller, et puis dans la chambre était... Non, non, je ne puis le croire.

L'HOTE. Vous vous cassez la tête; c'est inutile, suffit, je vous procurerai l'argent, moi.

ALCESTE. Mon argent?

L'HOTE. Je vous prie, que personne n'apprenne rien. Nous nous connaissons depuis si longtemps, et suffit, je vous procurerai l'argent. Ne soyez donc pas inquiet.

ALCESTE. Ainsi, vous savez?

L'HOTE. Hem! je ferai bien revenir l'argent.

ALCESTE. Eh! dites-moi donc...

L'HOTE. Non, pour le monde entier.

ALCESTE. Qui l'a pris, je vous conjure?

L'HOTE. Je vous dis que je ne saurais vous le dire.

ALCESTE. Mais, du moins, ce n'est personne de la maison?

L'HOTE. Vos questions ne vous mèneront à rien.

ALCESTE. Peut-être la jeune servante?

L'HOTE. La bonne Jeanne? Non.

ALCESTE. Le cellérier ne l'aurait pas?

L'HOTE. Non, ce ne peut être le cellérier.

ALCESTE. La cuisinière est adroite...

L'HOTE. A bouillir et à rôtir.

ALCESTE. Le garçon de cuisine Jeannot?

L'HOTE. Vous ne sauriez deviner.

ALCESTE. Le jardinier pourrait bien...

L'HOTE. Non, vous n'y êtes pas.

ALCESTE. Le fils du jardinier?

L'HOTE. Non.

ALCESTE. Peut-être...

L'HOTE, *à demi-voix*. Le chien de la maison?... Oui.

ALCESTE, *à part*. Attends donc, imbécile, je sais le moyen de t'attraper. (*Haut.*) L'ait donc qui voudra! J'y tiens peu si l'argent m'est rendu.

ACTE III, SCÈNE III.

L'HOTE, *faisant comme s'il s'en allait.* Oui, sans doute.

ALCESTE, *comme si une idée lui venait.* Monsieur l'hôte, mon encrier est vide, et cette lettre demande expressément...

L'HOTE. Eh quoi! elle n'est venue que d'hier, et dès aujourd'hui répondre! Il faut que ce soit quelque chose d'important...

ALCESTE. Elle ne saurait souffrir de retard.

L'HOTE. C'est un bien grand plaisir que de correspondre.

ALCESTE. Pas toujours précisément. Le temps que l'on y perd vaut plus que le jeu.

L'HOTE. Oh! c'est comme au jeu. Il nous arrive une seule lettre qui nous console de beaucoup d'autres. Pardonnez, mon gentilhomme, celle d'hier contient donc beaucoup de choses importantes? Oserais-je...

ALCESTE. Non, pour le monde entier.

L'HOTE. Il n'y a rien d'Amérique?

ALCESTE. Je vous dis que je ne saurais vous le dire.

L'HOTE. Frédéric est-il de nouveau malade?

ALCESTE. Vos questions ne vous mèneront à rien.

L'HOTE. De la Hesse? est-ce cela? les gens émigrent encore?

ALCESTE. Non.

L'HOTE. L'empereur a quelque chose en tête?

ALCESTE. Oui, cela est possible.

L'HOTE. Cela ne va pas bien dans le Nord?

ALCESTE. Je n'en jurerais pas.

L'HOTE. Cela fermente sourdement?

ALCESTE. Nous entendrons bien des choses.

L'HOTE. Pas de malheur nulle part?

ALCESTE. Continuez, vous finirez par y venir.

L'HOTE. Peut-être, dans ces derniers froids...

ALCESTE. Des lièvres gelés?... oui.

L'HOTE. Vous me paraissez ne pas compter beaucoup sur votre serviteur.

ALCESTE. Monsieur, d'ordinaire on ne se fie pas à un méfiant.

L'HOTE. Et quelle espèce de confiance exigez-vous de moi?

ALCESTE. Qui est le voleur, et ma lettre est aussitôt à votre disposition. L'échange que je vous offre est fort honnête. Eh bien, voulez-vous la lettre?

L'HOTE, *confondu et curieux.* Ah! trop de bonté. (*A part.*) Si ce n'était justement pas cela qu'il exigeât de moi!...

ALCESTE. Vous voyez bien, un service en vaut un autre, et je ne dirai rien, je vous en donne ma parole d'honneur.

L'HOTE, *à part.* Si la lettre n'était pas si appétissante! Mais comment? Si Sophie... Eh bien! qu'elle fasse à son gré! La séduction est trop forte; aucun homme ne pourra résister. L'eau m'en vient à la bouche, comme un lièvre qu'on excite.

ALCESTE, *à part.* Jamais jambon n'agaça davantage le nez d'un lévrier.

L'HOTE, *honteux et hésitant encore.* Vous le voulez, mon gentilhomme, et votre bonté...

ALCESTE, *à part.* Il y mord.

L'HOTE..... Me force aussi à la confiance. (*D'un ton de doute et à demi suppliant.*) Promettez-vous que j'aurai aussitôt la lettre?

ALCESTE, *lui tendant la lettre.* Dans un clin d'œil.

L'HOTE, *s'approchant doucement d'Alceste, et sans quitter la lettre des yeux.* Le voleur...

ALCESTE. Le voleur?

L'HOTE. Qui a emporté l'argent, est...

ALCESTE. Eh bien?

L'HOTE. Est ma...

ALCESTE. Eh bien?

L'HOTE, *d'un ton décidé et en se jetant en même temps sur la lettre, qu'il arrache de la main d'Alceste.* Ma fille.

ALCESTE, *interdit.* Comment?

L'HOTE. *Il vient sur le devant, met en pièces l'enveloppe de la lettre en se hâtant de l'ouvrir, et commence à lire :* « Noble Excellence... »

ALCESTE, *le prenant par les épaules.* C'était elle?... Non, dites la vérité.

L'HOTE, *impatiemment.* Oui, c'était elle. Oh! il est insupportable. (*Il lit.*) « Particulièrement... »

ALCESTE, *de même.* Non, monsieur l'hôte, Sophie!... cela est impossible.

L'HOTE, *se dégageant et continuant sans lui répondre.* « Révérendissime... »

ALCESTE, *de même.* Elle aurait fait cela! J'en perds la parole.

L'HOTE. « Seigneur. »

ALCESTE, *de même.* Ecoutez-moi donc. Comment la chose s'est-elle faite?

L'HOTE. Je vous le conterai après.

ALCESTE. Est-ce sûr?

L'HOTE. Sûr.

ALCESTE, *en sortant et à lui-même.* Maintenant, je pense, je ne puis manquer mon but.

SCÈNE IV.

L'HOTE, *seul.* — *Il lit et parle à la fois.*

« Et patron... » — Est-il loin? — « L'extrême bonté qui m'a passé tant de choses me pardonnera, je l'espère, encore cette fois. » — Qu'y a-t-il donc à pardonner? — « Je le sais, mon digne seigneur, que vous vous réjouirez avec moi. » — Bien! — « Le ciel m'a aujourd'hui accordé un bonheur avec lequel mon cœur reconnaissant a pensé d'abord à vous : il a délivré ma chère femme de son sixième fils. » — Je suis mort. — « Il s'est trouvé ce matin de bonne heure, le gars. » — Maudit marmot, là!... Oh! noyez-le, poignardez-le. — « Et votre bonté m'encourage, moi, pauvre homme... » — Ah! j'étrangle presque. Dans mes vieux jours, devait-il m'arriver une telle chose? ce n'est pas supportable. Attends un peu, cela ne se passera pas sans que je te le rende. Je te rattraperai!... il faut que tu quittes la maison. Moi, un bon ami, le jouer d'une façon si scandaleuse! Si j'osais le traiter en retour comme il le mérite!... Mais, ma fille!... Oh! cette lettre de bourreau tourne à mal. Et je la trahis pour une affaire de compérage! (*Il se prend à la perruque.*) Maudite tête de bœuf! Es-tu devenu si vieux! La lettre! l'argent! le tour! Je voudrais me tuer. Que ferai-je? où aller? Comment me venger? (*Il empoigne un bâton et court çà et là sur le théâtre.*) Que quelqu'un approche, et je le rosse de manière à lui amollir le cuir. Si je les avais seulement ici, ceux qui cherchent chicane! je serais leur maître à tous; comme je voudrais vous les corriger! Je meure si je ne... Je donnerais je ne sais quoi pour que le garçon me cassât tout à l'heure un verre à patte. Je me dévore moi-même... et il faut que je me venge. (*Il tombe à coups de bâton sur un tabouret.*) Ah! es-tu poudreux! je veux me soulager sur toi.

SCÈNE V.

L'HOTE, *qui continue de frapper;* SOELLER *entre et s'effraye. Il est en domino, le masque attaché au bras et dans une demi-ivresse.*

SŒLLER. Qu'est-ce? Quoi? est-il fou? Allons, sois en garde. Ce serait un bel emploi que celui de substitut du tabouret. Quel méchant esprit a donc pu pousser le bon vieux? Le mieux serait de m'en aller; il ne fait pas bon ici.

L'HOTE, *sans voir Sœller.* Je n'en puis plus. Aïe! aïe! Les reins et les bras sont bien douloureux. (*Il se jette sur la chaise.*) Je suis tout en nage.

SŒLLER, *à part.* Oui, oui, l'effet du mouvement. (*Il se montre à l'hôte.*) Monsieur mon père.

L'HOTE. Ah! *mosieu* passe la nuit en ripailles! et tandis que je me tourmente à mourir, il court hors de la maison! Ce fou de carnaval porte son argent au bal et au jeu, et il rit, pendant que le diable est au logis et y fait son sabbat!

SŒLLER. Je vous vois très-emporté!

L'HOTE. Oh! attendez, je ne me tourmenterai pas davantage.

SŒLLER. Qu'y a-t-il?

L'HOTE. Alceste! Sophie! le lui conterai-je aussi, à lui?

SŒLLER. Non, non.

L'HOTE. Que le diable ne vous a-t-il emporté! je serais tranquille, et le damné coquin, avec sa lettre encore!

Il sort.

SCÈNE VI.

SOELLER, *seul, exprimant son anxiété avec des gestes de caricature.*

Qu'est-il arrivé? Malheur à toi! peut-être dans quelques moments... Abandonne ton front, défends seulement ton dos; tout est peut-être au jour! Oh! malheur! comme je tremble! Je suis sur un brasier. Le docteur Faust n'était pas de moitié si mal, pas de moitié si mal à l'aise n'était Richard III. L'enfer par ici, la potence par là, et le cocuage entre-deux! (*Il court de côté et d'autre comme un fou, puis enfin il se remet.*) Ah! jamais personne ne sera heureux avec du bien volé... Va, cœur de lâche! vaurien! Pourquoi t'effrayer ainsi? peut-être les choses ne sont-elles pas si gâtées. Je le saurai bientôt. (*Il aperçoit Alceste et s'enfuit.*) Oh! malheur! c'est lui, c'est lui; il va me prendre aux cheveux.

SCÈNE VII.

ALCESTE, *seul, habillé; il a son chapeau et son épée.*

Jamais ce cœur n'avait encore lutté si péniblement. Cette rare créature, en qui l'imagination du tendre Alceste adorait l'image de la vertu, qui lui avait fait connaître le plus haut degré de l'amour, qui était une divinité à ses yeux, une maîtresse, un ami, tout enfin; maintenant si avilie! cela me passe. — Il est vrai que cette exaltation d'idées commençait un peu à décliner. Je veux bien que Sophie ne me soit plus qu'une femme au milieu des autres femmes. Mais bas! si bas! cela me pousserait à la rage. Mon cœur rebelle prend toujours sa défense : quelle politesse! Ne peux-tu donc pas obtenir cela de toi? saisis cette heureuse circonstance, elle vient au-devant de toi. Une femme incomparable, que tu aimes si ardemment, est pressée d'argent : vite, Alceste; chaque liard que tu donneras te rapportera un écu; voilà qu'elle en prend elle-même... Allons, bien! qu'elle vienne encore avec sa vertu... Va, fais-toi seulement un cœur ferme, et dis-lui avec sang-froid:

« Avez-vous peut-être besoin de quelque peu d'argent comp-
» tant? Bon, ne vous en taisez pas. Usez du mien sans scru-
» pule : ce qui est à moi est à vous aussi... » Elle vient!.....
Tout à coup cette tranquillité feinte s'est dissipée? tu crois
qu'elle a pris ton argent, et tu l'en crois incapable.

SCÈNE VIII.

ALCESTE, SOPHIE.

SOPHIE. Que faites-vous, Alceste? vous semblez m'éviter.
La solitude vous offre-t-elle tant d'attraits?

ALCESTE. Pour cette fois, je ne sais ce qui m'attirait à elle;
et sans beaucoup de raison, on se tient souvent quelque mo-
nologue.

SOPHIE. La perte est grande, il est vrai, et a droit de vous
chagriner.

ALCESTE. Ah! cela ne signifie rien, et je m'en soucie peu.
Nous y sommes; qu'est-ce qu'un peu d'argent? qui sait s'il
n'est pas tombé en bonnes mains?

SOPHIE. Oui; votre bonté ne souffre pas que nous en prenions quelque chagrin.

ALCESTE. Avec un peu de franchise on pouvait éviter tout
cela.

SOPHIE. Comment donc le prendre?

ALCESTE, *souriant*. Cela?

SOPHIE. Oui, comment cela s'applique-t-il à cette affaire?

ALCESTE. Vous me connaissez, Sophie, soyez franche avec
moi. L'argent est une fois parti, qu'il demeure où il est. Si je
l'avais su plus tôt, j'aurais gardé le silence; mais la chose
s'étant passée de la sorte...

SOPHIE, *étonnée*. Ainsi vous savez?

ALCESTE, *avec tendresse. Il prend sa main et la baise.*
Votre père... Oui, je le sais, ma bien-aimée Sophie.

SOPHIE, *confondue et confuse*. Et vous pardonnez?...

ALCESTE. Cette plaisanterie, dont je suis loin de faire un
crime.

SOPHIE. Il me paraît...

ALCESTE. Permets, Sophie, que nous parlions du fond du cœur. Tu le sais, Alceste brûle toujours pour toi. Le destin t'arracha à mon amour, mais ne nous a point séparés. Ton cœur est toujours à moi, le mien t'appartient toujours; mon argent est le tien aussi bien que s'il t'était cédé par contrat; tu as sur mes biens les mêmes droits que moi; prends ce qui te conviendra, Sophie; aime-moi seulement. (*Il l'embrasse; elle se tait.*) Ordonne, tu me trouveras sur-le-champ prêt à donner les mains à tout.

SOPHIE, *fièrement, et en se dégageant de ses bras*. Bien du respect à votre argent, mais je n'en ai que faire. Quel est ce ton? je ne sais si je vous comprends bien. Ah! vous me connaissez peu.

ALCESTE, *piqué*. Oh! votre très-humble serviteur ne vous connaît que trop et sait aussi ce qu'il demande; il ne voit pas ce qui peut allumer votre colère. Quand on va aussi loin...

SOPHIE, *étonnée*. Aussi loin! comment cela?

ALCESTE. Madame.

SOPHIE, *avec vivacité*. Que signifie cela, monsieur?

ALCESTE. Pardonnez à ma honte, je vous aime trop pour dire tout haut une telle chose.

SOPHIE, *avec colère*. Alceste!

ALCESTE. Ayez seulement la bonté de demander au papa. Il sait, à ce qu'il paraît...

SOPHIE, *éclatant avec beaucoup de feu*. Quoi? je veux le savoir; quoi? monsieur, je ne plaisante pas.

ALCESTE. Il dit que vous avez...

SOPHIE, *de même*. Eh bien! que j'ai...

ALCESTE. Eh bien! que vous... que vous avez pris l'argent.

SOPHIE, *se détournant avec rage et colère*. Il ose... O Dieu! faut-il donc venir là!

ALCESTE, *suppliant*. Sophie.

SOPHIE, *toujours se détournant*. Vous n'êtes pas digne...

ALCESTE, *de même*. Sophie.

SOPHIE. Loin de moi!

ALCESTE. Pardonnez.

SOPHIE. Loin de moi! non, je ne pardonne pas. Mon père n'a pas craint de m'enlever l'honneur. Et de Sophie, comment, Alceste, vous pouvez le croire? Je ne l'eusse point dit pour tous les biens du monde... mais il faut que tout se sache. — Mon père a l'argent.

Elle sort avec empressement.

SCÈNE IX.

ALCESTE, *puis* SOELLER.

ALCESTE. Nous voilà bien avancés! c'est une folle conduite. Que le diable éclaircisse tout cela! Deux personnes, toutes deux bonnes et loyales durant toute leur vie, s'accusent!... je crains pour ma raison; c'est la première fois que j'entends quelque chose de semblable, et je les connais depuis si longues années!... C'est un cas où l'on ne gagne rien à la réflexion : plus on l'approfondit, plus on déraisonne. Sophie, le vieux, me voleraient! Si Sœller était accusé, cela serait plus croyable. S'il tombait sur ce gibier de potence l'ombre d'un soupçon! mais il a été au bal toute sa belle nuit.

SŒLLER, *dans un costume ordinaire, avec une pointe de vin.* Voilà ce diable d'homme, et il fait sa méridienne. Si je le tenais seulement à la gorge, comme je le serrerais d'importance.

ALCESTE, *à part.* Le voilà ; comme si je l'avais commandé... (*Haut.*) Comment cela va-t-il, monsieur Sœller?

SŒLLER. Sottement : la musique me retentit encore aux oreilles. (*Il se frotte le front.*) La tête me fait horriblement souffrir.

ALCESTE. Vous avez été au bal; avez-vous trouvé des dames?

SŒLLER. Comme à l'ordinaire. La souris court au piège, parce qu'il y a du lard dedans.

ALCESTE. Cela a-t-il été gaîment?

SŒLLER. Parfaitement.

ALCESTE. Qu'avez-vous dansé?

SŒLLER. Je me suis contenté de regarder... (*à part*) la danse de ce matin.

ALCESTE. Monsieur Sœller n'a point dansé! d'où cela vient-il?

SŒLLER. Je me l'étais cependant bien sérieusement promis.

ALCESTE. Est-ce que cela n'allait pas?

SŒLLER. Eh non! la tête me pesait furieusement, et cela ne me mettait pas beaucoup en danse.

ALCESTE. Eh!

SŒLLER. Et le pis de cela était que je ne pouvais l'éviter; plus j'écoutais et je voyais, plus l'ouïe et la vue me manquaient.

ALCESTE. Si mal? J'en suis fâché. Le mal vient très-vite.

SŒLLER. Oh non! je le sentais depuis le temps que vous êtes avec nous, et longtemps auparavant.

ALCESTE. Singulier!

SŒLLER. Et on ne peut le dissiper.

ALCESTE. Eh! faites-vous frotter la tête avec des serviettes chaudes; peut-être cela remédiera-t-il.

SŒLLER. *à part*. Et je crois qu'il raille encore! (*Haut.*) Ouais!... cela ne s'en va pas si aisément.

ALCESTE. A la fin pourtant, cela finira; vous méritez cela, et le mal ne fera qu'empirer. N'avoir pas une seule fois emmené sa pauvre femme quand vous alliez au bal! ce n'est pas fort aimable, mons Sœller, laisser une jeune femme seule, seule, et pendant l'hiver.

SŒLLER Ah! elle demeure volontiers au logis et me laisse faire mes folies; car elle a trouvé le moyen de se réchauffer sans moi.

ALCESTE. Cela serait cependant curieux!

SŒLLER. Oh oui! quand on aime la friandise, on voit, sans qu'il soit besoin de faire signe, où il y a quelque chose de succulent à prendre.

ALCESTE, *piqué*. Quelle expression?

SŒLLER. C'est assez clair, ce que je veux dire. *Exempli gratia* : Je bois volontiers les vieux vins du père, mais il ne se soucie guère de déboucher les flacons; il ménage son bien, alors je bois hors de la maison.

ALCESTE, *le voyant venir.* Monsieur, songez!

SŒLLER. Monsieur l'ami des femmes, elle est maintenant ma femme : que vous importe? Et quand même son mari la prendrait pour une...

ALCESTE, *retenant sa colère.* Que me parlez-vous de mari?... Mari ou non, je défie l'univers; et si vous osez vous permettre encore une telle chose...

SŒLLER, *effrayé et à part.* Oh bien! vous verrez qu'il faudra que je le consulte sur sa vertu. (*Haut.*) Mon fourneau est mon fourneau; et je me moque du cuisinier étranger!

ALCESTE. Vous n'êtes pas digne de votre femme! si belle, si vertueuse! tant d'attraits dans l'âme! et qui lui a tant apporté en mariage! Rien ne manque à cet ange.

SŒLLER. Elle a, je l'ai remarqué, un attrait particulier dans le sang; et la coiffure aussi était un bien paraphernal. J'étais prédestiné à une telle femme, et, sans contredit, déjà couronné dans le ventre de ma mère.

ALCESTE, *éclatant.* Monsieur Sœller!

SŒLLER, *hardiment.* Que voulez-vous?

ALCESTE, *se retenant.* Je vous le conseille, tenez-vous tranquille.

SŒLLER. Je suis curieux de connaître celui qui voudrait me fermer la bouche!

ALCESTE. Si je vous tenais en tout autre lieu, je vous montrerais celui-là.

SŒLLER, *à demi haut.* Il se battrait en vérité pour l'honneur de ma femme.

ALCESTE. Certainement.

SŒLLER, *de même.* Personne ne sait autant jusqu'où il s'étend.

ALCESTE. Malédiction!

SŒLLER. Oh! monsieur Alceste! nous savons bien ce qui en est; tenez-vous un peu calme, un peu seulement, et nous pourrons nous arranger. On sait bien que, vous et les messieurs de votre parage, vous moissonnez presque toujours le champ pour votre compte, et que vous ne laissez au mari que le spicilége¹.

ALCESTE. Monsieur, je m'étonne que vous soyez assez osé...

SOELLER. Oh! j'en ai eu aussi trop souvent les yeux gonflés; et encore journellement il semblerait que je flaire des oignons.

ALCESTE, *avec calme, et d'un ton ferme.* Comment, monsieur, vous allez aussi loin? Allons! que voulez-vous? Il faudra, je le vois bien, vous délier la langue.

SOELLER, *avec courage.* Eh! mon petit monsieur, ce qu'on voit, je pense qu'on peut le savoir.

ALCESTE. Comment! ce qu'on voit? Comment entendez-vous cette vision?

SOELLER. Comme on l'entend. C'est vu et entendu.

ALCESTE. Ah!

SOELLER. Moins de rage, en grâce.

ALCESTE, *avec la colère la plus décidée.* Qu'avez-vous entendu? qu'avez-vous vu?

SOELLER, *effrayé, voulant s'en aller.* Permettez-moi, monsieur...

ALCESTE, *le retenant.* Où voulez-vous aller?

SOELLER. De passer à l'écart.

ALCESTE. Vous ne sortirez pas d'ici.

SOELLER, *à part.* Oh! le diable est à ses trousses.

ALCESTE. Qu'avez-vous entendu?

SOELLER. Moi? rien; on m'a dit seulement...

ALCESTE, *le pressant en colère.* Quel est cet *on*²?

SOELLER. Cet *on*, c'était un homme...

ALCESTE, *plus vivement, et en marchant sur lui.* Vite!

SOELLER, *mal à l'aise.* Qui a vu de ses yeux... (*Rassemblant son courage.*) J'appelle les gens.

ALCESTE, *le saisissant au collet.* Qui était-ce?

SOELLER, *voulant se sauver.* Quoi! enfer!

---

¹ Le droit de glaner. Sœller, qui a été assesseur près le tribunal, emploie quelques termes de judicature.

² En allemand, le même mot sert à exprimer le pronom *on* (man) et le substantif *homme* (mann). Sœller joue sur le mot et répond: Cet homme, c'était un homme.

ALCESTE, *le tenant plus ferme.* Qui? vous me poussez à bout. (*Il tire son épée.*) Quel est le vaurien, le drôle, le menteur?

SŒLLER, *tombant à genoux.* Moi!

ALCESTE, *menaçant.* Qu'avez-vous vu?

SŒLLER, *tremblant.* Eh mais, on voit toujours cela; le monsieur est un monsieur, et Sophie une femme.

ALCESTE, *de même.* Et puis?

SŒLLER. Eh bien, cela va suivant le train du monde. — Comme cela va toujours quand la femme plaît au monsieur, et que le monsieur plaît à la femme.

ALCESTE. Cela veut dire?

SŒLLER. Je croyais que vous le sauriez sans avoir besoin de questions.

ALCESTE. Eh bien?

SŒLLER. On n'a point le cœur de se refuser à cela.

ALCESTE. A cela? Soyez plus intelligible!

SŒLLER. Oh! laissez-moi quelque repos.

ALCESTE, *toujours de même.* De par le diable! comment nommez-vous cela?

SŒLLER. Eh bien, je nomme cela un rendez-vous.

ALCESTE, *effrayé.* Vous mentez.

SŒLLER, *à part.* Il est effrayé.

ALCESTE, *à part.* Comment a-t-il appris cela?

Il remet son épée dans le fourreau.

SŒLLER, *à part.* Courage!

ALCESTE, *à part.* Qui peut avoir trahi notre entrevue? (*Se remettant.*) Qu'entendez-vous par là?

SŒLLER, *insolemment.* Oh! nous nous entendons déjà. La farce de cette nuit! Je n'étais pas loin de là?

ALCESTE, *étonné.* Et où?

SŒLLER. Dans le cabinet.

ALCESTE. C'est ainsi que vous étiez au bal!

SŒLLER. Et qui était à la noce? — Allons, paix et point de fureur; deux petits mots: on a beau s'entourer de mystères,

ACTE III, SCÈNE IX.

remarquez-le bien, messieurs, cela finit par venir au grand jour.

ALCESTE. Il en résulterait que vous êtes mon voleur. J'aimerais mieux avoir des corbeaux et des pies que lui dans ma maison. Fi! le détestable personnage!

SOELLER. Oui, oui, je suis peut-être détestable; mais vous autres, gros messieurs, vous avez toujours raison. Vous voulez jouir de notre bien à votre fantaisie; vous ne gardez aucunes lois, et les autres doivent les garder. Convoiter la chair ou l'or, c'est tout un. N'êtes-vous pas tout les premiers dignes de la potence, lorsque vous voulez nous faire pendre?

ALCESTE. Il a encore l'audace...

SOELLER. J'ai droit d'oser. Certes, ce n'est pas une plaisanterie que de se promener avec des cornes. En somme, ne prenez pas la chose si rigoureusement. J'ai volé au monsieur son argent; et lui, il m'a volé ma femme.

ALCESTE, *avec menace.* Qu'ai-je volé?

SOELLER. Rien, monsieur. C'était depuis longtemps votre propriété; longtemps avant que je la regardasse comme la mienne.

ALCESTE. Dois-je?...

SOELLER. Il faut que je me taise encore.

ALCESTE. Au gibet, le voleur!

SOELLER. Ne vous souvenez-vous pas qu'une loi non moins rigoureuse parle aussi de certaines gens?

ALCESTE. Monsieur Sœller!

SOELLER *fait un signe avec la tête.* Oui, on vous apprend à lécher le pain d'autrui.

ALCESTE. Vous êtes un praticien, et vous suivez cette mode. Vous serez bientôt pendu, ou pour le moins étrillé.

SOELLER, *montrant son front.* Je suis déjà marqué.

SCÈNE X.

LES PRÉCÉDENTS, L'HOTE, SOPHIE.

SOPHIE, *dans le fond.* Mon terrible père ne sort pas de son odieuse idée.

L'HOTE, *dans le fond.* La petite fille ne veut pas se laisser toucher.

SOPHIE. Voilà Alceste.

L'HOTE, *apercevant Alceste.* Ah! ah!

SOPHIE. Il faut, il faut que tout cela s'éclaircisse.

L'HOTE, *à Alceste.* Monsieur, elle est le voleur.

SOPHIE, *de l'autre côté.* Il est le voleur, monsieur.

ALCESTE, *les regardant tous les deux en riant, et leur disant du même ton qu'eux en leur montrant Sœller.* Il est le voleur.

SOELLER, *à part.* Allons, ma peau, allons, tiens ferme.

SOPHIE. Lui?

L'HOTE. Lui?

ALCESTE. Vous n'avez l'argent ni l'un ni l'autre; il l'a.

L'HOTE. Enfoncez-lui un clou dans la tête, à la roue!

SOPHIE. Toi?

SOELLER, *à part.* Grêle et tempête!

L'HOTE. Je voudrais te...

ALCESTE. Monsieur, je vous demande de la patience. Sophie était soupçonnée, mais non de la faute qu'elle avait commise. Elle est venue, venue me voir. Le pas était bien téméraire; mais sa vertu pouvait tout oser. (*A Sœller.*) N'étiez-vous pas présent?

SOPHIE, *étonnée.* Nous n'en savions rien, la nuit nous protégeait de son silence; la vertu...

SOELLER. Oui, il y faisait chaud pour moi.

ALCESTE, *à l'hôte.* Mais vous?

L'HOTE. J'étais aussi monté par curiosité. J'étais si préoccupé de cette maudite lettre!... Mais je n'aurais jamais cru cela de vous, monsieur Alceste. Je n'ai pas encore digéré monsieur votre compère.

ALCESTE. Excusez cette plaisanterie. Et vous, Sophie, vous me pardonnez aussi sans doute?

SOPHIE. Alceste!

ALCESTE. Je ne douterai de ma vie de votre vertu. Pardonnez ma tentative; aussi bonne que vertueuse...

SOELLER. Je le crois presque avec lui.

ALCESTE, *à Sophie.* Et vous pardonnerez bien aussi à notre Sœller?

SOPHIE, *lui donnant la main.* Volontiers.

ALCESTE, *à l'hôte.* Allons[1].

L'HOTE, *donnant la main à Sœller.* Ne vole plus.

SOELLER. Le temps amène l'avenir.

ALCESTE. Mais mon argent?

SOELLER. Ah! monsieur, c'était par besoin. Le joueur me tourmentait à mourir, je ne savais quel moyen prendre, j'ai volé et j'ai payé mes dettes. Voici le reste, j'ignore combien de florins...

ALCESTE. Ce qui est parti, je te le donne.

SOELLER. Pour cette fois, m'en voilà tiré.

ALCESTE. Mais j'espère que vous serez poli, paisible et honnête homme; et vous ne vous hasarderez plus à recommencer pareil tour.

SOELLER. — Soit. — Cette fois, nous nous en tirons tous sans monter à la potence.

---

[1] Ce mot est en français dans l'original; Alceste, homme du monde, emploie souvent des mots francisés.

FIN DES COMPLICES.

LE FRÈRE ET LA SOEUR.

PERSONNAGES.

GUILLAUME, marchand.
MARIANNE, sa sœur.
FABRICE.
UN FACTEUR.

Le cabinet de Guillaume.

GUILLAUME, UN FACTEUR.

GUILLAUME *à son bureau, des papiers et des livres de comptes devant lui.* Encore deux nouvelles pratiques cette semaine ! Quand on se remue on attrape toujours quelque chose : quelque peu que ce soit, au bout du compte pourtant cela fait somme ; et qui joue petit jeu, s'il fait un petit gain, en a toujours du plaisir, s'il éprouve une petite perte, s'en console aisément. Qu'y a-t-il ?

UN FACTEUR. Une grosse lettre ; vingt ducats, moitié du port payée.

GUILLAUME. Bien ! très-bien ! Mettez-le sur mon compte avec le reste. (*Le facteur sort.*) J'évitais, tout aujourd'hui, de m'avouer que je l'attendais. Me voici donc en état de payer Fabrice sur-le-champ, et je n'abuserai pas plus longtemps de sa bonté. Hier il me dit : « Je viendrai demain chez toi ; » et je n'étais pas à mon aise. Je savais qu'il ne me tourmenterait point ; mais alors sa présence me tourmente doublement. (*Pendant qu'il ouvre la cassette et compte son argent.*) Autrefois, dans le temps que je tenais une maison et faisais un peu plus de dépense, j'aimais les créanciers paisibles encore moins que les autres. Vis-à-vis d'un homme qui est sans cesse après moi à me persécuter, à m'assiéger, j'ai pour ressource l'impudence et tout ce qui s'ensuit ; mais l'autre, qui se tait, va droit au cœur, et sa demande est d'autant plus pressante, qu'il m'en charge moi-même. (*Il met l'argent en tas sur la table.*) O mon Dieu! combien j'ai de grâces à te rendre de ce que je suis délivré de ce fardeau et rendu à l'obscurité!... (*Il soulève un registre.*) Ta bénédiction dans les petites choses!... à moi qui, dans les grandes, ai méprisé tes bienfaits. Et... puis-je bien l'exprimer?... Comment m'aiderais-tu, si je ne m'aidais moi-même? Sans cette aimable et douce créature, serais-je sur ce fauteuil, et chiffrerais-je ainsi? O Marianne! si tu savais que celui que tu tiens pour ton frère travaille pour toi avec un cœur tout autre et dans de tout autres espérances!... Peut-être... ah!... c'est pourtant bien pénible!... Elle m'aime... oui, comme un frère... Fi! voilà l'incrédulité qui me reprend, et avec elle on ne vient à bout de rien dans ce monde. Marianne, je serai heureux! tu le seras, Marianne!

Entre Marianne.

MARIANNE, GUILLAUME.

MARIANNE. Que veux-tu, mon frère? Tu m'appelles.

GUILLAUME. Non pas moi, Marianne.

MARIANNE. Est-ce donc pour me taquiner que tu me fais venir ici de la cuisine?

GUILLAUME. Tu as des visions.

MARIANNE. Non, non. Je connais trop bien ta voix, Guillaume.

GUILLAUME. Eh bien, que fais-tu là dehors?

MARIANNE. J'ai plumé une paire de pigeons, parce que je pense que Fabrice dînera ce soir à la maison.

GUILLAUME. Peut-être.

MARIANNE. Ils seront prêts sitôt que tu les voudras. J'espère qu'il m'apprendra sa nouvelle chanson.

GUILLAUME. Tu aimes assez à apprendre quelque chose de lui?

MARIANNE. Il sait de fort jolies chansons. Et, quand tu es à table et que tu penches la tête, alors je commence; car je sais que tu souris quand je commence une chanson qui te plaît.

GUILLAUME. L'as-tu deviné ?

MARIANNE. Oui ; aussi qui est-ce qui ne vous devinerait pas, vous autres hommes ?... Mais si tu n'as rien d'autre à me dire, je m'en retourne ; car j'ai bien des choses à faire. Adieu... Voyons, donne-moi encore un baiser.

GUILLAUME. Si les pigeons sont bien rôtis, tu en auras un au dessert.

MARIANNE. Comme les frères sont grossiers ! c'est une malédiction. Si je permettais à Fabrice ou à tout autre jeune homme de me prendre un baiser, ils sauteraient au plafond, et monsieur en refuse un que je veux lui donner... Voilà que je laisse brûler mes pigeons.

Elle sort.

GUILLAUME Ange ! cher ange ! que je puisse me retenir, ne pas lui sauter au cou, ne pas lui tout découvrir !... Nous regardes-tu donc du haut des cieux, sainte femme qui m'as confié ce trésor ?... Oui, ils savent là-haut ce que nous faisons ; ils le savent !... Ah ! Charlotte, tu ne pouvais trouver à mon amour pour toi une récompense plus pure et plus magnifique que de me léguer ta fille en me quittant ! Tu m'as donné tout ce dont j'avais besoin, tu m'as rattaché à la vie ! Je l'aimais comme ton enfant... et maintenant !... c'est pour moi une bien douce illusion : je crois te revoir, je crois que le sort t'a rajeunie pour moi, et que désormais je puis vivre uni à toi, comme dans ce premier rêve de ma vie, qui ne pouvait, qui ne devait point se réaliser... Quel bonheur ! quel bonheur ! tout cela vient de toi, Père céleste !

Entre Fabrice.

GUILLAUME, FABRICE.

FABRICE. Bonsoir.

GUILLAUME. Mon cher Fabrice, je suis on ne peut plus heureux, tous les biens me tombent ce soir. A demain les affaires ! Tiens, voici tes trois cents écus ; vite dans la poche ! tu me rends ma quittance, et jasons ensemble !

FABRICE. Si tu en as encore besoin...

GUILLAUME. Si j'en ai de nouveau besoin, à la bonne heure ! je te remercie toujours ; mais pour le moment remporte-les chez toi. Écoute-moi, le souvenir de Charlotte s'est représenté ce soir à mon esprit plus vivement que jamais.

FABRICE. Cela t'arrive souvent.

GUILLAUME. Si tu l'avais connue! je t'assure que c'était bien la plus délicieuse créature.

FABRICE. Elle était veuve quand tu as fait sa connaissance ?

GUILLAUME. Dans toute sa beauté ! je relisais encore hier une de ses lettres... Tu es le seul homme qui en ait vu la moindre chose.

Il court à la cassette.

FABRICE, *à part*. Ah! s'il pouvait m'épargner aujourd'hui ! J'ai déjà entendu cette histoire si souvent ! Ordinairement j'aime à l'entendre, car c'est du fond du cœur qu'il en parle ; mais aujourd'hui que j'ai toute autre chose en tête... et justement il me faudrait le maintenir en bonne humeur.

GUILLAUME. C'était dans les premiers jours de notre liaison. « Le monde me redevient cher, écrit-elle ; ce monde, dont je m'étais si fort détachée, me redevient cher à cause de vous. Mon cœur se fait des reproches ; je sens que je vous prépare des tourments ainsi qu'à moi-même. Il y a six mois, j'étais prête à mourir ; et voilà que je ne le suis plus. »

FABRICE. Une belle âme !

GUILLAUME. La terre n'en était pas digne. Fabrice, je t'ai déjà souvent dit comment par elle je devins un autre homme. Je ne saurais dépeindre ma douleur quand je vis mon patrimoine dissipé. Je n'osais pas lui offrir ma main, je ne pouvais apporter aucun soulagement à sa situation. Pour la première fois, je sentis le désir de me créer par mon travail une fortune honnête, et de m'arracher à l'ennui qui consumait mes jours tristement l'un après l'autre. Je me mis donc au travail... mais qu'était-ce là ? Toute une année se passe, une année pénible ; enfin un rayon d'espérance me luit ; le peu que j'avais s'était accru sensiblement... et elle meurt... Je n'y pus tenir. Non, tu n'as pas l'idée de ce que je souffris. Je ne pouvais plus

LE FRÈRE ET LA SŒUR.

ni voir le lieu où elle avait vécu, ni quitter le sol où elle reposait. Elle m'écrivit peu de temps avant sa fin.

Il tire une lettre de la cassette.

FABRICE. Oh! c'est une lettre superbe; tu me l'as lue tout dernièrement... Ecoute, Guillaume...

GUILLAUME. Je la sais par cœur et la relis sans cesse. Quand je vois son écriture, quand je vois la feuille où sa main s'est appuyée, il me semble toujours qu'elle est là!... Oui, elle est encore là. (*On entend crier un enfant.*) Que Marianne ne puisse pas se tenir tranquille! La voilà encore avec l'enfant du voisin; elle lui fait passer toutes ses journées ici, et m'importune alors que j'ai le plus besoin de repos. (*A la porte.*) Marianne, fais taire cet enfant, ou renvoie-le s'il est méchant. Nous avons à parler.

FABRICE. Tu ne devrais pas t'appesantir si fréquemment sur ces souvenirs.

GUILLAUME. Les voici, ces lignes, les dernières! le souffle d'adieu de cet ange mourant. (*Il replie la lettre.*) Tu as raison, c'est un péché. Il est si rare que nous soyons dignes de sentir derechef les moments heureux que nous eûmes autrefois dans notre vie.

FABRICE. Ton sort me va toujours au cœur. Elle laissa une fille, m'as-tu dit, qui malheureusement ne tarda pas à suivre sa mère. Si elle avait survécu, il te serait resté au moins quelque chose d'elle, tu aurais eu où reposer ta douleur.

GUILLAUME, *se tournant vers lui vivement*. Sa fille? c'était une fleur charmante. Elle me la confia... Oui, le sort a trop fait pour moi!... Fabrice, si je pouvais te dire tout...

FABRICE. Si ton cœur t'y engage...

GUILLAUME. Pourquoi ne le pourrais-je pas?

Entrent Marianne et un petit garçon.

LES PRÉCÉDENTS, MARIANNE.

MARIANNE, *avec le petit garçon*. Avant de s'en aller, il veut te souhaiter la bonne nuit, mon frère. Ne va pas lui faire mauvaise mine, non plus qu'à moi. Tu es toujours à dire que tu voudrais te marier, et que tu aimerais à avoir beaucoup d'enfants; mais on ne les mène pas toujours à la lisière, et on ne peut pas les faire crier toujours à propos.

GUILLAUME. Si c'étaient mes enfants...

MARIANNE. Cela peut bien faire une différence.

FABRICE. Croyez-vous, Marianne?

MARIANNE. Cela doit rendre trop heureux! (*Elle se baisse vers l'enfant et l'embrasse.*) J'aime déjà tant Chrétien! s'il était à moi!..... Il épelle fort bien, c'est moi qui le lui ai montré.

GUILLAUME. Et tu crois que le tien saurait déjà lire?

MARIANNE. Sans doute! car, de tout le jour, je ne ferais autre chose que l'habiller et le déshabiller, lui donner des leçons, le faire manger, arranger sa toilette et ainsi de suite.

FABRICE. Et le mari?

MARIANNE. Il jouerait avec lui, et je suis sûre qu'il l'aimerait autant que moi... Il faut que Chrétien s'en retourne chez lui, il vous baise les mains. (*Elle le mène à Guillaume.*) Voyons, donne une belle main, une bonne menotte!

FABRICE, *à part.* Elle est trop aimable, il faut que je parle.

MARIANNE, *menant l'enfant à Fabrice.* A ce monsieur aussi.

GUILLAUME, *à part.* Elle sera à toi! tu la posséderas... C'en est trop, je ne le mérite pas. Marianne, reconduis cet enfant chez lui, entretiens M. Fabrice jusqu'au dîner; je veux courir un moment les rues, j'ai été toute la journée assis. (*Marianne sort.*) Rien qu'une gorgée d'air sous le ciel étoilé! mon cœur est si plein... Je reviens à l'instant.

Il sort.

FABRICE. Allons, Fabrice, fais une fin. Quand tu rumineras cette affaire encore des années, elle n'en sera pas plus mûre pour cela. Tu l'as résolu; voilà qui est bien, voilà qui est parfait! Tu es venu au secours de son frère, et elle... elle ne m'aime point... comme je l'aime. Mais aussi elle ne saurait aimer avec passion... Charmante personne!... Elle ne soupçonne assurément pas en moi d'autres sentiments que ceux de l'amitié!... Oui, nous serons heureux, Marianne!... Cette occasion tant souhaitée, elle s'offre à moi! Je veux me découvrir à elle... et si son cœur ne me dédaigne pas... je suis certain du cœur de son frère.

MARIANNE et FABRICE.

FABRICE. Avez-vous emmené le petit?

MARIANNE. Je l'aurais volontiers gardé; mais je n'ose, parce que mon frère ne l'aime pas. Souvent le petit drôle lui arrache, à force de prières, la permission d'être mon camarade de lit.

FABRICE. Mais ne vous incommode-t-il point?

MARIANNE. Oh! point du tout. Lui qui est comme un diable tout le jour, quand je viens le trouver au lit, il est plus doux qu'un agneau; vrai chat! et il m'embrasse de toute sa force. Bien souvent je ne puis parvenir à l'endormir.

FABRICE, *à demi-voix*. Le charmant naturel!

MARIANNE. Aussi m'aime-t-il plus que sa mère.

FABRICE. Vous êtes sa seconde mère.

Marianne devient pensive.

FABRICE, *la regardant un certain temps*. Le nom de mère vous cause-t-il de la tristesse?

MARIANNE. Pas de la tristesse... je pense seulement.

FABRICE. A quoi pensez-vous, chère Marianne?

MARIANNE. Je pense... je ne pense à rien; mais souvent il m'arrive d'être toute je ne sais comment.

FABRICE. N'auriez-vous jamais souhaité?...

MARIANNE. Que m'allez-vous demander?

FABRICE. Fabrice l'oserait-il?

MARIANNE. Souhaité? jamais, Fabrice; et toutes les fois qu'une telle pensée m'est entrée dans la tête, elle en est sortie bientôt. Quitter mon frère me serait intolérable... impossible, quelque séduisante que fût d'ailleurs la perspective.

FABRICE. C'est pourtant bien singulier! Si vous habitiez la même ville, à deux pas l'un de l'autre, serait-ce le quitter?

MARIANNE. Oh! jamais. Qui tiendrait son ménage? qui aurait soin de lui?... une servante?... ou se marier... Non, cela ne se peut pas.

FABRICE. Ne pourrait-il pas s'établir avec vous? Votre mari ne pourrait-il être son ami? ne pourriez-vous tenir à trois un ménage heureux, bien plus heureux que n'est le vôtre? Par là votre frère ne pourrait-il être soulagé dans ses pénibles occupations?... Ah! quelle vie vous pourriez mener là!

MARIANNE. Il y faut penser... Oui, quand j'y réfléchis, tout cela est vrai... et ensuite, je reviens à croire que cela ne se pourrait pas.

FABRICE. Je ne vous comprends point.

MARIANNE. Tenez, voici comment la journée se passe chez nous. Quand je me réveille, j'écoute si mon frère est déjà levé : rien ne bouge-t-il dans la maison, je quitte mon lit, et crac, en trois sauts je suis à la cuisine, où j'allume du feu pour que l'eau bouille avant que la servante se lève, et qu'il trouve son café prêt lorsqu'il ouvre les yeux.

FABRICE. Petite mère de famille!

MARIANNE. Puis je m'assieds et tricote des bas pour mon frère, et je me donne un mal!... je les lui essaye dix fois, pour m'assurer si le pied n'est pas trop court, si la jambe entre aisément; tant et tant qu'il s'impatiente quelquefois. Ce que j'en fais n'est point pour les bas; c'est pour moi, afin d'avoir affaire à lui en quelque chose, afin de le forcer à me regarder un moment après deux heures d'écriture, et de l'empêcher d'engendrer mélancolie. Car cela lui fait du bien, de me regarder; je le lis dans ses yeux, quoi qu'il puisse faire pour me le cacher. Je ris souvent, à part moi, de ses efforts pour paraître sérieux ou fâché... Il fait bien, autrement je le tourmenterais toute la journée.

FABRICE. Il est bien heureux!

MARIANNE. Non, c'est moi qui le suis. Si je ne l'avais pas, je n'aurais que faire en ce monde. Tout ce que je fais, je le fais pour moi, et il me semble que je fais tout pour lui, parce que, dans ce que je fais pour moi, toujours je pense à lui.

FABRICE. Et si, tout cela, vous le faisiez pour un mari, qu'il serait heureux! qu'il serait reconnaissant! et quel intérieur vous auriez!

MARIANNE. Je me le représente souvent, et, lorsque je suis assise à tricoter ou à coudre, je peux m'en conter bien long

LE FRÈRE ET LA SOEUR.

sur la manière dont tout se passerait; mais, sitôt que j'en viens à la réalité, cela ne veut jamais s'arranger.

FABRICE. Pourquoi?

MARIANNE. Où trouverais-je un mari qui fût content quand je lui dirais : « Je vous aimerai de tout mon pouvoir, » et que j'ajouterais ensuite : « Il n'est pas en mon pouvoir de vous aimer plus que mon frère; c'est donc pour lui que je continuerai de tout faire, comme jusqu'ici? » Ah! vous voyez bien que cela ne se peut pas.

FABRICE. Mais vous feriez bientôt une part à votre mari, vous reporteriez sur lui l'amour...

MARIANNE. Voilà la difficulté! Oui, si l'amour se laissait verser d'une main dans l'autre, comme une somme d'argent, ou qu'il changeât de maître tous les quartiers, comme une mauvaise servante. Pour un mari, il faudrait tout ce qui se trouve ici; ce qui ne se trouvera jamais ailleurs.

FABRICE. Cela vient avec le temps.

MARIANNE. Je ne sais; lorsqu'il est assis à table, qu'il appuie sa tête sur sa main, baisse les yeux, et demeure enseveli dans des pensées tristes... je puis passer des demi-heures à le regarder. Il n'est pas beau, me dis-je souvent à moi-même; et je suis si contente quand je le regarde!... Et j'avoue que, lorsqu'il travaille, je sens fort bien que c'est pour moi : oui, son premier regard me le dit au moment qu'il relève les yeux; et c'est beaucoup.

FABRICE. C'est tout, Marianne. Et un mari qui aurait soin de vous...

MARIANNE. Et puis il y a encore une chose. Vous avez tous vos moments d'humeur; Guillaume a aussi les siens : de sa part ils ne me fâchent point, et ils me seraient insupportables de la part de tout autre. Il a de très-légères humeurs; mais pourtant je les sens quelquefois. Lorsque, dans de mauvais moments, il repousse un sentiment d'amitié, de tendresse..... cela me fait mal! mais l'impression ne dure qu'une minute; et, si je le gronde, c'est bien plutôt parce qu'il ne reconnaît pas mon amitié que parce que je l'aime moins.

FABRICE. Mais s'il se trouvait quelqu'un qui passât par-dessus tout cela pour vous offrir sa main?

MARIANNE. Il ne se trouvera point... Et puis, il s'agirait de savoir si j'en ferais de même.

FABRICE. Pourquoi pas?

MARIANNE. Il ne se trouvera point!

FABRICE. Marianne, vous l'avez!

MARIANNE. Fabrice!

FABRICE. Vous le voyez devant vous. Dois-je faire de longs discours? dois-je épancher dans votre cœur ce que le mien garda si longtemps? Je vous aime, vous le savez de longue date; je vous offre ma main, vous étiez loin de le soupçonner. Je ne vis jamais personne qui connût moins que toi la puissance de son regard... Marianne, ce n'est point un amant agité d'une aveugle passion qui vous parle en ce moment : je vous connais, j'ai fait choix de vous; ma fortune est faite; voulez-vous être à moi!... J'ai eu bien des chances en amour, et plus d'une fois j'ai résolu de finir mes jours dans le célibat. Vous m'avez maintenant... ne me repoussez pas! Vous me connaissez, je suis un avec votre frère; vous ne pouvez songer à des liens plus purs. Ouvrez votre cœur!... Un mot, Marianne!

MARIANNE. Cher Fabrice... donnez-moi du temps... j'ai de l'affection pour vous.

FABRICE. Dites que vous m'aimez! Je laisse à votre frère sa place; je serai le frère de votre frère, nous nous réunirons pour le soigner; ma fortune, jointe à la sienne, lui épargnera bien des heures pénibles; il reprendra courage, il sera... Marianne, je ne voudrais pas avoir besoin de vous persuader.

MARIANNE. Fabrice, je n'ai jamais songé..... Dans quelle situation me placez-vous!

FABRICE. Un mot seulement! Puis-je espérer?

MARIANNE. Parlez-en à mon frère.

FABRICE, *à genoux*. Ange! ma bien-aimée!

MARIANNE, *après un moment de silence*. Dieu! qu'ai-je dit?

Elle sort.

FABRICE. Elle est à toi!... Je puis bien permettre à cette chère petite fille le badinage avec son frère; cela s'en ira de soi-même petit à petit quand nous nous connaîtrons mieux, et il n'y perdra rien. Je suis ravi d'aimer encore, et d'être aimé ainsi ; c'est une chose dont le goût ne passe jamais... Nous demeurerons ensemble ; sans cette idée, j'aurais depuis longtemps réprimé l'économie consciencieuse de ce bon jeune homme ; étant son beau-frère, cela ira de soi-même. Autrement, il deviendrait fou, mélancolique, avec ses éternels souvenirs, méditations, soucis et mystères. Tout ira bien ! Il respirera plus librement : la jeune fille aura un mari... ce n'est pas peu ; et toi, tu trouves avec honneur une femme... c'est beaucoup !

GUILLAUME, FABRICE.

FABRICE. Ta promenade est-elle finie ?

GUILLAUME. J'ai parcouru le marché, la rue de l'Église, et suis revenu par la bourse. Une promenade nocturne dans la ville m'affecte étrangement. Une partie des habitants se repose des travaux de la journée, une partie court ici et là, et il n'y a plus d'activité en jeu que celle du pauvre artisan qui gagne son pain. Je me plus tout à l'heure à regarder une vieille marchande de fromage qui, les lunettes sur le nez, à la lueur d'une mauvaise chandelle, rognait un morceau après l'autre jusqu'à ce que l'acheteuse eût son poids.

FABRICE. Chacun observe à sa manière. Je gagerais qu'il y en a beaucoup qui ont passé par là sans regarder la vieille marchande de fromage et ses lunettes.

GUILLAUME. Ce qui coûte de la peine, on le gagne avec plaisir ; et je respecte infiniment le gain en petit, depuis que je sais combien est amer l'écu qu'on gagne sou à sou. (*Il reste un moment absorbé en lui-même.*) Dans ma promenade, j'étais mal à l'aise. Il m'a passé par la tête tant de choses à la fois... et ce qui occupe le plus profondément mon âme...

Il devient rêveur.

FABRICE, *à part.* C'est singulier ; sitôt qu'il est là, je n'ose avouer que j'aime Marianne... Il faut pourtant que je lui raconte ce qui s'est passé. (*Haut.*) Guillaume, dis-moi, tu as peu de place, et ton loyer est cher. As-tu un autre quartier en vue ?

GUILLAUME, *distrait*. Non.

FABRICE. Je songeais que nous pourrions nous arranger ensemble. J'ai là ma maison paternelle, dont je n'habite que le premier, tu pourrais prendre le rez-de-chaussée... Tu ne te maries pas de sitôt. Tu aurais la cour et un petit magasin pour tes marchandises; et, en me payant un très-petit loyer, nous y trouverions tous les deux notre compte.

GUILLAUME. Tu es bien bon. En effet, j'y ai souvent réfléchi quand je vais chez toi, et que je vois tant de place vide, pendant qu'ici je ne puis me retourner... Mais il y a autre chose... Il n'y faut pas penser, cela ne se peut.

FABRICE. Pourquoi pas?

GUILLAUME. Si je m'allais marier?

FABRICE. Il y aurait remède. Puisqu'il y a place pour ta sœur, n'y en aurait-il pas également pour ta femme?

GUILLAUME, *souriant*. Et ma sœur?

FABRICE. Je la prendrais chez moi. (*Guillaume ne répond rien.*) Et même sans cela... Un mot de raison; j'aime Marianne, donne-la-moi pour femme.

GUILLAUME. Comment?

FABRICE. Pourquoi pas? Donnes-y ton consentement. Écoute-moi, mon frère! j'aime Marianne. Je l'ai pesé longtemps, il n'y a qu'elle, il n'y a que toi, qui puissiez me rendre ici-bas le bonheur. Donne-la-moi! donne-la-moi!

GUILLAUME, *troublé*. Tu ne sais pas ce que tu veux.

FABRICE. Ah! si fait, je le sais bien! Dois-je te dire tout ce qui me manque, et ce que j'aurai si elle devient ma femme et si tu deviens mon beau-frère?

GUILLAUME, *sortant de sa rêverie, précipitamment*. Jamais! jamais!

FABRICE. Qu'as-tu! tu m'affliges... De l'horreur!... Eh, puisque tôt ou tard il faut que tu aies un beau-frère, pourquoi pas moi, moi que tu connais si bien, moi que tu aimes!... Au moins je croyais...

GUILLAUME. Laisse-moi!... Je ne me possède pas.

FABRICE. Il faut tout dire : mon sort ne dépend plus que de toi. Son cœur a du penchant pour moi, tu dois l'avoir remarqué. Elle t'aime plus encore qu'elle ne m'aime; tant mieux! elle aimera le mari plus que le frère; j'empiéterai sur tes droits, toi sur les miens, et tout le monde sera content. Je ne vis jamais un nœud se former plus naturellement. (*Guillaume reste muet.*) Et ce qui consolidera tout... Mon ami, donne seulement ta parole, ton consentement! Dis que cela te fait plaisir, que cela te rend heureux... J'ai sa parole.

GUILLAUME. Sa parole?

FABRICE. Elle me la jeta avec un regard d'adieu qui disait plus que n'eût dit le plus long entretien. Son embarras et son amour, sa volonté chancelante... quel moment!

GUILLAUME. Non, non!

FABRICE. Je ne te comprends pas. Je sens bien que tu n'as rien contre moi, et tu me repousses! Cesse de t'y opposer! cesse de t'opposer à son bonheur et au mien!... Et je ne puis m'empêcher de croire que tu serais heureux avec nous... Ne refuse pas ta parole à mon désir! ta parole amicale! (*Guillaume muet, en proie à des combats intérieurs.*) Je ne te comprends pas...

GUILLAUME. Elle?... tu veux l'avoir, elle?

FABRICE. Qu'est-ce donc?

GUILLAUME. Et elle toi?

FABRICE. Elle a répondu comme il convient à une jeune fille.

GUILLAUME. Va-t'en! va-t'en!... Marianne!... Je le prévoyais! je le sentais!

FABRICE. Dis-moi seulement...

GUILLAUME. Et que dire?... C'était là ce qui pesait sur mon âme, ce soir, comme une nuée d'orage... Quel battement de cœur! quelles palpitations!... Prends-la! prends-la! mon unique... mon tout! (*Fabrice le regarde en silence.*) Prends-la... et que tu saches ce que tu me prends. (*Pause. Il se recueille.*) Je t'ai parlé de Charlotte, de cet ange qui s'échappa d'entre mes mains, et me laissa son image, une fille... Eh bien, cette fille... je t'ai trompé... elle n'est pas morte; elle n'est pas morte; cette fille est Marianne!... Marianne n'est pas ma sœur!

FABRICE. Je n'étais pas préparé à cela.

GUILLAUME. Et j'aurais dû le craindre de ta part! Pourquoi n'ai-je pas suivi l'impulsion de mon cœur, et ne t'ai-je pas fermé ma maison, comme à tout le monde, dès les premiers jours que je m'établis ici? Toi seul, je te laissai mettre le pied dans ce sanctuaire; et, par ta bonté, ton amitié, par des secours que tu me fournis, par une apparente froideur pour les femmes, tu parvins à m'endormir. Tandis que, moi, je gardais vis-à-vis d'elle les apparences d'un frère, je crus ton sentiment pour elle une véritable amitié fraternelle; et toutes les fois qu'un soupçon me voulut venir, je le chassai comme indigne de moi; je mis sa bonté pour toi sur le compte d'un cœur angélique, qui jette sur le monde tout entier un regard d'amour... Et toi!... et elle!

FABRICE. Je ne puis en écouter davantage; et je n'ai rien, non plus, à répondre. Ainsi donc, adieu.

Il sort.

GUILLAUME. Va, va! tu emportes avec toi tout mon bonheur. Ainsi brisés, anéantis, tous mes plans... les plus proches... d'un seul coup... dans l'abîme!... Et il s'écroule, ce pont magique qui me devait transporter parmi les délices du ciel... jamais! Et par lui, le traître!... c'est ainsi qu'il a abusé de ma franchise, de ma confiance!... O Guillaume! Guillaume! tu t'emportes jusqu'à accuser injustement un honnête homme!... Qu'a-t-il violé? Tu pèses terriblement sur moi; mais tu es juste, sort vengeur!... Pourquoi restes-tu là?... et toi!... justement à cette heure!... Pardonnez-moi! N'ai-je point souffert pour cela? Pardonnez! il y a longtemps... J'ai souffert des maux infinis. Je paraissais vous aimer; je croyais vous aimer. Par de lâches condescendances, j'amollis votre cœur et fis votre misère!... Pardonnez, et laissez-moi... Dois-je être ainsi puni?... dois-je perdre Marianne, la dernière de mes espérances, le but de tous mes soins?... Cela ne se peut pas! cela ne se peut pas!

Il reste accablé.

GUILLAUME, MARIANNE.

MARIANNE *s'approche avec embarras.* Mon frère...

GUILLAUME. Ah!

MARIANNE. Mon cher frère, il faut que tu me pardonnes, je te demande pardon de tout ce qui s'est passé. Tu es fâché, je le pense. J'ai fait une sottise... j'en suis toute malade.

GUILLAUME, *se recueillant*. Qu'as-tu, jeune fille?

MARIANNE. Je voudrais pouvoir te raconter tout... C'est si confus dans ma tête... Fabrice me veut pour femme, et moi...

GUILLAUME, *d'un ton d'amertume*. Dis-le franchement, tu as consenti?

MARIANNE. Non, pas pour l'empire du monde! jamais je ne l'épouserai, je ne peux pas l'épouser.

GUILLAUME. Quel autre langage?

MARIANNE. Assez étrange... Tu es peu gracieux, mon frère; je m'en irais volontiers, et j'attendrais une bonne heure, si mon cœur ne me forçait pas à te le dire : oui, une fois pour toutes, je ne puis épouser Fabrice.

GUILLAUME *se lève, et la prend par la main*. Comment, Marianne?

MARIANNE. Il était là, et il parlait si longuement, et il me retournait cela de tant de façons, que je finis par me persuader que c'était possible. Il me pressa de répondre, et moi, sans réflexion, je lui dis qu'il n'avait qu'à t'en parler... Il prit cela pour une réponse, et au même instant je sentis que ce n'était pas possible.

GUILLAUME. Il m'en a parlé.

MARIANNE. Je te prie, je te supplie, par tout l'amour que j'ai pour toi, par tout l'amour que tu me portes, rarrange nos affaires, fais-le-lui entendre!

GUILLAUME, *à part*. Grand Dieu!

MARIANNE. Ne te fâche pas! il ne se fâchera pas non plus. Nous recommencerons notre train de vie, et ne le changerons jamais. Car je ne peux vivre qu'avec toi, avec toi seul je peux vivre... C'était resté jusqu'ici au fond de mon âme; cette circonstance l'en a fait sortir, l'en a fait sortir violemment... Je n'aime que toi!

GUILLAUME. Marianne!

MARIANNE. Cher frère! pendant ce quart d'heure... je ne saurais rendre ce qui s'est passé dans mon cœur... J'ai éprouvé la même sensation que dernièrement, lorsqu'il y eut un incendie sur la place du Marché, et que d'abord la fumée et la vapeur engloutirent tout, jusqu'à ce que, le feu perçant le toit, toute la maison ne fût qu'une flamme... Ne m'abandonne pas, mon frère !

GUILLAUME. Les choses ne peuvent pourtant pas rester toujours en cet état.

MARIANNE. C'est ce qui me fait frémir !... Je consentirai volontiers à ne me point marier, à avoir toujours soin de toi, toujours, toujours... Là-haut demeurent ainsi deux bons vieillards, frère et sœur; souvent je pense en riant : Tout décrépits que vous soyez, vous êtes heureux ; vous vivez ensemble.

GUILLAUME, *se contenant, à part.* Si je résiste à cette épreuve, rien ne m'accablera jamais.

MARIANNE. Il n'en va pas de même de toi, tu prendras bien une femme avec le temps : et cela me fera toujours mal, quand je l'aimerais aussi..... Non, personne ne t'aime comme moi, personne ne peut t'aimer comme moi. (*Guillaume essaye de parler.*) Tu es toujours si renfermé ! et moi, qui ai toujours sur les lèvres de te dire ce que j'ai dans le cœur, jamais je n'ose. Dieu soit loué de ce que cette occasion m'a délié la langue !

GUILLAUME. Assez, Marianne, assez !

MARIANNE. Tu ne m'en empêcheras pas, laisse-moi tout dire ! et puis je retournerai à la cuisine, et je serai tout le jour assise à mon ouvrage, et je te regarderai de temps en temps, comme pour te dire : Tu le sais. (*Guillaume muet, au comble de la joie*) Tu sais bien comment, depuis la mort de notre mère, je sortis de l'enfance et fus constamment auprès de toi... eh bien ! j'ai encore plus de plaisir à être auprès de toi que de reconnaissance pour tes soins plus que fraternels. Peu à peu tu as tellement pris tout mon cœur et toute ma tête, que maintenant j'y trouverais à peine un petit coin pour quelque autre. Je me rappelle que tu riais souvent en me voyant lire des romans. Cela t'arriva entre autres pour Julie Mandeville : quand je demandai si son Henri (je crois que c'est son nom) ne te ressemblait point... tu te mis à rire... J'en fus blessée : aussi n'en dis-je rien une autre fois, mais je le pensais sérieusement; car tout ce qu'il y a eu d'hommes aimables et bons, je leur prête tes traits. Je te vois te promener dans de magnifiques jardins, monter à cheval, voyager, te battre en duel...

Elle se détourne pour rire.

GUILLAUME. Qu'as-tu?

MARIANNE. Mais je l'avoue encore, lorsqu'une dame était bien belle et bien bonne et bien aimée... et bien amoureuse... c'était toujours moi-même... Enfin, quand venait le dénoûment, et que, après bien des traverses, ils se mariaient... je suis pourtant une brave, excellente, bavarde petite fille!

GUILLAUME. Laisse-moi seul! (*Se détournant.*) Il faut que j'épuise la coupe de la joie. Soutiens mes forces, Dieu du ciel!

MARIANNE. Ceux d'entre tous qui me révoltaient le plus c'étaient ceux où des gens, s'aimant avec passion, finissaient par découvrir entre eux une parenté, une fraternité... Miss Fanny, je l'aurais brûlée! j'ai tant pleuré! c'est un sort si affreux!

Elle se détourne et pleure amèrement.

GUILLAUME, *se jetant à son cou.* Marianne! ma Marianne!

MARIANNE. Guillaume! non! non, jamais je ne t'abandonne! Tu es à moi!... Je te tiens! je ne puis te quitter!

Entre Fabrice.

MARIANNE. Ah! Fabrice, vous venez à propos! mon cœur est ouvert, il est assez fort pour le dire : je ne vous ai rien accordé. Soyez notre ami, mais je ne vous épouserai jamais!

FABRICE, *froidement et avec amertume.* Je le pensais bien, Guillaume! quand tu as mis tout ton poids dans la balance, j'ai dû être trouvé trop léger. Je revenais pour décharger mon cœur, je renonçais à toute prétention; mais je vois que la chose est déjà faite : je me félicite au moins d'en avoir été l'occasion innocente.

GUILLAUME. Ne m'outrage pas en ce moment, et ne te prive pas d'un sentiment après lequel tu courais inutilement dans le monde entier! Regarde-la... elle est à moi... et elle ne sait rien...

FABRICE, *moitié moqueur.* Elle ne sait rien?

MARIANNE. Qu'est-ce que je ne sais pas?

GUILLAUME. Ici mentir, Fabrice?...

FABRICE, *frappé*. Elle ne sait rien?

GUILLAUME. Je te le dis.

FABRICE. Vivez ensemble, vous êtes dignes l'un de l'autre.

MARIANNE. Qu'est-ce?

GUILLAUME, *lui jetant ses bras autour du cou*. Tu es à moi, Marianne!

MARIANNE. Dieu! qu'est-ce là?... Oserai-je te rendre ce baiser?... Quel baiser était-ce là, mon frère?

GUILLAUME. Non pas le baiser de ce frère renfermé, froid... mais celui d'un amant heureux, fidèle, et qui ne cessera jamais de l'être. (*A ses pieds.*) Marianne, tu n'es pas ma sœur! Charlotte était ta mère, non la mienne.

MARIANNE. Toi! toi!

GUILLAUME. Ton amant!... dans un instant ton époux, si tu ne le dédaignes pas.

MARIANNE. Dis, comment est-ce possible?

FABRICE. Jouissez de ce que Dieu lui-même ne vous peut donner qu'une fois! Prends-le, Marianne; et point de questions... Vous aurez tout le temps de vous en expliquer.

MARIANNE, *le regardant*. Non, ce n'est pas possible.

GUILLAUME. Ma bien-aimée! ma femme!

MARIANNE, *à son cou*. Guillaume, ce n'est pas possible!

FIN DU FRÈRE ET LA SŒUR.

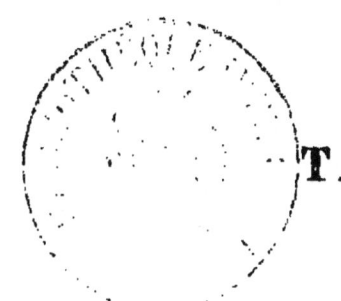

TABLE.

Préface.	5
Goetz de Berlichingen.	17
Clavijo.	155
Egmont.	181
Iphigénie en Tauride.	271
Le Tasse.	325
La Fille naturelle.	405
Les Complices.	477
Le Frère et la Sœur.	520

Poitiers. — Typ. de A. Dupré.

www.ingramcontent.com/pod-product-compliance
Lightning Source LLC
Chambersburg PA
CBHW051351230426
43669CB00011B/1606